普通高等教育"十三五"本科规划教材

现代汉语

主　编　宋庆山

副主编　杨增宏　张　岚　程淑萍

指　导　吴早生

合肥工业大学出版社

前　言

2005 年，我们与兄弟院校合作，编写出版了安徽省文秘专业系列教材之《应用汉语》。这本教材 2008 年被审定为安徽省“十一五”高等院校基础课规划教材，至今已使用了十年，再版了五次。期间虽做了几次修订，但体系和体例都没有做大的调整，已不适应现代汉语教学与研究的需要了。2012 年，合肥工业大学出版社就约编者编写本科现代汉语教材，以适应和满足本科现代汉语教材建设和教学教研的需要，因编者忙碌没有如命。2013 年出版社再次约稿，编者也想把长期从事现代汉语教学与研究的成果凝筑笔端，呈奉给同仁斧正和学子学习。于是我们依据长期从事现代汉语教学的实践和研究，借鉴并集合我国目前现行主要现代汉语教材所长，吸收现代汉语教学与研究有关定论的新成果，拟定这本本科《现代汉语》编写大纲，并拟写了初稿。可初稿拟写后，对照大纲，深感大纲和初稿不足许许，商榷多多。于是我们就教大方之家，恭请有关汉语专家和有关院校同仁指导，重新拟定编写大纲，考虑到现代汉语知识的系统性和各章节知识的交集性，委托主编拟写出第二稿，交由各参编院校现代汉语教学的师生修订审校。经过两年多实践检验，集各院校师生意见，又两易其稿，经主编审订后，这才交付出版。

参加本教材编写的人员，都是在教学一线长期从事现代汉语教学与研究方面的副教授、教授。这本教材，凝聚着指导老师和参编同仁在现代汉语教学与研究方面的心血，展现了各位同仁在现代汉语教学与研究方面最新的成果，也是我国现代汉语教学与研究凝练成的精华，富有真金白银般的价值。可我们这些潜心于教学科研的莘莘同仁，却收不到名利相称的报酬，主要原因是学术著作发行量有限；再加上这是初版，还有一个习惯地被社会认知和接受的过程。但我们不是骄傲地说，这本教材虽不敢说是最好的，但它确实是目前现行现代汉语教材中难得的适教适学和从事汉语研究者参考的好教材！

值此出版之际，衷心感谢安徽大学文学院副院长、博士生导师吴早生教授，这本教材的出版，是他指导的成果！感谢安徽外国语学院 2015 级汉语国际教育班的全体师生，他们全程参与这本教材体系和内容的讨论、提出许多宝贵意见，并参与文字的审校工作，这本教材的出版，是他们全体师生知识智慧汇集的成果！感谢合肥工业大学出版社，这本教材的出版，也是出版社奉献的成果！另外，安徽大学文学院院长、博士生导师吴怀中教授，对本教材的编写提出极为有益的指导和建设性意见；本教材在编写过程中还参阅和吸收大量资料（有的还摘录入教材），这本教材的出版，也是这些资料成果经过加工整理后的汇集，对已经联系和无法联系的作者，这里也一并致以衷心的感谢！

这本教材的参编单位和人员及其承担的工作是：

安徽外国语学院，宋庆山，拟写大纲，拟订初稿，统稿并审订教材。

合肥师范学院，杨增宏，参与大纲修改审订，修改和审订修辞内容。

池州学院，程淑萍，参与大纲修改审订，修改和审订词汇内容。

安徽新华学院，张岚，参与大纲修改审订，修改和审订语法内容。

安徽大学，吴早生，指导大纲和教材的编写。

限于水平，这本教材不足疏漏在所难免，真诚欢迎广大师生和专业同仁提出指导批评意见，以便再版时修订。

编　者

二零一六年五月

目　　录

第一章 绪 论

一、汉语

汉语是汉民族的语言。它包括古代汉民族的语言（古代汉语）和现代汉民族的语言（现代汉语）。本教材内容只涉及现代汉语内容。

二、现代汉语

现代汉语是现代汉民族的语言。它包括现代汉民族的区域语方言和共同语（普通话）。

（一）方言

方言是语言因地域不同而形成的不同的语言变体，是语言发展的不平衡性在地域上和职业上的反映。比如地域性，对于世界来说，汉语、英语、法语、俄语、西班牙语等等都是方言。对于同一地域的人来说，同一事物或现象在不同的职业人群中，语言表述也不一样，如头、脑袋、头颅。

今天，全世界使用汉语的人不少于15亿，地域之广，人数之多，这在世界上是任何语言都不能比的。但是因为历史原因，汉语形成了许多区域方言。仅就国内而言，大致就有北方方言、吴方言、湘方言、赣方言、客家方言、闽方言、粤方言七大类。

北方方言：又称“官话方言”。指北方地区、湖北大部、四川、云南、贵州、湖南北部、江西沿江地区、安徽中北部、江苏中北部所使用的母语方言。北京话、天津话、东北话、西安话以及南方的成都话等都是北方方言的代表。北方话是现代标准汉语（大陆称为普通话，台湾称为国语）的基础。使用这一方言的人占中国人口的70%。

北方方言的明显特点包括：失落了大部分的中古辅音韵尾。中古汉语中的“－p，－t，－k，－m，－n，－ng”现在已经只剩下“－n，－ng”。同时，与其他方言相比，北方话在失去清浊对立的过程中，没有经过剧烈的声调分化。因此，北方方言包含了大量的同音字以及相应产生的复合词。这在其他方言中比较少见。

吴方言：在江苏南部、安徽南部、上海和浙江大部分地区使用。典型的吴方言以苏州话为代表。其中安徽西南部受赣方言影响，浙江南部保留了较多古代百越话特征，以至于不能和作为典型吴语的太湖片吴语通话。使用这一方言的人占中国人口的8.4%。这种方言对清浊辅音的区分是一个很明显的特点。

客家方言：在中国南方的客家人中广泛使用，包括广东东部、北部，福建西部，江西南部以及广西东南部等地，以梅县话为代表。虽然是一种南方方言，但客家话是在北方移民南下影响中形成的。客家话因而保留了一些中古中原话的特点。使用这一方言的人占中国人口的4%。

闽方言：在福建、海南、广东东部以及菲律宾、新马等东南亚国家与其他海外的一些华人中使用。由于闽语的内部分歧比较大，通常分为闽南方言（以厦门话为代表）、闽北方言、闽东方言（以福州话为代表）、莆仙方言和闽中方言。闽语是所有方言中，唯一不完全与中古汉语韵书存在直接对应的方言，其中以闽南语最具影响。

闽南语（狭义的，即闽台片闽南话）共有“m，n，ng，p，t，k,?（问号代表‘入声弱化’）”七种辅音韵尾。闽南语是汉语中声调较复杂的方言之一，泉州音有8个声调（不含轻声），漳州音、厦门音、同安音、台湾音通常有七个声调（不含轻声）。同时，闽南语也是保留中古汉语最完整的方言之一。泉州音和漳州音是其他支系的母语，闽（南）台片的闽南语内部较为一致。广义的闽南方言还包括海南话、潮州话、浙南闽语等，使用这一方言的人占中国人口的4.2%。

粤方言：以广州话为代表，在广东省、香港、澳门和海外华人中被使用。粤方言是汉语中声调最复杂的方言之一，通常有九到十个左右。同时也是保留中古汉语最完整的方言之一。粤方言包含了p，t，k，m，n，ng六种辅音韵尾。粤方言内部的分歧不大。使用这一方言的人占中国人口的5%。

湘方言：在湖南使用。通常被分为老和新两类。新湘语更接近于北方话。湘方言以长沙话（新）及双峰话（老）为代表，使用这一方言的人占中国人口的5%。

赣方言：以南昌话为代表，主要用于江西大部、湖南东南部。使用这一方言的人占中国人口的2.4%。

汉语方言各有特点。概括起来，这些方言特点的差别大致表现在以下三个方面。

一是在语音上。从声母上看，有的保留古浊音，有的浊音很少；有的区分zh、ch、sh和z、c、s，有的不区分；有的区分ji、qi、xi和zi、ci、si，有的不区分。从韵尾上看，有的有－n、－m、－ng、－g，有的只有－n和－ng，有的连－n和－ng也不区分。从声调上看，入声、调类、调值都多有不同。

二是在词汇上。同一事物在不同地方多有不同名称。如普通话的“玉米”，有的地方叫“棒子”，有的地方叫“开心果”、“大黍黍”等；“姑妈”在安徽肥东肥西则叫“姥姥”。就是同一词语，在不同地方也会表现不同意义。如“爹爹”，有的地方指父亲，有的地方指爷爷。同一动作在不同方言中也有不同字眼。如北京的“喝茶”到了上海就成了“吃茶”，到了广州就叫做“饮茶”了。

三是在语法上。如北方话说：“跳舞吗?”浙江话说：“阿要跳舞?”北方话说：“给你钱，”广东话说：“畀钱你。”不过方言区的语法差别比语音和词汇方面的差别要小得多。

方言特点表现上的差别，导致语音上的南腔北调，甚至是十里不同音，常常使这个地方的人听不懂那个地方人的话。这不仅给我们民族的自由交际带来极大不便，也给我们与兄弟民族的交流和进行国际交流带来极大的不便，有时甚至会造成不必要的麻烦。正像秦时为了社会政治、经济、文化交流与发展的需要，不能不进行统一文字、统一货币、统一度量衡一样，我们的国家和民族也急需一个统一的有利各民族交流，有利促进社会政治、经济、科技、文化发展的共同语言。所以规范一个全民族都能接受的同共语，是我们民族很久以来就有的共同愿望，也是新中国成立后，我国政府十分重视的一项工作。

（二）普通话

1. 普通话的含义

1955 年，中国科学院召开了现代汉语规范问题学术会议，研究了各地方言，确定了现代汉民族的共同语，并把它称为普通话。1956 年，国务院颁布了《关于推广普通话的指示》，正式确定了普通话这一名称。并且规定：普通话以北京语音为标准音，以北方话为基础方言，以典范的现代白话文著作为语法规范。

这一规定是符合客观实际的。

从 1153 年金迁都北京以来，元、明、清三个朝代的首都都建在北京，不仅使北京成为全国的政治、经济、文化中心，也使北京话获得了“官话”的地位并影响全国。同时，文化的影响也对北京语音的传播起了积极作用。如元代的杂剧，明清时的《水浒传》、《西游记》、《红楼梦》、《儒林外史》等著名小说，都是用北方话写成的。北方白话作品的流传扩大了北方语言的使用范围。加上清政府曾在福建、广东设立正音书院，教授“官话”；“五四”以后又掀起白话文运动，这都使北京语言获得了更广阔的使用空间。以至到了上世纪五六十年代，从东北的哈尔滨到西南的昆明，从东南的南京到西北的酒泉，在这个广大地域中，人们使用的都是北方话，使用北方话的人口占到了整个汉民族总人口的 70％以上。

因此，可以说，这一规定既是对我国汉民族语言的历史继承，也是客观的和科学的。

这里要指出：普通话是超方言的，不能认为北京土话就是普通话。所谓“以北京语音为标准音”，是指以北京话的语音系统作为普通话的语音系统。至于北京话的土音成分，1985 年《普通话异读词审音表》确认以外的字、词读音，则不是我们要推广的普通话。所谓“以北方话为基础方言”，是说普通话是在北方方言的基础上形成并逐渐发展起来的，北方话的词汇是普通话词汇的基础和主要来源。至于北方方言中的一些土话，如“地板”（地）、“抄手”（馄饨）、“老爷儿”（太阳）、“摺脖儿沉一沉儿”（稍微等一等）等等土俗词语，普通话都是舍弃不取的。不仅如此，普通话还从其他方言中吸取富有表现力的词语，吸收一些有生命力、有表现力的古语词和外来词，不断充实普通话的词汇。所谓“以典范的现代白话文著作为语法规范”，是说普通话的语法不以北方话或北京话的口语为标准，而是以具有广泛代表性的现代白话文著作作为语法规范。这个语法规范是指典范的现代白话文著作中的“一般用例”，也就是最具有普遍性的用例。这些用例排除方言语法中没有用的东西，吸收方言语法、古代语法、外国语法中有用的有生命力的语法成分，使我们的语言表达更为精密、准确、富有表现力。

2. 普通话具有以下特点：

（1）语音方面

普通话音节由声母、韵母和声调组成。声母往往由辅音充当，韵母往往由元音充当。而一个音节，可以没有辅音（声母），如“欧”（ōu），却不能没有元音（韵母）。也就是说在普通话音节结构中，有元音占优势的特点。其次，普通话音节结构中没有复辅音，即没有辅音和辅音的组合。有时就算一个音节中包含两个辅音，如“三”（sān）的音节中，“s”和“n”两个辅音也不能同时在元音的前面或后面，即不能写成“sna”或“asn”。再次，每个音节都有一定的声调，并且字的读音一旦确定了声调，则这个字调便是稳定的，不会任意改变了。如“树”（shù），它不可能在这本字典中标为去声调，而在另一本字典中标为别的声调。但是，普通话语音在动态中还有一个特点，那就是语调会有变化。诸如轻声和儿化，上声和去声的变读，“一”、“七”、“八”“不”的变读，重迭式形容词和语气词“啊”的变读，都是最突出的例子。除此以外，汉语语音还具有音乐性的特点。由于音节中元音占优势，这使语音里乐音特别多；由于辅音和元音的互相间隔，这又形成分明的音节，使语言富有节奏感；由于声调的变化，这又使语言具有抑扬顿挫的音乐色彩。再加上词汇里双音节化和四字格的词语结构以及汉语的分词连读、双声、迭韵、迭音等形式，都使汉语语音显出音乐性的特点。

（2）词汇方面

普通话词汇中，首先是双音节词多。这一点，可从现代文章中、现有词汇中得到有力证明。这里不说一般的双音节词，仅说常用必读双音节轻声词就有近千个。还有，古代汉语中不少单音节词，现在也多扩展为双音节词，如“衣”扩展为“衣服”，“父”，扩展为“父亲”。另外，现在有不少多音节词，也压缩为双音节词了，如“发电厂”压缩为“电厂”，“衣服架子”压缩为“衣架”，“中华人民共和国”也常压缩为“中国”，等等。其次是合成词多。由于汉语双音节多，因此，构成的双音节词也多，这就在客观上促进了合成词的大量产生。合成词的大量产生，常使合成词的读音不同，意义也不同。轻声、儿化就是典型例子。如“孙子”的“子”，若念本音“zǐ”，则“孙子”指的是人；若念轻声“zi”，则“孙子”是辈分的意思子。再如“盖”，如念本音“gài”时，可作名词、动词和副词；若儿化的话，“盖”则为合成词“盖儿”，不能表示动作，只能表示事物，而没有其他方面的意义了。

（3）语法方面

普通话语法没有明显的语法形态变化。如：

我们是中国人。

中国有值得我们骄傲的历史。

这两个句子中“我们”和“中国”这两个词，虽然在句子中出现的位置不同，但它们的形态却没有变化。这不像英语，如give，有时变为gave，有时变为giving。所以，我们不能从形态上确定“我们”、“中国”分别属于什么词，也不能从形态上确定他们在句子中担任什么成分。再如“你寄送邮件”，是过去寄送，现在寄送还是以后寄送，形式上没有任何标志。由于汉语没有形态变化，要体现时态差别，就只好通过词汇手段增加体现时态差别的词或词语，如加时态助词“着”、“了”、“过”或加“现在”、“过去”、“将来”等词语来表示了。认识到这一点很重要，因为这有利于我们从语义角度去认识汉语句子的内部结构和理解句子的意义。

普通话语法的另一个特点，是词法和句法的结构关系基本一致。还是先看例子。如：

词	短语
文化—偏正型	刻苦学习—偏正关系
签名—述宾型	增进友谊—述宾关系
证实—述补型	了解清楚—述补关系
印刷—联合型	研究讨论—联合关系
心得—主谓型	心情舒畅—主谓关系

比较上例不难看出：在结构上，词和短语的关系是一致的。

就是有些复杂的词和短语，也只不过是这些基本结构关系在更多层次上的扩展。如："科学家"，"科学"这个词，加上语素"家"，便形成了第一层次上的偏正型的附加式合成词。而"科学"本身也是一个偏正型，是"科学家"这个词中的第二个层次，当然，分析词，一般不这么细化。再如："保护人民的利益"，这是一个有多层结构关系的词。"保护"与"人民的利益"构成述宾关系，是第一层结构关系；"人民的利益"中"人民"与"利益"构成了偏正关系，这是这个短语中的第二层结构关系了。

至于连动短语、兼语短语等特殊短语，其结构关系也都是基本语法结构关系的扩展。这在后面介绍，这里就不举例说明了。

认识词和短语的这种结构，就可以推而广之地认识句子的结构。我们认识了句子的结构，就可以逐级回溯，更好地认识和理解短语和词了，这对于我们更好把握句子的基本意义将起到重大作用。

（三）方言与普通话的关系

普通话是建立在方言基础之上的，特别是建立在北方方言的基础之上的。可以这么说，没有方言也不可能有规范的共同语——普通话。但普通话则优于任何一种地方方言，比任何一种地方方言都富有生命力和表现力。它不仅有利于人际交流，有利于社会协调和运作，更能促进社会政治、经济、科学、文化的发展。所以早在上世纪50年代，国家就确定语言文字工作的三大任务：促进汉字改革、扩大普通话、实现汉语规范化。后来，《中华人民共和国宪法》明确规定"国家推广全国通行的普通话"。但是，在目前情况下，推广普通话并不是要取消方言。我们要处理好方言和普通话的关系，在承认方言的区域交往和历史地位与作用的同时，大力推行普通话，使普通话逐渐成为全国各方言区人们的自然语言，不断缩小乃至最终取消给交际带来严重障碍的各地方言。这是方言和普通话的发展趋势。

（四）普通话和现代汉语的关系

上文已述，现代汉语是现代汉民族的语言。它包括现代汉民族的共同语普通话和区域语方言。因此，我们不能说普通话就是现代汉语，也不能说现代汉语就是普通话。普通话只是现代汉语的一个重要组成部分。现代汉语不仅研究汉语普通话所涉及的语音、汉字、词汇、语法和修辞的内容，还研究区域方言的语音、词汇、语法和修辞的内容。

（五）推广和使用普通话的意义和作用

1. 普通话优于任何一种地方方言，比任何一种地方方言都富有生命力和表现力。所以早在上世纪50年代，国家就把推广和使用普通话作为我国语言文字工作的三大任务之一（语言文字工作三大任务：促进汉字改革、扩大普通话、实现汉语规范化）。后来，《中华人民共和国宪法》第十九条明确规定“国家推广全国通用的普通话”。普通话不仅有利于国内的人际交流，对于国际社会政治、经济、科学、文化的交流与发展，也越来越发挥着重大的作用。因为汉语是联合国六种正式工作的语言之一，进一步推广和使用普通话，可以减少我们与国际语言交际的困难，促进国际交往。

2. 推广和使用普通话是现代汉语规范化的要求。现代汉语规范化的重要内容之一，就是明确确立现代汉民族共同语（普通话）及其内部明确的、一致的标准，并用这个标准消除各个方言区在语音、字形、词义、词汇、语法等方面存在的一些分歧。如果不消除这些分歧，汉语就不能沿着健康和规范的道路向前发展。所以早在 1955 年我国就明确规范了现代汉语普通话的标准，及其陆续出台的《汉语拼音方案》、《简化字总表》《现代汉语通用字表》、《新华字典》、《现代汉语词典》等，对现代汉语普通话进行规范。现在在词汇、语法方面也有了相应的共识与标准。

3. 推广和使用普通话是科学技术尤其是信息处理技术的需要。当前世界科学技术尤其是信息处理技术突飞猛进，生产生活、经营管理、科学研究、卫生教育、军事国防等等都朝着信息化方向发展，没有一个共同遵守的语言标准，必将制约社会信息的录入、交流与使用。而有了普通话这个标准，汉语所负载的信息才会成为人们所共同认知的交流信息，我国的经济建设、科学技术、优秀文化才能尽快走向世界并与世界融为一体。

三、《现代汉语》的性质、内容和任务

1. 《现代汉语》的性质

《现代汉语》是本教材，它以现代汉语为研究对象，是大学汉语、中文、新闻、文秘、涉外汉语等专业的基础课。因为从事这些专业的人员，对语言文字运用方面的要求很高。在正式场合的讲话，要语音标准，清楚明白，富有意趣；写出来的东西要文从字顺，符合语言的组合结构规律，富有表现力，这些都是从事汉语、中文、新闻、文秘、涉外汉语等专业研究和学习人员必须具备的最基本的能力之一。而这本《现代汉语》教材就着眼并致力于通过对现代汉语的研究和讲述，培养汉语从业人员这一最基本的能力。

2. 《现代汉语》的内容

本教材除绪论外，主要研究讲述现代汉语的语音、汉字、词汇、语法和修辞等五个方面的汉语知识。

(1) 语音

研究讲述汉语语音的性质、单位、构成等基础理论，研究汉语语音的记音方法。以《汉语拼音方案》为纲，参考国际音标，重点研究分析现代汉语普通话音节结构中的声母、韵母、声调以及音位内容，讲述朗读技能，研究普通话语音流变的规律，辨别和纠正错误读音，用普通话语音的规范，指导从业从学人员说话写文，突出和彰显汉语语音的音韵美。

(2) 汉字

研究汉字的产生，汉字的性质、特点和作用，汉字形体的演变，现代汉字的结构单

位、书写顺序、结构方式等内容。讲述现代汉字的整理、规范化和标准化等内容。指导从业从学人员充分准确地把握国家各项语言文字政策和规范标准，并为他们研究、掌握和使用规范汉字提供理论前提和依据。

（3）词汇

研究现代汉语词汇和词汇单位的概念，阐述词汇与词的关系，明确词汇构成中基本词汇、一般词汇、熟语的相关内容和概念，明确词汇的变化和词汇规范化的具体内容；讲述语素构成词的方法和类型，讲述词的单位、结构和词的分类，明确词义和词义单位、词义的分类和词义的性质，讲述词义分析的内容、条件和方法，进而区别、比较、运用单义词和多义词、同音词和异音词、同义词和反义词，使从业从学人员不仅了解词和词汇的基本知识，熟悉各类词语在语言表达上的作用，还能掌握词义分析和词义辨析的基本方法，从而正确地使用词语，提高汉语词汇的表达能力。

（4）语法

研究语法和语法学的概念，讲授现代汉语语法的内容，特别是组词造句的一般规则。为此，教材详细讲述词的分类以及各类词的语法功能、短语类型及其语法功能，讲述单句的句法成分，句子的结构类型，各种句式和句类，讲述复句、句群的结构层次分析方法，明确标点符号的用法和常见的语法错误。通过这些语法基础知识的讲授，使从业从学人员掌握组词造句的方法和规律，熟练运用现代汉语语法知识，分析句子、说写句子，避免语法错误，提高语言表达、精准严谨的能力。

（5）修辞

研究现代汉语修辞的基础知识和基本理论，讲授语音、词语、句子、语体风格和篇章修辞的具体内容和目的要求，讲授常用修辞格和如何综合使用修辞手段。通过对修辞理论和修辞内容的讲述，使从业从学人员明确修辞概念，了解修辞内容、方式和修辞的基本要求，掌握修辞的基本知识，进而提高语言表达鲜明生动、形象优美的效果。

3. 现代汉语课的任务

贯彻国家语言文字工作的政策、法令，系统学习、掌握和运用语音、汉字、词汇、语法、修辞等方面的知识，提高从业从学人员理解、分析和运用汉语的能力，为将来从事汉语、中文、新闻、文秘等工作打下坚实的语言基础。

思考与练习

一、名词解释

1. 汉语。2. 现代汉语。3. 方言。4. 普通话。

二、简述

1. 汉语方言区域及其代表方言。

2. 汉语方言的特点。

3. 《现代汉语》的性质、内容和任务。

三、问答

1. 怎样理解“普通话是超方言的，不能认为北京土话就是普通话”？

2. 普通话有哪些特点？
3. 方言与普通话之间有什么关系？
4. 普通话和现代汉语之间有什么关系？
5. 推广和使用普通话的有哪些意义和作用？

第二章　语　　音

这一章主要学习现代汉语普通话的语音系统和汉语语音的分析方法。通过学习，学生应能够较全面牢固地掌握语音理论知识，具有熟练准确地发音和拼写音节、分析语音的能力。为此，需要注意以下几个方面：

一是重视基础理论的学习。本章分为语音概说、声母、韵母、声调、音节、音位、音变、朗读和语音规范等几方面，每部分均有重要概念和相关基本理论，它们是语音系统的重要组成部分，需要准确熟练地把握。

二是注意语音的系统性特点。语音的系统性特别强，现代汉语的语音系统是由音节与音节构成的系统。音节系统之下有声母系统、韵母系统、声调系统。声母系统主要由辅音音素构成，韵母系统由元音音素或元音音素与辅音音素结合而成，声调系统由阴平、阳平、上声和去声四个调类构成。学习基础理论时不能孤立地掌握每一部分，必须将各相关部分融会贯通，把握不同层次的系统，从而形成全面完整的语音系统的框架。

三是重视掌握语音的分析方法，提高语音分析能力。语音理论的学习是语音分析的前提，较强的语音分析能力是在充分把握语音理论的基础上形成的，也是学生对语音理论有较为透彻和准确的理解的体现，是语音学习的重要目标之一。语音分析并不是只在学习完声、韵、调、音节、音位等各部分之后再单独进行，而应贯穿于语音学习的始终。如在学习声母时，通过声母的分类了解音节声母的不同状态，学习韵母时，通过韵母结构的分析初步把握音节结构的特点等，这样，最后真正接触音节结构的特点和音节结构的分析时就能做到顺理成章了。

四是注意通过对现代汉语普通话语音的学习，把握语音流变的音位变体规律，掌握普通话与方言语音的对应规律，规范读音，做到在正确理论的指导下纠正方音、说好普通话。

本章重点是声母的发音部位和发音方法，韵母的分类，调值和调类的区别，音节的结构分析，语音流变的几种类型。本章难点是音节结构的分析和普通话音位的归纳分析以及用国际音标标注汉语拼音。

学习本章应紧紧围绕《汉语拼音方案》进行，因为《汉语拼音方案》是现代汉语语音系统的最简明的总结。还要充分利用声母总表、韵母总表、普通话与方言声调对照表等各类表格资料，学习和记忆相关理论知识，特别是汉语拼音的国际音标标写要熟记于心。此外，还需要做练习，如朗读训练，以正确发音；拼写练习和音节结构分析练习，以掌握拼写规则、音节结构分析方法和归纳音位的方法。

第一节　语音概述

一、语音

语音是通过人的发音器官发出的具有一定意义的声音。这里有三点关键：语音是人发出的，不是人发出的不叫语音；语音是人的发音器官发出的，不是人的发音器官发出的也不叫语音；这人的发音器官发出的还必须具有一定的意义，没有意义的声音则不是语音。

我们生活在一个热闹喧嚣的世界里，每时每刻都能听到各种声音：风声、雨声、脚步声、马达声、动物吼叫声……还有人类的说话声。其中人类说话的声音是从人类发音器官中发出的，具有交流信息、表达情感的作用，我们把它叫做“语音”。世界上有些地区，如非洲、美洲及太平洋地区，人们常常利用打击锣、鼓等一些乐器，发出具有特定节奏的声音来表达一定的意义，但因为这声音不是由人发出的，所以不能叫语音；而那些像咳嗽、打哈欠时所发出的声音，虽然是由人的发音器官发出的，但因为这些声音只是人生理上的本能反应，不表示意义，所以也不能叫语音。

二、语音的性质

语音产生于声带的振动，具有一定的物理性质。但语音是人这一生物发出的，它又具有生理性质。更重要的是语音还可以表达一定的意义，这个意义不是由个人决定的，而是由使用该语音的全体社会成员在漫长的历史发展中约定俗成的，所以语音又具有社会属性。

（一）语音的物理性质

语音产生于声带的振动，具有一定的物理性质。因为从自然属性来看，语音属于声音的一种，其发音原理同一般声音一样，也是因为外力振动发音体，发音体振动空气，产生音波作用于耳，刺激人的听觉神经产生的。同其它声音一样，语音也是由音高、音强、音长、音色四个要素构成的。

1. 音高

音高也称音调，是指声音的高低，它决定于发音体振动频率的快慢，即每秒钟内振动的次数。声带是语音的发音体，语音的高低取决于声带振动的频率。声带短而薄，振动快，频率大，声音就高；声带长而厚，振动慢，频率小，声音就低。所以一般孩子的声音高于成人，女子的声音高于男子。如果是同一个人，也可以通过控制声带的松紧发出高低不同的声音，声带绷紧的时候，声音就高；声带放松的时候，声音就低。在汉语普通话中，语调、声调的变化主要是由音高变化来决定的，并且可以起到区别语意的作用。“你真是好人?”和“你真是好人!”两句话语调的差别，“衣、移、乙、易”四个字声调的差别，都是由于音高不同而造成的。

2. 音强

音强是指声音的强弱，即人们在听闻时感到的响度，它决定于发音体振动幅度的大小。语音的强弱是由发音气流冲击声带力量的强弱决定的。用力大，呼出气流强，冲击声带的力量大，声带振动幅度大，声音就强；反之，声音则弱。比如同一把琴，琴弦的长度和松紧不变，但用力弹拉时，声音就响；轻轻弹拉时，声音就比较弱。朗读时的逻辑重音，普通话中的轻声都是音强的表现形式，如“龙头（lóngtóu）”区别于“笼头（lóngtou）”就是音强造成的。

3. 音长

音长是指声音的长短，它决定于发音体振动时间的长短。振动时间长，声音就长；振动时间短，声音就短。普通话中音长不区别意义，但可以表达不同的语气。但在英语或汉语方言里，有时音长的变化有区别意义的作用。例如，同是一个“啊”的声音，读短音表示应答，读长音表示沉思或感叹。再比如：ship［ʃip］和 sheep［ʃi：p］（船、羊就是两个不同意义的词），广州话中“三”［sa：m］与“心”［sam］也是完全不同的两个词。

4. 音色

音色也叫音质、音的“色调”，即音的本质。音色的差别决定于音波振动形式的不同。发音体不同、发音方法不同、发音共鸣腔形状不同都会造成音波振动形式不同，从而形成音色的差别，它是区别意义最根本的因素。比如人在发音时，发音体是声带，声带的不同造成每个人音色的不同，而同一个人通过控制声带的状态，改变发音体的具体情况，也能够发出不同的声音。

附：

声音的四种物理学要素

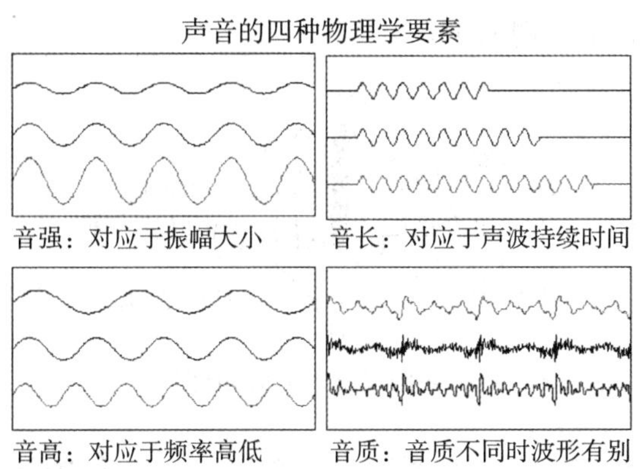
音强：对应于振幅大小
音长：对应于声波持续时间
音高：对应于频率高低
音质：音质不同时波形有别

（二）语音的生理性质

语音跟人的生理性质密关系切。人的性别、年龄、发音器官的大小形状不同，所发出的的语音也不同。

语音是由人的发音器官发出来的，发音器官可分呼吸器官，喉头和声带，咽腔、鼻腔和口腔三大部分。

1. 呼吸器官

呼吸器官是由肺、气管、胸腔、横膈膜构成的。能呼出气流，气流是语音的动力。肺是呼吸气流的活动风箱，肺部呼出的气流，通过支气管、气管到达喉头，使声带颤动，发出微弱的声音，经过咽腔、口腔、鼻腔这些共鸣器的扩大和其他发音器官的调节，发出各种不同的语音。吸进的气流也能发出吸气音。

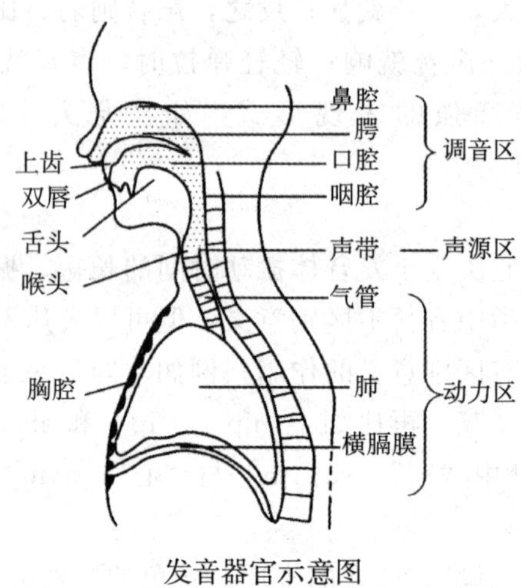

发音器官示意图

2. 喉头和声带（嗓子）

喉头由甲状软骨、环状软骨和两块杓状软骨组成。声带位于喉头的中间，是两片富有弹性的带状薄膜。声带前端附着在甲状软骨上，后端分别跟左右两块杓状软骨相联结。两片声带之间的空隙叫声门。肌肉收缩，杓状软骨活动起来，可使声带放松（变厚）或拉紧（变薄），又可使声门打开或关闭。呼出的气流通过声门使声带颤动发出声音，控制声带松紧的变化，就可以发出高低不同的声音。

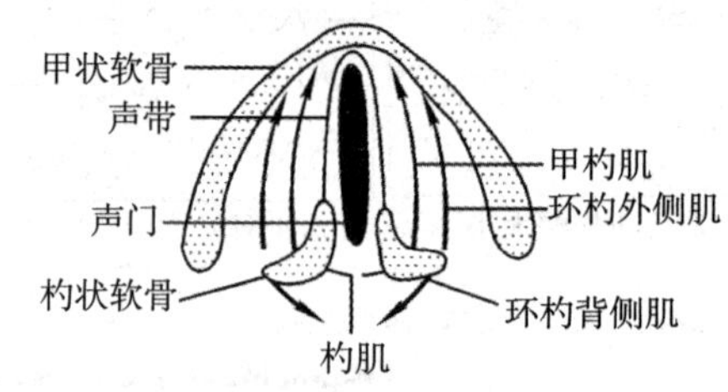

喉头声带声门及喉肌横切面图

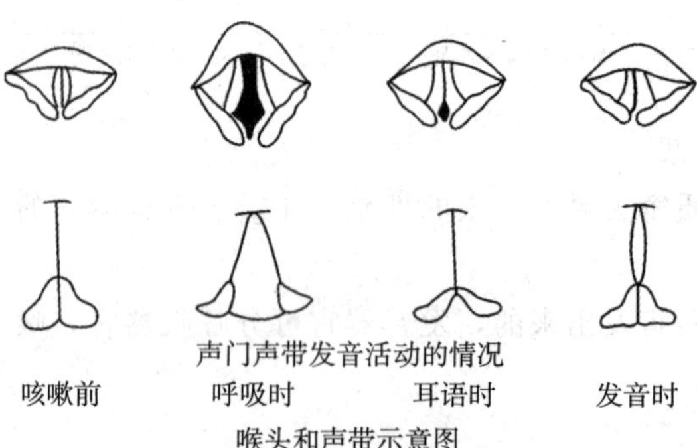

喉头和声带示意图

3. 咽腔、鼻腔和口腔

三者都能起共鸣器的扩大声音的作用。调节成多种多样的语音主要靠口腔内各器官起作用。

咽腔下接喉头，上边是鼻腔、口腔。鼻腔和口腔之间由软腭和小舌隔开，软腭和小舌上升时鼻腔闭塞，口腔畅通，这时发出的音在口腔中共鸣，叫做口音。软腭和小舌下垂，口腔阻塞，气流只能从鼻腔呼出，这时发出的音主要在鼻腔中共鸣，叫做鼻音。如果口腔无阻碍，气流同时从鼻腔和口腔呼出，发出的音在口腔和鼻腔共鸣，就叫做鼻化音（也叫半鼻音或口鼻音）。口腔上部可分上唇、上齿、齿龈、硬腭、软腭和小舌。口腔下部可分下唇、下齿和舌头三大部分。舌头又可分舌尖、舌叶、舌面三部分，舌面又分为前、中、后三部分，舌面后习惯称舌根。

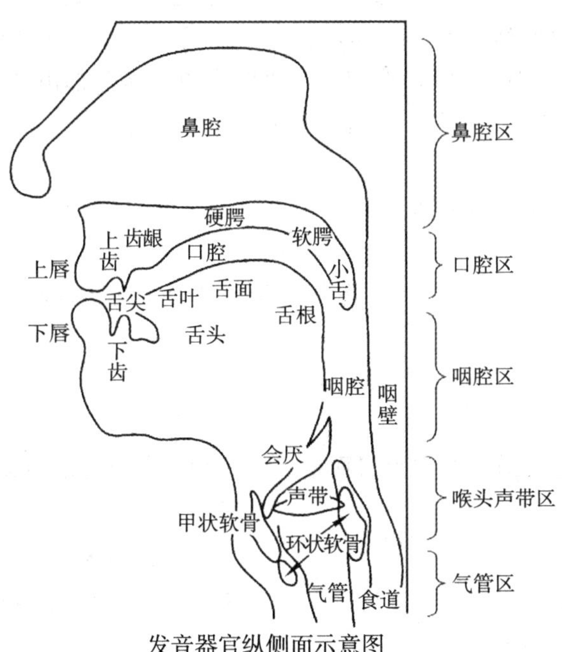

发音器官纵侧面示意图

发音全仗一口气，这口气好比是原动力，它从肺这个“动力站”里出发，通过“运输系统”——气管，到嗓子眼儿，引起喉头中间的声带振动，这样声音就发出来了。口腔和鼻腔都是共鸣器。气流如果通过鼻腔流出，就会发出鼻音（如 n、m）；如果从口腔中流出，那么口腔里的上下唇、上下齿、齿龈、舌头、硬腭、软腭等部位一起或分别活动起来的时候，就会发出各种不同的声音。

（三）语音的社会性质

语音具有表意功能，语音形式和语意内容的关系是由使用同一种语言的全体社会成员约定俗成的，它是一种社会现象。比如，[tu] 这样的声音，在汉语中可能是表达“兔”的意思，而在英语中却是“二”的意思，在别的语言中又可能被理解为其他的意思。语音的这种社会属性是它区别于自然界其他声音的最本质特征。

不同的语言具有不同的语音系统，现代汉语中不同的方言也是这样。比如，普通话中鼻音 n 和边音 l 界限分明，而西南、湖南、江淮一带的某些方言里则 n、l 不分。语音系统的这些差别，足可说明语音是不同于单纯的物理或生理现象的一种社会现象。

语音的社会性质是语音的本质，否认或忽视了语音的社会性质就难以说明许多语音现象，也无法合理解决语音上的各种问题。

三、语音的单位

（一）音素

1. 音素

音素是从音色的角度划分出来的最小语音单位。音色是分析音素的依据，我们在对音节进行音色分析时，划分出一个个各具特色的最小语音单位就是音素。比如我们对音节“三（sān）”进行发音时，读得慢一点就会发现，它是由 s、ɑ、n 三个音组成，用这种方法分析出来的结果，就叫做音素。例如，普通话的词“期望”和“棋王”，前两个音节和后两个音节的音高各不相同，但音素相同，“棋”和“期”都由“q、i”两个音素构成，“望”和“王”都由“u、ɑ、ng”三个音素构成。

2. 音素的分类

按发音情况的不同音素可分两大类：

（1）元音

气流振动声带，在口腔、咽头通道中不受阻碍而形成的响亮发音音素叫元音，共 10 个：

ɑ、o、e、ê、i、u、ü、—i（前）、—i（后）、er。

（2）辅音

气流在口腔、咽头通道中受到阻碍而形成的不响亮发音音素叫辅音，共 22 个：

b p m f d t n l
g k h j q x
zh ch sh r z c s ng

（3）元音与辅音的区别

	声带是否振动	气流是否受阻	气流的缓急	发音器官的紧张状态
发元音时	声带振动 发声响亮	流通过声门气后， 不受任何阻碍	气流比较舒缓	发音器官 持均衡紧张状态
发辅音时	有的声带不振动， 声音不响亮	气流通过咽头， 口腔总要受到 某种阻碍	气流比较急促	发音器官成阻 的部位，特别紧张

由上表可以看出，元音和辅音的区别主要要一下几点：

第一，声带是否振动。发元音时，声带振动，发音响亮；发辅音时，有的声带不振动，声音就不响亮。

第二，气流是否受阻。发元音时，流通过声门气后，不受任何阻碍；发辅音时，气流通过咽头、口腔总要受到某种阻碍。

第三，气流的缓急。发元音时，气流比较舒缓；发辅音时气流比较急促。

第四，发音器官的紧张状态。发元音时，发音器官持均衡紧张状态；发辅音时，发音器官成阻的部位特别紧张。

普通话语音共有三十二个音素，十个元音，二十二个辅音。

除了元音和辅音之外，还有一种在性质上很接近元音的半元音。半元音的发音特点是气流通过口腔时稍带摩擦成分。普通话中的半元音出现在 i、u、ü 开头的音节，如“衣、乌、鱼”等。汉语拼音方案中，i 写作 y，u 写作 w，ü 写作 yu。

（二）音节

1. 音节

音节是听觉上自然感受到的最小的语音片断，它是语音的基本结构单位。一般来讲，一个汉字就是一个音节。例如，“我们是大学生”。这句话书面上是 6 个字，语音上是 6 个音节。所以汉语也称音节为字音。当然，也有特殊情况，比如儿化音节就是用一个音节表示两个汉字。

2. 音节结构

汉语传统的分析方法，是把一个音节分析成声母、韵母和声调三部分。也就是说，音节是由声母、韵母和声调三个部分构成的。为了避免叙述重复，有关声母、韵母、声调的内容详见本章这三节的具体内容。

（三）音位

音位是“某个语言里不加分别的一族相关的声音”（国际语音学协会的定义），它是具体语言或方言中以语音形式区别意义的最小语音单位。

音位是按语音的辨义作用归纳出来的音类。比如我们汉语普通话里语音（辅音、元音、声调）的形式各不相同，我们能依它们的不同语音形式从而区别它们的各自意义，从而判定它是辅音、元音还是调值，进而区分出它属于哪一个辅音、元音和调值。这种方法区分出来的一个个辅音、元音和调值就是一个个的类，这一个个的类就是音位。于是我们就依据这种判定，把汉语语音归为 22 个辅音音位，10 个元音音位，4 个声调音位。

这里要注意的是，只有具有相同表义作用一样的一组音素才可以归纳为同一个音位，同一个音位的各个音，是不能区别意义的。如北京话里的“文”有人念“wén”，有人念“vén”，北京人听了都一样，其中“w”和“v”的读音差别并没有造成意义的不同，所以，这两个音在北京话里就可以归纳为一个音位，写成：

/u/＝w、v

不同音位的各个音，能够区别意义。如把“dǎn”（胆）换成“tǎn”（坦），意思就变了，所以“d”和“t”在普通话里可以区别意义，应该归纳为 d、t 两个音位。普通话里 ɑ、o、e、b、p、m……都是这样归纳出来的语音单位。

这里为了避免叙述的重复，音位的详细阐述见本章音位节的具体内容。

四、记录语音的符号

为了给汉字注音，人们采用过多种记音方法，这里主要介绍以下三种：

(一) 汉字注音——直音和反切

直音和反切直是我国古代给汉字注音的方法。

直音就是用一个汉字给另一个汉字注音，如“嗤，音吃”、“赣，音干”。

反切，就是用两个汉字给另一个汉字注音，即用前一个字的声母和后一个字的韵母与声调相拼，就是要注音字的读音。比如“古，工舞切”，“工”是反切上字，与被注音字“古”的声母相同；“舞”是反切下字，与被注音字“古”的韵母和声调相同，“工”的声母与“舞”的韵母声调相拼读的音就是“古”字的读音。

直音缺点是汉字音太多，常常找不到一个汉字给另一个汉字注音；反切的缺点是给一个汉字注音往往可以有无数的反切字，不好规范反切。所以直音与反切记录汉字语音的方法，逐渐被弃置不用了。

(二) 注音符号

1. 注音符号名称由来

汉语注音符号又称注音字母，是为汉字注音而设定的符号。1913 年由中国读音统一会以章太炎的记音字母作蓝本而制定，1918 年北洋政府教育部正式颁行。1930 年中华民国政府将注音字母改称为“注音符号”，正式的称呼是“国语注音符号第一式”。

2. 注音符号的声母与韵母

(1) 声母表 (55 个声母)

	ㄧi	ㄨu	ㄩü
ㄅb	ㄅㄧbi	ㄅㄨbu	
ㄆp	ㄆㄧpi	ㄆㄨpu	
ㄇm	ㄇㄧmi	ㄇㄨmu	
ㄈf		ㄈㄨfu	
ㄉd	ㄉㄧdi	ㄉㄨdu	
ㄊt	ㄊㄧti	ㄊㄨtu	
ㄋn	ㄋㄧni	ㄋㄨnu	ㄋㄩnü
ㄌl	ㄌㄧli	ㄌㄨlu	ㄌㄩlü
ㄍg		ㄍㄨgu	
ㄎk		ㄎㄨku	
ㄏh		ㄏㄨhu	
	ㄐㄧji		ㄐㄩjü
	ㄑㄧqi		ㄑㄩqü
	ㄒㄧxi		ㄒㄩxü
ㄓzh		ㄓㄨzhu	
ㄔch		ㄔㄨchu	

（续表）

	ㄧi	ㄨu	ㄩü
ㄕsh		ㄕㄨshu	
ㄖr		ㄖㄨru	
ㄗz		ㄗㄨzu	
ㄘc		ㄘㄨcu	
ㄙs		ㄙㄨsu	
’（空声母）			

（2）韵母表（70个韵母）

阴平调	阳平调ˊ	上声调ˇ	去声调ˋ	轻声调˙
ㄚa	ㄚˊ	ㄚˇ	ㄚˋ	ㄚ˙
ㄞai	ㄞˊ	ㄞˇ	ㄞˋ	ㄞ˙
ㄢan	ㄢˊ	ㄢˇ	ㄢˋ	ㄢ˙
ㄤang	ㄤˊ	ㄤˇ	ㄤˋ	ㄤ˙
ㄠao	ㄠˊ	ㄠˇ	ㄠˋ	ㄠ˙
ㄛo	ㄛˊ	ㄛˇ	ㄛˋ	ㄛ˙
ㄦer	ㄦˊ	ㄦˇ	ㄦˋ	ㄦ˙
ㄜe	ㄜˊ	ㄜˇ	ㄜˋ	ㄜ˙
ㄟei	ㄟˊ	ㄟˇ	ㄟˋ	ㄟ˙
ㄣen	ㄣˊ	ㄣˇ	ㄣˋ	ㄣ˙
ㄥeng	ㄥˊ	ㄥˇ	ㄥˋ	ㄥ˙
ㄡou	ㄡˊ	ㄡˇ	ㄡˋ	ㄡ˙
ㄝe	ㄝˊ	ㄝˇ	ㄝˋ	ㄝ˙
○	○ˊ	○ˇ	○ˋ	○˙

注：

① 第二、三、四列声母也称声介合母，为了拼式统一，在书写时统一占一格或半格，分别形似于“引”、“以”、“函”字。

②【○】作为注音字母，指空韵母。

③ 阴平调号不标。

在现代标准汉语使用的注音符号有37个（声母21个，介母3个，韵母13个）。目前，中国台湾小学生在学会汉字书写之前，必须先进行为期十周左右的注音符号教学，以作为其后汉字发音的拼读工具。生活实用上，注音符号是标注生字的拼音，也是普遍的汉字输入法。注音符号在中国台湾推行相当成功，小学生皆要求熟练使用。在中国台湾闽南语、客家语的教学上，教育主管部门另外增添新符号以使之能够拼读这些“乡土语言”（方言），称之为“台湾方言音符号”。

3. 注音符号与汉语拼音符号转换对比

汉语注音符号和汉语拼音都能表示汉字的读音，因此它们是可以互相转换的。一般来说，从注音符号转换为汉语拼音，可以直接将每个注音符号转换为对应的汉语拼音符号即可，具体转换对比见下：

（1）声母

ㄅ	ㄆ	ㄇ	ㄈ	ㄉ	ㄊ	ㄋ	ㄌ	ㄍ	ㄎ	ㄏ	ㄐ	ㄑ	ㄒ
b	p	m	f	d	t	n	l	g	k	h	j	q	x
玻	坡	摸	佛	得	特	讷	勒	哥	科	喝	基	欺	希

ㄓ	ㄔ	ㄕ	ㄖ	ㄗ	ㄘ	ㄙ
zh	ch	sh	r	z	c	s
知	蚩	诗	日	资	雌	思

（2）韵母

ㄚ	ㄛ	ㄜ	ㄝ	ㄞ	ㄟ	ㄠ	ㄡ
a	o	e	ê	ai	ei	ao	ou
啊	喔	鹅	（耶）	哀	纠	熬	欧

ㄢ	ㄣ	ㄤ	ㄥ	ㄦ
an	en	ang	eng	er
安	恩	昂	（亨）	儿

ㄧ	ㄧㄚ	ㄧㄛ	ㄧㄝ	ㄧㄠ	ㄧㄡ	ㄧㄢ	ㄧㄣ	ㄧㄤ	ㄧㄥ
i	ia	io	ie	iao	iu	ian	in	iang	ing
yi	ya	yo	ye	yao	you	yan	yin	yang	ying
衣	呀	唷	耶	腰	忧	烟	因	央	英

ㄨ	ㄨㄚ	ㄨㄛ	ㄨㄞ	ㄨㄟ	ㄨㄢ	ㄨㄣ	ㄨㄤ	ㄨㄥ
u	ua	uo	uai	ui	uan	un	uang	ong
wu	wa	wo	wai	wei	wan	wen	wang	weng
屋	蛙	窝	歪	威	弯	温	汪	翁

ㄩ　ㄩㄝ　ㄩㄢ　ㄩㄣ　ㄩㄥ　ㄋㄩ　ㄌㄩ
u　ue　uan　un　iong
yu　yue　yuan yun　yong nü　lü
迂　约　冤　晕　雍　女　律

转换时有几点需要注意：

“ㄜ”对应汉语拼音中的“e”，“ㄝ”对应汉语拼音中的“ê”。然而在汉语拼音的写法中，“ê”除个别单用情况外，均被简写为“e”，如“ie”、“ei”等。另一个特殊情况是“ㄦ”汉语拼音写作“er”，但作韵尾时仅写“r”。

由于北方方言中“风、峰、翁”等字大多因为异化作用发成 eng，故而注音方案并未单独设置“ong”的符号，所以“ㄨㄥ”在汉语拼音中写作“ong”，“ㄩㄥ”写作“iong”。

因为没有实际上的“iu”、“ui”等音节，所以韵母“ㄧㄡ”即“iou”在拼音方案中简写作“iu”，“ㄨㄟ”即“uêi”简写作“ui”，“ㄨㄣ”即“uen”简写作“un”。

单成音节的“ㄧ”、“ㄨ”、“ㄩ”分别写作“yi”、“wu”、“yu”。“ㄩ”在很多情况下写成“u”，详见汉语拼音方案。

在注音符号中，“ㄓ、ㄔ、ㄕ、ㄖ、ㄗ、ㄘ、ㄙ”等声母可以单独成音节。但汉语拼音中必须添加韵母“i”方可组成音节。故这些音节在汉语拼音中写作“zhi chi shi ri zi ci si”。

附注：zhi 在旧式注音中需加空韵“帀”注成“ㄓ帀”，新式中则不需，单注“ㄓ”，故汉语拼音以类似旧式的拼法，zh 要加空韵 i。

4. 注音符号与汉语拼音读音比较

(1) 比较一：单音注音符号与汉语拼音法读音

注音	汉语拼音	范例（注音与汉语拼音）
ㄅ	b	八（ㄅㄚ，bā）
ㄆ	p	杷（ㄆㄚˊ，pá）
ㄇ	m	马（ㄇㄚˇ，mǎ）
ㄈ	f	法（ㄈㄚˋ，fǎ）
ㄉ	d	地（ㄉㄧˋ，dì）
ㄊ	t	提（ㄊㄧˊ，tí）
ㄋ	n	你（ㄋㄧˇ，nǐ）
ㄌ	l	利（ㄌㄧˋ，lì）
ㄍ	g	告（ㄍㄠˋ，gào）
ㄎ	k	考（ㄎㄠˇ，kǎo）
ㄏ	h	好（ㄏㄠˇ，hǎo）
ㄐ	j	叫（ㄐㄧㄠˋ，jiào）

（续表）

注音	汉语拼音	范例（注音与汉语拼音）
ㄑ	q	巧（ㄑㄧㄠˇ，qiǎo）
ㄒ	x	晓（ㄒㄧㄠˇ，xiǎo）
ㄓ	zhi【zh】	主（ㄓㄨˇ，zhǔ）
ㄔ	chi【ch】	出（ㄔㄨ，chū）
ㄕ	shi【sh】	束（ㄕㄨˋ，shù）
ㄖ	ri【r】	入（ㄖㄨˋ，rù）
ㄗ	zi【z】	在（ㄗㄞˋ，zài）
ㄘ	ci【c】	才（ㄘㄞˊ，cái）
ㄙ	si【s】	塞（ㄙㄞ，sāi）
ㄚ	a	大（ㄉㄚˋ，dà）
ㄛ	o	多（ㄉㄨㄛ，duō）
ㄜ	e	得（ㄉㄜˊ，dé）
ㄝ	ê	爹（ㄉㄧㄝ，diē）
ㄞ	ai	晒（ㄕㄞˋ，shài）
ㄟ	ei	谁（ㄕㄟˊ，shéi）
ㄠ	ao	少（ㄕㄠˇ，shǎo）
ㄡ	ou	收（ㄕㄡ，shōu）
ㄢ	an	山（ㄕㄢ，shān）
ㄣ	en	申（ㄕㄣ，shēn）
ㄤ	ang	上（ㄕㄤˋ，shàng）
ㄥ	eng	生（ㄕㄥ，shēng）
ㄦ	er	而（ㄦˊ，ér）
ㄧ或丨	yi【i】	逆（ㄋㄧˋ，nì）
ㄨ	wu【u】	努（ㄋㄨˇ，nǔ）
ㄩ	yu【ü】	女（ㄋㄩˇ，nǚ）

（2）比较二：连音注音符号与拼音法读音

注音	汉语拼音	范例（注音与汉语拼音）
ㄧㄚ	ya【ia】	加（ㄐㄧㄚ，jiā）
ㄧㄛ	yo【io】	唷（ㄧㄛ，yō）

（续表）

注音	汉语拼音	范例（注音与汉语拼音）
ㄧㄝ	ye【ie】	阶（ㄐㄧㄝ，jiē）
ㄧㄞ	yai【iai】	崖（ㄧㄞˊ，yai）
ㄧㄠ	yao【iao】	嚣（ㄒㄧㄠ，xiao）
ㄧㄡ	you【iu】	休（ㄒㄧㄡ，xiū）
ㄧㄢ	yan【ian】	掀（ㄒㄧㄢ，xiān）
ㄧㄣ	yin【in】	今（ㄐㄧㄣ，jīn）
ㄧㄤ	yang【iang】	江（ㄐㄧㄤ，jiāng）
ㄧㄥ	ying【ing】	京（ㄐㄧㄥ，jīng）
ㄨㄚ	wa【ua】	抓（ㄓㄨㄚ，zhuā）
ㄨㄛ	wo【uo】	捉（ㄓㄨㄛ，zhuō）
ㄨㄞ	wai【uai】	怪（ㄍㄨㄞˋ，guài）
ㄨㄟ	wei【ui】	圭（ㄍㄨㄟ，guī）
ㄨㄢ	wan【uan】	官（ㄍㄨㄢ，guān）
ㄨㄣ	wen【un】	滚（ㄍㄨㄣˇ，gǔn）
ㄨㄤ	wang【uang】	壮（ㄓㄨㄤˋ，zhuàng）
ㄨㄥ	weng【ong】	中（ㄓㄨㄥ，zhōng）
ㄩㄝ	yue【üe】	却（ㄑㄩㄝˋ，què）
ㄩㄢ	yuan【üan】	犬（ㄑㄩㄢˇ，quǎn）
ㄩㄣ	yun【ün】	群（ㄑㄩㄣˊ，qún）
ㄩㄥ	yong【iong】	穹（ㄑㄩㄥˊ，qióng）

5. 注音符号声调（五种）

第一声（阴平，不标调）；

第二声（阳平，标为“ˊ”）；

第三声（上声，标为“ˇ”）；

第四声（去声，标为“ˋ”）；

第五声（轻声，标为“˙”）。

注：另有“入声”，官话中多已不存，故不录，而“轻声”属于声调丢失后的特殊发音，实际不应算入发音法。

（三）汉语拼音方案

1. 汉语拼音方案简述

汉语拼音方案是记录现代汉语语音系统的法定拼音方案。这套方案1955—1957年中国文字改革委员会汉语拼音方案委员会在总结我国注音识字和拼音字母运用的经验、吸收世界各国拼音文字的长处的基础上制订出来的。1958 年 2 月 11 日全国人民代表大会批准公布，1982 年国际标准化组织承认为拼写汉语的国际标准。

汉语拼音方案的主要用途是给汉字注音和作为推广普通话的工具，还可用作我国各少数民族创制和改革文字的基础，帮助外国人学习汉语，翻译人名、地名和科技术语。

汉语拼音方案由字母表、声母表、韵母表、声调符号、隔音符号五部分组成，用注音字母标注字母、声母、韵母的名称和读音，有的还辅以汉字说明。

汉语拼音方案采用了国际通行的二十六个拉丁字母：其中的 y 和 w 主要用来区分音节的界限，v 只用来拼写外来语、少数民族语言和方言。为解决拉丁字母的不足，方案结合现代汉语语音系统的特点进行了调整加工：

（1）以组合字母记录音素，有 zh、ch、sh、ng、er 五个。

（2）加符字母，有 ê、ü 两个。

（3）i 为兼职字母。即 i 字母在不同的条件下代表不同的音素。在 z、c、s 声母后代表[ɿ]，在 zh、ch、sh、r 声母后代表［ʅ］，在其他辅音后用［i］。

字母表采用了拉丁字母的体式及国际通用的顺序，还规定了国际化的汉语字母名称。

（4）26 个拉丁字母名称

Aa	Bb	Cc	Dd	Ee	Ff	Gg
a	bê	cê	dê	e	êf	gê
Hh	Ii	Jj	Kk	Ll	Mm	Nn
ha	yi	jiê	kê	êl	êm	nê
Oo	Pp	Qq	Rr	Ss	Tt	
O	pê	qiu	ar	ês	tê	
Uu	Vv	Ww	Xx	Yy	Zz	
wu	vê	wa	xi	ya	zê	

2.《汉语拼音方案》

（1）字母表

字母	名称	字母	名称
Aa	ㄚ	Nn	ㄋㄝ
Bb	ㄅㄝ	Oo	ㄛ
Cc	ㄘㄝ	Pp	ㄆㄝ
Dd	ㄉㄝ	Qq	ㄑㄧㄡ
Ee	ㄜ	Rr	ㄚㄦ
Ff	ㄝㄈ	Ss	ㄝㄙ
Gg	ㄍㄝ	Tt	ㄊㄝ
Hh	ㄏㄚ	Uu	ㄨ
Ii	ㄧ	Vv	ㄞㄝ
Jj	ㄐㄧㄝ	Ww	ㄨㄚ

（续表）

字母	名称	字母	名称
Kk	ㄎㄝ	Xx	ㄒㄧ
Ll	ㄝㄌ	Yy	ㄧㄚ
Mm	ㄝㄇ	Zz	ㄗㄝ

V 只用来拼写外来语、少数民族语言和方言。

字母的手写体依照拉丁字母的一般书写习惯。

（2）声母表

b	p	m	f	d	t	n	l
ㄅ玻	ㄆ坡	ㄇ摸	ㄈ佛	ㄉ得	ㄊ特	ㄋ讷	ㄌ勒

g	k	h	j	q	x
ㄍ哥	ㄎ科	ㄏ喝	ㄐ基	ㄑ欺	ㄒ希

zh	ch	sh	r	z	c	s
ㄓ知	ㄔ蚩	ㄕ诗	ㄖ日	ㄗ资	ㄘ雌	ㄙ思

在给汉字注音的时候，为了使拼式简短，zh、ch、sh 可以省作 ẑĉŝ 。

（3）韵母表

	i ㄧ衣	u ㄨ乌	ü ㄩ迂
a ㄚ啊	ia ㄧㄚ呀	ua ㄨㄚ蛙	
o ㄛ喔		uo ㄨㄛ窝	
e ㄜ鹅	ie ㄧㄝ耶		üe ㄩㄝ约
ai ㄞ哀		uai ㄨㄞ歪	
ei ㄟ诶		uei ㄨㄟ威	
ao ㄠ熬	iao ㄧㄠ腰		

（续表）

	i 丨衣	u ㄨ乌	ü ㄩ迂
ou ㄡ欧	iou ㄡ忧		
an ㄢ安	ian 丨ㄢ烟	uan ㄨㄢ弯	üan ㄩㄢ冤
en ㄣ恩	in 丨ㄣ因	uen ㄨㄣ温	ün ㄩㄣ晕
ang ㄤ昂	iang 丨ㄤ央	uang ㄨㄤ汪	
eng ㄥ亨的韵母	ing 丨ㄥ英	ueng ㄨㄥ翁	
ong ㄨㄥ轰的韵母	iong ㄩㄥ雍		

①“知、蚩、诗、日、资、雌、思”等字的韵母用 i。即：知、蚩、诗、日、资、雌、思等字拼作 zhi、chi、shi、ri、zi、ci、si。

② 韵母儿写成 er，用做韵尾的时候写成 r。例如：“儿童”拼作“értóng”，“花儿”拼作 huār。

③ 韵母ㄝ单用的时候写成 ê。

④ i 行的韵母，前面没有声母的时候，写成 yi（衣），ya（呀），ye（耶），yao（腰），you（忧），yan（烟），yin（因），yang（央），ying（英），yong（雍）。

u 行的韵母，前面没有声母的时候，写成 wu（乌），wa（蛙），wo（窝），wai（歪），wei（威），wan（弯），wen（温），wang（汪），weng（翁）。

ü 行的韵母跟声母 j，q，x 拼的时候，写成 ju（居），qu（区），xu（虚），ü 上两点也省略；但是跟声母 l，n 拼的时候，仍然写成 nü（女），lü（吕）。

⑤ iou，uei，uen 前面加声母的时候，写成 iu，ui，un，例如 niu（牛），gui（归），lun（论）。

⑥在给汉字注音的时候，为了使拼式简短，ng 可以省作 ŋ。

（4）声调符号

阴平	阳平	上声	去声
─	╱	∨	╲

声调符号标在音节的主要母音上。轻声不标。例如：

妈 mā	麻 má	马 mǎ	骂 mà	吗 ma
阴平	阳平	上声	去声	轻声

（5）隔音符号

a，o，e 开头的音节连接在其他音节后面的时候，如果音节的界限发生混淆，用隔音符号（'）隔开，例如 pi'ao（皮袄）。

（四）国际音标

1. 国际音标简述

世界主要语言都有自己的语音特点，为了准确地分析语音，需要有一套音素的标写符号。通行的文字不适合作为这种标写符号。方块汉字自然不必说，拼音文字的字母也不合适。比方英文中的 c，有时候发音和 k 一样，有时候又和 s 一样；同一个 a，在 car、play、map 三个词中，读音就有三种。在英文里，单独一个 c 或 a 究竟读哪一个音呢？不知道。因此，需要专门制定一套明确的各国通用的音素标写符号。

为了能给世界各种语言注音，国际语音学协会于 1888 年专门制定的一套简明、统一的记录语音音素的标写符号，这就是国际音标。

国际音标的制定原则是“一个音素只用一个音标表示，一个音标只表示一个音素”，音素和标写符号一一对应，不会出现混淆。国际音标所用的符号大多数采用拉丁字母，拉丁字母不够用的时候，再补充采用希腊字母，有时候也用一些字母的大写、倒写、连写或添加附加符号等办法来补充，以便准确地标记世界上各种语言的语音。为了与一般的字母相区别，通常把国际音标所用的标写符号放在方括号［］里。国际音标所代表的音是全世界一致的，我们切记不要把它和具体语言中形状相同的字母的读音混为一谈。例如，汉语拼音方案的字母 b 和国际音标的［b］，写法虽然一样，但代表的音不同。英语 boy、book 的第一个音素，上海话“跑”、“伴”的第一个音素都是［b］，北京话里没有［b］这个音。汉语拼音方案里的字母 b 用国际音标来标写得用［p］，英语 speak、spring 里的 p，上海话“比”、“把”的第一个音素，也都是［p］。总之，音标是音素的标写符号，字母是文字的书写符号，我们看到［ ］中的符号，就一定要把它和写法上相同的字母区别开来。

国际音标的优点是每一个固定的音素由一个记音符号表示，不会发生标音含混的现象；而且国际音标的字型是在国际通行的拉丁字母的基础上制定的，多数字形为大家所熟悉，掌握起来比较方便。国际音标就好像一套标准的公式，我们可以利用它对各种语言或方言进行讨论或交流，也可以根据别人的描述，准确地还原出那个音。我国的语言学者调查方言或少数民族语言，阐述古汉语语音，都使用国际音标。

2. 国际音标注音符号和标音法

（1）注音符号

<table>
<tr><td rowspan="6">元音</td><td rowspan="4">单元音</td><td rowspan="2">长元音</td><td>IPA</td><td>［i:］</td><td>［a:］</td><td>［ɔ:］</td><td>［u:］</td><td>［ə:］</td><td rowspan="2" colspan="3"></td></tr>
<tr><td>KK</td><td>［i］</td><td>［ar］</td><td>［ɔ］</td><td>［u］</td><td>［ɝ］</td></tr>
<tr><td rowspan="2">短元音</td><td>IPA</td><td>［i］</td><td>［ʌ］</td><td>［ɔ］</td><td>［u］</td><td>［ə］</td><td>［e］</td><td>［æ］</td><td rowspan="2"></td></tr>
<tr><td>KK</td><td>［l］</td><td>［ʌ/a］</td><td>［ɔ］</td><td>［ʊ］</td><td>［ə/ɚ］</td><td>［ɛ］</td><td>［æ］</td></tr>
<tr><td rowspan="2">双元音</td><td>IPA</td><td>［ai］</td><td>［ei］</td><td>［ɔi］</td><td>［iə］</td><td>［ɛə］</td><td>［uə］</td><td>［əu］</td><td colspan="2">［au］</td></tr>
<tr><td>KK</td><td>［aI］</td><td>［e］</td><td>［ɔl］</td><td>［lr］</td><td>［ɛr］</td><td>［ʊr］</td><td>［o］</td><td colspan="2">［aʊ］</td></tr>
</table>

（续表）

辅音	清辅音	IPA	[p]	[t]	[k]	[f]	[s]	[θ]	[ʃ]	[tʃ]	[tr]	[ts]
		KK	[p]	[t]	[k]	[f]	[s]	[θ]	[ʃ]	[tʃ]		
	浊辅音	IPA	[b]	[d]	[g]	[v]	[z]	[ð]	[ʒ]	[ʤ]	[dr]	[ʣ]
		KK	[b]	[d]	[g]	[v]	[z]	[ð]	[ʒ]	[ʤ]		
	鼻音	IPA	[m]	[n]	[ŋ]							
		KK	[m]	[n]	[ŋ]							
	似拼音	IPA	[h]	[r]	[l]							
		KK	[h]	[r]	[l]							
	半元音	IPA	[w]	[j]								
		KK	[w]	[j]								

（2）标音法

国际音标标音法一般分为严式标音法和宽式标音法两种。

① 严式标音

严式标音，就是出现什么音素就记录什么音素，有什么伴随现象就记录什么伴随现象。无论什么音素和什么伴随现象都不放过，也就是最忠实、最细致的记录语音的原貌。所以，严式标音又称为“音素标音”。例如，现代汉语中，较低的舌面元音可归纳为一个音位/a/，若用严式标音，则必须分别标为［ɛ］、［A］、［a］、［ɑ］、［ɶ］、［æ］等。它的特点就是，对一种语言或方言中实际存在的每一个音素（不论它们是否属于同一个音位），都用特定的音标加以标记。因此，严式标音使用的音标很多，对语音的刻画描写很细致，大多是在调查第一手材料时使用，在其他场合只是间或使用。

② 宽式标音

宽式标音，是在严式标音的基础上，整理出一种语音的音位系统，然后按音位来标记语音，也就是只记音位，不记音位变体及其他非本质的伴随现象。因此，宽式标音又称为“音位标音”。例如，现代汉语中，舌面低元音有［ɛ］、［A］、［a］、［ɑ］等多个，用宽式标音只用/a/就可以了。用宽式标音，可以把音标数目限制在有限范围之内，因而能把一种语言或方言的音系反映得简明清晰。我们现在多用宽式音标。

3. 汉语拼音字母与严式、宽式国际音标对照表

（1）声调

一声阴平［55］；二声阳平［35］；三声上声［214］；四声去声［51］。（［ ］内数字为国际音标声调与汉语四声调的对应标注法）

（2）声母表

拼音字母	国际音标	拼音字母	国际音标	拼音字母	国际音标
b	[p]	g	[k]	s	[s]

（续表）

拼音字母	国际音标	拼音字母	国际音标	拼音字母	国际音标
p	[pʻ]	k	[kʻ]	zh	[tʂ]
m	[m]	h	[x]	ch	[tʂʻ]
f	[f]	j	[tɕ]	sh	[ʂ]
d	[t]	q	[tɕʻ]	r	[ʐ]
t	[tʻ]	x	[ɕ]	y	[i]
n	[n]	z	[ts]	w	[u]
l	[l]	c	[tsʻ]	v	[v]

（3）单韵母表（以下韵母为单用或只跟在辅音后）

拼音字母	严式音标	宽式音标	拼音字母	严式音标	宽式音标	拼音字母	严式音标	宽式音标
a	[A̡]	[A]	i	[i]	[i]	－i（后）	[ʅ]	[ʅ]
o	[o]	[o]	u	[u]	[u]	er	[ɚ]	[ɚ]
e	[ɤ]	[ə]	ü	[y]	[y]			
ê	[e]	[ɛ]	－i（前）	[ɿ]	[ɿ]			

（4）复韵母表

拼音字母	严式音标	宽式音标	拼音字母	严式音标	宽式音标	拼音字母	严式音标	宽式音标
ai	[aI]	[ai]	ing	[iŋ]	[iŋ]	uai	[uaI]	[uai]
ei	[eI]	[ei]	ia	[iA̡]	[ia]	ui（uei）	[ueI]	[uei]
ao	[aʊ]	[au]	iao	[iaʊ]	[iau]	uan	[uan]	[uan]
ou	[oʊ]	[ou]	ian	[iæn]	[iɛn]	uang	[uaŋ]	[uaŋ]
an	[an]	[an]	iang	[iaŋ]	[iaŋ]	un（uen）	[uən]	[uən]
en	[ən]	[ən]	ie	[iE]	[iɛ]	ueng	[uəŋ]	[uəŋ]
in	[in]	[in]	iong	[yŋ]	[yŋ]	üe	[yE]	[yɛ]
ang	[aŋ]	[aŋ]	iu（iou）	[ioʊ]	[iou]	üan	[yæn]	[yɛn]
eng	[əŋ]	[əŋ]	ua	[uA̡]	[ua]	ün	[yn]	[yn]
ong	[ʊŋ]	[uŋ]	uo	[uo]	[uo]	ng	[ŋ]	[ŋ]

阅读上表，要特别注意：

① 汉语拼音有一些缩写形式，在转换时应特别引起注意，应恢复成完整形式。如：ui是uei的缩写，un是uen的缩写，ü在j、q、x和y后写作u。

② 儿化标记：ɹ写在音节末尾，调值之前。

③ 元音严式音标记忆方法（只换其中对应的拼音字母）。

a的同一音位有5种：用［a］：ai、an、ia；用［A］：跟在辅音后或者单独使用；用［ɑ］：ang、iang、uang、ao、iao、ua；用［æ］：ian及yan；用［ɐ］：儿化。

o的特殊标法：［uŋ］：ong；［yŋ］：iong。

e的同一音位有4种：用［ɤ］：跟在辅音后或者单独使用；用［e］：ei、ui；用［ɛ］：ie、üe。

用［ə］：en、eng、un、ueng、er。

i的同一音位有3种：用［ɿ］：跟在z、c、s后；用［ʅ］：跟在zh、ch、sh、ri后；用［i］：跟在其他辅音后。

（5）有关汉语拼音与国际音标发音描述，见后面的声母、韵母、声调的内容。

思考与练习

一、名词解释

1. 语音。2. 音素。3. 元音。4. 辅音。5. 音节。6. 音位。7. 注音符号。8. 汉语拼音方案。9. 国际音标。10 反切。

二、简述

1. 语音的性质。

2. 语音的单位。

3. 元音与辅音的区别。

4. 音节的结构。

三、填空

1. 语音是通过____________的声音。

2. 语音产生于____________，具有一定的物理性质。

3. 语音还可表达的意义不是由个人决定的，而是由使用该语音的全体社会成员约定俗成的，所以语音又具有____________。

4. 声带是语音的发音体，语音的高低取决于____________。

5. 音色的差别决定于____________的不同，音色的差别是区别意义____________的因素。

6. 人的发音器官可分________、________、________三大部分。

7. 语音的____________是语音的本质，否认或忽视了语音的社会性质就难以说明许多语音现象，也无法合理解决语音上的各种问题。

8. zhuang是由________、________、________、________四个音素构成的，其中，辅音是________、________，元音是________、________；声母是____________，韵母

是____________。

四、实践操作

1. 熟记发音器官的名称和部位位置，明确发音器官的发音原理。

2. 熟记汉语拼音方案内容，写出汉语汉语拼音方案中的辅音、元音韵母，并在其下分别写出对应的注音符号和国际音标，强化识记这三种记音符号。

第二节 声母发音

一、什么是声母

声母是指音节开头的辅音，汉语普通话里共有21个辅音声母，1个零声母。辅音声母的发音是由发音部位和发音方法决定的。发音部位是指发声器官阻碍气流的部位。发音方法是指发音时构成和克服阻碍的方法。

二、声母的发音

由于发音部位和发音方法的不同，决定了21个辅音声母的音色各不相同，因此要想学好声母发音，首先要弄清楚它们各自的发音部位和发音方法。

（一）依据声母的发音部位不同，可以把声母发音分为七类

1. 双唇音：由上唇和下唇阻碍气流而形成。有b、p、m三个。

b［p］发音时，双唇闭合，软腭上升，堵塞鼻腔通路，声带不颤动，较弱的气流冲破双唇的阻碍，迸裂而出，爆发成音。如“辨别”、“标本”的声母。

p［p’］发音的状况与b相近，只是发p时有一股较强的气流冲开双唇。如“乒乓”、“批评”的声母。

m［m］发音时，双唇闭合，软腭下降，气流振动声带从鼻腔通过发音。如“美妙”、“弥漫”的声母。

2. 唇齿音，由上齿和下唇接近阻碍气流而形成。有f一个。

f［f］发音时，下唇接近上齿，形成窄缝，软腭上升，堵塞鼻腔通路，气流不颤动声带，从唇齿间窄缝摩擦出来发声。如“丰富”、“芬芳”的声母。

3. 舌尖前音，由舌尖抵住或接近齿背阻碍气流而形成。有z、c、s三个。

z［ts］发音时，舌尖轻轻抵住齿背，软腭上升，堵塞鼻腔通路，声带不颤动，较弱的气流把阻碍冲开一条窄缝，摩擦成声。如“总则”、“自在”的声母。

c［ts’］和z的发音区别不大，不同的地方在于c气流较强。如“粗糙”、“参差”的声母。

s［s］发音时，舌尖接近齿背，形成窄缝，软腭上升，堵塞鼻腔通路，气流从窄缝擦出成声，声带不颤动。如“思索”、“松散”的声母。

4. 舌尖中音，由舌尖抵住上齿龈阻碍气流而形成。有d、t、n、l四个。

d［t］发音时，舌尖抵住上齿龈，软腭上升，堵塞鼻腔通路，声带不颤动，较弱的气流冲破舌尖的阻碍，迸裂而出，爆发成声。如“等待”、“定夺”的声母。

t［t’］发音的状况与 d 相近，只是发 t 时气流较强。如“淘汰”、“团体”的声母。

n［n］发音时，舌尖抵住上齿龈，软腭下降，打开鼻腔通路，气流颤动声带，从鼻腔通过发音。如：“能耐”、“泥泞”的声母。

l［l］发音时，舌尖抵住上齿龈，软腭上升，堵塞鼻腔通路，气流颤动声带，从舌头两边或一边通过。如“玲珑”、“嘹亮”的声母。

5. 舌尖后音，由舌尖抵住或接近硬腭前部阻碍气流而形成。有 zh、ch、sh、r 四个。

zh［tʂ］发音时，舌尖上翘，抵住硬腭前部，软腭上升，堵塞鼻腔通路，声带不颤动。较弱的气流把阻碍冲开一条窄缝，从窄缝中挤出摩擦成声。如“庄重”、“主张”的声母。

ch［tʂ’］发音的状况与 zh 相近，只是气流较强。如“车床”、“长城”的声母。

sh［ʂ］发音时，舌尖上翘接近硬腭前部，形成窄缝，软腭上升，堵塞鼻腔通路，气流从缝间挤出，摩擦成声，声带不颤动。如“闪烁”、“山水”的声母。

r［ʐ］发音状况与 sh 相近，只是摩擦比 sh 弱，声带颤动，气流带音。如“容忍”、“柔软”的声母。

6. 舌面前音，由舌面前部抵住或接近硬腭前部阻碍气流而形成，也叫舌面音。有 j、q、x 三个。

j［tɕ］发音时，舌面前部抵住硬腭前部，软腭上升，堵塞鼻腔通路，声带不颤动，较弱的气流把阻碍冲开形成一条窄缝，气流从窄缝中挤出，摩擦成声。如“境界”、“将就”的声母。

q［tɕ’］发音的状况与和 j 相近，只是气流较强。如“秋千”、“亲切”的声母。

x［ɕ］发音时，舌面前部接近硬腭前部，留出窄缝，软腭上升，堵塞鼻腔通路，声带不颤动，气流从窄缝中挤出，摩擦成声。如“形象”、“虚心”的声母。

7. 舌面后音，由舌面后部抵住或接近软腭阻碍气流而形成，也叫舌根音。有 g、k、h 三个。

g［k］发音时，舌面后部抵住软腭，软腭后部上升，堵塞鼻腔通路，声带不颤动，较弱的气流冲破舌根的阻碍，爆发成声。如“巩固”、“改革”的声母。

k［k’］发音的状况与 g 相近，只是气流较强。如“宽阔”、“刻苦”的声母。

h［x］发音时，舌面后部接近软腭，留出窄缝，软腭上升，堵塞鼻腔通路，声带不颤动，气流从窄缝中摩擦出来成声。如“欢呼”、“辉煌”的声母。

（二）依据发音时形成阻碍和克服阻碍的不同方式，可以将声母发音分为五类

1. 塞音：b、p、d、t、g、k 发音时时，发音部位形成闭塞，软腭上升，堵塞鼻腔的通路，气流冲破阻碍，爆发成音。

2. 擦音：f、h、x、sh、r、s 发音时，发音部位接近，留下窄缝，软腭上升，堵塞鼻腔通路，气流从窄缝挤出，摩擦成音。

3. 塞擦音：j、q、zh、ch、z、c 是塞音和擦音两种方法的结合。发音时，发音部位先形成闭塞，软腭上升，堵塞鼻腔通路，气流把阻塞部位冲开一条窄缝，气流从缝中挤出，

摩擦成声。

4. 鼻音：m、n 发音时，口腔中的发音部位完全闭合，软腭下降，打开鼻腔通路，气流颤动声带，从鼻腔通过发音。

5. 边音：l 发音时，舌尖与上齿龈接触，但舌头两边仍留有空隙，同时软腭上升，阻塞鼻腔通路，气流振动声带，从舌头两边或一边通过发声。

（三）依据呼出气流的强弱不同，塞音、塞擦音声母发音可以分为两类

1. 送气音：p、t、k、q、ch、c 发音时口腔呼出的气流较强（实质是肺部呼出的气流比较强）。

2. 不送气音：b、d、g、j、zh、z 发音时口腔呼出的气流较弱（实质是肺部呼出的气流比较弱）。

进行发音练习时，可用一张纸挡在嘴巴前面，从纸张的颤动情况来判断发音时呼出气流的强弱。

（四）依据发音时声带是否振动，可以把声母发音分为清音和浊音两类

1. 清音：b、p、f、d、g、k、h、jq、x、zh、ch、sh、z、c、s 发音时声带不颤动。

2. 浊音：m、n、l、r 发音时声带颤动。

进行发音练习时，可用手指轻触咽头部位，去直观感受声带的振动情况。

综合上述描写的普通话 21 个声母的发音部位和发音方法，可依普通话声母总表了解它们之间的具体情况。

普通话声母总表

发音方法 / 发音部位	塞音		塞擦音		擦音		鼻音	边音
	清音		清音		清音	浊音	浊音	浊音
	不送气	送气	不送气	送气				
双唇音	b	p					m	
唇齿音					f			
舌尖前音			z	c	s			
舌尖中音	d	t					n	l
舌尖后音			zh	ch	sh	r		
舌面音			j	q	x			
舌根音	g	k			h			

三、声母发音辨正

（一）分清 f 和 h、b、p

声母 f 是唇齿清擦音，是气流冲破上齿和下唇形成的阻碍而形成的发音。在发音时应该注意：

1. 不要把舌根音 h 发成 f

这类发音错误主要出现在 h 和 u 或 u 开头的韵母相拼的音节中。例如："花 huā" 说成 "发 fā"，"灰 huī" 说成 "飞 fēi"。

h 是一个舌根音，照理跟 f 的发音部位不一样，但当 h 与 u 或 u 开头的韵母相拼时，因为 u 是一个后高圆唇元音，这样就使 h 的发音部位发生了细微变化，接近于 f，因此二者很容易相混。所以，在发 h、f 这两个音时，一定要注意它们发音部位的不同，f 是上齿、下唇形成阻碍，h 是舌根和软腭形成阻碍。例如：

gōngfèi　　gōnghuì　　　　fāngdì　　huāngdì
公　费——　工　会　　　　方　地——　荒　地

huài　　　huì fāhuǒ
他的脾气很坏，动不动就会　发火。

f 和 h 对照辨音字表（摘自黄伯荣、廖旭东《现代汉语》）

f	h
fā 发 fá 伐阀乏罚 fǎ 法砝 fà 发（头发）	huā 花哗 huá 华铧滑划 huà 化画话划桦
fó 佛	huō 豁 huó 活 huǒ 火伙 huò 祸或货霍获
fū 夫 fú 福扶服俘幅芙 fǔ 府俯斧釜腐 fù 父付父富妇赋腹	hū 呼忽乎惚 hú 胡湖葫瑚狐糊弧 hǔ 虎唬琥浒 hù 户沪护互
	huái 怀怀槐徊 huài 坏
fēi 飞非菲啡霏 féi 肥淝 fěi 匪匪悱斐蜚 fèi 废费沸吠	huī 灰挥晖恢辉徽 huí 回茴蛔 huǐ 悔毁 huì 会卉贿汇讳秽彗
fān 帆翻番 fán 繁凡烦蕃 fǎn 反返 fàn 饭贩犯泛范	huān 欢獾 huán 还环寰 huǎn 缓 huàn 患换焕宦幻

（续表）

f	h
fēn 分吩芬纷 fén 焚坟 fěn 粉 fèn 愤份粪奋	hūn 昏婚荤 hún 混魂 hùn 混
fāng 方芳坊 fáng 防妨房肪 fǎng 访仿纺 fàng 放	huāng 慌荒 huáng 皇黄蝗惶潢簧凰 huǎng 恍晃恍谎 huàng 晃
fēng 封风疯丰锋蜂 féng 冯逢 fěng 讽 fèng 俸奉凤	hōng 轰哄 hóng 洪红弘虹宏 hǒng 哄 hòng 哄（起哄）

2. 不要把 f 发成双唇音 b、p

在有的方言中，没有 f 这个辅音，与 f 比较接近的就是 b、p 这两个双唇音，因此在学习 f 这个声母时，就容易产生把该念 b、p 的念成 f 的情况或把该念 f 的念成 b、p 的情况。例如：

fā 法—bā 把　　fān 番—bān 班　　fēi 飞—bēi 悲

fēn 芬—pēn 喷　　fó 佛—pó 婆　　fū 夫—pū 铺

（二）分清 z、c、s、zh、ch、sh 和 j、q、x

对很多人来说，舌尖前音 z、c、s 和舌尖后音 zh、ch、sh 与舌面音 j、q、x 的区分很难，尤其是舌尖后音 zh、ch、sh 与舌面音 j、q、x，比如常常把“支持 zhīchí”说成“积齐 jīqí”，把“狮子 shīzi”叫成西子“xīzi”。

也有些方言区的人容易把舌尖前音 z、c、s 和舌面音 j、q、x 相混，比如当舌面音 j、q、x 与 i、ü 或 i、ü 开头的韵母拼合时，很多人会把舌面音 j、q、x 误读为舌尖前音 z、c、s。比如把“酒”（jiǔ）读成（ziǔ）；把“雪”（xuě）读成（suě），这些发音习惯很显然都是不正确的。实际上在普通话中，舌尖前音 z、c、s 是不能和 i、ü 或 i、ü 开头的韵母相拼的（可见韵母表中的这类韵母，如 ci 中的 -i 是 [ɿ]，而不是 [i]）所以我们只要把与 i、ü 或 i、ü 开头的韵母相拼的 z、c、s 改为 j、q、x，就可以了。

更多的人则是舌尖前音 z、c、s 和和舌尖后音 zh、ch、sh 区分不清。如把“诗人”（shīrén）说成“私人”（sīrén），把“历史”（lìshǐ）说成“历死”（lìsǐ），这两组具有区别意义作用的声母是不容相混的。

要想分辨这几组声母，首先要依据发音规则学会发音，进行舌位强化练习；再者就是要熟练掌握普通话中每个字声母的准确发音。

附：z、c、s 与 zh、ch、sh 的辨音字表。（摘自黄伯荣、廖旭东《现代汉语》）

说明：表中 4 个数字表示 4 个声调。

zh与z的辨别

	zh	z
a	①扎渣②闸铡扎札③眨④乍诈炸榨蚱栅	①扎匝②杂砸
e	①遮②折哲辙③者④蔗浙这	②泽择责则
u	①朱珠株蛛诸猪②竹烛逐③主煮嘱④住驻注柱蛀贮祝铸筑著箸	①租②族足卒③组阻祖
-i	①之芝支枝肢知蜘汁只织脂②直值植殖侄执职③止址趾旨指纸只④至致窒志治质帜挚掷秩置滞制智稚痔	①兹滋孳姿咨资孜龇缁辎③子仔籽梓滓紫④字自恣渍
ai	①摘斋②宅③窄④寨债	①灾哉栽③宰载④再在载
ei		②贼
ao	①昭招朝②着③找爪沼④召照赵兆罩	①遭糟②凿③早枣澡④造皂灶躁燥
ou	①州洲舟周粥②轴③帚肘④宙昼咒骤皱	①邹③走④奏揍
ua	①抓	
uo	①桌捉拙②卓着酌灼浊镯啄琢	①作②昨③左④坐座作柞祚做
ui	①追锥④缀赘坠	③嘴④最罪醉
an	①沾毡粘③盏展斩④占战站栈绽蘸	①簪②咱③攒④赞暂
en	①贞侦帧祯桢真③诊疹枕缜④振震阵镇	③怎
ang	①张章彰樟③长涨掌④丈仗杖帐涨障瘴	①赃脏④葬藏脏
eng	①正征争挣睁筝③整拯④正证政症郑	①曾憎增缯④赠
ong	①中钟盅忠衷终③肿种④中仲种重众	①宗综棕踪鬃③总④纵粽
uan	①专砖③转④传转撰篆赚	①钻③纂④钻
un	③准	①尊遵
uang	①庄桩装妆④壮状撞	

ch与c的辨别

	ch	c
a	①叉杈插差②茶搽查察③衩④岔诧差	①擦嚓
e	①车③扯④彻撤掣	④册策厕侧测恻
u	①出初②除厨橱锄躇刍雏③楚础杵储处④畜触矗处	①粗④卒猝促醋簇
-i	①吃痴嗤②池弛迟持匙③尺齿耻侈豉④斥炽翅赤叱	①疵差②雌辞词祠瓷慈磁③此④次伺刺赐
ai	①差拆钗②柴豺	①猜②才财材裁③采彩踩④菜蔡

（续表）

	ch	c
ao	①抄钞超②朝潮嘲巢③吵炒	①操糙②曹漕嘈槽③草
ou	①抽②仇畴筹踌绸稠酬愁③瞅丑④臭	④凑
uo	①踔戳④绰惙啜辍	①搓蹉撮④措错挫锉
uai	③揣④踹	
ui	①吹炊②垂捶锤槌	①崔催摧④萃悴淬瘁翠粹脆
an	①搀掺②禅蝉谗馋潺缠蟾③产铲阐④忏颤	①餐参②蚕残惭③惨④灿
en	①琛嗔②辰宸晨沉忱陈臣④趁衬称	①参②岑
ang	①昌猖娼伥②常嫦尝偿场肠长③厂场敞氅④倡唱畅怅	①仓苍沧舱②藏
eng	①称撑②成诚城盛呈程承乘澄橙惩③逞骋④秤	②曾层④蹭
ong	①充冲舂②重虫崇③宠	①匆葱囱聪②从丛淙
uan	①川穿②船传椽③喘④串钏	①蹿④窜篡
un	①春椿②唇纯淳醇③蠢	①村②存③忖④寸
uang	①窗疮创②床③闯④创	

sh与s的辨别

	sh	s
a	①沙纱砂痧杀杉③傻④煞厦	①撒③洒撒④卅萨飒
e	①奢赊②舌蛇③舍④社舍射麝设摄涉赦	④色瑟啬涩塞
u	①书梳疏蔬殊叔淑输抒纾舒枢②孰塾赎③暑署薯曙鼠数属黍④树竖术述束漱恕数	①苏酥②俗④素塑诉肃粟宿速
-i	①尸师狮失施诗湿虱②十什拾石时识实食蚀③史使驶始屎矢④世势誓逝市示事是视室适饰士仕氏恃式试拭轼弑	①司私思斯丝鸶③死④四肆似寺
ai	①筛④晒	①腮鳃塞④塞赛
ao	①捎稍艄烧②勺芍杓韶③少④少哨绍邵	①臊骚搔③扫嫂④扫臊
ou	①收②熟③手首守④受授寿售兽瘦	①溲馊嗖搜飕艘③叟擞④嗽
ua	①刷③耍	
uo	①说④硕烁朔	①缩娑蓑梭唆③所锁琐索
uai	①衰③甩④帅率蟀	
ui	②谁③水④税睡	①虽尿②绥隋随③髓④岁碎穗遂隧燧
an	①山舢衫删姗珊栅跚③闪陕④扇善缮膳擅赡	①三叁③伞散④散

（续表）

	sh	s
en	①申伸呻身深参②神③沈审婶④慎肾甚渗	①森
ang	①商墒伤③垧晌赏上④上尚	①桑丧③嗓④丧
eng	①生牲笙甥升声②绳③省④圣胜盛剩	①僧
ong		①松③悚④送宋颂诵
uan	①拴栓④涮	①酸④算蒜
un	④顺	①孙③笋损
uang	①双霜③爽	

（三）鼻音 n、边音 l 和擦音 r

这几个声母在普通话当中具有区别意义的作用。但在一些方言中，鼻音 n 和边音 l 分得不够清楚，时常会把边音 l 发成鼻音 n，比如把“了”（liǎo）发成“鸟”（niǎo）；把“鲁迅”（lǔxùn）念成“努迅”（nǔxùn）。

另外，由于有的语言中没有擦音 r，因此，也常常用相近的边音代替，比如把“热”（rè）说成“乐”（lè）；把“日本”（rìběn）念成“利本”（lìběn）。

造成 n、l 不分主要是因为发音时控制不了自己的软腭。因此，发边音时要尽量使软腭上升，升到堵住鼻腔的通路，不让气流进入鼻腔，这样就可以摆脱鼻音干扰；而 r、l 不分大多是由于在发舌尖后擦音 r 时，舌尖与上齿龈相碰而误发成 l，因此只要注意舌尖与上齿龈不碰到一起，就可以准确地发好 r 音。

（四）送气与不送气

汉语中，送气音 p、t、k、q、ch、c 与不送气音 b、d、g、j、zh、z 形成对立的辅音声母共有 6 对，有区别词义的作用。但在很多语言中，送气音与不送气音不是用来区别意义的。由于没有意识到这两个概念的对立性，因此在学习时就往往容易忽视他们：听他们说“兔子”（tùzi）时，总感觉他们说的是“肚子”（dùzi）；说“客人”（kèrén）时，也好像说的是“个人”（gèrén）。

送气与不送气的主要区别在于发音时气流的强弱，在发送气声母时一定要注意气流的相对加强。

思考与练习

一、名词解释

1. 声母。2. 双唇音。3. 唇齿音。4. 舌尖前音。5. 舌尖中音。6. 舌尖后音。7. 舌面前音。8. 舌面后音。9. 塞音。10. 擦音。11. 塞擦音。12. 鼻音。13. 边音。14. 送气音。15. 不送气音。16. 清音。17. 浊音。

二、声母发音的依据和分类各有哪些？请作简要的列举说明。

三、依据要求答题

1. 在下列横线上，写出对应的声母，并强力识记声母的发音部位、分类及其发音方法。

（1）双唇音____________。（2）唇齿音____________。（3）舌尖前音____________。

（4）舌尖中音____________。（5）舌尖后音____________。

（6）舌面前音____________。（7）舌面后音____________。（8）塞音____________。

（9）擦音____________。（10）塞擦音____________。

（11）鼻音____________。（12）边音____________。（13）送气音____________。

（14）不送气音____________。（15）浊音____________。

（16）清音____。

2. 把 f 和 h，b 和 p，z、c、s 和 zh、ch、sh，z、c、s 和 j、q、x，m 和 n，l 和 r 的发音部位、发音方法作对比比较，说出它们发音的不同之处来。

3. 只能做声母的辅音有哪些？既能做声母，又能做韵尾的辅音有哪些？只能做韵尾不能做声母的辅音有哪些？

四、朗读辨音（通过朗读，注音区别声母的发音）

1. 稀奇稀奇真稀奇，麻雀踩死老田鸡，蚂蚁身长三尺六，八十岁的老头儿躺在摇篮里。

2. 七巷一个漆匠，西巷一个锡匠，七巷漆匠偷了西巷锡匠的锡，西巷锡匠偷了七巷漆匠的漆。

3. 氢汽球，汽球轻，轻轻汽球轻擎起，擎起汽球心欢喜。

4. 四是四，十是十。十四是十四，四十是四十。十四不是四十，四十也不是十四。

5. 隔着窗户撕字纸，一次撕下横字纸，一次撕下竖字纸，是字纸撕字纸，不是字纸，不要胡乱撕一地纸。

6. 知道就是知道，不知道就不知道。不要知道说不知道，也不要不知道装知道，要老老实实，实事求是，不折不扣的真知道。

7. 史老师，讲时事，常学时事长知识。时事学习看报纸，报纸登的是时事，常看报纸要多思，心里装着天下事。

8. 大柴和小柴，帮助爷爷晒白菜，大柴晒的是大白菜，小柴晒的是小白菜，一共晒了四十三斤三两大大小小的白菜。

9. 桃子、李子、栗子和柿子，
栽满了院子、林子和寨子。
锤子、斧子、锯子和凿子，
做出桌子、椅子、箱子和橱子。

10. 牛郎年年恋刘娘，刘娘年年恋牛郎，牛郎刘娘连年恋，刘娘牛郎念连年。

11. 张康当董事长，詹丹当厂长，张康帮助詹丹，詹丹帮助张康。

12. 陈庄程庄都有城，陈庄城通程庄城。陈庄城和程庄城，两庄城墙都有门。陈庄城进程庄人，陈庄人进程庄城。请问陈程两庄城，两庄城门都进人，哪个城进陈庄人，程庄人进哪个城？

13. 那边划来一艘船，这边漂去一张床，船床河中互相撞，不知船撞床，还是床撞船。

五、注音辨音（给下列各题中字词注音，通过注音，辨别声母的发音）

1. 分清平舌音和翘舌音

暂时—战时　粗气—出气　五岁—午睡　造就—照旧

十四不是四十　畲族　自治县

2. 分清 l 和 r

乐了—热了　出路—出入

立论—利润　蓝料—燃料

天气仍然很冷，人乐不起来。

3. 分清 j、q、x—z、c、s—zh、ch、sh

全没—传媒　修路—收入

老张—老姜　船家—全家

循序渐进—顺序入场

4. 分清 f 和 h

公费—工会　方地—荒地

他的脾气很坏，动不动就会发火。

5. 分清 hu—wu

狐狸—屋里　皇帝—帝王

老胡—老吴　老黄—老王

第三节　韵母发音

一、什么是韵母

在音节中，声母后头的部分叫韵母。现代汉语普通话的韵母主要是由元音（含元音加元音）构成，也有的是由元音加鼻辅音构成，它们的内部结构较为复杂，分成韵头、韵腹、韵尾三部分。

韵腹是复韵母的中心，在几个元音的比较下，由开口度较大，声音较清晰响亮的元音来充当，因此也称为“主要元音”。

韵头只出现在韵腹前面，又叫介音，发音轻而短，只表示复元音韵母的发音的起点，由 i、u、ü 来充当。

复韵母中的韵尾是指韵腹后面的部分，由元音 i、u、o 和辅音 n、ng 来充当，表示韵母发音时舌位滑动的最后方向。

二、韵母的发音

普通话韵母共有39个，分别由一到三个音素构成。虽然数量上比声母多，但发音并不复杂，只要掌握了10个单元音韵母的发音，再把握一些复韵母发音的规律和技巧就可以了。

韵母的发音主要是由于气流呼出时受到口腔的形状大小变化的影响而发出不同的音，发音时一般需要振动声带。根据韵母的内部结构情况，可分为单韵母、复韵母、鼻韵母三类。

（一）单元音韵母的发音

单元音韵母是由一个元音构成的韵母，又叫单韵母。它的发音，除er外，都是一个单纯的口形动作，即舌位、唇形、口形始终是不变位的。

普通话单元音韵母共10个。根据发音时舌头的部位和状态可分为三类：舌面韵母、舌尖韵母和卷舌韵母。

1. 舌面元音韵母的发音（7个）

舌面元音韵母发音时，舌面起主要作用。舌面单元音的不同，取决于不同的口形和舌位。舌头的升降伸缩，唇形的平展圆敛，口腔的开合，都可以造成不同形式的共鸣器，从而形成各种不同音色的元音。

第一，舌位的高低（开口度的大小）。元音发音时，依据舌位的高低一般可把舌面元音划分为高元音（i、u、ü）、半高元音（e、o）、半低元音（ê）和低元音（ɑ）。舌位的高低和口的开闭有直接关系：舌位高，开口度小；舌位低，开口度大。口腔的开闭也相应地分为闭、半闭、半开、开四度。

第二，舌位的前后。元音发音时，舌位的前后位置一般划分为前元音（i、ü）、央元音（e）、后元音（u、o）三种。

第三，唇形的圆展。元音发音时，唇形的差别一般划分为圆唇元音（ü、o）、不圆唇元音（i、ɑ）两类。

因而，描写元音韵母的发音特点，就必须从上述三方面去说明。现将舌面元音发音分述如下：

ɑ [A] 舌面、央、低、不圆唇元音。发音时，开口大，舌位低，舌头居中央唇形不圆，呈自然状态。例如“大妈、发达”的韵母。

o [o] 舌面、后、半高、圆唇元音。发音时，口半闭，舌位半高，舌头后缩，唇拢呈圆形。例如“薄膜（bómó）、默默”的韵母。

e [ɤ] 舌面、后、半高、不圆唇元音。发音时，舌位高低、前后和开口度都与o相同，只是双唇要自然展开，嘴角略向两边展开。例如“哥哥、合格”的韵母。

ê [ɛ] 舌面、前、半低、不圆唇元音。发音时，口腔半开，舌位半低，舌头前伸使舌尖抵住下齿背，唇形不圆，嘴角向两边展开。普通话中只有“欸”这个字念ê（零声母，阴平时读ê，阳平、上声、去声时读ê：eì）

i [i] 舌面、前、高、不圆唇元音。发音时，唇形呈扁平状，舌头前伸使舌尖抵住下齿背，嘴角向左右展开。例如“立即、奇迹”的韵母。

u［u］舌面、后、高、圆唇元音。发音时，双唇拢圆，留一小孔，舌头后缩，使舌面后接近软腭。例如“谷物、苦读”的韵母。

ü［y］舌面、前、高、圆唇元音。发音状况与i的发音基本相同，但唇形拢圆。例如“区区、絮语”的韵母。

根据以上分析，普通话舌面元音的舌位变化见下表和图。

舌尖元音		舌面元音					
前	后	前元音		央元音	后元音		
		展唇	圆唇	展唇	圆唇		
ɿ	ʅ	i	y	ɨ ʉ	ɯ	u	高
		I	Y			ʊ	次高
		e	ø		ɤ	o	半高
		E		ə ɚ			中
		ɛ	œ		ʌ	ɔ	半低
		æ		ɐ			次低
		a	Œ	A	ɑ	ɒ	低

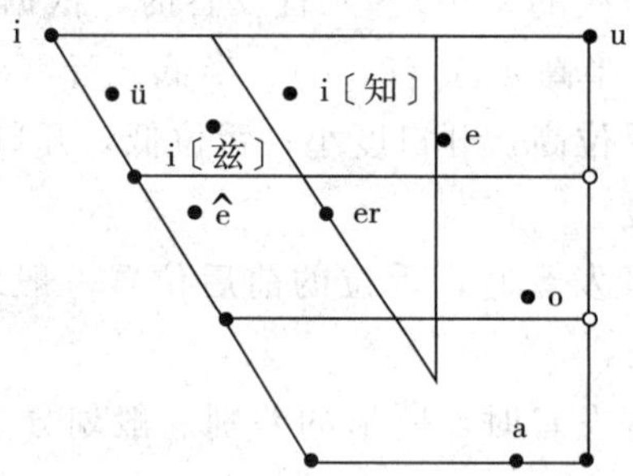

普通话10个元音的舌位图

2. 舌尖元音韵母（2个）

舌尖元音韵母发音时，舌尖起主要作用。舌尖韵母的不同音色取决于舌尖位置的前后。

—i［ɿ］舌尖、前、高、不圆唇元音。发音时，舌尖前伸，接近上齿背，气流通道较窄，但气流通过时不发生摩擦，唇形不圆。在普通话语音里它只和z、c、s三个声母相拼，例如“次子、私自”的韵母。（用普通话念“兹”，字音的后面部分便是—i［ɿ］的读音）

—i［ʅ］舌尖、后、高、不圆唇元音。发音时，舌尖上翘，接近硬腭前部，气流通路虽狭窄，但气流通过时不起摩擦，唇形不圆。在普通话语音里它只和zh、ch、sh、r四个声母相拼。例如“指示、时日”的韵母。（用普通话念“知”，字音的后面部分便是—i［ʅ］的读音）

3. 卷舌元音韵母（1 个）

er [ə˞] 卷舌、央、中、不圆唇元音。er 是个带有卷舌色彩的央元音 e [ə]，称卷舌音。发音时，口形略开（开口度比 ê [ɛ] 略小），舌位居中，舌头稍后缩，唇形不圆，在发 e [ɛ] 的同时，舌尖向硬腭卷起，嘴唇略展。er 只代表一个音素，其中的 r 是表示卷舌动作的形容性符号。卷舌韵母不与声母相拼，只能自成音节，例如“而、二”等；er 可以同其他韵母结合起来，形成儿化韵。书面上写作“r”，例如“花儿 huar”。

综合以上所描写的单元音韵母的发音要点，可以从下表中比较它们之间的区别：

单韵母发音要领表

舌位 / 唇形 / 口形 / 舌位		前		后		前	后	上卷
		展	圆	展	圆			
高	闭	i	ü		u	—i [ɿ]	—i [ʅ]	
半高	半闭			e	o			
中	半开半闭							er
半低	半开	ê						
低	开	a						

（二）复元音韵母的发音

1. 复元音韵母

复元音韵母是由两个或三个元音组合而成的韵母。

2. 复元音韵母的分类

普通话中，复元音韵母共十三个，根据主要元音所在位置的不同，又可以分为三类：

前响复元音韵母四个：ai、ei、ao、ou。

后响复元音韵母五个：ia、ie、ua、uo、üe。

中响复元音韵母四个：iao、iou、uai、uei。

3. 复元音韵母发音特点

（1）发音时舌位、唇形及开口度都有明显变化，即从一个元音的发音状况快速向另一个元音的发音状况过渡，而且这种过渡是渐进式的，不是突变的、跳动的。

（2）复元音韵母中只有一个主要元音，即韵腹，它在整个音节中开口度较大，声音响度最大，发音时要突出主要元音。

（三）鼻尾音韵母的发音

1. 鼻尾音韵母及其分类

鼻尾音韵母是由元音带鼻辅音构成的韵母。

普通话鼻尾音韵母共 16 个，根据韵尾鼻辅音的不同分为两大类：前鼻尾音韵母、后鼻尾音韵母。见下表：

	韵母	韵头	韵腹	韵尾	发音字例
前鼻韵母	an		a	n	安
	en		e	n	恩
	in		i	n	寅
	ian	i	a	n	岩
	uan	u	a	n	玩
	uen	u	e	n	温
	ün		ü	n	晕
	üan	ü	a	n	圆
后鼻韵母	ang		a	ng	昂
	eng		e	ng	楞（leng）
	ong		o	ng	拢（long）
	ing		i	ng	影
	iang	i	a	ng	养
	uang	u	a	ng	往
	ueng	u	e	ng	翁
	iong	i	o	ng	永

2. 鼻尾音韵母的发音

鼻尾音韵母的发音就是单元音或复元音后面附带一个鼻音（－n 或－ng）作为尾音。要想发好鼻尾音韵母，要注意两点：

第一，从元音过渡到鼻音时，也是舌位逐渐变化、滑动的过程。

第二，发好－n 和－ng。它们发音方法相同，都是浊鼻音，只是发音部位不同，

前者－n 是舌尖中浊鼻音，发音时用舌头尽量前伸些，舌尖抵住上齿龈（齿龈即归音点），气流从鼻腔通过，声带振动发音；后者－ng 是舌根浊鼻音，发音时舌头要尽量后缩些，舌跟后部抵住软腭（软腭即归音点），气流从鼻腔通过，声带振动发音。

以上介绍的复元音韵母和鼻尾音韵母两类韵母统称为复韵母。

（四）四呼

按汉语音韵学传统的分法，根据韵头的不同，可将韵母分成开口呼、齐齿呼、合口呼、撮口呼四类，简称“四呼”：

1. 开口呼，韵头不是 i、u、ü 韵母。

2. 齐齿呼，韵头或韵腹是 i 的韵母。

3. 合口呼，韵头或韵腹是 u 的韵母。

4. 撮口呼，韵头或韵腹是 ü 的韵母。

普通话韵母总表

<table>
<tr><th colspan="2">按口形分
按结构分</th><th>开口呼</th><th>口呼</th><th>合口呼</th><th>撮口呼</th><th>按口形分
按韵尾分</th></tr>
<tr><td rowspan="6">单韵母</td><td rowspan="6">单元音韵母</td><td>-i</td><td>i</td><td>u</td><td>ü</td><td rowspan="6">无韵尾韵母</td></tr>
<tr><td>a</td><td>ia</td><td>ua</td><td></td></tr>
<tr><td>o</td><td></td><td>uo</td><td></td></tr>
<tr><td>e</td><td></td><td></td><td></td></tr>
<tr><td>ê</td><td>ie</td><td></td><td>üe</td></tr>
<tr><td>er</td><td></td><td></td><td></td></tr>
<tr><td rowspan="9">复合韵母</td><td rowspan="4">复元音韵母</td><td>ai</td><td></td><td>uai</td><td></td><td rowspan="4">元音韵尾韵母</td></tr>
<tr><td>ei</td><td></td><td>uei</td><td></td></tr>
<tr><td>ao</td><td>iao</td><td></td><td></td></tr>
<tr><td>ou</td><td>iou</td><td></td><td></td></tr>
<tr><td rowspan="5">带鼻音韵母</td><td>an</td><td>ian</td><td>uan</td><td>üan</td><td rowspan="5">鼻音韵尾韵母</td></tr>
<tr><td>en</td><td>in</td><td>uen</td><td>ün</td></tr>
<tr><td>ang</td><td>iang</td><td>uang</td><td></td></tr>
<tr><td>eng</td><td>ing</td><td>ueng</td><td></td></tr>
<tr><td></td><td></td><td>ong</td><td>iong</td></tr>
</table>

三、韵母发音辨正

1. 发好复元音韵母

普通话 13 个复元音韵母的发音，有唇形、舌位逐渐移动变化的动程。但北方方言及吴方言的部分地区，复元音韵母的发音或者发音短促，没有明显的动程，或者单元音化。要学好复元音韵母的发音，必须分清复元音韵母与单元音韵母发音的区别，反复练习复元音韵母的发音。为体会复元音韵母的发音口形变化明显、舌位动程大的特点，练习时可放慢速度，扩大音程。

2. 防止丢失韵头 i、u、ü

在复韵母中含韵头 i、u、ü 的这些韵母中，i 作韵头的韵母与 ü 作韵头的韵母最容易在发音时发生混淆，如把 jiān（间）发成 juān（捐），把 xué（学）发成 xié（鞋）。

i 和 ü 都是前、高元音，它们的区别只在嘴唇的圆展。i 作韵头时，嘴唇一直是展开的，而发 ü 作韵头的韵母时，嘴唇先拢圆，然后再逐渐展开。因此，发这两组复合韵母时，必须注意嘴唇的形状。

至于 u 作韵头的复韵母，在发音时最容易发生的是韵头丢失的问题，如把 guān（关）发成 gān（干）；与之相对应的，在没有 u 韵头的韵母中却又加上 u，如把 shāng（伤）发成 shuāng（双）。要避免类似错误的发生，关键就在于掌握普通话声韵配合规律。例如，合口呼复韵母、鼻尾音韵母都不与唇音声母 b、p、m、f 相拼合；uei 与 d、t 拼合，不与 n、l 拼合。

3. 发准前鼻音韵母和后鼻音韵母

普通话的鼻音韵母有－n 和－ng 两组，它们具有区别意义的作用，但有的方言区不分，他们把“共产党”说成“共产胆”，把“开门”说成“开蒙”。在这两组鼻尾音韵母中，最难发准的是 en、eng 和 in、ing 两组韵母，因而必须注意发 en、in 时，口腔中的收尾动作是舌尖接触上齿龈，相当于声母 d、t、n、l 的位置；而发 eng、ing 时，口腔中的收尾动作是舌面后部轻轻抵住软腭。这两组音要先单独练习，后交替练习，才能直至熟练。

思考与练习

一、名词解释

1. 韵母。2. 单元音韵母。3. 舌面元音韵母。4. 舌尖元音韵母。5. 卷舌元音韵母。6. 复元音韵母。7. 前响复元音韵母。8. 后响复元音韵母。9. 中响复元音韵母。10. 鼻尾音韵母。11. 鼻尾音韵母。12. 四呼。13. 开口呼。14. 齐齿呼。15. 合口呼。16. 撮口呼。

二、按要求写出，

1. 单元音韵母________________________。其中：

（1）舌面元音韵母________________________。

（2）舌尖元音韵母________。（3）卷舌元音韵母________。

2. 复元音韵母________________。其中：

（1）前响复元音韵________。（2）后响复元音韵母________。

（3）中响复元音韵母四个

3. 鼻尾音韵母

________________________。其中：

（1）前鼻音韵母________________。

（2）后鼻音韵母________________。

4. 四呼韵母

（1）开口呼________________。

（2）齐齿呼________________。

（3）合口呼________________。

（4）撮口呼________________。

三、辨析韵母及其发音

1. 朗读，辨析前鼻韵母和后鼻韵母的发音

（1）an 和 ang 的比较

反问—访问	心烦—心房	竿子—缸子	担心—当心
泛滥—放浪	施展—师长	赞颂—葬送	烂漫—浪漫

一般——帮　　　赝品—样品　　　船上—床上　　　专车—装车

ang 的记忆方法（声旁类推法）：

尚：堂唐淌塘趟躺常掌　　　当：裆挡档铛

方：妨芳仿访彷房防纺　　　冈：岗纲钢刚

广：邝矿旷庄床康　　　旁：膀榜傍榜膀

良：粮郎浪朗狼琅榔啷　　　亡：芒氓忙茫盲

长：怅胀张帐涨　　　仓：舱苍沧呛抢枪

(2) en 和 eng 的比较

诊治—整治　　　身世—声势　　　深思—生丝　　　陈旧—成就

气氛—气疯　　　人参—人生　　　申明—声明　　　瓜分—刮风

真诚—征程　　　门牙—萌芽　　　枕套—整套　　　审视—省市

木盆—木棚　　　清真—清蒸　　　功臣—工程　　　分田—丰田

eng 的记忆方法（声旁类推法）

正：征政整症惩　　　争：挣睁峥铮［“净”除外］

成：城诚城盛　　　生：胜笙甥牲　　　朋：棚鹏崩蹦

丰：峰逢锋缝　　　曾：蹭增赠憎甑　　　呈：程逞

更：梗埂哽　　　登：瞪蹬凳澄噔　　　蒙：朦蠓艨檬

孟：锰猛蜢　　　风：疯枫讽砜　　　乘：嵊剩

(3) in 和 ing 的比较

频繁—平凡　　　不信—不幸　　　禁止—静止　　　很近—很静

音频—荧屏　　　金鱼—鲸鱼　　　人民—人名　　　亲情—倾情

红心—红星　　　今昔—惊悉　　　寝室—请示　　　贫民—平民

水滨—水兵　　　金银—经营　　　金质—精致　　　抱紧—报警

ing 的记忆方法（声旁类推法）：

青：请清情晴静精　　　令：零领岭玲［“拎、邻”例外］

京：惊鲸景憬影　　　平：评坪萍苹枰

丁：顶订盯叮厅亭　　　宁：狞柠泞柠

并：瓶屏饼摒［“拼”例外］　　　茎：颈经径泾胫痉

莹：莺滢营萦萤荧　　　星：腥醒猩惺　　　丙：病炳柄

形：邢型刑荆　　　竟：镜境　　　名：铭茗酩

廷：庭挺艇铤　　　菱：陵凌绫棱　　　婴：樱缨嘤

(4) 读下列几首诗词，注意 en、in、ing、eng、ong 韵母的发音

en 韵诗词：

怎肯轻言愤世，说甚看破红尘，无病呻吟其何益，空负好时辰。

问人生真谛何在？奋进是根本！

少冷漠，要热忱，坚韧忠贞。趁青春年华，吐芬芳，挑重任，显身手，报国门。

eng 韵词：

澎湖岛上登峰，山道嶒崚，怪石狰狞。望长空，烹煮黄昏霞如火，水气蒸腾雾迷蒙。转眼众星捧月，长庚独明，更有乘风大鹏，万里征程，猛志天生成，却不是身在蓬莱，神入梦中。

in 韵诗词：

近河滨，景色新，绿草茵茵水粼粼，禽鸟唱林阴。

政策好，顺民心，人人尽力共驱贫，辛勤换来遍地金，天灾难相侵。诗心禁不住，一曲今夕吟。

ing 韵诗：

志士镇守在边庭，统猛丁，将精英，依形恃险筑长屏，亭燧座座警号鸣，惨淡经营。屏侵凌，震顽冥，敌胆破望影心惊，其锋谁撄？八方平定四境宁，赢得史册彪炳，千古令名。

ong：

工不是空，孔不是恐，同和通，弄和龙，韵母都是 ong。

2. 注音，辨析韵母的发音

(1) 分清 ie 和 ian

解开—剪开　　新界—新建

界面—见面　　谢意—献艺

斜阳—咸阳　　介意—建议

(2) 分清 ai 和 ei、uei (ui)

麦子—妹子　　新来—姓雷　　外国—卫国

很累　　人类　　海白菜　　配备　　天黑

(3) 分清 u、uo (o)、ou

出来—戳来　　读书—夺书　　没错—没醋

古树—果树　　瀑布—破布　　卧室—误事

否定—甫定

(4) 分清 eng 和 ong、ing

大风　　朋友　　顶棚

(5) 注意克服单音化现象

很　好　保　卫　黑　暗　窗　门

(6) 克服丢失韵头

团结　壮烈　往上　全国　洋槐

(7) 注明下列音节的韵母

日　司　发　波　特　矣　二　内　考　否　男　很　张　成　线　迷　家　别

秒　牛　年　斤　良　兵　兄　布　花　多　快　对　团　尊　双　翁　女　掠

四、简答

1. 韵母的构成。

2. 韵母的分类。

3. 单元音韵母、复元音韵母、鼻尾音韵母的发音特点。

4. 单元音韵母的发音部位和发音方法。

第四节　声调发音

一、声调及其形成原理

汉语字音高低升降的调子就是声调。在现代汉语里，声调具有区别词义的作用。

声调主要是由音高的变化构成。音高的变化，从生理性质的角度来分析，是发音时声带的松紧造成的。声带松，气流冲击时音波振动次数少，频率小，声音就低；反之则高。如果声带由松到紧，声音就由低变高；反之，声带由紧到松，声音则由高变低。因此，通过控制声带松紧就可以形成不同的音高，也就形成了不同的声调。

声调的音高是相对的，是通过比较而区别出来的高低升降类型。如“弯”和“万”相比前者是高平调，后者是高降调。这两个音高低的区别与发音人语音本身的高低无关，无论老人或小孩都可以完整地将这两个音表现出来；它们也不会因发音人起音的高低而受到影响，无论窃窃私语或高声喊叫，一样可以表现出这两个音音高的不同。

二、声调分析

可以从调值和调类两个方面来来分析声调。

1. 调值

调值也叫调形，是指音节高低、升降、曲直、长短的变化形式，也就是声调的实际音值和读法，比如下面提到的第一声 55 调、第二声 35 调、第三声 214 调、第四声 51 调，就是汉语普通话中的四声调值。

2. 调类

调类是对声调的归类。即把调值相同的字归纳在一起建立的类。普通话的调类共四种，即阴平、阳平、上声、去声。

普通话中的调类和调值，可以说是名和实的关系。调类是声调归类的名称，调值是具体的调类图形，标示着每一调类声调的实际音值（调值）和读法。

三、声调的发音

普通话的全部字音声调分属四种调类和四种基本调值。

1. 阴平（第一声）高而平，即由 5 度到 5 度，表示声音比较高，而且基本上没有升降的变化，调值 55。因此，阴平调又叫高平调或 55 调。例如“孤、分、鹰、空”的声调。

2. 阳平（第二声）由中音升到高音，即由 3 度升到 5 度，是个高升的调子，调值 35。因此，阳平调又叫中升调或 35 调。例如“琴、嬴、文、来、回、繁、忙”的声调。

3. 上声（第三声）由半低音先降到低音后升到半高音，即由 2 度降到 1 度再升到 4

度，是先降后升的曲折调，调值214。因此，上声调又叫降升调或214调。例如“我、里、勇、敢、稳、友、好”的声调。

4. 去声（第四声）由高音降到低音，即由5度降到1度，是个全降的调子，调值为51。因此，去声调又叫全降调或51调。例如“制、度、进、望、建、设、世、界”的声调。

普通话四种基本声调的调型可以简单归结为一平、二升、三曲、四降。

为了把调值描写得具体、好懂，一般采用赵元任创制的“五度标记法”来标记声调，即把一根竖线分成四格五度，分别表示：高、半高、中、半低、低，然后再在竖线左侧用横线、斜线、曲线来表示声调曲直升降的实际类型。这种表示法如下图形式：

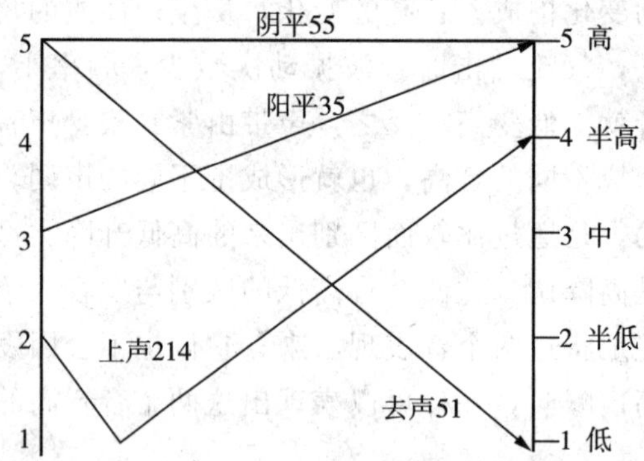

在汉语音节中，声调是贯穿于整个音节的，它的变化形式是渐变的，滑动的，而不是跳跃的，突然的。大家在练习声调发音时一定要注意这一点，保持发音的连续性。

声调符号标在什么地方，在《汉语拼音方案》中有严格的规定，即要求声调符号标在韵腹（主要元音）上，例外的只有省略了主要元音的韵母：iu、ui、un。其中，iu和ui的调号标在最后一个字母上，而un的调号则标在u上。

四、声调发音辨正

方言声调的调值与普通话声调调值区别很大，因此，进行声调发音辨正是说好普通话的关键。我们从以下两大方面进行分析：

（一）读准普通话四声的调值

普通话四个声调的特点是：调型分明，一平、二升、三曲、四降，抑扬有致，富有音乐美。方言区的人学习普通话声调，首先要把握四声的特点，要求看见调号，就能准确读出调值来。

（二）认清方言与普通话声调对应规律

方言和普通话同古四声的分合关系各不相同，但它们之间又有整齐的对应关系。现作如下说明：

1. 从方言的调类推知普通话的调类

方言和普通话的四个调类——阴平、阳平、上声、去声，一般是相对应的，因此，从方言的调类可以推知普通话的调类。

平声：绝大多数方言同普通话一样，平声分阴平、阳平两类。

上声：粤方言和吴方言的部分地区，上声分阴上、阳上两类，应把方言里零声母和有m、n、l、r声母的阳上字归入上声，其余的归入去声。多数方言，上声不分阴、阳，字的归类与普通话也大体一致。

去声：粤方言、闽方言、吴方言、湘方言等，去声分阴去、阳去两类，这些方言区的人只需将阴阳两类合并成一类。北方方言和客家方言同普通话一样，除包括去声外，还包括阳上声中的一部分字和半数以上的古入声字。

入声：汉语各方言区大都有入声。没有入声的方言，或把入声全归入阳平，如西南地区，把入声分归阴、阳、上、去四类，但与普通话的归类不尽相同。

2. 从方言调值改普通话调值

除入声外，明确了方言与普通话调类的对应关系，就知道方言与普通话调值的差别，就可以按普通话的调值去读调类相同的字，即改方言声调为普通话声调。比如，“古”字是上声字，厦门话上声调值是51，那么改“古”字的51调值为214调值，就成为普通话的声调。

汉语方言声调对照表

方言区	古调类	平声		上声			去声		入声				声调数
	例字	天	平	古	老	近	放	大	急	各	六	杂	
	地名	调值和调类											
北方方言区	普通话（北京）	阴平 55	阳平 35	上声 214			去声 51		入声分别归阴、阳、上、去				4
	沈阳	阴平 44	阳平 35	上声 213			去声 41		入声分别归阴、阳、去				4
	济南	阴平 213	阳平 42	上声 55			去声 31		同上				4
	滦县	平声 11		上声 213			去声 55		入声分别归平、上、去				3
	烟台	平声 31		上声 214			去声 55		同上				3
	徐州	阴平 313	阳平 55	上声 35			去声 51		入声分别归阴、阳				4
	南京	阴平 31	阳平 13	上声 22			去声 44		入声 5				4
	成都	阴平 44	阳平 41	上声 52			去声 13		入声分别归阳平				4

（续表）

<table>
<tr><td rowspan="3">方言区</td><td>古调类</td><td colspan="2">平　声</td><td colspan="3">上　声</td><td colspan="2">去　声</td><td colspan="4">入　声</td><td rowspan="3">声调数</td></tr>
<tr><td>例　字</td><td>天</td><td>平</td><td>古</td><td>老</td><td>近</td><td>放</td><td>大</td><td>急</td><td>各</td><td>六</td><td>杂</td></tr>
<tr><td>地　名</td><td colspan="11">调值和调类</td></tr>
<tr><td rowspan="3">吴方言区</td><td>苏　州</td><td>阴平
44</td><td>阳平
13</td><td>上声
52</td><td>归阳去</td><td colspan="2">阴去
412</td><td>阳去
31</td><td colspan="2">24 阴入 5</td><td colspan="2">阳入 2</td><td>7</td></tr>
<tr><td>无　锡</td><td>阴平
55</td><td>阳平
14</td><td>阴上
324</td><td>阳上
33</td><td colspan="2">阳去
35</td><td>阳去
213</td><td colspan="2">阴入 5</td><td colspan="2">阳入 2</td><td>8</td></tr>
<tr><td>上　海</td><td>阴平
54</td><td>阳平
24</td><td colspan="2">上声 33</td><td colspan="2">归上声</td><td>归阳平</td><td colspan="2">阴入 5</td><td colspan="2">阳入 2</td><td>5</td></tr>
<tr><td>湘方言区</td><td>长　沙</td><td>阴平
33</td><td>阳平
13</td><td colspan="2">上声 41</td><td colspan="2">阴去 55</td><td>阳去
11</td><td colspan="4">入声 24</td><td>6</td></tr>
<tr><td>赣方言区</td><td>南　昌</td><td>阴平
43</td><td>阳平
24</td><td colspan="2">上声 213</td><td colspan="2">阳去 55</td><td>阴去
31</td><td colspan="4">入声 5</td><td>6</td></tr>
<tr><td>客家方言区</td><td>梅　县</td><td>阴平
44</td><td>阳平
11</td><td colspan="2">上声 31</td><td colspan="3">去声 42</td><td colspan="2">阴入 21</td><td colspan="2">阳入 4</td><td>6</td></tr>
<tr><td rowspan="2">闽方言区</td><td>福　州</td><td>阴平
44</td><td>阳平
52</td><td colspan="2">上声
31</td><td>阳去
242</td><td>阴去
213</td><td>阳去
242</td><td colspan="2">阴入 23</td><td colspan="2">阳入 4</td><td>7</td></tr>
<tr><td>厦　门</td><td>阴平
55</td><td>阳平
24</td><td colspan="2">上声
51</td><td>阳去
33</td><td>阴去
11</td><td>阳去
33</td><td colspan="2">阴入 32</td><td colspan="2">阳入 5</td><td>7</td></tr>
<tr><td rowspan="2">粤方言区</td><td>广　州</td><td>阴平
53</td><td>阳平
21</td><td>阴上
35</td><td colspan="2">阳上
13</td><td>阴去
33</td><td>阳去
22</td><td>上阴入
55</td><td>上阴入
33</td><td colspan="2">阳入
22</td><td>9</td></tr>
<tr><td>玉　林</td><td>阴平
54</td><td>阳平
32</td><td>阴上
33</td><td>阴上
23</td><td colspan="2">阴去
52</td><td>阳去
21</td><td>上阴入
55</td><td>上阴入
33</td><td>上阳入
12</td><td>下阳入
11</td><td>10</td></tr>
</table>

思考与练习

一、名词解释

1. 声调。2. 调值。3. 调类。4. 阴平。5. 阳平。6. 上声。7. 去声。

二、判断题。

1. 声调必须依附于构成整个音节的声母和韵母，没有声母韵母就没有音节，没有音节，也就没有声调。（　　）

2. 声调与音长，音强都有关系，但本质上是由音高决定的。（　　）

3. 声调的音高有时是相对音高，有时是绝对音高。（　　）

4. 声调的高低升降有时是滑动的，有时是跳跃的。（　　）

三、实践操作

1. 拼读下列词语，注上声韵调

早操 大道 简谱 春天 厂长 理想 人民 皮袄 西安

百炼成钢 山明水秀 安定团结 齐心协力 改革开放 平安健康

2. 朗读下面这段文字，注意声调变化

汉语是汉民族的语言，现代汉语是现代汉民族所使用的语言。现代汉语包括多种方言和民族共同语。现代汉民族共同语是以北京语音为标准音，以北方话为基础方言，以典范的现代白话文著作为语法规范的普通话。

四、简答

1. 声调及其形成原理。

2. 赵元任声调“五度标记法”。

3. 声调标注位置及要求。

4. 方言与普通话声调对应规律。

5. 普通话四声调的特点。

第五节 音节

一、音节结构及其特点

上文已述，汉语音节是听觉上自然感受到的最小的语音片断，它是语音的基本结构单位，由声母、韵母和声调组成。汉语中，除了儿化音节是一个音节两个汉字外，其余都是一个汉字一个音节。

构成音节的辅音有 22 个，辅音只出现在音节的开头或末尾，在末尾出现的辅音只限于 n 和 ng。没有两个辅音相连的音节。声母 zh、ch、sh 和韵尾 ng 分别表示一个辅音，不是两个辅音相连的复辅音。

构成音节的韵母有 39 个，韵母中元音占优势。十个单元音“ɑ、o、e、ê、i、u、ü、—i（前）、—i（后）、er”不仅都可以单独做韵母（单元音韵母，其中 er 是一个两个字母组成的复合单元音韵母，不是两个音素），还可以两个元音或一个元音加一个辅音组成两个音素的复韵母，如前响复元音韵母“ɑi、ei、ɑo、ou”，后响复元音韵母“iɑ、ie、uɑ、uo、üe”，前鼻音韵母中的“ɑn、en、in”就都是由两个音素组成的复韵母；就是三个音素的韵母中，也以元音为主，如三个元音或两个元音加一个辅音构成的中响复元音韵母“iɑo、iou、uɑi、uei”，前鼻音韵母中的“iɑn、uɑn、uen、ün、üɑn”和后鼻音韵母“ɑng、eng、ong、ing、iɑng、uɑng、ueng、iong”都属于这一种情况。

韵母中的主要元音叫韵腹，充当韵腹的元音是“ɑ、o、e、ê，i、u、ü、—i（前、后）、er”；韵腹前面的元音叫韵头（也叫介音），可以充当韵头的只有高元音 i、u、ü；韵腹后面的元音或辅音叫韵尾，可以充当韵尾的只有高元音 i、u，半高元音 o 和鼻辅音

n、ng。

构成音节的声调有阴平、阳平、上声、去声 4 个，声调都是标在音节的主要元音上的，汉语音节是必须要有贯穿音节的声调的。

一个音节最少只由一个音素，这个音素主要是元音如“a、o、e、ê、i、u、ü、er”自成的音节。普通话辅音“m、n、ng”有时也可以单独成为音节，但这只限于口语中的叹词“呣”“嗯”“哼”等。

一个音节最多只有四个音素，如“装”，有声母“zh”、韵头“u”、韵腹“a”和韵尾“ng”组成“zhuang”这个音节。

音节可以没有声母、韵头和韵尾。没有声母的音节称为零声母音节，如“a、o、e、ê、i、u、ü”自成音节和以“i、u、ü”做音节开头的音节。自成音节的“ê、i、u、ü”要分别写作“ye、yi、wu、yu”；音节开头的“i、u、ü”要写成“y、w、yu”，如“ia、uan、üan”要分别写成“ya、wan、yuan”。只有声母、韵腹，没有韵头、韵尾的音节，如“ba”；有声母、韵头和韵腹的音节，如“pia”；有声母、韵腹，没有韵头的音节，如“zhou”；既有声母，又有韵头、韵腹、韵尾的音节，如上面的“zhuang”。

普通话音节结构类型表

结构 / 音节拼写 / 例字		声母	韵母			声调	说明
			韵头	韵腹	韵尾		
啊	a			a		阴平	零声母
喔	wo			o		阴平	零声母
鹅	e			e		阴平	零声母
乖	guai	g	u	a	i	阴平	
无	wu			u		阳平	零声母
鱼	yu			ü		阳平	零声母
把	ba	b		a		上声	
腰	yao		i	a	o	阴平	零声母
求	qiu	q	i	u		阳平	
辉	hui	h	u	i		阴平	
前	qian	q	i	a	n	阳平	
装	zhuang	zh	u	a	ng	阴平	
羊	yang		i	a	ng	阳平	零声母
王	wang		u	a	ng	阳平	零声母
胸	xiong	x	i	o	ng	阴平	
娟	juan	j	ü	a	n	阴平	

二、音节的拼读

音节的拼读就是拼音，就是按普通话语音的结构规律，将声母和韵母拼合成音节。

掌握了音节的拼读，既可以把声母、韵母拼合成音节，又可以从音节中分析出声母和韵母来。有了这样的拼读能力，不但自己可以查检字典、词典，还可以帮助别人识字。例如：

d—ian sh—i d—a x—üe
电 视 大 学
diàn shì dà xué

普通话的22个声母比较单纯，韵母比较复杂，拼音时要掌握如下要领：

1. 声母要发本音

所谓发本音，是指拼音时辅音声母不用呼读音，也不用字母名称音，而是要用不甚清晰、较轻、较短的本音来发音。只有准确掌握每一个辅音声母的发音部位和发音方法，才有可能发准本音。例如："m"的呼读音是mo，名称音是êm，如果拼读"妈妈"声母不用本音，就成了"moamoa"或"êmaêma"了。

2. 要坚持两拼法

有个拼音的口诀叫"前音短些后音重，两音相碰猛一冲"。这"前音短"是指声母轻些、短些，就是发本音；"后音重"是说拼音时韵母比声母读得重些；"两音相碰猛一冲"是说拼音时，声母和韵母间不能间歇，否则，就不是一个音节了。例如音节"飘"piāo，如果中间断开读，就可能读成"皮袄"pi—ao，应读为"p—iao→piao"。

3. 韵母要整体认读

音节中韵母的韵头、韵腹、韵尾也是一个整体，拼读时不可停顿或延长。例如"强"qiáng的韵母要一下读为"杨"iáng，不要读成i—a—ng。

当然，零声母音节有韵头时，一般也要用两拼法，如"杨"yáng，则可读为y—ang→yáng。

4. 要读准声调

声调既然在汉语语音中有区别意义的作用，是音节的重要组成部分，那么，拼读时调值不准，意义就会改变，从而影响我们的交际。

三、音节的拼写

用汉语拼音拼写音节，《汉语拼音方案》已作了明确规定，这里分别说明如下：

1. i和u、ü的用法

y、w既不是元音，也不是辅音，它们可视为隔音字母，拼写时放在以元音音素i、u、ü开头的音节前。

以u开头的音节，只有u要加w，例如wu；其他的一律把u改为w，例如wa，wai，wang，weng等。

从拼写的角度来看，y、w作为部分零声母音节的标志，更好认识一些。例如"丹阳"

写成 daniang，就会误认为“大娘”，如果正确书写成 dānyáng，绝对不会认错。

关于 y、w 的用法，可概括成以下几句口诀：

i、u 后面有元音，改换 y、w 不费心。以 i 开头的音节，逢 i，in，ing 加 y，例如 yi，yin，ying；其他的把 i 改为 y，例如 ya，ye，yao，you，yan，yang，yong 等。

i、u 后面无元音，添加 y、w 莫沉吟。如有 ü 母迎头见，加 y 省点记分明。以 ü 开头的音节，一律在 ü 前加 y，同时省写 ü 上的两点，例如 yu，yue，yun 等。

2. 隔音符号的用法

由两个或两个以上音节组成的词语，需要弄清音节间的界限。y 和 w 解决了 i、u、ü 开头的零声母问题，a、o、e 开头的零声母音节在组成词语时，也容易产生误会。例如“档案”dangan，有可能读成“单干”。因此，《汉语拼音方案》规定：“a、o、e 开头的音节连接在其他音节后面的时候，如果音节的界限发生混淆，用隔音符号（’）隔开。”隔音符号的形状像个逗号，标在易混淆的两个音节的上方。例如“饥饿”ji’è、“深奥”shen’ào 等。

3. 韵母 iou，uei，uen 的省写

iou，uei，uen 三个韵母自成零声母音节时，写作 you，wei，wen；当它们与辅音声母相拼时，就要分别省写韵腹 o 或 e，例如：“牛”niú、“晖”huī、“春”chūn 等。

下面的口诀可以帮助记忆：

iou，uei，uen，变得妙，
自成音节换上帽；
若是前面拼声母，
中间都要去掉腰。

4. ü 上两点的省写

按照普通话声、韵的配合规律，j、q、x 不同 u 相拼，所以 ü 遇到 j、q、x 一律省去两个点，例如 ju，qu，xu，juan，quan，xun 等。ü 省去两点后，不会和 u 发生混淆，还能够提高书写速度。

5. 标调

声调符号要标在音节的主要元音（即韵腹）上。

例如：“道”dào、“路”lù、“畅”chàng、“通”tōng 等。

iou、uei、uen 三个韵母省写韵腹后，iu、ui 标在后面的元音上，un 标在 u 上。

若声调符号正好标在 i 上时，i 上的点要省写，这样既能够提高书写速度，又显得美观。例如“机器”jīqì。

6. 轻声

轻声是普通话的一种变音现象，轻声音节不标调。

例如：“我的”wǒde、“孩子”háizi、“姐姐”jiějie 等。

轻声之外的音变现象，拼写时一般标本调。例如“领导”lǐngdǎo、“一个”yīgè 中，“领”、“一”可以读得像阳平，但不标阳平的声调符号。

7. 连写和大写

（1）按词连写。在句子中，每一个词作为一个拼写单位。例如：

我们学习现代汉语。

Wǒmen xuéxí xiàndài hànyǔ。

（2）大写字母的用法。有两种情况：

① 句子中头一个词的第一个字母要大写。例如：

我们是电大的学生。

Wǒmen shì diàndà de xuéshēng。

② 专有名词头一个字母（或全部）用大写字母。例如：

北京清华大学

Běijīng Qīnghuá dàxué

BEIJING QINGHUA DAXUE

四、音节中声韵调的配合

（一）声韵配合规律

普通话音节中声母、韵母的配合不是随意的，而是有一定规律的。先看下面的普通话声韵配合简表：

<table>
<tr><th colspan="2">韵母
声母</th><th>开口呼</th><th>齐齿呼</th><th>合口呼</th><th>撮口呼</th></tr>
<tr><td>双唇音</td><td>b、p、m</td><td>+</td><td>+</td><td>只跟 u 相拼</td><td></td></tr>
<tr><td>唇齿音</td><td>f</td><td>+</td><td></td><td>只跟 u 相拼</td><td></td></tr>
<tr><td rowspan="2">舌尖中音</td><td>d、t</td><td rowspan="2">+</td><td rowspan="2">+</td><td rowspan="2">+</td><td></td></tr>
<tr><td>n、l</td><td>+</td></tr>
<tr><td>舌面前音</td><td>j、q、x</td><td></td><td>+</td><td></td><td>+</td></tr>
<tr><td>舌面后音</td><td>g、k、h</td><td>+</td><td></td><td>+</td><td></td></tr>
<tr><td>舌尖后音</td><td>zh、ch、sh、r</td><td>+</td><td></td><td>+</td><td></td></tr>
<tr><td>舌尖前音</td><td>z、c、s</td><td>+</td><td></td><td>+</td><td></td></tr>
<tr><td>零声母</td><td>ø</td><td>+</td><td>+</td><td>+</td><td>+</td></tr>
</table>

“+”表示全部或局部声韵能相拼，空白表示不能相拼。

从表中可以看出，并非所有的声母和韵母都能拼合。

由于在声母方面，决定拼合关系的往往是发音部位，因此上表是根据发音部位来划分声母的；而在韵母方面，决定拼合关系的主要是介音，也就是韵头，因此上表是按不同的介音，即“四呼”来划分韵母的。

分析上表后，可以得出以下几条声韵配合规律：

1. b、p、m 只拼开口呼、齐齿呼和合口呼中的 u 韵母。f 在普通话中不能和齐齿呼相拼，其他情况和b、p、m一样。

2. d、t能拼开口呼、齐齿呼和合口呼。

3. z、zh、g组正好和j组形成互补。z、zh、g组只拼开口呼和合口呼，而j组只拼齐齿呼和撮口呼。

4. n、l和零声母除了舌尖韵母（-i，只能和z、zh组相拼）以外，能和所有的韵母相拼合。

（二）声调和声母、韵母的配合关系

相对于声母、韵母配合时受发音部位影响较大的情况，普通话中，声调和声母、韵母的配合所受的限制就不是很多，主要有以下两条规则：

1. 不送气声母“b、d、g、j、zh、z”跟鼻音韵母相拼时，没有阳平调（第二声），zán（咱）、béng（甭）除外。例如：

	阴平	阳平	上声	去声
Ben	奔		苯	笨
Duan	端		短	段
Jing	惊		井	竟

2. 浊声母n、l、r构成的音节，阴平调（第一声）的很少，即使有，也只有一个字。如nāo（孬）、luō（啰）、rāng（嚷）、rēng（扔）等。其他的，基本是下面这种情况：

	阴平	阳平	上声	去声
Nai			乃	奈
Lan		兰	揽	烂
Rao		娆	扰	绕

思考与练习

一、名词解释

1. 音节。2. 韵头。3. 韵腹。4. 韵尾。

二、简答

1. 音节结构及其特点。

2. 音节的拼读要求。

3. 音节的拼写要求。

三、填空

1. 构成音节的辅音有________个，辅音只出现在音节的____________，在末尾出现的辅音只限____________。

2. 构成音节的韵母有________个，韵母中________占优势。

3. 可以充当韵头的只有高元音________；可以充当韵尾的只有高元音________、半高元音________和鼻辅音________。

4. 汉语音节是必须要有贯穿音节的________的。

5. 一个音节最少只有一个音素，如________；最多只有四个音素，如________。

5. 音节可以没有________，但不能没有________。

6. 以 u 开头的音节，只有 u 自成音节时，前面要加________。

7. iou、uei、uen 三个韵母自成零声母音节时，要分别写作________。

8. 音节 qu 的韵母是________。

9. 音节 dui 的韵头、韵腹和韵尾分别是________。

10. 声调符号标在 i 上时，i 上的________要省写。

四、实践操作

1. 按要求填写下表，对音节进行结构分析

例字 / 音节拼写 / 结构	声母	韵母			声调	说明
		韵头	韵腹	韵尾		
喔						
怪						
药						
装						
杨						
王						
凶						
全						

2. 依据声韵配合规律，填写下表（用“＋”表示全部或局部声韵能相拼，用空白表示不能相拼）

韵母 / 声母		开口呼	齐齿呼	合口呼	撮口呼
双唇音					
唇齿音					
舌尖中音					
舌面前音					
舌面后音					
舌尖后音					
舌尖前音					
零声母					

3. 下列各音节的拼写为什么是错误的，试根据声韵配合规律，加以说明并改正。

shiao（少）　jua（抓）　xa（夏）　fong（风）

puo（破）　tueng（通）　do（多）　siong（送）

4. 参照本大题第 1 题，列表分析下列各字音节的结构方式，并指出其韵母是四呼中的哪一种。

良　光　明　香　道　知

怀　班　加　强　外　学

第六节　音位

一、音位与音素的联系与区别

在语音单位中，已经介绍音位是具体语言或方言中以语音形式区别意义的最小语音单位。

任何语言或方言的音位都是从其音素中区分出来的，分析音位时总要落实到具体的音素。这是音素与音位的联系。

但音位又不是音素，二者从本质属性到表现形式都各不相同。音素是说话时所发出的声音，是从音色（音质）角度区分出来的最小的语音单位，是具体存在的物理现象，所以研究音素主要从语音的自然属性入手；“音位”是具体语言或方言中区别意义的语音单位，是按语音的辨义作用归纳出来的音类，是具体存在的社会现象，所以研究音位要从语音的社会属性入手。

分析音素只涉及某一个发音，而分析音位则涉及某一类发音。不同的音素不一定能区别意义，但是不同的音位一定能区别意义。在标写方式上，音素与国际音标的音标符号一一对应，音位则用平行斜线中加国际音标字母表示。如汉语音节 san 中辅音元音的音素分别写作 s 和 a、n，国际音标标为［s］、［a］、［n］，而音位则分别写作/s/、/a/、/n/；汉语音节 pang 的音素写作 p、a、ng，国际音标标为［pʻ］、［ɑ］、［ŋ］，音位分别写为/pʻ/、/ɑ/、/ŋ/。

二、音位的性质和类别

1. 音位的性质

音位是从社会功能角度划分出来的具有区别意义作用的语音单位，音位的这种区别意义的作用叫做“辨义功能”，这种辨义总是属于特定的语言或方言内的语音系统的成员所约定俗成而认可和接受的，不存在超语言或超方言的音位。

2. 音位的类别

从构成材料上看，音位可分为音质音位和非音质音位。

（1）音质音位

以音素为材料，通过音质的差别来起辨义作用的音位叫“音质音位”。音质音位包括所有的辅音音位和元音音位。我们知道，因为发辅音和元音时声带振动不同，共鸣器不同，成阻部位不同，发音方法不同，发出的音色也就不同，我们就是从这不同的音色（音质）中区别出它们的各自意义，从而把汉语语音归为22个辅音音位，10个元音音位。

2. 非音质音位

通过音高、音强、音长的差别来起辨义作用的音位叫“非音质音位”，也叫“超音质音位”，主要有调位、重位和时位。

调位就是利用音高（主要是声调）的差别来区别意义的音位，它是现代汉语中最重要的非音质音位。现代汉语普通话有四个调位：阴平、阳平、上声、去声。

重位也叫势位，主要是利用音强（重音位置）等方面差别来区别意义的音位。

时位是由音长区别意义而形成的音位。

音质音位与非音质音位既相同又有区别。

两者相同的是都是音位，在具有区别意义的作用上是相同。

两者的不同主要表现在它们的根本性的差别。一是音质音位在语流中占据一定的片段位置，独立性较强，是最主要的音位代表。而非音质音位，是相对于音质音位来说的从属音位，比如调位，本身并不在语流中占据某一片段，必须附着在某一音节之上才能显示出自己作为音位的作用；重位则必须在多音节词句中才能显示其区别作用；时位虽在语流中占有一定的片段，但其实质仍只是某一音质音位在时间上的延长与否的对立，没有音质音位，时位就无所附依。

三、音位归纳的原则和方法

1. 音位的归纳原则

只有具有相同表义作用的一组音素才可以归纳为同一个音位，同一个音位的各个音，是不能区别意义的。因此，按音素的的表意作用，即辨义功能来归纳确定音位，是我们归纳音位的原则。

2. 音位归纳的方法

依据音位的辨义原则，语音学界常用以下方法归纳音位

（1）区别替换方法

这种方法着眼于音位的对立，不同的音素可以出现在相同的语音环境里，它们的差别会引起语素或词的语音形式改变，进而区别意义。可以先设置一个语音环境，比如分别将d [t]、n [n]、l [l] 放入语音环境—ao [—ɑu] 中进行替换，分别形成 dao [tɑu]、nao [nɑu]、lao [lɑu]，并比较它们的意义是否有区别。有区别，就归为不同的音位；没有区别，就归为一个音位。

通过比较，可以看出，d、n、l 三个音素在—ao（— [ɑu]）中替换后， [tɑu]、[nɑu]、[lɑu] 意义各不相同，所以 d、n、l 在普通话里可以区别意义，应该归纳为 d、n、l 三个音位，国际音标写为 [t]、[n]、[l]。普通话里 ɑ、o、e、b、p、m……都是这样归纳出来的语音音位。

像北京话里的“文”有人念“wén”，有人念“vén”，北京人听了都一样，其中“w”

和“v”的读音差别并没有造成意义的不同，所以，这两个音在北京话里就可以归纳为一个音位，写成：

/u/=w、v

再如吴语区方言中没有zh、ch、sh三个声母，只有z、c、s，“师长”和“司长”的读音没有区别；但北京人称“师shī长”和“司sī长”语音不相同，sh和s在吴语里只是一个音位，在北京话里就是两个不同的音位。又如吴语及许多其他方言里，鼻韵母没有n和ng两个前后不同的鼻韵尾，说姓“陈chén”和姓“程chéng”语音相同，同一个人有时发音韵尾是n，有时可以改变为ng，说话人和听话人都不觉得有什么区别，因此，韵尾n和ng是一个音位，但是北京话里这两个姓氏有不同的读音，不能任意改变韵尾，n和ng在北京话里是两个不同的音位。合肥话和四川话里n和l不能分辨，“nán男”和“lán蓝”读音相混，也有人把这两个声母的字都读n或一律读l，不仅听感上不能分辨，而且也没有区别词义的作用，n和l在当地是一个音位，但在北京话以及吴语上海方言中“nán男”和“lán蓝”不能互混或替代，它们有区别词义的作用，所以在北京话和吴语上海方言中n和l是两个音位。

这里要指出，有语音差异就有语音的对立，语音差异主要体现在发音部位和发音的方法的不同上，这发音部位和发音方法的差异，语音学上称之为区别特征，它是归纳音位的的最重要的方法。

（2）互补分布方法

两个音素如果不能出现在相同的语音环境里，而又呈互补分布状态，这两个音素就形成互补关系。形成互补关系的音素可以归纳成一个音位，用一个音位符号标写，各音素的不同读音由不同的语音环境决定。例如：

普通话的［a］只出现在［i］和［n］之前，［ɑ］只出现在［ŋ］和［u］之前，［A］出现在没有韵尾的场合，［ε］出现在［i］［y］和［n］之间，［a］［ɑ］［A］［ε］四个音素是互补的，可以归入同一个低元音音位/ɑ/。后面讲到的同一音位中的音位变体中的不同音素，都属于这种互补分布。

（3）音感差异方法

互补分布是把若干音素归并为一个音位的必要条件，不是充足条件。属于一个音位的各个变体在语音上还应该是近似的，至少本地人听起来比较近似，如果两个音的音感差异明显，即使是互补关系也不能归并为一个音位。例如：

普通话里m只能出现在音节的开头，ng只能出现在音节的末尾，从整个鼻音系统上看，m和ng存在着互补关系，但是，m和ng的音感差异太大，来源也不同，没有人认为它们是一个音，当然不能归并为一个音位。再比如汉语普通话中的m与n，g与j，k与q，h与x，zh与z，ch与c，sh与s，i与i（前）、i（后）等等，其音感的不同，也都是它们分别归为不同音位的原则方法之一。

（4）系统规律方法

归纳音位还须考虑归纳出来的全部音位是否系统、整齐、简明和经济。有时候归为一套音位还是两套音位，似乎都有道理，都符合辨义互补方法，语音上也有一定的相似性，这时就主要考虑语音的系统性了。例如前面讲到的声韵的配合规律就是用系统方法归纳出来的音位。

四、音位变体

同一个音位中的不同音素就叫做该音位的音位变体，也称同位变体。音位和音位变体是一般与个别的关系。

根据在语音环境中出现的情况不同，音位变体可分为自由变体和条件变体。

1. 条件变体

条件变体指的是在一定条件下才能出现的音位变体。即这种音位变体在语言中各有一定的出现场合而又同属于一个音位的两个或两个以上的音素。如汉语普通话中/a/的变体：

音素	出现条件	例字
[a]	[—i] [—n] 的前面	来 [lai] 搬 [pan]
[A]	单说或音节中的单元音	阿 [A] 拿 [nA]
[ɑ]	[—u] [—ŋ] 的前面	高 [kɑu] 放 [fɑŋ]
[ɛ]	[i] [y] 与 [n] 之间	捐 [tɕyɛn] 献 [ɕiɛn]

2. 自由变体

自由变体指的是不受条件限制，可以自由替换而不影响意义的音位变体。这种音位变体是出现在相同的语音环境中而不能区别意义的两个或两个以上的同一音位的音素。

例如汉语方言中，合肥话里的 n 和 l，i 和 ü 可以自由变读，而不会引起意义的改变。在这种方言话里，“兰”和“南”可以读 lan（[lan]），也可以读作 nan [nan]；“李”和“女”同音，可以读作 nü [ny]，也可以读作 li [li]。这 n [n] 和 l [l] 就是合肥话/n/音位的两个自由变体，i 和 ü 就是合肥话/i/的两个自由变体。

五、汉语普通话的音位和音位变体

1. 辅音音位

汉语语音系统有/p/（b）、/p ‘/（p）、/m/（m）、/f/（f）、/t/（d）、/t ‘/（t）、/n/（n）、/l/（l）、/k/（g）、/k ‘/（k）、/x/（h）、/tɕ/（j）、/tɕ ‘/（q）、/ɕ/（x）、/ts/（z）、/ts ‘/（c）、/s/（s）、/tʂ/（zh）、/tʂ ‘/（ch）、/ʂ/（sh）、/ʐ/（r）、/ŋ/（ng）这 22 个辅音音位。这里只介绍一些有明显音位变体的辅音。

（1）大多数辅音音位（/f/除外）与圆唇元音 o、u、ü 拼合时都双唇拢圆，产生各种圆唇音的音位变体（即唇化辅音）。例如：[t ‘u]（突）、[ʂu]（书）、[ɕy]（虚）与 [t ‘i]（梯）、[ʂA]（杀）、[ɕi]（稀）比较，发音时“突”、“书”、“虚”的辅音 [t ‘] [ʂ] [ɕ] 双唇都拢圆了。

（2）舌尖中音/t/、/t ‘/、/n/、/l/和齐齿呼韵母 i、ia、ie、iao、iou、ian、in、iang、ing 拼合时（即与 [i] 开头的韵母相拼时），产生腭化的音位变体（腭化音就是某一辅音发音时舌面接近硬腭而导致这个辅音具有了舌面音 j、q、x 色彩的音）。例如：

“抵、体、你、李”中的/t/、/t ‘/、/n/、/l/发音时，舌面接近硬腭，分别变成了各自的腭化音（国际音标标注腭化音是在音标的右下角添加个 j）。

（3）/n/有四个音位变体，除圆唇辅音和腭化辅音变体以外，另有变体［n－］和［－n］。前者作声母，后者作韵尾。后者是唯闭音（指鼻音发音时的成阻、持阻、除阻三个发音阶段中只持阻期发音除阻期不发音），没有除阻阶段。

（4）鼻音/ŋ/有两个音位变体［ŋ－］和［－ŋ］。［ŋ－］作声母，只出现在语气词“啊”［A］的开头，［A］同前面含有［－ŋ］的音节连读时，因同化作用产生这种［ŋ－］辅音，例如“听啊”［t ‘iŋŋA］。［－ŋ］作韵尾，是唯闭音，持阻阶段发音，除阻阶段不发音，是唯闭音，如当 dang［taŋ］、将 jiang［tɕiaŋ］的韵尾都是唯闭音。

（5）不送气的清塞音/tɕ/、z/tʂ/、/ts/，清塞擦音/tɕ ‘/、/tʂ ‘/、/ts ‘/出现在轻声音节中时，由于读音弱，受前后元音的影响，有时会变成相应的浊辅音变体。如/p/、/t/、/k/……分别变为［b］、［d］、［g］……

（6）/k/、/k ‘/、/x/与韵母［ei］拼合时，受到［ei］中舌位较高的前元音［e］的影响，产生发音部位前移的变体。例如：

［kei］（给）、［k ‘ei］（剋）、［xei］（黑）中声母的实际音值。

2. 元音音位

普通话共有/a/、/o/、/ə/、/e/、/i/、/u/、/y/、/ɿ/、/ʅ/、/ɚ/十个元音音位。

（1）/a/有四个音位变体，即［a］、［A］、［ɑ］、［ε］。

音位变体	出现条件	例字
［a］	韵尾［i］、［n］之前	甘［kan］、海［xai］
［A］	无韵尾时	瓜［kuA］、巴［pA］
［ɑ］	韵尾［u］（标写是 o）、［ŋ］之前	好［xɑu］、广［kuɑŋ］
［ε］	韵头［i］、［y］（ü）和韵尾［n］之间	健［tɕiεn］、全［tɕ ‘yεn］

（2）/o/有两个音位变体，即［o］、［oᶜ］（发音类似 go 里的 o）。

音位变体	出现条件	例字
［o］	单韵母中	伯［po］、末［mo］
［oᶜ］	作复韵母韵腹	作［tsuoᶜ］、够［koᶜu］

（3）/ə/（元音 e）有两个音位变体，即［ɤ］、［ə］（鹅和很的区别）。

音位变体	出现条件	例字
［ɤ］	单韵母中	德［tɤ］、客［kɤ］
［ə］	作鼻韵母韵腹（以 n 结尾） 作轻声音节韵腹	门［mən］、更［kən］、的［tə］

（4）/e/【ê】有两个音位变体，即［e］、［ɛ］。

音位变体	出现条件	例字
［e］	在韵尾［i］之前	给［kei］、对［tuei］
［ɛ］	作韵腹、无韵尾时	鞋［ɕiɛ］、街［tɕiɛ］、欸［ɛ］

（5）/i/有三个音位变体，即［i］、［I］、［j］。

音位变体	出现条件	例字
［i］	作韵腹及非零声母韵头	比［pi］、定［tiŋ］
［I］	作韵尾	盖［kaI］、回［xueI］
［j］	作零声母音节韵头	言［jɛn］、杨［jaŋ］

（6）/u/有四个音位变体，即［u］、［ɷ］、［w］、［ʋ］。

音位变体	出现条件	例字
［u］	作韵腹及非零声母韵头	呼［xu］、滚［kun］
［ɷ］	作韵尾	高［kaɷ］、叫［tɕiaɷ］
［w］	作零声母音节韵头	王［waŋ］、文［wən］
［ʋ］	在［f］声母后	腹［fʋ］、富［fʋ］

说明：

［u］：嘴唇大幅向前伸出，双唇合拢，呈圆形。［ɷ］：作韵尾（拼为 o，实为 u），双唇略微合拢。［w］：嘴唇向前略微伸出，双唇合拢，呈圆形。［ʋ］：双唇前伸，几乎不用力合拢。

（7）/y/【ü】有两个音位变体，即［y］、［ɥ］。

音位变体	出现条件	例字
［y］	作韵腹（唇圆形）	举［tɕy］、均［tɕyn］
［ɥ］	作零声母音节韵头（用力较小）	约［ɥɛ］、元［ɥɛn］

（8）/ɿ/（舌尖前元音）只有一个音位变体［ɿ］。

音位变体	出现条件	例字
［ɿ］	在［ts、ts‘、s］后作韵母	字［tsɿ］、四［sɿ］

（9）/ʅ/（舌尖后元音）只有一个音位变体［ʅ］。

音位变体	出现条件	例字
［ʅ］	在［tʂ、tʂ‘、ʂ、ʐ］后作韵母	志［tʂʅ］、日［ʐʅ］

（10）/ɚ/（卷舌元音）有两个音位变体，即［ɚ］、［ɐr］。

音位变体	出现条件	例字
［ɚ］	阳平、上声音节	儿［ɚ］、尔［ɚ］
［ɐr］	去声音节（类似/ar/的发音）	二［ɐr］、贰［ɐr］

3. 声调音位

普通话有阴平、阳平、上声、去声四个调类，这四个调类其实就是四个声调的音位，可以用/55/、/35/、/214/、/51/四个调值来表示这四个声调音位，分别写作/1/、/2/、/3/、/4/。

普通话声调音位差异是音高变化的差异，一个音节用不同类别的声调音位替换，就能表示不同的意义。如［t‘ɑu］，其声调音位不同，其意义也就不同，如汉语音节涛（tāo）、逃（táo）、讨（tǎo）、套（tào），其意义就完全不同。

声调音位的主要的音位变体如下：

/1/只有一个变体［55］。如“天、高、知、出、书、租、粗、苏”等字的调值。

/2/只有一个变体［35］。如“田、臣、林、娘、黄、强、贫、民、”等字的调值。

/3/的音位变体有［214］、［35］、［21］三个：

［214］出现在单字的读音或词语末尾的重读音节中，后边往往伴有停顿，如“古、好、少、短、浅、满”和“语法”的“法”，“五点”的“点”等字的调值。

［35］出现在连读的上声音节前的词语中，如“检讨、保守、管理、展览、领导”等词语中“检、保、管、展、领”的调值。

［21］出现在连读的非上声音节前的词语中，例如“语素”，“语言”的“语”，“五官”、“五脏”的“五”的调值。

/4/的变体有［51］、［53］两个：

［51］出现在单字的读音或非去声音节前的重读音节，如“去、部、汗、坐、阵、韵”和“校长、校园、校工”中“校”的调值。

［53］出现在连读的去声音节前的词语中。如“校庆、校训”中“校”的调值。

思考与练习

一、名词解释

1. 音位变体。2. 音质音位。3. 非音质音位。

二、下列说法有的正确，有的不正确。请改正不正确的说法。

1. 音素是从语音的自然属性角度划分的，音位是从语音的社会属性角度划分的。

2. 汉语拼音中 ge 和 yue 中的 e，是两个不同的音素，但是同一个音位。

3. 音素和音位是完全对应的关系，一种语音系统有多少音素，就有多少音位。

4. 同一个音位，可以包含几个不同的音素。

5. 音质音位具有区别意义的作用，非音质音位不具有区别意义的作用。

6. 不同的音位变体，可以区别不同的意义。

7. 一个音位包含多个变体，各个变体出现需要一定条件，这样的音位变体就是自由变体。

8. 不同发音方法发出来的音素，可以区别意义。

三、按要求答题：

1. 音位归纳的主要原则和方法有哪些？请举例说明。

2. 音位有哪些性质和类别？试作具体说明。

3. 音质音位与非音质音位的同与异体现在哪些方面？

4. 音位与音素有哪些联系与区别？

5. 什么是音位变体？音位变体中的条件变体与自由变体有什么不同？

6. 写出汉语音节 zhuàng、duī、juān、yuān、yāo 的音标，标出它们各自的音位和构成音位的音素。

四、汉语普通话中有几大类音位？每一大类音位中又有多少下位音位？请举例说明。

五、举例，具体说明/n/、/a/、/з/的音位变体。

第七节 语音流变

我们说话时，并不是将音素或音节一个一个地单独说出来的，而是把一连串音节所组成的词和句子连续发出，形成语流。在这个连续发音的过程里，相连的音素或音节之间有时会相互影响，产生音变，这种音变就叫做语音流变。普通话主要的语音流变主要表现在轻声、儿化、连读变调、“啊”的变读等方面。

一、轻声

1. 轻声的性质

在语流中，由于音节相连，有的音节失去原有调值，变成一种轻短模糊的调子，这就是轻声。如“头”的声调是阳平，在“石头、笼头、孱头”等词中就变读成了轻声。轻声并不是普通话四种声调以外的第五种声调，它只是四声在特殊语境中的一种音变现象，在词语中读轻声的字，单独念时都各有其本来的声调。

轻声是在一定的条件下读得又短又轻的调。通常把这些读轻声的字，叫做轻声字。轻声不仅引起声调的变化，而且有的还会影响音节的声母和韵母，引起音色的变化。主要表现为：

(1) 使不送气的清塞音和清塞擦音浊音化。例如：

“刷子”的“子”，轻读后，声母变成浊塞擦音［dz］。

“锅巴”的“巴”，轻读后，声母变成浊塞音［b］。

（2）使一些韵母中较高或较低的元音向央元音靠近，韵母的音值变得比较模糊。例如：

“笑话”的“话”，轻读后，韵母变成［uə］。

“起来”的“来”，轻读后，韵母变成［ə］］。

（3）使一些音节的韵母脱落。例如：

“丈夫”中的“夫”，轻读后，音节就变成［f］了。

“意思”中的“思”，轻读后，音节就变成［s］了。

2. 轻声的作用

（1）有的轻声音节可以起到区别词义的作用。例如：

① 谁说老子不敢打你？

② 孔子是儒家的代表人物。

这两句中的“老子”、“孔子”都是名词，但词义不一样。①句中的“老子”是自称的一种形式，“子”没有实在意义，读轻声；而②）句中的“子”指人，是古代对男子的一种敬称，有实在意义，所以不能读轻声，要读第三声。

（2）有的轻声音节可以起到区分词性的作用。例如：

① 你的普通话说得很地道。

② 这个村子有一个抗战时期留下的地道。

① 句中的“地道”是“够标准的，好的”意思，是形容词，“道”没有实在意义，读轻声；第②句中的“地道”是指“在地下挖的通道”，是名词，“道”有实在意义，所以不能读轻声，要读第四声。

3. 轻读的规律

在日常口语中轻读出现频率较高，哪些音节是读轻声，哪些不是，没有确定的规律，但遇到下列情况都必须要读轻声。

（1）助词“的、地、得、着、了、过”和语气词“吧、啊、吗”以及的字短语中“的”字等。例如：

小的、慢慢地、说得好、走着、快了、去过、来吧、是啊、对吗。

（2）构词用的后缀“子、头”及表示群体的“们”等。例如：椅子、笼头、我们。

（3）用在名词、代词后面的表示方位的语素或词。例如：

心上、那边、店里、脚下、里面。

（4）在动词、形容词后，用来表示趋向的词“来、去”等。例如：

过来、回去、起来、跑去、拿来。

（5）叠音词和动词的重叠式后面的一个字。例如：

听听、走走、姐姐、宝宝、爸爸、笑笑。

（6）一些常用的双音节词，第二个音节也常常读轻声。三音节词中间也有读轻声的。例如：

耳朵、嘴巴、学生、风筝、相声、葡萄糖、狮子狗。

(7) 双音节动词重叠式的第二、四字读轻声。例如：

研究研究、考虑考虑。

(8) 类似下列词语中第二个“不、里”的字读轻声：

黑不溜秋、傻不愣登、糊里糊涂、啰哩啰嗦。

二、儿化

1. 儿化的性质

在口语中，普通话的一些音节在发音时，可以在韵母后面加上一个卷舌动作，这个动作可以跟韵母的元音同时发出，合为一个音节，这样构成的韵母叫做“儿化韵”。例如普通话念“鸭儿（yar）”的时候，这个“儿”不是一个独立的音节，也不是音素，而只是一个形容性符号。只表示在念到“鸭”这个音节的末尾音素时，随即加上一个卷舌动作，使韵母带上卷舌音“儿”的音色。用汉语拼音拼写儿化音节，只需在原来的音节之后加上“r”(表示卷舌的动作）就可以了。例如：花儿（huar）、车儿（cher）等。

2. 儿化的作用

儿化也是一种音变现象，它具有区别词义、区分词性和附加感情色彩的作用：

(1) 区别词义。有的词儿化后具有比喻义。例如：

头（人体器官）——头儿（领头的）

门（房子的一部分）——门儿（办法）

(2) 区分词性。兼做动、名两类的词或形容词，儿化后就固定为名词。例如：

手（名词人体器官）——手儿（量词）

尖（形容词）——尖儿（名词）

(3) 附加较小的、可爱的、讨人喜欢的等感情色彩。例如：

小球儿　　女孩儿　　柳丝儿　　小张儿

3. 儿化的规律

韵母儿化后音节主要是加卷舌动作。由于原韵母末尾的音素与卷舌动作相适应的情况不同，儿化音节的情况也有不同。如果原韵尾的发音便于卷舌，原韵母不变，直接加卷舌动作；原韵尾的发音不便于卷舌，就要变更、增、删某个音素。具体情况如下：

(1) 韵母或韵尾是 a、o、e、ê、u 的，韵母直接卷舌。如：

页码儿 a→ar　　小车儿 e→er　　小鸟儿 iao→iaor

小兔儿 u→ur　　大伙儿 uo→uor　　枝条儿 iao→iaor

柳叶儿 ie→ier　　小猴儿 ou→our　　锯末儿 o→or

(2) 韵母是 i、ü 的，儿化时增加元音 e，同时卷舌。如：

小鸡儿 i→ier　　小鱼儿 ü→üer　　玩意儿 i→ier

(3) 韵尾是 i、n 的，儿化时失落韵尾，主要元音卷舌。如：

小孩儿 ai→ar　　床单儿 an→ar　　枪眼儿 an→ar

一份儿 en→er　　没准儿 un→ur　　一袋儿 ai→ar

一块儿 uai→uar　　羊倌儿 uan→uar

（4）韵母是－i［ʅ］、－i［ɿ］的，儿化时原韵母变作 e，同时卷舌。如：

柳枝儿－i［ʅ］→er　瓜子儿－i［ɿ］→er

发丝儿－i［ɿ］→er

（5）韵尾是 ng 的，儿化时失落韵尾，主要元音鼻化，同时卷舌。如：

帮忙儿 ang→ar　眼镜儿 ing→ier　树阴凉儿 iang→iar

胡同儿 ong→ur　小熊儿 iong→iur　花瓶儿 ing→ier

三、连读变调

在连续发出的语流中，音节和音节相连，互相影响，会使某些音节的调值变得和原来的调值不同了，这种变化叫做“变调”。同时汉语讲究语音美，高低起伏的语调比起多个连在一起的同一语调好听得多，所以人们为了表达的需要也会改变某些音节的声调。变调有一定规律，往往是后一个音节影响前一个音节。普通话里常见的变调主要有以下几种情况：

1. 上声的变调

由于上声是个曲折调，调值最长，因此发音时也最费劲，当两个或三个上声字连读时，人们为了使说话更流畅，往往会把前面的上声字的调值省去一部分，读成阳平。具体的情况如下：

（1）两字上声词语，前一字变读阳平。例如：

展览　美好　懒散　小李

（2）结构为“2＋1”式（前两个音节语义紧密）的三字上声词语，前两字均变读阳平。例如：

种马场　手写体　展览馆　蒙古语

（3）结构为“1＋2”式（后两个音节语义紧密）的三字上声词语，中间一字变读阳平。例如：

老古董　小两口　买雨伞　冷处理

（4）结构“2＋2”上声连读为“35：21/35：214”。例如：

理想　美好

（5）上声后是阴平、阳平、去声、轻声的上声字调值由 214 变读为 21。例如：

首都　祖国　解放　尾巴

2. 去声的变调

两个去声相连，前一个如果不是重读音节的话，调值由 51 变成 53。例如：

制度　变化　注视　庆贺

3. “一、不、七、八”的变调

（1）“一、不”单念或用在词句末尾，以及“一”在序数词中，声调不变，读原调：“一”念阴平（55），“不”念去声（51）。例如：

一　一、二、三　统一　万一　唯一　第一　不　就不

（2）在去声前，一律变读为 35 调值。例如：

一样　一脉　一气　一块儿　不去　不孝　不看　不像

(3) 在非去声（阴平、阳平、上声）前，“一”变读为51调值，“不”仍读去声(51)。例如：

一年　一边　一天　一成　一碗　一两（变读51）

不和　不开　不喝　不屈　不高　不想（仍读51）

(4)“一、不”嵌在相同的动词的中间，读轻声。例如：

看一看　唱一唱　缓一缓　说一说

去不去　远不远　扫一扫　好不好

(5)“不”在可能补语中读轻声。例如：

扫不净　回不来　寻不见　拿不出　坚持不下去

(6)“七、八”在去声前调值可以变读为35，也可不变，其余场合念阴平原调值55。例如：

七月　七栋　七路　八岁　八月　八步（念35或55）

七斤　七旬　七里　八里　八年　八天（仍念55）

4. 形容词重叠的变调

单音节形容词重叠后儿化时，第二个音节不论是什么调值，往往读成55调值。如“高高儿的、小小儿的、好好儿的、慢慢儿的”。

单音节形容词的叠音后缀，不管原来是什么声调的字，多半念成55调值。例如：“白花花、红彤彤、亮堂堂、明晃晃、绿莹莹、沉甸甸”。但也有仍念原调的。例如：“软绵绵、金灿灿”。

双音节形容词重叠后，第二个音节变为轻声，第三、四个音节也多半读55调值。例如：“老老实实、迷迷糊糊”。也有读原调的：“红红火火、干干净净”。

四、语气词“啊”的变读

句末的语气词“啊”，在语流中受前一个音节末尾音素的影响，往往发生音变的现象。“啊”的音变规律如下：

1. 前面音素是a、o（ao、iao除外）、e、ê i、i、ü时，“啊”变读ya，可写作“呀”。如：

(1) 使劲儿拉呀！

(2) 这里真暖和呀！

(3) 他是你哥呀！

(4) 你怎么不好好学呀？

(5) 快点写呀？

2. 前面音素是u（包括ao、iao）时，“啊”变读wa，可写作“哇”。如：

(1) 大声读哇！

(2) 这儿有很丰富的石油哇！

(3) 这件事真巧哇！

3. 前面音素是n时，“啊”变读na，可写作“哪”。如：

(1) 我们的老师真是个不知疲倦哪！

（2）你走路可要小心哪！

（3）这道题可真难哪！

4. 前面音素是 ng 时，"啊"变读 nga，仍写作"啊"。如：

（1）你这样办不成啊！

（2）请大家静一静啊！

（3）这副担子可真不轻啊！

5. 前面音素是－i［ɿ］时，变读为［zɑ］；是－i［ʅ］时，变读为［rɑ］，仍写作"啊"。如：

（1）你真是个合格的老师啊？

（2）那里有一个石狮子啊！

（3）我不认识这个繁体字啊！

（4）这究竟是怎么回事啊？

思考与练习

一、名词解释

1. 轻声。2. 儿化。3. 连读变调。

二、简答

1. 轻声的性质和作用。

2. 轻读的规律。

3. 儿化的性质和作用。

4. 儿化的规律。

5. 语气词"啊"的变读及其规律。

三、实践操作

1. 依据儿化音变的规律，给下面的儿化词注音。

宝盖儿　　侧刀儿　　肉月儿　　门墩儿　　示补儿

快板儿　　单弦儿　　小曲儿　　纳闷儿　　刨根儿

唱片儿　　挑刺儿　　围嘴儿　　逗乐儿　　压根儿

2. 读下列各词语，注意"一"、"七""八"、"不"的声调变化并注上汉语拼音。

一心一意　　七上八下　　四面八方　　一窍不通

不屈不挠　　不骄不躁　　考一考　　抱一抱

好不好　　能不能　　说不定　　来不了

一筐　　一半　　唯一　　万一

一切　　七块　　不但　　不料

第八　　十七　　八路　　八角

3. 朗读下面的句子，写出"啊"音变后汉字的写法并注上国际音标。

（1）你来啊。　　（2）为什么不去啊？　　（3）你看啊。

（4）多高啊！　　（5）为什么老不动啊？　　（6）是不是啊？

（7）他是你哥啊！　（8）快点写啊！　（9）这件事可真巧啊！

4. 朗读下面普通话水平测试用必读轻声词表，识记轻声词。

巴掌 bāzhang	班子 bānzi	帮手 bāngshou
梆子 bāngzi	包袱 bāofu	包涵 bāohan
包子 bāozi	杯子 bēizi	鞭子 biānzi
拨弄 bōnong	苍蝇 cāngying	差事 chāishi
车子 chēzi	称呼 chēnghu	窗户 chuānghu
窗子 chuāngzi	村子 cūnzi	耷拉 dāla
答应 dāying	耽搁 dānge	耽误 dānwu
单子 dānzi	刀子 dāozi	灯笼 dēnglong
提防 dīfang	钉子 dīngzi	东家 dōngjia
东西 dōngxi	嘟囔 dūnang	多么 duōme
风筝 fēngzheng	疯子 fēngzi	甘蔗 gānzhe
杆子 gānzi	高粱 gāoliang	膏药 gāoyao
疙瘩 gēda	哥哥 gēge	胳膊 gēbo
鸽子 gēzi	根子 gēnzi	跟头 gēntou
工夫 gōngfu	功夫 gōngfu	弓子 gōngzi
公公 gōnggong	钩子 gōuzi	姑姑 gūgu
姑娘 gūniang	关系 guānxi	官司 guānsi
规矩 guīju	闺女 guīnü	锅子 guōzi
机灵 jīling	夹子 jiāzi	家伙 jiāhuo
尖子 jiānzi	将就 jiāngjiu	交情 jiāoqing
结实 jiēshi	街坊 jiēfang	金子 jīnzi
精神 jīngshen	窟窿 kūlong	溜达 liūda
妈妈 māma	眯缝 mīfeng	拍子 pāizi
片子 piānzi	铺盖 pūgai	欺负 qīfu
亲戚 qīnqi	清楚 qīngchu	圈子 quānzi
塞子 sāizi	沙子 shāzi	商量 shāngliang
烧饼 shāobing	身子 shēnzi	生意 shēngyi
牲口 shēngkou	师傅 shīfu	师父 shīfu
狮子 shīzi	虱子 shīzi	收成 shōucheng
收拾 shōushi	叔叔 shūshu	梳子 shūzi
舒服 shūfu	舒坦 shūtan	疏忽 shūhu
思量 sīliang	孙子 sūnzi	他们 tāmen
她们 tāmen	它们 tāmen	摊子 tānzi
梯子 tīzi	挑剔 tiāoti	挑子 tiāozi
挖苦 wāku	屋子 wūzi	稀罕 xīhan

瞎子 xiāzi	先生 xiānsheng	乡下 xiāngxia
箱子 xiāngzi	消息 xiāoxi	心思 xīnsi
星星 xīngxing	猩猩 xīngxing	兄弟 xiōngdi
休息 xiūxi	靴子 xuēzi	丫头 yātou
鸭子 yāzi	胭脂 yānzhi	烟筒 yāntong
秧歌 yāngge	吆喝 yāohe	妖精 yāojing
椰子 yēzi	衣服 yīfu	衣裳 yīshang
冤枉 yuānwang	扎实 zhāshi	张罗 zhāngluo
招呼 zhāohu	招牌 zhāopai	折腾 zhēteng
芝麻 zhīma	知识 zhīshi	珠子 zhūzi
庄稼 zhuāngjia	庄子 zhuāngzi	锥子 zhuīzi
桌子 zhuōzi	作坊 zuōfang	
白净 báijing	鼻子 bízi	脖子 bózi
不由得 bùyóude	财主 cáizhu	裁缝 cáifeng
柴火 cháihuo	肠子 chángzi	池子 chízi
虫子 chóngzi	绸子 chóuzi	除了 chúle
锄头 chútou	锤子 chuízi	笛子 dízi
蛾子 ézi	儿子 érzi	房子 fángzi
福气 fúqi	格子 gézi	蛤蟆 háma
孩子 háizi	含糊 hánhu	行当 hángdang
合同 hétong	和尚 héshang	核桃 hétao
盒子 hézi	红火 hónghuo	猴子 hóuzi
狐狸 húli	胡萝卜 húluóbo	胡琴 húqin
糊涂 hútu	皇上 huángshang	活泼 huópo
橘子 júzi	咳嗽 késou	篮子 lánzi
老头子 lǎotóuzi	累赘 léizhui	篱笆 líba
连累 liánlei	帘子 liánzi	凉快 liángkuai
粮食 liángshi	林子 línzi	翎子 língzi
笼子 lóngzi	聋子 lóngzi	炉子 lúzi
轮子 lúnzi	萝卜 luóbo	骡子 luózi
麻烦 máfan	麻利 máli	麻子 mázi
馒头 mántou	忙活 mánghuo	眉毛 méimao
媒人 méiren	门道 méndao	迷糊 míhu
苗条 miáotiao	苗头 miáotou	名堂 míngtang
名字 míngzi	明白 míngbai	蘑菇 mógu
模糊 móhu	难为 nánwei	能耐 néngnai
娘家 niángjia	奴才 núcai	牌楼 páilou

牌子 páizi	盘算 pánsuan	盘子 pánzi
狍子 páozi	盆子 pénzi	朋友 péngyou
棚子 péngzi	脾气 píqi	皮子 pízi
便宜 piányi	瓶子 píngzi	婆家 pójia
婆婆 pópo	旗子 qízi	前头 qiántou
钳子 qiánzi	茄子 qiézi	勤快 qínkuai
拳头 quántou	裙子 qúnzi	人家 rénjia
人们 rénmen	勺子 sháozi	舌头 shétou
什么 shénme	绳子 shéngzi	石匠 shíjiang
石榴 shíliu	石头 shítou	时候 shíhou
实在 shízai	拾掇 shíduo	台子 táizi
坛子 tánzi	桃子 táozi	蹄子 tízi
条子 tiáozi	亭子 tíngzi	头发 tóufa
头子 tóuzi	娃娃 wáwa	蚊子 wénzi
席子 xízi	媳妇 xífu	匣子 xiázi
行李 xíngli	学生 xuésheng	学问 xuéwen
衙门 yámen	爷爷 yéye	银子 yínzi
云彩 yúncai	咱们 zánmen	宅子 zháizi
侄子 zhízi	竹子 zhúzi	琢磨 zuómo
把子 bǎzi	板子 bǎnzi	膀子 bǎngzi
本事 běnshi	本子 běnzi	比方 bǐfang
扁担 biǎndan	饼子 bǐngzi	补丁 bǔding
场子 chǎngzi	厂子 chǎngzi	尺子 chǐzi
打扮 dǎban	打点 dǎdian	打发 dǎfa
打量 dǎliang	打算 dǎsuan	打听 dǎting
胆子 dǎnzi	底子 dǐzi	点心 diǎnxin
肚子 dǔzi	耳朵 ěrduo	斧子 fǔzi
杆子 gǎnzi	稿子 gǎozi	谷子 gǔzi
骨头 gǔtou	寡妇 guǎfu	鬼子 guǐzi
果子 guǒzi	幌子 huǎngzi	火候 huǒhou
伙计 huǒji	脊梁 jǐliang	茧子 jiǎnzi
剪子 jiǎnzi	饺子 jiǎozi	姐夫 jiěfu
姐姐 jiějie	口袋 kǒudai	口子 kǒuzi
喇叭 lǎba	喇嘛 lǎma	懒得 lǎnde
老婆 lǎopo	老实 lǎoshi	老爷 lǎoye
老子 lǎozi	姥姥 lǎolao	里头 lǐtou
两口子 liǎngkǒuzi	领子 lǐngzi	马虎 mǎhu

码头 mǎtou	买卖 mǎimai	奶奶 nǎinai
脑袋 nǎodai	脑子 nǎozi	你们 nǐmen
女婿 nǚxu	暖和 nuǎnhuo	痞子 pǐzi
曲子 qǔzi	嗓子 sǎngzi	嫂子 sǎozi
傻子 shǎzi	晌午 shǎngwu	婶子 shěnzi
使唤 shǐhuan	首饰 shǒushi	爽快 shuǎngkuai
毯子 tǎnzi	铁匠 tiějiang	妥当 tuǒdang
晚上 wǎnshang	尾巴 wěiba	委屈 wěiqu
稳当 wěndang	我们 wǒmen	喜欢 xǐhuan
小伙子 xiǎohuǒzi	小气 xiǎoqi	小子 xiǎozi
哑巴 yǎba	眼睛 yǎnjing	养活 yǎnghuo
椅子 yǐzi	影子 yǐngzi	早上 zǎoshang
怎么 zěnme	眨巴 zhǎba	枕头 zhěntou
指甲 zhǐjia	指头 zhǐtou	种子 zhǒngzi
主意 zhǔyi	主子 zhǔzi	爪子 zhǔazi
祖宗 zǔzong	嘴巴 zuǐba	
爱人 àiren	案子 ànzi	把子 bàzi
爸爸 bàba	棒槌 bàngchui	棒子 bàngzi
豹子 bàozi	被子 bèizi	辫子 biànzi
别扭 bièniu	簸箕 bòji	不在乎 bùzàihu
步子 bùzi	部分 bùfen	畜生 chùsheng
刺猬 cìwei	凑合 còuhe	大方 dàfang
大爷 dàye	大夫 dàifu	带子 dàizi
袋子 dàizi	担子 dànzi	道士 dàoshi
稻子 dàozi	凳子 dèngzi	地道 dìdao
地方 dìfang	弟弟 dìdi	弟兄 dìxiong
调子 diàozi	动静 dòngjing	动弹 dòngtan
豆腐 dòufu	豆子 dòuzi	肚子 dùzi
缎子 duànzi	队伍 duìwu	对付 duìfu
对头 duìtou	贩子 fànzi	废物 fèiwu
份子 fènzi	盖子 gàizi	干事 gànshi
杠子 gàngzi	告诉 gàosu	个子 gèzi
故事 gùshi	褂子 guàzi	怪物 guàiwu
罐头 guàntou	罐子 guànzi	柜子 guìzi
棍子 gùnzi	汉子 hànzi	后头 hòutou
厚道 hòudao	护士 hùshi	记号 jìhao
记性 jìxing	架势 jiàshi	架子 jiàzi

嫁妆 jiàzhuang	见识 jiànshi	毽子 jiànzi
叫唤 jiàohuan	轿子 jiàozi	戒指 jièzhi
镜子 jìngzi	舅舅 jiùjiu	句子 jùzi
卷子 juànzi	客气 kèqi	空子 kòngzi
扣子 kòuzi	裤子 kùzi	快活 kuàihuo
筷子 kuàizi	框子 kuàngzi	困难 kùnnan
阔气 kuòqi	浪头 làngtou	力气 lìqi
厉害 lìhai	利落 lìluo	利索 lìsuo
例子 lìzi	栗子 lìzi	痢疾 lìji
料子 liàozi	路子 lùzi	骆驼 luòtuo
麦子 màizi	冒失 màoshi	帽子 màozi
妹妹 mèimei	面子 miànzi	木匠 mùjiang
木头 mùtou	那么 nàme	念叨 niàndao
念头 niàntou	镊子 nièzi	疟疾 nüèji
胖子 pàngzi	屁股 pìgu	骗子 piànzi
票子 piàozi	漂亮 piàoliang	亲家 qìngjia
热闹 rènao	认识 rènshi	日子 rìzi
褥子 rùzi	扫帚 sàozhou	扇子 shànzi
上司 shàngsi	上头 shàngtou	少爷 shàoye
哨子 shàozi	世故 shìgu	似的 shìde
事情 shìqing	柿子 shìzi	算计 suànji
岁数 suìshu	太太 tàitai	特务 tèwu
跳蚤 tiàozao	兔子 tùzi	唾沫 tuòmo
袜子 wàzi	为了 wèile	位置 wèizhi
位子 wèizi	下巴 xiàba	吓唬 xiàhu
相声 xiàngsheng	笑话 xiàohua	谢谢 xièxie
性子 xìngzi	秀才 xiùcai	秀气 xiùqi
袖子 xiùzi	燕子 yànzi	样子 yàngzi
钥匙 yàoshi	叶子 yèzi	一辈子 yībèizi
意思 yìsi	应酬 yìngchou	柚子 yòuzi
院子 yuànzi	月饼 yuèbing	月亮 yuèliang
运气 yùnqi	在乎 zàihu	栅栏 zhàlan
寨子 zhàizi	丈夫 zhàngfu	丈人 zhàngren
帐篷 zhàngpeng	帐子 zhàngzi	这个 zhège
这么 zhème	镇子 zhènzi	柱子 zhùzi
转悠 zhuànyou	壮实 zhuàngshi	状元 zhuàngyuan
字号 zìhao	自在 zìzai	粽子 zòngzi

5. 朗读常用儿化词

A

挨个儿 挨门儿 矮凳儿 暗处儿 暗号儿 暗花儿 熬头儿

B

八成儿 八字儿 疤瘌眼儿 拔火罐儿 拔尖儿 白案儿 白班儿 白干儿
白卷儿 白面儿 百叶儿 摆谱儿 摆设儿 败家子儿 班底儿 板擦儿
半边儿 半道儿 半点儿 半截儿 半路儿 帮忙儿 绑票儿 傍晚儿
包干儿 宝贝儿 饱嗝儿 北边儿 背面儿 背气儿 背心儿 背影儿
贝壳儿 被单儿 被窝儿 本家儿 本色儿 奔头儿 鼻梁儿 笔调儿
笔架儿 笔尖儿 笔套儿 边框儿 变法儿 便门儿 便条儿 标签儿
别名儿 鬓角儿 冰棍儿 病根儿 病号儿 不大离儿 不得劲儿
不对茬儿 不是味儿 布头儿

C

擦黑儿 猜谜儿 彩号儿 菜单儿 菜花儿 菜子儿 蚕子儿 藏猫儿
草底儿 草帽儿 茶馆儿 茶花儿 茶几儿 茶盘儿 茶座儿
差不离儿 差点儿 岔道儿 长短儿 长袍儿 敞口儿 唱本儿
唱高调儿 唱片儿 抄道儿 趁早儿 成个儿 秤杆儿 吃喝儿 吃劲儿
尺码儿 虫眼儿 抽筋儿 抽空儿 抽签儿 筹码儿 出活儿 出门儿
出名儿 出数儿 橱柜儿 雏儿 窗洞儿 窗花儿 窗口儿 窗帘儿
窗台儿 床单儿 吹风儿 槌儿 春卷儿 春联儿 戳儿 瓷瓦儿
词儿 葱花儿 从头儿 从小儿 凑热闹儿 凑数儿 粗活儿 醋劲儿
搓板儿

D

搭伴儿 答茬儿 搭脚儿 打蹦儿 打盹儿 打嗝儿 打滚儿 朵儿
打晃儿 打价儿 打愣儿 打鸣儿 打谱儿 打挺儿 打眼儿 打杂儿
打转儿 大褂儿 大伙儿 大婶儿 带劲儿 带儿 单调儿 单个儿
单间儿 蛋黄儿 当面儿 当票儿 刀把儿 刀背儿 刀片儿 刀刃儿
道口儿 倒影儿 得劲儿 灯泡儿 底儿 底稿儿 底座儿 地方儿
地面儿 地盘儿 地皮儿 地摊儿 踮脚儿 点儿 点头儿 垫圈儿
电影儿 调号儿 调门儿 掉包儿 钓竿儿 碟儿 丁点儿 顶牛儿
顶事儿 顶针儿 定弦儿 动画片儿 兜儿 斗嘴儿 豆花儿 豆角儿
豆芽儿 逗乐儿 逗笑儿 独院儿 对过儿 对号儿 对口儿 对劲儿
对联儿 对门儿 对面儿 对味儿 对眼儿 多半儿 多会儿

E

摁钉儿 摁扣儿 耳垂儿 耳朵眼儿 耳根儿

F

发火儿 翻白眼儿 翻本儿 反面儿 饭馆儿 饭盒儿 饭碗儿 房檐儿

肥肠儿 费劲儿 坟头儿 粉末儿 粉皮儿 粉条儿 封口儿 风车儿
风儿 缝儿

G

旮旯儿 盖戳儿 盖儿 赶早儿 干劲儿 干活儿 高调儿 高招儿
稿儿 个儿 个头儿 各行儿 各样儿 跟班儿 跟前儿 工夫儿
工头儿 勾芡儿 钩针儿 够本儿 够劲儿 够数儿 够味儿 瓜子儿
挂名儿 乖乖儿 拐棍儿 拐角儿 拐弯儿 管儿 管事儿 罐儿
光板儿 光杆儿 光棍儿 鬼脸儿 蝈蝈儿 锅贴儿 过门儿

H

哈哈儿 行当儿 好好儿 好天儿 好玩儿 好性儿 好样儿 号码儿
号儿 河沿儿 合股儿 合伙儿 合身儿 盒儿 黑道儿 红人儿
猴儿 后边儿 后跟儿 后门儿 胡同儿 花边儿 花卷儿 花瓶儿
花儿 花纹儿 花样儿 花园儿 花招儿 滑竿儿 话茬儿 画稿儿
还价儿 环儿 慌神儿 黄花儿 回话儿 回信儿 魂儿 豁口儿
火锅儿 火候儿 火炉儿 火苗儿 火星儿

J

鸡杂儿 急性儿 记事儿 家底儿 夹缝儿 夹心儿 加油儿 价码儿
假条儿 肩膀儿 箭头儿 讲稿儿 讲价儿 讲究儿 胶卷儿 胶水儿
脚尖儿 较真儿 叫好儿 叫座儿 接班儿 接头儿 揭底儿 揭短儿
解闷儿 解手儿 借条儿 紧身儿 劲头儿 镜框儿 酒令儿 酒窝儿
就手儿 卷儿 诀窍儿 绝招儿

K

开春儿 开花儿 开火儿 开窍儿 开头儿 坎肩儿 靠边儿 磕碰儿
科班儿 科教片儿 壳儿 可口儿 吭气儿 吭声儿 空手儿 空地儿
空格儿 空心儿 抠门儿 口袋儿 口风儿 口哨儿 口味儿 口信儿
口罩儿 扣儿 苦头儿 裤衩儿 裤兜儿 裤脚儿 裤腿儿 挎包儿
块儿 快板儿 快手儿 筐儿 葵花子儿 开小差儿 抠字眼儿

L

拉呱儿 拉链儿 拉锁儿 腊八粥 腊肠儿 来回儿 来劲儿 来头儿
篮儿 滥调儿 捞本儿 老伴儿 老本儿 老底儿 老根儿 老话儿
老脸儿 老人儿 老样儿 泪花儿 泪人儿 泪珠儿 累活儿 冷门儿
冷盘儿 愣神儿 离谱儿 里边儿 理儿 力气活儿 连襟儿 脸蛋儿
凉粉儿 凉气儿 两截儿 两口儿 两头儿 亮光儿 亮儿 聊天儿
裂缝儿 裂口儿 零花儿 零活儿 零碎儿 零头儿 领儿 领头儿
溜边儿 刘海儿 留后路儿 柳条儿 遛弯儿 篓儿 露面儿 露馅儿
露相儿 炉门儿 路口儿 轮儿 罗锅儿 落脚儿 落款儿 落音儿

M

麻花儿 麻绳儿 麻线儿 马竿儿 马褂儿 买好儿 卖劲儿 满分儿
满座儿 慢性儿 忙活儿 毛驴儿 毛衫儿 冒火儿 冒尖儿 冒牌儿
帽儿 帽檐儿 没词儿 没地儿 没法儿 没劲儿 没门儿 没谱儿
没趣儿 没事儿 没头儿 没样儿 没影儿 煤球儿 媒婆儿 美人儿
美术片儿 谜儿 门洞儿 门房儿 门槛儿 门口儿 门帘儿 猛劲儿
米粒儿 蜜枣儿 猕猴儿 面条儿 面团儿 苗儿 瞄准儿
明情理儿 明儿 名词儿 名单儿 名片儿 摸黑儿 模特儿 末了儿
墨盒儿 墨水儿 墨汁儿 模样儿 木头人儿

N

哪会儿 哪儿 哪样儿 纳闷儿 奶名儿 奶皮儿 奶嘴儿 南边儿
南面儿 脑瓜儿 脑门儿 闹病儿 闹气儿 泥人儿 拟稿儿 年根儿
年头儿 念珠儿 鸟儿 牛劲儿 纽扣儿 农活儿 努嘴儿 挪窝儿

O

藕节儿

P

拍儿 牌号儿 牌儿 派头儿 盘儿 旁边儿 胖墩儿 刨根儿
跑堂儿 跑腿儿 配对儿 配件儿 配角儿 喷嘴儿 盆景儿 皮猴儿
皮夹儿 偏方儿 偏旁儿 偏心眼儿 皮儿 片儿 票友儿 拼盘儿
瓶塞儿 平手儿 评分儿 坡儿 破烂儿 铺盖卷儿 蒲墩儿 蒲扇儿
谱儿

Q

漆皮儿 旗袍儿 棋子儿 起劲儿 起名儿 起头儿 起眼儿 气球儿
汽水儿 签儿 千层底儿 前边儿 前脚儿 前面儿 前儿 前身儿
钱串儿 钱票儿 枪杆儿 枪眼儿 枪子儿 腔儿 墙根儿 墙头儿
抢先儿 桥洞儿 瞧头儿 悄没声儿 巧劲儿 俏皮话儿 亲嘴儿 轻活儿
球儿 蛐蛐儿 取乐儿 曲儿 圈儿 缺口儿 缺嘴儿

R

瓤儿 让座儿 绕道儿 绕口令儿 绕圈儿 绕弯儿 绕远儿 热门儿
热闹儿 热天儿 热心肠儿 人家儿 人头儿 人味儿 人样儿 人影儿
人缘儿 日记本儿 日月儿 绒花儿 戎球儿 肉包儿 肉片儿 肉脯儿
肉丝儿 褥单儿 入门儿 入味儿

S

撒欢儿 撒娇儿 撒酒风儿 撒手儿 塞儿 三弦儿 嗓门儿 沙果儿
沙瓤儿 砂轮儿 傻劲儿 色儿 山根儿 闪身儿 扇面儿 上班儿
上辈儿 上边儿 上火儿 上劲儿 上款儿 上联儿 上面儿 上身儿
上座儿 捎脚儿 哨儿 伸腿儿 身板儿 身量儿 身子骨儿 神儿

婶儿 实心儿 石子儿 使劲儿 市面儿 事儿 事由儿 是味儿
收口儿 收条儿 手边儿 手戳儿 手绢儿 手套儿 手头儿 手腕儿
手心儿 手印儿 书本儿 书签儿 书桌儿 熟道儿 熟人儿 树梢儿
树阴儿 数码儿 耍心眼儿 双料儿 双响儿 双眼皮儿 水饺儿 水牛儿
水印儿 顺便儿 顺道儿 顺脚儿 顺口儿 顺路儿 顺手儿 顺嘴儿
说话儿 说情儿 说头儿 说闲话儿 撕票儿 丝儿 死胡同儿
死心眼儿 死信儿 四边儿 四合院儿 松劲儿 松紧带儿 松仁儿 松子儿
送信儿 俗话儿 酸枣儿 蒜瓣儿 岁数儿 孙女儿 榫儿 锁链儿
蒜黄儿 蒜泥儿 算盘儿 算数儿 随大溜儿 随群儿 碎步儿

T

台阶儿 抬价儿 摊儿 痰盂儿 谈天儿 糖葫芦儿 趟儿 挑儿
桃仁儿 讨好儿 套间儿 套儿 蹄筋儿 提成儿 提花儿 替班儿
替身儿 天边儿 天窗儿 天儿 天天儿 甜头儿 挑刺儿 条儿
跳高儿 跳绳儿 跳远儿 贴身儿 帖儿 听信儿 同伴儿 铜子儿
筒儿 偷空儿 偷偷儿 头儿 头头儿 图钉儿 土豆儿 土方儿
腿儿 脱身儿 托儿

W

娃儿 袜套儿 袜筒儿 外边儿 外号儿 外间儿 外面儿 外套儿
弯儿 玩儿 玩意儿 围脖儿 腕儿 外甥女儿 围嘴儿
卫生球儿 味儿 纹路儿 窝儿 物件儿

X

西边儿 稀罕儿 媳妇儿 戏班儿 戏本儿 戏词儿 戏法儿 细活儿
虾仁儿 下边儿 下联儿 下巴颏儿 弦儿 下手儿 闲话儿 闲空儿
闲篇儿 闲气儿 显形儿 现成儿 线头儿 下半天儿 馅儿 香肠儿
香瓜儿 香火儿 香水儿 箱底儿 响动儿 相片儿 像样儿 消食儿
小白菜儿 信儿 小半儿 小辈儿 小瓣儿 小不点儿 小菜儿 小抄儿
小车儿 小丑儿 小葱儿 小调儿 小工儿 小褂儿 小孩儿 小脚儿
小锣儿 小帽儿 小米儿 小名儿 小跑儿 小钱儿 小曲儿 小人儿
小嗓儿 小舌儿 小市儿 小说儿 小偷儿 小性儿 小灶儿 笑话儿
笑脸儿 笑窝儿 楔儿 歇腿儿 邪道儿 邪门儿 斜纹儿 斜眼儿
鞋帮儿 蟹黄儿 心肝儿 心坎儿 心路儿 心窝儿 心眼儿 信皮儿
橡皮筋儿 杏儿 杏仁儿 胸脯儿 袖口儿 袖儿 袖筒儿 绣花儿
旋涡儿

Y

鸭子儿 牙口儿 牙签儿 牙刷儿 芽儿 雅座儿 压根儿 烟卷儿
烟头儿 烟嘴儿 言声儿 沿儿 眼角儿 眼镜儿 眼皮儿 眼圈儿
眼儿 眼神儿 眼窝儿 羊倌儿 腰板儿 腰花儿 咬舌儿 咬字儿

药方儿　药面儿　药片儿　药水儿　药丸儿　药味儿　要价儿　爷们儿
页码儿　衣料儿　一半儿　一边儿　一道儿　一点儿　一会儿　一块儿
一溜烟儿　一溜儿　一气儿　一身儿　一手儿　一顺儿　一下儿　一些儿
一早儿　一阵儿　一总儿　音儿　因由儿　阴凉儿　阴影儿　瘾头儿
印花儿　印儿　应声儿　营生儿　迎面儿　影片儿　影儿　应景儿
硬面儿　硬手儿　油饼儿　油花儿　油门儿　油皮儿　邮包儿　邮戳儿
有点儿　有门儿　有趣儿　有数儿　右边儿　榆钱儿　鱼虫儿　鱼漂儿
雨点儿　原封儿　原主儿　圆圈儿　院儿　约会儿　约数儿　月份儿
月牙儿

Z

咂嘴儿　杂牌儿　杂耍儿　杂院儿　脏字儿　枣儿　早早儿　渣儿
栅栏儿　宅门儿　沾边儿　掌勺儿　掌灶儿　长相儿　账本儿　账房儿
找茬儿　罩儿　照面儿　照片儿　照样儿　这会儿　这儿　这样儿
针鼻儿　针箍儿　针眼儿　枕席儿　阵儿　整个儿　正座儿　汁儿
支着儿　枝儿　直溜儿　直心眼儿　侄儿　侄女儿　纸钱儿　指名儿
指望儿　指印儿　中间儿　盅儿　钟点儿　种花儿　重活儿　轴儿
皱纹儿　珠儿　猪倌儿　竹竿儿　主角儿　主心骨儿　住家儿　抓阄儿
爪尖儿　爪儿　转角儿　转脸儿　转弯儿　装相儿　坠儿　准儿
桌面儿　滋味儿　滋芽儿　字面儿　字儿　字帖儿　字眼儿　走板儿
走道儿　走调儿　走神儿　走味儿　走样儿　嘴儿　昨儿　作料儿
左边儿　坐垫儿　坐儿　座位儿　做伴儿　做活儿　做声儿

第八节　朗读与语音规范

一、朗读及其技巧

朗读是把文字转化为有声语言的一种活动。它是一种出声的阅读方式，是人们完成阅读任务的一项重要的基本功，就语文学习而言，朗读是最重要的内容之一，因为它是阅读的起点，是理解字词文章的重要手段；它有利于发展智力，获得思想熏陶，也有助于情感的传递。宋代朱熹就要求学生从小养成正确的朗读习惯，古人说的“书读百遍其义自见”就是这个道理。

在把文字转化为有声语言的朗读过程中，会发生一些语音流变，除上节讲到的一些音变知识外，还常常需要用上停连、节拍、重音、语调等方面的基本知识和技能，而这些知识和技能，既有各自特点，又你中有我我中有你，相互融合密不可分，成为朗读综合使用的方法技巧。

（一）停连

停连，指的是朗读语流中声音的停顿和连接。它是由朗读者生理和心理上的需要所造成的。

从生理角度来说，朗读者不可能一口气把一篇作品读完，总要有换气和气息调节的时候，这时就要在停顿换气之后，才可以继续朗读。但不可能每个字读后都一一换气，这时就要连接。

从心理角度来说，朗读者的思想感情总是随着作品文字序列的层层衔接、步步展开而发展变化的。当文字序列出现区分、转折、呼应、递进等语意变化时，就需要运用停顿；当文字序列逻辑严密，语意连贯，感情奔流，层层推进时，朗读者心潮激荡，一气呵成，就需要运用连接。

停连不当，主要是指非必要的停顿过多、过长，导致文字序列失调，语意支离破碎；或者必要的停顿过少、过短，导致文字序列一贯到底，语意混沌一片。总之，“该连不连，语意不全；当断不断，反受其乱”，这两种现象都会使听者不知所云，不明其旨。一般来说，我们必须以思想感情发展情况为前提，根据作品内容和具体语句来安排停连方式。一般说来，句子越长，内容越丰富，停顿就越多；相反，句子越短，内容越单薄，停顿也就越少。感情凝重深沉时，停顿较多；感情欢快急切时，连接较紧。

停连对语义表达至关重要。例如，“小白兔没有了兔妈妈就着急了”，这句话语停顿不同，表达的意思也就不同：

小白兔没有了兔妈妈，就着急了。

小白兔没有了，兔妈妈就着急了。

再如，朗读“我们对着高山喊周总理”，若朗读成“我们对着高山喊，周总理”，喊的就显得短促，呼喊的语音就没有表达出来；若把“周总理”三个字一停二连地读成“周——总——理——”，就把呼喊的语音神情都表达了出来。再如“下雨天留客天留人不留”，朗读时停连不同，意义都截然不同。

朗读过程中，为了正确地处理停连方式，我们必须注意以下几个问题：

1. 停连必须根据生理和心理两方面的需要来考虑，不能只顾一面而忽视另一面。一般说来，当二者发生冲突时，生理上需要的停顿（如换气）必须服从心理状态的需要，否则，就会破坏语意的完整。

2. 停连必须遵守语法、逻辑和结构规律。

（1）语法停连

朗读要特别关注意群、节拍群的。因为从意义的联系上来看，词与词可以结合在一起，构成一个意义整体，这个意义整体叫做“意群”，而意群又是有大有小的。在一个较大的意群里，还可以按照疏密不同的意义关系和结构层次再划成更小一些的意义整体，这就叫做“节拍群”。说话和朗读中的停连，大体都是出现在意群和节拍群后面的，处理错了，就会造成意义上的割裂现像。

意群或节拍群在语法结构上往往和词、短语或句子之间联系起来，其中较显著的停顿书面上一般都用标点符号表示出来，在标点符号处的停连就叫做语法停连。

语法停连反映句子中的语法关系。停连时间的长短依次是：顿号、逗号；分号、冒号；句号、问号、叹号。句中的省略号和破折号也表示一定的停连。

（2）逻辑停连

有时为了突出某一事物，强调某一观点，表达某种感情，而在句中没有标点符号的地方作适当的停顿，这种停连通常叫做逻辑停连。也有人称为强调停连或情感停连。这种停连与语速、节拍、重音都有一定的联系。可参见下面有关内容。

（3）结构停连

结构停连是由文章的层次结构决定的，是为了表示文章的层次、段落等所作的停顿。停顿时间的长短，应视具体的语言环境而定。在一般情况下，间歇时间的长短依次是：段落>层次>句子。句子间、层次间、段落间衔接紧密的就停得短些，另起话题之前就停得长些。

3. 停连方式的处理不能拘泥于某种固定格式，必须依照作品内容和朗读者思想感情的变化来灵活地处理它。更不能孤立地、机械地考虑哪句话是“语法停顿”，哪句话是“逻辑停顿”，哪句话又是“结构停顿”，而应当根据整体情况作出机动准确的判断。

如上面的语法停连中，标点符号是我们安排停连的重要参考，但有时也不能过于僵化，完全受标点符号的制约。没有标点符号的地方，有时也需要停顿，有标点符号的地方，有时也需要连接。例如：

“你们看着，这只是一块普通的石头吧！这位女士请你过来一下！”一位游客走到前面，导游员将夹克像变魔术似地拿开，那女士伸头望了一下，不禁大声“啊！”地叫了起来。

这里，“女士”后虽无标点，朗读时必须停顿一下，因为“称谓语”之后一般都应有所停顿，以显示说话人的礼貌和郑重。“啊”之后虽有标点，但不能停顿，必须同下半句连起来读，否则就会破坏语意的完整。再如：

《捞月亮》中小猴子喊：“糟啦！糟啦！月亮掉到井里啦！”两个“糟啦”可以连起来读，也可以把全句都连起来读，以表示吃惊、急促。

（二）节拍

朗读中节拍的主要表现形式就是语速，即朗读中的语流速度。

语速贯穿于朗读的全过程。就作品全篇来说，语速表现在层次、段落本身以及它们相互之间的停顿、转换上。就句子、短语或者词来说，语速主要表现在音节的缓急上。这种由音节缓急造成的语流速度贯穿于全篇并与其他因素相结合，就够成了朗读中的节拍。

语速不仅影响到作品的整体节奏，也影响到作品内容与思想感情的表达。这其中，“快”与“慢”是十分重要而又不易把握的。朗读者常犯的毛病主要是语速过快或者过慢。

语速过快，是指一些朗读者自以为熟悉所读的材料，朗读中只图酣畅、痛快，缺少必要的停顿和转换，语声急促连绵，忽视了作品内容的需要和听者的感受，使人听不真切，无法感受作品的真实的思想感情。有的朗读者出于某种习惯或为了掩饰某种语音缺陷，也容易形成此种倾向。

语速过慢，是指一些朗读者对所读材料准备不足，朗读中语声缓慢迟疑，停断较多，重复频繁，导致语脉时断时续，语意残缺不全，给人的感受是拖沓、沉闷。有的朗读者出于某种习惯或心理压力，也容易形成此种倾向。

要克服上述两种倾向，把握语速“快”与“慢”的尺度，必须把握好以下几个方面：

1. 从作品全篇来说，语速的快与慢应该服从于整体的节奏。一般说来，紧张型、轻快型、高亢型节奏的作品，读起来语流的速度相对较快；而低沉型、凝重型、舒缓型节奏的作品，读起来语流的速度相对较慢。其实，这里说的节拍的快与慢是相对而言的，读到具体篇章，我们还应当根据具体作品中所表达思想感情的不同去细致地把握它的节拍，使自身的朗读显得得体而细腻。

2. 从作品局部来说，语速的快与慢应该服从于思想感情的运动状态和情节的发展。一般说来，平静庄重的场面，沉郁、悲哀、迟疑、缅怀、悼念等心情，年长者、诚实者的言语动作，记叙、说明、描写、追忆性的段落及一些较难理解的语句，读的时候速度要稍慢一些；而紧张、急速变化的场面，热烈、欢快、兴奋、慌乱、惊惧等心情，年轻人、爽快人、机警者的言语动作，以及愤怒、反抗、驳斥、申辩、激昂、慷慨等内容，读时速度可稍快一些。

3. 从表达效果来说，语速的快与慢应该服务于听者的感受。朗读中，语速如果快慢得当，松紧相间，张弛相谐，不仅可以准确传达作品的情绪和渲染气氛，而且还可以使全篇的节奏起伏跌宕，从而增强语言的表达效果，形成读者与听者的共鸣。反之，如果该快不快，该慢不慢，快慢失调，就会拉大听者与作品内容的距离，无法产生心理上的共鸣。例如：

“……有一次一个男同学跟我推心置腹地谈了一个晚上。我知道了男人的好成绩也免不了要死记硬背，男人的知识面也不一定宽；知道了男人也哭，知道了男人常常追求女人却又追求不到；知道了男人也羡慕女人可以穿裙子，知道了男人觉得自己活得累，男人也说‘下辈子不再做男人’……

于是我不再为自己是个女人而遗憾。”

这是一篇作品的最后两段。前一段以排比句式，淋漓而细致地揭示出男人也有许多弱点和苦衷，交代了自己从羡慕到“不再羡慕”的原因，语速稍快，层层推进。省略号之后稍顿，继而缓慢而坚定地读出最后一段“我不再……遗憾”，意味深长地点明主题。如果后一段与前一段的语速相同，且中间没有停顿，也就显示不出上下两段的区别，文章的主旨和立意也就不够明朗了。

从以上实例中我们可以看出，语速的快与慢是相对而言的。应该根据作品节拍、内容发展和听者感受的需要妥善处理，切实避免过快或过慢的倾向，力争做到：语流适中，快慢得当。

（三）语调

从大的方面看，语调是朗读中快慢、高低、强弱、虚实等各种声音形式的总和，是语气的外在表现形式，它贯穿于语句乃至篇章的始终，是由说话时语气的色彩和分量决定的。语气的千变万化，决定了语调的丰富多彩。从小的方面看，语调也可以看做是句调，因为句调是构成语调的基础。

1. 句调

句调贯穿在整个句子中，句调的高低升降常常表现在最后的一个音节上（句末如果是语气助词或轻声字，就表现在倒数第二个音节上）。句调共有四种形式：

（1）升调

调子由平升高，句末音节语音明显上升。一般表示疑问、反问、号召、惊讶等语气。疑问句、感叹句可以用升调。例如：

啊，你走了？　班长来了吗？　苹果是你吃的？

（2）降调

句子语势先平后降，句末音节说得低而短促。常用来表示陈述、感叹、祝愿、请求等语气。陈述句子可以用降调。例如：

我们都是新时代的青年。　祝你平安！　慢走，不送了啊。

（3）平调

句子始终保持同样的高低，语势平直舒缓，没有显著变化。常用来表示严肃、冷淡、叙述等语气。陈述、说明的句子用平直调。例如：

你爱怎么着就怎么着吧。

猪八戒听说要去找瓜果，口水都要流出来了。心想：哎，让我跟猴子一起去吧，要是找到瓜果，我老猪可以先吃个痛快。

（4）曲调

调子升高再降，或降低再升，句子语势有“低—高—低”或“高—低—高”的曲折变化，或者句末一两个音节语音曲折并且拖长，表示惊讶、怀疑、讽刺、幽默的语气。例如：

好个国民党政府的“友邦人士”！是些什么东西！

人的身躯怎能从狗洞子里爬出！

2. 声调对句调的影响

语调的高低升降在音节中表现为声调，在句子中表现为句调。世界上各种语言都有句调，但只有汉语不仅有句调还有声调。也就是说，汉语的音高变化不止一个层次：既有音节层次的音高变化的声调；又有句子层次的音高变化的句调。由于句调和声调的相互作用而使汉语的语调节律更显得丰富多彩。

句调和声调，虽然构成成分都主要是音高，但声调的音高只是一个音节范围内调值的高低升降，而句调的音高是各音节在其调值的基础上整体的高低升降。当语句中各音节声调的最高音依次下降时，就形成降调；当各音节声调的最高音依次上升时，就形成升调；当语句中各音节声调的最高音保持不变时，就是语句的平调。句调的升降与声调的升降重合在一起，会使声调发生一些变化。这些变化如下：

（1）句调上升的调子

① 如果末尾音节的声调也是上升的，就使字调升得更高些。

阳平＋升调：他姓王？↗

上声＋升调：他姓吕？↗

② 如果字调是平的，就使字调后部上升。

阴平＋升调：他姓孙？↗

③ 如果字调是降的，就变成降升。

去声＋升调：他姓赵？↗

(2) 句调下降的调子

① 如果字调是降的，就降得更低。

去声＋降调：他姓赵。↘

② 如果字调是平的，就变成平降调。

阴平＋降调：他姓张。↘

③ 如果字调是升调，就变成升降调。

阳平＋降调：他姓陈。↘

上声＋降调：他姓吕。↘

3. 句调与声调关系

(1) 句调主要由句末音节的音高变化来体现。

(2) 语调和声调不是简单相拼，也不能互相抵消，语调对声调虽然有影响，但语调必须要以声调为基础。

(3) 一般说来，任何句调变化都不能完全改变末尾音节的声调的调型，只能改变起点和终点的位置。例如"他姓陈。↘"中，句调是降调，降调只是使阳平字在收音时终点的音高略低一些，带有一点降的色彩。在"他姓吕？↗"中，句调只是使"吕"上升的阶段升得更高，并未改变上声的调型。可见，语调改变的是声调的绝对音高。

朗读实践证明，普通话语调都是曲折多变的。这体现了普通话韵律的美感，也是作品语句所蕴含的具体思想感情的要求。

4. 朗读中要避免的语调

(1) 固定腔调

固定腔调，是指在朗读中使用某种固定不变的声音形式，以不变的语调形式应付各种朗读材料。不管其内容、体裁、语体形式有何不同，也不管是鲁迅还是巴金的作品，都以不变应万变。

固定腔调的形成，有的是幼年读书时养成的读书歌子的习惯，一下子改不过来；有的是对作品缺乏深入的理解；更多的是对朗读缺乏认识，没能很好地掌握朗读方法和技巧。

固定腔调一般有以下几种类型：

① 念书腔，即照字念音，或有字无词，或有词无句，听不出完整的句段，更没有思想感情的流露。这种腔调的主要问题是停顿多，停顿位置和时间大致相同，词或词组没有轻重格式之分，没有重音，语气近似。

② 唱书调，即节拍一律，节奏变化不大，只是那几个音调的简单重复。其最大弊端是声与义隔，只闻声而不解意，不传情。它不管长句、短句，也不论内容变化与否，都可以连续不断、整齐划一地唱下去。对听者来说，只有简单曲调的刺激，不会产生任何共鸣。

③ 念经式，即那种用小而快的声音读书的方式。它可能是从"默读"或"虚声读"沿袭来的，与朗读的基本要求背道而驰。如果要朗读，即使是自我领略和品味，也应该适

当放开声音，不仅从思想感情，而且从声音韵律上给自己以美感享受。

④ 朗诵调，表演性的朗读，夸张、渲染的有声语言显得生动感人，不仅激情洋溢，而且音调铿锵。朗读者若不分场合、不明目的、不看内容、不管体裁，一味从声音形式上模仿这种朗诵调，必定会给朗读带来不利的影响。朗读者若过于追求声音形式的完美、感人，相反忽视了普通话语音的准确，那结果恰恰是适得其反，得不偿失的。

综上所述，固定腔调的害处是显而易见的，朗读者对它们应有充分的辨别能力，并在平时练习中努力加以克服。基本途径有两条：一是要增强语感，辨别优劣，择其善而从之。练习中，让那些优秀的朗读范例（包括广播、录音）充分发挥榜样的力量。二是要注意状态。要打破固定腔调，使语流符合朗读规律，必须改变言不由衷、消极被动的朗读状态，加强思想感情的运动，切实把握语气的色彩、分量，注意气息、声音的变化，使有声语言充满活力。

（2）方言语调

朗读者在朗读时，自觉或不自觉地会受到某种方言音系的影响，朗读中流露出与普通话语调有一定差异的声音形式，这就是方言语调。产生方言语调的原因多种多样，一般有以下几种情况：

① 由成系统的语音错误而形成相对于普通话的发音缺陷。例如：

声母方面：平、翘舌不分，边、鼻音不分，h、f 不分，送气音与不送气音相混，j、q、x 发成 z、c、s 或 zh、ch、sh，j、q、x 过于接近 z、c、s（即尖音与团音不分）等。

韵母方面：单元音韵母发音错误或不到位，复元音韵母舌位动程明显不够或单音化，前后鼻尾音不分等。

声调方面：语调变化形式把握不准，调值不准确（明显偏高或偏低）等。

音变方面：儿化音卷舌色彩不够或读得过于生硬，该读轻声的没有读轻声，上声的变调处理不恰当，“一、不、七、八”在所有音节前一律读成原调等。

② 由于词的轻重读法、句中停连、重音、节奏等处理不当而形成的方言语调。

③ 由于模仿闽、粤、吴等腔调的普通话而形成的方言语调。

这里既有语音问题，朗读技巧问题，也有不正确的模仿习惯问题。这几方面情况表现得明显与否，直接关系到你的普通话语调是否准确，因而一定要多加注意。

（四）重音

所谓重音是指语句中念得比较重，听起来相对清晰的音叫做重音。我们用扩大音域和延续音长来表现重音，同时语音的强度也增加了，尾音也念得更加清晰，所以听起来特别清晰完整。重音总是相对而言的，即使在轻声耳语时也可以表现出重音所在。一句话，哪些词该读重音，情况是不一样的。根据产生的原因可以把重音分为两种：一种是按照语法结构的特点而产生重读的，叫语法重音；一种是为了突出句中的主要思想或特殊感情而重读的，叫强调重音。

1. 语法重音

根据惯常的表达习惯，我们会重读句子里某些语法成分，这就叫做语法重音。这种情况较复杂，这里举几例加以说明：

(1) 谓语中的主要动词常常读重音。如:

老师来了。

妈妈已经告诉我了。

(2) 表示性状和程度的状语常常读重音。如:

孩子,不要急,慢慢来。

我们要努力学习现代汉语。

(3) 表示状态或程度的补语常常读重音。如:

他的歌唱得十分好听。

他提的教学改革建议棒极了。

(4) 表示疑问和指示的代词常常读重音。例如:

这样的好事是谁做的?

在这儿,他什么人也不认识。

(5) 把字句中介宾短语中的宾语常常读重音。如:

我把今天的作业做完了。

他把前后院都翻遍了。

(6) 有些比喻词常常读重音。如:

敌人像狐狸一样狡猾。

像一朵盛开的鲜花似的。

语法重音的强度并不十分强,只是同语句的其他部分比较,读得稍微重一些而已。

2. 强调重音

在句子中,某些需要突出或强调的部分也要重读。一般来讲,我们依据语境或说话人的要求和情感表达的需要来确定需要突出或强调的词语。下面两句话由于重音的位置不同会表现出不同的感情色彩来:

(1) 你为什么不说?

你为什么不说?(别人已说你却不说)

你为什么不说?(到底是何原因不说)

你为什么不说?(只要说了就没事了)

你为什么不说?(不要用笔,只要口说就行了)

(2) 武松打死了老虎。

武松打死了老虎。(谁打死了老虎)

武松打死了老虎。(武松怎样弄死了老虎)

武松打死了老虎。(武松把老虎打得怎样了)

武松打死了老虎。(武松打死了什么)

武松打死了景阳冈的老虎。(武松打死了哪里的老虎)

二、语音规范

(一) 异读词读音的规范

语音的规范化,主要是根据语音发展的规律来确立和推广标准音。这里,主要包含了两方面的内容：第一，确立正音标准；第二，推广标准音。

1. 确立正音标准

汉民族共同语以北京语音为标准音，这在1955年就已经明确了。正音标准以1985年公布的《普通话异读词审查表》为准。然而在北京语音内部，还存在着一些分歧的现象，这种分歧现象对学习和推广普通话是不利的。

北京语音的内部分歧有两种：

第一种是北京口语的土音成分。例如：

把“太好了”读做“tuī hǎo le”。

把“不言语”（不说话）读做“bù yuan yi”。

把“蝴蝶”读做“hú tiěr”。

像这一类的土音，显然是不能进入普通话的。

北京话里儿化、轻声现象特别多，都算普通话成分要全国人学习是有困难的，也是没有必要的。一般说来，能区别词义和词性的可承认是普通话成分。例如：

信儿（消息），与信（书信）不同。

头儿（为首的），与头（脑袋）不同。

滚儿（名词），与滚（动词）不同。

兄弟（xiōngdi，弟弟）与兄弟（xiōngdì，哥哥和弟弟）不同。

大意（dàyi，形容词），与大意（dàyì，名词）不同。

吸收这些儿化及带轻声的词，可使普通话更加丰富多彩。至于不起上述作用的和在习惯上儿化不儿化两可的就不要吸收了。如北京话的“地点儿、伙伴儿”，普通话就应该“地点、伙伴”。“职业（轻）、牢骚（轻）”第二音节就不必念轻声了。

第二种是北京话里异读词，即习惯上有几种不同读音的词。例如：

波 bō/pō　扔 rēng/rěng

暂时 zàn/zhàn/zǎn　侵略 qīn/qǐn

前一个读音已被确定为规范的读音。

但是同一个汉字，虽然有不同的读音，却只出现在不同的词里，或者它的不同读音所表示的意义并不相同，这种同字异音是一种正常的现象，必须同上面所说的同词异音加以区别。例如：

睡觉 jiào　觉悟 jué　长短 cháng　长幼 zhǎng

恶劣 è　厌恶 wù　散布 sàn　松散 sǎn

重要 zhòng 重复 chóng 拗口 ào　执拗 niù

异读词中的字，声母、韵母或声调可能不同，有的声、韵、调都不同。例如：

声母不同的如：“酵母”（jiào—xiào）　“赏赐”（cì—sì）

声调不同的如：“教室”（shì—shǐ）　“讨伐”（fá—fà）

“拙劣”（zhuō—zhuó）

其他情况如：“炊帚”（zhǒu—zhù）　“沸腾”（fèi—fú）　“摄影”（shè—niè）

以上这些异读词，已经确定前一个为规范的读音。

2. 推广标准音，说普通话

推广标准音和说普通话是语言规范化的另一方面的任务，这就是要求我们发音符合普通话的语音规范。这对不同的人应该有不同的要求。北京人或者北京话说得比较好的人，应该尽量符合标准，每个北京人说的话并不一定都符合正音的标准，还必须努力克服土音土调的影响。学生、教师，特别是语文教师，不论基础如何，都应该从严要求自己。至于一般方言区的人学习普通话语音，则应从实际出发，一方面不能要求一下子就说得很标准，另一方面，也不能满足于“差不多”，也应要求自己逐渐向标准靠近。

3. 实行普通话水平测试等级标准（试行）

1999 年 5 月 12 日，人事部、教育部、国家语言文字工作委员会联合下发《关于开展国家公务员普通话培训的通知》〔人发（1999）第 46 号〕，决定在全国公务员中开展普通话培训工作，以期使国家公务员朗读和自由交谈时，语音标准，词汇、语法正确无误，语调自然，表达流畅。后来各省市教育主管部门，就依此作为作为全国普通话水平考试确定等级的依据和标准，试行至今。具体标准如下：

一 级

甲等 朗读和自由交谈时，语音标准，词汇、语法正确无误，语调自然，表达流畅。测试总失分率在 3%以内。

乙等 朗读和自由交谈时，语音标准，词汇、语法正确无误，语调自然，表达流畅。偶然有字音、字调失误。测试总失分率在 8%以内。

二 级

甲等 朗读和自由交谈时，声韵调发音基本标准，语调自然，表达流畅。少数难点音（平翘舌音、前后鼻尾音等）有时出现失误。词汇、语法极少有误。测试总失分率在 13%以内。

乙等 朗读和自由交谈时，个别调值不准，声韵母发音有不到位现象。难点音较多（平翘舌音、前后鼻尾音、边鼻音、fu—hu、z—zh—j、送气不送气、i—u 不分，保留浊塞音、浊塞擦音、丢介音、复韵母单音化等），失误较多。方言语调不明显。有使用方言词、方言语法的情况。测试总失分率在 20%以内。

三 级

甲等 朗读和自由交谈时，声韵调发音失误较多，难点音超出常见范围，声调调值多不准。方言语调较明显。词汇、语法有失误。测试者失分率在 30%以内。

乙等 朗读和自由交谈时，声韵调发音失误较多，方言特征突出。方言语调明显。词汇、语法失误较多。外地人听其谈话有听不懂情况。测试总失分率在 40%以内。

（二）多音多义字的读音规范

单个的字，有的只有一个读音，有的不止一个读音。但是任何一个字只要进入具体的语言环境里，它的读音一般都是唯一的，而且意义也是相对固定的。所以对于多音多义字我们应当根据它所在的语言环境判断出正确的读音。下列的字都是不止一个读音的，但它们与其他的字组成双音节词语后，在各自所在的词里，读音就只能是一个（不同的读音用

“/”号隔开，“～”号代表例字)：

解 jiě/jiè/xiè　量 liàng（“打量”是轻声字）/liáng

否 fǒu/pǐ（～极泰来）　种 zhǒng/zhòng（～植）/chóng

难 nán/nàn（逃～）　干 gān/gàn（～部）

创 chuàng/chuāng（～伤）　当 dāng/dàng

强 qiáng/qiǎng（～迫）/jiàng　恶 è/ě/wù/wū

确定正音，训练正音，要以国家语委和国家教委（今国家教育部）和广电部 1985 年 12 月发布的《普通话异读词审音表》为准。

附：普通话异读词审音表

说　明

一、本表所审，主要是普通话有异读的词和有异读的作为“语素”的字。不列出多音多义字的全部读音和全部义项，与字典、词典形式不同，例如：“和”字有多种义项和读音，而本表仅列出原有异读的八条词语，分列于 hè 和 huo 两种读音之下（有多种读音，较常见的在前。下同）；其余无异读的音、义均不涉及。

二、在字后注明“统读”的，表示此字不论用于任何词语中只读一音（轻声变读不受此限），本表不再举出词例。例如：“阀”字注明“fá（统读）”，原表“军阀”、“学阀”、“财阀”条和原表所无的“阀门”等词均不再举。

三、在字后不注“统读”的，表示此字有几种读音，本表只审订其中有异读的词语的读音。例如“艾”字本有 ài 和 yì 两音，本表只举“自怨自艾”一词，注明此处读 yì 音；至于 ài 音及其义项，并无异读，不再赘列。

四、有些字有文白二读，本表以“文”和“语”作注。前者一般用于书面语言，用于复音词和文言成语中；后者多用于口语中的单音词及少数日常生活事物的复音词中。这种情况在必要时各举词语为例。例如：“杉”字下注“（一）shān（文）：紫～、红～、水～；（二）shā（语）：～篙、～木”。

五、有些字除附举词例之外，酌加简单说明，以便读者分辨。说明或按具体字义，或按“动作义”、“名物义”等区分，例如：“畜”字下注“（一）chù（名物义）：～力、家～、牲～、幼～；（二）xù（动作义）：～产、～牧、～养”。

六、有些字的几种读音中某音用处较窄，另音用处甚宽，则注“除××（较少的词）念乙音外，其他都念甲音”，以避免列举词条繁而未尽、挂一漏万的缺点。例如：“结”字下注“除‘～了个果子’、‘开花～果’、‘～巴’、‘～实’念 jiē 之外，其他都念 jié”。

七、由于轻声问题比较复杂，除《初稿》涉及的部分轻声词之外，本表一般不予审订，并删去部分原审的轻声词，例如“麻刀（dao）”、“容易（yi）”等。

八、本表酌增少量有异读的字或词，作了审订。

九、除因第二、六、七各条说明中所举原因而删略的词条之外，本表又删汰了部分词条。主要原因是：1. 现已无异读（如“队伍”、“理会”）；2. 罕用词语（如“表分”、“仔密”）；3. 方言土音（如“归里包堆〔zuī〕”、“告送〔song〕”）；4. 不常用的文言词语（如

“刍荛”、“氍毹”）；5. 音变现象（如“胡里八涂〔tū〕”、“毛毛腾腾〔tēngtēng)”；6. 重复累赘（如原表“色”字的有关词语分列达23条之多）。删汰条目不再编入。

十、人名、地名的异读审订，除原表已涉及的少量词条外，留待以后再审。

A

阿(一) ā ～訇 ～罗汉 ～木林 ～姨

(二) ē ～谀 ～附 ～胶 ～弥陀佛

挨(一) āi ～个 ～近

(二) ái ～打 ～说

癌 ái、霭 ǎi、蔼 ǎi、隘 ài、谙 ān、埯 ǎn、昂 áng、凹 āo（统读）

拗(一) ào ～口

(二) niù 执～ 脾气很 ～

坳 ào（统读）

B

拔 bá（统读）

把 bà 印 ～子

白 bái（统读）

膀 bǎng 翅 ～

蚌(一) bàng 蛤 ～

(二) bèng ～埠

傍 bàng（统读）

磅 bàng 过 ～

龅 bāo、胞 bāo（统读）

薄(一) báo（语）常单用，如“纸很 ～”。

(二) bó（文）多用于复音词。～弱 稀 ～ 淡 ～ 尖嘴 ～舌 单 ～ 厚 ～

堡(一) bǎo 碉 ～ ～垒

(二) bǔ ～子 吴 ～ 瓦窑～ 柴沟 ～

(三) pù 十里 ～

暴(一) bào ～露

(二) pù 一 ～（曝）十寒

爆 bào（统读）

焙 bèi、惫 bèi（统读）背 bèi ～脊 ～静

鄙 bǐ、俾 bǐ、笔 bǐ、比 bǐ（统读）

臂(一) bì 手 ～ ～膀

(二) bei 胳 ～

庇 bì、髀 bì、避 bì（统读） 辟 bì 复 ～ 裨 bì ～补 ～益 婢 bì、痹 bì、壁 bì（统读）

蝙 biān、遍 biàn（统读）

骠(一) biāo 黄 ～马
（二） piào ～骑 ～勇
傧 bīn、缤 bīn、濒 bīn、髌 bìn（统读）
屏(一) bǐng ～除 ～弃 ～气 ～息
（二） píng ～藩 ～风
柄 bǐng、波 bō、播 bō、菠 bō（统读）
剥(一) bō（文）～削
（二） bāo（语）
泊(一) bó 淡 ～ 飘 ～ 停 ～
（二） pō 湖 ～ 血 ～
帛 bó、勃 bó、钹 bó（统读）
伯(一) bó ～ ～（bo）老 ～
（二） bǎi 大 ～子（丈夫的哥哥）
箔 bó（统读）
簸(一) bǒ 颠 ～
（二） bò ～箕
膊 bo 胳 ～
卜 bo 萝 ～
醭 bú、哺 bǔ、捕 bǔ、鵏 bǔ、埠 bù

C

残 cán、惭 cán、灿 càn（统读）
藏(一) cáng 矿 ～
（二） zàng 宝 ～
糙 cāo、嘈 cáo、螬 cáo、厕 cè、岑 cén（统读）
差(一) chā（文）不 ～累黍 不 ～什么 偏 ～ 色 ～ ～别 视 ～ 误 ～ 电势 ～ 一念之 ～ ～池 ～错 言 ～语错 一 ～二错 阴错阳 ～ ～等 ～额 ～价 ～强人意 ～数 ～异
（二） chà（语）～不多 ～不离 ～点儿
（三） cī 参 ～
猹 chá、搽 chá、阐 chǎn、羼 chàn（统读）
颤(一) chàn ～动 发 ～
（二） zhàn ～栗（战栗）打 ～（打战）
韂 chàn、伥 chāng（统读）
场(一) chǎng ～合 ～所 冷～ 捧 ～
（二） cháng 外～ 圩～ ～院 一 ～雨
（三） chang 排 ～
钞 chāo、巢 cháo（统读）

嘲 cháo ～讽 ～骂 ～笑
耖 chào（统读）
车(一) chē 安步当～ 杯水～薪 闭门造～ 螳臂当 ～
（二）jū（象棋棋子名称）
晨 chén（统读）
称 chèn ～心 ～意 ～职 对～ 相 ～
撑 chēng（统读）
乘（动作义，念 chéng）包～制 ～便 ～风破浪 ～客 ～势 ～兴
橙 chéng、惩 chéng（统读）
澄(一) chéng（文）～清（如“ ～清混乱”、“ ～清问题”）
（二）dèng（语）单用，如“把水 ～清了”。
痴 chī、吃 chī、弛 chí、褫 chǐ（统读）
尺 chǐ ～寸 ～头
豉 chǐ、侈 chǐ、炽 chì、舂 chōng（统读）
冲 chòng ～床 ～模
臭(一) chòu 遗 ～万年
（二）xiù 乳～ 铜 ～
储 chǔ（统读）
处 chǔ（动作义）～罚 ～分 ～决 ～理 ～女 ～置
畜(一) chù（名物义）～力 家～ 牲～ 幼～
（二）xù（动作义）～产 ～牧 ～养
触 chù、搐 chù、绌 chù、黜 chù、闯 chuǎng（统读）
创(一) chuàng 草 ～ ～举 首 ～ ～造 ～作
（二）chuāng ～伤 重 ～
绰(一) chuò ～ ～有余
（二）chuo 宽 ～
疵 cī、雌 cí、赐 cì（统读）
伺 cì ～候
枞(一) cōng ～树
（二）zōng ～阳〔地名〕
从 cóng、丛 cóng（统读）
攒 cuán 万头 ～动 万箭 ～心
脆 cuì（统读）
撮(一) cuō ～儿 一～儿盐 一～儿匪帮
（二）zuǒ 一～儿毛
措 cuò（统读）

D

搭 dā（统读）

答(一) dá 报～ ～复

（二）dā ～理 ～应

打 dá 苏～ 一～（十二个）

大(一) dà ～夫（古官名）～王（如爆破～王、钢铁～王）

（二）dài ～夫（医生）～黄 ～王（如山 ～王）～城〔地名〕

呆 dāi、傣 dǎi（统读）

逮(一) dài（文）如“ ～捕”。

（二）dǎi（语）单用，如“ ～蚊子”、“ ～特务”。

当(一) dāng ～地 ～间儿 ～年（指过去）～日（指过去）～天（指过去）～时（指过去）螳臂 ～车

（二）dàng 一个～俩 安步～车 适～ ～年（同一年）～日（同一时候）～天（同一天）

档 dàng、蹈 dǎo、导 dǎo（统读）

倒(一) dǎo 颠～ 颠～是非 颠～黑白 颠三～四 倾箱～箧 排山～海 ～板 ～嚼 ～仓 ～嗓 ～戈 潦～

（二）dào ～粪（把粪弄碎）

悼 dào、纛 dào、凳 dèng、羝 dī（统读）

氐 dī〔古民族名〕

堤 dī（统读）

提 dī ～防

的 dí ～当 ～确

抵 dǐ、蒂 dì、缔 dì、谛 dì（统读）

点 dian 打 ～（收拾、贿赂）

跌 diē、蝶 dié、订 dìng（统读）

都(一) dōu ～来了

（二）dū ～市 首～ 大～（大多）

堆 duī、吨 dūn、盾 dùn、多 duō、咄 duō（统读）

掇(一) duō（“拾取、采取”义）

（二）duo 撺～ 掂～

裰 duō、踱 duó（统读）

度 duó 忖 ～ ～德量力

E

婀 ē（统读）

F

伐 fá、阀 fá、砝 fǎ、法 fǎ（统读）

发 fà 理～ 脱～ 结～
帆 fān、藩 fān、梵 fàn（统读）
坊(一) fāng 牌 ～ ～巷
（二） fáng 粉～ 磨～ 碾～ 染～ 油～ 谷～
妨 fáng、防 fáng、肪 fáng、沸 fèi、汾 fén、讽 fěng、肤 fū、敷 fū、俘 fú、浮 fú（统读）
服 fú ～毒 ～药
拂 fú、辐 fú、幅 fú、甫 fǔ、复 fù、缚 fù（统读）

G

噶 gá、冈 gāng、刚 gāng（统读）
岗 gǎng ～楼 ～哨 ～子 门～ 站～ 山～子
港 gǎng（统读）
葛(一) gé ～藤 ～布 瓜 ～
（二） gě〔姓〕（包括单、复姓）
隔 gé（统读）
革 gé ～命 ～新 改 ～
合 gě（一升的十分之一）
给(一) gěi（语）单用。
（二） jǐ（文）补～ 供～ 供～制 ～予 配～ 自～自足
亘 gèn（统读）
更 gēng 五 ～ ～生
颈 gěng 脖 ～子
供(一) gōng ～给 提 ～ ～销
（二） gòng 口 ～翻 ～上 ～
佝 gōu（统读）
枸 gǒu ～杞
勾 gòu ～当
估（除“ ～衣”读 gù 外，都读 gū）
骨（除“ ～碌”、“ ～朵”读 gū 外，都读 gǔ）
谷 gǔ ～雨
锢 gù（统读）
冠(一) guān（名物义）～心病
（二） guàn（动作义）沐猴而 ～ ～军
犷 guǎng、庋 guǐ（统读）
桧(一) guì［树名］
（二） huì［人名］“秦 ～”。
刽 guì、聒 guō、蝈 guō（统读）
过（除姓氏读 guō 外，都读 guò）

H

虾 há ～蟆

哈(一) hǎ ～达

（二） hà ～什蚂

汗 hán 可 ～

巷 hàng ～道

号 háo 寒 ～虫

和(一) hè 唱～ 附～ 曲高～寡

（二） huo 搀～ 搅～ 暖～ 热～ 软～

貉(一) hé（文）一丘之 ～

（二） háo（语）～绒 ～子

壑 hè、褐 hè（统读）

喝 hè ～采 ～道 ～令 ～止 呼幺 ～六

鹤 hè、黑 hēi、亨 hēng（统读）

横(一) héng ～肉 ～行霸道

（二） hèng 蛮 ～ ～财

訇 hōng（统读）

虹(一) hóng（文）～彩 ～吸

（二） jiàng（语）单说。

讧 hòng、囫 hú、瑚 hú、蝴 hú、桦 huà、徊 huái、踝 huái、浣 huàn、黄 huáng（统读）

荒 huang 饥 ～（指经济困难）

诲 huì、贿 huì（统读）

会 huì 一 ～儿 多 ～儿 ～厌（生理名词）

混 hùn ～合 ～乱 ～凝土 ～淆 ～血儿 ～杂

蠖 huò、霍 huò（统读）

豁 huò ～亮

获 huò（统读）

J

羁 jī、击 jī（统读）

奇 jī ～数

芨 jī（统读）

缉(一) jī 通～ 侦～

（二） qī ～鞋口

几 jī 茶～ 条～

圾 jī、戢 jí、疾 jí、汲 jí、棘 jí（统读）

藉 jí 狼 ～（籍）

嫉 jí、脊 jǐ（统读）

纪(一) jǐ〔姓〕

(二) jì ～念 ～律 纲 ～ ～元

偈 jì ～语

绩 jì、迹 jì、寂 jì(统读)

箕 ji 簸 ～

辑 ji 逻 ～

茄 jiā 雪 ～

夹 jiā ～带藏掖 ～道儿 ～攻 ～棍 ～生 ～杂 ～竹桃 ～注

浃 jiā、甲 jiǎ、歼 jiān、鞯 jiān(统读)

间(一) jiān ～不容发 中 ～

(二) jiàn 中 ～儿 ～道 ～谍 ～断 ～或 ～接 ～距 ～隙 ～续 ～阻 ～作 挑拨离 ～

趼 jiǎn、俭 jiǎn、缰 jiāng、膙 jiǎng(统读)

嚼(一) jiáo(语)味同 ～蜡 咬文 ～字

(二) jué(文)咀～ 过屠门而大～

(三) jiào 倒 ～(倒嚼)

侥 jiǎo ～幸

角(一) jiǎo 八 ～(大茴香)～落 独 ～戏 ～膜 ～度 ～儿(犄 ～) ～楼 勾心斗～ 号～ 口～(嘴 ～) 鹿～菜 头 ～

(二) jué ～斗 ～儿(脚色)口 ～(吵嘴)主 ～儿 配 ～儿 ～力捧 ～儿

脚(一) jiǎo 根 ～

(二) jué ～儿(也作“角儿”,脚色)

剿(一) jiǎo 围 ～

(二) chāo ～说 ～袭

校 jiào ～勘 ～样 ～正

较 jiào、酵 jiào、嗟 jiē、疖 jiē(统读)

结(除“ ～了个果子”、“开花 ～果”、“ ～巴”、“ ～实”念 jiē 之外,其他都念 jié)

睫 jié(统读)

芥(一) jiè ～菜(一般的芥菜)～末

(二) gài ～菜(也作“盖菜”)～蓝菜

矜 jīn ～持 自 ～ ～怜

仅 jǐn ～～ 绝无 ～有

馑 jǐn、觐 jìn、浸 jìn(统读)

斤 jin 千 ～(起重的工具)

茎 jīng、粳 jīng、鲸 jīng、境 jìng、痉 jìng(统读)

劲 jìng 刚 ～

窘 jiǒng、究 jiū、纠 jiū、鞠 jū、鞫 jū、掬 jū、苴 jū（统读）

咀 jǔ ～嚼

矩（一）jǔ ～形

（二）ju 规 ～

俱 jù（统读）

龟 jūn ～裂（也作“皲裂”）

菌（一）jūn 细～ 病～ 杆～ 霉～

（二）jùn 香 ～ ～子

俊 jùn（统读）

K

卡（一）kǎ ～宾枪 ～车 ～介苗 ～片 ～通

（二）qiǎ ～子 关 ～

揩 kāi、慨 kǎi、忾 kài、勘 kān（统读）

看 kān ～管 ～护 ～守

慷 kāng、拷 kǎo（统读）

坷 kē ～拉（垃）

疴 kē（统读）

壳（一）ké（语）～儿 贝～儿 脑～ 驳～枪

（二）qiào（文）地～ 甲～ 躯～

可（一）kě ～ ～儿的

（二）kè ～汗

恪 kè、刻 kè（统读）

克 kè ～扣

空（一）kōng ～心砖 ～城计

（二）kòng ～心吃药

眍 kōu、矻 kū、酷 kù、框 kuàng、矿 kuàng、傀 kuǐ（统读）

溃（一）kuì ～烂

（二）huì ～脓

篑 kuì、括 kuò（统读）

L

垃 lā、邋 lā、罱 lǎn、缆 lǎn（统读）

蓝 lan 苤 ～

琅 láng、捞 lāo、劳 láo、醪 láo（统读）

烙（一）lào ～印 ～铁 ～饼

（二）luò 炮 ～（古酷刑）

勒（一）lè（文）～逼 ～令 ～派 ～索 悬崖 ～马

（二）lēi（语）多单用。

擂（除“～台”、“打～”读 lèi 外，都读 léi）

礌 léi、羸 léi、蕾 lěi（统读）

累(一) lèi（辛劳义，如“受～”〔受劳～〕）

(二) léi（如“～赘”）

(三) lěi（牵连义，如“带～”、“～及”、“连～”、“赔～”、“牵～”、“受～”〔受牵～〕）

蠡(一) lí 管窥～测

(二) lǐ ～县 范～

喱 lí、连 lián、敛 liǎn、恋 liàn（统读）

量(一) liàng ～入为出 忖～

(二) liang 打～ 掂～

踉 liàng ～跄

潦 liáo ～草 ～倒

劣 liè、捩 liè、趔 liè、拎 līn、遴 lín（统读）

淋(一) lín ～浴 ～漓 ～巴

(二) lìn ～硝 ～盐 ～病

蛉 líng、榴 liú（统读）

馏(一) liú（文）如“干～”、“蒸～”。

(二) liù（语）如“～馒头”。

镏 liú ～金

碌 liù ～碡

笼(一) lóng（名物义）～子 牢～

(二) lǒng（动作义）～络 ～括 ～统 ～罩

偻(一) lóu 佝～

(二) lǚ 伛～

瞜 lou 眍～

虏 lǔ、掳 lǔ（统读）

露(一) lù（文）赤身 ～体 ～天 ～骨 ～头角 藏头 ～尾 抛头 ～面 ～头（矿）

(二) lòu（语）～富 ～苗 ～光 ～相 ～马脚 ～头

榈 lǘ（统读）

捋(一) lǚ ～胡子

(二) luō ～袖子

绿(一) lǜ（语）

(二) lù（文）～林 鸭～江

孪 luán、挛 luán、掠 lüè（统读）

囵 lún（统读）

络 luò ～腮胡子

落(一) luò（文）～膘 ～花生 ～魄 涨 ～ ～槽 着 ～

（二）lào（语）～架 ～色 ～炕 ～枕 ～儿 ～子（一种曲艺）

（三）là（语），遗落义。丢三 ～四 ～在后面

M

脉（除“ ～ ～”念 mòmò 外，一律念 mài）

漫 màn（统读）

蔓(一) màn（文）～延 不 ～不支

（二）wàn（语）瓜～ 压 ～

牤 māng（统读）

氓 máng 流 ～

芒 máng、铆 mǎo、瑁 mào、虻 méng、盟 méng、祢 mí（统读）

眯(一) mí ～了眼（灰尘等入目，也作“迷”）

（二）mī ～了一会儿（小睡）～缝着眼（微微合目）

靡(一) mí ～费

（二）mǐ 风～ 委～ 披 ～

秘（除“ ～鲁”读 bì 外，都读 mì）

泌(一) mì（语）分 ～

（二）bì（文）～阳〔地名〕

娩 miǎn、缈 miǎo、皿 mǐn、闽 mǐn、茗 míng、酩 mǐng、谬 miù、摸 mō（统读）

模(一) mó ～范 ～式 ～型 ～糊 ～特儿 ～棱两可

（二）mú ～子 ～具 ～样

膜 mó（统读）

摩 mó 按～ 抚～

嬷 mó、墨 mò、耱 mò、沫 mò（统读）

缪 móu 绸 ～

N

难(一) nán 困 ～（或变轻声）～兄 ～弟（难得的兄弟，现多用作贬义）

（二）nàn 排 ～解纷 发 ～ 刁 ～ 责 ～ ～兄 ～弟（共患难或同受苦难的人）

蝻 nǎn、蛲 náo、讷 nè、馁 něi、嫩 nèn、恁 nèn、妮 nī、拈 niān、鲇 nián、酿 niàng（统读）

尿(一) niào 糖 ～症

（二）suī（只用于口语名词）尿（niào）～ ～脬

嗫 niè（统读）

宁(一) níng 安 ～

（二）nìng ～可 无 ～〔姓〕

忸 niǔ、脓 nóng（统读）

弄(一) nòng 玩 ～
（二） lòng ～堂
暖 nuǎn、衄 nǜ（统读）
疟(一) nüè（文）～疾
（二） yào（语）发 ～子
娜(一) nuó 婀 ～ 袅 ～
（二） nà（人名）

O

殴 ōu、呕 ǒu（统读）

P

杷 pá、琶 pá、牌 pái（统读）
排 pǎi ～子车
迫 pǎi ～击炮
湃 pài、爿 pán（统读）
胖 pàn 心广体 ～（ ～为安舒貌）
蹒 pán、畔 pàn、乓 pāng、滂 pāng、脬 pāo、胚 pēi（统读）
喷(一) pēn ～嚏
（二） pèn ～香
（三） pen 嚏 ～
澎 péng、坯 pī、披 pī、匹 pǐ、僻 pì、譬 pì（统读）
片(一) piàn ～子 唱 ～ 画 ～ 相 ～ 影 ～
（二） piān（口语一部分词）～子 ～儿 唱 ～儿 画 ～儿 相 ～儿 影 ～儿
剽 piāo（统读）
缥 piāo ～缈（飘渺）
撇 piē ～弃
聘 pìn、乒 pīng、颇 pō、剖 pōu（统读）
仆(一) pū 前 ～后继
（二） pú ～从
扑 pū（统读）
朴(一) pǔ 俭 ～ ～素 ～质
（二） pō ～刀
（三） pò ～硝 厚 ～
蹼 pǔ（统读）
瀑 pù ～布
曝(一) pù 一 ～十寒
（二） bào ～光（摄影术语）

Q

栖 qī 两 ～

戚 qī、漆 qī、期 qī（统读）

蹊 qī ～跷

蛴 qí、畦 qí、萁 qí、骑 qí、企 qǐ、绮 qǐ、杞 qǐ、槭 qì、洽 qià、签 qiān、潜 qián（统读）

荨(一) qián（文）～麻

（二）xún（语）～麻疹

嵌 qiàn（统读）

欠 qian 打哈 ～

戕 qiāng（统读）

镪 qiāng ～水

强(一) qiáng ～渡 ～取豪夺 ～制 博闻 ～识

（二）qiǎng 勉 ～ 牵 ～ ～词夺理 ～迫 ～颜为笑

（三）jiàng 倔 ～

襁 qiǎng、跄 qiàng（统读）

悄(一) qiāo ～ ～儿的

（二）qiǎo ～默声儿的

橇 qiāo（统读）

翘(一) qiào（语）～尾巴

（二）qiáo（文）～首 ～楚 连 ～

怯 qiè、挈 qiè（统读）

趄 qie 趔 ～

侵 qīn、、衾 qīn、噙 qín、倾 qīng（统读）

亲 qìng ～家

穹 qióng、黢 qū（统读）

曲（麯）qū 大 ～ 红 ～ 神 ～

渠 qú、瞿 qú、蠼 qú（统读）

苣 qǔ ～荬菜

龋 qǔ、趣 qù（统读）

雀 què ～斑 ～盲症

R

髯 rán、攘 rǎng、桡 ráo、绕 rào（统读）

任 rén〔姓，地名〕

妊 rèn、扔 rēng、容 róng、糅 róu、茹 rú、孺 rú、蠕 rú、辱 rǔ、挼 ruó（统读）

S

靸 sǎ、噻 sāi（统读）

散(一) sǎn 懒 ～ 零零 ～ ～ ～漫

（二）san 零 ～

丧 sang 哭 ～着脸

扫(一) sǎo ～兴

（二）sào ～帚

埽 sào（统读）

色(一) sè（文）

（二）shǎi（语）

塞(一) sè（文）动作义。

（二）sāi（语）名物义，如：“活 ～”、“瓶 ～”；动作义，如：“把洞 ～住”。

森 sēn（统读）

煞(一) shā ～尾 收 ～

（二）shà ～白

啥 shá（统读）

厦(一) shà（语）

（二）xià（文）～门 噶 ～

杉(一) shān（文）紫 ～ 红 ～ 水 ～

（二）shā（语）～篙 ～木

衫 shān、姗 shān（统读）

苫(一) shàn（动作义，如“ ～布”）

（二）shān（名物义，如“草 ～子”）

墒 shāng、猞 shē（统读）

舍 shè 宿 ～ 寝 ～

慑 shè、摄 shè、射 shè（统读）

谁 shéi，又音 shuí

娠 shēn（统读）

什（甚）shén ～么

蜃 shèn（统读）

葚(一) shèn（文）桑 ～

（二）rèn（语）桑 ～儿

胜 shèng（统读）

识 shí 常 ～ ～货 ～字

似 shì ～的

室 shì（统读）

螫(一) shì（文）

（二）zhē（语）

匙 shi 钥 ～

殊 shū、蔬 shū、疏 shū、叔 shū、淑 shū、菽 shū（统读）

熟(一) shú(文)

(二) shóu(语)

署 shǔ、曙 shǔ、漱 shù、戍 shù、蟀 shuài、孀 shuāng(统读)

说 shuì 游 ～

数 shuò ～见不鲜

硕 shuò、蒴 shuò、艘 sōu、嗾 sǒu、速 sù、塑 sù、虽 suī、绥 suí、髓 suǐ(统读)

遂(一) suì 不 ～ 毛 ～自荐

(二) suí 半身不 ～

隧 suì、隼 sǔn(统读)

莎 suō ～草

缩(一) suō 收 ～

(二) sù ～砂密(一种植物)

嗍 suō、索 suǒ(统读)

T

趿 tā、鳎 tǎ、獭 tǎ(统读)

沓(一) tà 重 ～

(二) ta 疲 ～

(三) dá 一 ～纸

苔(一) tái(文)

(二) tāi(语)

探 tàn、涛 tāo、悌 tì、佻 tiāo(统读)

调 tiáo ～皮

帖(一) tiē 妥 ～ 伏伏 ～ ～ 俯首 ～耳

(二) tiě 请 ～ 字 ～儿

(三) tiè 字 ～ 碑 ～

听 tīng、庭 tíng、骰 tóu、凸 tū、突 tū、颓 tuí、蜕 tuì、臀 tún、唾 tuò(统读)

W

娲 wā、挖 wā(统读)

瓦 wà ～刀

喎 wāi、蜿 wān、玩 wán、惋 wǎn、脘 wǎn、往 wǎng、忘 wàng、微 wēi、巍 wēi、薇 wēi、危 wēi、韦 wéi、违 wéi、唯 wéi(统读)

圩(一) wéi ～子

(二) xū ～(墟)场

纬 wěi(统读)

委 wěi ～靡

伪 wěi、萎 wěi(统读)

尾(一) wěi ～巴

（二）yǐ 马 ～儿

尉 wèi ～官

文 wén、闻 wén、紊 wěn、喔 wō、蜗 wō、硪 wò、诬 wū、梧 wú、牾 wǔ（统读）

乌 wù ～拉（也作“靰鞡”）～拉草

杌 wù、鹜 wù（统读）

X

夕 xī、汐 xī、晰 xī、析 xī、皙 xī、昔 xī、溪 xī、悉 xī、熄 xī、蜥 xī、螅 xī、惜 xī、锡 xī、樨 xī、袭 xí、檄 xí、峡 xiá、暇 xiá（统读）

吓 xià 杀鸡 ～猴

鲜 xiān 屡见不 ～数见不 ～

锨 xiān（统读）

纤 xiān ～维

涎 xián、弦 xián、陷 xiàn、霰 xiàn、向 xiàng（统读）

相 xiàng ～机行事

淆 xiáo、哮 xiào、些 xiē（统读）

颉 xié ～颃

携 xié、偕 xié、挟 xié、械 xiè、馨 xīn、囟 xìn（统读）

行 xíng 操 ～ 德 ～ 发 ～ 品 ～

省 xǐng 内 ～反 ～ ～亲 不 ～人事

芎 xiōng、朽 xiǔ（统读）

宿 xiù 星 ～ 二十八 ～

煦 xù（统读）

蓿 xu 苜 ～

癣 xuǎn（统读）

削(一) xuē（文）剥 ～ ～减 瘦 ～

（二）xiāo（语）切 ～ ～铅笔 ～球

穴 xué、学 xué、雪 xuě（统读）

血(一) xuè（文）用于复音词及成语，如“贫 ～”、“心 ～”、“呕心沥 ～”、“ ～泪史”、“狗 ～喷头”等。

（二）xiě（语）口语多单用，如“流了点儿 ～”及几个口语常用词，如：“鸡 ～”、“ ～晕”、“ ～块子”等。

谑 xuè（统读）

寻 xún、驯 xùn、逊 xùn（统读）

熏 xùn 煤气 ～着了

徇 xùn、殉 xùn、蕈 xùn（统读）

Y

押 yā、崖 yá（统读）

哑 yǎ ～然失笑

亚 yà（统读）

殷 yān ～红

芫 yán ～荽

筵 yán、沿 yán、焰 yàn、夭 yāo、肴 yáo、杳 yǎo、舀 yǎo（统读）

钥(一) yào（语）～匙

（二）yuè（文）锁 ～

曜 yào、耀 yào、椰 yē、噎 yē（统读）

叶 yè ～公好龙

曳 yè 弃甲 ～兵 摇 ～ ～光弹

屹 yì、轶 yì、谊 yì、懿 yì、诣 yì（统读）

艾 yì 自怨自 ～

荫 yìn（统读）（“树 ～”、“林 ～道”应作“树阴”、“林阴道”）

应(一) yīng ～届 ～名儿 ～许 提出的条件他都 ～了 是我 ～下来的任务

（二）yìng ～承 ～付 ～声 ～时 ～验 ～邀 ～用 ～运 ～征 里 ～外合

萦 yíng、映 yìng（统读）

佣 yōng ～工

庸 yōng、臃 yōng、壅 yōng、拥 yōng、踊 yǒng、咏 yǒng、泳 yǒng、莠 yǒu、愚 yú、娱 yú、愉 yú、伛 yǔ、屿 yǔ（统读）

吁 yù 呼 ～

跃 yuè（统读）

晕(一) yūn ～倒 头 ～

（二）yùn 月 ～血 ～ ～车

酝 yùn（统读）

Z

匝 zā、杂 zá（统读）

载(一) zǎi 登 ～ 记 ～

（二）zài 搭 ～ 怨声 ～道 重 ～ 装 ～ ～歌 ～舞

簪 zān、咱 zán、暂 zàn、凿 záo（统读）

择(一) zé 选 ～

（二）zhái ～不开 ～菜 ～席

贼 zéi、憎 zēng、甑 zèng（统读）

喳 zhā 唧唧 ～ ～

轧（除“ ～钢”、“ ～辊”念 zhá 外，其他都念 yà）（gá 为方言，不审）

摘 zhāi（统读）

粘 zhān ～贴

涨 zhǎng ～落 高 ～

着(一) zháo ～慌 ～急 ～家 ～凉 ～忙 ～迷 ～水 ～雨

(二) zhuó ～落 ～手 ～眼 ～意 ～重 不 ～边际

(三) zhāo 失 ～

沼 zhǎo、召 zhào、遮 zhē、蛰 zhé、辙 zhé、贞 zhēn、侦 zhēn、帧 zhēn、胗 zhēn、枕 zhěn、诊 zhěn、振 zhèn、知 zhī、织 zhī、脂 zhī、植 zhí（统读）

殖(一) zhí 繁 ～ 生 ～ ～民

(二) shi 骨 ～

指 zhǐ、掷 zhì、质 zhì、蛭 zhì、秩 zhì、栉 zhì、炙 zhì（统读）

中 zhōng 人 ～（人口上唇当中处）

种 zhòng 点 ～（义同“点播”。动宾结构念 diǎnzhǒng，义为点播种子）

诌 zhōu、骤 zhòu（统读）

轴 zhòu 大 ～子戏 压 ～子

碡 zhou 碌 ～

烛 zhú（统读）

逐 zhú（统读）

属 zhǔ ～望

筑 zhù（统读）

著 zhù 土 ～

转 zhuǎn 运 ～

撞 zhuàng（统读）

幢(一) zhuàng 一 ～楼房

(二) chuáng 经 ～（佛教所设刻有经咒的石柱）

拙 zhuō、茁 zhuó、灼 zhuó、卓 zhuó（统读）

综 zōng ～合

纵 zòng、粽 zòng、镞 zú、组 zǔ（统读）

钻(一) zuān ～探 ～孔

(二) zuàn ～床 ～杆 ～具

佐 zuǒ、唑 zuò（统读）

柞(一) zuò ～蚕 ～绸

(二) zhà ～水（在陕西）

做 zuò（统读）

作（除“ ～坊”读 zuō 外，其余都读 zuò）

思考与练习

一、名词解释

1. 朗读。2. 停连。3. 节拍。4. 重音。5. 语调。

二、填空

1. 停连指的是朗读语流中__________。

2. 由__________贯穿于全篇并与其他因素相结合，就够成了朗读中的节拍。

3. 语调是朗读中__________等各种声音形式的总和。

4. 从小的方面看，语调也可以看做是__________，因为__________是构成语调的基础。

三、简答

1. 朗读过程中的停连要注意的问题。

2. 把握语速“快”与“慢”的尺度。

3. 句调的四种形式。

4. 声调对句调的影响。

5. 句调与声调的关系。

6. 朗读中要避免的语调。

7. 产生方言语调的原因。

8. 列举语音规范的内容。

四、实践操作

1. 举例说明语法重音。

2. 朗读普通话测试中的单词、词语和语段、文章。

3. 认真阅读和识记《普通话异读词审音表》（见上）和下面《常用多音字表》，识记异读词和多音字的正确读音。

A 部

1. 阿 ①ā 阿罗汉 阿姨 ②ē 阿附 阿胶

2. 挨 ①āi 挨个 挨近 ②ái 挨打 挨说

3. 拗 ①ào 拗口 ②niù 执拗

B 部

1. 扒 ①bā 扒开 扒拉 ②pá 扒手 扒草

2. 把 ①bǎ 把握 把持 把柄 ②bà 印把 刀把 话把儿

3. 蚌 ①bàng 蛤蚌 ②bèng 蚌埠

4. 薄 ①báo（口语单用） 纸薄 ②bó（书面组词） 单薄 稀薄

5. 堡 ①bǔ 碉堡 堡垒 ②pū 瓦窑堡 吴堡
③bǔ 十里堡

6. 暴 ①bào 暴露 ②pù 一暴十寒

7. 背 ①bèi 脊背 背景 ②bēi 背包 背枪

8. 奔 ①bēn 奔跑 奔波 ②bèn 投奔

9. 臂 ①bì 手臂 臂膀 ②bei 胳臂

10. 辟 ①bì 复辟 ②pì 开辟

11. 扁 ①biǎn 扁担 ②piān 扁舟

12. 便 ①biàn 方便 ②pián 便宜
13. 骠 ①biāo 黄骠马 ②piào 骠勇
14. 屏 ①bīng 屏营 ②bǐng 屏息 屏气
③píng 屏幕 屏风 屏障
15. 剥 ①bō（书面组词）剥削（xuē） ②bāo（口语单用）剥皮
16. 泊 ①bó 淡泊 停泊 漂泊 ②pō 湖泊 血泊
17. 伯 ①bó 老伯 伯父 ②bǎi 大伯子（夫兄）
18. 簸 ①bǒ 颠簸 ②bò 簸箕
19. 膊 ①bó 赤膊 ②bo 胳膊
20. 卜 ①bo 萝卜 ②bǔ 占卜

C 部

1. 藏 ①cáng 矿藏 ②zàng 宝藏
2. 差 ①chā（书面组词）偏差 差错 ②chà（口语单用）差点儿
③chāi 差遣 出差
3. 禅 ①chán 禅师 ②shàn 禅让 封禅
4. 颤 ①chàn 颤动 颤抖 ②zhàn 颤栗 打颤
5. 场 ①cháng 场院 一场（雨） ②chǎng 场合 冷场 场面 场地
6. 嘲 ①cháo 嘲讽 嘲笑 ②zhāo 嘲哳（zhāo zhā）
7. 车 ①chē 车马 车辆 ②jū （象棋子名称）
8. 称 ①chèn 称心 对称 ②chēng 称呼 称道
9. 澄 ①chéng （书面）澄清（问题） ②dèng（口语）澄清（使液体变清）
10. 匙 ①chí 汤匙 ②shi 钥匙
11. 冲 ①chōng 冲锋 冲击 ②chòng 冲床 冲子
12. 臭 ①chòu 遗臭万年 ②xiù 乳臭 铜臭
13. 处 ①chǔ（动作义）处罚 处置 ②chù（名词义）处所 妙处
14. 畜 ①chù（名物义）畜牲 畜 ②xù（动作义）畜养 畜牧
15. 创 ①chuàng 创作 创造 ②chuāng 重创 创伤
16. 绰 ①chuò 绰绰有作 ②chuo 宽绰
17. 伺 ①cì 伺侯 ②sì 伺机 环伺
18. 枞 ①cōng 枞树 ②zōng 枞阳（地名）
19. 攒 ①cuán 攒动 攒射 ②zǎn 积攒
20. 撮 ①cuō 一撮儿盐 ②zuǒ 一撮毛

D 部

1. 答 ①dā 答理 答应 答腔 答讪 答言
②dá 答案 答复 答卷
2. 大 ①dà 大夫（官名） ②dài 大夫（医生） 山大王
3. 逮 ①dǎi（口语单用）逮蚊子 逮小偷

②dǎi（书面组词）逮捕
4. 单 ①dān 单独 孤单 ②chán 单于
③shàn 单县 单姓
5. 当 ①dāng 当场 当今 当时 当年（均指已过去） 当日（当初）
②dàng 当日（当天） 当年（同一年、月、日、天） 当真
6. 倒 ①dǎo 颠倒 倒戈 倒嚼 ②dào 倒粪 倒药 倒退
7. 提 ①dī 提防 提溜 ②tí 提高 提取
8. 得 ①dé 得意洋洋 ②de 好得很
③děi 得喝水了
9. 的 ①dí 的当 的确 ②dì 目的 中的
10. 都 ①dōu 都来了 ②dū 都市 大都（大多）
11. 掇 ①duō 采掇（拾取、采取义） ②duo 撺掇 掂掇
12. 度 ①duó 忖度 揣度 ②dù 程度 度量
13. 囤 ①dùn 粮囤 ②tún 囤积

F 部

1. 发 ①fà 理发 结发 ②fā 发表 打发
2. 坊 ①fāng 牌坊 坊巷 ②fáng 粉坊 染坊
3. 分 ①fēn 区分 分数 ②fèn 身分 分子（一员）
4. 缝 ①féng 缝合 ②fèng 缝隙
5. 服 ①fú 服毒 服药 ②fù 量词，也作"付"

G 部

1. 杆 ①gān 旗杆 栏杆（粗、长） ②gǎn 枪杆 烟杆（细、短）
2. 葛 ①gé 葛巾 瓜葛 ②gě 姓氏
3. 革 ①gé 革命 皮革 ②jí 病革
4. 合 ①gě 十分之一升 ②hé 合作 合计
5. 给 ①gěi（口语单用）给…… ②jǐ（书面组词）补给、配给
6. 更 ①gēng 更换 更事 ②gèng 更加 更好
7. 颈 ①jǐng 颈项 颈联 ②gěng 脖颈子
8. 供 ①gōng 供给 供销 ②gòng 口供 上供
9. 枸 ①gōu 枸橘 ② gǒu 枸杞
③jǔ 枸橼
10. 估 ①gū 估计 估量 ②gù 估衣（唯一例词）
11. 呱 ①gū 呱呱 ②guā 呱呱叫
③guǎ 拉呱儿
12. 骨 ①gū 骨碌 骨朵（仅此二例） ②gǔ 骨肉 骨干
13. 谷 ①gǔ 谷子 谷雨 ②yù 吐谷浑（族名）
14. 冠 ①guān（名物义）加冠 弹冠 ②guàn（动作义）冠军 沐猴而冠

15. 桧 ①guì 树名 ②huì 人名
16. 过 ①guō 姓氏 ②guò 经过

H 部

1. 虾 ①há 虾蟆 ②xiā 对虾
2. 哈 ①hǎ 哈达 姓哈 ②hà 哈什玛
③hā 哈萨克 哈腰
3. 汗 ①hán 可汗 大汗 ②hàn 汗水 汗颜
4. 巷 ①hàng 巷道 ②xiàng 街巷
5. 吭 ①háng 引吭高歌 ②kēng 吭声
6. 号 ①háo 呼号 号叫 ②hào 称号 号召
7. 和 ①hé 和睦 和谐 ②hè 应和 和诗
③hú 麻将牌戏用语，意为赢 ④huó 和面 和泥
⑤huò 和药 两和（量词） ⑥huo 搀和 搅和
8. 貉 ①hé（书面）一丘之貉 ②háo （口语）貉绒 貉子
9. 喝 ①hē 喝水 ②hè 喝采 喝令
10. 横 ①héng 横行 纵横 ②hèng 蛮横 横财
11. 虹 ①hóng（书面组词）彩虹 虹吸 ②jiàng（口语单用）
12. 划 ①huá 划船 划算 ②huà 划分 计划
13. 晃 ①huǎng 明晃晃 晃眼 ②huàng 摇晃 晃动
14. 会 ①huì 会合 都会 ②kuài 会计 财会
15. 混 ①hún 混浊 混活 ②hùn 混合 混沌
16. 哄 ①hōng 哄堂 ②hǒng 哄骗
③hòng 起哄
17. 豁 ①huō 豁口 ②huò 豁亮 豁达

J 部

1. 奇 ①jī 奇偶 ②qí 奇怪 奇异
2. 缉 ①jī 通缉 缉拿 ②qī 缉鞋口
3. 几 ①jī 茶几 几案 ②jǐ 几何 几个
4. 济 ①jǐ 济宁 济济 ②jì 救济 共济
5. 纪 ①jǐ 姓氏 ②jì 纪念 纪律
6. 偈 ①jì 偈语 ②jié（勇武）
7. 系 ①jì 系紧缰绳 系好缆绳 ②xì 系好马匹 系好船只
8. 茄 ①jiā 雪茄 ②qié 茄子
9. 夹 ①jiā 夹攻 夹杂 ②jiá 夹裤 夹袄
10. 假 ①jiǎ 真假、假借 ②jià 假期 假日
11. 间 ①jiān 中间 晚间 ②jiàn 间断 间谍
12. 将 ①jiāng 将军 将来 ②jiàng 将校 将兵

13. 嚼　①jiáo　（口语）　嚼舌　②jué（书面）　咀嚼
14. 侥　①jiǎo　侥幸　②yáo　僬侥（传说中的矮人）
15. 角　①jiǎo　角落　号角　口角（嘴角）
②jué　角色　角斗　口角（吵嘴）
16. 脚　①jiǎo　根脚　脚本　②jué　脚儿（角儿，脚色）
17. 剿　①jiǎo　围剿　剿匪　②chāo　剿袭　剿说
18. 教　①jiāo　教书　教给　②jiào　教导　教派
19. 校　①jiào　校场　校勘　②xiào　学校　院校
20. 解　①jiě　解除　解渴　②jiè　解元　押解
③xiè　解县　解不开
21. 结　①jiē　结果　结实　②jié　结网　结合
22. 芥　①jiè　芥菜　芥末　②gài　芥蓝
23. 藉　①jiè　枕藉　慰藉　②jí　狼藉
24. 矜　①jīn　矜夸　矜持　②qín　矜（矛柄）锄镰棘矜
25. 仅　①jǐn　仅有　②jìn　仅万（将近）
26. 劲　①jìn　干劲　劲头　②jìng　强劲　劲草
27. 龟　①jūn　龟裂　②guī　乌龟
③qiū　龟兹
28. 咀　①jǔ　咀嚼　②zuǐ　嘴
29. 矩　①jǔ　矩形　②ju　规矩
30. 菌　①jūn　细菌　霉菌　②jùn　香菌　菌子（同蕈 xùn）

K　部

1. 卡　①kǎ　卡车　卡片　②qiǎ　关卡　卡子
2. 看　①kān　看守　看管　②kàn　看待　看茶
3. 坷　①kē　坷垃　②kě　坎坷
4. 壳　①ké（口语）贝壳　脑壳　②qiào（书面）地壳　甲壳、躯壳
5. 可　①kě　可恨　可以　②kè　可汗
6. 克　①kè　克扣　克服　②kēi　（口语）申斥
7. 空　①kōng　领空　空洞　②kòng　空白　空闲
8. 溃　①kuì　溃决　溃败　②huì　溃＝殨

L　部

1. 蓝　①lán　蓝草　蓝图　②lan　苤蓝（piě　lan）
2. 烙　①lào　烙印　烙铁　②luò　炮（páo）烙
3. 勒　①lè（书面组词）勒令　勒索　②lēi（口语单用）勒紧点儿
4. 擂　①léi　擂鼓　②lèi　擂台　打擂（仅此二词）
5. 累　①lèi（受劳义）劳累　②léi（多余义）累赘
③lěi（牵连义）牵累

6. 蠡　①lí　管窥蠡测　　②lǐ　蠡县
7. 俩　①liǎ（口语，不带量词）咱俩　俩人
②liǎng　伎俩
8. 量　①liáng　丈量　计量　　②liàng　量入为出
③liang　打量　掂量
9. 踉　①liáng　跳踉（跳跃）　　②liàng　踉跄（走路不稳）
10. 潦　①liáo　潦草　潦倒　　②lǎo　（书面）积潦（积水）
11. 淋　①lín　淋浴　淋漓　　②lìn　淋硝　淋盐
12. 馏　①liú　蒸馏　　②liù（口语单用）馏饭
13. 镏　①liú　镏金（涂金）　　②liù　金镏（金戒）
14. 碌　①liù　碌碡　　②lù　庸碌　劳碌
15. 笼　①lóng（名物义）笼子、牢笼　　②lǒng（动作义）笼络　笼统
16. 偻　①lóu　佝偻　　②lǚ　伛偻
17. 露　①lù（书面）露天　露骨　　②lòu　（口语）露头　露马脚
18. 捋　①lǚ　捋胡子　　②luō　捋袖子
19. 绿　①lǜ　（口语）绿地　绿菌　　②lù　（书面）绿林　鸭绿江
20. 络　①luò　络绎　经络　　②lào　络子
21. 落　①luò（书面组词）落魄　着落
②lào（常用口语）落枕　落色　　③là（遗落义）丢三落四　落下

M　部

1. 脉　①mò　脉脉（仅此一例）　　②mài　脉络　山脉
2. 埋　①mái　埋伏　埋藏　　②mán　埋怨
3. 蔓　①màn（书面）蔓延　枝蔓　　②wàn　（口语）瓜蔓　压蔓
4. 氓　①máng　流氓　　②méng　古指百姓
5. 蒙　①mēng　蒙骗　　②méng　蒙昧
③měng　蒙古
6. 眯　①mí　眯眼（迷眼）　　②mī　眯眼（合眼）
7. 靡　①mí　靡费　奢靡　　②mǐ　委靡　披靡
8. 秘　①bì　秘鲁　秘姓　　②mì　秘密　秘诀
9. 泌　①mì（口语）分泌　　②bì　（书面）泌阳
10. 模　①mó　模范　模型　　②mú　模具　模样
11. 摩　①mó　摩擦、摩挲（用手抚摸）　②mā　摩挲（sa）轻按着并移动
12. 缪　①móu　绸缪　　②miù　纰缪
③miào　缪姓

N　部

1. 难　①nán　困难　难兄难弟（贬义）②nàn　责难　难兄难弟（共患难的人）
2. 宁　①níng　安宁　宁静　　②nìng　宁可　宁姓

3. 弄　①nòng　玩弄　②lòng　弄堂
4. 疟　①nüè　（书面）疟疾　②yào　（口语）发疟子
5. 娜　①nuó　袅娜　婀娜　②nà　（用于人名）安娜

P 部

1. 排　①pái　排除　排行　②pǎi　排车
2. 迫　①pǎi　迫击炮　②pò　逼迫
3. 胖　①pán　心广体胖　②pàng　肥胖
4. 刨　①páo　刨除　刨土　②bào　刨床　刨冰
5. 炮　①páo　炮制　炮格（烙）　②pào　火炮　高炮
6. 喷　①pēn　喷射　喷泉　②pèn　喷香
7. 片　①piàn　影片儿　②piān　唱片儿
8. 缥　①piāo　缥缈　②piǎo　缥——青白色（的丝织品）
9. 撇　①piē　撇开　撇弃　②piě　撇嘴　撇置脑后
10. 仆　①pū　前仆后继　②pú　仆从
11. 朴　①pǔ　俭朴　朴质　②pō　朴刀
　③pò　厚朴　朴树　④piáo　朴姓
12. 瀑　①pù　瀑布　②bào　瀑河（水名）
13. 曝　①pù　一曝十寒　②bào　曝光

Q 部

1. 栖　①qī　两栖、栖息　②xī　栖栖
2. 蹊　①qī　蹊跷　②xī　蹊径
3. 稽　①qǐ　稽首　②jī　滑稽
4. 荨　①qián　（书面）荨麻　②xún　（口语）荨麻疹
5. 欠　①qiàn　欠缺　欠债　②qian　呵欠
6. 镪　①qiāng　镪水　②qiǎng　银镪
7. 强　①qiáng　强渡　强取　强制　②qiǎng　勉强　强迫　强词
　③jiàng　倔强
8. 悄　①qiāo　悄悄儿的　悄悄话　②qiǎo　悄然　悄寂
9. 翘　①qiào　（口语）翘尾巴　②qiáo　翘首　连翘
10. 切　①qiē　切磋　切割　②qiè　急切　切实
11. 趄　①qiè　趄坡儿　②qie　趔趄　③jū　趑趄
12. 亲　①qīn　亲近　亲密　②qìng　亲家
13. 曲　①qū　神曲　大曲　弯曲　②qǔ　曲调　曲艺　曲牌
14. 雀　①qiāo　雀子　②qiǎo　雀盲眼
　③què　雀斑　雀跃　麻雀

R 部

任　①rén　任丘（地名）任（姓）　②rèn　任务　任命

S 部

1. 散　①sǎn　懒散　零散（不集中、分散）
　　　②sàn　散布　散失
2. 丧　①sāng　丧服　丧乱　丧事　丧钟
　　　②sàng　丧失　丧权　③sang　哭丧着脸
3. 色　①sè　（书面）色彩　色泽　②shǎi（口语）落色
4. 塞　①sè　（书面，动作义）堵塞　阻塞
　　　②sāi　（口语，名动义）活塞　塞车
　　　③sài　塞翁失马　边塞　塞外
5. 煞　①shā　煞尾　收煞　②shà　煞白　恶煞
6. 厦　①shà　广厦　大厦　②xià　厦门　噶厦
7. 杉　①shān　（书面）红杉　水杉　②shā　（口语）杉篙　杉木
8. 苫　①shàn　（动作义）苫屋草　②shān　（名物义）草苫子
9. 折　①shé　折本　②zhē　折腾
　　　③zhé　折合
10. 舍　①shě　舍弃　抛舍　②shè　校舍　退避三舍
11. 什　①shén　什么　②shí　什物　什锦
12. 葚　①shèn　（书面）桑葚　②rèn　（口语）桑葚儿
13. 识　①shí　识别　识字　②zhì　标识　博闻强识
14. 似　①shì　似的　②sì　相似
15. 熟　①shóu　（口语）　②shú
16. 说　①shuì　游说　说客　②shuō　说话　说辞
17. 数　①shuò　数见不鲜　②shǔ　数落　数数（shù）
　　　③shù　数字　数目
18. 遂　①suì　不遂　毛遂　②suí　半身不遂
19. 缩　①suì　缩小　收缩　②sù　缩砂（植物名）

T 部

1. 沓　①tà　杂沓　复沓　纷至沓来　②dá　沓子
2. 苔　①tái　（书面）苍苔　苔藓　②tāi　（口语）青苔　舌苔
3. 调　①tiáo　调皮　调配（调和配合）②diào　调换　调配（调动分配）
4. 帖　①tiē　妥帖　伏帖　②tiě　帖子
　　　③tiè　碑帖　法帖　习字帖　画帖
5. 吐　①tǔ　谈吐　吐露　吐字　②tù　吐沫　吐血
6. 拓　①tuò　拓荒　拓宽　②tà　拓本　拓片

W 部

1. 瓦　①wǎ　瓦当　瓦蓝　砖瓦　②wà　瓦刀　瓦屋瓦（wǎ）
2. 圩　①wéi　圩子　②xū　圩场

3. 委 ①wēi 委蛇＝逶迤 ②wěi 委曲（qū） 委屈（qu）
4. 尾 ①wěi 尾巴 ②yǐ 马尾
5. 尉 ①wèi 尉官 尉姓 ②yù 尉迟（姓） 尉犁（地名）
6. 乌 ①wū 乌黑 乌拉 ②wù 乌拉（la 草名）

X 部

1. 吓 ①xià 吓唬 吓人 ②hè 威吓 恐吓
2. 鲜 ①xiān 鲜美 鲜明 ②xiǎn 鲜见 鲜为人知
3. 纤 ①xiān 纤长 纤毫 ②qiàn 纤夫 纤绳 纤手
4. 相 ①xiāng 相当 相反 ②xiàng 相册 相片 相机
5. 行 ①xíng 举行 发行 ②háng 行市 行伍
③hàng 树行 ④héng 道行
6. 省 ①xǐng 反省 省亲 ②shěng 省份 省略
7. 宿 ①xiù 星宿 二十八宿 ②xiǔ 半宿（用以计夜）
③sù 宿舍 宿主
8. 削 ①xuē（书面）剥削 瘦削 ②xiāo （口语）切削 削皮
9. 血 ①xuè（书面组词）贫血 心血 ②xiě（口语常用）鸡血 流了点血
10. 熏 ①xūn 熏染 熏陶 ②xùn 被煤气熏着了（中毒）

Y 部

1. 哑 ①yā 哑哑（象声词）的学语 ②yǎ 哑然 哑场
2. 殷 ①yān 殷红 ②yīn 殷实 殷切 殷朝
③yǐn 殷殷（象声词，形容雷声）
3. 咽 ①yān 咽喉 ②yàn 狼吞虎咽
③yè 呜咽
4. 钥 ①yào（口语）钥匙 ②yuè（书面）锁钥
5. 叶 ①yè 叶落归根 ②xié 叶韵（和谐义）
6. 艾 ①yì 自怨自艾 惩艾 ②ài 方兴未艾 艾草
7. 应 ①yīng 应届 应许 ②yìng 应付 应承
8. 佣 ①yōng 雇佣 佣工 ②yòng 佣金 佣钱
9. 熨 ①yù 熨贴 ②yùn 熨烫
10. 与 ①yǔ 给与 ②yù 参与
11. 吁 ①yù 呼吁 吁求 ②yū 吆喝牲口（象形词）
③xū 长吁短叹 气喘吁吁
12. 晕 ①yūn 晕倒 头晕 ②yùn 月晕 晕车

Z 部

1. 载 ①zǎi 登载 转载 千载难逢 ②zài 装载 载运 载歌载舞
2. 择 ①zé 选择 抉择 ②zhái 择菜 择席 择不开
3. 扎 ①zhá 挣扎 ②zhā 扎根 扎实

③zā 扎彩（捆束义） 一扎啤酒
4. 轧 ①zhá 轧钢 轧辊（挤制义） ②yà 倾轧 轧花 轧场（碾压义）
5. 粘 ①zhān（动词义）粘贴 粘连 ②nián （形容词）粘稠 粘土
6. 涨 ①zhǎng 涨落 高涨 ②zhàng 泡涨 脑涨
7. 着 ①zháo 着急 着迷 着凉 ②zhuó 着落 着重 着手
③zhāo 失着 着数 高着（招）
8. 正 ①zhēng 正月 正旦（农历正月初一）
②zhèng 正常 正旦（戏中称女主角）
9. 殖 ①zhí 繁殖 殖民 ②shi 骨殖
10. 中 ①zhōng 中国 人中（穴位） ②zhòng 中奖 中靶
11. 种 ①zhǒng 种类 种族 点种（种子）
②zhòng 耕种 种植 点种（播种）
12. 轴 ①zhóu 画轴 轮轴 ②zhòu 大轴戏 压轴戏
13. 属 ①zhǔ 属望 属文 属意 ②shǔ 种属 亲属
14. 著 ①zhù 著名 著述 ②zhe 同“着”助词
③zhuó 同“着”动词 穿著 附著
15. 转 ①zhuǎn 转运 转折 ②zhuàn 转动 转速
16. 幢 ①zhuàng 一幢楼房 ②chuáng 经幢
17. 综 ①zèng 织机零件之一 ②zōng 综合 错综
18. 钻 ①zuān 钻探 钻孔 ②zuàn 钻床 钻杆
19. 柞 ①zuò 柞蚕 柞绸 ②zhà 柞水（在陕西）
20. 作 ①zuō 作坊 铜器作 ②zuò 工作 习作

第三章　汉　　字

这一章主要学习汉字的产生、特点、作用、形体、构造、规范化等方面的基本理论和基础知识，目的是在此基础上提高分析和正确运用现行汉字的水平。

本章重点一是汉字的性质、特点，汉字的结构单位、书写顺序、结构方式，汉字的整理、改革、标准化和规范汉化。二是要注重实践，加强掌握和使用规范汉字的意识。通过学习，对我国汉字改革的历史和新时期语言文字工作的方针任务有一个正确的认识，对汉字的特点、结构、笔顺以及汉字的整理和标准化问题有准确的把握，了解社会用字的现状，做到准确掌握和使用规范汉字。

学习时应学会通过《简化字总表》(1986 年)、《通用规范汉字表》(2013 年)、《规范字与繁体字、异体字对照表》(2013 年)、《印刷通用汉字字形表》等各种工具书准确把握国家各项语言文字政策和规范标准，并把它们作为正确使用规范汉字的理论基础和依据。

第一节　汉字概说

一、汉字及其性质

汉字是记录汉语的书写符号系统。它用书面的形式记录汉语语言的音和义。

汉字的这种功能也是其他各种成熟的文字所共有的。但是，与其他文字特别是表音文字相比，汉字的情况有很大不同。古汉字象形程度很高，字形同语言里的词或语素的意义有直接的联系。到了现代，经过隶变和楷化的汉字尽管字形结构发生了很大变化，字形结构与字义的直接联系远不如古代汉字那样明显，但是，形声字在汉字中仍占绝大多数，这些形声字的形旁仍然在表示字义的类属方面起着一定的作用。因此，同表音文字相比，现代的汉字属于表意性质的文字。

汉字能表意而不便于表音，音有限而意无穷。汉字的表意性质直接铸就了汉字形体繁杂、数量惊人的特点，客观上造成了汉字难认、难读、难写的现状。

二、汉字是怎样产生的

汉字是汉族人的祖先在长期社会实践中逐渐创造出来的。它是世界上起源最早的文字之一。殷商的甲骨文，距现在已有 3000 多年的历史了，从形体和造字法来看，甲骨文已经是相当成熟的文字。由此可以想到，汉字产生的时间要更早。西安半坡遗址，距今有五六千年，遗址出土的彩陶上有一些重复出现的有规则的简单符号，属于同一时期的其他古代文化遗址的出土文物上也有类似的符号。这些符号同流传下来的古代汉字有某些相同之处，很可能是古汉字的前身。

三、汉字特点

1. 汉字是表意体系的文字

世界上的文字基本上可以分为两大类：一类是表音文字，一类是表意文字。汉字是表意体系的文字，同表音文字有本质的区别。每一种语言都有一个由若干音素、音节组成的语音系统和由语素、词构成的词汇系统，四者都可以用符号来记录。记录音素的叫音素文字，记录音节的叫音节文字，合称为表音文字；记录语素的叫语素文字，记录词的叫表词文字，合称为表意文字。

表音文字用数目不多的符号表示一种语言里有限的音素或音节，作为标记词语声音的字母。一般说来，一定的音就用一定的字母表示，一定的字母表示一定的音。人们掌握了字母的发音和拼写规则，听到了一个词的声音大体能写下来，看到了一个词一般能读出它所代表的语音。表意文字则相反，不是用几十个字母记录语素、词中几十个音素和几百个音节，而是用成千上万个符号去表示或区别不同的语素、词的意义，表示同一语素的文字在不同的方言或民族语中可代表不同的语音。表意体系的汉字不是直接表示音素或音节的字母，而是用不同笔画构成的大量表意符号来记录汉语的单音节语素，从而代表了语素的声音。这样，汉语所用的表意符号（汉字），就有几万个形体，常用的也有几千个。由于现行汉字一般是记录汉语的单音节语素的，所以有人称它为语素文字。但是汉字不是表音文字中的音节文字。音节文字一个音节只用一个符号表示，一个符号也只表示一个音节。汉语一个音节一般用许多汉字来记录，如 xī 音节，《新华字典》收“夕、汐”等 67 个同音字；而同一个汉字有的可以表示几个不同的音节，如“和”有 hé、hè、huó、huò、hú 5 个读音。

汉字有大量的形声字为什么不能看做表音文字呢？我们知道，现行汉字形声字的形旁表示意类，声旁表示读音。有人按照构成汉字的偏旁的作用来划分，把汉字称为意音文字。形声字的声旁本来也是表意字，如“氧”中的“羊”。而且，形声字的声旁表音也不是固定的，同一读音可能用不同的声旁，如读 yì 音的“挹、议、诣、亿、呓、屹、弈、轶、疫、译、缢、臆”等通用字中用了十几个声旁；而同一个声旁又可能表示不同的读音，如声旁“者”可能表示 zhě（赭）、shē（奢）、zhū（诸）、shǔ（暑）、chǔ/zhǔ（褚）、dǔ（睹）、tú（屠）、xù（绪）、dū/dōu（都）等读音。因此，形声字的声旁不同于表音文字的字母。从文字体系来看，汉字虽然有大量的形声字，但仍然应看作表意体系的文字。

2. 汉字数量多，是形体复杂的方块结构

汉字记录的是汉语中的语素，汉语语素的数量很多，因而汉字的数量也非常多，从 3000 年前甲骨文发展到现在，汉字的总数有 5 万以上，即使是现代常用汉字和通用汉字，也在 3000 到 7000 个之间。要使如此多的汉字在形体上有所区别，汉字的构造单位和构造方式必然是多种多样的，这样就形成了汉字在内部结构和外在形体上的一个明显特点：结构复杂多变。而拼音文字的字母对应的是音位，一种语言的音位数目是有限的，如英文字母只有 26 个，俄文字母只有 33 个，字母本身的内部结构和外在形体都较为简单。

世界上许多拼音文字记录一个词用一串字母作线性的排列，汉字不是这样。汉字是由笔画组成的，笔画在构字时不是一个笔画接一个笔画呈线性展开的，而是横向和纵向同时展开，形成平面。一个汉字的或多或少的各种笔画总是分布在一个方块里，如“翼”字，由 17 画组成，但 17 个笔画（包括重复的）有秩序地分布在一个平面型的方框里。可见，从书写形式上看，汉字是平面型方块体文字。这样，笔画的配合就比线性文字的字母排列方式复杂，字形也丰富多样了。这是汉字从外观上或视觉上所体现出的最明显的特点。

方块汉字形体繁杂、数量惊人，客观上造成了汉字难认、难读、难写的现状。

3. 汉字具有一定程度的超时空性

几千年来，汉语的语音变化很大，但是汉字的字形和所记录的语素的意义却变化不大，这就使得汉字具有一定的超时空性。

就时间来说，虽然古今汉语语音系统发生了很大的变化，但由于汉字字形本身大体上是稳定的，所代表的字义变化并不大，所以上古或中古的文献，对有一定文化水平的人来说，也能看懂或大体看懂。这一点跟拼音文字大不相同，拼音文字由于记录的是语音系统中的音位，语音系统变化了，拼音字母也就必然变化。所以，后代的人不经过专门的训练，就很难识读前代的文献。从这方面来看，汉字的这一特点对于继承和传播中国古代文化遗产是有利的。

就空间方面来看，由于汉字不跟语音密切联系，同一个汉字在不同的方言区就可能有不同的读音，但不同方言区的人对同一个汉字的字义理解却是相同的；有些方言之间语音差别很大，以致难以进行口头交流，可是把要说的话用汉字写下来就基本能互相理解了。汉字跟语音的关系并不密切，跟意义的关系较为密切，如果是拼音文字，语音系统差别太大，无论口头和书面都难以交流。这样看来，汉字在一定程度上具有了超方言的特性。

例如古书上“天、地、人、花、鸟、虫、鱼”等字，现代人不懂它的古音，但能了解它的字义。这些汉字在不同方言区往往有不同的读音，但是字义却基本相同。汉族历史悠久，古代典籍丰富，地域十分辽阔，方言分歧很大，表意体系的汉字能在不同历史时期、不同方言之间很好地起到交际工具的作用，增强民族凝聚力。

4. 汉字同音不同形，具有分化同音词的作用

汉语同音语素比较多，如果使用表音文字，同音就同形，理解的速度就慢，容易产生歧义。汉字能使用几千年，能不为易读、易写、易排检的表音文字所替代，关键是汉字能分化同音词，有很强的辨义能力。如是、事、试、视、市、氏、式、士、世，都是同音不同形的字，具有分化同音词意义的作用。

5. 在书写形式上，汉字不实行分词连写

用拼音文字作为语言的符号体系，绝大多数用空隙表明词的界限，即在词内连着写，词与词之间分开写。这种书写规则就叫做分词连写。如英语的“学校”写作“school”，“我们的学校”写作“our school”，可见，在英语的书面语中分别词是很容易的。而汉字

记录汉语是一个字接着一个字，字与字之间留有空隙，如“我们的学校”，词与词之间没有明显的空隙。汉字记录汉语不实行分词连写这个特点，对学习和阅读有些不便。书面语不显示词的界限，阅读时不容易掌握好句子里的停顿，有时甚至会误认词界，影响语意的理解。

四、汉字的作用

几千年来，汉字对中国文化的发展和繁荣做出了巨大的贡献。

1. 汉字的产生扩大了语言的交际功能。有声语言即口语，在古代只能口耳相传，用于当面或近距离交谈。从空间看，远方的人无法听到；从时间上看，现在人听不到过去人说话的声音，将来人也听不到现在人说话的声音（当然录音的出现，后人是可以听到今人的声音了）。而汉字的出现突破了汉语口语在时间和空间上的限制，被文字记录下来的语言和文化不仅能传之远方，而且能传之未来。

2. 汉字的产生使得中华民族的悠久文化得以保存和传播，为中华文化的繁荣和发展做出了巨大的贡献。几千年来，中华民族遗留下了难以计数的图书典籍、文物宝器，它们是中华文化的最直接的见证，而中华文化的保存和传播主要依赖于汉字的记录。这些典籍和宝器，记录了中国历史上出现过的政治、经济、文化、科学技术等方面的资料，是我们祖先各种经验和教训的总结，它们在中国历史的发展进程中起到了积极的作用。

3. 汉字的产生使得汉语除口语之外有了第二种存在形态——书面语。书面语的出现使得人们有条件对汉语语法结构和表达形式进行耐心细致的加工和规范，进而产生了文学语言，产生了标准语。书面语的提高又反过来促进口语的规范和提高。可见，汉字的产生在一定程度上促进了汉语自身的发展。

4. 汉字作为联合国的六种语言之一，这对促进国际交往起到了重要作用。

思考和练习

一、填空

1. 汉字是记录汉语的________系统。它用书面的形式记录汉语语言的________。

2. 同表音文字相比，现代的汉字属于________性质的文字。

3. 汉字是________在长期社会实践中逐渐创造出来的，它是世界上起源最早的文字之一。

4. 世界上的文字基本上可以分为两大类：一类是________，一类是________。

5 表音文字用数目不多的符号表示一种语言里有限的________，作为标记词语声音的________。

6. 汉字记录的是汉语中的________，语素是无限的；拼音文字的字母对应的是________，一种语言的音位数目是有限的。

7. 汉字能使用几千年，能不为易读、易写、易排检的表音文字所替代，关键是汉字________，有很强的________能力。

8. 汉字书面语________，阅读时不容易掌握好句子里的停顿，有时甚至会误认词界，影响语意的理解。

9. 汉字的出现突破了汉语口语在________的限制，被文字记录下来的语言和文化不仅能传之远方，而且能传之未来。

10. 汉字的产生使得汉语除口语之外有了第二种存在形态——________。

二、简答

1. 什么是汉字？

2. 汉字是怎样产生的？

3. 汉字有哪些特点？

4. 汉字是表音文字还是表意文字？为什么？

5. 汉字有大量的形声字，为什么不能看做是表音文字？

6. 为什么说汉字具有一定的超时空性？

7. 为什么说汉字不是音节文字？

8. 请从不同角度说说汉字的作用。

第二节　汉字的形体演变

一、汉字形体的演变

字体是文字符号的体式。由于工具和承载材料不同等原因，一种文字往往有多种不同的符号体式。这些不同的体式随着时代的发展而更迭，有的时候几种符号体式在同一时代并存，而以一种为主要通行文字。文字符号体式的差异包括许多方面，例如笔画粗细、弯直的形状特征，字的整体形态，组字成分的组合、安排，等等。

汉字的字体演变，主要经历了甲骨文、金文、小篆、隶书、楷书、草书、行书等几个发展阶段。

1. 甲骨文

是指通行于殷商时代王室刻写在龟甲兽骨上的文字。因为刻画在龟甲兽骨上而称为甲骨文。它是我国目前所能见到的最早的成批的成体系的较为成熟的汉字。目前已经发掘出的龟甲兽骨多达10万多片，已发现的汉字总数达5000多个，其中已经考释出意义的汉字约有1700多个，尚未认识的字多是人名、地名、族名等专用名。

甲骨文的主要特点是字的大小不一，线条纤细，直笔居多，拐弯多是方笔，棱角鲜明，字形瘦削挺拔。

甲骨文异体字较多，繁简不一，形体不定。如甲骨文的“鸟”字。

2. 金文

古人把青铜称作“金”，所以把浇铸在或刻在青铜器上的文字称作金文。青铜器以钟鼎为多，所以，金文又称钟鼎文，其文辞被称作铭文。在青铜器上铸字，商代晚期就有了，但不普遍，这里的“金文”主要是指西周时代青铜器上的文字，后代于青铜器上浇铸的文字多是对西周金文的模仿。

甲骨文（一）

甲骨文（二）

甲骨文的“鸟”字

金文的主要特点是笔画肥大厚实，丰满圆润。在结构外形上比甲骨文更趋于整齐、匀称、方正。

西周毛公鼎

毛公鼎铭文

禽 段

王伐埜（楚）矦（侯），周公某（谋）禽祝，禽又（有）敐祝。王易（锡）金百寽。禽用乍（作）寳（宝）彝。

（据郭沫若释文）

禽段释文

金文

3. 篆书

篆书分大篆和小篆两种。人们习惯称春秋战国时期秦国的文字为大篆。大篆的字形结构大体上保持了西周的写法，只是字形比金文整齐，笔画均匀，仍有少量异体字。大篆是小篆的前身，可以用石鼓文作代表。

石鼓文是秦代刻在石头上的文字，因其刻石外形似鼓而得名。发现于唐初，共十枚，高约二尺，径约三尺，分别刻有大篆四言诗一首，共十首，计七百一十八字。现在石鼓刻石文字多残泯不全，能辨识的只有四百多字，原石现藏故宫博物院石鼓馆。

小篆是指秦始皇统一六国后整理、推行的标准字体，它是在大篆的基础上整理简化而成的。字形更匀称、整齐，笔画圆转、简化，异体字基本废除了。泰山刻石是小篆的典型代表。

小篆是汉字历史上第一次规范化的字体。小篆的线条带弧形，圆转而匀称的线条使字形略呈椭圆，极其整齐。小篆把原来没有固定形式的各种偏旁统一起来，一个偏旁只有一个形体，为汉字组字成分的统一打下了很好的基础。小篆确定了偏旁在汉字形体中的位置，不能随意变动，每个字所用的偏旁固定为一种，不能用其他偏旁代替，减少了异体，每个字的书写笔数也基本固定，基本上做到了定型化。

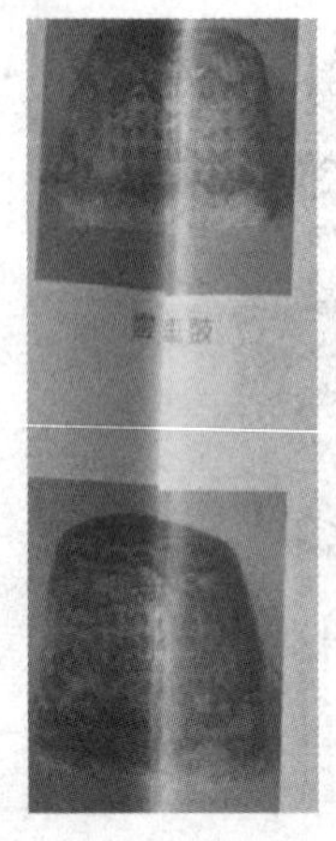
石鼓文

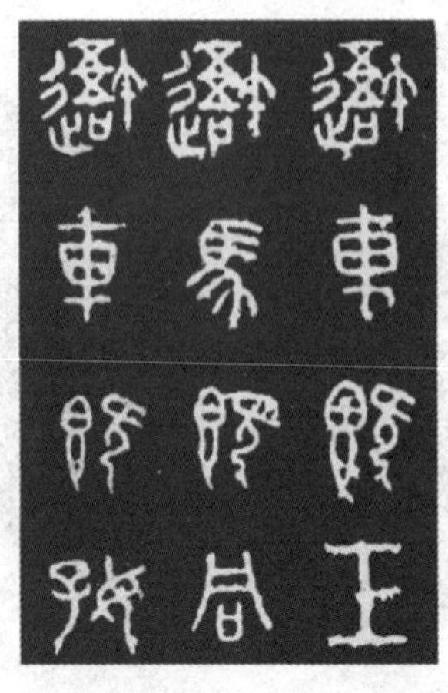
石鼓文（大篆）

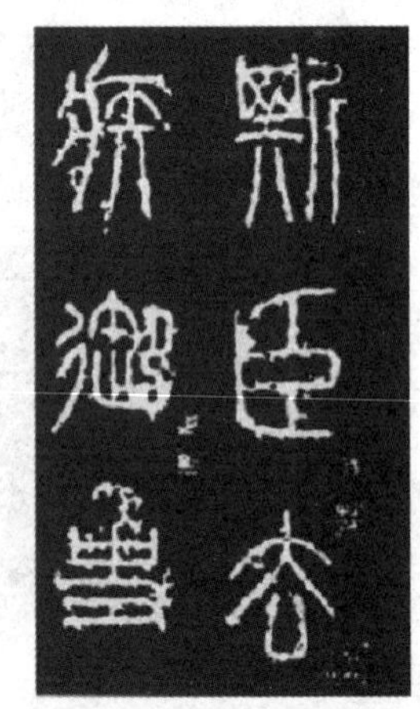
小篆（泰山刻石）

4. 隶书

隶书有秦隶（古隶）、汉隶（今隶）两种。

秦隶是产生于秦代的隶书，把小篆圆转弧形的笔画变成方折平直的笔画，基本摆脱了古文字象形的特点。

汉隶是在秦隶的基础上演变来的，是汉代通行的正式字体，字形规整，撇、捺、长横有波礫，很少有篆书的残存痕迹。

早期的隶书，仍保留了一些篆书的风格，后期的隶书笔画趋于平直，后来更添了波势和挑法，字形也渐成扁方形了。用点、横、竖、撇、捺等笔画转写篆书所发生的变化叫作“隶变”。隶变使汉字进一步变成纯粹符号性质的文字，同时也是汉字由繁趋简的演变现象。隶书可以说是由古汉字演变为现代汉字的一种过渡字体。

5. 楷书

楷书又称“真书”、“正书”，是现代通行的字体。“楷”是法式、模范的意思。一般认为楷书始于汉代，魏晋以后开始流行。

楷书是从隶书演变而来的，它的特点是取消隶书的波礫笔法，笔画更加平直，字形方正，也更加简化，易于书写。楷书使汉字完全变为由笔画组成的方块形符号。

汉隶书张迁碑

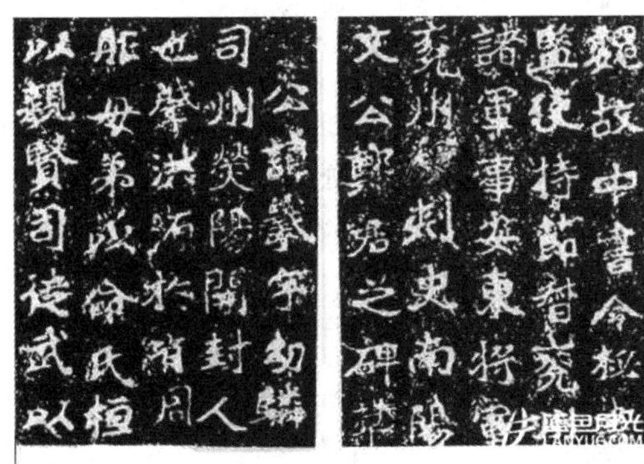

南北朝张黑女墓志铭楷书

附：“山、日、月、车、马”甲骨文、金文、小篆、隶书、楷书、墓书、行书对比。

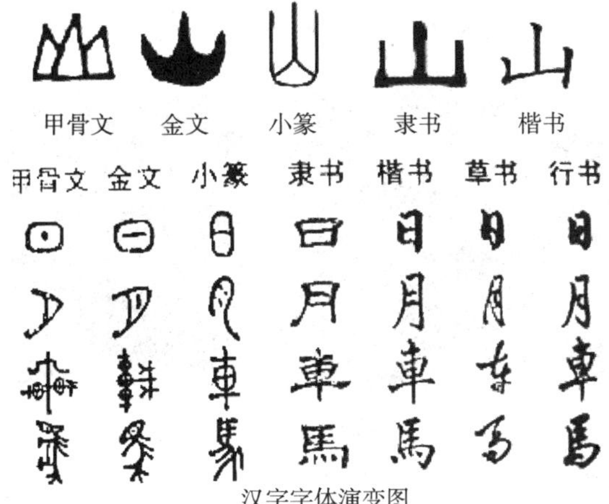

汉字字体演变图

6. 草书

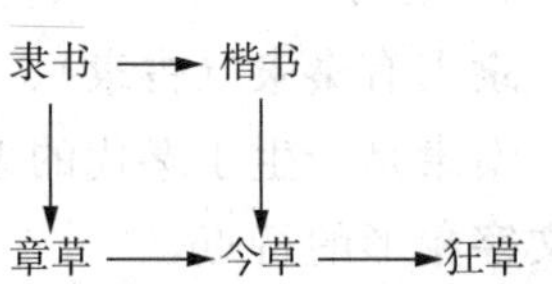

可以说从有汉字以来，各种字体都有草率的写法。不过这里的“草书”专指汉代以后形成的一种字体。

草书共有三种：章草、今草和狂草。章草是隶书的草写体，东汉章帝时盛行，笔画有汉隶的波磔，虽有连笔，但字字独立。今草产生于东汉末，形体连绵，字字顾盼呼应，贯通一气，笔形没有波磔。狂草产生于唐代，变化多端，极难辨认，变成了纯艺术品。总起来说，章草是从隶书发展出来的，今草和狂草是从楷书发展出来的。当然也不能忽略今草是章草的直接演变、狂草是今草的直接演变这一情况。它们的发展过程如右上图示。

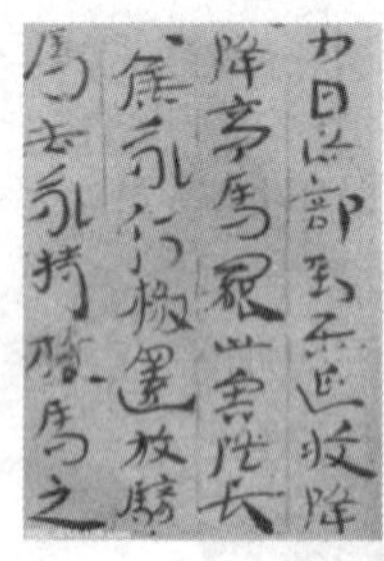

汉章草

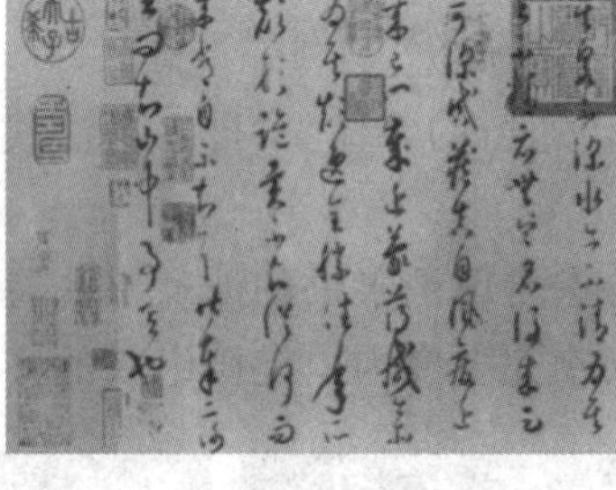

晋王羲之今草

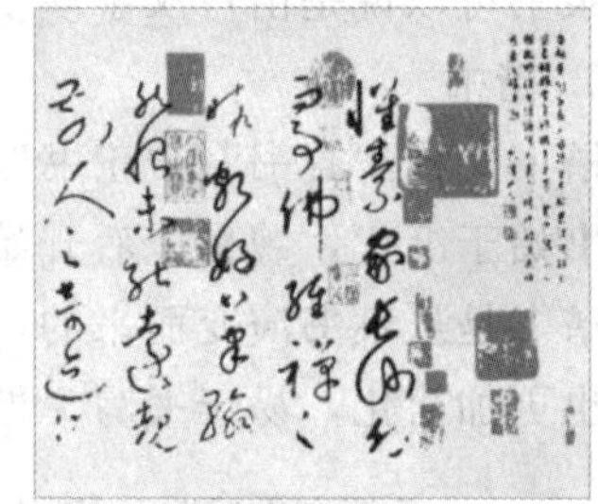

唐怀素狂草

草书打破了汉字的方块形体和结构系统，打破了楷书向四面八方用笔和不断起笔落笔的书写方法，而把许多原来的笔画和偏旁变成易于一笔连写的符号。这样把方块字的结构和写法高度简化，达到快写的目的，提高了工作效率，有一定的进步意义。不过唐代兴起的狂草，任意连写，难以辨认，只能当作书法艺术看待，实用价值是不大的。

7. 行书

行书大约是在东汉末年以后今草和楷书盛行时出现的一种介于今草和楷书之间的一种字体。

一般地说，我们把接近楷书形体而又近楷不拘的行书叫做“行楷”；把接近草书形体而又近草不放的行书叫做“行草”。

总的说，行书笔画连绵，各字独立，书写便利，比草书易认，比楷书易写，切合实际应用，因此至今仍然是人们手写时惯用的一种字体。

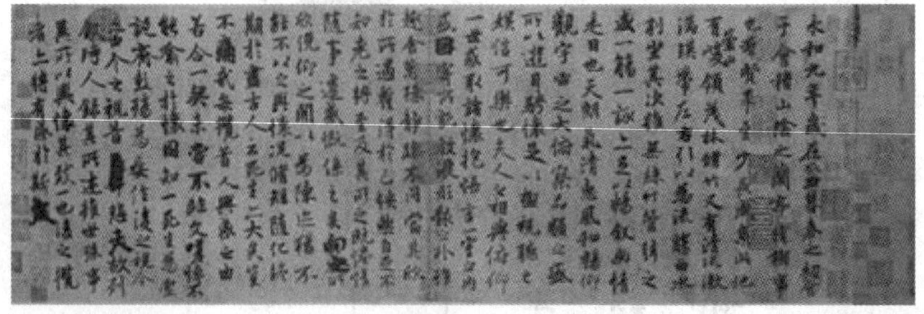

行书（晋王羲之兰亭序）

草书和行书是辅助性字体。

小结：

在汉字形体的演变中，甲骨文是我国现存最古老的汉字，图画意味非常浓厚。

金文在形体上虽然跟甲骨文非常接近，但形体渐趋统一，结构渐趋齐整，笔画粗肥圆转。

大篆（籀文）和金文相似，但结构整齐，笔画线条化趋势明显。

小篆是秦并六国后通行全国的标准字体，不仅去掉大篆中繁杂重复的部分，还淘汰了许多异体字，简化了汉字，使大篆中曲线变为圆转匀称的线条，而且粗细一致，形体整齐，大大增强了汉字的符号性，对汉字的定型化、规范化起了很重要的作用。

隶书是对小篆的进一步简化：秦汉时期人们改变小篆的一些偏旁的形体，把小篆圆转匀称的线条改为方折平直的笔画，字体结构由长方变为平直方正的方块字，从此汉字失去了象形意味。隶书是古今文字的分水岭，是汉字形体演变史上的重要转折点，从此汉字走上了点画化、符号化的道路。

东汉末年开始，汉隶直接演变为楷书，楷书摆脱了隶书的波势挑法，把隶书向外撇开的笔势变为向里收拢，把隶书的方正平直变为竖长方形，从此汉字勾撇定型，笔画平稳，成为真书、正书（楷，是楷模，法式的意思），沿用至今。

至于草书，虽书写很快，但难以辨认，只有艺术价值，没有使用价值。行书则吸收草书的一些笔法，但也没有草书的潦草；以楷书为基础，但不像楷书工整，它书写便利，容易辨认，有很高的实用价值。

上述七种字体递相演变，都是沿着简化字形、逐渐规范的道路前进的。每种新字体的出现，对原来的字体都是一种改进。这种改进，总的精神就是删繁就简，避难趋易，这显示了汉字的简化规律。

二、现行汉字的形体

1. 楷书和行书

楷书是国家通用的标准字，文件、报刊、书籍一般都用楷书。

行书是辅助性字体，在日常书写中一般都采用行书。现在，由于楷书的整理和简化，行书书写起来也更简便快捷了。

2. 印刷体和手写体

印刷体是指汉字在书籍、报纸、杂志等印刷品上出现的字体形式，一般用于楷书。常见的有三种：一是老宋体，又称宋体，是最通用的印刷体。二是仿宋体，常用于排印诗词的正文、一般文章的引文和图版说明。仿宋体还有一种变形叫长仿宋，一般用于表格的题头，或用于排印诗词和正文中的夹注等。三是正楷体，同手写体接近，比仿宋体丰满，多数用来印通俗读物、小学课本和儿童读物。印刷体中另有一种黑体，又称方头体、粗体，供表示着重用，作为文章的标题一般也用黑体字。印刷体根据字体大小编号，如“三号字”、“五号字”等。

汉字的手写体是指用手执笔直接写成的汉字，一般不超出楷书、行书和草书三种，以行书为主，楷书为辅，草书主要见于书法作品。

3. 印刷体字号

印刷文字有大、小的不同变化，排版及图象处理软件中汉字字体大小的计量，目前主要采用印刷业专用的号数制和点数制（也可称之为磅数制）。其尺寸规格以正方形的汉字为准（对于长或扁的变形字，则要用字的双向尺寸参数）：

（1）号数制：汉字大小定为七个号数等级——按1号、2号、3号、4号、5号、6号、7号由大至小排列。在字号等级之间又增加一些字号，并取名为“小几号字”，如“小4号”、“小5号”等等。一号字＝28磅＝9.841≈1厘米。特点是用起来简单、方便，使用时指定字号即可，无需关心字体的实际尺寸；缺点是字体的大小受号的限制，有时不够用，大字无法用号数来表达，号数不能直接表达字体的实际尺寸，字号之间没有统一的倍数关系，折算起来不方便。尽管如此，号数制仍是目前表示字体规格最基本的方法。

（2）点数制：是目前国际上最通行的印刷字体的计量方法。这里的“点”不是计算机字形的“点阵”的意思，“点”是国际上计量字体大小的基本单位，从英文“Point”音译而来，一般用小写“p”来表示，俗称“磅”。磅是衡量印刷字体大小的单位，1磅≈0.35毫米＝0.3527毫米。24磅等于24×0.3527毫米＝8.4648毫米，1英寸＝72磅＝2.53cm。

目前排版中，点数制与号数制并存使用，互为补充，两者相互之间对应的折算关系详见下表。

专业排版字号、磅数与实际尺寸对照表

序号	号数	磅数	尺寸（mm）
1		72	25.305
2	大特号	63	22.142
3	特号	54	18.979
4	初号	42	14.761
5	小初号	36	12.653
6	大一号	31.5	11.071
7	一号	28	9.841
8	二号	21	7.381
9	小二号	18	6.326
10	三号	16	5.623
11	四号	14	4.920

（续表）

序号	号数	磅数	尺寸（mm）
12	小四号	12	4.218
13	五号	10.5	3.690
14	小五号	9	3.163
15	六号	8	2.812
16	小六号	6.875	2.416
17	七号	5.25	1.845
18	八号	4.5	1.581

下表表示的是字号与磅以及毫米之间的对应关系，并附以字样，以供大家在排版或调整布局时使用。（2.83 磅等于 1 毫米，所以 28 号字大概就是一厘米高的字，约相当于中文字号中的一号字）

字号	初号	小初	一号	小一	二号	小二	三号	小三
磅	42	36	26	24	22	18	16	15
毫米数	14.82	12.70	9.17	8.47	7.76	6.35	5.64	5.29
字样	马	马	马	马	马	马	马	马
字号	四号	小四	五号	小五	六号	小六	七号	八号
磅	14	12	10.5	9	7.5	6.5	5.5	5
毫米数	4.94	4.32	3.70	3.18	2.65	2.29	1.94	1.74
字样	马	马	马	马	马	马	马	马

思考与练习

一、名词解释

1. 甲骨文。2. 金文。3. 篆书。4. 隶书。5. 楷书。6. 草书。7. 行书。

二、单项选择题

1. 汉字属于________。

A. 表意文字　　B. 表音文字　　C. 音素文字　　D. 音节文字

2. 汉字在历史上出现过的五种正式字体是________。

A. 甲骨文、小篆、大篆、隶书、楷书

B. 甲骨文、金文、篆书、隶书、楷书

C. 甲骨文、篆书、秦隶、汉隶、楷书

D. 甲骨文、金文、篆书、行书、楷书

3. 通行于西周的青铜器上的文字是________。

A. 甲骨文　　B. 金文　　C. 篆书　　D. 隶书

4. 以籀文和石鼓文为典型代表的文字是________。

A. 小篆　　B. 大篆　　C. 金文　　D. 隶书

5. 秦始皇统一六国后整理、推行的标准字体是________。

A. 秦隶　　B. 金文　　C. 大篆　　D. 小篆

6. 被称作“从具备象形特点的古文字演变为不象形的今文字的转折点”的汉字形体是________。

A. 小篆　　B. 大篆　　C. 汉隶　　D. 秦隶

7. 产生于唐代，变化多端，极难辨认的汉字形体是________。

A. 行书　　B. 今草　　C. 狂草　　D. 章草

8. 以下说法不正确的是________。

A. 楷书兴于汉末，盛行于魏晋。

B. 汉隶是在小篆的基础上演变来的，是汉代通行的字体。

C. 汉字的形体主要是朝着简化易写的方向发展的。

D. 草书和行书是辅助性字体。

9. 现行汉字手写体最常用的是________。

A. 楷书　　B. 行书　　C. 草书　　D. 正书

10. 印刷体常用的几种变体是________。

A. 宋体　彩云体　楷体　黑体　　B. 宋体　仿宋体　楷体　黑体

C. 宋体　魏碑体　楷体　黑体　　D. 宋体　仿宋体　楷体　真体

三、简答

1. 汉字的形体演变经历了哪几个阶段？

2. 汉字的形体各有什么特点？汉字形体演变反映了汉字有什么发展的趋势？

3. 为什么说小篆和隶书在中国文字发展史上占有很重要的地位？

4. 现行汉字的主要形体有哪些？

四、实践辨认：辨别以下汉字形体名称并标注出现代汉字。

1.

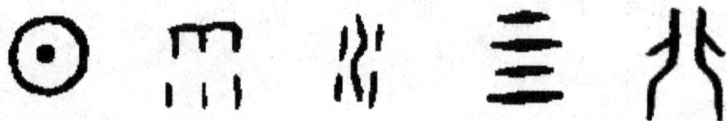

2.

甲骨文	金文	小篆	隶书	楷书	草书	行书
				虎		
				象		
				鹿		
				鳥乌		

第三节　现代汉字的结构

一、笔画

笔画是构成汉字的最小单位，书写时从落笔到笔提起，叫做“一笔”或“一画”。笔画是由点和线构成的，点和线（笔画）的具体形状叫做笔形。现代汉字基本上没有圆弧形线条，它有利于形成方正的字形。这是现代汉字区别于小篆等古代汉字的地方，也是现代汉字区别于许多拼音文字字母线条的地方。独体字、合体字都是由笔画构成的（见后面讲述）。《现代汉语通用字表》规定现代汉字的基本笔画有五种，即横（一）、竖（丨）、撇（丿）、点（丶）、折（乛）。这五种笔画里又分单一笔画和复合笔画。

1. 单一笔画：笔形单纯，没有钩、折笔和转换书写方向的笔画。五种基本笔画的前四种笔画都是单一笔画。

为使汉字构成方块形，单一笔画在字的不同位置或不同偏旁中还有不同的变形，变形的笔画叫变笔形，也叫附笔形。这些具体见下面的《汉字笔画名称表》。

2. 复合笔画：书写时需要转换书写方向且有两种或两种以上连接的笔画叫复合笔画。基本笔画中，折（乛）的笔画都是复合笔画，其中横钩是主笔形，其余 24 个都是折的变笔形。在 25 个折笔笔画中，一折的有 11 个笔形（含主笔形），二折的有 8 个笔形，三折的有 5 个笔形，四折的有 1 个笔形。

附：《汉字笔画名称表》（依据中华人民共和国教育部和国家语言文字工作委员会 2001 年 12 月发布的《GB13000.1 字符集》整理）

笔画名称	主笔形	例字	变笔形	名称	例字
横（平横）	一	二	㇐ ㇀	短横 提横	打　林 地　坊
竖（长竖）	丨	十	㇑ 亅	短竖 竖钩	师　临 小　水

（续表）

笔画名称	主笔形	例字	变笔形	名称	例字
撇（捺撇）	丿	八	㇀	平撇	禾　千
			㇓	竖撇	川　月
点（右点）	丶	汴	㇔	左点	刃　小
			㇏	长点	双　叉
			㇝	平捺	之　走
			㇏	撇捺	人　入
折（横钩）	㇖	宝　买　皮　饭	㇕	横折竖	口达/敢　為
			㇇	横折撇	又祭之社丣/令了
			㇗	竖折横	山世岵/母互乐/发
			㇄	竖弯横	四西
			㇙	竖折提	长鼠瓦叫收
			㇜（㇜）	撇折横	公离红乡亥/东
			㇛	撇折点	女巡
			㇢	撇钩	〆（日本字）
			㇁	弯竖钩	犹家
			㇂	捺钩	代戈
			㇅	横折竖折横	凹卍
			㇍	横折竖弯横	朵
			㇊	横折竖折提	计颓鸠
			㇆（㇆）	横折竖钩	同却永要万母仓/也
			㇠	横折捺钩	飞风执
			㇞	竖折横折竖	鼎卐亞吳
			ㄣ（㇉、㇉）	竖折横折撇	专/臾/矢
			㇟	竖弯横钩	己匕电心
			㇎	横折竖折横折竖	凸
			㇋	横折竖折横折撇	及延
			㇈（乙）	横折竖弯横钩	几丸/艺亿
			㇌	横折撇折弯竖钩	阳部
			㇉（㇉）	竖折横折竖钩	马与钙/号弓
			㇡（㇡）	横折竖折横折竖钩	乃/杨

3. 汉子笔画数：汉子基本笔画和笔形确定以后，任何一个汉字的笔画数也就确定了。现行 7000 个通用汉字，平均每字笔画数是 10.75 画，最少的是 1 笔画（一、乙），最多的是 36 画（齉），其中 9 画字最多，有 785 个。

附《现代汉语通用字表》笔画顺序：

1　画

〔一〕一

〔乛〕乙

2 画

〔一〕二十丁厂七

〔丨〕卜

〔丿〕八人入乂儿九匕几

〔乛〕刁了乃刀力又乜

3 画

〔一〕三干亍于亏士土工才下寸丈大兀与万弋

〔丨〕上小口山巾

〔丿〕千乞川亿彳个么久勺丸夕凡及

〔丶〕广亡门丫义之

〔乛〕尸已巳弓己卫孑子孓也女飞刃习叉马乡幺

4 画

〔一〕丰王井开亓夫天元无韦云专丐扎廿艺木五支厅卅不仄太犬区历友歹尤匹厄车巨牙屯戈比互切瓦

〔丨〕止少曰日中贝内水冈见

〔丿〕手午牛毛气壬升夭长仁仃什片仆仉化仇币仂仍仅斤爪反兮刈介父爻从仑今凶分乏公仓月氏勿风欠丹匀乌勾殳凤

〔丶〕卞六文亢方闩火为斗忆计订户讣认讥冗心

〔乛〕尹尺夬引丑爿巴孔队办以允邓予劝双书毋幻

5 画

〔一〕玉刊末未示击邗戋打巧正扑卉扒邛功扔去甘世艾艽古节艿本术札可叵匝丙左厉丕石右布夯龙戊平灭轧东匜劢

〔丨〕卡北占凸卢业旧帅归目旦且叮叶甲申号电田由卟叭只央史叱叽兄叼叩叫叻叨另叹冉皿凹囚四

〔丿〕生失矢氕乍禾仨仕丘付仗代仙仟仡仫伋们仪白仔他仞斥卮瓜乎丛令用甩印氐乐尔句匆犰册卯犯外处冬鸟务刍包饥

〔丶〕主市庀邝立冯邙玄闪兰半汀汁汇头氿汉忉宁穴宄它讦讧讨写让礼讪讫训必议讯记永

〔乛〕司尻尼民弗弘阢出阡辽奶奴尕加召皮边孕发圣对弁台矛纠驭母幼丝

6 画

〔一〕匡耒邦玎玑式迂刑邢戎动圩圬圭扛寺吉扣扦圪考托圳老圾巩执扩圹扪扫圯圮地扬场耳芋芏共芊芍芨芄芒亚芝芎芑芗朽朴机权过亘臣吏再协西压厌厍戌在百有存而页匠夸夺夼灰达戍尥列死成夹夷轨邪尧划迈毕至

〔丨〕此乩贞师尘尖劣光当吁早吐吓旯曳虫曲团同吕吊吃因吸吗吆屿屹岌帆岁回岂屺则刚网肉囟囝囡

〔丿〕钆钇年朱缶氘氖牝先丢廷舌竹迁乔迄伟传乒乓休伍伎伏伛优臼伢伐仳延佤仲仵

件任伤伥价伦份伧华仰伉仿伙伪伫自伊血向囟似后行甪舟全会杀合兆企氽汆众爷伞创刖肌肋朵杂夙危旬旭旮旨负犴刎犷匈犸舛各名多凫争邬色饧

〔丶〕沍壮冲妆冰庄庆亦刘齐交次衣产决亥邡充妄闭问闯羊并关米灯州汗污江汕汔汲汐汛汜池汝汤汉忖忏忙兴宇守宅字安讲讳讴军讵讶祁讷许讹论讼农讽设访诀

〔乛〕聿寻那艮厾迅尽导异弛阱阮孙阵阳收阪阶阴防丞奸如妁妇妃好她妈戏羽观牟欢买纡红纣驮纤纥驯纨约级纩纪驰纫巡

7　画

〔一〕寿玕弄玙麦玖玚玛形进戒吞远违韧运扶抚坛抟技坏抔抠坜扰扼拒找批扯址走抄汞坝贡攻赤圻折抓扳坂抡扮抢抵孝坎坍均坞抑抛投抃坟坑抗坊抖护壳志扭块抉声把报拟抒却劫毐芙芫芜苇邯芸芾芰苈苊苣芽芷芮苋芼苌花芹芥苁芩芬苍芪芴芡芟苄芳严苎芦芯劳克芭苏苡杆杜杠材村杖杌杏杉巫杓极杧杞李杨杈求忑孛甫匣更束吾豆两邴酉丽医辰励邳否还矶奁豕尬歼来忒连欤轩轪轫迓

〔丨〕邶忐芈步卤卣邺坚肖旰旱盯呈时吴呋助县里呓呆吱吠呔呕园呖呃旷围呀吨旸吡町足虬邮男困吵串呙呐呗员听吟吩呛吻吹呜吭吣吲吼邑吧囤别吮岍帏岐岖岈岗岘帐岑岚兕财囵囫

〔丿〕钉针钊钋钌迕氙氚牡告我乱利秃秀私岙每佞兵邱估体何佐伾佑攸但伸佃佚作伯伶佣低你佝佟住位伴佗身皂伺佛伽囱近彻役彷返佘余希佥坐谷孚妥豸含邻坌岔肝肟肛肚肘肠邸龟甸奂免劬狂犹狈狄角删狃狁鸠条彤卵灸岛邹刨饨迎饩饪饫饬饭饮系

〔丶〕言冻状亩况亨庑床庋库庇疔疖疗吝应冷这庐序辛肓弃冶忘闰闱闲闳间闵闶闷羌判兑灶灿灼炀弟沣汪沅沄沐沛沔汰沤沥沌沘沏沚沙汩汨汭汽沃沂沦汹汾泛沧沨沟没汴汶沆沩沪沈沉沁泐怃忮怀怄忧忡忤忾怅忻忪怆忭忱快忸完宋宏牢究穷灾良证诂诃启评补初社祀祃诅识诈诉罕诊诋诌词诎诏诐译诒

〔乛〕君灵即层屁屃尿尾迟局改张忌际陆阿孜陇陈阽阻阼附坠陀陂陉妍妩妓妪妣妙妊妖妗姊妨妫妒妞姒妤努邵劭忍到劲甬邰矣鸡纬纭驱纯纰纱纲纳纴纵驳纶纷纸纹纺纻驴纽纾

8　画

〔一〕奉玩玮环玡武青责现玫玠玢玥表玦甙盂忝规匦抹卦邽坩坷坯拓垅拢拔抨坪拣拤拈坫垆坦担坤押抻抽拐拃拖拊者拍顶坼拆拎拥抵坻拘势抱拄垃拉拦幸拌拧坨坭抿拂拙招坡披拨择拚抬拇坳拗耵其耶取茉苷苦苯昔苛苤若茂茏苹苫苴苜苗英苒苘茌苻苓茚苟茆茑苑苞范茓茔茕直苠茀茁茄茗茎苔茅枉林枝杯枢枥柜枇杪杳枘枧杵枚枨析板枞松枪枫构杭枋杰述枕杻杷杼丧或画卧事刺枣雨卖矸郁矻矾矽矿砀码厕奈刳奔奇奄奋态瓯欧殴垄殁郏妻轰顷转轭斩轮软到郅鸢

〔丨〕非叔歧肯齿些卓虎虏肾贤尚盱旺具昊昙果味杲炅昆国哎咕昌呵咂畅呸昕明易咙昀昂旻昉炅咔畀虮迪典固忠咀呷呻黾咒咋咐呱呼呤咚鸣咆咛咏呢咄呶咖呦咝岵岢岸岩帖罗岿岬岫帜帙帕岭岣峁刿峂迥岷剀凯帔峄沓败账贩贬购贮囹图罔

〔丿〕钍钎钏钐钓钒钔钕钗邾制知迭氛迮垂牦牧物乖刮秆和季委竺秉迤佳侍佶岳佬佴供使侑佰侉例侠臾侥版侄岱侦侣侗侃侧侏凭侨侩佻佾佩货侈侪佼依佯依帛卑的迫阜侔质欣郈征徂往爬彼径所舍金刽郐刹命肴郄斧怂爸采籴觅受乳贪念贫忿瓮戗肼肤朊肺肢肽肱肫肿

肭胀朋肷股肮肪肥服胁周剁昏迩郇鱼兔狉狙狎狐忽狝狗狍狞狒咎备炙枭饯饰饱饲饳饴

〔丶〕冽变京享冼庞店夜庙府底庖疟疠疝疙疚疡剂卒郊兖庚废净妾盲放於刻劾育氓闸闹郑券卷单炜炬炖炒炝炊炕炎炉炔沫浅法泔泄沽沭河泷沾泸沮泪油泱泅泗泊泠泜泺泃沿泖泡注泣泫泮泞沱泻泌泳泥泯沸泓沼波泼泽泾治怔怯怙怵怖怦怛怏性怍怕怜怩佛怊怿怪怡学宝宗定宕宠宜审宙官空帘穸穹宛实宓诓诔试郎诖诗诘戾肩房诙戽诚郓衬衫衩袄祎祉视祈诛诜话诞诟诠诡询诣诤该详诧诨诩

〔乛〕建肃隶录帚屉居届刷鸤屈弧弥弦承孟陋戕陌孤孢陕亟降函陔限卺妹姑姐妲妯姓姗妮始帑弩孥驽姆虱迦迢驾叁参迨艰线绀绁绂练驵组绅细驶织驷驸驹终绉驺驻绊驼绋绌绍驿绎经骀贯甾

9 画

〔一〕砉耔契贰奏春帮珏玷珂珑玷玳珀顸珍玲珊珉珈玻毒型韨拭挂封持拮拷拱垭挝垣项垮挎垯挞城挟挠垤政赴赵赳贲垱挡拽垌哉垲挺括挢埏郝垍垧垢拴拾挑垛指垫挣挤垓垟拼垞挖按挥挦挪垠拯拶某甚荆茸革茜茬荐荙巷荚荑贳荛荜此带草茧茼莒茵茴茱莛荞茯荏荇荃荟茶荀茗荠茭茨荒垩茳茫荡荣荤荥荦荧荨茛故荩胡荪荫茹荔南荬荭药柰标栈柑枯栉柯柄柘栊柩枰栋栌相查柙枵柚枳柞柏柝栀柃柢栎枸栅柳柱柿栏柈柠柁枷柽树勃剌郚剅要酊郦柬咸威歪甭研砖厘砗厚砑砘砒砌砂泵砚斫砭砜砍面耐耍奎耷牵鸥虺残殂殃殇殄殆轱轲轳轴轵轶轷轸轹轺轻鸦虿皆毖

〔丨〕韭背战觇点虐临览竖尜省削尝哐昧眄眍盹是郢眇眊盼眨昽眈哇咭哄哑显冒映禺哂星昨咴曷昴咧昱昵咦哓昭哔畎畏毗趴呲胄胃贵畋畈界虹虾虼虻蚁思蚂盅咣虽品咽骂哕剐郧勋咻哗囿咱咿响哌哙哈哚咯哆咬咳咩咪咤哝哪哏哞哟峙炭峡峣罘帧罚峒峤峋峥峧帡贱贴贶贻骨幽

〔丿〕钘钙钚钛钝钞钟钡钠钢钣钤钥钦钧钨钩钪钫钬钭钮钯卸缸拜看矩矧毡氡氟氢牯怎郜牲选适秕秒香种秭秋科重复竽竿笈笃俦段俨俅便俩俪叟垡贷牮顺修俏俣俚保俜促俄俐侮俭俗俘信皇泉皈鬼侵禹侯追俑俟俊盾逅待徊徇徉衍律很须舢舣叙俞弇郗剑逃俎郤爰郛食瓴盆胚胧胨胩胪胆胛胂胜胙胍胗胝朐胞胖脉胫胎鸨匍勉狨狭狮独狯狰狡飐飑狩狱狠狲訇訄逄昝贸怨急饵饶蚀饷饸饹饺饻胤饼

〔丶〕峦弯孪娈将奖哀亭亮庤度弈奕迹庭庥疬疣疥疭疮疯疫疢疤庠咨姿亲竑音彦飒帝施闺闻闼闽闾闿阀阁阂差养美羑姜迸叛送类籼迷籽娄前酋首逆兹总炳炻炼炟炽炯炸烀烁炮炷炫烂烃剃洼洁洱洪洹洒洧洌浃柒浇泚浈浉浊洞洇洄测洙洗活洑涎洎洫派浍洽洮染洵洚洛洛浏济洨浐洋洴洣洲浑浒浓津浔浕洳恸恃恒恹恢恍恫恺恻恬恤恰恂恪恼恽恨举觉宣宦宥宬室宫宪突穿窀窃客诫冠诬语扁扃衲衲衽袄衿袂祛祜祓祖神祝祚诮祗祢祠误诰诱诲诶鸩说昶诵

〔乛〕郡垦退既屋昼咫屏屎弭费陡逊洞眉胥孩陛陟陧陨除险院娃姞姥娅姨娆姻姝娇姚姽姣姘姹娜怒架贺盈怼羿勇炱怠癸蚤柔矜垒绑绒结绔骁绕骄骅绗绘给绚彖绛络骆绝绞骇统骈

10 画

〔一〕耕耘耖耗耙艳挈恝泰秦珥珙顼珰珠珽珩珧珣珞琤班珲敖素匿蚕顽盏匪恚捞栽捕埔埂捂振载赶起盐捎捍埕捏埘埋捉捆捐埚埙损袁挹捌都哲逝耆耄捡挫捋埒换挽贽挚热恐捣

埦壶捃捅盍埃挨耻耿耽聂莰莕莩莆恭莽莱莲莳莫莴莪莉莠莓荷莜莅荼莶莩荽获莸荻莘晋恶莎莞莹莨莺真莙鸪莼框梆桂桔栲栳郴桓栖桡桎桢桄档桐桤株梃栝桥柏桦桁栓桧桃桅栒格桩校核样栟桉根栩逑索逋彧哥速鬲豇逗栗贾酐酎酌配酏逦翅辱唇厝孬夏砝砹砸砺砰砧砷砟砼砥砾砣础破硁恧原套剞逐砻烈殊殉顾轼轾轿辀辁辂较鸫顿趸毙致

〔丨〕剕龀柴桌鸬虔虑监紧逍党眬唛逞晒晟眩眠晓眙唝哧哳哮唠鸭晃哺哽唔哔晌晁剔晏晖晕？趵趿畛蚌蚨蚜蚍蚋蚬畔蚝蚧蚣蚊蚪蚓哨唢哩圃哭圄哦唣唏恩盎唑鸯唤唁哼唧啊唉唆帱崂崃罡罢罟峭峨峪峰圆觊峻贼贿赂赃赅赆

〔丿〕钰钱钲钳钴钵钷钹钺钻钼钽钾钿铀铁铂铃铄铅铆铈铉铊铋铌铍铎眚缺氩氤氦氧氨毪特牺造乘敌舐秣秫秤租秧积盉秩称秘透笄笕笔笑笊第笏笋笆俸倩债俵倻借偌值倚俺倾倒俳俶倬倏倘俱倡候赁恁倭倪俾倜隼隽倞俯倍倦倓倌倥臬健臭射皋躬息郫倨倔衄颀徒徕徐殷舰舨舱般航舫瓞途拿釜耸爹舀爱豺豹奚鬯衾鸰颁颂翁胯胰胱胴胭脍脎脆脂胸胳脏脐胶脑胲胼朕脒胺脓鸱玺鱽鸲逛狴狸狷猁狳猃狺逖狼卿狻逢桀鸵留袅智鸳皱饽饿馀馁

〔丶〕凌凇凄栾挛恋桨浆衰勍衷高亳郭席准座脊症疳疴病疽疸疾痄斋疹痈疼疱疰痃痂疲痉脊效离衮紊唐凋颃瓷资恣凉站剖竞部旁旆旄旅旃畜阃阄阅阆羞羔恙瓶桊拳敉粉料粑益兼朔郸烤烘烜烦烧烛烟烨烩烙烊剡郯烬递涛浙涝浡浦涑浯酒涞涟涉娑消涅涠浞涓涢涡浥涔浩海浜涂浠浴浮涣浼涤流润涧涕浣浪浸涨烫涩涌涘浚悖悚悟悭悄悍悝悃悒悔悯悦悌悢悛害宽宸家宵宴宾窍窅窄容窈剜宰案请朗诸诹诺读扅诼冢扇诽袜袪袒袖袗袍袢被袯祯祧祥课冥诿谀谁谂调冤谄谅谆谇谈谊

〔乛〕剥恳展剧屑屐屙弱陵陬勐奘蚩牂蚩崇陲陴陶陷陪烝姬娠娱娌娉娟娲恕娥娩娴娣娘娓婀砮哿畚通能难逡预桑剟绠骊绡骋绢绣验绤绥绦骍继绨骎骏邕烝鸶

11　画

〔一〕彗耜焘春琎球琏琐理琇麸琉琅捧掭堵掗措描埴域捺掎埼掩埯捷捯排焉掉掳掴埸埫捶赦赧推堆捭埠晳掀逵授捻埝堋教堍掏掐掬鸷掠掂掖培掊接堉掷掸控捩掮探悫埭埽据掘掺掇掼职聃基聆勘聊聍娶菁菝著菱萁菥菘堇勒黄萘萋勚菲菽菖萌萜萝菌萎萸萑菂菜棻菔菟萄萏菊萃菩菼菏萍菹菠菪菅菀萤营萦乾萧菰菡萨菇械梽彬梵梦婪梗梧梾梢梏梅觋检桴桷梓梳棁梯桫棂桶梭救啬郾匮曹敕副豉票酞酞酚酝酚厢厣戚戛硎硅硭硒硕硖硗硐硚硇硌鸸瓠匏奢盔爽厩聋龚袭殒殓殍盛赉匾雩雪辄辅辆堑

〔丨〕龁颅虚彪雀堂常眶畦啡眦啧匙晡晤晨眺眵睁眯眼眸悬野圊啪啦喏喵啉勖曼晦晞晗晚冕啄啭啡畦趼趺距趾啃跃啮跄略蚶蛄蛎蛆蚰蚺蛊圉蚱蚯蛉蛀蛇蛏蚴唬累鄂唱患啰唾唯啤啥啁啕啖啐唼唷啴啖啵啶啷唳啸啜帻崖崎崦崭逻帼崮崔帷崟崤崩崞崇崆崛赇赈婴赊圈

〔丿〕铏铑铒铕铗铘铙铚铛铜铝铞铟铠铡铢铣铤铥铧铨铩铪铫铭铬铮铯铰铱铲铳铴铵银铷矫氪牾甜鸹秸梨犁稆秽移秾逶笺笻笨笸笼笪笛笙笮符笱笠笥第笳笤笾笞敏偾做鸺偃偕袋悠偿偶偈偎偲傀偷您偬售停偻偏躯皑兜皎假衅鸻徘徙徜得衔舸舻舳盘舴舶船鸼舷舵斜龛盒鸽瓻敛悉欲彩领翎脚脖脯豚脶脸脞脬脱脘脲朘匐鮀象够逸猜猪猎猫猗凰猖猡猊猞猄猝斛觖猕猛馗祭馃馄馅馆

〔丶〕凑减鸾毫孰烹庶庹麻庵庼庾庳痔痍疵痊痒痕廊康庸鹿盗章竟翊商旌族旎旋望袤率阍阈阉阊阋阌阎阏阐着羚羝羟盖眷粝粘粗粕粒断剪兽焐焊烯焓焕烽焖烷烺焌清渍添渚

鸿淇淋淅淞渎涯淹涿渠渐淑淖挲淌淏混渭涸渑淮淦淆渊淫淝渔淘淳液淬涪淤淡淙淀涫深渌涮涵婆梁渗淄情悵悻惜惭悱悼惝惧惕惘悸惟惆惚惊惇惦悴惮惋惨惯寇寅寄寂逭宿窒窑窕密谋谌谍谎谏扈皲谐谑裆袱袼裈裉祷祸祲谒谓谔谕谖谗谙谚谛谜谝敝

〔乛〕逮逯敢尉屠艴弹隋堕郿随蛋隅隈粜隍隗隆隐婧婊婞婳婕娼婢婚婵婶婉胬袈颇颈翌恿欸绩绪绫骐续骑绮绯绰骒绲绳骓维绵绶绷绸绹绺绻综绽绾绿骖缀缁巢

12 画

〔一〕耠琫琵琴琶琪瑛琳琦琢琥琨靓琼斑琰琮琯琬琛琚辇替鼋揳揍款堪堞搽塔搭堎揸堰揠堙揩越趄趁趋超揽提堤揖博揾颉揭喜彭揣塄揿插揪搜煮堠耋揄援搀蛰蛩絷塆裁揞搁搓搂搅揎壹握摒揆搔揉掾葜聒斯期欺联葑葚葫靰靸散葳惹蒇葬葸募葺葛蒉葸葶萼萩董葆葩葡敬葱蒋葶蒂蒌蒎蒎落萱葖韩戟朝葭辜葵棒楮棱棋椰植森棼焚椟椅椒棹棵棍椤棰椎棉椑鹀赍棚椋椁棬棕棺榔楗棣椐椭鹁惠惑逼覃粟棘酣酤酢酥酡酦鹂觌厨厦硬硝硪硷确硫雁厥殖裂雄殚殛颊雳雯辊辋椠暂辌辍辎雅翘

〔丨〕辈斐悲紫凿黹辉敞棠牚赏掌晴睐暑最晰量睑睇鼎睃喷戢喋嗒喃喳晶喇遇喊喱喹遏晷晾景喈畴践跖跋跌跗跞跚跑跎跏跛跆遗蛙蛱蛲蛭蛳蛐蛔蛛蜓蛞蜒蛤蛴蛟蛘蛑畯喁喝鹃喂喟斝喘啾嗖喤喉喻喑啼嗟喽嗞喧喀喔喙嵌嵘嵖幅崴遄詈帽嵎崽嵚嵬嵛翙嵯嵝嵫幄嵋赋赌赎赐赑赔黑

〔丿〕铸铹铺铻铼铽链铿销锁锃锄锂锅锆锇锈锉锊锋锌锎锏锐锑锒锓锔锕甥掣掰短智矬氰毳毯氮毽氯犊犄犋鹄犍鹅颋剩嵇稍程稀黍稃税稂筐等筘筑策筚筛筜筒筅筏筵筌答筋筝傣傲傅傈舄牍牌傥堡集焦傍傧储遑皓皖粤奥傩遁街惩御徨循艇艇舒畲弑逾颌翕釉番释鹆禽舜貂腈腊腌腓腆腴脾腋腑腙腚腔腕腱腒鱿鲀鲁鲂鲃颍猢猹猩猥猬猾猴飓觞觚猸猱惫飧然馇馈馉馊馋

〔丶〕亵装蛮脔就敦裒廋斌痣痨痦痘痞痢痤痪痫痧痛鄗赓竦童瓿竣啻颏鹇阑阒阔阕善翔羡普粪粞尊奠遒道遂孳曾焯焜焰焙焱鹈湛港渫滞湖湘渣渤湮湎湝湨湜渺湿温渴渭溃湍溅滑湃湫溲湟溆渝湲湾渡游溠溇湔滋湉渲溉渥湄滁愤慌惰愠惺愦愕惴愣愀愎惶愧愉愔慨喾割寒富寓窜窝窖窗窘寐谟扉遍棨雇扊裢裎裣裕裤裥裙祾祺祼谠禅禄幂谡谢谣谤谥谦谧

〔乛〕塈遐犀属屡孱弼强粥巽疏隔鹭隙隘媒媪絮嫂媛婷媚婿巯毵翚登皴婺骛缂缃缄缅彘缆缇缈缉缌缎缏缑缒缓缔缕骗编缗骙骚缘飨

13 画

〔一〕耢瑟瑚鹉瑁瑞瑰玮瑜瑗瑄瑕遨骜瑙遘韫魂髡肆摄摸填搏塌塬鄢趔趑摅塌摁鼓摆赪携塮蜇搋搬摇搞搪塘搒搐搛搠摈彀毂搌搦摊搡聘蓁戡斟蒜蓍鄞勤靴靳靶鹊蓐蓝墓幕蓦鹋蒽蓓蓖蓊蒯蓟蓬蓑蒿蒺蓠蒟蒡蓄蒹蒴蒲蒗蓉蒙蓂蓥颐蒸献蓣楔椿楠禁楂楚楝楷榄想楫榀楞楸椴槐槌楯榆榇榈槎楼榉楦概楣楹椽裘赖剽甄酮酰酯酪酩酬蜃感碛碍碘碓碑硼碉碎碚碰碇碗碌碜鹌尴雷零雾雹辏辐辑辒输

〔丨〕督频龃龄龅龆觜訾粲虞鉴睛睹睦瞄睚嗪睫韪嗷嗉睡睨睢雎睥睬嘟嗜嗑嗫嗬嗔鄙嗦嗝愚戥嗄暖盟煦歇暗暅暄暇照遢暌畸跬跨跶跷跸跐跣跹跳跺跪路跻跤跟遣蛸蜈蜎蜗蛾蜊蜍蜉蜂蜣蜕畹蛹嗣嗯嗅嗥嗲嗳嗡嗌嗍嗨嗤嗵嗓署置罨罪罩蜀幌嵊嵩嵴骰

〔丿〕锖锗错锘锚锛锜锝锞锟锡锢锣锤锥锦锧锨锪锫锩锬锭键锯锰锱矮雉氲犏辞歃稞

稚稗稔稠颓愁筹筠筢筮筻筲筼筱签简筷毁舅鼠牒煲催傻像躲鹎魁敫僇衙微徭愆艄觎毹愈遥貊貅貉颔腻滕腩腰腼媪腥腮腭腹腺腧鹏塍媵腾腿詹鲅鲆鲇鲈鲉鲊稣鲋鲌鲍鲏鲐肄猿颖鸽飗飕觥触解遛煞雏馌馍馏馐

〔丶〕酱鹑禀亶廒瘃痱痹痼廓痴痿瘐瘁瘅痰瘆廉鄘麂裔靖新鄣歆韵意旒雍阖阗阘阙羧豢誊粳粮数煎猷塑慈煤煳煜煨煅煌煊煸煺滟溱溘滠满漭漠滢滇溥溧溽源滤滥裟溻溷溦滗滫溴溢滔溪滃溜滦漓滚溏滂溢溯滨溶滓溟滘溺滏粱滩滪愫慑慎慥慊誉鲎塞骞寞窥窦窠窣窟寝谨裱裉褚裸裼裨裾裰禊福谩谪谫谬

〔乛〕群殿辟障媾嫫媳媲嫒嫉嫌嫁嫔媸叠缙缜缚缛辔缝骝缟缠缡缢缣缤骟剿

14 画

〔一〕耥璈静碧瑶璃瑭瑢獒赘熬觏慝嫠韬髦墈墙摽墟撇墁撂摞嘉摧撄赫截翥踅誓銎摭墉境摘墒摔彀撖摺綦聚蔫蔷鞅靼鞅鞞鞁鞆蔌蔽慕暮摹蔓蔑甍蔸蓰蔹蔡蔗蔟蔺戬蔽蕖蔻蓿蔼斡熙蔚鹕兢嘏蓼榛榧模槚槛榻榫槜榭槔榴槁榜槟榨榕楮榷榈歌遭僰酵酽酾酲酷酶酴酹酿酸厮碶碡碟碴碱碣碳碲磋磁碹碥愿劂臧豨殡需霆霁辕辖辗

〔丨〕蜚裴翡雌龇龈睿弊裳颗夥瞅瞍睽墅嘞嘈嗽嘌嘁嘎暧暝踌踉跽踊蜻蜞蜡蜥蜮蜾蝈蜴蝇蜘蜱蜩蜷蝉蜿螂蜢嘘嘡鹗嘣嘤嘚嘛嘀嗾嘧罴罱幔嶂幛赙罂赚骷骶鹘

〔丿〕锲锴锶锷锸锹锻锽锾锵锿镀镁镂镃镄镅舞犒舔稳熏箐箦箧箍箸箨箕箬算箅箩箪箔管箜箢箫箓毓舆僖儆僳僚僭僬劁僦僮僧鼻魄魅魃魆睾艋鄱貌膜膊膈膀膑鲑鲔鲙鲚鲛鲜鲟疑獐獍飕觫雒孵夤馑馒

〔丶〕銮裹敲豪膏塾遮麽廑腐瘩瘌瘥瘟瘦瘊瘥瘘瘙廖辣彰竭韶端旗旖膂阚鄯鲞精粼粹粽糁歉槊鹚弊熄熘熔煽熥潢潆潇漤漆漕漱漂滹漫漯漶潋潴漪漉漳滴漩漾演澉漏潍慢慷慵寨赛搴寡窬窨窭察蜜寤寥谭肇綮谮褡褙褐褓褛褊褪禚谯谰谱谲

〔乛〕暨屣鹛隧嫣嫱嫩嫖嫦嫚嫘嫜嫡嫪鼐翟翠熊凳瞀骜骠缥缦缧骡缨骢缩缪缫

15 画

〔一〕慧耦耧瑾璜璀璎璁璋璇璆奭撵髯髫撷撕撒撅撩趣趟撑撮撬赭播墦擒撸鋆墩撞撤撙增撺墀撰聩聪觐鞋鞑蕙鞒鞍蕈蕨蕤蕞蕺瞢蕉劐蕃蕲蕰蕊赜蔬蕴鼒槿横樯槽槭樗樘樱樊橡槲樟橄敷鹝豌飘醋醌醇醉醅靥魇餍磕磊磔磙磅碾磉殣慭震霄霉霈辘

〔丨〕龉龊觑憋瞌瞒题暴瞎瞑嘻嘭噎嘶噶嘲颙暹嘹影踔踝踢踏踟踬踩踮踣踯踪踺踞蝽蝶蝾蝴蝻蝠蝰蝎蝌蝮蝼蝗蝓蝣蝼蝤蝙噗噘噢嘿噍噢噙噜噌噱噀噔颛幞幡嶓幢嶙嶝墨骺骼骸

〔丿〕镊镆镇镈镉镋镌镍镎镏镐镑镒镓镔靠稽稷稻黎稿稼箱箴篑篁篌篓箭篇篆僵牖儇儋躺僻德徵艘磐虢鹞鹟膝膘膛滕鲠鲡鲢鲣鲥鲤鲦鲧鲩鲪鲫鲬橥獗獠觯鹞憯馔

〔丶〕熟摩麾褒廛鹡瘛瘼瘪瘢瘤瘠瘫齑鹡凛颜毅羯羰糊糇遴糌糍糈糅翦遵鹣憋熜熵熠潜澍澎澌潵潮潸潭潦鲨潲鋈潟澳潘潼澈澜潽潺澄潏懂憬憔懊憧憎寮窳额谳翩褥褴褫禤谴鹤谵

〔乛〕憨熨慰劈履屦嬉勰戮蝥豫缬缭缮缯骣畿

16 画

〔一〕耩耨耪璞璟靛璠璘聱螯髻髭髹擀撼擂操熹甏擐擅擞磬鄹颞蕻鞘燕黇颟薤蕾薯薨薛薇檠擎薪薏蕹薮薄颠翰噩薜薅樾橱橛橇樵檎橹橦樽樨橙橘橼墼整橐融翮瓢醛醐醍醒醚醑

鬠磺磲赝飙殪霖霏霓霍霎錾辙辚臻

〔丨〕冀餐遽氅瞥瞟瞠瞰嚄嚆噤暾曈蹀踳踶踹踵踽嘴踱蹄蹉蹁蹂螨蟒蟆螈螅螭螗螃螠
螟噱器噪噬噫噻噼幪罹圜鹦赠默黔

〔丿〕镖镗镘镚镛镜镝镞镠氇氆赞憩穑穆穄篝篚篥篮篡簉篦篪篷篙篱盥儒劓翱魉魈邀
徼衡歙盦膨膪膳縢膦膙雕鲭鲮鲯鲰鲱鲲鲳鲴鲵鲷鲸飗鲹鲻獴獭獬邂

〔丶〕憝辨鹧磨廨赟癀瘭瘰廪瘿瘵瘴癃瘾瘸瘳斓麇麈凝辨辩嬴壅羲糙糗糖糕瞥甑燎燠
燔燃燧燊燏濑濒潍潞澧澡澴激澹澥澶濂澼憷懒憾懈黉褰寰窸窿褶禧

〔乛〕壁避嬖犟隰嬗鹨翯颡缰缱缲缳缴

17　画

〔一〕璨璩璐璪戴螯擤壕擦觳罄擢藉薹鞡鞠藏薷薰藐藓藁檬檑檄檐檩檀懋醢翳繁礁礅
磷磴鹩霜霞

〔丨〕龋龌豳壑黻瞭瞧瞬瞳瞵瞩瞪嚏曙嚅蹑蹒蹋蹈蹊蹓蹐蟥螬螵蟑螳螺蟋蟑蟀嚎嚓羁
罽罾嶷赡黜黝髁髀

〔丿〕镡镢镣镤镥镦镧镨镩镪镫罅穗黏魏簧簌篾簃篼簏簇簖簋繁鹞黛儡鹪鼾皤魍徽艚
龠爵繇貘邈貔臌朦臊膻臁臆臃鲼鲽鳀鳁鳂鳃鳄鳅鳆鳇鳈鳉鳊獯螽

〔丶〕燮鹫襄縻麋膺癍癌麇辫嬴糟糠馘燥懑濡濮濞濠濯懦豁蹇謇邃襕襁

〔乛〕臀檗甓臂擘孺隳嬷翼蟊鹬鍪骤

18　画

〔一〕鏊鳌鬶鬈鬃瞽藕鞯鞨鞭鞫鞧鞣藜藠藤藩鹲檫檵覆醪蹙礞礓礌燹餮

〔丨〕蹩瞿瞻曛颢曜躇蹦鹭蹢蹜蟛蟪蟠蟮嚚嚣鹮黠黟髅髂

〔丿〕镬镭镯镰镱馥簠簟簪簦鼫鼬鼩雠艟翻臑鳍鳎鳏鳐鳐鳑鹱

〔丶〕鹰癞癔癜癖糨蹩瀑瀍瀌鎏懵襟

〔乛〕璧戳彝邋

19　画

〔一〕鬏攉攒鞲鞴藿蘧孽蘅警蘑藻麓攀醭醮醯礤酃霪霭

〔丨〕黼鳖曝嚯蹰蹶蹽蹼蹯蹴蹾蹲蹭蹿蹬蠖蠓蠋蟾蠊巅黢髋髌

〔丿〕镲籀簸籁簿鳘齁魑艨鼗鳓鳔鳕鳗鳙鳚蟹

〔丶〕颤靡癣麒鏖瓣羸羸羹爆瀚瀣瀛襦谶

〔乛〕襞疆骥缵

20　画

〔一〕瓒鬓壤攘馨蘩蘖蘘醵醴霰颥

〔丨〕酆耀矍曦躁躅蠕鼍嚼嚷巍巉黩黥

〔丿〕镳镴黧籍纂鼯犨臜鳜鳝鳞鳟獾

〔丶〕魔糯灌瀹瀵

〔乛〕譬孀骧

21　画

〔一〕耰蠢瓘鼙醺礴礳霸露霹

〔丨〕 矗曩躏黯髓

〔丿〕 鳍鳡鳢

〔丶〕 癫麝赣夔爝灏禳

〔乛〕 鐾羼蠡

22 画

〔一〕 耱蘸懿鞴蘸鹳蘖蘼囊霾

〔丨〕 氍饕躔躐髑

〔丿〕 镵镶穰鳒

〔丶〕 瓤饔

〔乛〕 鬻

23 画

〔一〕 鬟趱攫攥颧

〔丨〕 躜

〔丿〕 罐鼹鼷

〔丶〕 癯麟蠲

24 画

〔一〕 矗蠹醾

〔丨〕 躞

〔丿〕 衢鑫

〔丶〕 灞襻

25 画

〔一〕 纛鬣攮

〔丨〕 囔

〔丿〕 馕

〔丶〕 戆

26 画

〔丨〕 蠼

30 画

〔丿〕 爨

36 画

〔丿〕 齉

4. 汉字笔画的组合方式

(1) 相离：二、三、儿、小、八、川、心、习。

(2) 相接：人、入、几、乃、刀、工、上、山。

(3) 相交：十、七、九、力、丰、井、也、韦。

(4) 综合笔画组合：相接与相交组合的，如“千、天、升”；相离与相接组合的，如“幺、亏、亿”；相离与相交组合的，如“义、艺、计”；相离、相接、相交组合的，如

“犬、丹、匡”，等等。

注意：笔画数相同，组合方式不同，形成的字也不同，如“刀、力、八、人”等。

二、笔顺

书写现代汉字时，笔画有先有后，书写时的这种笔画先后叫做笔顺。学习现代汉字，不仅要正确掌握各个笔画的笔形、笔画起讫的位置和笔画数，还要注意笔顺，这对于写好汉字、正确掌握汉字以及利用工具书查检汉字都是有重要意义的。

汉字有单笔字和复笔字之分，单笔字只有“一”、“乙”两个，其余均为复笔字，复笔字均有笔顺问题。复笔字笔顺应遵照国家语委1999年10月1日发布，2000年1月1日实施的《GB13000.1字符集汉字笔顺规范》的规定。这个笔顺规则，收录了20902个汉字的笔顺规范，是在以前《印刷通用汉字字形表》、《现代汉语通用字表》、《现代汉语通用字笔顺规范》的基础上形成的统一规定。它不仅保留了《现代汉语通用字笔顺规范》中将《现代汉语通用字表》中“隐性的规范笔顺变成显性的，列出了三种形式的笔顺。同时还明确了字表中难以根据字序推断出规范笔顺的‘火’、‘叉’、‘鬯’、‘爽’等一些字的笔顺，调整了‘敝’、‘脊’两个字的笔顺”，而且还特别规定了很容易写错的一些字的笔顺。

汉字笔顺直接关系到我们笔顺书写的正确与否，因此必须认真学习与遵守。

1. 汉字笔顺的一般规则

（1）先撇后捺：人　八　入

（2）先横后竖：十　王　干

（3）从上到下：三　竟　音

（4）从左到右：理　利　礼　明　湖

（5）先外后里：问　同　司

（6）先外后里再封口：国　圆　园　圈

（7）先中间后两边：小　水

2. 汉字笔顺的补充规则

（1）点在上部或左上，先写点：衣　立　为

（2）点在右上或在字里，后写点：发　瓦　我

（3）上右和上左包围结构的字，先外后里：司　厅　座　屋

（4）左下包围结构的字，先里后外：远　建　廷

（5）左下右包围结构的字，先里后外：凶　画

（6）左上右包围结构的字，先里后外：同　用　风

（7）上左下包围结构的字，先上后里再左下：医　巨　匠　区

3. 涉及部分横、竖、撇、点、折等字的一些笔画笔顺

（1）横

① 末笔为二：冉（再、苒）——竖、横折钩、[中]竖、末笔写二；里（理、童）——先写甲，后写二；重（踵、董）——撇、横、写曰，[中]竖、再写二；垂（捶、棰、锤）——先写千、后写龷，再写二。注意，并排三、四横者不按此规律：堇（谨、

槿）——末二笔为竖、横；隹（谁、难）——末二笔为竖、横。

② 土、士分开：土——寺（侍、诗、痔、等）、周、袁、幸；士——吉（洁、桔、结、秸）、志、壳、声、喜、嘉、壹、壶、壮。

③ 天、夭分开：天——吞、蚕、忝（添、舔）、奏（凑）；夭——乔（侨、桥、骄、娇）、沗、袄、妖。

④ 王、壬分开：王——呈（程、逞）；壬——任（凭）、廷、淫。

⑤ 首笔是横不是撇：丰（蚌、艳、契）、耒（耕、耘、耙）；邦（帮、梆、绑）的第四笔是竖撇；刊的第三笔是竖。

⑥ 横“山”：中横向右不出头——寻、帚、刍（邹）、当、雪、扫、妇、侵；横“山”有竖穿过时中横向右要出头——聿（建）、秉、捷、唐、康、争、兼；中横向左都出头——疟、虐（谑）末笔笔顺：横、竖折、［中］横。

⑦ 讯的右旁和丑笔顺不同：讯的右旁（汛、讯、迅）——横折弯钩、横、竖（末二笔为十）；丑（扭、纽、钮）——横折、竖、横、横（末二笔为二）。

⑧ 毋、贯笔顺：毋——竖折、横折钩，〔先〕撇、〔后〕横（两边出头）；贯的上部——竖折、横折、〔先〕竖、〔后〕横（两边出头）。

⑨ 衰的笔顺：中间——竖、横折、〔中间〕长横（两边出头）、短横（堵口）。

⑩ 皮的前三笔笔顺：横钩、竖撇、竖。

（2）竖

① 竖与撇之分：临、监、坚、竖、紧——第二笔是竖，不是撇；旧——第一笔是竖；归——第二笔是竖撇。

②“周”与“同”：第一笔不同。同、冈、网、罔——第一笔是竖；周、用——第一笔是竖撇。

③“月”第一笔有变化：育、肯、胃、有、肩——月在下，首笔为竖；肚、肌、肠、期、朗——月在左右，首笔为竖撇。

④ 强调后写竖：假、暇、遐（霞）——中间前三笔笔顺：横折、横、竖；报、服——右旁前两笔笔顺：横折钩、竖。

⑤ 出头与不出头：出头——由（黄、寅）、黾（渑、绳、蝇）、奄（俺、淹、掩）；不出头——龟（阄）。出头——异、弄、奔、弁、弈、算、弊；不出头——畀 bì（痹、箅、鼻）。出头——圣（怪、坚）；不出头——泾、径、经、劲、茎、颈。

⑥ 号、考、污——末两笔笔顺：横、竖折折钩；“考”字下部不能如阿拉伯数字“5”。

⑦ 叫、纠的右旁——竖提与竖不交叉，不能写如阿拉伯数字“4”。

⑧“身”做左偏旁时（射、躬、躲）——第六笔横、第七笔撇，都向右不出头；“舟”做左偏旁时（舰、般、航）——第五笔横，向右不出头；“耳”做左偏旁时（取、职、联）——末笔改提，可出头。

⑨ 非（罪、韭）：〔左〕竖（不是竖撇），三小横（最后一小横不为提），〔右〕竖、三小横。

(3) 撇

① 应该撇通下来：免（兔、挽、勉）、奂（唤、换、涣）、象（像）、鬼（傀、愧）、卑（婢、碑）——第六笔都是一撇通下来。

② 不是一笔通下来——麦七画、美九画、敖（傲、熬、遨）十画、象十二画。

③ 不要多一撇——畏（喂、偎、煨）、展（辗、碾）、代、武、贰。

④ 先撇与后撇——先竖撇：九、及。后竖撇：刀、力、乃、万、方。

⑤ 撇向左出头与不出头：出头——化（华、花、讹）右旁笔顺：〔先〕撇，〔后〕竖弯钩，两笔之间相交叉；不出头——匕（比、北、此、死、旨、尼、老、论、伦、论、轮）笔顺：〔先〕撇、〔后〕竖弯钩，两笔不相交叉。

⑥ 末笔为人。火：点、〔右上〕小撇、〔中〕撇、捺；臾：〔左上〕小撇、竖、短横、〔右〕横折、短横、〔托底〕横，最后写人；爽：横、〔左〕撇、点、撇、点、〔右〕撇、点、撇、点、最后写人；“脊”上部笔顺：〔左〕点、提、〔右〕小撇、点、〔中〕写人。注意“兆”笔顺：撇、点、提、竖弯钩、撇、点，与“脊”的上部笔顺不同。

(4) 点

① 有点无点：有点——市（柿、铈、闹）。无点——沛的右旁（沛、肺、芾），中间竖向上出头（沛七画）；尧（浇、挠、绕、烧），右上无点；步（涉）——左下无点；“染”右上不是丸；“琴”下无点；“纸”下无点；“低”下有点。

② 先点与后点：先点点——义，为：点、撇、横折钩、〔内〕点；后点点——叉、发、拔、成（凡从“戈”的字均末笔为点）。

③ 点点的顺序。母：竖折、横折钩（两笔收尾处相交叉）、点、横、点，不要写完横再点两点，凡从“母”字的字，如“拇、姆、毒、每、诲、悔、霉”等均如此；舟（船、航）后三笔：点、横、点；丹（彤）的末两笔笔顺：先点、后横；“州”：点、撇、点、竖、点、竖；鬯：撇、斜点、〔上〕点、〔左〕点、〔右〕点、〔下〕点、竖折、竖、撇、竖弯钩。

(5) 折（提、钩）

① 横折与竖折：片——末笔为横折，共四画；牙——第二笔为竖折，共四画；乐——第二笔为竖折，共五画；舛（桀、舜、舞）、降，末三笔为：横、竖折、竖（末笔向上出头）；既——右旁为横、竖折、撇（向上不出头），竖弯钩。

②“区”的末笔为竖折。区、匹、臣、匡、匠、医、匪：〔先〕横、〔再写〕里边被包围的部件，〔最后〕竖折一笔写完。

③ 左偏旁末笔横改提：土（培、场）、王（玩、球）、止（歧、武）、血（衅、衄）、耳（取、联）、子（孙、孩）、马（驰、驶）、鸟（鸵）。

④“车”字笔顺的变化：“车”做独体字时笔顺——横、竖折、横、竖；车做左偏旁时（轻、较、转）笔顺——横、竖折、〔先〕竖、〔最后〕提。

⑤ 注意竖提：切（窃、砌、沏）左旁不是土；瓦（瓯、瓷、瓶）：横、竖提、横折弯钩、点。

⑥“发”与“拔”的右旁不同：发（泼、拨）第一笔是竖折；拔（袚、绂）的右旁第

一笔是横。

⑦ 有钩与无钩：有钩——七、儿、几（冗、亢、机、秃、虎）；从“朵”上部的“殳、没、投、沿、铅”无钩。从“小”的“东、杀、条、杂、亲、余”有钩，末笔均为点，不为捺；这些字中的竖都无钩：不、木、未、末、禾、耒、来、東。

⑧“木”字钩与捺的变化：“木”字做独体字时，竖无钩，末笔为捺；“木”字构成合体字时：作左偏旁时无钩、捺改为点，如“枯、杆、树”；作右偏旁时无钩，捺不变，如“体、沐、林”；在上部或下部时无钩，捺不变，如“杏、李、杰；桌、案、荣、采”；遇到有并行的捺时，为了避让，而将捺改点，如“漆、茶、荼”。

⑨“小”字钩的变化：在字的上部时无钩——尘、尖、少（抄、纱、省、劣、雀）；在字的下部时有钩——尔（你）、叔（菽、淑）、京（凉、就）、忝、示（宗、票、奈、捺）。注意“尔”字例外——玺、您，在字上部时也有钩。

（6）其他

① 几种顺序都有：先中间，后两边——丞、承、率、燕、兜、燮、夔；从左到右——缮、盥、嚣、羸、嬴、赢、毳。注意，肃：横折、横（向右出头）、横，〔中〕竖，再写〔左〕撇、〔右〕竖，最后〔里边〕小撇、点；齑：先写文，〔左〕竖撇、〔右〕竖，最后〔中〕写韭。

② 封口与不封口。不封口：己 jǐ——记、纪、起、忌、岂（凯、铠）、改、妃；半封口：已 yǐ；封口：巳 sì——包、苞、导、异、巷、祀、圯、汜、巽、熙。注意“犯”的右旁——范、苑、宛（碗）、厄（扼）、卮、危、卷（倦）。

③ 区别几个有戈的字：戊、戍、戌、成、咸、戚——笔顺都是先写厂，再写内部，最后写斜钩、撇、点；戎、戒（诫、械）——相同部分笔顺：长横、短横、在短横上加撇（“戒”再多一竖），最后写斜钩、撇、点。

④“仑”与“仓”要分开：仑——伦、沦、抡、论、轮；仓——伧、沧、抢、枪、苍。

⑤“癸”与“祭”的字头要分开：癸——揆、睽、登（澄、橙、瞪、凳）；祭——察、蔡。

⑥“学”与“党”的字头要分开：学、黉、觉；党、堂、常、棠、尝；兴、举、誉；佥（检、验、签）；光、当、肖。

⑦ 这些字的末尾笔画不同：呙（涡、蜗、莴、窝）——末两笔：撇、点；离（漓、螭、璃、禽）——末两笔：撇折、点；禹（属、踽）、禺、隅、愚、寓——末三笔为竖、提、点。

⑧“冒”字上部部件特殊：冒（帽、瑁、冕、勖）上部部件第三笔、第四笔不触及左、右两边，有时可写成秃宝盖下加二，不要写成“曰”或“日”。

⑨“辰”字起笔先写厂：辰（振、唇、辱、晨）——横、撇、横、横、竖提、撇、捺。

⑩ 敝（撇、弊、憋、蹩、鳖、蔽）的左旁笔顺：点、撇、〔左〕竖、横折钩、〔中〕竖（向上出头）、〔里边〕撇、点（敝十一画）。

⑪“女”——独体字“女”：撇点、撇、横（横与撇只接触，不交叉，横向右略长）；“女”字做左偏旁时，笔顺同上，不同的是横与撇接触后，不向右略长，构成一定角度即可，横不改为提。

⑫“兖”字中间不是“口”：兖、衮（滚、磙）：“六”下是厶，不是口。

⑬ 三个特殊字形的笔顺。凹：竖、横折折、竖、横折、横，共五画；凸：〔上〕竖、〔中〕横、〔下〕竖、横折折折、横，共五画；噩：横、竖、〔左〕口、〔右〕口、横、〔左〕口、〔右〕口、横，共十六画。

⑭ 部分字的笔画、笔顺。了：横钩、竖钩，两画；之：点、横撇、捺，三画；廿（革字头）：先横、竖、竖、横，共四画；卅（带字头）：先横、再竖撇、竖、竖，共四画。

⑮ 部分部首的笔画、笔顺。艹（草字头）：横、竖、竖，三画；讠（言字旁）：点、横折提，两画；辶（走之儿）：点、横折折撇、捺，三画；阝（双耳刀）：横撇弯钩、竖，两画；忄（竖心旁）：〔先〕点、点，〔后〕竖，三画；犭（反犬旁）：〔先〕撇、〔再〕弯钩、〔最后〕撇，三画。

4. 写字笔顺口诀

从上到下为主，从左到右为辅。
上下左右俱全，根据层次分组；
横竖交叉先横，撇捺交叉先撇；
中间突出先中①，右上有点后补②；
上包下时先外③，下包上时先内④；
三框首横末折⑤，大口最后封底⑥；
分歧遵照《规范》⑦，做到流畅美观。

注释：①中间突出的字，如“山”、“小”、“办”、“水”、“承”等。②上有点的字，如“犬”、“尤”、“戈”、“龙”、“成”等。③上包下的字，如“冈”、“同”、“网”、“周”、等。④下包上的字，如“凶”、“画”、“函”、“幽”等。⑤“三框”也叫“匠字框”，如“区”、“匹”、“巨”、“医”等。⑥“大口”即大口框，如“四”、“回”、“园”、“国”等。⑦指《GB13000.1字符集汉字笔顺规范》。

5. 现代汉语通用字笔顺规范

现代汉语通用字笔顺规范具体见《现代汉语通用字笔顺规范》。《现代汉语通用字笔顺规范》中每个汉字的笔顺用三种形式表示：一是跟随式，一笔接一笔地写出整字；二是笔画式，用一（横）、丨（竖）、丿（撇）、丶（点）、乛（折）五个基本笔画表示，其中，㇀（提）归为一（横），亅（竖钩）归为丨（竖），㇏（捺）归为丶（点），各种折笔笔画归为乛（折）；三是序号式，用横、竖、撇、点、折五个基本笔画的序号1、2、3、4、5表示。

《现代汉语通用字笔顺规范》中7000个汉字的字序与《现代汉语通用字表》基本一致，按汉字的笔画数排列，同笔画数的字依笔顺以“横、竖、撇、点、折”为序。由于“敝”、“脊”笔顺调整等原因，有些字的字序做了相应调整。

三、部件

部件是由笔画组成的具有组配汉字功能的构字单位。它介于笔画和整字之间，是高一级的构字单位。许多汉字可以分离出相关的两个或两个以上的部分，这些构成汉字的各个部分就是汉字的构字部件。部件是构成汉字字形的基本单位，具有组配汉字的功能。

（一）部件按照不同的标准可以分成不同的类型

1. 按部件笔画数多少来分类，部件可以分为单笔部件和复笔部件（也叫复合部件）

单笔部件是指该部件只由一个笔画构成的部件，例如“一”、“乙”和“旦、丛、旧、引”中的横和竖等；复笔部件是指由两个或两个以上的笔画构成的部件，例如部件“士”由“十”和“一”构成，“寺”由“土”和“寸”构成，“重”由“千”和“里”构成等。

2. 按部件能否独立成字，可以分为成字部件和非成字部件

成字部件是指该部件能够不和其他部件组合而独立成字，例如“吉”中的“口”和“河”中的“可”；非成字部件是指在一定范围内不能够独立成字的部件，例如“同”中的“冂”和“病”中的“疒”以及三点水、点、撇、竖、折等。

3. 按照部件的构字层次，可以分为一级部件、二级部件、三级部件和四级部件等

如“礴”，一级部件为“石、薄”，二级部件为“艹”和“溥”，三级部件是“氵”和“尃”，四级部件是“甫、寸”。

4. 按照部件是否可拆分成最小部件，可以分为基础部件和合成部件

基础部件是指不能拆分的最小部件，处于汉字结构的最底层，又称“单纯部件”或“末级部件”，包括独体字、偏旁部首和其他不成字部件。例如“男”中的“田”和“力”都是不能拆分的基础部件。最常见的基础部件是五个基本笔画和一些不能拆分的偏旁；合成部件是指由两个或两个以上部件组合起来的部件，合成部件是可以进一步拆分的，例如“想”可以拆分为“相”和“心”这两个部件，这是对汉字的第一次拆分，但是“相”还可以拆分为“木”和“目”，因此“相”并不是基础部件。

5. 按照部件在字形结构中的位置，可分为通用部件和特殊部件

通用部件是指参加了两个以上字形的构字部件，如“和”中的“口”可以在“吃”、“呵”、“呼”等多种结构中出现，是通用部件；特殊部件是指只在一种结构中出现的部件，如“脊”的上部“⺡”只和“月”组合，只能在这一种结构中出现，所以“⺡”是特殊部件。“伞”的下部，“临”的右下部，等等，都是特殊部件。

（二）汉字部件拆分的原则

教育部、国家语委组织研制的语言文字规范《现代常用字部件及部件名称规范》规定，对汉字部件的拆分，要根据字理、从形出发、尊重系统、面向应用。具体拆分规则如下：

1. 字形结构符合字理的，按字理进行拆分。如：“分”拆分为“八、刀”，“相”拆分为“木、目”。

2. 无法分析字理的，或字形与字理矛盾的，依字形进行拆分。如：“朋”拆分为“月、月”，“执”拆分为“扌、丸”。

3. 笔画交叉重叠的，不拆分。如：“串”不拆分为“中、中”，“东”不可拆分为“七、小”。

4. 拆开后的各部分均为非成字部件或均不再构成其他汉字的，不拆分。如：“非”不

可拆分为“彐”和“𠂒”。

5. 因构字造成基础部件相离的，拆分后仍将相离部分合一，保留部件原形。如：“裹”拆分为“衣、果”。

依据这一规则，对3500个现代常用汉字进行部件拆分，得出514个部件。根据不同变体、简繁对应、形近等原则对514个部件进行归组，共归为441组部件。其中成字部件311个，如“凹、川”等，非成字部件208个，如跟“八”同组的倒八字“丷”，跟“川”同组的“荒”字底“𠂀”等。

（三）现代汉字部件的规范

汉字的构造那么复杂，为什么要研究汉字部件和对汉字部件进行统一规范呢？

首先，在计算机处理上，使认知码有更好的规范性，可以提高计算机程序的效率等等；其次对于对外教学来说，汉字规范可以更好地教识汉字，尤其是对外汉字教学过程中“汉字部件规范识字教学法”；再次，汉字规范对于汉字本身的发展具有重要意义。

由于汉字的历史悠久且随着时代的发展而不断演变，汉字的结构形体和书写方式也在不断演变，这就给汉字部件的规范带来了很大的难度。国内的一些学者不断地研究汉字，希望找出汉字的内部规律，给汉字部件做出个统一的规范。2009年国家语委发布了《现代常用字部件及部件名称规范》，对所收20902个汉字的部件和名称做了一个统一的规范。这个表中列有单一部件560个，分393组，每组一个主笔形部件，其余是附笔形部件。附笔形部件是指同一个部件在汉字不同部位的变体（不同的写法），如“竹”是主笔形部件，竹字头的“⺮”为附笔形部件，主笔部件“手”有“拿拳掌挚”等，变笔部件有“打、拜、看”的偏旁“扌、手、龵”等。具体见下《GB13000.1字符集汉字规范部件表》。

GB13000.1字符集汉字规范部件表

1	口		2	一		3	八		4	丷	倒八	5	木	
6	朩		7		朮 zhu 身	8	日		9		冒头	10	曰	
11	冃	mao	12	人		13	入		14	土		15	士	
16	艹	草头	17	亻	单立人	18	氵	三点水	19	月		20		青底
21		肦 BAN 旁	22		炙头	23		亙腰	24	灬	横四点	25	金	
26	钅	金旁	27	十		28	田		29	纟	绞丝	30	糹	絞丝
31	糸	絞丝	32		丝角	33	幺	幼旁	34	文		35	攵	反文
36	夂	冬头	37	夊	sui	38	贝		39	貝		40	七	
41		切旁	42	匕		43		比旁	44		化边	45		北旁

（续表）

46	乂		47		祭角	48	亠	京头	49	大		50	止	
51		延心	52		足底	53		辵 zou 底	54		厯 li 底	55	扌	提手
56	女		57		角头	58	宀	宝盖头	59	丶	点	60	丿	撇
61	言		62	讠	言旁	63	冖	秃宝盖	64	虫		65	火	
66	门	同框	67		周框	68		奂腰	69		前头	70	山	
71	厶	私边	72	王		73	玉		74	勹	包头	75	心	
76	⺗	恭心	77	小		78	⺌	尚头	79	阝	左右耳	80	立	
81	禾		82		鸟头	83		鳥头	84	衣		85	衤	衣补
86		衣底	87	忄	竖心	88		隹 zhui 边	89	竹		90		竹头
91	目		92	辶	走之	93	几		94	石		95	寸	
96	囗	围框	97	车		98	車		99	刂	立刀	100		班心
101		师旁	102		临旁	103	厂		104	四		105		罗头
106		卧人	107	广		108	白		109	工		110	乂	艾底
111		马头	112		馬头	113	力		114	皿		115	𠂇	右头
116	米		117	示		118	礻	示旁	119	门		120	門	
121	𠂆	页头	122	巾		123	刀		124	⺈		125	巳	si
126	已	yi	127	己	ji	128	㠯	仓底	129		改旁	130		攺 yi 旁
131		顾心	132	尸		133	爪		134	爫	采头	135	彡	形边
136	子		137	孑	jie	138	孓	jue	139	疒	病头	140	耳	
141	卜	bu	142		占头	143	羊		144	𦍌	翔旁	145		美头
146	冫	两点水	147		冬底	148	兀	wu	149	尢	尤身	150	儿	
151	犭	犬旁	152		半身	153		判左身	154	牛		155	𠂊	告头
156	凵	凶框	157	习		158	戈	ge	159	丂	号底	160	丁	可头
161	龷	共头	162	雨		163	廾	弄底	164	廿		165	𠂊	欠头
166	乛	买头	167		今底	168	彳	双立人	169	夕		170	夫	
171	方		172	食		173	飠		174	饣	食旁	175	酉	you
176	水		177	氺	泰底	178		犀心	179		du 底 //|\\	180	龶	青头
181	虍	虎头	182	乚	孔边	183		亡底	184	豕	shi	185		彖 tuan 底
186	豖	啄边	187	二		188	川		189		流角	190	巛	巡心
191		甾 zai 腰	192	巜	粼 lin 边	193	干		194		nian	195	匚	区框
196	匸	xi	197	聿		198		書(书)头	199	肀	肃身	200		唐心
201	龶	盡头	202		庸心	203		nie	204		隶身	205	西	
206	覀	要头	207	襾	ya	208	斤		209	臼	jiu	210	艮	gen

（续表）

211		即旁	212	彐	雪底	213		录头	214	丯	jie	215		彝头
216	丰		217		寿身	218	见		219	見		220	弓	
221	戊		222	戉		223	⺹	老头	224	丁		225	犬	
226	中	出头	227	屰	逆心	228		韋底	229	户		230	戸	
231	戶		232	革		233		农底	234		旅角	235	丨	竖
236	亅	竖钩	237	由		238		甴 ga	239	长		240	長	
241	镸	肆旁	242		勿心	243	マ	令底	244	舟		245		鹿头
246	卩	单耳	247		报角	248	歹		249	册		250	冊	ce
251		扁心	252		骨头	253	冎	咼 guo 头	254	厂	反头	255	而	
256		其头	257	臣		258		反臣	259	业		260		虚心
261	未		262	末		263	自		264	非		265	毛	
266		风框	267	巴		268	廿		269		寒腰	270	且	
271	矛		272	缶	fou	273	千		274	中		275	甫	
276	氏		277		齐底	278		肃框	279		至头	280	束	
281	朿	枣头	282	里		283	廴	建之	284	母		285	毋	
286	毌	贯头	287	弋	yi	288	手		289	龵	拜旁	290		隶腰
291	龙		292	龍		293	癶	登头	294	乙		295		具头
296	丬	壮旁	297	爿		298		单底	299	世		300	皮	
301	黑		302	亡		303	瓦		304		兴头	305		韋 wei 头
306		乖 guai 头	307		舂头	308	也		309	丸		310	不	
311	内		312	內		313	父		314		曾腰	315	果	
316	上		317	丄	上	318		步底	319		留头	320		you(卯变)
321	丣	mao	322		畱 liu 头	323		bian(釆变)	324	鬼		325		學框
326	亚		327	亞		328	亜		329	身		330		兼底
331		殷旁	332	乃		333		免底	334		兔底	335	來	
336		拣旁	337	禹		338	𠃌	司头	339	九		340		亦底
341		变腰	342		览角	343	电		344		電底	345		龜底
346	气		347	彑	互底	348		bei 头	349	万		350		与头
351		肴框	352	冉	ran	353	冄	ran	354	央		355		鼠底
356	豸	zhi	357	曲		358		阜头	359	旡	既边	360	兂	zan
361	耒	lei	362	兆		363	乍		364	必		365	甘	
366		惠心	367		亥腰	368		兩框	369	屯		370		鬲心
371		婁头	372	巨		373	牙		374	瓜		375	了	

（续表）

376		假角	377	弗		378	我		379	重		380	尹	
381	丘		382	弔	diao	383	五		384	丌	ji	385		齐底
386		眉头	387		官底	388	民		389		捺	390		敢角
391	丫		392	内		393	申		394		争底	395		敝旁
396	于		397	下		398	丁		399		齊角	400	冘	枕边
401	东		402	柬		403		假心	404		高变腰	405	夬	决旁
406		堇底	407	乡		408	及		409	更		410		肅身
411		倉心	412	予		413	甲		414	甼		415		叟头
416	片		417	为		418	爲		419	為		420	丑	
421		無腰	422		鹵心	423	求		424	垂		425	黽	mian
426		卯旁	427		曹头	428		惠头	429	尺		430		華底
431		虱头	432		匆心	433	韦		434	卅		435		带头
436		帶头	437	丗	(带)头	438	乎		439		尧头	440	丹	
441	円	日元	442		杨边	443	戋	钱边	444	戔	錢边	445		彧 yu 旁
446		乌头	447		烏(乌)头	448	朿	刺旁	449		典头	450	夷	
451		候角	452		经角	453	疌	捷边	454	畢	繁毕	455	久	
456		农头	457	之		458	井		459		漢边	460		黎角
461	禹		462	熏		463	丩	收旁	464	本		465		襄 nang 头
466	肉		467	串		468	弗	chan	469	永		470		jia(戛变)头
471		虐心	472		印旁	473		仓(仓)底	474	市		475		柹(柿)边
476		妻头	477		段旁	478		颐旁	479		弻旁	480	臾	yu
481		萸 yu 底	482		鍾(钟)旁	483	歺	餐角	484	龙	mang	485	象	
486	才		487		雋底	488	两		489		卬 yong 旁	490		丞腰
491		卸旁	492	鬥	繁斗	493		以旁	494	斥		495	臾	庚心
496		制旁	497		遞(递)心	498	州		499		鼎底	500		衰心
501		(簑 suo)心	502		姊边	503	乐		504	曳	ye	505	來	衆(众)底
506	戢	ji	507	三		508	卝	guan	509		夜角	510		検角
511		吳腰	512		发头	513	刄	繁刃	514	飞		515	飛	繁飞
516	专		517	丈		518	丏	mian	519		那旁	520	年	
521	龜	繁龟	522	⺄	ji	523	㇏	fu	524	発	繁发	525	丏	
526	史		527	丱	聯角	528		牽 qian 头	529	事		530	爭	

（续表）

531		羲 xi 底	532	勹	沒角	533	夨	ze	534	凹	ao	535		斲 zhuo 旁
536		duo 心	537	丂	繁于	538		甩心	539		繭 jian 框	540		临角
541	卍	wan	542	㐃	反卍	543	吏		544	秉		545	乘	繁乘
546		揷(插)边	547		揷(插)边	548		壺(壶)底	549		壼(壸)底	550	㐅	
551	乜		552	个		553	书		554	罒	埒角	555	凸	
556		壽头	557		棄(弃)底	558		粥心	559	承		560		扥 den 边

（四）汉字拆分举例

1. 汉：[氵、又] 或 汉{氵、又}

（一级部件）

2. 树：[木、又、寸] 或 树{木、又、寸}

（一级部件）

3. 幕：[莫（艹、曰、大）、巾] 或 幕{莫{艹、曰、大}、巾}

（一级部件）（二级部件）

4. 赣：章 [立、早（曰、十）]、赣的右半部 [夂、贡（工、贝）]

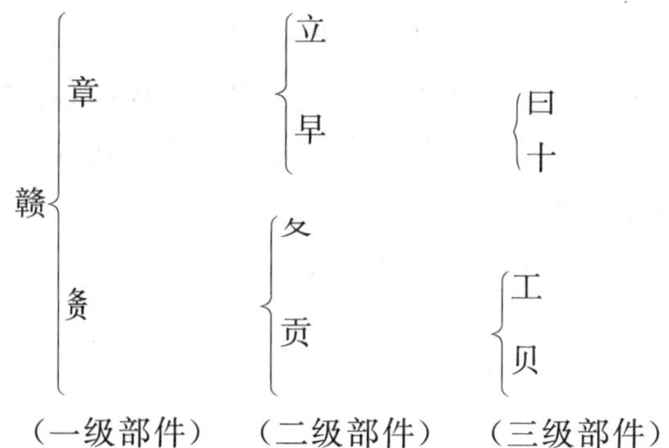

四、独体字和合体字

按照构成汉字部件的多少可以把汉字分为两大类，一是独体字，一是合体字。

（一）独体字

是指只有一个部件构成的字，如“人”、“口”、“木”、“禾”、“广”、“无”、“五”等。有些字虽然可以切分出一定的部件，但余下的部分不能处理为最小的部件，因而也只能看作独体字，如“大”、“串”、“丰”、“日”、“本”、“甘”等字，可以切分出“人”、“口”、“三”、“木”、“廿”等部件，但剩下的一横、一竖无法处理。这样的字只能作为独体字看待。

独体字的数目是有限的，汉字中大多数是合体字。合体字占了汉字的90%以上。

（二）合体字

是由两个或两个以上部件构成的字，如“休”由“亻”和“木”两个部件构成，“数”由“米”、“女”、“攵”三个部件构成，“摸”由“扌”、“艹”、“曰”、“大”四个部件构成，等等。

合体字的组合方式有以下几类：

（1）左右组合：左右结构——词、科
　　　　　　　左中右结构——斑、树

（2）上下组合：上下结构——笑、尖
　　　　　　　上中下结构——赢、器

（3）包围组合：两面包围结构——A　上左包围：厅、庆
　　　　　　　　　　　　　　　B　上右包围：旬、司
　　　　　　　　　　　　　　　C　左下包围：远、赶
　　　　　　　三面包围结构——A　上三包围：同、凤
　　　　　　　　　　　　　　　B　下三包围：凶、函
　　　　　　　　　　　　　　　C　左三包围：区、医
　　　　　　　四面包围——国、围、团、回

（4）框架组合：一层框架结构——巫、坐
　　　　　　　两层框架结构——噩、爽

（5）“品”字形结构：品、晶、森

传统的文字、学把独体字叫“文”，合体字叫“字”。现代汉字的独体字和合体字跟古代汉字的独体字、合体字有传承关系，现代汉字的独体字多数来源于古代的独体字，也有少数来自古代的合体字，如“秉”、“及”、“更”、“重”在古代是合体字，在现代成了独体字。有些字的繁体是合体字，简体则是独体字。

古今汉字独体字和合体字的变化是由于字体的演变和简化造成的。

五、偏旁与部首

（一）偏旁

偏旁是合体字的构字部件。从前称合体字的左方为“偏”，右方为“旁”；现在把合体字的组成部分统称为“偏旁”。位于字的左边，叫“左偏旁”；位于字的右边，叫“右偏旁”。

偏旁分意符（也叫形旁、形符）和音符（也叫声旁、声符）两种。偏旁中意符表示该字的字义类属，音符表示该字的大致读音。

汉字绝大部分是形声字，由形旁和声旁组成，所以，“偏旁”，主要包含形旁和声旁两类的字。如“语”字，由“言”和“吾”两个偏旁组成；“盆”字由“分”和“皿字底”两个偏旁组成；“问”字由“门字框”和“口”两个偏旁组成。传统上对汉字字形的分析采用的是偏旁分析法，偏旁也是由笔画组成的具有组配汉字功能的构字单位。

偏旁跟部件一样，两者都有一致的地方，如“男”的“田”和“力”既是偏旁，也是部件。但两者并不完全相等。偏旁是对会意字、形声字中表意和表音成分的分析，而部件是对现代汉字内部结构系统分析的结果，部件可以表义、表音，也可以不表义、不表音。如“磨”从偏旁来看，只有“麻”和“石”两个偏旁，而从部件来看，则有“广”、“木”、“木”、“厂”、“口”五个部件，作为部件的“广”、“木”、“厂”、“口”在“磨”字中既不是意符，也不是音符。部件可大可小，是有级别的，而偏旁是固定的。

（二）部首

部首是字书中各部领头的部件或笔画，具有字形归类的作用，或者说是给同一偏旁的汉字所立的类目。

部首为东汉许慎首创，他在《说文解字》中把具有共同形旁的字归为一部，以共同的形旁作为标目，置于这部分字的首位，因为处在一部之首，所以称为“部首”。如“妈”、“妹”、“妙”、“姑”等字，具有共同的形旁“女”，“女”就是这部分字的部首；再如“木、杜、李”字都有“木”，木就是部首。自许慎创立以形旁编排文字的方法以后，这种方法千百年来一直为编纂字书的人所采用，只是分部的多少有所不同。如《说文解字》分为540部，《康熙字典》、《辞源》、《辞海》分为214部，新版《现代汉语词典》和《现代汉语规范词典》都是201部。

充当部首的汉字部件，大多具有表示义类的作用，也有少数是不表示义类的，还有部中的少数字，部首可能是表声的。

部首与偏旁的联系与区别：从部首检字表中看，偏旁就是部首，如“岭峰”中，“山”既是偏旁也是部首。但部首不一定是偏旁，如“丨 亅 丿 乛 亠”等，因为它只有字形归类的作用，而没有偏旁的义音作用。另外部首只有200多个，且其中大部分是偏旁；而偏旁有560多个，有些不常用，习惯上不叫它偏旁，而称它为部件（见上文的汉字部件规范）。

查字典时，确定部首很重要。一般情况下，确定部首的方法是：

形声取形不奇怪，包围结构都取外。
左右相等左边找，左右不等常取少。
上分下合取下面，其余取上不取下。

检字部首一般统称为“某部”，如“丶部”、“亻部”、“亠部”等。也有冠以“某某旁部”，如言字（讠）旁；“某某头部”，如雨字（⻗）头；“某某底部”，如马字（马）底；“某某框部”，如同字（冂）框等。

附：常见部首

一画	一 丨 亅 丿 丶 乛 乙 乚
二画	八勹匕冫卜厂刀刂儿二匚阝丷几卩冂力冖凵人亻入十厶亠匸讠廴又
三画	艹屮彳巛川辶寸大飞干工弓廾广己彐彑巾口马门宀女犭山彡尸饣士扌氵纟巳土囗兀夕小忄幺弋尢夂子
四画	贝比灬长车歹斗厄方风父戈卝户火旡见斤耂毛木聿牛牜爿片支攵气欠犬日氏礻手殳水瓦尣王韦文毋心牙爻曰月爫支止爪
五画	白癶歺甘瓜禾钅立龙矛皿母目疒鸟皮生石矢示罒田玄穴疋业衤用玉
六画	耒艸臣虫而耳缶艮虍臼米齐肉色舌覀页先行血羊聿至舟衣竹自羽糸糹
七画	貝采镸車辰赤辵豆谷見角克里卤麦身豕辛言邑酉豸走足
八画	青靑雨齿長非阜金釒隶門靣飠鱼隹
九画	風革骨鬼韭面首韋香頁音
十画	髟鬯鬥高鬲馬
十一画	黄鹵鹿麻麥鳥魚
十二画	鼎黑黽黍黹
十三画	鼓鼠
十四画	鼻齊
十五画	齒龍
十七画	龠

六、造字法

造字法就是指汉字的构造方式。

一般地说，古代汉字有以下四种造字法：象形、指事、会意、形声。现行汉字又有一些特殊情况。

（一）象形

象形就是描绘事物形状的造字法，用这种方法造的字就是象形字。

象形字是由图画发展来的，象形字与图画有相似处，但又有本质的区别，象形字是一种形象符号，它表示语言中的词，从而获得词的读音，而图画则不然，它不表示语言中的词，并且与图画比起来，大多数象形字的形体是简约的。殷商以后，文字更趋简约，因此，现在所能看到的象形字往往是用图画的手法描绘出物体的形状的轮廓或字的特征部分。

象形字多半表示事物的名称，因此多半是名词。象形文字是汉字造字的基础，是文化史上一个重要阶段，是文化史上一件重大事情，它使语言和文字的关系更加密切。

象形字举例与解说：

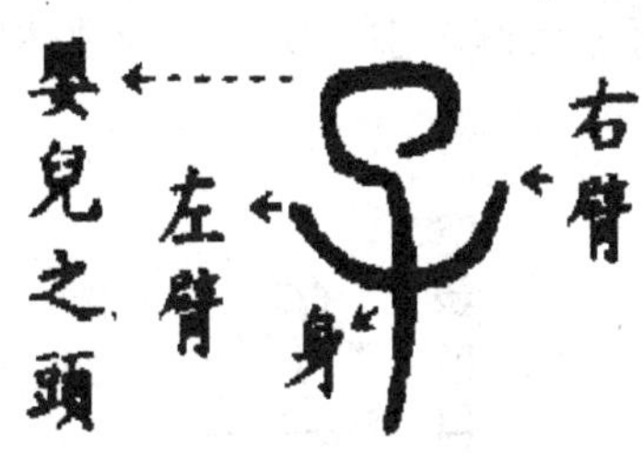

左上图作“婴儿”讲，像婴儿的头、背、身、脚的样子，两只脚省作一只脚，是因婴儿在襁褓之中，两只脚相并的缘故，而手臂不省，是因婴儿喜欢挥舞双手。

右上图说文释为“拳也”，其实以形而言，应是人手字形，像五个手指张开连着腕部的样子。

左上图作禽类的通称字形像鸟侧立之形，上像头眼喙，中像其身，下像尾巴与脚。右上图说文释为“蓏也”，就是草本植物的果实字形，内像瓜实，外像藤茎。

（二）指事

指事就是象征符号或在象形字上加提示符号来表示某个词的造字法。用指事方法造的字就是指事字。

指事字不同于象形字的地方在于，象形字是表示具体事物的，重在象事物之形；指事字是表抽象的事物概念，重在用象征手法表达出字义，它不像原物之形，只起提示作用。

指事有两种类型：

1. 在象形字的基础上增加指事符号，也就是说在象形字的基础上，加上一些符号，即是用象征性的符号，来表示一种意义。

2. 纯粹符号性质的指事字。也就是用不代表任何具体事物的抽象线条来表示字义的，这类字符号性强些，图画性弱些，比起象形文字进步多了。

指事字虽然可以表示某些抽象概念，但是也有很大的局限性，造指事字不容易，因为用象征性的符号表示词义是相当困难的，从古至今，指事字极少，就说明了这一事实。

象形字、指事字一般是单一的形体，不能再分为两个字，所以称为独体字。

指事字举例：

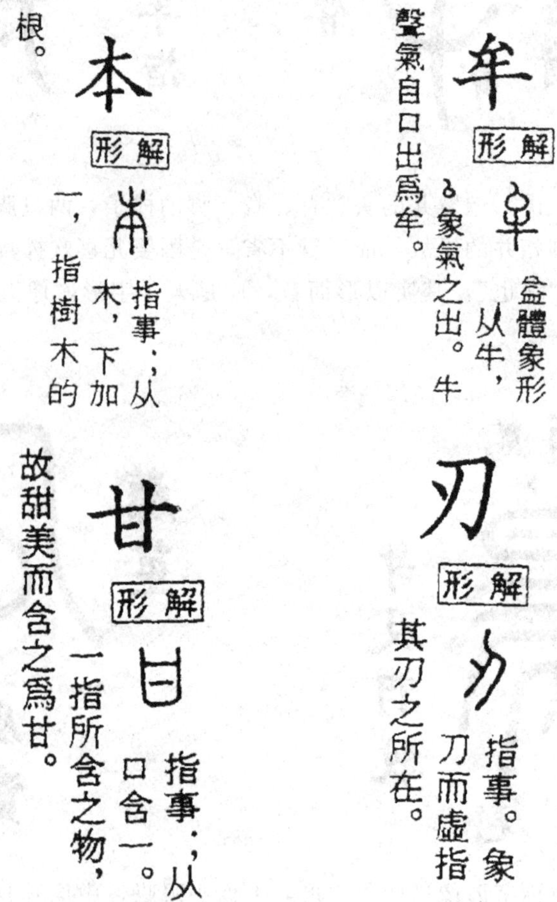

牟
形解
合體象形从牛，ㄥ象氣之出。牛聲氣自口出爲牟。
本
形解
指事；从木，下加一，指樹木的根。
刃
形解
指事。象刀而虛指其刃之所在。
甘
形解
指事；从口含一。一指所含之物，故甜美而含之爲甘。

（三）会意

用两个或几个部件组成一个字，把这几个部件的意义合成新字的意义，这种造字法叫会意，用会意方法造的字，就是会意字。也就是说集合两个以上在意义上可能发生关联的部件来表示一个意义这样的造字方法叫会意。

因此，会意字必须具备两个条件，一是由两个或两个以上的部件组成，一是两个以上形体组合在一起必须构成一个新的意义。

会意字一般是合体字，它有两个或两个以上同样形体组合起来的，也有用两个或两个以上不同形体组合起来的。前一类叫同体会意字，后一类叫异体会意字。会意字以两体为基本形式，三体、四体的较少，五体以上的更少。下面分为同体会意和异体会意两类举例说明。

1. 同体会意：从、众、比。

2. 异体会意：初、牧、休。

同体会意：

木＋木→林　木＋木＋木→森

人＋人→从　人＋人＋人→众

火＋火→炎　火＋火＋火→焱

异体会意：

上＋心→忐　下＋心→忑

不＋好→孬　不＋用→甭

日＋月→明　不＋正→歪

会意字举例：

信 【形解】 會意；从人言。說話是心聲的表露，必誠敬不欺，以會誠篤之意。

信＝人＋言

男 【形解】 會意；从田力。男子。能夠任力於田事之有力男性。

男＝田＋力

祭 【形解】 會意；从示从手持肉，故以手捧肉於神前爲祭。

祭＝又＋肉＋示

3. 会意字与象形字比起来，远远超过了象形字，然而它的基础仍是象形字，抽象的字全部是由一些具体的象形字演变过来的。然而许多象形字不能造的字，可以用这种方法选出来，但会意字也有严重缺点，为了表示各种各样的意思，要把各种各样的物形符号，或意义有关的字拼凑在一起，结构极为复杂，而且有许多词也很难用这种方法表示出来，这就必然要求产生新的造字法。

但总的来说，会意字比象形、指事的造字道路要宽广一些，这三类字，象形、指事、会意都可归成一类，即不带表音成分的表意文字。

（四）形声

1. 由表示字义类属的部件和表示字音的部件组成新字，这种造字法叫形声，用形声法造的字叫形声字。形声字是由一个意符和一个声符组成的。形声，“形”是指形旁，也叫意符，其作用是指出字的意义类属；“声”是指声旁，也叫声符，其作用是标明字的读音，利用形旁和声旁组成的字就是形声字。形声字都是合体字。

2. 形声字有省形和省声的情况：

(1) 省形：形符与声符组成的形声字，如果笔画太繁或结构不匀称，就将形符省去一部分。

(2) 省声：篆文对古文字形进行了规范，声符省去了一部分，使形声字的结构变匀称，美观，便于书写。

（3）形声字举例：

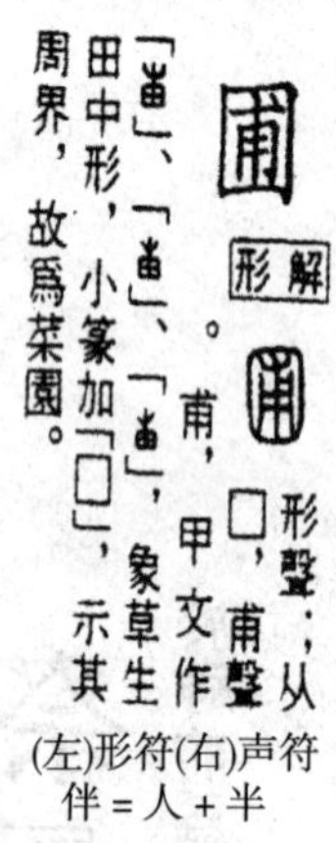

圃
形解
形聲；从口，甫聲。甫，甲文作「」、「」、「」，象草生田中形，小篆加「口」，示其周界，故爲菜園。

(左)形符(右)声符
伴＝人＋半

伴
形解
形聲；从人，半聲。物中分爲半，人的另一半而有侶義。

(外) 形符 (内)声符
圃＝ 口＋ 甫

忠
形解
形聲；从心，中聲。誠敬發自心中爲忠。

(下)形符(上)声符
忠＝心＋中

水（氵）：清、江、河、湖、泊、海、沟、洞、浊

山：峰、岭、屿、崎、岗、嵩、岳、岔、岛

丝（纟）：经、纬、组、织、细、纱、纲、纹、纺

门：闪、闭、问、闹、闺、闲、间、闷、闸

金（钅）：针、钉、钓、钩、银、铜、铁、钱、钞

鸟：鸠、鸡、鸭、鹅、鸦、鸥、莺、鸳、鸯

犬（犭）：犯、猖、狂、猴、狡、猾、狼、狈、独

虫：虾、蚂、蚁、蚊、蝇、蛇、闽、蟹、蚤

3. 形声字特点：形声造字法造的形声字，有了表音成分，同语言的声音在一定程度上发生了联系，比没有表音成分的象形字、指事字、会意字有一定的优越性。因而形声字的产生使汉字的性质产生了重大变化，由表意文字过渡到表意兼表音的文字，形成了汉字的新阶段，三千多年来形声字不断增加，由甲骨文的百分之二十增加到现在的百分之九十以上。

4. 形声字形符和声符的搭配方式（也或说是位置）多种多样，最常见的有六种，最基本的是第一种。

（1）左形右声：河，理，棋，昭，爬。

（2）右形左声：攻，期，胡，切，鸠。

（3）上形下声：草，景，零，空，箕。

（4）下形上声：盲，堡，基，辜，照。

（5）内形外声：问，闻，闽，闷，辩。

（6）外形内声：阁，固，匪，园，府。

另外有些形声字形旁和声旁的部位比较特殊，有的形在左上角，如荆，一种灌木；有的形在右上角，如匙，本义勺子；有的声在右下角，如旗。

5. 意符的作用和局限性：

意符是表示形声字的意义范畴的，但它并不能确切地表达形声字的具体意义。意符与

形声字意义之间的关系是多种多样的，它只给形声字的意义划定了一个大范畴，具有区别同音字的作用，并无直接的表义作用。

意符表示形声字的意义范畴，这就使形声字的意符在表义功能上具有很大的局限性。同时由于意符所表示的意义范畴往往只适用于本义，由于词义的引申，文字的假借，事物的发展变化，很大一部分形声字的意符已经大大削弱，甚至完全丧失了它的表义作用。如“木”：

A. 木制家具：桌、椅、柜、橱、架。

B. 木制品：桥、梁、柱、栋。

C. 树：松、柏、桂、梅、樟。

6. 声符（旁）的作用和局限性：

声旁的主要作用是可以表示读音，大约有四分之一的形声字声旁和整个字的读音完全相同。如用奂（huan）作声旁的，在通用字中有“换，唤，涣，痪”等，读音同奂完全相同。但是，声旁是表示形声字的音类的，即使在造字的时候，也不一定要求声符和它组成的形声字完全同音。

如果要求完全同音，往往需要选用生僻字或笔画繁多的字来充当声旁，有的甚至找不到，因此往往不得不在语音条件上放宽点。但是当初形声字和它的声符必然是声音相近的。即使到了现在，形声字和声旁的读音在大多数情况下仍然比较接近，或者是有规律可寻的，这是由于语音的发展变化总是有规律的。如“唐 tang”与“塘、糖”，读音与声符完全相同；“单 dan”与“弹”，读音与声符基本相同，仅声调不同；“者 zhe”与“堵、赌、都 du”、“署、暑 shu、著”、“箸、煮 zhu”，虽然这些字的读音与声符不同，但可以看出同声符的汉字，其读音有很多相同点，仍是有规律可寻的；就是那些完全看不出声符的，如“也”与“池、驰、弛 chi、她、他 ta”，“炎”与“谈、毯 tan、淡 dan”等等，也还是能推测出其声符的。

（五）转注

《说文解字·叙》说：“转注者，建类一首，同意相受，考、老是也。”建立表示事类相同的字作为同一个部首，由于意义相同可以互相训释，这样造出来的字是转注字。转注字有两个条件：其一，部首必须相同；其二，意义必须相同。如：吹、嘘。

（六）假借

《说文解字·叙》说：“假借者，本无其字，依声托事，令、长是也。”汉字中本来还没有那个字，按照声音相同或相近的原则，把新事物的意义加到某个字上，这样造出来的字叫假借字。可见，假借是借用原有的字记录新词，并不产生新词，因此，假借不是造字法，是用字法。如：来、而。

另外，古代有一种假借字，是本有其字，同音假借，即本来有那个正字，但是写字的人写成了别的同音或近音字，日久相传，因而流行。这种字又叫通假字、通借字、借字。如借“惠”为“慧”：惠，恩惠，仁爱；慧，智慧，聪明（《列子·汤问》：甚矣，汝之不惠）。

古书中的通假字很多，《荀子·天论》中就有二十多组，通假字的存在给阅读和教学造成了很大的障碍，如果能够认清通假字和本字，就会清楚地了解其意义。

严格地说，转注和假借都是用字法，不是造字法。

思考与练习

一、名词解释

1. 笔画。2. 笔顺。3. 部件。4. 独体字。5. 合体字。6. 偏旁。7. 部首。

二、简答

1. 汉字的基本笔画。

2. 汉字笔顺的一般规则。

3. 汉字部件拆分的原则，列举部件的分类标准和类型。

4. 独体字与合体字的区别与联系。

5. 合体字的组合方式。

6. 偏旁与部首的区别与联系。

7. 列举汉字的造字法。

8. 会意字与象形字的比较。

9. 形声字的意符和声符的作用及其局限性。

三、实践操作

1. 举例说明汉字笔画的组合方式。

2. 指事字类型举例。

3. 举例说明形声字形符和声符的搭配方式。

4. 试写出下列汉字的笔画顺序：皮、巨、防、考、连。

5. 拆分下列汉字的部件：裹、羸、树、幕、赣。

6. 依提示书写以下笔画笔顺易错的字。

“忄”先写点和点，最后写竖。

“匕”先写撇，后写竖弯钩。

“万”先写横，再写横折钩，后写撇。

“母”字的最后三笔是点、横、点。

“及”先写撇，再写横折折撇，后写捺。

“乃”先写横折折折钩，再写撇。这个字和“及”字形相近，但笔顺完全不同。

“火”先写上面两笔，即点和撇，再写人字。

“登”的右上角先写两撇，再写捺。

“减”先写左边的点和提，再写右边的“咸”字。

“爽”先写横，再从左到右写四个“×”，最后写“人”。

“讯”右半部分的笔顺是：横斜钩（不是横折弯钩）、横、竖（不是撇）。

“凸”第一笔先写左边的竖，接着写短横和竖，然后写横折折折，最后写下边的长横。

“凹”第一笔先写左边的竖，接着写横竖折折，然后写竖和横折，最后写下边的长横。

“出”先写竖折，然后写短竖，再写中间从上到下的长竖，最后是竖折和短竖。

“贯”上边是先写竖折，再写横折，第三笔写里面的竖，最后写长横。

“重”上面的撇和横写后，紧接着写日，再写竖，最后写下面两横（上短下长）。

“脊”字上边的笔顺是先写左边的点和提，再写右边的撇和点，最后写中间的人。

“义”先写点，再写撇和捺。点在上边或左上边的要先写，如“门、斗”等；点在右边或字里面的要后写，如“玉、瓦”等。

“匚”的字，先写“匚”上面的横，然后写“匚”里面的部分，最后才写“匚”最后的折，例如“匹、区、臣、匠、匣、匿”等。

“敝”的左边先写上部的点、撇，接着写左下角的竖、横折钩，然后写中间的长竖，最后写里面的撇、点。这些字还有“弊、憋、憋、鳖”等。

“噩”字的横、竖写后，接着写上边的左右两个“口”，再写中间的横和横下的两个“口”，最后写一长横。这样写符合从上到下、先中间后两边的规则，与“王”字的笔顺不同。

第四节　汉字的整理、标准化和规范化

一、汉字的整理

汉字的整理，从古到今一直在不断进行中。早在甲骨文和金文中就有简体字，也就是说，汉字简化工作和简化字，从中国殷商时代就开始了。以后几乎在不同历史时期都做了汉字简化工作，都产生过相应的简化字。如从先秦六国文字到秦统一后的小篆，秦始皇下令的“书同文”，可以看成是中国历史上第一次大规模的由官方做的汉字简化整理工作，小篆对六国文字说来，就是规范字、简化字。以后从小篆到隶书，从隶书到楷书，每一次书体变革，都是一次汉字简化整理工作。楷书定型以后，还有对楷体字的正体、俗体、讹体的甄别工作。清末、民国时期，汉字改革也一直在进行着。比如钱玄同在1922年就提出汉字改革的七个方法：

一是采用笔画简单的古字。如“从、众、礼、无、尘、云”等等，这些字都见于《说文解字》，比繁体字更符合“六书”，有的繁体字反而是写错了的（参见方舟子《字源和汉字简化》一文）。

二是草书楷化。如“专、东、汤、乐、当、买、农、孙、为”等。

三是用简单的符号代替复杂的偏旁。如“鸡、观、戏、邓、难、欢、区、岁、罗、刘、齐”代替“雞、觀、戲、鄧、難、歡、區、歲、羅、劉、齊”等。

四是仅保留原字的有特征的部分。如“聲、習、縣、醫、務、廣、條、鑿”等字，只保留“声、习、县、医、务、广、条、凿”等。

五是原来的形声字改换简单的声旁。如“遼、遷、郵、階、運、遠、擾、猶、驚、護”等字改声旁为“辽、迁、邮、阶、运、远、扰、犹、惊、护”等。

六是保留原字轮廓。比如“龜、慮、愛”保留“龟、虑、爱”等。

七是在不引起混淆的情况下，同音字合并为简单的那个字。比如“里程”的“里”和“里面”的“里”合并，“面孔”的“面”和“面条”的“面”合并，“皇后”的“后”和“以后”的“后”合并，“忧郁”的“郁”和“郁郁葱葱”的“郁”合并。这些合并在现代文中不会引起词义的混乱。

中华人民共和国建立以后，1954 年成立了中国文字改革委员会，它是中华人民共和国的国家文字改革机构，直属国务院，1985 年改名为国家语言文字工作委员会。

多年来，简化和整理汉字，一直是我国文字改革的三大任务之一。（另两个任务是推广普通话，制订和推行汉语拼音方案）

在汉字简化和整理工作方面：1956 年公布《汉字简化方案》。1964 出版了《简化字总表》，1986 年重新发表《简化字总表》，同时废止 1977 年发表的《第二次汉字简化方案（草案）》。《简化字总表》所列简化字是通行汉字的正体。

简化汉字，减省了汉字笔画、减少了汉字字数，把笔画繁复的字变成笔画少的字，把一个字原来的几种写法确定为一个正体写法，使汉字比以前少得多，也好学好认好写得多了。

我国汉字改革，采用以维持现状，追求语言文字使用的连续性和稳定性为主的语言文字政策。当前，汉字工作的任务就是继续研究和整理现行汉字，制定各项有关标准，研究汉字信息处理问题，促进汉字的规范化和标准化。

具体说，汉字整理主要是从以下几个方面入手的：

（一）精简字数

1. 整理异体字

精简字数，主要是废除异体字。异体字是音同、义同而形体不同的字，如“柏（栢）、冰（氷）、耻（恥）、劫（刼刦刧）”等。这类异体字较多，它们是不折不扣的赘疵，没有任何积极作用，只会增加人们的负担。例如在阅读时，光知道一个比较通用的“膻”还不够，还得额外再记住同音、同义的“羶、羴”。这在学习和应用中浪费时间和精力，在印刷、打字等工作中浪费物质财富。这类异体字必须整理。

1955 年 12 月，文化部和文改会公布了《第一批异体字整理表》，这个表列出 810 组异体字，共 1865 个。根据从俗从简的原则，每组选定一种形体作规范字，其余的 1055 个作异体字，一般不在书报杂志等出版物中出现。翻印古书或作姓氏用时，可以例外。

整理异体字应遵循“从俗、从简和书写方便”的原则。

（1）从俗

就是选用通行的，不用生僻的。如：“冰（氷）、皂（皁）、哲（喆）、因（囙）、碗（椀盌瓮）、吊（弔）”等。有的字虽然比同组的其他字笔画多些，但是通行范围广，因些也选定为规范字，如“泛（汎氾）、草（艸）、同（仝）、睬（保）、船（舩）、雕（彫鵰琱）”等。

（2）从简

在通用的前提下，选用笔画少的，不用笔画多的。如“冗（宂）、瓮（甕罋）、棕（椶）、泄（洩）、决（決）、栖（棲）、汹（洶）、咱（喒偺）、岳（嶽）”等。

（3）书写方便

有上下和左右两种部位格式的字，为了便于书写，一般选用左右格式的字为规范字。如“略（畧）、峰（峯）、群（羣）、裙（裠）、锹（鍫）、峒（峝）、墩（墪）、峨（峩）、槁（槀）”等。也有少数几个上下部位的字如“岸（屽）、拿（拏）、蟹（蠏）”，因为群众通用，仍选定为规范字。

2. 规范印刷体字形

1965 年，文化部和中国文字改革委员会公布了《印刷通用汉字字形表》，共收通用的印刷体字 6196 个；1988 年 3 月，国家语言文字工作委员会、中华人民共和国新闻出版署发布了《现代汉语通用字表》，收字 7000 个。这两个字表明确规定了每个字的字形标准。例如，采用“高、争、吴”等，不用“髙、爭、吳”等。这样，印刷体字形统一了，印刷体和手写楷书也基本上一致了，精简了一些在印刷上的特殊写法的字，很有利于汉字的学习和使用。

2013 年国务院发布《通用规范汉字表》，是目前规范汉字字形的法定文件。具体见书末的附表二。

3. 更改生僻地名用字

从 1956 年到 1964 年，全国有 8 个省和自治区的 35 个地区和县经国务院批准更改了生僻的地名用字。因为这些字生僻难认，国务院于 1986 年批准更改，具体如下：

黑龙江	铁骊县	改为	铁力县
	瑷珲县	改为	爱辉县
青　海	亹源回族自治县	改为	门源回族自治县
新　疆	和阗专区	改为	和田专区
	和阗县	改为	和田县
	于阗县	改为	于田县
	婼羌县	改为	若羌县
江　西	雩都县	改为	于都县
	大庾县	改为	大余县
	虔南县	改为	全南县
	新淦县	改为	新干县
	新喻县	改为	新余县
	鄱阳县	改为	波阳县
	寻邬县	改为	寻乌县
广西	鬱林县	改为	玉林县

（续表）

四　川	酆都县	改为	丰都县
	石砫县	改为	石柱县
	越嶲县	改为	越西县
	呷洛县	改为	甘洛县
贵　州	婺川县	改为	务川县
	鳛水县	改为	习水县
陕　西	商雒专区	改为	商洛专区
	盩厔县	改为	周至县
	郿县	改为	眉县
	醴泉县	改为	礼泉县
	郃阳县	改为	合阳县
	鄠县	改为	户县
	雒南县	改为	洛南县
	邠县	改为	彬县
	鄜县	改为	富县
	葭县	改为	佳县
	沔县	改为	勉县
	栒邑县	改为	旬邑县
	洵阳县	改为	旬阳县
	汧阳县	改为	千阳县

此外，还有以下两种更改地名用字的情况：

（1）由于汉字简化，例如辽宁省瀋阳市改为沈阳市；

（2）由于异体字整理，例如河南省濬县改为浚县。

4. 统一计量单位名称

1977 年 7 月 20 日，文改会和国家标准计量局发出《关于部分计量单位名称统一用字的通知》，要求“采用附表选用的译名，淘汰其他旧译名”。例如，废除表示长度的“浬”，改称海里；废除表示面积的“畞喃”改称英亩；废除表示容量的“呏嗧”，改称加仑；废除表示重量的“哩呩”，改称英担、英石等。这样，共精简旧译名字 20 多个。

（二）精简笔画

按照“约定俗成、稳步前进”的原则，1956 年，国务院公布了《汉字简化方案》，方案中的简化字分四批推行。经过几年的实践，于 1964 年总结、归纳成《简化字总表》。1986 年重新公布《简化字总表》时又对个别字作了调整，主要是应用简化部件，类推简化了一批繁体字，使简化字的总数增加到 2235 个，同时废止 1977 年 12 月文字改革委员会发布的《第二次汉字简化方案（草案）》，指出“今后，对汉字的简化应持谨慎态度，使汉字的形体在一个时期内保持相对稳定，以利于社会应用。”

《简化字总表》所用的简化方法是千百年来特别是近百年来群众创造的，主要包括以下几种：

1. 简化部件

部件简化以后便于学习和记忆。简化一个部件，有时就可以类推简化一系列繁体字。部件简化可以使一些简化字和繁体字之间有对应规律。这种简化方法是最有效的方法。

简化形声字声旁的，如：

優→优　蘋→苹　撲→扑　燈→灯　襖→袄

长(長)：伥(倀)、怅(悵)、帐(帳)、张(張)、枨(棖)

简化形声字形旁的，如：

贝(貝)　货(貨)　赁(賃)　贷(貸)　贩(販)　贬(貶)

钅(金)：钱(錢)　铜(銅)　锡(錫)　银(銀)　锌(鋅)

简化会意字部件的，如：

棗→枣　聶→聂　庫→库

2. 同音或异音代替

在意义不混淆的条件下，用形体简单的同音或异音字代替繁体字，既减少了字数，又突出了表音的特点。例如：

同音代替：葉→叶　麯→曲　醜→丑　範→范　鞦→秋

异音代替：鬥→斗　捲→卷　捨→舍

情况特殊：幹乾→干　藉→借

3. 草书楷化

草书笔画简单，多是一笔书，打破了楷书的形体和结构，但笔画不清晰。把群众比较熟悉的草书字的笔形改用楷书的写法，就可以达到减少笔画的要求。例如：

長→长　專→专　書→书　堯→尧　為→为

4. 换用简单的符号

用一个笔画很简单的符号代替繁体字中特别繁难的部分。例如：

漢→汉　雞→鸡　戲→戏　鄧一邓　觀→观

趙→赵　區→区　環→环　懷→怀

5. 保留特征或轮廓

把繁体字中繁难的部分删去，只留下表示这个字的特征或轮廓的部分。用这种办法简化的字称为特征字、轮廓字。例如：

聲→声　飛→飞　虧→亏　奪→夺　齒→齿

6. 构成新的形声字或会意字

构成新的形声字的：

嚮→响 驚→惊 竄→窜

构成新的会意字的：

竈→灶 淚→泪 寶→宝

汉字简化取得了明显的效果。首先是减少了笔画数目。《简化字总表》2235 个简化字平均每字 10.3 画，被简化的 2261 个繁体字平均每字 16 画，平均每字减少 5.7 画。其次，减少了通用汉字的字数。用同音或异音代替法简化汉字，如“后”代“後”；两个繁体字共用一个简化字，如“臟、髒”合并用“脏”，这样共减少了 100 多个字。

另外，有些形声字改换声旁，表音更准确，如“态（態）、战（戰）”等；有些字简化后部件更便于称说，如“灶”（竈）等。40 多年来的实践证明，简化字有利于人民群众，特别有利于中小学语文教学和扫盲工作，受到了广大群众的欢迎。

二、现代汉字的标准化

现代汉字标准化就是对现代汉语书面语用字进行全面的、系统的、科学的整理，做到“字有定量、字有定形、字有定音、字有定序”，即定量、定形、定音、定序，简称“四定”。

（一）定量

定量主要是规定现代汉语用字的数量。

甲骨文时代汉字只有几千个，经过三千多年的发展演变，汉字积累了相当多的字量。但这些字中，有许多是异体字、繁体字，也有许多是历史上曾经使用过，而现代书面语中已经基本不用的“死”字。现列举历代字书收字数目如下：

时间	编著者	书名	字数（个）
东汉（121 年）	许慎	说文解字	9353（小篆）（不含重文 1163）
南朝・梁（534 年）	顾野王	玉篇	16917（唐宋后改为 22726）
宋（1008 年）	陈彭年等	广韵	26194
明（1615 年）	梅膺祚	字汇	33179
清（1716 年）	张玉书等	康熙字典	47043
1915 年	陆费逵等	中华大字典	48000 多
1968 年	辞典编委会	中文大辞典	49905
1990 年	徐中舒等	汉语大字典	54678
1994 年	冷玉龙等	中华字海	85568

从上表中可以看出，从甲骨文到现代汉字，总字数不断增加。历代字书所收字数是在逐步增多的。如果把大量异体字排除，实际字数不会有这么多。据郑林曦《精简汉字字数

的理论和实践》统计，《康熙字典》中收异体字9329组，共两万多字，占该字典所收字数的40%（中国社会科学出版社1982年版，第3页）。

实际使用的汉字在不同的时代基本上稳定在一定的数量上。从古今汉字的使用情况看，总数在一万个左右。这1万个左右的汉字，对学习和使用的人来说也还是一个非常大的数字。不同学习阶段、不同使用场合和不同要求的人，使用汉字的数量是大不一样的。因而，在汉字定量研究方面，还必须在现代汉字的基础上研制出常用汉字和通用汉字。

从20世纪50年代我国就开始研究通用汉字了。1955年，文改会编印了《通用字表（初稿）》，收字5709个；修订后于1965年公布了《印刷通用汉字字形表》，收字6196个。这是通用汉字研究的初步成果。1981年，国家标准局发布《GB2312 — 80信息交换用汉字编码字符集》（基本集），收字6763个。1988年，国家新闻出版署、国家语委发布《现代汉语通用字表》，收字7000个，这可以看作现代汉语通用的汉字。

在对通用汉字的研究同时，我们还进行常用字研究。国家语言文字工作委员会和国家教育委员会于1988年发布了《现代汉语常用字表》，其中常用字2500个，次常用字1000个。对340万字语料的检测结果是：2500个常用字覆盖率达97.97%，1000个次常用字覆盖率达1.51%，3500个字合计覆盖率达99.48%，因此，《现代汉语常用字表》的字数是符合实际的。

2013年国务院公布《通用规范汉字表》，收字8105个，分为三级：一级字表为常用字集，收字3500个，主要满足基础教育和文化普及的基本用字需要。二级字表收字3000个，使用度仅次于一级字。一、二级字表合计6500字，主要满足出版印刷、辞书编纂和信息处理等方面的一般用字需要。三级字表收字1605个，是姓氏人名、地名、科学技术术语和中小学语文教材文言文用字中未进入一、二级字表的较通用的字，主要满足信息化时代与大众生活密切相关的专门领域的用字需要。

《通用规范汉字表》是在整合《第一批异体字整理表》（1955年）、《简化字总表》（1986年）、《现代汉语常用字表》（1988年）、《现代汉语通用字表》（1988年）的基础上制定。一、二级字表通过语料库统计和人工干预方法，主要依据字的使用度进行定量、收字和分级。三级字表主要通过向有关部门和群众征集用字等方法，收录音义俱全且有一定使用度的字。

《通用规范汉字表》对社会上出现的在《简化字总表》和《现代汉语通用字表》之外的类推简化字进行了严格甄别，仅收录了符合该表收字原则且已在社会语言生活中广泛使用的“闫”等226个简化字。

《通用规范汉字表》在以往相关规范文件对异体字调整的基础上，又将《第一批异体字整理表》中“晳、喆、淼”等45个异体字调整为规范字。

为方便使用，该表后附《规范字与繁体字、异体字对照表》和《〈通用规范汉字表〉笔画检字表》两个附表。

通知指出，《通用规范汉字表》公布后，社会一般应用领域的汉字使用应以《通用规范汉字表》为准，原有相关字表停止使用。该表可根据语言生活的发展变化和实际需要适时进行必要补充和调整。

《通用规范汉字表》历经10年研制完成，是对50余年来汉字规范整合优化后的最新成果，对提升国家通用语言文字的规范化、标准化水平具有重要意义。

（二）定形

定形就是规定现代汉语用字的标准字形。

字形是文字符号的物质外壳，是书面语信息的载体。字形清晰、统一、合理、规范是进行书面语交际的基本条件，也是提高书面语交际效率的重要保证。随着汉字信息处理技术的发展，更需要汉字有明确规范的字形。

从汉字整理的历史来看，过去的汉字整理研究也非常注重对字形的规范和整理，并取得了相当大的成效。《第一批异体字整理表》、《简化字总表》、《印刷通用汉字字形表》、《现代汉语常用字表》、《现代汉语通用字表》等文献的发布，就基本上确立了现代汉字的标准字形，促进了汉字的规范化和标准化。

不过，汉字的定形还有许多工作要做，如需要进一步整理异体字，需要整理同音同义字中的异形字，还需要进一步规范书写笔顺。

在已经公布的《第一批异体字整理表》中，还有个别地方需要修订。如“楞（愣）”条，把“愣”作为“楞”的异体字来处理是不够妥当的。因为“楞”音 léng，义同“棱”，而“愣”音 lèng，义为“发愣”，可见，“楞”和“愣”音义均不同，不能作为异体字来处理。

汉字的书写笔顺，经《印刷通用汉字字形表》和《现代汉语通用字表》的规范，基本上有了一定的依据。但也还存在一些不够统一的地方。如“乃”和“及”，结构相似而笔顺不同，“乃”字的起笔是折笔，“及”的起笔是撇。再如“叟”字的上部是先两边，后中间，而“插”字的下部是先中间后两边。而同样是左中右结构的字（或部件）有的是按左、中、右的顺序来书写，如“谢”、“辩”、“鞭”等字；有的则按中、左、右的顺序来书写，如“兜”字的上部。同类结构的这些不统一现象，似乎应该进行修订，使同类结构字的笔顺统一，便于学习和应用。

（三）定音

定音是指规定现代汉语用字的标准读音。现代汉语用字的标准读音是北京语音，需要定音的主要是异读词的字音。

异读词是指表示同一个意义而有不止一种读音的词，这属于现代汉语用字字音不确定现象的一种。如“凹陷”中的“凹”字曾有三种读音：āo、yào、wā。过去在异读词整理方面已经取得一定的成绩，经过1957年到1962年分三次审定异读词，产生了《普通话异读词审音表初稿》后，1985年12月，国家语言文字工作委员会、国家教育委员会和广播电影电视部又审核公布了经过修订的《普通话异读词审音表》。这次审音修订是以符合普通话语音发展规律为原则，以便利广大群众学习普通话为着眼点的，采取约定俗成、承认现实的态度。该表公布以后，异读词的读音均以此为准。（《普通话异读词审音表》见第二章附表）

（四）定序

字典、词典的编写，各类索引的编排，计算机字库的编制，等等，都需要汉字有合理的稳定的排列顺序，以便于汉字的查检。可见，汉字的定序工作，主要是指汉字查字法的标准化。

定序首先需要确定汉字的排序方式，然后才能确定每个字的次序。汉字的排序法主要有义序法、形序法、音序法三种。

形序法又有笔画法、部首法、号码法等三种。号码法中还有四角号码、三角号码、高低笔号等多种。此外，还有兼用不同方法进行汉字排序的，如先部首后笔画、先笔画后部首等。

1. 义序法

优点：可以从意义的角度成系统地查阅单字。

缺点：意义的类聚关系没有一定的标准；同义类内部的顺序排列没有客观的依据；不适合字数较多的工具书。

2. 笔画法

优点：只要会数笔画数，熟悉笔画笔形的先后次序，掌握了部首就可以进行汉字的检索。

缺点：有些字或者部件的笔顺不一致，影响正确排序；笔画数和笔顺都相同的字的排序存在二义性。

3. 部首法

优点：部首法历史悠久、使用广泛；基本适应汉字的结构特点，多数汉字与部首具有意义上的联系；基本符合人们从形查字的习惯和要求，便于查检不会读音的生字。

缺点：部首的位置不固定，有些字难以确定部首；同笔画的部首字及同部首内的字，排列次序存在二义性。

4. 号码法

优点：可以直接根据笔形编码查字，避免了数笔画的烦琐；汉字代码采用阿拉伯数字，汉字排列成自然数列，查找起来自然方便。

缺点：规则比较复杂，初学者不易掌握；重码字较多，需要增加区别码。

5. 音序法

优点：排检速度快，准确率高；不受简、繁字体的影响；符合国际上大都按音序检索的习惯。

缺点：读不出或读不准音的字、词可以排序，但是难以查找；同音字的顺序存在分歧；不适合用来编排收字较多的字典、词典。

三、现代汉字的规范化

（一）使用规范字

国家规定在一般场合停止使用的繁体字、异体字和旧字形，以及不符合《简化字总表》规定的简化字都属于不合字形规范的字。现代汉语的标准字体是指《简化字总表》公布的简化字，因此，除文物古籍，书法、篆刻等艺术作品，题字或招牌的手写字等特殊情况，一般情况下都应该使用这些规范的简体字。

简体字的标准是《简化字总表》，因而，使用简体字首先必须识记《简化字总表》中的字，熟悉类推简化的范围，了解一些形近简化字的细微差别以及笔画数和笔顺。具体说应该注意以下几个方面的问题。

首先，要了解《简化字总表》的结构。1986 年新版的《简化字总表》分为三个表：第一表收不作偏旁用的简化字 350 个，第二表收可作简化偏旁的简化字 132 个和简化偏旁 14 个，第三表收应用第二表所列简化偏旁得出的简化字 1753 个（其中“须”、“签”跟第一表重复）。三个表共收简化字 2235 个。

其次，使用《简化字总表》要注意有些简化字跟繁体字不是一对一的关系，如“钟”对应“鐘”和“鍾”两个繁体字，再如“复”、“获”、“纤”、“坛”、“团”、“脏”、“只”、“当”、“发”、“汇”、“尽”、“历”等字都是一对二的，“蒙”、“干”、“苏”、“系”是一对三的关系，“台”则是一对四的关系。因而这些简化字在还原成繁体字字形时就必须注意字义和词义的准确对应，如“复印”对应的是“複印”，而不是“復印”，“肝脏”对应的是“肝臟”，而不是“肝髒”。

再次，要充分利用“注解”。《简化字总表》共有 56 条注解，这些注解的作用，一是具体说明简化字的规范字形的，二是具体说明如何正确使用简化字的。如“临”：左是一短竖一长竖，不是一短竖一长撇；“蚕”：上从“天”，不从“夭”；“借”：“藉口”、“凭藉”的“藉”简化为“借”，但是“慰藉”、“狼藉”等的“藉”仍用“藉”。再如“乾净”、“乾燥”的“乾”简化为“干”，而同字不同音的“乾隆”、“乾坤”的“乾”没有简化。

另外，还要注意 1986 年新版《简化字总表》跟 1964 年公布的《简化字总表》的不同。1986 年重新公布的《简化字总表》对 1964 年公布的《简化字总表》作了个别调整，如：删去“迭 [叠]”，“叠”不再作“迭”的繁体字；“覆”不再作“复”的繁体字，在“余”和“餘”意义可能混淆时，仍用“餘”，如文言句“餘年无多”。

（二）消灭错别字

错字是指不成字的字，是规范标准的字典中查不出的字。如把“步”写成“步”，“长”写成“长”。别字是把甲字当作乙字来写，如把“成绩”写成“成积”，把“已经”写成了“以经”，虽有“积”、“以”这个字，但是用在这儿不对。

写错字主要有三种情况：

1. 相近偏旁、部件影响而错写偏旁、部件。例如：

“染”错成“染”、“轨”错成“轨”，是受“熟”字中“丸”的影响。“策”错成“策”、“棘”错成“棘”，是受“赖”、“喇”等字中“束”的影响。

2. 常结合在一起的双音词中的一个字受另一个字偏旁的影响而误。如：“模糊”的“模”错写成“糢”，“枢纽”的“纽”错写成“杻”，“犹豫”的“豫”错写成“猍”等。

3. 弄错字的笔画，误写笔形。例如：把“卑”字中从“白”字撇出的斜撇误分成竖、撇两笔，作“卑”，或者错把末笔的竖贯通“白”内作“卑”。把“刊”字的首笔误为短撇作“刊”，或者把首笔和第三笔都误成撇，作“刋”。

克服写错字除了学字时要认真弄清每个字的形、音、义外，尤其要注意辨明形体相似的偏旁或部件，弄明白有关的字究竟用的哪一个偏旁或部件。

写别字主要有两种情况：

一是形近而误。例如：南辕北辙（误作撤、撒）、一窍（误作窃）不通、如火如荼（误作茶）、滥竽（误作芋）充数、戳（误作戮）穿、糜（误作靡）烂、姿（误作恣）态。

二是义近而误。例如：直截（误作接）了当、阴谋诡（误作鬼）计、歪风邪（误作斜）气、倒行逆施（误作驶）、自力（误作立）更生、川（误作穿）流不息。

要纠正错别字，首先，必须要端正写字态度，认识到写字的重要性，认真对待写字，养成一丝不苟的写字习惯，并勤查字典，多向人请教，写完字后能认真核查。其次，必须了解汉字的形音义，掌握常用字、通用字的写法、读法、用法，学会区别形似字，辨别同音字。只有从字形、字音、字义三个方面去仔细辨析，才能尽可能地少写或不写错别字。

思考与练习

一、填空

1. 我国汉字简化工作和简化字从________时代就开始了。

2. 我国文字改革的三大任是____________________。

3. 1986 年发表的____________________是通行汉字的正体。

4. 我国汉字改革，采用以____________________为主的语言文字政策。

5. 当前汉字工作的任务____________________。

6. 精简字数就是废除____________________。

7. 整理异体字应遵循____________________的原则。

8. 规范印刷体字体的字表主要有________________________等。

9. 精简笔画以 1986 年重新公布____________为准。

10. 现代汉字标准化就是对现代汉语书面语用字进行全面的、系统的、科学的整理，做到“________________”，简称“四定”。

11. 现代汉语________________是《通用规范汉字表》的附件，《通用规范汉字表》是对 50 余年来汉字规范整合优化后的最新成果。

12. 现代汉语异读词的读音均以________________为准。

13. 汉字的排序法主要有________________三种。

14. 现代汉字规范化就是________和________。

二、简答

1. 汉字形体演变的趋势有哪些？为什么说其总趋势是简化的？

2. 错别字产生的原因是什么？怎样消灭错别字？

3. 整理汉字要从哪些方面入手？

4. 整理异体字要遵循哪些原则？

5. 精简汉字笔画主要从哪些方面入手？

6. 列举汉字规范化的主要内容。

7. 汉字标准化的内容。

8. 义序法、形序法、音序法的优缺点。

三、问答

1. 为什么要对汉字进行整理和规范汉语用字？

2. 你对汉字的标准化和汉字的规范化有什么思考或建议？

四、实践操作

1. 改正下面的错别字，并加以说明。

敝开　湍气　斟察　坎烟　树哨　后选
串插　泡制　灯炮　草搞　胆心　清淅
幸苦　疮伤　举列　忘想　粉粹　按排

2. 改正下列各词中的错字，并归纳出错误的类型。

怀念（　）　　庆祝（　）　　书写（　）　　茂盛（　）
种类（　）　　明显（　）　　印刷（　）　　喉咙（　）
雨伞（　）　　结束（　）　　汽车（　）　　具体（　）
步步（　）　　巧妙（　）　　告诉（　）　　抵抗（　）

3. 下面一对一对的字，分别指出它们的近似和区别所在：

未　末｜要　耍｜崇　祟｜己　已｜盲　肓｜享　亨
秃　秀｜差　羞｜哀　衰｜赢　嬴｜徽　徵｜斑　班
隐　稳｜侵　浸｜缜　慎｜肆　肄｜贩　败｜折　拆

4. 请写出下面拼音标示的汉字。

狭 ài　　豆 chǐ　　怙恶不 quān　　草 jiān 人命
鞭 chī　　日 guǐ　　hàngxiè 一气　　shì 犊之情
信 jiān　　jī 绊　　萎 mí 不振　　yǎn 旗息鼓

5. 说明下面汉字是属于汉字简化的哪种方式。

几（幾）　书（書）　夺（奪）　灭（滅）
响（響）　丑（醜）　长（長）　戏（戲）

6. 认真阅读和识记《简化字总表》、《通用规范汉字表》、《常用多音字表》三个字表，以规范汉语用字。

（1）《简化字总表》，以国家语言文字工作委员会 1986 年 10 月 10 日发布的为准。（见书末附表一）

（2）《通用规范汉字表》，以国务院 2013 年 6 月 18 日印发的国发〔2013〕23 号文件为准。（见书末附表二）

（3）《常用多音字表》。（见第二章）

第四章　词　　汇

这一章主要学习现代汉语词汇，通过对词汇单位、性质、词汇分类、词义辨析和规范用词等基础理论和基本知识的学习，丰富自己的词汇，提高用词的能力。

这一章重要概念很多，诸如语素、词、固定短语、略语、单音词、双音词、多音词、单纯词、合成词、单义词、多义词、同义词、反义、义素、义项、概念义、色彩义、本义、基本义、转义、引申义、比喻义、临时语境义、固定修辞义、语义场、基本词汇、一般词汇、熟语等等。学习时一要将基本理论贯穿起来，形成完整的认识，不仅要把握每个概念的意义，更要注意理清概念间的联系与区别。二要注意基本理论知识的系统性特点。词汇中的许多知识点都具有较强的系统性，要结合章节内容，形成完整的理论系统，学习时可通过列表等方式将各层次的知识串连起来，在对比比较中加强理解和记忆，这样也更容易做到融会贯通。三要注意在学习基本理论和基本知识的前提下提高分析能力，如语素的识别与分析、义素分析、同义词的辨析等，要注意掌握分析方法，提高分析能力。

本章重点是语素的识别和分类、词的结构、词义、词汇的构成和词汇的规范化。本章的难点是语素的识别、复合式合成词的分类、义素分析和词义分析。本章内容较多，系统性强，学习时应注意多积累相关知识的典型例子，通过例子，准确把握概念，进而全面掌握理论知识。

第一节　词汇概述

一、词汇

词汇又称语汇，是一种语言里所有的（或特定范围的）词和固定短语的总和。例如汉语词汇、英语词汇或一般词汇、基本词汇、文言词汇、方言词汇等；还可以指某一个人或某一作品所用的词和固定短语的总和，如“老舍的词汇”、“《鲁迅全集》的词汇”，等等。词汇是词的集合体，词汇和词的关系是集体和个体的关系，好比树林和树。

词汇是语言的建筑材料，没有建筑材料就不能盖房子，没有词汇就不能造句子。语言是用一个个词按照有关的语法规则组合起来造出种种句子进行交际的。

词汇反映社会发展和语言发展的状况，也标志着人们对客观世界认识的广度和深度。就一种语言来说，它的词汇越丰富越发达，语言本身也越丰富越发达，表现力也就越强。

就一个人来说，他掌握的词越多，他的词汇量越丰富，他的语言表达能力也就越强。

现代汉语是世界上最发达的语言之一，首先就是因为它的词汇是非常丰富的。我们学习和使用现代汉语，首先就要拥有一定的词汇量。要想拥有一定的词汇量，就要不断学习词语，不断地丰富自己的词汇量，有意识地自觉地积累词汇。积累词汇的方法很多，主要是深入生活，在丰富的语言生活中有意识地搜集、收集、记录各种类型的词汇，就要从古代、现代、文艺、政论、科技等各种作品中汲取语言营养，就要加强写作实践，熟悉、掌握运用各种类型的词汇。这样长期坚持不懈，个人的词汇就会丰富起来。

二、词汇单位

（一）语素

1. 什么是语素

语素是语言中最小的音义结合体，是能够区别意义的最小的语言单位。所谓区别意义，就是区别这个语素的词汇意义和语法意义。例如“水”，是一个语素，它的语音形式是“shuǐ”，它的词汇意义是“最简单的氢氧化合物”，它的语法意义是名词及其相关的语法作用。“蜘蛛”也是一个语素，它的语音形式是“zhīzhū”，词汇意义是“一种节肢昆虫”，语法意义也是名词及其相关的语法作用。它们都是最小的音义结合体，不能再分割成更小的有意义的语言单位。

2. 语素的分类

（1）按音节分，语素可以分成单音节语素、双音节语素和多音节语素。

① 单音节语素：只有一个音节的语素是单音节语素，如“天、地、人、一、说、美”。

② 双音节语素：有两个音节的语素叫双音节语素，如“蝴蝶、奶奶、坦克”。双音节语素的两个音节合起来才有意思，分开来就没有与该语素有关的意义了。

③ 多音节语素：由三个或三个以上音节构成的语素叫多音节语素，如“喜马拉雅、珠穆朗玛、安迪斯、法兰克福、奥林匹克、白兰地、凡士林、噼里啪啦、马克思主义、中华人民共和国”。多音节语素主要是拟声词、专用名词和音译外来词。

（2）按意义分，语素可以分为单义语素和多义语素。

① 单义语素：只有一项意义的语素是单义语素，如“镭、氢、砰、芭蕾……”

② 多义语素：有两项或两项以上意义的语素是多义语素（也叫同音同形语素），书面上用一个形体的汉字表示，如“深、浅、亮”，在不同的语境下就有不同的语素意义。汉语中多义语素大都是常用语素，是较为活跃的语素。

（3）按构词功能分，语素可分为成词语素和不成词语素。

① 成词语素：能够独立成词的语素叫成词语素，例如：

老　牛　火　水　走　跑　收　分　懂　葡萄　卓别林
天　重　够　行　我　你　谁　不　又　乌鲁木齐

成词语素能够单独成词，也能够跟其他语素组合成词，如“老师、天地”等等。

② 不成词语素：不能单独成词的语素叫不成词语素，例如“葡、萄”是两个不成词

语素，组合后能成“葡萄”这一个词，再如“也、很、和”等，都不能独立成词。

（4）按有无实义分，语素可以分为实义语素和虚义语素。

① 实义语素：是指具有实在的词汇意义的语素，它本身直接负载某种意义，并且在语素形成词时或者同其他成分相组合构成词或更大的语言片断时，这种意义基本不改变。

② 虚义语素一般都不具有实在的词汇意义，它本身一般不直接负载意义，只有当它同其他成分相组合构成词或更大的语言片断时，才会使词或更大的语言片断具有某种意义。

（5）按不成词语素在合成词中的位置分，语素可以分为定位不成词语素（词根）和不定位成词语素（词缀）。

① 不定位成词语素：语素与别的语素组成词时，有基本的或全部的意义，组合时的位置也比较自由，我们把这种语素叫做不定位成词语素，这样的语素叫词根。如名（字）、语（言）、境（地）、刑（具）、瞅（眼）等等。

② 定位不成词语素：语素与别的语素组合成词时，只表示附加意义，而且位置固定，我们叫它定位不成词语素，这样的语素叫词缀。如“老师、第二”（老、第是前缀）、“花儿、老头”（儿、头是后缀）。

语素与词根、词缀的关系如下：

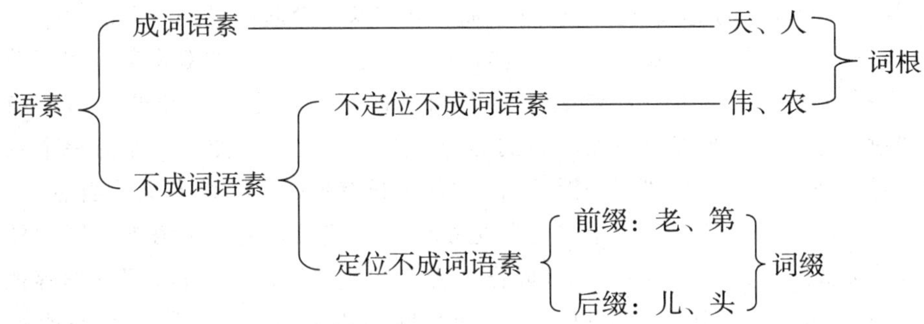

3. 确定语素的方法

（1）替代法

即用已知语素替代有待确定是不是语素的语言单位的方法——也就是对某个语言片段（一般是双音节）的各个成分进行同类双向替换。例如要检验“汉语”是一个语素还是两个语素，可以用已知语素进行双向替换：

汉语　英语　日语　口语
汉语　汉族　汉人　汉字

经过替换，可以发现，“汉”、“语”这两个语言单位都可以在不改变基本语义的情况下，分别同其他相关的语素组合。所以“语”、“言”这两个语言单位都是语素。

再举个三音节的单位为例：

科学家　艺术家　思想家
科学家　科学书　科学城

这说明“家”是一个语素。“科学”是一个语素还是两个语素，可以再进行替换。替换的结果证明它是两个语素。

(2) 采用替代法要特别注意两点

一是在替换时，必须保持结构单位意义的基本一致。替代后的语素义同原来语言片段的语义要有一定的联系。比如：

马虎：　老虎　猛虎　幼虎　雄虎

马虎：　马车　马蹄　马尾　马匹

这样的替代显然是错误的。因为“马虎”中的“马”和“虎”同“马车”、“老虎”中的“马”和“虎”在意义上并没有什么联系，无法保持结构单位的基本一致。其实，两者的读音也不一样。“马虎”的“虎”必须读轻声。“马虎”是一个双音节的语素，表达的意思是“草率、疏忽大意”。

二是在替换时，如果只能进行单向替换，那就得视为一个语素。例如“蝴蝶”：

蝴蝶　粉蝶　幼蝶　彩蝶

蝴蝶　蝴×　蝴×　蝴×

其中，“蝴蝶”的“蝴”可以分别被“粉、幼、彩”等单向替换为“粉蝶、幼蝶、彩蝶”，“蝶”却不能被别的语言替换，所以“蝴”和“蝶”合起来只是一个语素。

再强调一下：语素是最小的音义结合体，那也就意味着所有的双音节、多音节语素都是不能随意拆开的，一旦拆开，要么不能表示任何意义，比如拆开的“蜻”和“蜓”、“吩”和“咐”等等，要么表示毫无联系的另外的意义。比如“伶俐”作为一个双音节的语素是不能拆开的，“伶”和“俐”拆开后，“伶”只有形、音而没有义。当然，“伶”也可以组成“伶人”、“名伶”，但这个“伶”是指唱戏的演员，是一个语素，同“伶俐”的“伶”没有什么关系。此外，“伶”又可以作为音节构成“伶仃”、“伶俜”（形容孤独）等联绵语素，一起表示“孤独”的意思，而这两个联绵语素中的“伶”也是不能自由替换的。至于成语“伶牙俐齿”这样拆开现象，可以这样解释：这种分离是有限的，两个音节虽然分开但互相呼应，双方仍然处在同一个沿用至今定型的组合之中。音译外来词的情况也是如此，比如“坦克”这个词是一个语素，一旦拆开，“坦”表示“平坦”，“克”表示“战胜”，同“坦克”这种功防兼备的武器并没有直接的联系。同样，“吉”和“普”、“沙”和“发”也都不能拆开。所以说，语素是不能切分的最小的意义结合体。

(二) 词

1. 词

词是语言中最小的能够独立运用的有音有义的语言单位。它是由语素构成的，是比语素高一级的语言单位。确定什么是词，最重要的是“最小的能够独立运用的语言单位”。例如：

他的手胖乎乎的。

“他、手、胖乎乎”都能够单说，可以单独做句子成分。余下的两个“的”字能单独起语法作用，也是词，这就排斥了比词小的单位——语素；“胖乎乎”由两个语素“胖”和“乎乎”构成，但“乎乎”不能独立运用；“最小”，排斥了比词大的单位——短语。例如：禁止吸烟。“吸烟”也能单说，能独立运用但不是最小的，因为“吸”与“烟”也都能够单说，所以“吸烟”是动宾短语。

2. 常用的确定词的方法

(1) 能够单独运用的是词。单独运用是指能够单说或单用，上面已述。

(2) 把一句话、一个句子中所有可以单说、可以充当句法成分的单位提开，剩下来不能单说而又不是一个词的组成部分是语素。虚词语素就是用这个方法来确定的，如上面例子中的“的”字。

(3) 最小的，是说词是不能扩展的。可以用扩展法来检查确定是不是词，某一个语言单位中间不能插入别的成分的是词。例如“生姜”不能扩展成“生的姜”，“白菜”不能扩展成“白的菜”等都是如此。它们扩展后改变了原来的意义，所以“生姜、白菜”都是词。

但要注意有些由两个或几个语素组合成的单位不能单说或很少单说，例如“教给”、“人造”、“国际”、“可控制”等，但可以用来充当句法成分，它们也是词。

在词的定义中，用能否“独立运用”（单说单用）来区分语素和词，用是不是“最小的”（不能扩展）来区分词和短语。

(三) 固定短语

固定短语是词与词的固定组合，一般是不能任意增减或改换其中的词语的。所以固定短语也是词。

固定短语有专有名词，专有名词主要是指人名、机关单位名、书刊杂志名、标题名、电影电视名等等。如刘少奇、中华人民共和国、《求实》、《回忆我的母亲》、《渴望》等。

熟语——包括成语（一清二白、狐假虎威）、惯用语（晒太阳、开倒车、耍花招）、歇后语（小葱拌豆腐——一清二白）等也是固定短语。这些熟语结构上比较固定，功能上相当于一个词。具体见后详述。

(四) 略语

略语是语言中经过压缩和省略的词语，这些词语也已经固化为一般的词语或固定短语了。常见的略语有：

1. 简称

在语言的使用过程中，由于语言交际的经济性原则的作用，或者是主观上出于表达简洁性的需要，人们常把长的名称或并列短语化短，于是形成简称。常见的方式有：

(1) 减缩　从原词语或全称中截取中心成分。例如：

西藏自治区→西藏　复旦大学→复旦　半导体收音机→半导体
家用电器→家电　公共关系→公关　北京大学→北大
电影明星→影星　环境保护→环保
工人农民兵士→工农兵　亚洲非洲拉丁美洲→亚非拉

(2) 紧缩　选取原词语或全称中最具有代表性的语素再重新组合，一般前一个词取前一个语素，后一个词取后一个语素。例如：

外交部长→外长　高等院校→高校　扫除文盲→扫盲

归国华侨→归侨　经济委员会→经委会　安全理事会→安理会

中学、小学→中小学　军属、烈属→军烈属　陆军、海军、空军→陆海空军

简称本来是全称的临时替代，在正式场合往往还是要用全称。但是有些简称经过长期使用，形式和内容都固定化了，便转化为一般的词，全称反而很少使用了。例如“地铁”（地下铁路）、“空调”（空气调节器）、“教研室”（教学研究室）、长江“三峡”（瞿塘峡、巫峡、西陵峡）等。

但是，有的简称由于简缩不当，往往容易产生误解或者让人不知所云，如把“南京部队男子篮球队”简称为“南部男篮”，把“人造革”简称“人革”，便不恰当。

近年来新增加了许多外文字母简称，如“VCD、CD、CT、SOS、WTO”等，有的还加上汉字，如“B超、BP机、T恤衫、AA制”等，这是改革开放、科技交流的必然结果。这些语言单位使用时有其方便之处（“X光”现在便很少写成“爱克斯光”），但是对于大多数人来说，掌握起来还是有困难的，不了解简缩的根据，只能死记。如“LCG、LG”虽是著名的品牌，但很少人知道其含义，远不如“奔腾”、“日立”、“三菱”容易为一般人所接受。

2. 数词略语

对于一些联合结构，选择其中各项的共同成分加上所包含的项数，即构成数词略语。如：

金、银、铜、铁、锡——五金　酸、甜、苦、辣、咸——五味

工业现代化、农业现代化、国防现代化、科学技术现代化——四化

百花齐放、百家争鸣——双百　初伏、中伏、末伏——三伏

陆军、海军、空军——三军　身体好、学习好、工作好——三好

数词略语称说简便，也有可能取得词的资格，这时反而不能用全称代替，例如“三好学生”、“三北防护林”、“三峡工程”等，其中的数词略语是不能还原为全称的。但是，数词略语容易使原来的具体内容落空，数字越大，内容架空的可能也越大。如“十八层地狱”、“五花八门”都成了熟语，但人们只了解整体意思，至于具体指哪些“层”、“花”或“门”，一般人都不了解。就是20世纪50年代的“三反五反”，60年代的“四清”、“黑五类”、“九种人”，80年代的“五讲四美”，它们的具体内容人们也很难记住。

三、词、语素和汉字的关系

词是造句的单位，是最小的能够独立运用的语言单位；语素是构词的单位，是能够区别意义的最小的音义结合体；词是由语素构成的，语素只有构成词之后才能在句子中起作用；而汉字是记录它们的书写符号系统，一个个方块形体就是汉字，它同汉语是对应的，基本上一个汉字一个音节。而汉语中的语素绝大部分也是单音节的，所以从整体上看，大多数汉字和语素具有对应关系。但也有个别的情况：

1. 一个音节写成一个汉字，表示一个意义，或者表示几个意义（这几个意义必须联系得起来），这都属于一个语素同一个汉字的关系。例如：

fén——坟（坟墓）

tóu——头（头部，头发，物体的顶端，事情的起点，头目，第一，领头的……）

2. 一个音节写成不同的汉字，但只表示相同的意义，这是一个语素同几个异体字的关系。例如：

cūn——村，邨（村庄，泛指人口聚居的地方）

huí——回，囘，囬（曲折环绕，从别处到原处……）

3. 一个音节写成一个汉字表示几个意义，而这些意义联系不起来，这是几个语素同一个汉字的关系。例如：

huā——花｛种子植物的有性繁殖器官，可供观赏的植物，形状像花朵的东西……
用，耗费

4. 不同的音节写成同一个汉字，表示的是同一个语素，这是一个语素和多音字的关系。例如：

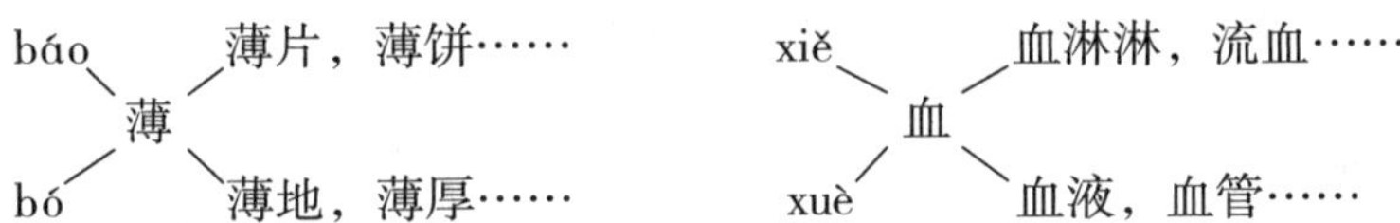

5. 不同的音节写成同一个汉字，表示不同的意义，这是几个语素和一个多音多义字的关系。例如：

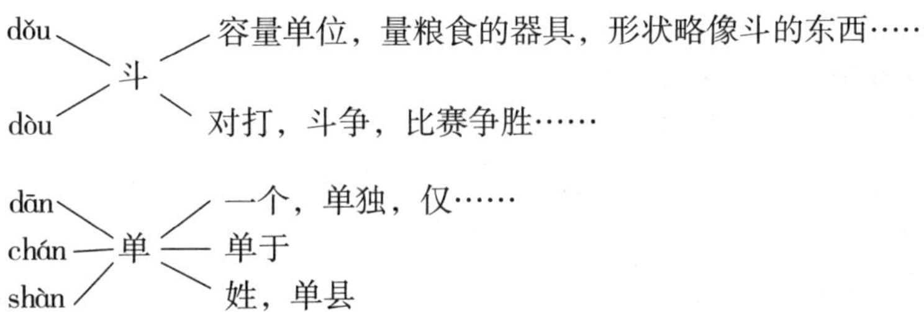

上述语素和汉字之间的五种关系，都是在一定程度上简化了的。例外情况如儿化音节，即在一个音节的末尾附加卷舌动作，“儿”不是一个单独的音节。如“gàir——盖儿”、“wánr——玩儿”都是一个音节写成两个汉字，代表一个词、两个语素。

对于词和汉字，若从词的语音形式上看，单音节词和汉字的关系基本对应（上述儿化音的特例除外）。例如：“天”、“地”、“人”、“马”、“喝”，都是一个汉字代表一个词。但现代汉语词汇双音节词占多数，如“电视”、“李白”、“玻璃”、“享受”，这些都是一个词，却由两个汉字表示。还有两个以上音节构成的词，如“生产力”、“曹雪芹”、“迪斯科”、“奥林匹克”，它们也都是一个词，但由三个或四个汉字表示。

对于词和语素，若从词的内部结构形式上看，由一个语素构成的单纯词，词和语素的关系是一一对应的。例如：“人”、“谁”、“琵琶”、“杜鹃”、“蒙太奇”、“苏维埃”、“可口可乐”、“阿司匹林”，它们是一个语素，也是一个词。而由几个语素组合构成的合成词，情况就比较复杂。例如：“巧克力糖”是一个词，却由两个语素“巧克力”和“糖”组成；“电视机”是由三个语素组成的一个词。

可见，词、语素和汉字的关系是：凡是单音节语素或者只由一个单音节语素构成的词，都是用一个汉字来表示，词、语素和汉字三者是一致的。多音节语素或多音节词，因为它们的每一个音节都需要由一个汉字来表示，所以情况较复杂，而且词、语素和汉字也往往不完全一致。

一般情况下，词、语素和汉字的关系与区别，可用下表表示：

<table>
<tr><td>类别</td><td colspan="7">例句</td><td>个数</td></tr>
<tr><td>字</td><td>谁</td><td>喜</td><td>欢</td><td>巧</td><td>克</td><td>力</td><td>糖</td><td>7个</td></tr>
<tr><td>语素</td><td>谁</td><td>喜</td><td>欢</td><td colspan="3">巧克力</td><td>糖</td><td>5个</td></tr>
<tr><td>词</td><td>谁</td><td colspan="2">喜欢</td><td colspan="4">巧克力糖</td><td>3个</td></tr>
</table>

思考与练习

一、名词解释

1. 词汇。2. 语素。3. 单音节语素。4. 双音节语素。5. 多音节语素。6. 单义语素。7. 多义语素。8. 成词语素。9. 实义语素。10. 虚义语素。11. 定位不成词语素。12. 不定位不成词语素。13. 词。14. 词根。15. 词缀。16. 固定短语。17. 略语。

二、简答题

1. 词汇单位有哪些？请举例说明。

2. 固定短语和略语是不是词？请举例说明。

3. 词汇与词有什么关系？词与语素与汉字有什么关系？

4. 语素的分类和分辨确定语素的方法是什么？

5. 确定词的方法是什么？

6. 请举例说明词和语素的区别与联系。

7. 举例说明语素和汉字的关系。

8. 常见的略语有哪几种？试举例说明。

三、实践操作

1. 列表分辨下列音节的组成：哪些是汉字，哪些是语素，哪些是词，哪些是固定短语、熟语、略语，并说明理由。

见　牡丹　蒲公英　网络化　中华人民共和国　刻舟求剑　三个代表

美国　狐假虎威　坐飞机吹喇叭——响（想）的高

2. 划出下文中的词（在词下画一横线）。

月亮升起来。院子里凉爽得很，干净得很。白天破好的苇眉子湿润润的，正好编席。女人坐在小院当中，手指上缠绕着柔滑修长的苇眉子。苇眉子又薄又细，在她怀里跳跃着。

第二节　词的分类

词由语素构成。构词语素分两种：一种叫词根，表示基本词汇意义，词根就是意义实在、在合成词内位置不固定的成词语素和不成词语素；一种叫词缀，就是加在词根前后表示附加意义的、意义不实在、在合成词内位置固定的不成词语素。如："老虎"里的"老"是词缀，"虎"是词根。"凳子"里的"凳"是词根，"子"是词缀。

依据不同的分类标准，词可以分成不同的类别。

一、依据音节的多少，词分单音节词、双音节词、多音节词

（一）单音节词

由一个音节构成的词叫单音节词。例如：

天　人　走　去　亮　小　很　都　一　我　啊

（二）双音节词

由两个音节构成的词叫双音节词。双音词在现代汉语词汇中占多数。例如：

文学　成功　攀登　靓丽　潮湿　特别　大家
沙发　克隆　冉冉　汩汩　姗姗　呼噜　奶奶

请看下面一句话：

"我应该感谢母亲，她教给我生产的知识和革命的意志，鼓励我以后走上革命的道路。"

在这短短的由23个词（包括重复的词语）组成的一句话中，双音节的词（不包括重复的词）就有12个，余下的全是单音节的词。

如果从现代汉语词汇发展的过程看，这一特点更为明显。许多以前使用过的单音节词都逐渐变为双音词；多音词也紧缩为双音词。例如：

目——眼睛　学——学习　且——而且
外交部长——外长　彩色电视机——彩电

除了少数科技用语外，几乎不再产生单音词了，所以双音节词占优势（现代汉语中双音词约占70%以上）是现代汉语词汇语音形式上的一个重要特点。

（三）多音节词

由两个以上音节构成的词叫多音节词。例如：

马克思　主持人　白兰地　方便面
现实主义　歇斯底里　试管婴儿

现代汉语中，多音词也有日益增多的趋势。

二、依据每个词的不同内部结构形式，词可以分为单纯词和合成词

（一）单纯词（单语素词）

由一个语素构成的词叫单纯词，如"电、跑、葡萄、琵琶、白兰地、方便面、乌鲁木

齐、美利坚合众国”等等。双音节及多音节的单纯词有以下几类：

1. 联绵词

是指两个音节连缀成义而不能拆开来的词，包括双声词、叠韵词和非双声叠韵词。联绵词多是古汉语遗留下来的词。常见的有以下几种：

（1）双声联绵词：由声母相同的语素构成。如：琵琶、乒乓、澎湃、鞑靼、尴尬、荆棘、蜘蛛、踯躅、踌躇、仿佛、瓜葛、忐忑、淘汰、饕餮（tāo tiè）、倜傥、含糊、慷慨、叮当、蹊跷、玲珑、犹豫等。

（2）叠韵联绵词：由韵母相同的语素构成。如：从容、葱茏、葫芦、糊涂、匍匐、灿烂、蜿蜒、苍茫、朦胧、苍莽、邋遢、罗嗦、怂恿、螳螂、桫椤、倥侗、蜻蜓、轰隆、当啷、惝恍、魍魉、缥缈、飘渺、耷拉等。

（3）双声兼叠韵词：由两个声母韵母都相同的语素构成。如：辗转（zhǎn zhuǎn）、缱绻（qiǎn quǎn）、氤氲（yīn yūn）、玲珑（líng lóng）。

双声叠韵是汉语的一种声韵现象。一般说法是：两个字的古声母相同是双声；两个字的古韵母相同是叠韵。现在我们应以普通话为依据，以汉语拼音方案的声母、韵母为标准。根据汉语拼音方案的声母、韵母，确定双声比较简单，两个字的声母相同就行了，可是确定叠韵就比较复杂一些。一个字的韵母有的是单韵母，单韵母只是一个单元音（a、i、e、o、u、ü）；有的是复韵母，复韵母除主要元音（韵腹）外，或有韵头，或有韵尾，或既有韵头又有韵尾。在现代汉语中，构成叠韵的条件一是单韵母（单元音）必须相同，如睥睨 bini、呜呼 wuhu；二是复韵母的主要元音（韵腹）有的相同，有的相近，但韵尾必须相同，如酩酊 mingding，蹒跚 panshan，苁蓉 congrong，它们的韵尾相同，韵腹也相同，又如峥嵘 zhengrong、玲珑 linglong、呻吟 shenyin，它们的韵尾相同，但韵腹不同，只是相近；三是复韵母的韵头（介音）对叠韵无关。如袈裟 jiasha、逍遥 xiaoyao、辗转 zhanzhuan、潺湲 chanyuan 等等，它们是一个有韵头，一个没韵头，或是韵头不相同。

（4）非双声叠韵联绵词：由不同声母和韵母的语素构成。如：蜈蚣、蓊郁、珊瑚、疙瘩、蚯蚓、惺忪、铃铛、奚落、褡裢、茉莉、蚂螂、窟窿、伉俪、蝴蝶、笊篱、蹦达、蟪蛄、狡狯、狡猾、蛤蚧、蛤蜊、牡丹、磅礴、提溜等。

2. 叠音词

由两个不成语素的相同的音节相叠而构成。例如：狒狒、奶奶、翩翩、冉冉、皑皑、瑟瑟、脉脉、侃侃。

3. 音译的外来词

是指以读音相近的字翻译外来词语而形成的单纯词。例如：扑克、葡萄、喇嘛、尼龙、沙发、咖啡、咖喱、雷达。

4. 拟声词

是指模拟自然界和人类自己声音的词。例如：扑通、轰隆、哎呀、呜呼。

（二）合成词（多语素词）

由两个或两个以上的语素构成的词叫合成词，包括三大类：

1. 复合式合成词

复合式合成词都由词根加词根直接组合构成的，这是汉语词汇构成的基础形式。从词根和词根之间的关系看，又有以下五种类型：

（1）偏正式合成词

前一词根修饰、限制后一词根，而在整个词义的构成上，则以后一词根为主。如：

红花　草帽　纸袋　怀表　黑板　方桌　四季　午休　雪亮　笔谈
冷饮　细心　笔直　火红　公园　地铁　马车　密植　兔毛　新潮

常见的偏正式合成词偏正之间有以下几种形式：

定中式偏正合成词：汽车、羊肉、皮包，白酒、黑板、新房，住宅、开水、拖车，这类偏正式合成词偏词多为名词、形容词和动词，正词词根多为名词。

状中式偏正合成词：笔谈、电汇、风行，满载、轻视、热爱，回忆、补救、合奏，暂停、再生、顿悟，这类偏正式合成词偏词多为名词、形容词、动词和副词，正词词根多为动词。

从意义上说，这类词的前一词根可以从不同角度修饰、限制后一词根。如可以表示性质（“红花”）、领属（“兔毛”）、状态（“雪亮”）、方式（“笔谈”）、数量（“四季”）、程度（“密植”）、时间（“午休”）及其他情况。

（2）动宾式合成词（支配式合成词）

前一词根表示动作、行为，后一词根表示动作、行为所支配的对象，词根之间有支配和被支配的关系。例如：

司机　将军　司令　关心　投机　签名　招生　承包　挂钩
达标　站岗　冒险　举重　动人　示威　吹牛　带头　立冬

（3）补充式合成词

后一词根补充说明前一词根，在整个词义的构成上以前一词根为主，词根之间有补充说明的关系。补充式又分为两类：

第一类：前一词根表示动作，后一词根补充说明动作的结果或趋向，这些词的中间往往可以插进“得”表示可能，插进“不”表示不可能。例如：

提高　纠正　缩小　降低　推翻　失去　收回　拿起　改进　压缩
看透　认清　充实　立正　凑巧　充满　摧毁　展开　冻僵　改善

第二类：前一词根表示物件，后一词根是物件的计量单位，这一结构也可以算是一种补充式。例如：

马匹　车辆　房间　船只　羊群　人口　书本
花朵　稿件　钟点　土方　纸张　花束　枪支

（4）主谓式合成词

前一词根表示被陈述的对象，后一词根是陈述前一词根的，词根之间有陈述和被陈述的关系。例如：

地震　月食　海啸　人为　兵变　心虚　年轻　手软　眼花　肉麻
月亮　眼馋　体验　神往　面熟　性急　胆小　符合　脑震荡　胃下垂

(5) 联合式合成词

由两个意义相同、相近、相关或相反的词根并列组合而成，又叫并列式合成词。根据两词根意义关系的不同，又有以下四种类型：

第一类：两个词根的意义相同或相近，在意义上起着互相补充的作用。例如：

人民　休息　语言　制造　思想　收获　关闭　声音　道路　完整
斗争　学习　生产　美好　寒冷　善良　仓库　喜欢　周全　孤独

第二类：两个词根的意义相反或相对。例如：

动静　来往　迟早　横竖　反正　买卖　天地　轻重　矛盾　彼此
表里　开关　奖惩　教学　早晚　始终　老小　今昔　利害　春秋

以上这些词，有的并列的词根原义仍保留着，组合成的词包含相互对立的两方面意义，如"表里"、"买卖"、"迟早"。有的并列的词根原义出现了变化，组合成的词产生了新意义，如"反正"、"开关"。

第三类：两个词根的意义相关，结合后产生了新的意义，这些词不能从词根的字面去解释，例如：

骨肉　眉目　口齿　江山　笔墨　形容　尺寸　领袖　岁月　心肠
血汗　细软　印刷　辛酸　江湖　描写　负担　招待　聪明　艰难

如"眉目"是头绪、条理的意思；"骨肉"是至亲的意思；"江山"是国家或国家政权的意思。

第四类：与前三类不同，虽然也由两个词根并列组合而成，但只有一个词根的意义在起作用，另一个词根的意义完全消失，所以这类词又称"偏义词"。例如：

国家　质量　睡觉　忘记　干净　任务　好歹　梦寐
瘫痪　窗户　雷霆　舟楫　师傅　人马　糟粕　兄弟

2. 重叠式合成词

由相同的语素重叠后组成的合成词。例如：

哥哥　爷爷　常常　仅仅　隐隐　星星　刚刚
断断续续　原原本本　口口声声　条条框框

3. 附加式合成词

由一个表示具体词汇意义的词根和一个表示某种附加意义的词缀结合在一起组成，词根是词的中心部分，词缀是词的附加部分。根据词缀在词中的位置以及词缀是否叠音，又分为三类：

(1) 词缀＋词根　这种词缀也叫前缀　例如：

老——老虎 老师 老乡 老板 老百姓
小——小王 小丑 小狗 小姐 小伙子
阿——阿猫 阿妈 阿姨 阿毛 阿飞

（2）词根＋词缀 这种词缀也叫后缀 例如：

子——桌子 骗子 胖子 刀子 空子 日子
头——石头 骨头 来头 念头 苦头 赚头
儿——花儿 鸟儿 歌儿 盖儿 头儿 破烂儿
者——作者 读者 老者 强者 胜利者 马列主义者
性——党性 感性 弹性 阶级性 海洋性 理论性
化——绿化 美化 深化 规范化 多样化 自动化
家——大家 作家 道家 音乐家 女儿家 老人家

（3）词根＋叠音词缀 例如：

红彤彤 绿油油 粘乎乎 水淋淋 灰溜溜 阴森森 活生生
脏兮兮 干巴巴 香扑扑 明晃晃 喜洋洋 乐悠悠 笑嘻嘻

分析由词根和词缀组合的合成词时，要注意以下几点：

① 词缀多由词根演化而来，在形式上，有的词缀和词根相同，须注意区别。例如“老虎”、“老师”中的“老”已经不表示具体实在的意义，但“老人”中的“老”表示年纪大，“老调”中的“老”表示陈旧或流传已久。又如“石头”、“木头”中的“头”意义也比较虚，但在“头痛”中，“头”表示人身体的顶部，“烟头”中的“头”表示物品的残余部分，意义都比较实在。

② 有些词缀附加在指人或动植物的词根前，往往带有一定的感情色彩。例如“阿”，经常带有亲昵的意味（试比较“姨妈”与“阿姨”，“哥哥”与“阿哥”）。“小”常常带有喜欢的意味，多表示爱称，如“小王”、“小猫”。

③ 有些词缀在构词中经常具有类化的作用，表示一定的语法意义。例如凡是带“子”、“头”的词（即使是一些表示动作行为、性质状态的词根），一般都是名词（“椅子”、“骗子”、“乱子”、“石头”、“甜头”、“来头”），而带“化”的词一般都是动词（“绿化”、“美化”、“规范化”），带“性”的词一般是表示抽象意义的名词（“阶级性”、“思想性”、“积极性”）。

4. 单纯词与合成词的异同

（1）相同点：单纯词和合成词都是词，都是最小的能够独立运用的语言单位。

（2）不同点：单纯词是只有一个语素构成的词。无论音节多少，只要由一个语素组成就是单纯词。如“山”“好”“蝴蝶”“莫斯科”等词就是由一个语素构成的单纯词。

合成词是由两个或两个以上语素构成的词。无论是词根语素还是词缀语素（当然其中至少有一个是词根语素），只要有两个或更多的语素组成就是合成词。如“报纸”、“腐败”、“哥哥”、“黑乎乎”等词就是由两个或两个以上的语素构成的合成词。再如“思想”、“睡觉”、“提高”、“自卫”、“胖子”、“星星”、“白茫茫”、“计算机”等等。

（三）合成词的结构层次分析

合成词内部关系比较复杂，有时不止一个层次，它们往往是按照一定的结构方式逐层地构造起来的。

例如“牛皮纸”一词，由“牛皮”和“纸”组成，“牛皮”修饰“纸”，为偏正式合成词，但“牛皮”又是两个语素，也为偏正关系。所以，“牛皮纸”包括两个层次的结构关系。

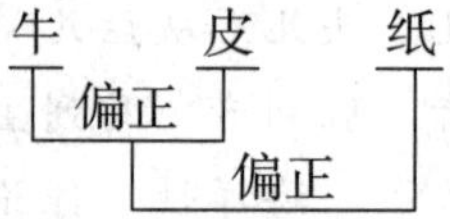

又如：“脑溢血”，“溢血”陈述“脑”，为主谓式合成词；“溢”支配“血”，是两个语素，为述宾关系。图示如下：

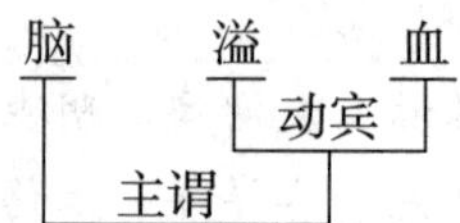

再如：“无产阶级化”，“化”附在“无产阶级”后，“无产”修饰“阶级”；“无产”是述宾式。“阶级”是联合型。图示如下：

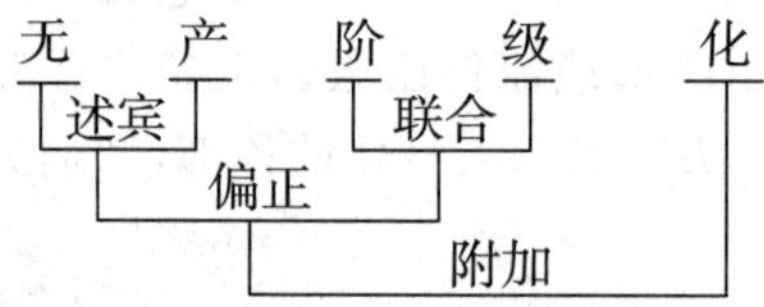

（四）合成词与短语的区别比较

1. 语音上比较

短语内部词与词之间在语音上一般可以有短暂停顿，合成词的语素之间原则上没有语音停顿，一般是连续的。例如“向雷锋同志学习”这个短语，可以读成“向　雷锋　同志　学习”。“雷”与“锋”、“同”与“志”、“学”与“习”之间没有语音停顿，“雷锋”、“同志”、“学习”是双音节合成词。

2. 语义上比较

一般说来，短语的语义一般是组成它的几个词的意义的简单相加。例如短语“有电”是“有”和“电”两个词的语义的简单相加。而合成词有特定的意义，不一定是组成它的语素的意义的简单相加。例如“有喜”，口语中是指妇女怀孕，不是“有”和“喜”的意义的简单相加。意义的单一性和整体性是词的语义特点。

3. 语法结构上比较

合成词内部语素之间结构很紧，具有定型性和不可扩张性；短语内部词与词之间结构较松，可以拆开、可以扩展（即中间可以插入其他成分）。例如“牛马”可以扩展成“一头牛和三匹马”等，“赛球”可以扩展成“赛什么球”、“赛了两场球”等。因此“牛马”、

"赛球"是短语。而"马路"、"比赛"、"自行车"等，却不能拆开，不能扩展，不能说成"马的路"、"比和赛"、"自行着车"。因此，"马路"、"比赛"、"自行车"是词。

运用扩展法需要注意下列几点：一是不能扩展成不同的结构。例如"马路"是偏正型的合成词，不能扩展成联合式——"马和路"。二是扩展后不能改变原来的意义。例如"老婆"是"妻子"的俗称，不能扩展成"老年的婆婆"。三是某些词的重叠形式不能看成扩展。例如"清楚"——"清清楚楚"、"糊涂"——"糊糊涂涂"、"商量"——"商量商量"。

有些组合在词和短语之间是两可的。这些组合内部没有停顿，有特定的意义，但可以扩展，属于之间状态。例如"提高"、"洗澡"、"说服"、"鞠躬"常做一个词使用，但可以扩展成"提得高"、"说不服"、"洗个澡"、"鞠了一个躬"等。有人管这种组合叫"离合词"，即不扩展时是词，扩展时是短语。

有些简称是介于词和短语之间的。从语义的角度看，简称代表全称，像短语；从形式角度看，简称不同于全称，更像一个词。例如"政协"、"党委"、"外长"、"支书"等。

四字熟语结构上具有定型性，语义上具有整体性，有特定的含义，使用时相当于一个词。四字熟语一般由四个语素组成，其主要部分的成语含义丰富，多有典故性，又不同于词，是一种特殊的短语——固定短语。

附：1. 词的结构类型简表

语素和合成词类型表

<table>
<tr><th>语类</th><th>种类</th><th>位置</th><th>例子</th><th>结构类型</th><th>构词方式</th><th colspan="2">词的种类</th></tr>
<tr><td rowspan="13">语素</td><td rowspan="5">成词语素</td><td rowspan="11">不定位语素</td><td>山 水</td><td>联合型</td><td rowspan="10">词根加词根 复合式</td><td rowspan="11">复合词</td><td rowspan="13">合成词</td></tr>
<tr><td>山 羊</td><td>偏正型</td></tr>
<tr><td>提 高</td><td>补充型</td></tr>
<tr><td>管 家</td><td>动宾型</td></tr>
<tr><td>心 疼</td><td>主谓型</td></tr>
<tr><td rowspan="8">不成词语素</td><td>观 察</td><td>联合型</td></tr>
<tr><td>预 感</td><td>偏正型</td></tr>
<tr><td>阐 明</td><td>补充型</td></tr>
<tr><td>司 机</td><td>动宾型</td></tr>
<tr><td>脉 搏</td><td>主谓型</td></tr>
<tr><td>妈 妈</td><td>重叠型</td><td>重叠式</td></tr>
<tr><td rowspan="2">定位语素</td><td>阿 姨</td><td>前缀型</td><td rowspan="2">词根加词缀 附加式</td><td rowspan="2">派生词</td></tr>
<tr><td>记 者
干巴巴</td><td>后缀型</td></tr>
</table>

2. 语素和合成词类型简表

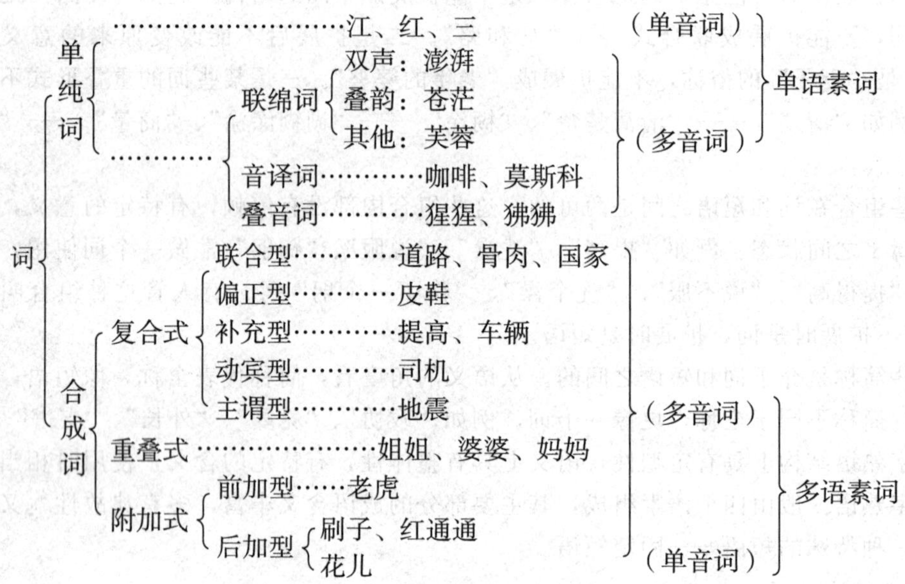

三、依据词的语音形式，词可以分为同音词和异音词

（一）同音词

1. 什么是同音词

现代汉语中的同音词，是指语音（包括声、韵、调等各方面）完全相同而意义并无联系的一组词。例如“别”，有四项意义：

别离。如：“别了，司徒雷登。”

另外。如：“别有一番风味。”

绷住或卡住。如：“请别上你的校徽。”

不要，不用。如：“别去那儿。”

这几项意义之间没有内在联系，例句中的“别”就是四个同音词。

2. 同音词的分类

从词的书写形式看，同音词可以分为异形同音词和同形同音词。

(1) 异形同音词

语音相同、书写形式不同的词就是异形同音词。例如：

班—斑　剁—跺　娇气—骄气　仙人—先人

煤气—霉气　私仇—丝绸　正视—正式　计议—技艺

人事—人氏—人世—人士

比较而言，单音节异形同音词更多，例如：xiàn 这个读音就有“献”、“县”、“现”、“腺”、“馅”、“线”等多个词。异形同音词由于形体不同，写出来就可以区分，一般不会引起理解上的歧义，需要注意的是同形同音词。

(2) 同形同音词

语音相同、书写形式也相同，而意义无联系的词叫做同形同音词。例如：

táng 搪 {抵挡：搪上块板子就揭不下来了。
涂抹：快去搪炉子！

guǎn 管 {中空的圆柱体：这钢管真重！
管理：这个县管着十几个乡镇。
介词，“把”：大家都管他叫小胖子。

zìfù 自负 {自以为了不起：这个人很自负。
自己负责：公司实行自负盈亏制。

无论同形同音，还是异形同音都必须声母、韵母、声调完全相同，否则不是同音词。例如部分多音词：

圈 {quān：看完后请画个圈做记号。
juān：别把孩子圈在家里。
juàn：他家过去有猪圈。

中 {zhōng：北京是中国的首都。
zhòng：他中大奖了！

上例中的“圈、中”都不是同音词。

(二) 异音词

读音不同的词叫异音词。从这个定义看，汉语异音词内容范围无边无际，这里难以比较与详述。本教材讲的异音词是指同形异义异音词。

同形异义异音词就是那些字形书写相同但意义不相同读音也不同的词语。比如“转动”一词，它有两个读音。在“电动机正在转动”一句中，词语表示“物体以一点为中心或以一直线为轴作圆周运动”之义，“转动”在这里只能读成“zhuàndòng”，不可以读成“zhuǎndòng”；而在“他的腰部转动自如”一句中，词语表示“身体某部分自由活动”之义，“转动”在这里只能读成“zhuǎndòng”，不能读成“zhuàndòng”。

当年：读 dāngnián，表示“过去距现在较远的某一时间”。如：想～，我和父亲一起挖过煤。读 dàngnián，表示“事情发生的同一年”。如：～借～还。

当时：读 dāngshí，表示“过去某事情发生的那个时候”。如：你的想法，为什么～不说呢？读 dàngshí，表示“就在那个时候”。如：听到噩耗，他～就昏了过去。

四、依据词的意义，词可以分为单义词、多义词、同义词、反义词

具体见下一节词义和词义分析。

思考与练习

一、名词解释

1. 单音词 2. 双音词 3. 多音词 4. 单纯词 5. 联绵词 6. 双声联绵词 7. 叠韵联绵词 8. 双声兼叠韵联绵词 9. 非双声叠韵联绵词 10. 叠音词 11. 拟声词 12. 合成词 13. 偏正式合成词 14. 动宾式合成词 15. 补充式合成词 16. 主谓式合成词

17. 联合式合成词 18. 重叠式合成词 19. 附加式合成词 20. 同音词 21. 异形同音词 22. 同形同音词 23. 同形异义异音词

二、词的分类填空

1. 依据音节的多少，词分________、________、________。

2. 依据每个词的不同内部结构形式，词分可以分为________和________。

3. 常见的单纯词有________________________________。

4. 常见的合成词有________________________________。

5. 常见的附加式合成词有________________________________。

6. 依据词的语音形式，词可以分为____________和____________。

7. 常见同音词有________________________________。

8. 从词义上看，词有________________________________。

三、判断选择题

1. 以下说法有误的是（　　）。

A. 在词的定义中，用能否“独立运用”来区分语素和词，用是不是“最小的”来区分词和短语。

B. 固定短语是词跟词的固定组合，一般不能任意增减、改换其中的词语。

C. 不定位语素和定位不成词语素叫词缀。

D. 能独立成词的语素叫成词语素，又叫自由语素。

2. 以下包含两个语素的是（　　）。

A. 蝴蝶　　B. 客厅　　C. 电视机　　D. 酵母粉

3. 以下全是成词语素的一组是（　　）。

A. 地　分　行　不　　B. 意　有　际　白

C. 说　会　基　种　　D. 画　动　美　勉

4. “一把咖啡壶”中包含（　　）。

A. 2 个词，4 个语素　　B. 3 个词，4 个语素

C. 3 个词，3 个语素　　D. 2 个词，3 个语素

5. 以下全是词的一组是（　　）。

A. 山峰　山间　　B. 吃饭　吃香

C. 大米　大树　　D. 黑板　黑市

6. 以下均属双声联绵词的一组是（　　）。

A. 彷徨　芙蓉　　B. 参差　伶俐

C. 崎岖　叮咛　　D. 淘汰　东方

四、简答题

1. 合成词与单纯词的异同。

2. 合成词和短语的区别比较。

3. 分析由词根和词缀组合的合成词时，要注意哪几个方面的问题？

五、实践操作题

1. 归类单纯词、合成词

走 而 秋千 逍遥 文化 同学 抽象 及时 震动 分明

心得 霜降 功劳 孤单 哈达 莫斯科 小两口 多样化 可口可乐

2. 分析下列合成词的层次结构

英雄榜 燕子矶 非海洋性

3. 依要求举例列举（每小题不少于三个）

（1）单音词 （2）双音词 （3）多音词 （4）双声联绵词 （5）叠韵联绵词

（6）双声兼叠韵词 （7）非双声叠韵联绵词 （8）叠音词 （9）音译的外来词

（10）拟声词 （11）定中式偏正合成词 （12）状中式偏正合成词

（13）动宾式合成词 （14）补充式合成词 （15）主谓式合成词

（16）联合式合成词 （17）重叠式合成词 （18）附加式合成词

4. 比较下列四组并列式合成词有什么不同

（1）休息 语言 制造 仓库 喜欢 周全

（2）动静 来往 老小 今昔 利害 春秋

（3）骨肉 眉目 口齿 描写 负担 招待

（4）国家 质量 睡觉 人马 糟粕 兄弟

5. 判断并写出下列附加式合成词的类型

（1）小伙子 阿姨

（2）胖子 感性 破烂儿

（3）水淋淋 明晃晃 喜洋洋

第三节 词义和词义分析

一、词义简述

（一）词义

词义是词的意义。词义是词的内容，凡是由词的形式所表示的意义都属于词义范围。广义的词义包括词的语音形式、词汇意义和语法功能。语音是词的形式，意义是词的内容，语法是词的功能。例如“国家”这个词的语音是“guójiā”，它的词汇意义是“阶级统治的工具，由军队、警察、法庭、监狱等机构组成，是阶级矛盾不可调和的产物”，它的语法功能可作句子的主语、宾语和定语等；“林”的语音形式是“lín”，它的词汇意义是“成片的树木或竹子”，它的语法功能可与别的语素和词组成词、短语或句子并作句子成分中的定语、主语和宾语等。

这里讲的词义，是狭义上的词义，即词的语音形式和词汇意义。如“玉皇大帝”在现实世界里是不存在的，但在人们交际中能够用到这个词，这个词也就一直存在着，它的语音形式是“yù huáng dà dì”，词汇意义是“道教称天上最高的神，也叫玉帝”。由此看来，所谓词汇意义就是客观或主观的事物、现象在人们头脑中的反映。不管这个客观或主观的事物、现象是否真实，只要社会交际需要，就都可以用词来表示。

词是不能没有语音的，词的语音和意义是词的两个方面，它们既矛盾又统一。说它统一，是指词的声音和意义是相互联系的、统一的。说它矛盾，是就语言的本质来说，某一特定的语音形式同特定的意义内容之间并没有必然的联系：同一语音形式可以用来表示不同的意义内容，如“扫”和“嫂”，它们的语音形式都是“sǎo”，但“扫”的词义是“用笤帚、扫帚除去尘土、垃圾等”，而“嫂”的词义是指“哥哥的妻子”，它们的词义则不同。不同的语音形式也可以用来表示相同的意义内容，如“日”和“太阳”，它们的词义都可以用来表示“银河系的恒星之一，太阳系的中心天体”，它们的语音形式却不同，分别是“rì”和“tàiyáng”。这些情况是由社会的习惯来决定的。

从这个角度说，词义就是用约定的语音（符号）反映（代表）主观或客观事物现象的意义。

（二）词义的单位

1. 义素

(1) 义素及其义素构成特征

义素是构成词义的最小意义单位，也就是词义的区别特征，所以又叫词的语义成分或语义特征。

揭示词义时往往把义素的属性排列出来，通过义素的类属关系同别的非本类事物相区别，再根据某些特征同本类内部其他事物相区别。例如：

灌木——矮小而丛生的木本植物。

乔木——树干高大，主干和分枝有明显区别的木本植物。

“木本植物”是灌木和乔木两者的共同特征，用它来跟“芦苇”等草本植物相区别；“矮小而丛生”之类的特征则是“灌木”跟“乔木”的区别特征。其实，“矮小”就是不高大，“丛生”就是主干和分枝无明显区别。如果用二分法表示，可以把这两个词的意义表示如下：

灌木——［＋矮小］［＋丛生］［＋木本］［＋植物］

乔木——［－矮小］［－丛生］［＋木本］［＋植物］

方括号内的特征就是区别特征，“＋”表示有此特征，“－”表示无此特征。［木本］［植物］对“灌木”“乔木”来说是共同特征，但对草本植物或动物来说仍是区别特征，所以可总名之为区别特征。这些区别特征正是构成这些词义的最小单位，也就是它们的义素。为了便于说明，我们把同组中的共同特征叫共同义素，把区别特征叫区别义素。

(2) 义素分析

首先，要明确分析的对象。义素分析一般总是在一些相关的词（同一语义场）中进行，只有相关的词才可以比较，才更容易选择经济适用的义素。例如“男人—女人”同

“男人—女人—小孩”分析所得的义素便有多少之分。“男人—忽然”作为一组义素分析的对象便没有什么意义。不是说单个词不可以作义素分析，而是说单个词的义素分析显示不出与其他词的关系与联系。

其次，根据所选定的词，进行词义间的比较，找出其共同特征与区别特征，即找出相应的义素。如“男人—女人”可分解为：

男人——［人］［男性］［成年］
女人——［人］［女性］［成年］

这里“人”、“成年”是共同义素，“男性”、“女性”是区别义素。但如果加上“小孩”，则“成年”应独立出来成为区别义素。如：

男人——［人］［男性］［成年］
女人——［人］［女性］［成年］
孩子——［人］［男性或女性］［非成年］

一般来说，区别义素是人们关注的重点。共同义素是表明各词之间的相关性，对于全面认识词义有重要作用。如果旨在表明各词词义相互之间的区别，则共同义素也可以不列。

再次，义素确定之后，还需要采取种种方法进行表达。一般要对义素进行概括分类，两项对立的义素可归并成一个，用“＋”“－”号进行区分，义素本身标以［ ］，如“男性”写成“［＋男性］”，女性就是非男性，即“［－男性］”；“成年”为“［＋成年］”，“孩子”为“［－成年］”。如：

男人——［＋人］［＋男性］［＋成年］
女人——［＋人］［－男性］［＋成年］
孩子——［＋人］［±男性］［－成年］

这里的“±”表示既可以是“男性”，也可以是“非男性”。

不适于二分的，也可多分，分别用数字或其他系列符号表示。

2. 义项

（1）义项及其性质

能独立运用的最小词义单位是义项。义项是词的理性意义的分项说明。义项原是辞书中的术语，这里借用来表示相应的词义单位。

（2）义项的分类

有的词有几个义项，几个义项之间的地位并不是平等的，其中至少有一个义项是基本的、常用的；其他的义项一般是由这个义项直接或间接地发展转化来的。前者叫做基本义，后者叫做转义。基本义是对转义而言的，并不一定都是词源学上说的词的原始意义。例如“兵”的原始义是“武器”，基本义是“战士”。

词的转义主要是通过引申和比喻两种方法产生的。

在基本义的基础上经过推演发展而产生的意义是引申义。如“深”的基本义是“从水面到水底的距离大”，其他四种意义是从第一种意义发展出来的。又如“跑”的基本义是“两只脚或四条腿迅速前进”，继而推演为“为某种事务而奔走”（如“跑材料”）的意思，再继之又推演出“物体离开了应该在的位置”（如“跑油、跑走”）的意思。

借用一个词的基本义来比喻另一种事物，这时所产生的新的意义是比喻义。例如“帽子”的基本义是“戴在头上保暖、防雨、遮日光等或做装饰的用品”，后来用它比喻“罪名和坏的名义”，例如说“对同志乱扣帽子是不对的”，这里的“帽子”就是用它的比喻义。又如：

近视：灯光太暗，眼睛容易近视。（基本义：视力缺陷的一种）

他看不见前途，眼光太近视了。（比喻义：眼光短浅）

堡垒：敌人在桥头修了个堡垒。（基本义：在冲要地点作防守用的坚固建筑物）

我们要向科学的堡垒进军。（比喻义：难于研究成功的课题）

词的比喻义同修辞上的比喻有区别。修辞上的比喻是临时打比方。例如，“困难是弹簧”就是把“困难”比作“弹簧”，“弹簧”这个词并没有“困难”这个转义。词的比喻义则不同，虽然大都是通过修辞的比喻用法逐渐形成的，但是它已经成为词义的一部分了，我们在应用时几乎感觉不到它是一种比喻了。

（3）义项分析

为了便于认识、说明和掌握词义，必须对对词义进行分解。编纂词典时把词的理性意义分解为若干义项加以说明、解释，有时也指出其色彩意义的类型，用符号加以标志。例如：

国人：〈书〉指本国的人。

把戏：〈口〉①魔术杂耍等技艺。②手段、诡计。

〈书〉指书面色彩，〈口〉指口语色彩，后面的①②是对其理性意义两个义项的解释。

有的词只有一个义项，有的则有两个或两个以上义项。“国人”只有一个义项，“把戏”有两个义项。词的义项多少，是从该词出现的语境观察出来的。如果该词在所有语境中只有一个意义，这个词便只有一个义项；如果有两个或两个以上意义，那么这个词便有多个义项。例如“肯定”的头一个义项“正面承认”在“肯定成绩”中可以适用，但在“我们的计划肯定能按时完成”中则不能适用，后一句中的“肯定”适用另一个义项：“完全有把握”。

一个词有几个义项，各义项之间存在着互补关系，即各个义项只出现在自己的语境中，每个具体语境只有一个义项适用。例如“深”有五个义项，下列五句中的“深”却各只适用一个义项：

这口井很深。（从水面到水底的距离大）

这本书很深。（深奥）

我们的友谊很深。（深厚）

夜已经很深了。（时间长）

这种布的颜色很深。（浓重）

（三）词义的性质

1. 词义具有概括性

当词义指明词所表示的为何种事物或表明整类事物时，词义便具有概括性的特点。例如：“候鸟”这个词表示随季节变化而迁徙的鸟，概括了各种各样候鸟的特征，舍弃了个别候鸟如杜鹃、燕、野鸭、大雁等的具体特征。同样，“杜鹃”（也叫杜宇、布谷或子规鸟，身体灰黑色，尾巴有白色斑点，腹部有黑色横纹，初夏时常昼夜不停地叫，吃毛虫，是益鸟，多数把卵产在别的鸟巢中）这个词也是有概括性的，它概括了各个杜鹃的共同特征，而舍弃个别杜鹃的具体特征。不同的词都有概括性，随所指事物范围不同，概括性也有大有小。

专有名词的词义也有概括性。“李白”就概括了各个时期李白的共同特点（籍贯、出生时间、民族、基本体貌特征、父母等主要亲属……），“北京”的词义则概括出不同时期的北京共同具有的地理环境、社会变革、人物风貌的特征。这些特点或特征必须是该人该地各个时期共同具有的，所以也有概括性。

2. 词义具有模糊性

词义的模糊性是客观事物连续性的反映，事物的核心部分一般来说还是比较明确的，但它与近邻事物的差异是逐步扩大的，其间不存在明确的界限。

模糊与精确是相对的，要求不同，所用词语模糊的程度便不同。比如“深”、“浅”、“莫须有”等等，到底有多深多浅莫须有？词义就显得模糊了。

3. 词义具有民族性

词是语音和意义的结合体。语音和意义结合在一起，并不是偶然的，而是社会约定俗成的。如：“人”（rén）这个词，汉语普通话用“rén”这个声音表示，英语则用“man”表示。“人”这个词的意义是“能够制造工具并使用工具进行劳动的高等动物”，英语中的“man”表示的意思和汉语中的是一样的，这是社会约定俗成的。

4. 词义具有演变性

词义是一个历史范畴，随着社会生活的变化和人的认识的深化，处于经常演变的状态。

(1) 词义演变的原因

① 社会生活的发展。社会生产力的提高，科学文化的进步，社会制度的变革和社会生活的变化等因素都会引起词义的演变。例如“枪”原来只指在长柄的一端装有尖锐金属头的旧式兵器，如红缨枪、标枪，而现在还可以指能发射枪弹的武器或性能、形状像枪的器械。

② 人类认识的进步。人对客观事物、现象认识的进步也是引起词义演变的重要原因。例如“云”，古人以为是“山川气也”。这个词反映了当时人们对“云”的认识，而现在我们知道，“云”是由水滴、冰晶聚集而形成的悬浮在空中的物体，现在的认识要比过去更加深刻，更为科学。

③ 相关词义的影响。每当一个新词新义加入语言的体系中来，它就要跟词汇体系中相关的词或短语相互影响，从而引起这些词或词义的变化。例如把一些单音节阴平、阳

平、上声的名词、形容词读为去声读音，就可以表示相关的动作，从而导致词义的变化。如：种 zhǒng—种 zhòng，好 hǎo—好 hào，泥 ní—泥 nì。

这些只是词义演变的大致原因。前两点是语言的外部原因，第三点是内部原因。

（2）词义演变的方式

① 词义的扩大：有些词的应用范围原来比较狭小，后来包含了更多的意义，应用范围便比以前广泛。例如“江”、“河”，原来只指长江和黄河；现在泛指一切河流。还有“脸”，原来指脸颊，即眼睛下面的一小块部分；现在的“脸”，就是指人整个的“面”了。再比如“开发”，原指以荒地、矿山、森林、水力等自然资源为对象进行劳动，以达到利用的目的；现在也指发现或发掘人才、技术、产品等供利用，如开发人才资源、开发先进技术、开发新产品等。词义的扩大多是词义在发展中由特指变为泛指或由专有名词变为普通名词的一种变化过程。

② 词义的缩小：与词义扩大情况正好相反，有些词的应用范围原来比较宽泛，后来被比较狭窄的意义所代替。例如“宫”，上古泛指房屋；到汉朝以后，民房不再称宫，帝王的居室如“未央宫”、“雍和宫”称宫；现在，只指文化娱乐场所，如“少年宫”、“文化宫”，词义日益缩小。还有“结婚”，古代指“结亲、通婚”，并不仅仅指男女双方结为夫妻；现在只能指男女双方当事人本人的举行婚礼的行为、关系。“丈夫”，原来泛指“成年男子、大丈夫”；现在指女方的配偶。词义的缩小，多是抽象变为具体、一般变为特殊、整体变为局部，或是由泛指变为特指，通用变为专用。

③ 词义的转移：词义的转移比较复杂，有些词原来的意义转移了，出现了新的意义。例如“去”，本来是指出发地，是“离开”的意思（如“孟子去齐”）；现在指要到的目的地，是“往”的意思（如“我去上海”）。具体如下：

A. 指称事物的转移：这种转移主要是词的常用义所指对象由甲事物变为乙事物，其中包括词性的转变。如：诛，本义是声讨、谴责，如《论语·公冶长》“于予与何诛”，后来演变为杀戮的意思，如《韩非子·五蠹》“故令尹诛而楚奸不上闻”，这里“诛”由语言谴责转化为刑罚制裁意思了。假，先秦多为动词“借”的意思，如《孟子·尽心上》“久假而不归”；汉以后多有“非真”意思，变为形容词，表示暂时代理，如《史记·项羽本纪》“假上将军”；后来进一步转化为虚假、伪造等意思了。再如“蓝”，本义是指可以提制蓝色染料的草，后来转指蓝颜色；“领”本义指脖子，后转指衣领或首领；“脚”本义指胫（小腿），后转指足；“胸“本义指乳上骨，后指胸脯；“额”本义指眉目之间，后转指眉上边的额头，后又扩大指整个脸；“行”本义指道路，后转指走路或走路的动作。帅，军队中最高级的指挥官，元帅、统帅，或是“遵循”的意思（“命乡简不帅教者以告”），现在除有这个意义外，还有人潇洒俊美或事物出类拔萃的意思。

B. 常用词义与一般词义转移：谢，古代常用义是道歉，如《战国策·魏策》“秦王色挠，长跪而谢之”，一般义是感谢，如《汉书·高祖本纪上》“高祖乃谢曰：‘诚如父言，不敢忘德’”。后来，一般意义“感谢”逐渐成了常用意义，而原来常用义“道歉”退居次要地位，乃至最后消亡，只以语素形式存在于“谢罪”等相对汉语的复音词中了。穷，古代常用义是境遇不好、走投无路、仕途不得志、政治主张行不通等，如《论语·卫灵公》

“君子亦有穷乎?”《史记·项羽本纪》“穷来投我，不忍杀之。”“穷”的一般义是贫穷，贫困，如《荀子·大略》“多有之者富，少有之者贫，至无有者穷”，这种意义先秦还少见，但后来“贫穷、贫困”逐渐上升为常用词义，而常用词义倒是不常用了，现在也只以语素形式保存在复音词或成语中了。

C. 词的色彩义的转移：词的色彩义转变主要是指词的含义和感情色彩发生了变化。这里主要谈谈一些中性词变为贬义词或褒义词的情况。

侵，上古本义是进攻或一种进攻的方式，如《左传·庄公二十九年》“凡师，有钟鼓曰伐，无曰侵，轻曰袭”，先秦古籍中的“侵”是个中性词，并无贬斥的不正义的侵略的意思。谤，本义是议论或怨的意思，无所谓褒与贬，如《国语·周语上》“厉王虐，国人谤王”，《左传·成公十八年》“师不陵正，旅不偪师，民无谤言”。可见“谤”在古代并不是贬义的诽谤意思。爪牙，本义是勇士，多指武将，如《诗经·小雅·祈父》“祈父，予王之爪牙”。古书中“爪牙”常见，并没有今天贬义的狗腿子、帮凶的意思。祥，本义是预兆、征兆的意思，是个中性词，如《左传·僖公十六年》“是何祥也？吉凶焉在?”前面是祥，后面是吉凶，正说明祥无所谓是吉还是凶的意思。只是祥加祆时，才有不好预兆的意思，如《战国策·楚策四》“先生老悖乎？将以为楚国祆祥乎?”在《国语·楚语上》“榭不过讲军实，台不过望氛祥”中，祥指的是吉兆，氛指的是凶兆。

（四）词义的分类

词义的内容很丰富，它以概念义为基本内容，还含有各种各样的色彩义，例如感情义、古今义、雅俗义、语体义、修辞义等；从词义的发展来看，有本义、基本义、引申义以及修辞义；从词义的稳定性来看，有固定义、临时义；从词义存在状态和使用功能来看，有具有独立交际作用的表层义，有主要反映词义的历史发展过程及词义内部系统的深层义。

1. 概念义

词的概念义也叫理性义，是指该词关涉体现的客观事物现象一般属性或本质属性在人的意识上的概括反映，它是词义的基础和核心。如果词没有概念义，那么词就只成为什么也不能代表的符号或声音的生硬组合，人们就不能用语言进行交际了。如：

地契，“买卖土地时所立的契约”。

就义，“为正义事业而被杀害”。

狗，“哺乳动物，种类很多，嗅觉和听觉都很灵敏，舌长而薄，可散热，毛有黄、白、黑等颜色，是人类最早驯化的家畜，有的可以训练成警犬，有的用来帮助打猎、牧羊等。也叫犬”。

概念意义的作用是给词所关涉的事物现象划一个范围，是区别于其他事物现象的关键。

2. 色彩义

词的色彩义是指人们对词的概念义（词汇意义）的主观感受而产生的附加意义，具有附着性、广泛性、联想性，包括语体色彩、感情色彩、形象色彩、地方色彩、时代色彩和民族色彩等。

（1）语体色彩

语体色彩是指人们在不同的交际环境中所使用的词语的特点。它包括口头语和书面语两大类。口头语比较通俗、自然，书面语相对文雅、庄重。

① 口头语体，特点是自然、活泼、通俗、生动。带口语色彩的词语经常用于日常交谈，也经常用于比较口语化的文学作品的对话描写。

② 书面语体，特点是严密、规范、文雅、庄重。

如："小气"与"吝啬"，二者都可指过分看重自己的财物。但"小气"是口头语，"吝啬"是书面语。"老套"与"窠臼"，二者都指陈旧过时，但"老套"是口头语，"窠臼"是书面语。"妈妈与母亲"、"好看与美丽"、"溜跶与徜徉"、"抄袭与剽窃"，前一个都是口头语，后一个就是书面语。再如："佐餐、左迁、罪尤、尤物"是书面语体，"嘴乖、装蒜、赚头、直肠子、这会儿、折腾、渣子、有喜"是口头语体。

从表达内容来看，书面语又可分为文艺语体、政论语体、科学语体、公文语体等多种。书面语色彩的词语经常用于比较庄重、正式的交际场合。例如：

A. 科技语体：科技语体是为了适应对社会科学和自然科学的各种问题进行阐述的需要而形成的文体。特点：大量使用专业术语（如"脑袋与头颅、胸膛与胸腔、月亮与月球、冲淡与稀释等，前为一般用语，后为科技用语）；句式比较单一，多使用常式句、长句和复句；经常使用符号、公式、图表等。

B. 公文语体：公文语体是国家机关和社会团体等处理事务时使用的文体。特点：语言表达具有明确性，用词准确，句式明确；篇幅短小，主题单一，表达精练，有一套固定的习惯用语（如"光临与莅临"、"提拔与擢升"、"私下与擅自"、"安排与部署"等，后一个为习惯固定公文用语）。

C. 政论语体：政论语体是适应阐述政治问题，进行宣传鼓动的文体。特点：语言准确严密，具有很强的逻辑性；语言具有一定的形象性和抒情成分。

D. 文艺语体：文艺语体是通过高度艺术化的语言反映社会现实的文体。特点：大量使用通用的一般词语，注重寻常词语的艺术化（如"好意与美意"、"半夜与子夜"、"光亮与晶莹"、"安静与寂静"等，前一个是一般用语，后一个是文艺用语）；大量使用各种句式；注重语言的节奏感和韵律感，广泛运用各种修辞方式。

此外还有广告、军事、文言、方言、法律、新闻、网络用语等等，这里不再讲述。

（2）感情色彩

有些词意义差不多，但是反映出来的人们对客观事物、现象的态度却不同，即感情色彩不同。有的词表达了说话者对该事物的肯定、赞许的感情，含有褒义；有的词表达了说话者对同一事物的否定、贬斥的感情，含有贬义；有的则不表示说话者对该事物的褒贬，那就是中性词。（具体参见本节"二、词义分析（四）1（4）③ A感情色彩"部分内容）

（3）形象色彩

表现具体事物的词，往往给人一种形象感，这种形象感来自对该事物的形象的概括。

A. 形态：人面兽　鹅卵石　云海　林海　马尾松　美人鱼　龟山　蛇山

B. 动态：垂柳　失足　上钩　牵牛花　落叶松　攀枝花　钻山豹　穿山甲

C. 颜色：绿洲 碧空 黄莺 白桦 雪豹 彩带 墨菊 蓝天 白云

D. 声音：轰隆 劈里叭啦 布谷鸟 乒乓球 哐啷 稀里哗啦 沙沙

一般的说，词的形象色彩往往通过人对名词、动词、形容词、拟声词等的想象联想表现出来。

名词表示的形象，具有整体性的特点。所谓整体性是指名词作为载体能唤起与该事物有关的一切形象特征——形状、构造、颜色、味道、冷暖、长短、高矮等。但是要理解整体性特征，必须借助联想和想象。如：

别成一格的还有那些石头……有的石头像莲花瓣，有的像大象头，有的像老人，有的像卧虎，有的错落成桥，有的兀立如柱，有的侧身探海，有的怒目相向。(《雨中登泰山》)

这里，“莲花瓣”究竟是怎么样的，“错落”而成的“桥”又是什么样的，“天上的风筝”“地上的孩子”又是什么样的，都需要联想和想象。

动词的形象特征大致可分为动态动词和静态动词。动态动词传达动态形象，静态动词传达静态形象。如：

华大妈在枕头底下掏了半天，掏出一包洋钱，交给老栓，老栓接了，抖抖的装入衣袋，又在外面按了两下；便点上灯笼，吹熄灯盏，走向里屋子去了。(《药》)

这是动作行为动词表示的动态形象。这些表示动作行为的动词，为人们展示了一系列的动态形象。

客厅十分宽敞。南北两面是全套酸枝公座椅，当中摆着云石桌子、云石椅子，里面陈设着碧玉、玛瑙、珊瑚、怪石种种玩器；柜子两旁是书架，架上放着笔记、小说、诗文集子之类的古书。西面靠着窗子，摆着一张大酸枝炕床，床上摆着炕几，三面嵌着大理石。

这是静态形象。

形容词表示的形象可分为两类：直觉形象和领悟形象。直觉形象，就是感觉器官直接感受到的形象。例如：

墨绿的原始森林和鲜艳的野花，给这辽阔的千里牧场镶上了双重富丽的花边。牧场上长着一色青翠的酥油草，清清的溪水齐着两岸的草丛在漫流。(《天山景物记》)(视觉)

在这优美的夜色中，我踏着软绵绵的沙滩，沿着海边，慢慢地向前走。海水轻轻地抚摸着细软的沙滩，发出温柔的唰唰声。(《听潮》)(触觉)

领悟形象是指由性质形容词唤起的形象。例如坚强、美丽、高大等。这类形象具有形象抽象的二重性。对于它们的理解更要借助于联想和想象。例如：

天鹅的洁白增添了湖水的明净，天鹅的叫声增添了湖面的幽静。

这里湖水怎样“明净”，湖面怎样“幽静”，全凭读者自己去领悟体味。

形象色彩在文学作品中得到的表现是充分的，如“两个黄鹂鸣翠柳，一行白鹭上青天”、“秋天的后半夜，月亮下去了，太阳还没有出，只剩下一片乌蓝的天”……这样的例子不胜枚举。

(4) 雅俗色彩

雅俗色彩表现的是场合的庄谐、态度的恭随、为人的敬慢、身份的尊卑、主客的敬让、内外的亲疏等方面的词义差异。

词的雅俗色彩义能够使词语更好地适应不同的交际场合，满足不同交际对象的需要，使语言的传情达意收到更好的效果。如：

咬耳朵—咕唧—嘀咕—交头接耳—私语

发狠—铁心—决心—立志—矢志

这些都表现出由俗到雅的递增倾向。

雅俗的色彩一个极为重要的方面就是表现在口语词跟书面词语的对立上。例如：

老婆—妻子　老公—丈夫　吃饭—进餐

马上—立即　生日—诞辰　差点儿—几乎

(5) 古今色彩

古今色彩是指词的概念义基本相同，而词的古今色彩不同。例如：

解颐—微笑　羁押—拘留

蠡测—小看　垂青—喜爱

古语词、今语词与书面语、口语词有密切关系。带有古语色彩的词往往表现出书面语色彩，带有今语色彩的词往往表现出口语词色彩；古、今词语与书、口词语的分类标准不同，涵盖的对象不同。另外古今色彩义与雅俗色彩义也是有密切关系的：古语词往往会表现出“雅”的色彩义，今语词还会表现“俗”的色彩义。只是前者是从时代的先后角度来考虑，后者是着眼于传情达意的效果。

(6) 其他色彩

① 方言和普通话色彩

斧头—斧子　啥—什么

晓得—知道　地瓜—红薯

② 音译词和意译词色彩

镭射—激光　因特网—互联网

布拉吉—连衣裙　巴士—公共汽车

③ 专用词和一般词色彩

抵达—到达　倘若—要是

瑕疵—缺点　阿谀奉承—修辞

④ 地域义色彩

同是祖父意义的，上海叫大大、北京叫爷爷、淮北叫爹爹、宿迁叫老爷。

⑤ 社区义色彩

居委会（村委会）、街道（乡镇）、区（县）

⑥ 时间义色彩

而立（三十岁）、不惑（四十岁）、耄耋、期颐

3. 词的本义、基本义和转义

（1）词的本义：指这个词在历史上最早出现时的意义，是它最初表示的意义，是对某一类客观现象的概括反映。在语言交际中，由于各类客观对象之间有各种各样的联系，人们就可能用称呼这一类对象的词，去称呼与这一类对象的特征有某种联系的其他对象，这样就产生了一个词有多个意义（多义词）的现象。

（2）词的基本义：从应用上看，多义词的几个意义并不是完全相等的，有的是基本的，有的是派生的，有的经常使用，有的偶尔使用。其中有一个意义是最常用的、基本的，这就叫基本义。

词的基本义指多义词的几个意义中最常见、最主要的意义。如《现代汉语词典》中“纲”这个词，第一个解释是“提网的总绳（多用于比喻）”，如“纲目”、“提纲挈领”、“纲举目张”，第二个解释是“比喻事物最主要的部分（多指文件或言论）”，如“纲领”、“大纲”、“提纲”；“兵”这个词，第一个解释是“兵器”，如“短兵相接”。第二个解释是“军人，军队”，如“工农兵”、“兵种”、“骑兵”。第三个解释是“军队中的最基层的成员”。第四个解释是“关于军事或战争的”，如“兵法”、“纸上谈兵”。这“纲”和“兵”第一个解释就是这两个词的基本意义。

这里需要指出四点，一是词的本义是词的本来意义，但不一定都是原始意义。如“年”字，它本来是指谷子熟了（原始意义），后来才引变成为计时的单位（本义）。二是词的本义可能是基本义，也可能不是，例如：“山”、“水”、“刃”（刀剑等的锋利部分），是本义也是基本义；“兵”、“走”、“天”的本义和基本义则不相同：“兵”是“兵器”，基本义却是“士兵”；“走”的本义是“奔跑”，现代汉语中其基本意义是“步行”；“天”的本义是“头顶”，现代汉语中其基本意义是“天空”。三是词的基本义是应用范畴内的，是在一定时间段内，词的最常用的义项。每个时代词的基本义都有可能发生变化，如在古代，“兵”的本义是武器，基本义也是兵器，而到了现代，兵的基本义是士兵。四是本义或基本义都可能直接或间接地派生出其他意义的转义来，当本义不是本义时，它本身也是一种转义。

（3）词的转义：由词的本义和基本义直接或间接地转化、发展出来的其他意义就是词的转义。如上面的“纲”和“兵”，除第一项的基本义之外的其他解释都是转义。转义主要是通过引申和比喻两种方法产生的。

① 引申义

在本义基本义的基础上经过推演发展而产生的意义叫引申义。例如：

“深”的基本义是“从表到底的距离大（这口井很深）”，引申出四个意义：“深奥（这本书很深）”，“深厚（我们的友谊很深）”，“时间长（夜已经很深了）”，“浓重（这种布的

颜色很深)”。

“先生”这个词的引申义有“老师”、“丈夫”、“医生”及对一般知识分子的称呼等，这些引申义都是由这个词的基本义“尊称”通过词义缩小的途径，直接引申出来的。

“生”，《说文》：“象艸木生出土上。”《广雅释诂二》：“生，出也。”这是生的基本意义，也可以说是“生”的本义。由这个本义引申而有“生养”、“生产”、“生活”、“生命”等义。

“徒”，《说文》：“步行也。”这是徒的基本意义。步行就是不乘车，古时步兵也称为徒兵。由此引申出：“徒”就是“众”，如说“圣人之徒（弟子、学生)”；“徒”就是“空”，如说“家徒四壁”、“徒劳无功”等。

由于一个词的内部往往包括有多个义项，因此疏理清楚义项之间的关系对于准确地理解词义很有作用。字典和词典都很注意多义词之间的先后引申关系。

《辞源》《汉语大字典》是尽量按照词义的先后引申关系来排列义项，一般把时代发展早的义项放在最前面。也有的字典或词典则尝试着把多义词的引申关系直接描绘出来。例如《新华字典》(1998 版)【简】：①古时用来写字的竹板。(转）书信。②简单，不复杂：～写。～体字。内容太～单。简直，实在是，完全是：你若不提这件事，我～～想不起来了。③简选，选择人材：～拔。

下面介绍几种常见的引申。

A. 相类引申。相类引申是指引申义与本义在性质、特征、作用等方面有相类之处。即两种不同事物有相类关系，词由表达某一事物而类推为表达另一事物。“颠者，人之顶也。”因特征相似，由“头顶”类推为“事物的顶部”。

B. 包容引申。包容引申是指引申义和本义之间，或是同时代的特指与泛指，或是不同时代意义范围的扩大与缩小。“玺”指印，又可引申为皇帝的印章，秦以前“玺”是指普通人都可以用的印，秦以后则专指皇帝的印。

C. 正反引申。正反引申是指引申义和本义在同一个意义范围内是相反或相对的关系。如“贷”有“借出”的意思。“尽其家，贷于公。”(《左传·文公十四年》）由此引申为“借入”的意思，贷款。

D. 连带引申。连带引申是容量最大的一种引申方式。引申义与本义的连带关系有多种情况，或是事物与其连带的事物，或是事物及其连带的属性等。如“领”字，本义指脖子，“引领北望”。“领”又指“衣领”。“粗”本指“粗米”，因粗米有粗糙的属性。因而由“粗米”连带引申为“粗糙”，“粗布之衣”。再如“丑”指“相貌难看”，“呼河伯妇来，视其好丑”。(《史记·西门豹传》)“貌丑”连带的行为是“憎恶”、“丑行”。

E. 比喻引申。比喻义产生的过程是词的本义作喻体，被比事物作本体，本体的意义约定俗成后转化为引申义。如“周烈王崩，诸侯皆吊。”(《战国策·赵策》）崩的本义为“山倒塌”。山倒塌地动天惊，而君王死也能震动臣民，两者有相像之处，所以用“山倒塌”比喻“君王死”。以崩的本义作喻体，没有出现“君王死”作本体。

F. 借代引申。借代引申是指引申义与本义是借代关系。借代义与借代不同，借代仅是临时换个名称，而借代义则是约定俗成的固定在词义中的永久性的代名词。借代义的产生过程以词的本义作为借体，本体的意义在约定俗成后转换为词的引申义。如“沙鸥翔集，锦鳞游泳。”（范仲淹《岳阳楼记》）“鳞”原指“鳞片”，这里代指“鱼”。词的基础义“鳞片”为借体，“鱼”为本体，“鱼”这个意义约定俗成后便转化为“鳞片”的直接引申义。

G. 象征引申。象征引申是指引申义与本义是象征关系。象征义与象征不同，象征仅是临时的以物托意，而象征义则是约定俗成后固定在词中的永久性的意义。如“赤”字本义是“红色”，“赤心”即忠诚之心。象征又不同于比喻，比喻重在相似，而象征重在相托。如“红色”和“忠诚”没有相似之处，只有感情上的联系，是以色托意。

词义引申有广泛的应用，如：“心肝”引申为最心爱的人，“口齿”引申为话语表达，“心肠”引申为心灵，“胃口”引申为食欲，“骨肉”引申为血缘关系，“眉目”引申为事情的端倪，“心血”引申为付出的劳动，“心腹”引申为亲近的人，“爪牙”引申为为虎作伥的人。

② 比喻义

借用一个词的基本义来比喻另一种事物，这时所产生的新的意义叫比喻义。比喻义和一般的引申义不同，它不是直接从基本义转化而来，而是通过基本义借喻形成的。

例如：“帽子”的基本义是“戴在头上保暖、防雨、遮日光或做装饰的用品”，后来用它比喻“罪名和坏的名义（对同志乱扣帽子是不对的）”，这里的“帽子”就是用它的比喻义。

“铁”的比喻义“坚硬（铁拳）”、“确定不移（铁的意志）”是由其基本义“一种坚硬的金属”借喻转化而成的。“香”的比喻义“舒服（睡得香）”、“受欢迎（这货物在农村很香）”，也是由基本义“气味好闻”借喻而来。再如：

近视{灯光太暗，眼睛容易近视。（基本义：视力缺陷）
他看不见前途，眼光太近视了。（比喻义：眼光短浅）

锻炼{这一炉能锻炼出好几吨钢材。（基本义：锻造和冶炼）
加强体育锻炼，提高民众素质。（比喻义：通过体育运动使身体强壮）

在这里，应该把词的比喻义和词在修辞上的比喻用法区别开来。比喻义虽然大多是通过修辞上的比喻用法逐渐形成的，但它已是词的一种已经固定下来的意义，已经成为词义中的一部分，我们在应用时几乎感觉不到它是一种比喻。而修辞上的比喻用法则不确定，它只是临时打比方，在特定的上下文中间才应用。例如“北京是中国的心脏”里的“心脏”，就是修辞上的比喻，“心脏”并没有转化出固定的“首都”的新义。当然，比喻义和修辞上的比喻，二者之间也有联系，但要看到区别之处，不能混淆，如上文中讲到的比喻引申“周烈王崩，诸侯皆吊”，崩的本义为“山倒塌”，山倒塌地动天惊，而君王死也能震动臣民，两者有相像之处，所以用“山倒塌”比喻“君王死”，而“山”才是周烈王的喻体。

4. 词的临时语境义和固定修辞义

一个词在具体的语言环境中往往会派生出新的临时意义，这种词义叫作临时语境义，或者就叫语境义。

语境义具有临时的特点，脱离了具体的语言环境就不再存在。大多数是时过境迁，随着语境的改变而消失。但也有的会随着人们普遍使用而固定在词汇的意义系统中，成为丰富词义的一个重要手段。

如“大锅饭”：《现代汉语词典》60年代的试用本直到1996年的修订本，所收的词义都只是“供多数人吃的普通伙食”，但它的另一个意思“不问贡献大小，人们待遇平等，搞平均主义”却一直在人们的语言生活中使用着。随着该义的使用频率越来越高，它很有可能成为固定的词义而进入词典的义项，这就叫固定修辞义。

临时语境义和固定修辞义的区别：

临时语境义就是一个词语在作比喻、借代等修辞用途时，临时产生的意义，离开了这一具体的语境，这种意义就会消失。

例如：我国机构消肿已到了刻不容缓的时候。

固定修辞义是指由于长期修辞用法，这种修辞意义已经凝固下来，成为这个词固有的意义之一了。

如“红娘”的比喻义是“媒人”、“介绍人”；“包袱”的比喻义是“某种负担”。这些意义实际上已经成为固定的词义，一般词典也都收录进来。

二、词义分析

（一）词义场（语义场、词汇场）

1. 什么是词义场

把不同的词的意义进行比较分析，可以看到某词义与另一些词义往往有某些共同的特点和相互关系（可以通过义素表现出来）。人们根据这些词义上共同的特点和相互关系把词分成大大小小不同的类，这就是词义的聚合，分出来的类就是词义场，也叫语义场、词汇场。所以词义场就是通过不同词之间的对比，根据它们词义的共同特点或关系划分出来的类。属于同一词义场的各词义有共同的义素，表明它们同属一个词义场；又有一些不同的义素，表明词义之间的区别。例如：

词	共同义素	区别义素		
	坐具	靠背	扶手	转动
椅子	+	+	±	—
转椅	+	+	+	+
凳子	+	—	—	—

共同义素表明各词词义之间的联系，区别义素表示各词词义之间的区别，由此可以更准确地把握有关的词义。当然，这里的“共同”与“区别”都是相对的。“椅子”同“凳子”比较，则“靠背”成为区别义素，同“床”比较，则“坐具”是区别义素。另一方面，只将“椅子”同“转椅”比较，则“靠背”、“扶手”都不是区别义素。

处于不同词义场中的词的意义会有所不同，这是受同一词义场中其他词的词义制约的结果。例如：

(A) 金—木—水—火—土
(B) 金—银—铜—铁—锡

在(A)中,“金”指“金属”,包括(B)中各类;(B)中的“金”只指黄金。又如:

(A) 红—黄—蓝—白—黑
(B) 红—橙—黄—绿—青—蓝—紫

(A)中的“红”包括(B)中的“紫”与“红”,(A)中的“黄”包括(B)中的“黄”与“橙”,(A)中的“蓝”可以包括“蓝”与“青”(蓝色加黄色为绿,不属于颜料中的原色)。现代汉语不把“绿”包括在“蓝”中。这样就使“绿”处于一种独特的地位,除了在上述七色的词义场中有一席地位外,一般只与“红”组成一组反义词义场,如成语“红男绿女”、“灯红酒绿”。

在“教—学”这一词义场中,“学”只指学习;而在“工—农—商—学—兵”这一语词义场中,“学”是指整个从事教学活动的人,甚至包括一切文化工作的行业。

由此可见,同一个词在不同的词义场中可以有种种词义上的差异。

2. 词义场的层次

词义场有不同的层次,上一层次中某个词的义素必然为下一层次的各词所具有,而下一层次又必然有自己一些特殊的义素。例如,“人”和“男人—女人”是两个层次。在“男人—女人”这一层次中,“人”的义素它们都有,而“男人”的“[+男性]”这一义素、“女人”的“[−男性]”这一义素,则不是“人”这个词所具备的。在这里,“人”是上位词,“男人”、“女人”都是下位词。上位词必有下位词,下位词也可以有自己的下位词,对它的下位词来说它又成了上位词。例如:

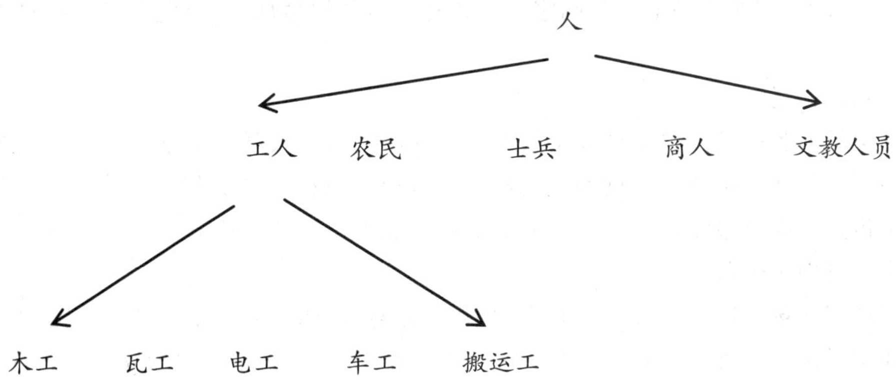

“人”是上位词,“工人”是“人”的下位词,又是“木工、瓦工……”的上位词;其余“农民、士兵”等也有自己的下位词。“木工、瓦工”等仍可以有由自己的下位词组成的词义场,“人”也还可以同“牛、马、狗、猿”等组成“动物”的下层词义场。这时,“人”便成了“动物”的下位词。上一层次的称作“母场”,下一层次的称作“子场”。

词义场的各项,也可以没有共同的上位词。例如:

父亲　儿子　爷爷
母亲　女儿　奶奶

“儿女”、“父母”、“祖父母”都只是合称，不是上位词。因此，词义场同类属词虽然有一定联系，但并不是一回事。类属词总是由上下位词构成，词义场主要是由同一层次的各词构成，所以可以存在没有上位词的词义场。

有些词可以兼属不同层次的语义场。例如上面所举的“金”，便分属上下两个层次。

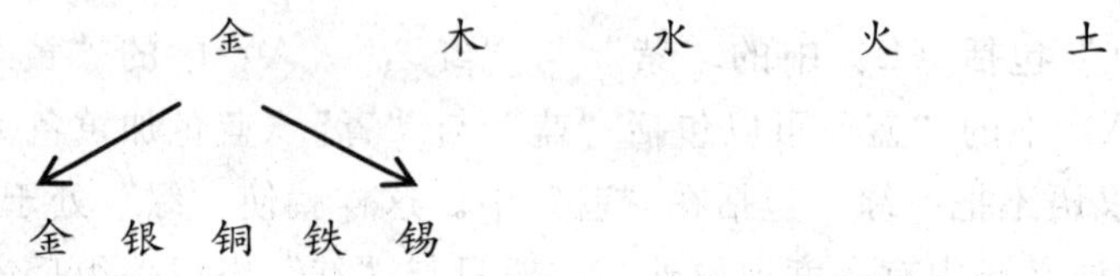

3. 词义场的种类

语义场由于各成员相互之间的关系不同，可以分出不同的种类。

（1）类属义场

类属义场的成员同属于一个较大的类，如“锅—碗—瓢—盆”同属厨具类，“桌子—椅子—板凳”同属家具类，“红—黄—蓝—白—黑”同属颜色类，“纸—笔—墨—砚”同属文具类。

值得注意的是，在汉语中类属义场所概括的事物，往往超过所列举的事物的总和，例如“桌椅板凳”实际可以代表一切家具，“锅碗瓢盆”实际可以代表一切厨具，“煎炒烹炸”实际代表一切烹调手法。这类义场所举事物往往不易穷尽。

另一方面，汉语中的类属义场的划分并不一定符合科学分类的要求。很多分类都只是根据人们的某种思想、习惯，例如“家禽—野禽”、“害虫—益虫”都是根据它们同人类的关系进行的分类。“花卉翎毛”是画家们对各种花鸟画的总称，“声色犬马”指贵族阶级的荒淫生活。

（2）顺序义场

顺序义场的各成员按照某种固定的顺序排列，例如“大学—中学—小学”、“初试—复试”、“初赛—复赛—决赛”、“助教—讲师—副教授—教授”、“头伏—二伏—三伏”等。如果义场中包含的成员很多，往往在前面加上数词表示，如“一小—二小—三小……”、“一中—二中—三中……”。

有些顺序义场可以周而复始，叫做“循环义场”，如“春—夏—秋—冬”，冬去春来，继续循环；月份“一月—二月—三月—……十二月”，“十二月”之后又是“一月”；干支纪年也是循环义场，“甲子、乙丑、丙寅……”，到“癸亥”为60年，然后再从“甲子”开始。

（3）关系义场

关系义场一般由两个成员组成，二者处于某种关系的两端，互相对立、互相依靠。例如“老师—学生”便是因教育关系形成的语义场。“教育”是这个义场的关系义素。“老师教育学生”，因此，“老师”有“→［教育］”这样的义素，“学生”有“←［教育］”（意即受教育）这样的义素。设关系义场的成分为 A、B，可以得出如下的推导式：

甲是乙的 A $\xrightarrow{\text{关系义素}}$ 乙是甲的 B

老王是小李的老师 $\xrightarrow{\text{教育}}$ 小李是老王的学生

"父母—子女"、"丈夫—妻子"、"哥哥—弟弟（妹妹）"、"师傅—徒弟"、"叔叔—侄儿（侄女）"、"舅舅—外甥（外甥女）"，都形成关系义场。

方位、过程也可以作为关系，组成某些关系义场。如"上—下"、"高—低"、"东—西"，都是由方位关系组成的义场。

行为动作过程也可以看作一种关系，从而形成关系义场。例如"买—卖"、"嫁—娶"、"收—发"、"来—去"、"交—接"、"输—赢"等。在交易过程中，甲为买方则乙为卖方。"小李嫁给小王"等于"小王娶了小李"。如以甲地为基点，有人往乙地走，这是"去"，有人往甲地走，这是"来"。这类关系中的成员，因起讫点不同而有所不同。

关系义场的成员只有两项，"你在我的左边"，则"我在你的右边"，这里没有"中间项"作为左、右的标准。不论是"左边"还是"右边"，都不能同"中间"组成上述推导式："我在你的左边"⟶"你在我的中间"。

在下面讲述词义分析的两节中，涉及的词义分析，特别是同义词和反义词的比较分析，都可以放在语义场中进行，这对区别词义，把握词的相同义素和不同义素，从而准确使用词语，都是极为重要的。

（二）单义词和多义词

一个词的意义可以只概括反映某一个客观事物、现象，也可以概括反映相互有联系的几类事物、现象。这样根据词所包含的意义的多寡不同，可以把词分为单义词和多义词。

1. 单义词　只有一个义项的词叫单义词。一般来说，常见的单义词主要有：

专有名词：北京　合肥　香港　黄河　泰山　张衡　苏轼　茅盾
事物名称：鸟　煤　菠萝　桌子　眼镜　皮鞋　木偶　茉莉
科学术语：电子　光缆　针灸　血压　元素　函数　元音　转基因
称谓名称：父亲　母亲　哥哥　姐姐　舅舅　姑姑

汉语中有一定数量的单义词，其中单纯的单义词（如"鸟"、"蜻蜓"等）少，合成的单义词（如"面粉"、"期刊"、"钢笔"等）较多。交际时，单义词不受语境的限制，也不会产生歧义。有相当一些新词语，刚刚进入交际领域，所以一般都是单义的。例如："特区"、"软盘"、"扶贫"、"手机"等。但是，由于语言中的词同客观事物比较起来，数量总是有限的，随着客观事物的发展和人们对客观事物认识的深化，如果都选新的词，那使用这种语言的人负担未免太重了，所以就不可避免地要用原有的一些词来表示有关的其他一些事物，于是产生了词的多义现象。

2. 多义词　有两个或两个以上义项的词叫多义词。多义词多由单义词发展而来，而这些义项之间又具有内在联系。例如：

"打"这个词，主要有以下几种意义：

用手或器具撞击物体，如"打门"、"打鼓"；

器皿、蛋类等因撞击而破碎，如“鸡飞蛋打”；

殴打或攻打，如“打架”；

舀取，如“打水”；

发生与人交涉的行为，如“打官司”、“打交道”；

建造或修筑，如“打墙”；

捆，如“打包裹”；

编织，如“打毛衣”；

涂抹，画，如“打蜡”；

揭，凿开，如“打开盖子”、“打井”；

放射，发出，如“打雷”、“打炮”、“打信号”；

付给或领取（证件），如“打介绍信”；

用、割、砍等动作来收集，如“打柴”；

做某种游戏，如“打球”、“打扑克”；

定（某种罪名），如“他曾被打成右派”；

介词，“从”的意思，如“打今儿起，每晚他学习一小时”。

现代汉语中的单音节词大都是多义的，如上述的“打”。而双音节词的意义往往比单音节词窄一些，固定一些，但一词多义的现象仍然存在。例如：

“同胞”，原来表示同父母所生的，如“同胞兄弟”、“同胞姐妹”，后来也表示同一个国家或民族的人，如“台湾同胞”、“港澳同胞”。

“问题”，原来表示要求回答或解释的题目，后来又不断增加新义：需要研究讨论并加以解决的矛盾、疑难，如“这些问题需要认真处理”；关键、重要之点，如“问题在于措施是否得力”；事故或麻烦，如“工作中问题不少”；不妥当之处，如“这种说法有问题”等。

“操纵”，一指控制或开动机械、仪器等，如“远距离操纵”；二指用不正当的手段支配、控制市场，如“资本主义国家的选举一直为资本家所操纵”。

多义词的大量存在是词义丰富的一种表现，词的多义，丰富了词的内容，扩大了词的使用范围，一般不影响对意思的准确表达和理解。例如“问题”这个多义词，在“我有两个问题要问你”、“你学习英语有没有问题”、“工作中存在很多问题”以及“时间有问题”等具体的句子中，意义都很明确，并不会产生误解。

多义词的存在，在某些情况下，还可以在同一个地方应用一个词的数种意义，以达到一定的表达效果，这就是修辞上的双关。

一个词的义项是从该词出现的语境中分析概括出来的，如果一个义项就可以解释该词在所有语境中出现的意义，这个词便只有一个义项，便是单义词；如果必须用两个或两个以上义项才能解释该词在各种语境出现中的意义，这个词便有多个义项，就是多义词。一个多义词虽然有几个义项，但在某一具体语境中只能有一个义项适用，而排除其他义项，否则便会产生歧义。多义词的多义变成单义是全靠语境的。例如：“这花容易活”里的“花”便只适用于“观赏植物”这一个义项，“这衣服太花了，我不想穿”里的“花”便只适用于"颜色错杂"。另外，多义词对语境有很强的依赖性，如果在同一语境中可以适用两个或更多的意义，这个词就会产生歧义了。例如"担子"这个词在"他的担子不轻"这句话中，孤立地看是有歧义的，不知道指的是他挑的东西不轻，还是他的工作责任不轻。

所以，在使用中，多义词多义性的排除大都依靠语境，语境起决定作用。

（三）同音词和异音词

1. 同音词

什么是同音词和同音词的分类，上文已述，这里主要从辨析的角度分析同音词。

首先，明确同音词与多义词的区别。

同音词和多义词，都是用同一语音形式来表示不同意义、内容的语言现象，它们在性质上有一定的共同点，但相互之间有很大的区别。这就是：同音词指的是几个词具有相同的语音形式，而多义词是一个词具有不同的意义。因此，多义词的几个意义之间有明显的、必然的联系，它们都是从一个基本意义派生出来的，有共同的基础。同音词则不然，它们之间虽然语音形式相同，但意义上缺乏联系，缺乏共同的基础，各自独立存在。例如：

"花"，表示可供观赏的植物（花很美），形状像花朵的东西（灯花、火花），烟火的一种（礼花），花纹（白底蓝花），用花或花纹装饰的（花篮、花灯），颜色或种类错杂的（花花绿绿），等等。这些意义之间有相通的地方，是多义词。可是另外还有一个"花"表示"用、耗费（花钱、花费）"，它与前面那个"花"无任何联系。所以这两个不同的"花"就是同音词。

"打"，在"打人"、"打水"、"打井"、"打草鞋"这些语言结构中，虽然也表示不同的意义，但这些意义之间有联系，它们都是从"打击"这一基本意义派生出来的，因此是一个多义词。而在"打今儿起"这样的结构中，和上面的"打"虽然语音相同，意义上却无联系，它们就不是一个词，而是两个同音词了。再如：

一米等于三市尺。我买了一袋大米。（词义无联系，是一组同音词）

远处飞来一只杜鹃。满山开满了杜鹃。（词义无联系，是一组同音词）

我买了一盆花。这块布很花。（这两个词在意义上有联系，是一词多义）

他姓花。我买了一盆花。（词义无联系，是一组同音词）

所以一定要注意把同形的同音词与多义词区别开来。

当然，这两种语言现象也不是完全没有联系的。由于它们都是以同样的语音来表示不同的意义的，在语言的历史发展过程中，它们相互之间有时可以转化，多义词的进一步发展，往往可以构成同音词。因此，必须用历史的观点来看待这两种现象。

其次，明确同音词的表达作用。

别具新意，语言发人深思。在文章中，常常将原有的某个词改换成另一个同音词语，或者二者组合使用，使词语别具新意，发人深思。这在文章题目或新闻标题中更为常见。例如：

胳膊肘朝理（里）拐

九月天，哈尔滨草木皆冰（兵）

举国谢君（军）——热烈欢迎谢军载誉归来

谐音双关，语言活泼风趣。例如：

窗口吹喇叭——鸣（名）声在外

旗杆上绑鸡毛——好大的掸（胆）子

东边日出西边雨，道是无晴却有晴（情）

第三，了解同音词的消极作用及其补救办法。

就同音词的作用而言，也或多或少会地会产生一些消极作用，尤其是容易引起混淆、误解和歧义。例如在谈到“邮船”和“油船”时，这两个同音词的存在就使人感到为难，教学上谈到“期中考试”和“期终考试”时，往往也要费一番唇舌来加以说明。一般说来，这种情况终究还是少见的，因为绝大部分同音词在具体的语境中，其意义都可以靠上下文确定下来。例如：在“这学期已临近尾声，同学们该准备迎战 qīzhōng 考试了”这个句子中，“qīzhōng”指的必然是“期终”，而不会是“期中”，这都不会造成表达的困难。

同音词的大量存在也使得许多人在汉字的书写上出现众多的别字。例如将“唉声叹气”写成“哀声叹气”，将“一筹莫展”写成“一愁莫展”，将“川流不息”写成“穿流不息”等，这自然与书写者对词语语义的理解不明有关，而这种理解不明不能不说很大一部分是由同音词造成的。

同音词的大量存在更给信息的现代化带来困难。在计算机处理汉字方面，最难解决的问题就是汉字进入计算机的方法问题。最早出现的汉字输入方法就是汉语拼音输入法，它无需编码，只要学会英文键盘的使用方法，会汉语拼音，就可以向计算机输入汉字。可是，这种输入法也最先被贬入“备用输入法”之列，主要的原因就是因为它的同音重码率太高。由此，十多年来使得许多专家学者不得不花费无数宝贵的时间付出巨大的精力去探索研究新的汉字输入方法，至今已经产生了一百多种方案，上机使用的也已近二十种。走了近二十年的曲折道路，总结各种经验教训，专家们发现，最方便、最实用的汉字输入法还是汉语拼音输入法。于最诞生了“双拼双音”输入法，进而又诞生了“智能 abc”输入法。这两种输入法一是用构成双音节词级的语言环境来减少单字同音重码；一是用语句级语言环境来减少同音重码，使得同音重码率再度降低。

若碰到可能引起混淆误解和歧义的同音词现象，可采取以下方法补救：用意义相同的语素替代，这就可以帮助避开消极的同音现象。例如可以把“期终”改为“期末”以区别于“期中”；把“遇见”改为“碰到”以区别于“预见”等等；用同义词可替代，这也可以避免同音词混淆，例如可以用“食用油”代替“食油”以区别于“石油”，用“出口处”代替“出口”以区别于“对外出口”中的“出口”等等。

2. 异音词

（1）这里讲的异音分析，还是从上文的同形异义异音词入手。

同形异音异义词虽然为数不多，但作为汉语大家族中的重要成员之一，在语言交际中发挥着不可低估的作用，占据重要位置。同时，也正因为它们较为少见，长期以来未能引起人们广泛的关注，甚至不少人对它们还很陌生，以致在生活中出现了很多误读、误解现象，成为汉语言交际中的一大障碍，必须引起我们的高度重视。

比如成语“难兄难弟”：

“难兄难弟”有两个读音。根据读音不同，它一分为二，成为意义完全不同的两个成语。

当成语中的“难”字读阳平调（nán）时，意为不容易做到；困难（跟“易”相对），如：困难、难关、难点等。成语的意思是指兄弟俩一样好，难以分出高低。此意语出南朝·宋·刘义庆《世说新语·德行》篇，文载：陈寔曾说他的两个儿子“元方难为兄，季方难为弟”。意思是元方好得难跟弟弟分高下，季方好得难跟哥哥分高下。今多反其义而用之，指兄弟俩或两个人同样低劣。例如：他们两个成天打打闹闹，偷鸡摸狗，真是一对难兄难弟。

当成语中的“难”字读去声调（nàn）时，意为遭到重大不幸；灾祸。如：大难临头、难民等。语见元·张可久《折桂令·湖上饮别》曲：“难兄难弟俱白发相逢异乡，无风无雨未黄花不似重阳。”这时成语的意思是指共过患难的朋友，或处于同样困境的人。例如：经过这次事故，咱们这些难兄难弟该是大难不死，必有后福吧。

汉语词语中使用频率较高的同形异义异音词主要是双音节词，现以最新、较权威的《现代汉语规范词典》（2004 年版）为例，对汉语中常见的同形异义异音词列举、比较、简析如下。

播种：读 bōzhǒng，表示“把农作物的种子播撒到地里”。如：及时～。读 bōzhòng，表示“用播撒种（zhǒng）子的方式种植农作物”，如：冬小麦适于～，油菜适于移栽。

当年：读 dāngnián，表示“过去距现在较远的某一时间”。如：想～，我和父亲一起挖过煤。读 dàngnián，表示“事情发生的同一年”，如：～借～还。

当时：读 dāngshí，表示“过去某事情发生的那个时候”。如：你的想法，为什么～不说呢？读 dàngshí，表示“就在那个时候”，如：听到噩耗，他～就昏了过去。

倒车：读 dǎochē，表示“途中换乘另外的车辆”。如：坐直达车不用～。读 dàochē，表示“使车往后倒退”，如：路滑，注意～安全。

倒数：读 dǎoshù，表示“数学上的一个概念”。如：这节数学课讲的是～。读 dàoshǔ，表示“从后往前数”，如：排在～第三位。

东西：读 dōngxī，表示“东边和西边”。如：操场～宽 100 米。读 dōngxi，表示“各种具体或抽象的事物”，如：她上街买～去了。

（2）同形异义异音词读错的原因和矫正办法

同形异义异音词常见读错原因主要有三种情况：一是一律读成较常用意义的读音，如“澄清”（chéngqīng）；二是一律读成较常见的读音，如“琢磨”（zhuómó）；三是两义两音相互颠倒着读。

同形异音异义词到底应该怎样读，一定要根据不同的语境、语意来确定，决不能单凭日常习惯，也不能人云亦云。如果我们能强化普通话语音规范意识，碰到一组同形双音词在不同语境中意义可能有别时，要引起警觉，及时向词典请教，这样可以避免或减少错读现象的发生。

（四）同义词和反义词

从词义之间的关系上看，词有同义词和反义词。

1. 同义词

(1) 同义词及同义现象

意义相同或相近的词叫同义词。语言中用不同的语音形式来表示相同或相近的意义，就产生了词的同义现象。

(2) 同义词之间的关系

① 同义词之间的关系是词义与词义的关系。词义和语素义不能构成同义词。例如：

老—迈　活—生　走—行

“迈”、“生”、“行”虽然分别有“老”、“活”、“走”的意思，但都不是词义，而是语素义。我们只说“年迈”、“生龙活虎”、“步行”，不能说“年纪很迈”、“一条生狗”。

② 从音节看，有些是单音词同义，如“缺”和“少”、“封”和“闭”，有些是单音词和双音词同义，如“学”和“学习”，“信”和“相信”，“飞”和“飞翔”。不过最多的还是双音节同义词，例如：

立即—马上　凌晨—黎明　帮助—赞助

发愤—发奋　合适—适合　情感—感情

③ 单义词之间是一对一的关系；多义词之间是一对多的关系。例如：

骄傲—自满—自豪

荒废（田没人耕种）—荒芜—废弃（不抓紧时间）—浪费—糟蹋

但一个多义词的同义词，实际上二者之间是局部的同义。例如“痛快”一词，在“你这个人办事很痛快”这个句子里，“痛快”与“爽快”、“直爽”同义；在“今天玩得真痛快”这个句子里，“痛快”与“开心”、“尽兴”同义。又如“平常”一词，在“他相貌平常，可是精明能干”这个句子中，“平常”和“普通”、“一般”同义；在“平常他这会儿早来了”这个句子中，“平常”和“平时”、“通常”同义。

④ 同一个词不同形式之间是同一关系，不是同义关系。例如：

癫狂—颠狂　梗直—耿直　罗嗦—罗唆—罗索—啰唆

这些词来源可能不相同，古代音义也可能有所不同，但现在音义没有区别，是具有同一关系的异形词。对词增减一个语素，只要意义不变，就是该词的另一种构词形式。例如：手指—手指头，树墩—树墩子，这些是加了后缀；数目字—数字，手提包—提包，这些是省略了一个语素。它们本来就是同一个词，不算同义词。

⑤ 词与词的语法变化形式之间不是同义关系。例如：

糊涂—糊里糊涂　考虑—考虑考虑　家—家家　高—高高

⑥ 所指相同不一定构成同义词。在一定的语言环境里为了修辞上的需要，常常使用与所表达的事物有关的词语来替代所要表达的事物，两者所指相同，但却不是同义词。

例如：

阿Q……从腰间伸出手来，满把是银的和铜的，在柜上一扔说，“现钱！打酒来！”

“银的”和“铜的”所指确实是下文的“现钱”，但“银的”、“铜的”都是“的”字短语，不是词。同时它们同“现钱”之间也没有对等关系。

所以，一般来说，是不是同义词主要从词义上看，只要有一个重要意义相同即可。

（3）同义词的分类

同义词主要分为等义词和近义词。

① 等义词 意义完全相等的词。在任何一种语言里，意义完全相同的同义词是不多的。例如：

演讲—讲演 妒忌—嫉妒 离别—别离 灵魂—魂灵
无线电—收音机 玉米—苞米—苞谷—棒子
山芋—红薯—白薯—甘薯—红苕—番薯
马达—发动机 盘尼西林—青霉素 麦克风—话筒 自行车—脚踏车

② 近义词 基本意义相同或意义相近的词。例如：

拿—取 赠—送 吃—食 叫—喊
坚决—坚定 图—打算 人际—人间、人世
监狱—牢房—囹圄 愤怒—愤慨—愤懑—愤恨
喜欢—喜爱 漂亮—美丽 脑瓜子—头颅

这几组词虽然意义相同，但并不完全相等，有种种细微差别，应用上也不能任意替换，是一种不完全的同义词，称作“近义词”。如例中所举“坚决—坚定”：“坚决”侧重态度果断，跟“犹豫”相反；“坚定”侧重立场稳定，跟“动摇”相反。因此，“坚决”常用来表示行动、态度；“坚定”常用来表示立场、意志。还有“庆祝—庆贺—祝贺”，都有以一定方式对喜庆的事情表示美好心愿的意思，但“庆祝”着重表示喜庆或纪念，多用于隆重的事情，方式常常是群众性活动；“庆贺”着重表示贺喜，适用范围较小，不限于集体，也适用于个人，方式多种多样；“祝贺”着重表示美好的祝愿，对象也较广，方式或是文字的，或是口头的。

在上述的两种同义词中，等义词在词汇里为数是很少的。这种同义词有的是语言的累赘，是语言规范化工作的对象，应该限制它们的存在和发展。语言中更多的是近义词，它们的存在有其积极的意义和作用，因此需要认真辨析，以防止误用这类同义词。

（4）同义词的辨析

同义词之间的基本意义都是一致的，至少在某一主要意义上相同；但另一方面，它们之间必然会有一些或大或小或隐或显的差别。例如“愉快—高兴”主要意义都是“喜欢”，但在程度上有区别。恰当地使用同义词可以准确地反映事物之间的细微差别，表达人们对客观事物的感情、态度，适应各种语体风格的需要；使用得不恰当，便会词不达意，出现种种错误。所以学习研究同义词的重点应该放在辨析同义词之间的差异上，这样才能真正发挥同义词的积极作用。一般说来，同义词的差别主要表现在意义、语法功能和色彩三个方面上。

① 从意义差别上辨析

A. 范围大小不同。例如：

粮食＞食粮　心情＞心境　家族＞亲属＞家属＞家眷

“粮食”指一切谷物，“食粮”只指人吃的粮食。“心情”和“心境”都指内心的思想感情。“心情”泛指思想感情所处的状态，意义范围较广，书面、口头都常常使用，如“心情激动”、“愉快的心情”；“心境”主要指思想感情的境况，意义范围较窄，多用于书面，如“他家出了点事，近来心境不好”。“家族”包括同一血统的几辈人，是一个群体；“亲属”指有血缘关系和婚姻关系的人；“家属”指家庭户主以外的所有人员；“家眷”只指妻子儿女，有时还可以专指妻子。

再如，“边疆”与“边境”，都指远离内地靠近国境的地区，但“边疆”指靠近边界的领土，包括国与国接壤的边界，范围比较大；“边境”指靠近边界（国界）的地方，范围比较小。又如“局面”与“场面”、“战争”与“战役”、“性质”与“品质”等等，所指范围大小都有所不同。

表现范围大小差异的词，多是名词。

B. 语意轻重不同。有些同义词所表示的事物概念虽然相同，但在表现其某种特征或程度方面，则有轻重的差别。例如：

“轻视”和“蔑视”都有“看不起”的意思，但“蔑视”的程度显然比“轻视”重，如“蔑视霸权主义”里的“蔑视”不能改成“轻视”。

“改革”和“改良”，前者是全面、深入的，后者是局部表面的。

“嗜好”和“爱好”，前者是指特别的喜爱，后者只指一般的喜爱，等等。

表现语意轻重差异的词，多是动词、形容词和副词。

C. 适应或搭配的对象不同。有些同义词虽然所代表的概念相同，但其适应的对象却有上、下、内、外之分，搭配的对象也多有不同，这往往同说话者所处的地位有关。例如：

“爱戴—爱护”，前者只适用于对上，后者则适用于对下。

“表达—传达”，前者往往适用于对自己，如“表达自己的思想感情”，后者则适用于对他人，如“传达上级的指示”；“交换—交流”都指双方把自己的东西给对方，前者可以和“礼物、意见、资料、产品”搭配，搭配对象大都是意义较具体或所指范围较小的词，后者则与“思想、文化、经验、物资”等搭配，搭配对象大都是意义较抽象或所指范围较大的词。又如：

发扬——精神　作风　传统　民主
发挥——作业　威力　力量　创造性
侵犯——主权　利益　领海　人权
侵占——土地　财产　领土　公款

履行——诺言 合同 手续 公约

执行——命令 任务 路线 政策

适应对象差异的词，多是动词和形容词。

D. 具体与概括（也就是个体与集体）不同。例如：

“树木”和“树”指的是同一种事物，但“树木”所指的是概括的、一切的树，如“这地方树木真多”，“树”指的则往往是具体的、个别的树，如“苹果树、这棵树”。

“信—信件”，前者指具体的、个别的信，后者指集体的、很多的信。

具体与概括的例子很多，如：

人—人类 山—山脉 布—布匹 河—河流 船—船只

湖—湖泊 马—马匹 纸—纸张 枪—枪支 书—书籍

表现具体与概括的词，多是名词。

② 从语法功能上辨析

同义词在语法功能上的差异主要与词性和句法功能有关。一般地说，词性或句法功能不同的词，不能形成同义词。但是当一个词具有几种不同的意义，并且分别属于不同词类的时候（兼语词），则可以在意义相同或相近的条件下，分别同别的词组成同义词。例如：

“深刻”和“深入”都有“深”的意思，但“深刻”是形容词，既有接触到问题的本质的意思，如“他分析得很深刻”，又有内心感受极深的意思，如“他给我留下了深刻的印象”；而“深入”是个兼语词，当它做动词时，有通过外表达到事物的内部的意思，如“党的政策深入人心”。所以它们不是同义词，不能混同使用。而当“深入”还表示“深刻、透彻”的意思时属形容词性质，这时它和“深刻”就形成同义词。“深入”和“深刻”作为一组同义词，在搭配对象上也有所不同。“深入”多与表示动作行为的词搭配，如“必须进行一场深入的批判”，“深入地开展调查研究”等；“深刻”则多与表示抽象事物的词搭配，如“深刻的印象”、“深刻的内容”等。

“突然”和“猛然”都有动作变化快、出人意料的意思，都可以作状语，如“他突然/猛然转过身来”。但“突然”还可以作谓语、定语、宾语，如“情况很突然”、“突然事变”、“感到突然”；“猛然”则只能作状语，如“猛然站起”。因此，一般认为“突然”是形容词，“猛然”是副词。

还有些同义词虽然词性完全相同，但语法功能不同。例如“艰苦—艰难”都是形容词，前者常常作定语，如“艰苦的生活”；后者常用作谓语，如“生活艰难”。等等。

③ 从色彩差别上辨析

同义词在色彩上的差别主要包括感情色彩和语体色彩两方面。

A. 感情色彩 有些同义词意义差不多，但是反映出来的人们对客观事物、现象的态度却不同，即感情色彩不同。有的词表达了说话者对该事物的肯定、赞许的感情，含有褒义；有的词表达了说话者对同一事物的否定、贬斥的感情，含有贬义；有的则不表示说话者对该事物的褒贬，那就是中性词。

例如“结果—成果—后果”都指所达到的最后状态，其中，“结果”是中性词，可以用于好的事物，如“他们商谈的结果是签订了合作协议书”，也能用于坏的事物，如“他们商谈的结果是崩了”；“成果”是褒义词，意思是工作或事业上的收获，是一种好的结果，如“祝贺你们在学习中所取得的丰硕成果”；“后果”是贬义词，意思是后来的结果、结局，多用于坏的方面，如“滥伐森林的行为再不制止，后果将不堪设想”。

又如“巨大—宏大—庞大”都有很大的意思。“巨大”，中性词，可用于好的事物，如“对这么巨大的工程，一定要精心施工”，也能用于坏的事物，如“防止造成巨大的经济损失”；“宏大”，褒义词，有雄伟、壮阔之义，如“这是个宏大的规划，十分鼓舞人心”；“庞大”，贬义词，常含过大或大而不当之义，如“机构庞大、人浮于事的状况应该改变”。

再如“坚定”、“顽固”、“固执”和“坚持”，这组词都含有“坚持不懈”这一概念，而“坚定”则含褒义，指对正确的信念或对事业的坚持不变的态度；“顽固”和“固执”含有贬义，表示坚持的是不正确、错误的东西；“坚持”是中性词，无明显的感情意味。

除了上面所说的词义褒贬，同义词还有其他感情色彩上的差别。因为人们的感情是多种多样的，这种差别也就有各种不同的情况，例如“诚实”和“老实”都是指一个人言行跟内心一致，不虚假。但隐含的含蓄义不同：前者含有思想行为良好、品德高尚的含义；而后者还隐含着不聪明、不灵活、胆子小，甚至懦弱无能的意思。又如“死”和“逝世”是一般的感情色彩和庄重的感情色彩之分；“人”和“家伙”、“漂亮”和“时髦”是一般的感情色彩和轻蔑色彩之分；“肥”用来指人时，有讽刺、诙谐的意味，“胖”则没有这种意味。

B. 语体色彩　包括口语和书面语。有些词多适用于口语，同时带有通俗的语体色彩，另一些词则适用于书面语，一般经过文学加工，有的还受古代文学的影响较大，所以跟平时口头说的话有些不同。口语和书面语各有自己的色彩特点，适用的语境、场合也不同。例如在严肃、庄重的场合用“夫人”、“诞辰”就比用“妻子”、“生日”适宜。同样，“儿童”和“小孩儿”也都指比较幼小的未成年人，但前者较庄重，用在“儿童是祖国的花朵”里较合适，而“小孩儿”较亲切，用在“瞧，那老爷爷在逗小孩儿呢”里就有特殊情味，都不能互换。

普通语体—军事语体：

扔—投掷　早上—拂晓
趴下—俯伏　爬行—匍匐

普通语体—文言词：

蛤蟆—蟾蜍　后代—苗裔
依附—附丽　监狱—囹圄

普通语体—方言词：

知道—晓得　无能—窝囊
睡觉—睏觉　肮脏—龌龊

（5）同义词的表达作用

汉语是世界上同义词最丰富的语言之一，同一种事物，同一个动作，同一个现象往往有许多同义词可以选用。例如：

表示“看”这一动作的，就有十几个同义词。其中有表示一般的看的，如“看、瞅、瞧”；表示已经看到的，如“见、看到、见到”；表示向远处看的，如“望、眺、瞭望、瞩”；表示向上看的，如“瞻仰、仰视、仰望”；表示向下看的，如“鸟瞰、俯视”；表示回头看和向四方看的，如“顾、张望”；表示偷偷地看的，如“窥”；表示集中视线注意地看的，如“盯、瞄、注视”；表示略略一看的，如“瞟、瞥、浏览”，等等。

所以写文章时，若能恰到好处地选用同义词，则对于增强语言的表达效果具有多方面的积极意义。其作用大致有五个方面：

① 可以使语言的表达细致入微，精确严密。例如：

A. 我们不是反对生活水平的提高，共产党人奋斗的目的就是要使人民过上更加美好的生活。我们反对的是脱离当前经济发展水平的过高的消费，反对的是假公济私、损公肥私和损人利己。

假公济私、损公肥私和损人利己都有牟取私利的意思，但又有所不同。“假公济私”指当权者假借公家的名义牟取私利；“损公肥私”指损害国家集体利益，中饱私囊；“损人利己”指损害别人使自己获利。三者互相补充，使语意表达全面周详。

B. 蚕的灰白色身体完全露出来了，连成一个平面，在那里波动，它从木架上往下爬，恨不得赶紧离开，脚的移动就加快……它觉得尾巴一阵疼痛，身体不由自主地扭动了一下。

这里“波动、移动、扭动”三个同义词用得各得其所，恰到好处，说明作者观察事物非常仔细，非常精确。

C. 我从东长安街向天安门广场走去，刚进入广场就望见纪念碑，像顶天立地的巨人一样矗立在广场南部，和天安门遥遥相对，在远处就可以看到毛主席亲笔题的“人民英雄永垂不朽”八个金色大字。我越过广场，踏着刚铺成的橘黄色花岗石石道，徐徐走到纪念碑台阶前，从近处来仔细瞻仰纪念碑。

在这段文字里，“望见、看、瞻仰”都有“使视线接触”的意思，表示“看”这一动作。未进广场，离纪念碑还很远，当然用表示“远看”的“望见”；为了强调纪念碑上的八个金色大字清晰耀眼，为了避免重复、呆滞，换用了“看”；为了表示走到近处怀着崇敬心情的观看，就用了“瞻仰”。

② 可以使文句避免重复，富于变化。例如：

A. 您开襟解怀，拉车挽绳……

B. 根深不怕风摇动，树正何愁月影斜。

C. 按倒葫芦起来瓢。

D. 听话听声，锣鼓听音。

E. 若要人不知，除非己莫为。

以上例中加点的一组组同义词都表示相同的意思，但都没有使用相同的词语，避免了单调乏味的缺点，使语言显得生动活泼，富于变化。

③ 同义词连用，可以增强语势，表义充分。例如：

A. 坚决、彻底、干净、全部地歼灭一切敢于来犯之敌。

一连四个状语，后三个是语境同义词。这四个词从态度、状态、结果、范围四个方面限定了“歼灭”这个动作，极大地加重了语气，突出了情态，增强了公告感染力。

B. 可是谁都没有想到事到临头，出了这么个岔子！武英英气得快哭了。团支书周铁娃气呼呼地叫道：“这个王铁牛，简直是故意捣乱，专门拆台！非好好整一整、熬一熬这股歪风邪气不可!”

借助于同义词“捣乱”、“拆台”构成两个并列的词组，充分地表现了人物内心的气恼，如只用一个，力度就差多了。下文的“歪风邪气”为两个双音同义词，有同样效果。

有的同义词拆散连用，交叉搭配，可以构成成语来加重语气，突出形象，增强表现力。例如：

家喻户晓　东奔西走　谨小慎微　轻描淡写　门当户对

心满意足　改头换面　粗枝大叶　风平浪静　咬文嚼字

④ 可以满足修辞上的讳饰、婉曲的需要，构成“委婉词”或“禁忌语”。例如：

“落后”和“后进”，“受伤”和“挂彩”，“死”和“去世”、“升天”，“箸”和“筷”等等都是同义词，在为了避免伤害对方的自尊心，或避免犯忌触讳的情况下，就可以用后面的一个词构成“委婉语”或“禁忌语”，这对意思圆满的表达，也有很大帮助。

⑤ 可以适应不同的语体风格。例如：

本军三大纪律八项注意，实行多年，其内容各地各军略有出入。现在统一规定，重新颁布。望即以此为准，深入教育，严格执行（《中国人民解放军总部关于重新颁布三大纪律八项注意的训令》）。

“望即以此为准”的意思就是“希望就拿这个做标准”，但原文因是个“训令”，要求措辞郑重、严肃，所以使用的是书面语词语，“训令”特有的风格特点就显示出来了。

（6）辨析同义词的方法

辨析同义词的一个很重要的方法，是从语境中去考察，因此要注意用同义词分别造句，观察它们可能出现的上下文语境，设想相互替换的可能性。一般来说，可能替换的总是显示出同义词中相同的部分，不能替换的往往是差异所在。因此：

第一步，要尽可能多地搜集（当然也可以自己造）包含有同义词的句子或短语，然后进行归类，看看能用哪些义项进行解释。

第二步，便是互相替换，对种种替换情况进行分析、概括、说明，找出它们的差异可能性在哪些方面。如果差异不仅一项，可以分项说明，也可以只写最突出的一项。

第三步，写出辨析结论。在写辨析结论时，要注意说明的顺序：先说同，后说异；先总说，后分说。例如：

庇护—爱护：都含有“保护”的意思。但二者的褒贬色彩不同：“庇护”是贬义词，“爱护”是中性词。

交流—交换：都有双方给予某种东西的意思。但二者的搭配对象不同：“交流”可以和“经验、文化、思想”等搭配；“交换”一般和“礼物、资料、场地”等搭配。

商量—商榷：都有交换意见的意思。但语体风格色彩不同：“商量”多用于口语；“商榷”多用于书面语，是指为了解决较大、较复杂的问题而交换意见。

逝世—死：都是生命终结的意思。但二者有三方面的不同。其一，二者的语体色彩不同：“逝世”比“死”庄重，多用于书面语；“死”比较通俗，多用于口语。其二，二者的感情色彩不同：“逝世”是褒义词，多用于伟大人物或值得尊敬的人物；“死”是中性词，多用于一般人物或反面人物。其三，二者的适用范围也不同：“逝世”只用于人；“死”既可用于人，也可用于动植物。

周密—严密—精密：都有“细密，没有漏洞”的意思，但它们的语义侧重点各不相同。“周密”是“考虑问题细致周到”的意思，“严密”是“结合得很紧，不使漏掉”的意思，“精密”是“精致、准确度高”的意思。

铲除—拔除—根除：都表示除掉某种有害的东西的意思，但三者在语义轻重程度上不同。“铲除”还可能留着根；“拔除”不留根，语义重些；“根除”是“彻底除掉”的意思，语义更重。

2. 反义词

(1) 反义词的定义

语言中意义相反或相对的词叫反义词。例如：

大—小　长—短　高—低　好—坏

浪费—节约　拥护—反对　谦虚—骄傲　朋友—敌人

构成反义的两个词必须是属于同一意义范畴的。反义词既是互相对立的，又是互相联系的，而且反义词是就词和词的关系说的，不是就词与短语的关系说的。具体见下面的反义词的性质。

(2) 反义词的性质

① 反义词的存在是以客观事物的矛盾对立为前提的。例如：

正—反，对—错，痛苦—快乐。

但有的反义词反映的客观事物本身并不是互相矛盾的。例如：山—水，天—地，日—月，春—秋。它们所反映的事物、现象本身，只是人们在运用时经常对比并举，成为社会的语言习惯，也被视为反义词。

② 两个反义词必须是属于同一意义范畴的词。例如：

“大—小”都属于体积，“正—反”都属于方向，“古—今”都属于时间，“胜利—失败”都是（在战争或竞赛中）打败对方、被对方打败。所以，都是反义词。而“美观—粗糙”就不能够成反义词，因为不属于同一意义范畴：美观是指（物体的样式）好看、漂亮；而粗糙是指（物体的表面）不精细、不光滑。“美观”的反义词应该是“难看”，“粗糙”的反义词应当是“光滑”。

③ 反义词是词义与词义、词与词的关系，词和短语不能构成反义词。所以，贞洁—不贞，良好—不良，忠诚—不忠，都不是反义词；同一个词的前面加上前缀“非”、“不”也不能构成反义词，如：党员—非党员，金属—非金属，送气—不送气，规则—不规则，都不是反义词。当然，有理数—无理数，有机化学—无机化学，可以构成反义词。

④ 一个词通常只有一个反义词，但也有一个词有几个反义词的情况或几个词有一个反义词的情况。一个多义词同时有几个意义，因此它的每一个意义，都可能分别同意义相反或相对的词构成反义配对关系。例如：

正（垂直或符合标准方向）：歪

（位置在中间）：侧，偏

（正面）：反

（正确）：误

（合乎法度、端正）：邪

（职务是第一把手）：副

（大于零的数）：负

这些是从多义词这个角度讲的，倒过来说也一样，即几个词可以和一个多义词的几个不同意义分别构成反义配对关系，形成几个反义词和一个词对应的情况。

（3）反义词的分类

① 绝对反义词（也叫矛盾反义词或互补反义词）。例如：

节约—浪费　分散—集中　赞同—反对

生—死　动—静　有—无　曲—直　正—反

正确—错误　出席—缺席　吝啬—慷慨

这些反义词，肯定 A 必否定 B，肯定 B 必否定 A，同时，否定 A 必肯定 B，否定 B 必肯定 A。两者中间不容许有非 A 非 B 的第三种情况存在。如：不是“生”就是“死”，不是“死”就是“生”，排除了“既不是‘生’也不是‘死’”的中间状态。不是“动”就是“静”，不是“静”就是“动”，排除了“既不是‘动’也不是‘静’”的中间状态，其余可以类推。像这种反义词就叫绝对反义词。

② 相对反义词。例如：

和善—凶恶　丑恶—美好　富裕—贫穷

清明—腐败　轻易—艰难　切实—浮夸

东—西　白—黑　大—小　高—低　粗—细

这些反义词，肯定 A 就否定 B，肯定 B 就否定 A。但是不能逆推，否定 A 不一定就肯定 B，否定 B 不一定就肯定 A，两者之间还可以有 C、D、E 等其他意义或中间状态存在的可能。如：是“东”就肯定不是“西”，是“西”就肯定不是“东”，但“不东”却不一定是“西”，“不西”也不一定就是“东”，可以有中间状态存在，如“中”、“南”、“北”的可能。再如是“白”就不是“黑”，是“黑”也就不是“白”，但“不白”却不一定是“黑”，“不黑”也不一定就是“白”，可以有中间状态“灰”存在，其余可以类推。这些反义词就叫相对反义词。

要说明的是，绝对反义词和相对反义词在特定的情况下可以改变。绝对反义词有时可以当作相对反义词来用，例如“男”和“女”，可以说成“不男不女”，“死”和“活”可以说成“不死不活”；相对反义词有时也可以变成绝对反义词，如“不进则退”、“非左即右”。“不男不女”其实还是“男的”或者“女的”，只是强调其打扮、举止不合正常的要求。“不死不活”还是“活”的，只是强调处境难于忍受。“不进则退”强调“进”，“非左即右”强调不能坚持正确的立场。

但是“左”和“右”、“东”和“西”等的确有可能分属两类反义词。“左—右”、“东—西”以及“南—北”等，都可以看成没有中间项的绝对反义词，“你在我的左边，我在你的右边”，可以紧密相连，中间不插入任何人或物。但是“左”和“右”又可以有中间项，形成“左—中—右”系列，例如“你在我的左边，他在我的右边”，这时的“我”便在“中”，所以它们又是相对反义词。

(4) 反义词的表达作用

由于反义词意义的对立通常是客观事物矛盾对立的反映，因此通过反义词来揭示事物的对立面，可以更清楚地暴露矛盾事物的对立性，使人们在鲜明对比下认清事物的是非、善恶、轻重、缓急，收到良好的表达效果。

① 可以揭示事物的矛盾，形成意思的鲜明对照和映衬，从而把事物的特点深刻地表示出来。例如：

A. 我曾经远离祖国几年。那些日子，我对祖国真的说不出有多么的怀念。这怀念是痛苦又是幸福。痛苦，是远离了祖国的同志，祖国的山川风物；幸福，是有这样伟大的祖国供我怀念。

用“痛苦—幸福”这对反义词，概括了作者远离祖国时的复杂心情，揭示出作者对祖国深沉真挚的感情。

B. 但是这些名家的可贵，是在失败面前，并不失望，而是从失败中吸取教训，“吃一堑，长一智”，使失败转化为成功。

“失败—成功”这对反义词表面看是矛盾的，但实际上是辩证统一的。它说明要成功，就要经得住失败，才能取得成功。俗话说“失败是成功之母”，正是这个意思。这种句子，蕴涵着深刻的辩证思想，富于哲理性。

② 可以构成对偶映衬的句子，使语言更加深刻有力。例如：

A. 万恶皆由“私”字起，千好都从“公”字来。

B. 懒惰的结果是痛苦，勤劳的结果是幸福。

C. 虚心使人进步，骄傲使人落后。

这些都是利用反义词构成对比，从而使所论述的真理更加清楚、明朗，更加有说服力。

我国过去的一些谚语或格言，常常用反义词或反义语素构成一些言简意赅、富有哲理的警策之类的语句。如："勤则难，惰则易"、"居安思危，戒奢以俭"、"明枪易躲，暗箭难防"、"远水不解近渴"、"满招损，谦受益"、"学如逆水行舟，不进则退"、"人无远虑，必有近忧"等等。

③ 多组反义词连用，可以起到加强语气的作用。例如：

A. 我相信到那时，到处是活跃的创造，到处是日新月异的进步，欢歌将代替悲歌，笑脸将代替哭脸，富裕将代替贫穷，康健将代替疾苦，智慧将代替愚昧，友爱将代替仇杀，生之快乐将代替死之悲哀，明媚的花园将代替凄凉的荒地。

作者连用十对反义词热情地讴歌了美好的未来，文章酣畅淋漓，气势磅礴。

B. 一个人坚强还是懦弱？诚实还是虚伪？文明还是粗野？文雅还是粗俗？慷慨还是自私？温柔还是粗暴？好学还是懒惰？审美观点对不对？生活趣味高不高？这一切……是别的职能部门不好管，也不便管的。

这里用了七组反义词，强调指出：文艺要管的是净化人的灵魂，塑造人的灵魂，改造人的灵魂。

C. 我们大家辛辛苦苦为的是什么？就为的一个心愿：要把死的变成活的，把臭的变成香的，把丑的变成美的，把痛苦变成欢乐，把生活变成座大花园。

用四组反义词着重说明决心把破旧肮脏的北京城，建设成一个美好欢乐的北京城。

④ 相对反义词往往可以统指整个范围的全部，使文句形象生动。例如：

A. 在他赁人家的车的时候，他从早到晚，由东到西，由南到北，像被人家抽着的陀螺；他没有自己。

"早晚"、"东西"、"南北"，实际上是指祥子无论什么时候，无论什么地方都在为生活奔波忙碌。

B. 东边道上有一大块阴影，挤满了人：老幼男女，丑俊胖瘦，有的打扮得漂亮入时，有的只穿小褂短衫。

同样，"老幼"、"男女"、"丑俊"、"胖瘦"四对反义词，实际上概括了各种年龄、性别、长相、体态的人。其实，不老不幼，不丑不俊，不胖不瘦的人占大多数，这些人当然也包括在内了。

⑤ 由于反义词具有鲜明的对比作用，人们有时为了使语言新颖而又简练，按原有的词语临时创造一个反义词。例如：

A. 咱们都是大老粗，好好学习文化科学知识，变它个老细。

B. 读者也许会觉得这是一条"新闻"吧，其实，只是一条"旧闻"而已。

C. 有些天天喊大众化的人，连三句老百姓的话都讲不出来，可见他就没下过决心学老百姓，实在他的意思是小众化。

“老细”、“旧闻”、“小众化”就是分别按照原有的词“老粗”、“新闻”和“大众化”，利用反义关系临时创造出来的。

⑥ 反义词还可以作为语素，用来构成合成词。例如：

动静　迟早　横竖　得失　高低　开关

左右　呼吸　买卖　多少　方圆　甘苦

这种合成词的意义并不是原来两个词的意义的总和，而是从矛盾对立中概括出来的新义。如：“横竖”是指“反正”的意思，“动静”是指“动作或说话的声音”或“情况”。

⑦ 反义词还可以用来构成成语，例如：

破私立公　深入浅出　喜新厌旧

出生入死　弃暗投明　无独有偶

另一些成语，由反义词和同义词拆散交叉构成，表意十分丰富、生动。例如：

生离死别　欢天喜地　东摇西摆　横冲直撞　瞻前顾后　博古通今

(5) 反义词的不平衡现象

反义词中的词总是成对的，但是两个词之间的语义范围、使用频率并不相等，这样就形成了反义词的不平衡现象。

有些由形容词构成的反义词，两个词对“～不～”(如“好不好”)这个格式反应不一样。如“厚—薄”，一般提问题说“厚不厚”。例如问冰层，不知厚薄时一般问：“冰层厚不厚?”回答可以是：“厚，有三尺厚。”也可以是：“薄，只有两寸。”只有在设想或担心其薄时，才问“薄不薄”。回答时只能说“薄”或“不薄”。在“有多～”这样的格式中，一般情况下说“有多厚”，只有在已知为薄时才说“有多薄”。在“有［数量］～”这样的格式中则只能用“厚”不能用“薄”，“有三尺厚”，不能说“有两寸薄”，甚至已知为“薄”时也可以说：“薄，只有两寸厚。”可见“厚”一方面是“薄”的对立面，另一方面又可以代表“薄”。与此类似的还有：

深—浅　宽—窄　好—坏　长—短

远—近　忙—闲　美—丑　重—轻

大—小　舒服—难受　团结—分裂

思考与练习

一、名词解释

1. 词义。2. 义素。3. 义项。4. 词的概念义。5. 词的色彩义。6. 词的本义。7. 词的基本义。8. 词的转义。9. 词义场。10. 单义词。11. 同义词。12. 多义词。13. 反义词。

二、列举

1. 词义的单位。

2. 词义的性质。

3. 词义的分类。

三、填空

1. 广义的词义包括词的________。

2. ________是词的形式，________是词的内容，________是词的功能。

3. 从社会习惯来说，词义就是用________________的意义。

4. 从词义的内容看，词义以________为基本内容，还含有各种各样的________，例如感情义、古今义、雅俗义、语体义、修辞义等；从词义的发展来看，有________、________、________；从词义的稳定性来看，有________、________；从词义存在状态和使用功能来看，有具有独立交际作用的________，有主要反映词义的历史发展过程及词义内部系统的________。

5. 多义词在使用中多义性的排除要依靠________________在起着决定多义词的义项意义的作用。

四、简答

1. 词的转义是怎样产生的。

2. 简述词的语体色彩和感情色彩。

3. 词的概念义和色彩义的区别。

4. 举例说明词义的引申应用。

5. 词义演变的方式。

6. 举例说明同一个词在不同的词义场中的词义差异。

7. 举例说明多义词的积极作用与消极作用。

8. 同音词与多义词的区别。

9. 辨析同义词的方法。

10. 反义词的不平衡现象。

五、实践操作

1. 试以“重—轻”、“团结—分裂”为例说明反义词的不平衡现象。另外我们一般说“王安忆是女作家”，却只说“梁晓声是作家”，形成“作家—女作家”的对立，请分析一下这是不是不平衡现象。

2. 辨析下列各组同义词

夸大—夸张　持续—继续

侮辱—凌辱　改正—改进

周密—严密—精密

铲除—拔除—根除

3. 指出下列各词的反义词，它们属于什么类型的反义词？

和善　分散　脆弱　冷落　低落　淡季　通俗　浑浊

积累　赞同　拘泥　丑恶　富裕　平坦　吝啬　节约

4. 试就下面几组词进行义素分析。

伯伯　叔叔　姑姑

举　招　摇

走　跑　跳

第四节　词汇的构成

普通话词汇的构成，依据不同的性质和作用，可以分为基本词汇和一般词汇。

一、基本词汇

（一）什么是基本词汇

普通话词汇里，有些词是全民族使用得最多的，一般的生活当中最必需的，意义最明确的，几乎用不着什么解释的，这样的词是词汇当中最主要的成分，叫做基本词。

基本词的集合体叫做基本词汇，是词汇的基础，反映了语言的基本面貌。

基本词使用率高，生命力强，适用面广。例如：

有关自然界事物的：天、地、风、云、水、火、雷、电、山、星、牛、羊、太阳、树木；

有关生活和生产资料的：米、灯、菜、布、刀、笔、车、船、饭、锄头、房屋、窗子；

有关人体各个部分的：心、头、手、脚、血、嘴、眼、腿、脑、牙齿、躯干；

有关亲属关系的：父、母、兄、妹、爸爸、妈妈、哥哥、姐姐、弟弟、爷爷、奶奶；

有关人或事物行为、变化的：走、说、吃、喝、打、来、去、想、写、跑、出、入、立、射、起来、变化、喜欢、学习、发展；

有关人或事物性质、状态的：大、小、好、坏、多、少、高、低、甜、苦、新、旧、黄、白、黑、老、红、轻、快乐、美丽、勇敢、辛苦；

有关指称和代替的：你、我、他、这、那、谁、什么、怎样、哪儿；

有关数量的：十、百、千、万、个、斤、两、尺、寸、元、角、分、一、三、次；

有关方位、处所和时间的：上、下、左、内、外、东、西、今天、去年、上午、秋天；

有关程度、范围、关联、语气及情感作用的：最、狠、都、太、和、跟、就、全、把、但、虽、吗、呢、了、呀、啊、因为、所以。

这些基本词，大都是实词，也有部分虚词，都是一般人所共同理解，实际生活中所必不可缺的，在普通话里使用最频繁，占着常用词汇的主要部分。

（二）基本词汇特点

从整体看，基本词汇有下列特点。

1. 稳定性

基本词在千百年中为不同时代的人们服务，反映了人类思维中的一些最基本的概念。

例如：一、二、牛、马、家、门、天、地、山、水、左、右、上、下、大、小、高、低等许多基本词，从甲骨文时代起就一直为人们提供服务，直到今天我们每天还在使用，今后也还会继续使用下去。

基本词汇之所以具有这么强的稳固性，是由于它所标志的事物和概念都是极为稳定的。但说它有稳固性，并不是说基本词汇是一成不变的，事实上基本词汇也在发展变化。例如有些古代的单音节基本词发展到现在成了多音节合成词，这是汉语词汇的一条内部发展规律。如：眉——眉毛、眼眉，石——石头，耳——耳朵，舌——舌头，发——头发，鼻——鼻子。还有单音节基本词被后起的合成词所代替，如：目——眼睛，颔——下巴，秫——高粱，日——太阳。

2. 能产性

用基本词作语素创造出来的新词，最便于人们理解和接受，最便于流传，所以，那些千百年来流传下来的基本词，便成了构成新词的基础。它们一般有很强的构词能力。例如：用“水”打头构成的词，在《现代汉语词典》中就有160多个，像“水泵、水笔、水表、水兵、水草、水产、水车、水稻……”；另外，还有相当数量的以“水”煞尾的词，像“潮水、茶水、洪水、风水、钢水、海水、淡水、胶水、口水、苦水、泪水、卤水、露水、墨水、油水”，有人不完全统计，仅水构成的成语就有371个，等等。再如“火”这个词在甲骨文中就有了，在这3000多年中，以此为基础构成了许许多多的词：“火×”的词有90多个，如“火把、火海、火光、火坑、火山、火苗、火势、火速、火气”等等；“×火”的词有80多个，如“军火、战火、炮火、走火、炭火、开火、萤火、救火、灭火”等等；其他如“火××”的词三音节的词也有不少，如“火辣辣、火箭炮、导火线、萤火虫”等；带“火”的成语包括“火×××”、“×火××”、“××火×”、“×××火”就更多了，如“火冒三丈、火中取栗、火树银花、火上加油、火烧眉毛、烽火连天、趁火打劫、炉火纯青、刀山火海、水深火热、心急火燎、隔岸观火、灯蛾扑火、抱薪救火、急如星火”等等。

当然，基本词的能产性也不是绝对的，有亲属关系称谓的和一些表示程度、范围、关联、语气的基本词构词能力弱或几乎无任何构词能力，如“你、我、谁”等。这同这些词所表示的意义和使用的领域有关，虽然常用，但很少构成复合词。

值得注意的是，那些被后起的合成词取代的古代基本词依然是现代汉语里有很强构词能力的语素，并成为构成新词的词根。例如：

目——目前、目光、目击、目送、目标、目力、目下

冠——冠冕、冠状、冠子、日冠、桂冠、冠军

眉——眉睫、眉目、眉梢、眉心、眉眼、眉头

发——发蜡、发网、发卡、发癣、发型、发妻

3. 全民常用性

基本词汇的上述两个特点是以全民常用性为前提的。全民常用性是说它流行地域广，使用频率高，为全民族所共同理解。基本词汇的使用，不受阶级、行业、地域、文化程度

等方面的限制。人们可以因受文化程度的限制而不用某些古语词，也可以因是“外行”而不用某些行业语，更可以因受地域限制而不用某些有方言色彩的词，但是却不能不使用基本词。不用基本词而要进行交际，是不可思议的。

上述三个特点是相互联系的。正因为经常使用，不轻易变动，所以就稳固。也正因为它稳固而经常被使用，人们才自觉地将它们作为构词的材料，作为构成新词的基础，从而促进它的能产性。反过来讲，由于能产，产生了一大批以此构成的词，人们必然会经常不断地使用它们，从而促进了它们的全民性，又进一步加强了它们的稳固性。

应该注意的是，上述三个特点是就基本词汇的整体来说的，不是说所有的基本词都具备这三个特点。就现代汉语来讲，尤其不能把这三个特点，特别是能产性当作辨识基本词和非基本词的唯一条件。现代汉语词汇的双音化趋势，使得许多双音节的合成词进入了基本词汇，而双音合成词的构词能力远不如单音节词（包括由根词转化成的单音节词根）。如果单纯强调构词能力，就会把许多双音节的基本词排除在基本词汇之外。

有两点需要强调：

一是基本词汇的核心是词根，根词是词汇中最原始、最单纯、最基本的词。词根是只由一个语素构成而不包括附加成分和词尾的词。在根词的基础上产生出许多别的词来。汉语的根词多数是单音节的，如“天”、“鱼”、“白”、“小”、“学”、“走”等。也有不止一个音节的，如“纤维”、葡萄”等。

二是词根是词的主要组成部分。如“盖子、盖儿”中的“盖”就是词根。一个词可以只有一个词根，如“蜘蛛”、“参差”，也可以是词根与词根的结合，如“爱好”是“爱”和“好”两个词根的结合。

二、一般词汇

（一）什么是一般词汇

基本词汇是词汇的核心，基本词汇以外的词语，除少数罕用词外，都是一般词汇。人们交际频繁，要说明复杂的事物，要表达细致的思想感情，单用基本词汇是不够的，还需要用大量的非基本词汇——一般词汇。例如在学校里要经常使用“课堂、自习、辅导、讲授、作业、考试、提问、备课”等词，这些词尽管不是基本词，但都是反映学校生活不可缺少的词，离开它们，在教学领域里进行交际、交流思想就会发生困难。

（二）一般词汇的特点

一般词汇有很大的灵活性，是经常变动的。随着社会的发展，大量的新词产生，如“手机、电脑、能源、激光、污染、航天”等等，这些新词总是先进入一般词汇，然后有少量进入基本词汇。同样随着社会的变动，一些旧词在消亡，如“文革”词语“武斗、串联、黑五类、工宣队、赤脚医生”等等。

（三）基本词汇和一般词汇的关系

基本词汇是构成新词的基础，不断地给语言创造新词，充实、扩大一般词汇，使词汇日益丰富。从前的基本词可以随着社会的变革而转向一般词。例如“君”，在古代，尤其是整个封建社会是很常用的词，也较能产，所以是基本词，如“君王、君主、国君、暴君、君子、清君侧、请君入瓮”等；也可以指对人的尊称，如“孟尝君”。但随着时代的变迁，上述用法已很少用，而且像“郎君、伪君子、正人君子、梁上君子”等说法口语里说得也不多，称某人为“××君”的用法，在现代汉语中也不太普遍，“君”发展到现在已转入了一般词。同时，一般词汇中有些词，随着社会生活的发展，它们所表示的事物和概念在长时期中同人们的生活关系非常密切，具有全民性、稳固性、能产性的三个特点，就进入了基本词汇。例如“党”，本来带有贬义，是一般词，有“余党、死党、党阀、党棍、党同伐异、结党营私、狐朋狗党”等说法；现在特指政党，多含有褒义，如“中国共产党”，是基本词。如“党报、党员、党籍、党委、党课、党校、党章、党费、党风、党纲、党总支、党支部、政党、入党、叛党”等等。再比如“原子”，是物理学上的专业词，随着现代科技的发展，科学知识的普及，原子对人们的生活产生了巨大的影响，成为一般词，已经有了“原子能、原子弹、原子核、原子价、原子反应堆”等以“原子”为基础构成的词语，“原子”这个词很有可能进入基本词汇。

基本词汇是词汇的基础，一般词汇又可以充实和丰富基本词汇。由于语言是不断发展变化的，因此，基本词汇和一般词汇的界限不是一成不变的。它们是词汇系统里很重要的分类。词汇的系统性就表现在基本词汇和一般词汇的内在联系上，二者既有构词上的联系，又有词义上的联系。

（四）一般词汇的内容

一般词汇包括：古语词、方言词、外来词、专业词、固定词语等等。

1. 古语词

古语词包括一般所说的文言词和历史词，它们来源于古代文言著作。因为它们可以表达特殊的意义或感情色彩、语体色彩，所以才被普通话吸收。

古语词中的很大一部分作为传承词为现代汉语所吸收，这里所谈的是其他通常不再使用的词。这些古语词情况不一样，大致可分为两类：

① 历史词

古语词大多数是代表历史上的事物的，到了现代只是在一些叙述历史事实的作品里偶然用到，叫做历史词。历史词所表示的事物或现象在本民族的现实生活中已经消失，只是在涉及历史事件、现象、人物或涉及外民族的特定情况，或者为了达到一定的修辞效果才会使用。例如：

有关器物名称的：釜、鼎、鬲、甗、阙、戟、笏、殿、酉、缶、尊、甑、钵、祭坛；

有关典章制度的：世袭、禅让、门阀、册封、科举、进士、九品、礼部、举人、大礼；

有关官职名称的：丞相、宰相、刺史、廷尉、郡守、县令、三老、亭长、里正、司马御吏、巡抚、知县；

有关农业生产的：耒、耦、犁、铚、漕粮、夏正、进田、屯田、代田；

有关服饰的：衮、玦、补服、襦衣、亵衣、环佩、顶珠、花翎；

有关人名地名的：轩辕、精卫、共工、长安、大都、东京。

历史词的作用大致有四方面：

A. 用于学术专著尤其是历史专著。

B. 用于历史小说、戏剧、电影、电视剧等。如姚雪垠的长篇巨制《李自成》、凌力的反映捻军起义的《星星草》里面都使用了大量的历史词。再如电影《甲午风云》、《知音》，电视剧《雍正王朝》、《康熙王朝》等都使用了大量的历史词。

C. 用于特定的外交场合和反映外族的情况。有相当一部分历史词虽然在本民族的现实生活中已消失，但是在外民族的现实生活中还是存在的。如“英国王诸查尔斯与黛安娜王妃正式分手”、“安妮公主的浪漫史”、“荷兰女王陛下”、“尼泊尔王太子殿下”。

D. 为了达到一定的修辞目的。如“中国的小皇帝们是充满希望的下一代，又是十分危险的一代”，“皇帝的女儿——不愁嫁”，“‘钦差大臣’满天飞”。

② 文言词

除了历史词语，还有一些在古代汉语中使用，它们所代表或指称的事物、现象、关系等在现实生活中仍然存在，但是绝大多数已被通俗易懂的现代汉语词语所替换。这些词语叫文言词，一般很少在口头中使用，大多用于特定的书面语。例如：

文言实词：兹（现在），忏（违背），纵（放走），目（眼），履（鞋），食（吃），甘（甜），遣（打发），驰（放松），敛（收缩），苗裔（后代），孳乳（繁殖），囹圄（监狱），壁立（高峻），玷污（弄脏），亵渎（轻慢），聆（听），败北（失败），拜谒（拜访），邂逅（遇到）；

文言虚词：毋（别），俱（都），尚（还），之（的），啻（只），与（和），甚（很），亦（也），矣（了），乎（吗/呢），而已（罢了）。

文言词的作用：

A. 可以使语言言简意赅，凝练匀称。例如：

苟活者在淡红色的血色中，会依稀看见微茫的希望，真的猛士，将奋然而前行。呜呼，我说不出话，但以此纪念刘和珍君！

加点的词都是文言词，能更好地表现出内心积郁的悲痛和愤怒。

B. 可以表示庄重的感情色彩和典雅的文体色彩。文言词总的来说，已经陈旧过时，现代不再使用，尤其是口语。但其中一些有生命的东西，在书面语中，有时仍用来表达某种特殊的意义，或感情色彩、语体色彩。如：“耄耋、矍铄、伉俪、隽永、遐迩、迤逦、觊觎、囹圄、吾、孰、苟、也、矣”等。例如：

惊悉埃德加·斯诺先生不幸病逝，我谨向你表示沉痛的哀悼。

C. 可以突出某种幽默、讽刺的修辞效果。

这些朋友们的心是好的，他们也是爱国志士。但是“先生之志则大矣”，先生的看法则不对，照了去做，一定碰壁。

半年前，他被落实了政策，名画家的桂冠重新戴在头上。家里的客人渐渐多起来。……他整天迎进送出，开门关门，忙得不亦乐乎。

文言词虽然有这些特点，但文章里绝不能随便使用。用得太多，或用得不贴切，文章就会成为半文半白，不伦不类的东西，影响表达的效果。

无论历史词、文言词，使用古语词都得注意一定要适应交际的需要，必须用得贴切，应该充分考虑所写文章的评价义、语体义。另外，有相当一些古语词词义艰涩、冷僻，在现代汉语中已基本淘汰。除非为了特殊的需要，一般不宜使用。

2. 方言词

① 方言词的定义

指流行在方言地区而没有在普通话里普遍通行的词。普通话不断从各方言中吸取有用的成分来丰富自己，如“名堂、打烊、棒冰、把戏、垃圾、瘪三、二流子、搞、垮、拆烂污、别扭、尴尬、陌生、蹩脚”等。这些方言词都表示了某种特殊的意义，普通话里没有相当的词来表示，所以被吸收了进来。有些词是表示方言地区的特有事物的，如“橄榄、椰子、靰鞡、青稞、槟榔”等，则不应看作方言词。

方言的区域有大有小，在很狭小的地区里使用的方言词叫土语词。例如上海话的“白相”（玩），福州话的“目睭”（眼睛），广州话的“靓”（漂亮）等。不同的方言地区在使用词方面，常常有分歧现象。例如：

“太阳”：北京土话叫“老爷儿”，湖北方言叫“日亮”，河北话中可以称为“日头”，还有的地方称之为“日头爷”、“太爷”、“阳婆”的。

“月亮”：广州话、客家话都叫“月光”，福州话叫“月”。

“下雨”：上海话、广州话、厦门话都说成“落雨”，福州话叫“坠雨”，客家话说成“落水”。

“厨房”：福州话叫“灶前”，吴方言称“灶间”或“灶头间”。

“煤油”：上海话叫“火油”，福州话叫“洋油”，广州话叫“火水”。

“肥皂”：福州话叫“胰皂”，广州话叫“番枧”，客家话里有些地方叫“洋碱”。

“妻子”：陕西话叫“婆姨”，湖南话称“堂客”。

“他”：广州话说成“佢”，上海话、福州话、厦门话都说成“伊”，客家话说成“其”。

“什么”：上海话说成“啥”，广州话说成“乜（mie）野”，客家话说成“乜介”。

除了上述的异词同义现象，还存在很多同词异义现象，例如：

馒头：吴方言中既可指有馅的“包子”，又可指无馅的“馍”，北方方言中一般指无馅的。

蚊子：四川话中既指蚊子，也指苍蝇，华北、东北方言中只指吸人血液的毒虫。

汤水：浙江话中既可指“菜肴的汁水”，又可以指“热水”；北方方言中只指“菜肴的汁水”。

② 方言词的吸收

普通话词汇从北方话里吸收了许多主要成分，因而扩大了它自己的共同性，可是同时又从其他方言土语当中吸收了许多适用的和需要的成分来充实和丰富自己。例如“尴尬、垃圾、懊恼、货色、龌龊、面孔、把戏、煞有介事”等就是从吴方言中吸收的。

随着大陆和港台的接触日益频繁，一些港台词语特别是反映新事物的词语，也进入全民族共同语的词汇中来。例如“小巴、融货、物业、杀手、作秀、饮茶、接轨、入围、纯情、寻呼机、娱乐圈、自助餐、美食城、购物中心”等等。有些方言词香港用粤方音，台湾用闽方音，引入后也一律读为普通话。从港台引入的方言词，有相当一些在普通话中没有完全对应的词，如“创意、心态、楼花、按揭”等；有些词大陆本来就有，只是语义或色彩不同，如“瓶颈、管道、联手、拍拖、策划、投入”（大陆原指投到某种场合中去，港台指卖力、专注）等。吸收港台方言词的深层心理基础是崇尚心态和超新意识，例如港台以广场和花园来指称大厦、公寓、别墅。账台叫收银台，结账叫买单，推出新商品叫新登场等等，目前已经被大陆人士广泛接受。

此外，港台和内地还存在着一些同形异义的词，例如下面的词在香港和大陆都有，但意义很不相同。

在香港：班房＝教室　脱稿＝交稿、脱期　地牢＝地下室　返工＝重新、上班

在内地：班房＝监狱　脱稿＝写完稿件　地牢＝地下牢房　返工＝质量不合格重做

这是阅读港台书报杂志时应当引起特别注意的。

这里要指出的是，有些过于土俗，没有特殊表现力的词语应该舍弃。例如北京的“洋取灯儿（火柴）、半空儿（瘪花生）”，四川的“撑花儿（伞）、河心儿（藕）”，东北的“笆篱子（监狱）、电道（公路）、这疙瘩（这里）、唠嗑（聊天）”，陕北的“婆姨（妻子）、大（爸爸）”等等，都没有必要吸收到普通话里来。

③ 方言词的作用

人们的口语里往往混杂着各种各样的方言词，愈接近口语的文章，方言词就愈容易出现。尤其是一些文学作品，由于描写风土人物的需要，方言词往往用得较多。不少方言词正是通过文学作品的媒介而扩大了使用的范围，逐渐进入普通话词汇里的。它所起到的作用主要有两方面：

A. 有些方言词能表达丰富的思想内容，普通话里无相应的词可以替代。例如吴方言中的“噱 xué 头（引人发笑的话、举动）、龌龊（不仅用于肮脏，还带有卑劣之义）、转念头、吃不消、拆烂污”；粤方言中的“鱼腩、生猛、靓 liàng 仔、靓妹”等等，都具有特定的含义；北京土话中的“窝囊”，山西话中的“编算（作弄）”，河南话中的“磨蹭”都是由于能表示特定之义而被吸收。

B. 有些方言词可以表示特定的感情色彩和地域色彩，在文艺作品中使用可以增强生动性和真实感。如“瘪三、亭子间、弄堂、货色、里手、带劲、门道、别扭”等词若用得恰当，自然能增强文学作品的表现力。例如：

> 我们很多人没有学好语言，所以我们在写文章做演说时没有几句生动活泼切实有力的话，只有死板的几条筋，像瘪三一样，瘦得难看，不像一个健康的人。

“瘪三”，上海旧时称城市中无正经的职业而以乞讨或者偷窃为生的游民，用这个词，可以表现出特定人物的形象和人们的憎恶之情。

但是文学作品如果不恰当地使用方言词，读者不懂，就会降低作品的表达作用。总之，方言词是共同语词汇的一个重要的来源，吸收方言词可以满足交际的需要，增加语言的活力。但在吸收使用时，应该遵循普遍性、需要性和明确性三项原则，防止滥用方言土

语，以免缩小作品的影响范围。

3. 外来词

① 外来词及其性质

外来词也叫借词，指本民族语言中从外国或其他民族语言里吸收过来的词。例如“法兰西、巴尔干、镑、加仑、摩托、马达、幽默、景气、取缔”等等。由于不同的民族互相交际，本民族语言往往要从别的民族语言的词汇里借用过来一些需要的成分。所以外来词的吸收也叫做词语的借用。

外来词和意译词不同，意译词是把外语里某个词的意义移植进来，但用本民族的构词材料，按照本民族的构词方式构成的词。例如英语中的“telephone”：音译为“德律风”，意译为“电话”；“bank”：音译为“版克”，意译为“银行”。从中可以看出外来词和意译词的区别，意译词已经民族化了，不应看作外来词。

② 汉语外来词的吸收方式

古代汉语中就有一些外来词，现代汉语就更多了。现代汉语外来词的吸收方式，主要有五种：

A. 音译外来词

借用外国或不同民族语言的词，按照它们的声音形式翻译过来，叫做音译。在进行音译的时候，由于语音系统的不同，不可能翻译得同原来词语的声音一模一样，常常只用一些近似的形式来代替。例如：

镑　雷达　逻辑　柠檬　普特　加仑　卢布　模特儿　托拉斯

萨琪玛　比基尼　尤里卡　歇斯底里　奥林匹克　英特纳雄耐尔

B. 音译加意译外来词

整个词音译后，外加一个表示义类的汉语语素。例如“卡车”的“卡”是 car（英语“货车”）的音译，“车”是后加上去的。又如：

beer 啤酒　car 卡车　bar 酒吧

shampagne 香槟酒　sardine 沙丁鱼　tractor 拖拉机

cannon 加家炮　rife 来复枪　jeep 吉普车

C. 音译兼意译外来词

把一个外来词分成两半，一半音译，一半意译。例如：

tenant 佃农　engine 引擎　humour 幽默　shampoo 香波

sonar 声呐　mango 芒果　vitamin 维他命　motorcycle 摩托车

D. 字母外来词

直接用外文字母（简称）或与汉字组合而成的词。例如：

MTV　CT　CD　KTV　IBM　SOS　CPU

WTO　UFO　GDP　BBC　X 光　B 超　BP 机

α 射线　卡拉 OK　AA 制　三 C 革命　T 恤衫　pH 值

E. 从日文中吸收过来的借词

近代日文里，有很多用汉字书写的新造或意译的词，汉语就按照汉字的形式把这样的词借来应用，这是一种从日本来的借词。例如：

场合 服务 克服 集团 积极 消极 目的 手段 具体 抽象
景气 金融 引渡 体操 取缔 主观 客观 能动 内在 物质

③ 外来词的吸收

现代汉语吸收外来词，一般不是简单地照搬，而是要从语音、词汇、语法甚至字形上进行一番改进，使它适应现代汉语结构系统，成为普通话词汇的成员。从前面汉语吸收外来词的方式可看出，最为显著的一个特点就是汉化，这显然是由汉语自身的特点决定的，正因为汉语是一种没有严格意义上形态变化的分析性语言，所以在吸收外来词的时候，总是想方设法使之符合汉语的语言特点，适应汉民族的民族心态、思维方式和习惯。因此，在吸收外来词的过程中，进行各种各样的变化不仅是不可避免的，而且是完全必要的。

A. 在语音上，把外来的音节结构改造成汉语的音节结构。不管是音译，还是音译加意译，兼意译，甚至是日语转借，一旦借入汉语后就必须按照汉语的方式来读音，分成一个个首尾不相连续的音节，并带上抑扬顿挫的四声。例如：

tank（英）→坦克 tǎn kè brandy（英）→白兰地 bái lán dì
dozen（英）→打 dá（十二个） golf（英）→高尔夫 gāo ěr fū
minpo（日）→民法 mín fǎ nodo（日）→能动 néng dòng

B. 在语法上，外来词进入汉语词汇后，原有的形态标志就一律取消。不管以何种方式引入汉语的外来词，必须同汉语的特点相一致，必须舍弃一切与该词有关的性、数、格、体、时的形态变化，而必要时必须带上汉语特有的量词和助词。例如：

a jeep 一辆吉普 three jeeps 三辆吉普
shock——is shocked——have been shocked 震惊→感到震惊（了）

无论是“jeep”还是“jeeps”，在汉语中都是“吉普”；而第三人称现在时同第一人称现在完成时，在汉语中的区别仅仅是多了一个“了”而已。

C. 在语义上，相当一部分外来词的概念进入汉语后会发生变化或分化。例如“copy”，本来有副本、摹本、复制品、电影拷贝等多种意思，进入汉语后，只表示最后一种意义。之所以如此，是因为汉语里其他概念，已有词语表示，只有那一个新概念才需要借英语的形。

吸收外来词一定要注意，不管是音译还是意译，尽量选择通俗易懂，流行普遍、言简意赅的一个。如选用“冰淇淋、巧克力、迪斯科、歇斯底里、色拉、桑巴”，而不用“冰激凌、朱古力、的士高、歇私德理、沙拉、姗巴”。人名也是如此，选用“斯大林、普希金、恩格斯”，而不用“史太林、普式庚、安格尔斯”。其实选用哪一种译法，最重要的是要得体。另外，对港台吸收的外来词要择善而从。如“laser，space shuttle，computer，show”，港台分别译为“镭射、太空梭、电脑、秀”。其中“电脑”及“太空梭”就比

“电子计算机”和“航天飞机”更加形象；而“秀”和“镭射”则不如“表演”及“激光”，“秀”给人以做戏的感觉，“镭射”则让人感到像一种放射元素。

外来词是由于汉语同别的民族语言相互接触而产生的，它使得普通话词汇更加充实和丰富起来。毛泽东曾经说过：“要从外国语言中吸收我们所需要的成分。我们不是硬搬或滥用外国语言，是要吸收外国语言中的好东西，于我们适用的东西。”如果某些事物在我们语言里已经有适当的词语来代表，就不必搬用别的民族语言的成分了。硬搬或滥用外国语言，是会损害我们祖国语言而造成混乱的。所以吸收外来词，一方面要求词语形式的调和，另一方面又必须根据语言规范化的原则。

4. 专业词

专业词是各种行业和学科中使用的专门用词。广义的专业词可以细分为两种：

① 专门术语

指科学技术上应用的术语。作为科学研究和讨论的重要工具，各门科学都有一些特别应用的术语，这类词语对于发展科学文化事业具有十分重要的意义。例如：

物理学：电子、质子、短波、共鸣、射线、原子能、反应堆、电磁波、反物质；

化学：元素、分子、电解、氧化、催化、化合、分明、溶解、干馏、分解、饱和、硬脂酸、热塑性；

医学：血型、理疗、脱水、休克、气胸、网膜、肠梗阻、心肌炎、抗生素；

数学：正数、负数、函数、代数、微分、通分、约分、系数、小数、微积分、二次方程；

生物学：细胞、遗传、进化、宿主、温床、变种、年轮、胚胎、胚层、胚叶、胚盘、无性繁殖、基因工程；

哲学：矛盾、实践、精神、物质、唯物、唯心、思辨、理论、感性、同一、对立、归纳、演绎、反映、能动、二律背反、世界观、一元论；

天文学：行星、光年、回归线；

教育学：教养、教案、教具、教材、课时、课程、电教、德育、启发式、素质教育；

金融学：信贷、贷款、利息、结账、核算、销售、货币、利率、流通、消费、期货、贸易、劳动日；

语言学：辅音、元音、主语、谓语、动词、虚词、复句、把字句、连动句、存现句；

文艺学：形象、典型、塑造、情节、细节、喜剧、悲剧。

② 行业词语

指各种行业上应用的词语，是各种职业和某些特殊生活的专门用语，由于社会分工不同而造成，往往同人们所从事的职业有关。行业词语受社会专业范围的限制，但不受地域的限制，同一行业的词语，不管山南海北，意义都是统一的。例如：

工业：切削、模具、冷焊、钻床、车刀、刨刀、车床、成品、废品、加工、热处理；

商业：盘点、脱销、畅销、促销、清仓、抢手、商场、营业、采购、打假、售后服务；

军事：点射、射程、反潜、续航、防化、登陆；
外交：照会、国书、豁免、最惠国；
体育：中锋、后卫、点球、弧圈球、二传手、短平快；
交通：车皮、正点、误点、列车、地铁、海轮、客机、航线、集装箱；
农业：嫁接、点灌、良种、轮作、疏株、营养基；
戏曲：小生、花旦、扮相、行当、脸谱、水袖、龙套。

行业词语也是丰富普通话词汇的特殊重要来源之一。有相当一些行业词都可以随着科学知识的普及和某一行业的发展而渐渐被推广，为广大人民所了解、掌握。例如“战略、突破”原来是军事用语，“背景、角色、亮相”原来是戏曲用语，“曝光”原来是摄影用语，这些已经广泛的引用到社会生活在中来，成为全民族共同语词汇中的一部分了。还如“市场、提炼、腐蚀、后台、道具、闭幕、反应”也都是由行业词的意义扩大而进入基本词的。再如“二传手、短平快”等，也都产生了引申义，进入了一般老百姓的生活之中。当然，在一般情况下，使用人们不很熟悉的行业词的时候，必须先有一个交代，以免引起误解。

5. 新造词

指历史进入现代以后创造出来的新词。新造词和传承词相对而言，它们一起成为现代汉语词汇中的主要部分。

20 世纪以来特别是五四运动以后，社会、科学技术和人的思想观念等都发生了深刻的变革，取得了巨大的进步，反映新事物、新现象的词不断产生。近百年来，汉语词汇增加的速度超过了以往的几千年。例如：

政治方面：共产党、红军、解放区、土改、政协、联合国
经济方面：单干、人民公社、承包制、国企、外资、股份制
科技方面：化肥、日光灯、电子表、超导、激光、胰导素
生活方面：食堂、超市、连锁店、快餐、饮料、商品房

人的思想观念变化方面（以新旧社会对劳动人民的称谓为例）：农民（泥腿子）、矿工（煤黑子）、演员（戏子）、厨师（厨子）、邮递员（邮差）、理发员（剃头匠）。

新造词是以既有语素为材料，按照现代汉语的构词方式创造出来的，所以人们理解起来不存在什么困难。而且随着人民群众文化水平的不断提高，广播、电视、报纸等传媒的普及，新造词的流传也是比较快的。

长期以来，汉语词汇中单音词占大多数。而新造词一般为多音节词，多为双音节，三个音节以上的也有增多的趋势。例如：双休日、游乐园、运动鞋、矿泉水、出租车、录像机、热水器、抽油烟机。

王力先生说：“现代汉语新词的大量增加，大大地丰富了它的词汇，而且使词汇走向完善的境地。”（《汉语史稿》）这是很中肯的。

6. 隐语

隐语是个别社会集团或秘密组织中的一种只有内部人懂得的特殊用语。

隐语，一般是用赋予现有普通词语以特殊的含义的办法构成的。隐语的使用范围相当广泛，只要两个以上的人为了保守秘密，就可以约定一些隐语。不过，这种临时性的小范围的隐语，比起集团性固定性的隐语来，涉及面窄，不成系统。

有的隐语是用字谜办法创造的。如旧社会的商贩为了使局外人不知道行市，就创造隐语代替一般数字，如把“一”叫“平头”，“二”叫“空工”，“三”叫“横川”，“四”叫“侧目”，“五”叫“缺丑”，“六”叫“断大”，“七”叫“皂底”，“八”叫“分头”，“九”叫“未丸”，“十”叫“田心”。

有少数隐语失去了秘密性，进入了全民的共同语里，如“洗手、挂花、挂彩、清一色”，等等。

三、熟语

（一）什么是熟语

词汇当中，除了许多独立运用的词以外，还有一些固定的词组为一般人所经常使用的，也作为语言的建筑材料和词汇的组成部分，这些总称为熟语。熟语在结构上相当于一个词组，使用时却相当于一个词。它的内部基本上都是凝固的，使用时同词一样，直接进入词汇系统。所以熟语是人们常用的定型化了的固定词组，是一种特殊的词汇单位。

熟语具有丰富的内容与精炼的形式，概括了人们的认识成果，充实了词汇的宝库。

（二）熟语的分类

它包括成语、谚语、歇后语和惯用语。

1. 成语

（1）成语的定义

成语是一种相沿习用具有书面语色彩的固定短语。如：

破釜沉舟　四面楚歌　大刀阔斧　排山倒海　异曲同工
水落石出　炉火纯青　登峰造极　一衣带水　利令智昏

（2）成语的来源

汉语的成语绝大多数都是有出处的，其来源都可以考证，主要源于六个方面：

① 神话寓言

例如“夸父追日”，语出《山海经·海外北经》：“夸父与日逐走，入日；渴，欲得饮，饮于河、渭，河、渭不足，北饮大泽。未至，道渴而死。弃其杖，化为邓林。”大意是说：夸父（神话中的英雄）和太阳赛跑，追赶上了太阳。他渴极了，想喝水，喝了黄河、渭河的水还不够，又到北边去喝大湖的水，人还没到，就在半路上渴死了。他的木杖也丢弃了，后来变成了一片树林，叫做邓林。这个成语比喻决心大或喻自不量力。其他的还有许多，诸如：

精卫填海（《山海经》）　叶公好龙（《新序·杂事》）
天马行空（《史记》）　守株待兔（《韩非子》）
刻舟求剑（《吕氏春秋》）　封豨长蛇（《左传》）

神话大都描写人与自然的斗争，富有想象力和浪漫色彩，而寓言大都借题发挥，具有教育意义，富有说服力，充满了哲理性和智慧。

② 历史故事

指历史上确有其人其事的情况，后人对此加以概括，形成了成语。

例如“图穷匕见”，语出《战国策·燕策》。故事说战国时燕太子丹派荆轲去刺秦王，荆轲以献燕国督亢（地名）的地图为名，预先把匕首卷在图里。到了秦王座前，慢慢地把地图展开，展到最后，露出了匕首。后以此比喻事情发展到最终，真相或本意显露了出来。

③ 诗文语句

我国古代有着丰富的典籍，经史子集各部中都有许多脍炙人口的语句，这是提取成语的重要来源。例如：

“水落石出”，语出欧阳修的《醉翁亭记》：“野花发而幽香，佳木秀而繁阴，风霜高洁，水落石出者，山间之四时也。”这类例子很多，如：

未雨绸缪（《诗经》）　发号施令（《论语》）
短兵相接（《楚辞》）　物换星移（《滕王阁序》）

④ 口头俗语

这些成语一开始可能产生于口头，但后来被人们广泛引用，也通过书面流传下来。不管它们以何种方式进入书面语，但有一点肯定：一开始都是由老百姓创造的。例如：

“扑朔迷离”源自《木兰诗》中“雄兔脚扑朔，雌兔眼迷离，两兔傍地走，安能辨我是雄雌”，“狼子野心、众志成城、亡羊补牢、投鼠忌器”都是古时的俗语俚词。而“一干二净、改头换面、拐弯抹角、平心静气”都是后世流传于民间的口语。

⑤ 借自外语

由于成语具有很强的民族性，所以从外族借用的成语比外来词少得多，外来成语的借入大多同翻译佛经有关。例如：

五体投地　现身说法　想入非非　昙花一现　六根清静

这些成语原来多与宗教教义有关，现在获得了新的含义。

从西方语言中吸收的成语有不少。例如：

三位一体　象牙之塔　连锁反应　天方夜谭

⑥ 现代新创

词汇中有相当数量的新造词，但这些新造词成为成语的极为稀少。20世纪后50年中出现的固定词语，勉强算得上成语的只有十几条。例如：

糖衣炮弹　一往无前　快马加鞭　饮水思源　力争上游

新创成语之所以较少，这是由成语的特点决定的，因为成语本身具有较强的历史性。

（3）成语的特点

① 意义的整体性

首先，成语的意义是整体表示的，不是像一般的短语那样是各个词的意义的简单相加。例如：

“鸡毛蒜皮”不等于“鸡毛和蒜皮”，而是比喻无关紧要的琐事；“井底之蛙”不是“井底的青蛙”，而是比喻目光短浅的人。所以成语的实际含义具有整体性，是隐含于表面意义之后的，而表面意义则只是实际含义所借以表现的手段。

其次，大多数成语有来历和出处，讲的是一个完整的故事和事件。例如“尺短寸长”源自于《楚辞·卜居》的“尺有所短，寸有所长”，比喻各有长处和短处，要看不同的场合；“风声鹤唳”是指淝水一战，苻坚的败军将风声和鹤声也当作了追兵的声音，闻风丧胆。这些成语都有一个完整的故事。

最后，许多成语言在此而意在彼，含义深刻，耐人寻味。例如：“满城风雨”同城里刮风下雨无关，主要是指消息一经传出，就众口喧腾，到处议论；“神工鬼斧”主要指的是工艺美术、文艺作品的技艺精巧，令人叹为观止，同真正的鬼、神并没有多少联系。

总之，成语在表义时是整体的、完整的，其中的词和语素不能单独表达意义。

② 结构的凝固性

成语的结构形式是定型的、凝固的。

首先词序固定，一般不能随意变动。例如：

“谈笑风生”≠笑谈风生；“见仁见智”≠见智见仁

只有少数并列关系的成语，前后可以互换，例如：

“光明正大”＝正大光明；“海角天涯”＝天涯海角

其次语素定型，不能随意调换，例如：

“浑水摸鱼”≠浑水摸虾；“惊涛骇浪”≠狂涛骇浪

再次字数固定，一般不能随意增减，例如：

“不痛不痒”≠既不痛也不痒；“侃侃而谈”≠侃侃谈。

③ 历史的习用性

成语是历史的产物，绝大多数是历史上沿用流传下来的。在意义内容上，绝大多数成语所反映的内容都是古代的事件、人物、传说、寓言等，新创的很少；在形成时间上，大多数成语都已具有1000到2000年的历史，有的甚至更早；在语言形式上，成语中保留了不少古代汉语的语音、词义和语法现象。例如“否（pǐ）极泰来”、“图穷匕见（xiàn）”、“感激涕（眼泪）零”。这些读音、词义、句法形式都是历史上习用的。

但也要注意，成语作为一种特殊的固定短语，具有凝固的稳定性，但也不是一成不变的。比如有的意义改变了，例如“明目张胆”，古代用它来形容不畏权势，敢说敢为，有胆略有气概，含褒义。《晋书·王敦传》：“今日之事，明目张胆为六军之首，宁忠臣而死，不无赖而生矣。”到后来，“明目张胆”的感情色彩完全变了，用来指公开地大胆地干坏事。“明哲保身”，原来含有褒义，现在转为贬义。也有的更换了构成成分，如“揠苗助长”，现多改为“拔苗助长”；“每下愈况”，现多改为“每况愈下”，等等。可见成语也是有变化的。

成语以“四字格”为基本格式，也有非“四字格”的，如“莫须有、迅雷不及掩耳、牛头不对马嘴”等。

(4) 成语在语言表达中的作用

① 言简意赅

成语言简意赅，表达的概念和语义，内涵十分丰富，若使用得当，四个字就可以表达出相当复杂的思想内容，可以使语言简练，增强修辞效果。如人们欢度春节，喜欢用“万象更新”这个成语，就是因为这个成语有异常丰富的含义：一指自然界万物生机萌发的气象；一指世间除旧布新，一派兴旺的情景。再如：

A. 沈雁冰同志把个人的荣誉、地位、实惠等等都看得很淡薄，犹如过眼云烟，而把对党的忠心耿耿，对共产主义事业的坚强信念看得高于一切。

“过眼云烟”简洁而形象地描述了沈雁冰同志对待个人荣誉、地位等等的“淡薄”态度，它与“忠心耿耿”一起表现了沈雁冰同志的高尚品德。

B. 新闻标题：未雨绸缪　防患未然　我国灾害性天气预报水平居世界前列

成语未雨绸缪、防患未然都是大家所熟悉的，将二者连用，既符合标题文字简短的要求，又十分精当。

② 生动形象

许多成语本身就是借助于修辞手法构成的，恰当地使用这些成语就可以达到各种修辞效果。如：比喻、夸张、对照、讽刺等等，从而使语言更加生动形象，含蓄活泼，富有感染力，读后令人回味无穷。例如：

A. 真正的铜墙铁壁是什么？是群众，是千百万真心实意拥护革命的群众。

B. 或作讲演则甲乙丙丁，一二三四的一大串；或做文章，则夸夸其谈一大篇，无实事求是之意，有哗众取宠之心。华而不实，脆而不坚，自以为老子是天下第一，“钦差大臣”满天飞。

③ 整齐匀称

成语作为一种四字格的语言形式，非常整齐匀称，可以用来协调句式。恰当地使用成语，不仅可以增加文章的整齐感，而且读起来铿锵有力，节奏感强，非常符合汉民族喜欢和谐对称的语言心理。例如：

国字从玉，古已有之，顺应了炎黄子孙对祖国的一片深情。在我们民族的文化中，玉是美好的象征。

“玉洁冰清”、“璞玉浑金”、“宁为玉碎，不为瓦全”等词语，就含有高贵、纯洁、坚定之意。

这些由四字构成的成语本身就很匀称，连用后读起来琅琅上口，和谐悦耳。

(5) 成语的运用

运用成语时，必须注意以下几点：

① 理解成语，弄清成语的实际意义

对于成语，决不能望文生义想当然，也不能不求甚解，似懂非懂，一定要了解其出处。例如：

"当年鉴真和尚冒着生命危险，前往一衣带水的邻邦日本，这一壮举千百年来广为人们传颂。"

成语一衣带水意为一水相隔，如同一条衣带那样窄，是强调距离近，这和"生命危险"、"壮举"不能搭配。

② 注意相近成语之间的各种差异，了解它们的用法。

有些成语字面上差不多，可是在意义上和感情色彩上却有很大的区别。例如"无微不至"和"无所不至"、"无孔不入"，意义和感情色彩是截然相反的。"无微不至"是指爱护照顾得周到；"无所不至"同"无所不为"相近，表示什么都干得出来；"无孔不入"表示什么空子都要钻。

③ 必须采用成语的一般通行的形式

在运用成语时，必须要注意它的定型性，采用合于规范的形式，不能任意地加以拆散和变动。例如"弄假成真"不能说成"弄伪成真"；"眼明手快"不能说成"眼精手快"；"螳臂当车"不能说成"螳螂当车"等等。

④ 注意成语的写法，不能写错读错

要规范地运用成语，还必须把其中的每个字写得正确、读得准确，以避免引起误会或闹笑话。例如：

下列成语的字形，括号内为错字：

按部（步）就班　变本加厉（利）　不假（加）思索　高屋建瓴（领）

如下面的一些成语，括号内是正确的读音：

安然无恙（yàng）　稗（bài）官野史　别出机杼（zhù）
瞠（chēng）目结舌　咄（duō）咄逼人　万马齐喑（yīn）

2. 惯用语

惯用语是指一种意义整体化了的、人们口语中短小定型的习惯用语。它常常作为完整的意义单位来运用，意义大都由比喻而来。例如"吹鼓手"，原指旧时办喜事、丧事时吹奏乐器的人，现表示吹捧某人的人。又如"当耳边风"，其中"耳边风"原指从耳边吹过的风，"当耳边风"现表示对别人的劝告、嘱咐根本听不进去。"蜻蜓点水"，比喻人们做事不深入、不踏实。"眉毛胡子一把抓"，比喻做事不分轻重缓急。"快刀斩乱麻"，比喻做事迅速果断，速战速决。

惯用语在结构上，多数为三音节的词组。例如：

动宾式：耍花招、走过场、打游击、敲边鼓、放空炮、打头阵、打棍子、吹牛皮、挖墙脚、磨洋工、穿小鞋、开绿灯、扣帽子、拉后腿、炒鱿鱼、挤牙膏、踢皮球、赶浪头、翘尾巴、和稀泥、夹尾巴、嚼舌头、开夜车；

偏正式：关系网、两面光、老大难、下马威、马后炮、半瓶醋、铁饭碗、墙头草；

主谓式：天晓得。

也有非三音节的词组，例如：

卡壳、抹黑、吃定心丸、捅马蜂窝、唱对台戏、吃大锅饭、婆婆妈妈、勒紧裤带
好戏在后头、蚂蚁啃骨头、井水不犯河水、生米煮成熟饭、花岗岩脑袋
死马当活马医、不蒸包子争口气、捡到篮子里都是菜、半路杀出个程咬金

惯用语与成语有一定的相似性，但是，惯用语口语色彩浓，成语书面色彩浓；惯用语含义单纯，成语含义丰富。动宾结构的惯用语，其间可以依据表达的需要插入定语和补语。例如：

碰钉子——碰了个大钉子
抓辫子——抓你的辫子
打交道——打了几次交道
敲边鼓——敲了一阵子边鼓
开倒车——开历史的倒车

有的惯用语，既不能改变它的构成成分，也不能加进别的成分，这种惯用语更像一个词。例如“巴不得”、“不管三七二十一”。

3. 谚语

(1) 谚语的性质

谚语是在群众中口头流传的通俗而深刻的语句。它是人民群众长期生活实践的经验总结，是对自然界、人类社会客观规律的认识，凝结着集体的智慧，充满着生活气息。

(2) 谚语的内容

谚语涉及的范围很广，内容十分丰富。

其中有富含哲理的。例如：

独弦不成音　立木顶千斤　满架葡萄一条根　不嚼碎，不知味

有讲工作方法的。例如：

横吹笛子竖吹箫　锯快不怕树粗　急走冰，慢走泥

有勉励人勤奋的。例如：

笔勤能使手快，多练能使手巧　没有一番寒彻骨，哪得梅花香满园
枯木逢春犹再发，人无两度再少年　活到老，学到老，还有三分没学好

有讲生态环境的。例如：

山上多栽树，等于修水库　要想风沙住，人人来栽树
搞好四旁绿化，风沙旱涝不怕　栽树在河畔，防洪保堤岸

有讲自然气象的。例如：

早上浓雾一天晴　冬天麦盖三层被，来年枕着馒头睡
寒水枯，春水铺　游丝天外飞，久晴便可期

(3) 谚语的运用

谚语语意深刻，简明通俗，活泼生动，无论是口语还是书面语，都经常运用。例如：

糖弹战的基本战术，不外是伺机查隙，择薄弱者而攻，各投所好，因势取不同手段。如俚语所说：“苍蝇专叮有缝的蛋”，“见缝下蛆”。

加点句为经验性民谚，这里以此作喻，带有揭示规律作用。

“磨刀不误砍柴工”，保养身体为的是更好地工作。中年人，请爱护自己的健康！

这是流传于广大群众口头的谚语，以此提醒人群中最为忙碌的中年人，通俗而有说服力。

谚语中也有一些应该剔除的糟粕，如“龙生龙，凤生凤，老鼠生的儿子会打洞”，反映了反动的血统论；“枪打出头鸟”宣扬了“中庸”思想，“人不为己，天诛地灭”，表现了剥削阶级腐朽的人生观，等等。

4. 歇后语

(1) 歇后语的性质

歇后语是由近似于谜面、谜底的两部分组成的带有隐语性质的口头用语。前一部分是比喻或说出一个事物，像谜语里的“谜面”；后一部分像“谜底”，是真意所在。两部分之间有间歇，间歇之后的部分常常不说出来，让人猜想体会它的含义，所以叫歇后语。

(2) 歇后语的分类

① 喻意歇后语

喻意歇后语，前部分往往是个比喻，后一部分则是对前一部分的解释，实际是言在此而意在彼，另有含义。例如：

大海里捞针——无处寻　小和尚念经——有口无心
八仙过海——各显神通　飞蛾扑火——自取灭亡
狗拿耗子——多管闲事　泥菩萨过江——自身难保
老牛追兔子——有劲使不上　洗脸盆里扎猛子——不知深浅
老鼠过街——人人喊打　懒婆娘的裹脚——又臭又长

有的解释部分的意义是它的转义，例如：

大路上的电杆——靠边站（失去权力）
木头眼镜——看不透（不能彻底了解）
快刀切豆腐——两面光（两边讨好）
石碑上钉钉子——硬碰硬（以强硬态度对付强硬态度）

② 谐音歇后语

谐音歇后语，前一部分说出一件具体的事情，后一部分借助音同或音近现象表达意思，加以解说，这是运用谐音双关的手法，表达出深层的意思。例如：

老虎拉车——没人赶（敢）　僧人到了家——庙（妙）

冰糖拌黄瓜——甘（干）脆　旗杆顶上绑鸡毛——好大的掸（胆）子
腊月里的萝卜——冻（动）了心　韭菜拌豆腐——一青（清）二白
孔夫子搬家——尽是书（输）　膝盖上钉掌——离蹄（题）太远

（3）歇后语的运用

运用歇后语往往可以使语言生动活泼、饶有趣味，给读者留下鲜明深刻的印象，收到较好的表达效果。例如：

看你，隔着门缝儿瞧人，我可是河边生河边长的。
他是个抱着元宝跳井的老财阀。

运用歇后语要选取内容健康的，抛弃内容庸俗落后的。对于那些低级趣味、思想不健康的歇后语更不能乱用，如“光屁股坐板凳——有板有眼”，“拉屎攥拳头——暗中使劲”。对于内容健康的歇后语，也要根据作品所要表达的意思和语言环境恰当地使用，不能滥用，有的也不宜在庄严场合里使用，尤其在正规的公文、政论文、科学论文中不宜使用歇后语。

思考与练习

一、名词解释

1. 基本词汇。2. 一般词汇。3. 古语词。4. 方言词。5. 隐语。6. 熟语。7. 成语。8. 惯用语。9. 谚语。10. 歇后语。

二、简答或列举

1. 基本词汇特点。
2. 一般词汇的特点。
3. 一般词汇的内容。
4. 方言词的作用。
5. 成语的来源。
6. 成语在语言表达中的作用。
7. 惯用语主要的结构特点。
8. 谚语涉及的内容和范围。
9. 歇后语的分类。

三、论述

1. 基本词汇和一般词汇的关系，区分基本词汇和一般词汇有什么意义？
2. 古语词、方言词、外来词、专业词、新造词、隐语同普通话有什么关系？
3. 北方方言成为普通话词汇成员需要哪些条件？
4. 成语的特点、作用以及使用成语应该要注意哪些问题？
5. 惯用语与成语语义功能的比较。
6. 使用谚语和歇后语为什么要取其精华剔除其糟泊？
7. 从现代汉语词语的规范方面谈谈怎样使用一般词汇。

四、实践操作

1. 养成勤查词典的习惯，注意比较词义，以便精准使用词语表情达意。

2. 借助词典工具书，解释以下成语和歇后语的意思，并分别说个句子或一段话。

成语：危如累卵　倩人捉刀　不刊之论　落拓不羁　披沙拣金

惯用语：背包袱　穿小鞋　耳边风　定调子　高帽子

3. 搜集一些方言词、外来词、新造词、成语、隐语、谚语、歇后语，不断丰富自己的汉语词汇。

第五节　词汇的发展与规范

一、词汇的发展变化

现代汉语词汇是古代、近代汉语词汇的继续和发展。随着社会的不断发展与进步，随着人们实践领域的不断扩展，词汇在不断发展变化，主要表现在新词不断地产生，旧词逐渐地消亡；同时，词的语义内容和词的语音形式也不断地发生变化。

（一）新词的产生

社会不断地发展，新事物不断地涌现，人们需要认识、指称这些新事物，就要给它命名，以满足交际的需要，于是产生了新词。同时社会的发展变化，提高了人们的认识能力，人们对已知的事物加深了认识，发现了前人所未知的新特点，为了记录和指称这些新认识，也要创造新词，如“火箭、卫星、电视机、计算机、软件、遥感、质子、中子、电子、离子、凝聚力、力度、透明度”等。此外，在现代汉语中，由于词的双音化的发展趋势的要求，单音节词或多音节短语也在交际中取得了新的双音节形式，也为语言增加了新词。如：乘——乘坐、安——安装、衣服架子——衣架、人民警察——民警。语言既有的构词材料和构词方式，是生产新词的语言基础，如：“电脑、电扇、电影、电笔、电疗”都是用旧有的构词材料（电、脑、扇、影、笔、疗），按偏正关系组织起来的。

新中国成立以来，社会各方面飞速发展，特别是改革开放以来，新词成倍增加。其中绝大多数是双音节，占新词总量的70%左右，也有不少的三音节词。例如：

电饭锅　计算机　两用衫　喇叭裤　自动伞　软包装　小小说
方便面　个体户　游乐场　羽绒服　电子琴　保龄球　商品房
铁饭碗　关系户　破产法　污染源　机器人　雪地鞋　大理石

新词大多是复合式的。主要为偏正型、联合型和动宾型。例如：

微机　倒爷　电脑　力度　股民　软件　腾飞　（偏正）
整改　紧俏　影视　评估　开放　传导　信息　（联合）
上网　提成　打假　厌学　抢手　牵头　保值　（动宾）

此外，附加式的新词也明显地增多了，产生了一批新的词缀或准词缀，由它们构成一系列的派生词。例如：

化：田园化　老龄化　标准化　法制化
热：旅游热　足球热　汉语热　健身热
度：知名度　透明度　清晰度　开放度
族：追星族　工薪族　打工族　上班族

社会的加速发展，时代的大变革，都要求语言的信息量增大而传达快速，要求词语经济而简练地指称客观事物。为适应这种形势，词语的简称在这个时期得到了空前发展。例如：

空调（空气调节器）　空姐（空中小姐）
电教（电化教育）　微机（微型电子计算机）
彩电（彩色电视机）　科研（科学研究）

有些简称已凝固成词，使用频率远远超过原来的全称。

新词的来源是多方面的，近二十年来产生于科技方面的新词所占的比例较大。这反映出科学技术在社会生活中越来越占有重要地位。其中最能引起我们注意的是为数不少的科学技术新词，由于词义扩大而进入一般词汇，从而为全民所使用。如："同步、透明度、滑坡、量化、老化、净化、淡化、力度、推出、热点、热线、档次、理顺、反馈、载体、框架、多维、视角、反思、出台、凝聚力、浮动、输导、信息"等等。

（二）旧词的发展变化

1. 旧词消失或缩小使用范围

随着社会的发展变化，一些标志旧事物、旧观念的词语，有的逐渐在语言中消失了，有的逐渐缩小使用范围。例如"丫环、童养媳、变工队、锄奸队、堡垒户、堡垒村"等。

旧词是一个相对的概念，由于社会变革迅速，因政治经济形势临时需要产生的一些新词，很快就变成旧词，逐步从日常交际生活中消失。比如"大跃进"和"文化大革命"中出现的一些词语，只存在十几年二十几年，就变成历史词语了。例如"土高炉、文斗、武斗、红卫兵、红小兵、红五类、黑五类、大串联、忠字舞、早请示、晚汇报"，等等。

2. 旧词词义增多或重新出现

旧词词义增多这是由于人们利用旧词指称新事物、新认识的缘故。例如"产前、产后"两个词，近年来就分别增加了"产品生产前、产出后"的意义。

随着人们观念的变化和人际关系及体制的变化，一些一度退出人们日常交际过程的词语，又重新出现了。如"太太、小姐、夫人、先生、乡长、村长、当铺、红包"，等等。

3. 旧词词义缩小

词义的缩小就是缩小词所概括的对象的范围。例如：

"批判"，原义含有评论优点、指出错误两个方面，例如郭沫若《十批判书》。现在只剩下"分析、批驳错误"一个方面，例如"批判他的错误思想"。

"为了"，原义含有原因和目的两个方面的内容，现在只表示目的。

"勾当"，原有"办事"和"事情"两种意思；现在只剩下"事情"的意思，且仅指坏事。

4. 旧词词义转移

旧词词义转移表示甲类对象的词转用指称与之有关的乙类对象。如：

“行李”，原义指两国往来的使者，现在转移指出门时所带的提包、箱子等。

“检讨”，原义是“讨论研究”，如“检讨李白思想的发展原因”；现在转移为“严格地自我批判，对自己的思想、工作、生活等深入检查和总结”。

“爱人”，原义指恋爱中的女性一方，现在转移指夫妻的任一方。

此外，还有词的感情色彩的转移，褒义转为贬义或贬义转为褒义，或转移为原义的反面，如称小孩子为“小鬼”表示亲昵，把不听话的孩子或娇生惯养、脾气很坏的孩子叫“小祖宗”。

二、词汇的规范

现代汉语词汇的规范化工作，自1955年全国现代汉语规范问题学术会议以来，经过广大语文工作者的努力，取得了一定的成绩。比如编写出版了《现代汉语词典》、《新华字典》等词典、字典，审定外来词的译名，审定科学术语，调查方言词汇，等等。但是，由于词汇是纷繁复杂包罗万象的群体，随着社会发展又在不断地变化，各种词汇之间的关系又非常复杂，它的规范工作不像确定字音、字形那么容易进行。因此，现代汉语词汇的规范化是一项长期的任务。为使普通话词汇不断朝着纯洁和健康的方向发展，充分地发挥它的交际作用，我们必须巩固以前工作所取得的成果，继续进行词汇规范化的工作。

词汇规范化工作有两个方面的重点，一是维护词语的既有规范，一是对普通话从方言词、古语词或其他语言新吸取进来的成分进行规范。

维护词语的既有规范，简单说来，就是避免用错已有的词语或生造词语。它涉及词汇的各个方面，本章前面各节中提到的生造词语、词义误解误用，同义词选用不当、成语误用等，都是词汇规范的重点。

普通话词汇丰富多彩，词语数量极大。就个人来说，从小到老都在不断地学习词汇。但人们在学习和运用过程中却难免出现错误，这些错误通常在交际过程中自发地得到纠正，这是最大量的词汇规范教育，自古已然。学校教育兴起之后，对孩子的语言文字教育最重视识字教育，其中就包含了词汇教育。早年的私塾、后起的学校莫不如此。维护词汇规范始终是语文教育的重要内容，只是在今天由于语言学的发展变得更自觉更有效罢了。

目前信息交流高度发展，给作为载体的语言带来了许多新问题，也给词语规范带来了新的冲击。出版事业空前繁荣，难免泥沙俱下，特别是盗版的泛滥，错别字、乱用词语的现象十分严重；而广播、电视、电脑的普及，使一些语言水平不高的媒体混杂其间，也造成很大的不良影响。匡谬正误，学校固然责无旁贷，但是更需要全社会的共同努力。当然，如果能够充分重视，加强引导管理，传媒也会成为我们推广普通话、促进现代汉语规范化的有力工具。

词汇规范的另一重点便是对从其他语言或语言变体中吸收的词语进行规范。在这方面应该考虑掌握以下三个主要原则：第一是必要性，就是说要考虑一个词在普通话词汇中有无存在的必要，在表达上是不是不可少的；第二是普遍性，即选择人们普遍使用的；第三是明确性，就是选用意义明确的、容易为人们理解和接受的。

三、异形词的整理

现代汉语异形词是指普通话书面语中并存并用的同音（声、韵、调完全相同）、同义（理性意义、色彩意义和语法意义完全相同）而书写形式不同的词语。

异形词长期困扰着现代汉语书面语的使用和规范，影响书面语的准确高效的表达。同一篇文章，一会儿用“惟一”，一会儿用“唯一”；同一份报纸，“身分”和“身份”交替出现。这种现象，早在20世纪60年代就引起我国语言学家的重视。2001年12月19日，中华人民共和国教育部和国家语言文字工作委员会发布了《第一批异形词整理表》作为“语言文字规范”，从2002年3月31日起试行，受到社会的广泛欢迎。为了帮助该规范的推广，上海辞书出版社2002年出版了由李行健主编的《现代汉语异形词规范词典》，2011年又出版了第2版。

现代汉语中异形词的出现有一个历史发展过程，涉及形、音、义等多个方面。整理异形词必须全面考虑、统筹兼顾。既立足于现实，又尊重历史；既充分注意语言的系统性，又承认发展演变中的特殊情况。

整理异形词必须遵守以下原则：

（一）通用性原则

根据科学的词频统计和社会调查，选取公众目前普遍使用的词形作为推荐词形。把通用性原则作为整理异形词的首要原则，这是由语言的约定俗成的社会属性所决定的。据多方考察，90%以上的常见异形词在使用中词频逐渐出现显著性差异，符合通用性原则的词形绝大多数与理据性等原则是一致的。即使少数词频高的词形与语源或理据不完全一致，但一旦约定俗成，也应尊重社会的选择。如“毕恭毕敬24—必恭必敬0”（数字表示词频，下同），从源头来看，“必恭必敬”出现较早，但此成语在流传过程中意义发生了变化，由“必定恭敬”演变为“十分恭敬”，理据也有了不同。从目前的使用频率看，“毕恭毕敬”通用性强，故以“毕恭毕敬”为推荐词形。

（二）理据性原则

某些异形词目前较少使用，或词频无显著性差异，难以依据通用性原则确定取舍，则从词语发展的理据性角度推荐一种较为合理的词形，以便于理解词义和方便使用。如“规诫1—规戒2”，“戒”、“诫”为同源字，在古代二者皆有“告诫”和“警戒”义，因此两词形皆合语源。但现代汉语中“诫”多表“告诫”义，“戒”多表“警戒”义，“规诫”是以言相劝，“诫”的语素义与词义更为吻合，故以“规诫”为推荐词形。

（三）系统性原则

词汇内部有较强的系统性，在整理异形词时要考虑同语素系列词用字的一致性。如“侈靡0—侈糜0｜靡费3—糜费3”，根据使用频率，难以确定取舍。但同系列的异形词“奢靡87—奢糜17”，前者占有明显的优势，故整个系列都确定以含“靡”的词形为推荐词形。

以上三个原则只是异形词取舍的三个主要侧重点，具体到每组词还需要综合考虑决定取舍。

（四）规范用词的依据

目前社会上还流行着一批含有非规范字（即国家早已废止的异体字或已简化的繁体字）的异形词，造成书面语使用中的混乱。我们要规范用词，规范用词就要参考《现代汉语词典》、《汉语大词典》、《辞海》、《新华词典》、《现代汉语规范字典》等工具书，特别是要以中华人民共和国教育部和国家语言文字工作委员会 2002 年 3 月 31 日发布的《第一批异形词整理表》（试行）为规范用词的依据。表中每组的第一个词为规范词语。

第一批异形词整理表

中华人民共和国教育部　国家语言文字工作委员会发布

（2002 年 3 月 31 日试行）

A

按捺—按纳　按语—案语

B

百废俱兴—百废具兴　百叶窗—百页窗　斑白—班白、颁白　斑驳—班驳
孢子—胞子　保镖—保镳　保姆—保母、褓姆　辈分—辈份　本分—本份
笔画—笔划　毕恭毕敬—必恭必敬　编者按—编者案　扁豆—萹豆、稨豆、藊豆
标志—标识　鬓角—鬓脚　秉承—禀承　补丁—补靪、补钉

C

参与—参预　惨淡—惨澹　差池—差迟　掺和—搀和①　掺假—搀假　掺杂—搀杂
铲除—刬除　徜徉—倘佯　车厢—车箱　彻底—澈底　沉思—沈思②　称心—趁心
成分—成份　澄澈—澄彻　侈靡—侈糜　筹划—筹画　筹码—筹马　踌躇—踌蹰
出谋划策—出谋画策　喘吁吁—喘嘘嘘　瓷器—磁器　赐予—赐与　粗鲁—粗卤

D

搭档—搭当、搭挡　搭讪—搭赸、答讪　答复—答覆　戴孝—带孝　担心—耽心
担忧—耽忧　耽搁—担搁　淡泊—澹泊　淡然—澹然　倒霉—倒楣　低回—低徊③
凋敝—雕敝、雕弊④　凋零—雕零　凋落—雕落　凋谢—雕谢　跌宕—跌荡
跌跤—跌交　喋血—蹀血　叮咛—丁宁　订单—定单⑤　订户—定户　订婚—定婚
订货—定货　订阅—定阅　斗拱—枓拱、枓栱　逗留—逗遛　逗趣儿—斗趣儿
独角戏—独脚戏　端午—端五

E

二黄—二簧　二心—贰心

F

发酵—酦酵　发人深省—发人深醒　繁衍—蕃衍　吩咐—分付

分量－份量　分内－份内　分外－份外　分子－份子⑥　愤愤－忿忿
丰富多彩－丰富多采　风瘫－疯瘫　疯癫－疯颠　锋芒－锋铓
服侍－伏侍、服事　服输－伏输　服罪－伏罪　负隅顽抗－负嵎顽抗
附会－傅会　复信－覆信　覆辙－复辙

G

干预－干与　告诫－告戒　耿直－梗直、鲠直　恭维－恭惟　勾画－勾划
勾连－勾联　孤苦伶仃－孤苦零丁　辜负－孤负　古董－骨董　股份－股分
骨瘦如柴－骨瘦如豺　关联－关连　光彩－光采　归根结底－归根结柢
规诫－规戒　鬼哭狼嚎－鬼哭狼嗥　过分－过份

H

蛤蟆－虾蟆　含糊－含胡　含蓄－涵蓄　寒碜－寒伧　喝彩－喝采　喝倒彩－喝倒采
轰动－哄动　弘扬－宏扬　红彤彤－红通通　宏论－弘论　宏图－弘图、鸿图
宏愿－弘愿　宏旨－弘旨　洪福－鸿福　狐臭－胡臭　蝴蝶－胡蝶　糊涂－胡涂
琥珀－虎魄　花招－花着　划拳－豁拳、搳拳　恍惚－恍忽　辉映－晖映
溃脓－殨脓　浑水摸鱼－混水摸鱼　伙伴－火伴

J

机灵－机伶　激愤－激忿　计划－计画　纪念－记念　寄予－寄与　夹克－茄克
嘉宾－佳宾　驾驭－驾御　架势－架式　嫁妆－嫁装　简练－简炼
骄奢淫逸－骄奢淫佚　角门－脚门　狡猾－狡滑　脚跟－脚根　叫花子－叫化子
精彩－精采　纠合－鸠合　纠集－鸠集　就座－就坐　角色－脚色

K

克期－刻期　克日－刻日　刻画－刻划　阔佬－阔老

L

褴褛－蓝缕　烂漫－烂缦、烂熳　狼藉－狼籍　榔头－狼头、鎯头
累赘－累坠　黧黑－黎黑　连贯－联贯　连接－联接　连绵－联绵⑦　连缀－联缀
联结－连结　联袂－连袂　联翩－连翩　踉跄－踉蹡　嘹亮－嘹喨
缭乱－撩乱　伶仃－零丁　囹圄－囹圉　溜达－蹓跶　流连－留连
喽啰－喽罗、偻㑩　鲁莽－卤莽　录像－录象、录相
络腮胡子－落腮胡子　落寞－落漠、落莫

M

麻痹－痲痹　麻风－痲风　麻疹－痲疹　马蜂－蚂蜂　马虎－马糊　门槛－门坎
靡费－糜费　绵连－绵联　腼腆－靦覥　模仿－摹仿
模糊－模胡　模拟－摹拟　摹写－模写　摩擦－磨擦　摩拳擦掌－磨拳擦掌
磨难－魔难　脉脉－眽眽　谋划－谋画

N

那么－那末　内讧－内哄　凝练－凝炼　牛仔裤－牛崽裤　纽扣－钮扣

P

扒手－掱手　盘根错节－蟠根错节　盘踞－盘据、蟠踞、蟠据　盘曲－蟠曲

盘陀—盘陁　磐石—盘石、蟠石　蹒跚—盘跚　彷徨—旁皇　披星戴月—披星带月
疲沓—疲塌　漂泊—飘泊　漂流—飘流　飘零—漂零　飘摇—飘飖　凭空—平空

Q

牵连—牵联　憔悴—蕉萃　清澈—清彻　情愫—情素　拳拳—惓惓　劝诫—劝戒

R

热乎乎—热呼呼　热乎—热呼　热衷—热中　人才—人材　日食—日蚀　入座—入坐

S

色彩—色采　杀一儆百—杀一警百　鲨鱼—沙鱼　山楂—山查　舢板—舢舨
艄公—梢公　奢靡—奢縻　申雪—伸雪　神采—神彩　湿漉漉—湿渌渌
什锦—十锦　收服—收伏　首座—首坐　书简—书柬　双簧—双锁
思维—思惟　死心塌地—死心踏地

T

踏实—塌实　甜菜—菾菜　铤而走险—挺而走险　透彻—透澈
图像—图象　推诿—推委

W

玩意儿—玩艺儿　魍魉—蝄蜽　诿过—委过　乌七八糟—污七八糟
无动于衷—无动于中　毋宁—无宁　毋庸—无庸　五彩缤纷—五采缤纷
五劳七伤—五痨七伤

X

息肉—瘜肉　稀罕—希罕　稀奇—希奇　稀少—希少　稀世—希世　稀有—希有
翕动—噏动　洗练—洗炼　贤惠—贤慧　香醇—香纯　香菇—香菰　相貌—像貌
潇洒—萧洒　小题大做—小题大作　卸载—卸儎　信口开河—信口开合
惺忪—惺松　秀外慧中—秀外惠中　序文—叙文　序言—叙言　训诫—训戒

Y

压服—压伏　押韵—压韵　鸦片—雅片　扬琴—洋琴　要么—要末　夜宵—夜消
一锤定音—一槌定音　一股脑儿—一古脑儿　衣襟—衣衿　衣着—衣著
义无反顾—义无返顾　淫雨—霪雨　盈余—赢余　影像—影象　余晖—余辉
渔具—鱼具　渔网—鱼网　与会—预会　与闻—预闻　驭手—御手　预备—豫备⑧
原来—元来　原煤—元煤　原原本本—源源本本、元元本本　缘故—原故
缘由—原由　月食—月蚀　月牙—月芽　芸豆—云豆

Z

杂沓—杂遝　再接再厉—再接再砺　崭新—斩新　辗转—展转　战栗—颤栗⑨
账本—帐本⑩　折中—折衷　这么—这末　正经八百—正经八摆　芝麻—脂麻
肢解—支解、枝解　直截了当—直捷了当、直接了当　指手画脚—指手划脚
周济—赒济　转悠—转游　装潢—装璜　孜孜—孳孳　姿势—姿式　仔细—子细
自个儿—自各儿　佐证—左证

（说明：每组前一个词为规范用词）

[注释]

①“掺”、“搀”实行分工：“掺”表混合义，“搀”表搀扶义。

②“沉”本为“沈”的俗体，后来“沉”字成了通用字，与“沈”并存并用，并形成了许多异形词，如“沉没－沈没｜沉思－沈思｜深沉－深沈”等。现在“沈”只读 shěn，用于姓氏。地名沈阳的“沈”是“瀋”的简化字。表示“沉没”及其引申义，现在一般写作“沉”，读 chén。

③《普通话异读词审音表》审定“徊”统读 huái。“低回”一词只读 dīhuí，不读 dīhuái。

④“凋”、“雕”古代通用，1955 年《第一批异体字整理表》曾将“凋”作为“雕”的异体字予以淘汰。1988 年《现代汉语通用字表》确认“凋”为规范字，表示“凋谢”及其引申义。

⑤“订”、“定”二字中古时本不同音，演变为同音字后，才在“预先、约定”的义项上通用，形成了一批异形词。不过近几十年二字在此共同义项上又发生了细微的分化：“订”多指事先经过双方商讨的，只是约定，并非确定不变的；“定”侧重在确定，不轻易变动。故有些异形词现已分化为近义词，但本表所列的“订单－定单”等仍为全等异形词，应依据通用性原则予以规范。

⑥ 此词是指属于一定阶级、阶层、集团或具有某种特征的人，如“地主～｜知识～｜先进～”。与分母相对的“分子”、由原子构成的“分子”（读 fēnzǐ）、凑份子送礼的“份子”（读 fènzi），音、义均不同，不可混淆。

⑦“联绵字”、“联绵词”中的“联”不能改写为“连”。

⑧“预”“豫”二字，古代在“预先、约定”的意义上通用，故形成了“预备－豫备｜预防－豫防｜预感－豫感｜预期－豫期”等 20 多组异形词。现在此义项已完全由“预”承担。但考虑到鲁迅等名家习惯用“豫”，他们的作品影响深远，故列出一组特作说明。

⑨“颤”有两读，读 zhàn 时，表示人发抖，与“战”相通；读 chàn 时，主要表物体轻微振动，也可表示人发抖，如“颤动”既可用于物，也可用于人。什么时候读 zhàn，什么时候读 chàn，很难从意义上把握，统一写作“颤”必然会给读者带来一定困难，故宜根据目前大多数人的习惯读音来规范词形，以利于稳定读音，避免混读。如“颤动、颤抖、颤巍巍、颤音、颤悠、发颤”多读 chàn，写作“颤”；“战栗、打冷战、打战、胆战心惊、冷战、寒战”等词习惯多读 zhàn，写作“战”。

⑩“账”是“帐”的分化字。古人常把账目记于布帛上悬挂起来以利保存，故称日用的账目为“帐”。后来为了与帷帐分开，另造形声字“账”，表示与钱财有关。“账”、“帐”并存并用后，形成了几十组异形词。《简化字总表》《现代汉语通用字表》中“账”、“帐”均收，可见主张分化。二字分工如下：“账”用于货币和货物出入的记载、债务等，如“账本、报账、借账、还账”等；“帐”专表用布、纱、绸子等制成的遮蔽物，如“蚊帐、帐篷、青纱帐（比喻用法）”等。

[附录]

含有非规范字的异形词（44 组）：

抵触（＊牴触） 抵牾（＊牴牾） 喋血（＊啑血） 仿佛（彷＊佛、＊髣＊髴）

飞扬（飞＊飏）　氛围（＊雰围）　构陷（＊搆陷）　浩渺（浩＊淼）
红果儿（红＊菓儿）　胡同（＊衚＊衕）　糊口（＊餬口）　蒺藜（蒺＊蔾）
家伙（＊傢伙）　家具（＊傢具）　家什（＊傢什）　侥幸（＊儌＊倖、徼＊倖）
局促（＊侷促、＊跼促）　撅嘴（＊噘嘴）　克期（＊剋期）　空蒙（空＊濛）
昆仑（＊崑＊崙）　劳动（劳＊動）　绿豆（＊菉豆）　马扎（马＊劄）
蒙眬（＊矇眬）　蒙蒙（＊濛＊濛）　弥漫（＊瀰漫）　弥蒙（＊瀰＊濛）
迷蒙（迷＊濛）　渺茫（＊淼茫）　飘扬（飘＊飏）　憔悴（＊顦＊顇）
轻扬（轻＊飏）　水果（水＊菓）　趟地（＊蹚地）　趟浑水（＊蹚浑水）
趟水（＊蹚水）　纨绔（纨＊袴）　丫杈（＊椏杈）　丫枝（＊椏枝）
殷勤（＊慇＊懃）　札记（＊劄记）　枝丫（枝＊椏）　跖骨（＊蹠骨）

当然，2003年8月15日中国版协校对研究委员会、中国语文报刊协会、国家语委异形词研究课题组、《咬文嚼字》编委会，提出关于试用新整理264组异形词规范词形的建议，也可供参考。该建议内容是：

教育部、国家语委发布《第一批异形词整理表》，受到了广大群众尤其是语文工作者的欢迎。2002年7月17日，教育部、国家语委、新闻出版总署、国家广播电影电视总局、信息产业部和国家工商行政管理总局六部委联合发文要求在各自系统内认真贯彻执行。但是《第一批异形词整理表》仅对338组异形词进行规范，远远不能满足语文教学、报刊编辑、书籍出版、信息处理等实际工作的需要。

鉴于上述情况，中国版协校对研究委员会、中国语文报刊协会、国家语委异形词研究课题组、《咬文嚼字》编委会四单位，结合工作实践和群众反映，组织专家多次研讨，吸收前人研究成果，沿用整理《第一批异形词整理表》的方针、原则和方法，从通行辞书认定的异形词中抽选出一批群众较常使用、取舍倾向明显的，订成《264组异形词整理表》（草案），先作为行业规范，从2004年1月起，在各自系统内试用。

我们希望听取更多的反馈意见，总结经验，对本表作进一步修订，供有关部门研制《第二批异形词整理表》参考。

每组异形词连接号前为选定的推荐词形，需要说明的问题，见表后注释。本表所收条目按首字的汉语拼音音序排列，同音的按笔画数由少到多排列。如有特殊读音或容易误读的，在条目后标注汉语拼音。

264组异形词整理表（草案）

A

安分守己－安份守己　暗渡陈仓－暗度陈仓

B

把式－把势　般配－班配　棒槌－棒棰、棒锤　曝光－暴光

报道—报导 bàodào—bàodǎo［1］　悲愤—悲忿　悖理—背理　比划—比画
笔芯—笔心　筚路蓝缕—荜路蓝缕　辩白—辨白　辩词—辩辞［2］
拨浪鼓—波浪鼓、泼浪鼓　部分—部份

C

菜籽—菜子［3］　仓皇—仓惶、仓黄、仓遑　策划—策画　长年累月—常年累月
唱功—唱工　潮乎乎—潮呼呼、潮忽忽　撤销—撤消　承上启下—承上起下
吃里爬外—吃里扒外　踟蹰—踟躇　串联—串连　词汇—辞汇　辞令—词令

D

耷拉—搭拉　搭理—答理 dāli　嗒嗒—哒哒　褡裢—搭裢、搭连、褡连、褡联
打冷战—打冷颤 dǎlěngzhan［4］　大放厥词—大放厥辞　当当—铛铛
当作—当做［5］　倒腾—捣腾　悼词—悼辞　得意洋洋—得意扬扬
灯芯—灯心［6］　嘀里嘟噜—滴里嘟噜　调包—掉包　调换—掉换　盯梢—钉梢
丢三落四—丢三拉四　冬不拉—东不拉　遁词—遁辞　哆嗦—哆唆

E

峨眉山—峨嵋山

F

发愣—发楞　幡然醒悟—翻然醒悟　反复—反覆　愤恨—忿恨　愤怒—忿怒
夫唱妇随—夫倡妇随　浮屠—浮图　辐辏—辐凑　福分—福份
俯首帖耳—俯首贴耳　赋予—赋与

G

胳肢窝—夹肢窝　干吗—干嘛　咯噔—格登　根底—根抵　哽咽—梗咽
宫廷—宫庭　勾勒—钩勒　钩针—勾针　够呛—够戗
孤零零—孤另另、孤伶伶　轱辘—轱轳、毂辘　故步自封—固步自封
故伎—故技　痼疾—锢疾、固疾　呱呱叫—刮刮叫

H

哈腰—呵腰　寒战—寒颤　号啕—嚎啕、号咷、嚎咷　好高骛远—好高务远
和事佬—和事老　贺词—贺辞　黑咕隆咚—黑鼓隆咚、黑古龙冬　黑压压—黑鸦鸦
哄堂大笑—轰堂大笑　哄笑—轰笑　洪亮—宏亮　呼哧—呼蚩、呼嗤、呼吃
花里胡哨—花狸狐哨　花哨—花梢、花稍　花销—花消　皇历—黄历　浑身—混身
混沌—浑沌

J

辑佚—辑逸　给予—给与　纪录片—记录片　纪要—记要　茧子—趼子［7］
交代—交待　脚丫子—脚鸭子　脚趾—脚指　较真—叫真　精华—菁华
警醒—警省　酒盅—酒钟　倔强—倔犟

K

开销—开消　侃大山—砍大山　看作—看做　夸大其词—夸大其辞
宽宏大量—宽洪大量

L

老茧—老趼　乐呵呵—乐和和　乐滋滋—乐孜孜　厉害—利害 lìhai［8］

伶牙俐齿—伶牙利齿　流言蜚语—流言飞语　遛弯儿—蹓弯儿

乱哄哄—乱烘烘　螺纹—罗纹

M

漫道—慢道　漫说—慢说　毛骨悚然—毛骨耸然、毛骨竦然　贸然—冒然

棉籽—棉子　渺小—藐小　藐视—渺视　邈远—渺远　冥冥—溟溟

模棱两可—摸棱两可　秣马厉兵—秣马利兵、秣马砺兵　木樨—木犀

N

闹哄哄—闹轰轰、闹烘烘　黏稠—粘稠［9］　黏糊—粘糊　黏土—粘土

黏性—粘性　黏液—粘液　念叨—念道 niàndao　暖乎乎—暖呼呼

P

爬犁—扒犁　判词—判辞　皮黄—皮簧　剽悍—慓悍

缥缈—飘渺、漂渺、飘眇、飘邈　平白无故—凭白无故　匍匐—匍伏

Q

启程—起程　起锚—启锚　起讫—起迄　气门芯—气门心　迁就—牵就

遣词—遣辞　枪支—枪枝　情分—情份　屈服—屈伏　取消—取销　雀斑—雀瘢

R

热辣辣—热剌剌　如雷贯耳—如雷灌耳

S

散佚—散逸　砂锅—沙锅　砂壶—沙壶　砂浆—沙浆　砂糖—沙糖　煞风景—杀风景

煞尾—杀尾　霎时—刹时　山巅—山颠　煽风点火—扇风点火　闪烁其词—闪烁其辞

尚方宝剑—上方宝剑　深省—深醒　什么—甚么　神父—神甫　省份—省分

拾遗补缺—拾遗补阙　仕女画—士女画　视域—视阈　誓词—誓辞　授予—授与

摔跤—摔交　水分—水份　水涨船高—水长船高　思辨—思辩　死乞白赖—死气白赖

夙愿—宿愿　素来—夙来　宿敌—夙敌　宿儒—夙儒　宿怨—夙怨

T

体己—梯己 tīji　题词—题辞　倜傥—俶傥　瞳仁—瞳人　褪色—退色托　付—托咐

W

玩耍—顽耍　顽皮—玩皮　唯独—惟独［10］　唯恐—惟恐　唯利是图—惟利是图

唯命是从—惟命是从　唯其—惟其　唯我独尊—惟我独尊　唯一—惟一

唯有—惟有　委顿—萎顿　委婉—委宛　诿罪—委罪　萎靡—委靡　萎谢—委谢

文采—文彩［11］　无精打采—无精打彩　无上—无尚

X

唏嘘—欷歔　喜滋滋—喜孜孜　陷阱—陷井　项链—项练　消歇—销歇

销魂—消魂　兴高采烈—兴高彩烈　雄赳赳—雄纠纠　漩涡—旋涡　熏陶—薰陶

Y

丫环—丫鬟　押宝—压宝　哑巴—哑吧、哑叭　言不由衷—言不由中

邀功—要功 yāogōng 一唱百和——倡百和 一塌糊涂——塌胡涂、一榻糊涂

一厢情愿——相输愿 引申—引伸 硬邦邦—硬梆梆、硬帮帮 鱼汛—渔汛 [12]

渔鼓—鱼鼓 约摸—约莫 陨落—殒落

Z

在座—在坐 糟蹋—糟踏、糟塌 张皇—张惶 照相—照像 珍馐—珍羞

真相—真象 [13] 支吾—枝梧、枝捂 装聋作哑—装聋做哑 装束—妆束

装作—装做 仔畜—子畜 仔猪—子猪 籽粒—子粒 籽棉—子棉 籽实—子实

走漏—走露 作弊—做弊 作美—做美 作弄—做弄 作声—做声 作秀—做秀

坐落—座落 座次—坐次 座位—坐位

【注释】

[1] 报道—报导

“报导”的“导”旧读 dào，“报导”和“报道”同音，意义完全相同。1985 年《普通话异读词审音表》确定“导”统读 dǎo，才出现二者读音的分化。

[2] 辩词—辩辞

“词”和“辞”，在表示词语和话语时古代通用，故形成了一系列异形复合词。现在表示词语和一般话语多用“词”，如“辩词、词汇、大放厥词、悼词、遁词、贺词。夸大其词、判词、遣词、闪烁其词、誓词、题词”等；表示交际场合得体的言语多用“辞”，如“辞令”等。

[3] 菜籽—菜子

“籽”是“子”的分化字。古汉语中“子”除表示孩子等意义外，还表示种子；“籽”专指某些植物的种子。“子”、“籽”并存并用后，形成了多组异形词。《现代汉语通用字表》“子”、“籽”并收，可见二字应有所分工。根据人们的使用习惯，“子”指孩子、儿子等意义，也可泛指与植物种子有关的器官（如“子房”等）；“籽”专指植物的种子，如“棉籽、菜籽、籽棉”等。但作为食品的“瓜子”（口语中儿化为 guāzir）不写作“瓜籽”。

[4] 打冷战—打冷颤

《一表》已对“战”与“颤”构成的异形词作了注释，“颤动、颤抖、颤巍巍、颤音、颤悠、发颤”等词中的“颤”读作 chàn；“战栗、打战、打冷战、胆战心惊、冷战、寒战”等词中表示人发抖意义的“颤”读作 zhàn，写作“战”。此处“打冷战”的“战”读轻声 zhan，跟读去声 zhàn 的同形词意义不同。

[5] 当作—当做

“做”是“作”的后起字。在“制作”、“从事某种活动”等义项上与“作”通用。但在现实应用中已逐渐分化：“作”多用于抽象对象或不产生实物的活动，动作性较弱；“做”侧重于具体对象或产生实物的活动，动作性较强。据此，对“当作—当做”、“看作—看做”、“装聋作哑—装聋做哑”、“装作—装做”、“作弊—做弊”、“作美—做美”、“作弄—做弄”、“作声—做声”、“作秀—做秀”等组异形词进行了整理。

[6] 灯芯—灯心

“芯”是“心”的分化字，特指某些植物或圆形物体的条状形中心部分。故对相关的异形

词作了整理，如“灯芯”(包括“灯芯草”、“灯芯绒”)、“气门芯”、“笔芯”等都直用“芯”。

[7] 茧子—趼子

二者的词义是包孕关系。“趼”是老茧的本字，因其状如蚕茧，人们常用“茧”字代替。今“趼”字几乎不用，故以“茧子”、“老茧”为推荐词形。

[8] 厉害—利害

在难以对付或忍受、剧烈、凶猛等意义上，二者音义相同。当“利害”不读轻声，读作 lìhài 时，表示事物“利”和“害”的两个方面，为另一个词。

[9] 黏稠—粘稠

“粘”字两读，一读 nián，一读 zhān。1955 年《第一批异体字整理表》将“黏”作为“粘”的异体字淘汰，1988 年《现代汉语通用字表》确认“黏”为规范字。这样，二者基本有了分工：“黏”读 nián，指胶水或糨糊之类物质所具有的黏糊性质；“粘”读 zhān，指使物体附着在另一个物体上。据此，在“黏稠—粘稠”、“黏糊—粘糊”、“黏土—粘土”、“黏液—粘液”等组异形词中，宜用“黏”。

[10] 唯独—惟独

“唯”本表示应答的声音，如“唯唯诺诺”。“惟”本是动词，表示思考、想，如“伏惟”。二字都借作副词，都表示“仅”、“只有”的意思。于是“唯”、“惟”构成了一批异形词，从现代汉语使用的情况看，用“唯”的词频高。

[11] 文采—文彩

“彩”是“采”的后起字，古义相通，今已分化。“彩”的意见较实在，是指具体的颜色，而“采”多用于比较抽象的引申意义。据此，把“文采”、“文采”、“兴高采烈”、“无精打采”定为推荐同形。

[12] 鱼汛—渔汛

“鱼”古代有捕鱼的意思，“鱼”、“渔”相通，以致时有混用。今“鱼”字已没有动词用法。“鱼汛—渔讯”指某些鱼类成群大量出现的时期，故以“鱼汛”为推荐词形。捕鱼工具的“渔具”、“渔网”(已见《一表》)、打击乐器的“渔鼓”等词语中的“渔”为动作方式，不宜写作“鱼”。

[13] 真相—真象

“真相”源于佛教用语，犹言本来面目，引申指事情的真实情况，与“假象”并不构成严格的反义关系，且通用性占绝对优势。根据通用性和理据性原则，宜以“真相”为推荐词形。

这里需要强调指出的是，这《264 组异形词整理表》(草案)，只是建议，只是作为行业规范，从 2004 年 1 月起，在发文单位的各自系统内试用，目前并不是国家规范用词的法定文件。

规范用词还应熟知异读词，可参看第二章《普通话异读词审音表》，这里从略。

思考与练习

一、选择题

1. 不属于词汇的发展变化的主要表现的是(　　)。

A. 新词的产生 B. 书写形体的改变

C. 旧词的逐渐消失和变化 D. 词义的演变

2. “收获”，本指“农业的收成”，现指“一切行为的所得”，这是(　　)。

A. 词义的转移 B. 词义的缩小

C. 义项的增加 D. 词义的扩大

3. 以下不属于词义演变基本途径的是(　　)。

A. 词义的扩大 B. 词义的缩小

C. 词义的转移 D. 词义的退化

4. 以下属于词义的转移的是(　　)。

A. “勾当”，原指“办事和事情”，现指“事情”。

B. “灌输”，原指“把流水引到需要水的地方”，现指“输送（思想、知识等)”。

C. “健康”，原指“人体生理机能正常，没有缺陷或疾病”，现指“事物情况正常，没有缺陷”。

D. “妻子”，原指“妻子和孩子”，现指“妻子”。

5. 以下词义的演变途径与其他不同的一项是(　　)。

A. 套话　原指文章、书信中按陈套写的词句，现指套用现成的结论或格式而没有实际内容的话。

B. 检讨　原指“讨论研究”，现指“严格地自我批判”。

C. 为了　原含有原因和目的两个方面内容，现只表示目的。

D. 爱人　原指恋爱中的女性一方，现指夫妻的任一方。

6. 以下不属于词汇规范三项原则的是(　　)。

A. 必要性 B. 普遍性

C. 能产性 D. 明确性

7. 以下关于普通话词汇规范的说法，不正确的是(　　)。

A. 普通话词汇的规范应以北方话为基础

B. 可以适当吸收外来词和古语词以丰富普通话词汇

C. 普通话词汇的规范应以北京话为基础

D. 普通话词汇也可吸收各地方言中的有益成分

8. 以下关于外来词规范的说法，不正确的是(　　)。

A. 不要滥用外来词 B. 应统一外来词的汉字书写形式

C. 吸收外来词，应尽量采用意译方式 D. 吸收外来词，应尽量采用音译方式

9. 以下外来词，更规范的一组是(　　)。

A. 康拜因　梵哑铃 B. 布拉吉　士敏土

C. 戈里基　维他命 D. 高尔基　维生素

10. 以下词语使用规范的是(　　)。

A. 昨天小组会上，大家对小王进行了批评，没料到他竟衔泣起来。

B. 希望这第三个战役，有个好的滥觞，健康地向前发展。

C. 叶圣陶老人须眉皓白，满头霜雪，而精神矍铄。

D. 在国庆文艺晚会上，各种颜色的灯光把会场布饰得非常壮丽。

二、简答题

1. 词汇的发展变化主要表现在哪些方面？

2. 词汇发展变化的原因是什么？

3. 词汇规范化工作的重点是什么？

4. 整理异体词必须遵守哪些原则？

三、实践操作题

认真阅读普通话异读词审音表和异形词整理表，读准异形词的音，识记异形词，规范用词。

第五章 语 法

这一部分主要学习现代汉语的词类划分原则，各类词的用法，短语和句子的结构及其类型，分析句子的方法等内容。目的是通过学习掌握现代汉语语法体系，掌握用词造句的规律，具有辨别词性、短语、句子类型及析句、造句、分辨句子正误的能力，从而更好地理解和运用现代汉语。学习本章需要具体注意以下方面：

词类是语法部分的基础知识。要了解划分词类的依据，熟悉汉语的词类系统，掌握各个词类的主要语法特点，进而具有确定一个具体词词性的能力，具有发现并改正“词性弄错”、“词语运用不当”等语法错误的能力。名词、动词、形容词、副词、代词以及若干常用的虚词是学习的重点。相近相似词类之间的区别、词的兼类现象是学习的难点。

短语部分可以从两个不同的角度进行学习，一是短语的内部结构，二是短语的外部功能。对于短语的内部结构，要从形式（语序、虚词、词类）和意义（语义类别、语义关系）的结合上认识短语的结构类型，不能只根据意义、语感。要能够比较熟练地运用直接成分分析法分析复杂短语的结构层次和结构关系，并能用恰当的图形把分析的结果准确表示出来，对层次分析中的各种错误也能加以改正；要学会根据充当句法成分的能力来判定短语的功能，同时注意分辨功能单一的短语和功能多样化的短语，明确：同一结构的短语，功能不一定相同；不同结构的短语，功能不一定不同。

句法成分要注意把握其成对关系，在五对八种句法成分即主语和谓语、动语和宾语、定语和中心语、状语和中心语、中心语和补语中，主语、谓语、宾语、补语的结构复杂，类型多样，是学习的重点。而宾语和补语的区别、定语和状语的区别则是难点。学习汉语中有哪几对基本的句法结构成分，各种句法成分可以再划分为哪些较小的类型，各种大类的、小类的句法成分有哪些形式上、意义上的特征，某些相近相似的句法成分之间怎样区分，等等。

句子部分可以归结为五个要点，一是以主谓句和非主谓句为代表的单句；二是语义容量大，结构复杂的一般复句和多重复句；三是比复句语义容量大，结构复杂的句群；四是能表示句中停顿，使句义明确清楚简练的标点符号；五是常见语法错误的病句。对于单句，要准确把握单句各种结构类型和语气类型的特点，准确理解“句子分析”的含义，掌握句型分析的依据、方法、程序，正确地确定具体句子所属的句型，使用正确方法和规范符号准确分析句子的各种类型。其中主谓句的各种下位类型和几种常见的句式是学习的重点。对于复句，要了解复句的特点，复句与单句的主要差异，从形式和意义的结合上认识复句常见的基本类型和它们的下位类型。要用层次的观念来认识、分析多重复句，并使用规范的符号把分析结果表示出来。对于句群，要了解句群的特点、类型，及其与复句的区别，明确句群与段落的关系，学会分析句群，使用句群。对于标点符号，要了解它的性质、作用和分类，识记它的符号，正确使用标点符号。对于病句，要掌握语法错误的常见类型，分析语法错误形成的原因，具有"诊断"语病、"治疗"语病的能力。

语法部分是现代汉语的重中之重，同时也是较为复杂和抽象的理论系统，学习时一方面必须注意学好基本概念和基本理论知识，不仅把握准确，而且要学活学透，做到融会贯通，形成完整的知识体系；另一方面注重在基本理论的指导下掌握科学的分析方法，提高短语、单句、复句、句群等语法单位的分析能力，要做到这一点，掌握典型例题的分析能力，在此基础上能处理大量练习题，是其前提和保障。

第一节　语法概述

一、语法与语法学

（一）语法

1. 语法的含义

我们每天说话写文章，都要按照一定的规律来进行。我们理解一个句子，不但要懂得该句子每一个词所表示的意义，即词汇意义。还要了解语言单位之间的结构关系、组合层次、分布位置以及词类的功能，也就是语法意义。词汇意义反映的是客观事物及其相互之间的联系，它以一定的客观事物和现象作为概括对象，而语法意义反映的是语言单位——词、短语、句子的功能和性质特征及其相互之间的关系。我们说的每一句话都可以分解为若干个词和短语。这些词或短语并不是任意地拼凑在一起的，而是按照一定的规则组织起来的。每一个词又可以分解为若干个语素。

语法就是语素、词、短语、句子等语言单位的结构规律。语素如何组织成词，词如何组织成短语，短语或词如何组织成句子，这其中都有一定的规律。这规律就是语法。例如我们说"我吃饭"，而不说"饭吃我"；"二十岁才结婚"指结婚晚了，"结婚才二十岁"指结婚早了，这些都是语法规律在起作用的结果。

语法意义同词汇意义具有本质的区别：词汇意义具体实在，要想扩大词汇量，就必须一个一个地去学习、记忆。而语法意义抽象概括，一条语法规律往往可以概括一大批同类语言现象。词汇是语言的建筑材料，没有词汇，就谈不上语言，正像没有建筑材料就不会有建筑物一样。虽然每一个词都有一定的意义和声音，但是孤立的词，是很难交流思想的。只有把一个个孤立的词按照语言的结构规则组织成句子，才能构成语言，交流思想。例如："我们"、"喜欢"、"看"、"电视"四个词，若孤立地说出其中任一个，只能表达一个简单的概念，不能表达完整的思想。如果把它们任意堆在一起，说成"我们看电视喜欢"或"电视喜欢我们看"等等，虽然不是孤立的概念，但也同样不为别人所理解，因为它们不符合汉语的结构规律。只有按照汉语的结构规律把它们组织成"我们喜欢看电视"

或“电视我们喜欢看”，才能为别人所理解，达到语言交际的目的。

2. 语法的性质

语法同语音、词汇、修辞等相比，具有四个基本性质，即抽象性、稳固性、民族性和系统性。

(1) 抽象性（又叫概括性）。抽象性是语法最基本的特征。语言表达的内容是无限的，人们所使用的句子千差万别、数不胜数。但是，无限多的个别具体的语句中，词的结构方式、短语和句子的结构规则等却是有限的。这些结构规则、语法形式、语法手段、语法范畴和语法意义都是从个别的具体的语言材料中抽象概括出来的。语法研究的是抽象出来的公式，而舍弃了个别的、具体的内容。语法就是对一种语言中各种语法单位的组合关系、聚合关系、功能类型等的抽象概括。例如：

买饭　作画　挖坑　蒸馒头　盖房子　说英语

修理家用电器　穿蓝色西服　提出苛刻条件

这些短语表达的意义各不相同，但却可以从中概括出“述语＋宾语”的结构特点，表示支配与被支配的关系。其中述语由动词充当，宾语由名词或名词性短语充当。

再说得简明些：我们平时讲话、写文章，所用的词语是成千上万的，句子的数目也多得难以计算，但句子的类型却是有限的，也就是说，从许多词和句子里归纳出来的有共同特点的一般的语法规律，是有限的。学习语言，单词要一个个地死记，学会了“粉笔”这个词，不能类推出“黑板”、“讲台”这些词来。但是，把学会的词组合成句子却可以类推。例如，学会了“小高学汉语”可以类推出“小王学英语”、“小李学数学”等句子。之所以能够类推，是因为掌握了句型，掌握了词和词的组合规律。另外，语法并不管具体的词和词之间的具体关系，只管一般的词和词之间的一般关系。如“我们学习语法”、“小玲爱科学”、“解放军保卫祖国”，这三个句子所用的词虽然不同，表达的意思也不一样，但对语法来说，都是结构类型完全相同的句子，都有主语和谓语（谓语都是由动宾短语充当的），都是施动者—动作—受动者的关系。至于施动者和受动者是谁，动作是什么，对语法来说都是无关紧要的。所以有人曾说，就这一方面来说，语法规则就像几何学定理一样具有概括性。

(2) 稳固性。语法的发展变化比语音、词汇的发展变化缓慢得多，且很难受到外来因素的影响而改变，具有相对的稳定性。稳固性与语法的抽象性密切相关，因为语法是一个由各种抽象规则构成的有机系统，许多语法手段和语法范畴历经千百年而很少发生变化。例如，语序和虚词在古代汉语和现代汉语中都是重要的语法手段；古代汉语中主语在谓语之前，修饰语在中心语之前，现代汉语也是如此。语言的语法体系是在漫长的岁月中逐步形成的，旧的语法规则的消除，新的语法规则的出现，都需要一个过程。因此，语法具有稳固性。

语法的稳定性并不意味着它始终不变。一切事物都是永远处于发展变化之中的，语法亦是如此，只是跟语音、词汇这几个语言要素相比，变化得慢一些而已。从横的方面看，即从一个特定的时期之内看，语法似乎是稳定的，变动极小的，然而从纵的方面看，即从语言的整个历史来看，它又是不变的。所以，古今汉语的语法，既有许多共同点，又有不少差异。由于社会的发展和现实生活交际的需要，语法上可能不断出现一些新形式、新用法，我们不能因为原来没有，就不予承认。例如，汉语里的名词（表示时间、处所、方位的除外），一般不修饰动词，可是“五四”以来，某些名词带上“地”（有的还可不用“地”）就可以修饰动词了（如“形而上学地看问题”、“历史地看问题”、“直线上升”、“电话联系”）。所以，我们学习语言，既要遵守语言规律，又必须看到语言的发展，不能把语言看得太死了。

（3）民族性。汉语语法的民族性特点是在同其他语言的比较中得出的。印欧语常用词尾的形态变化来表示句法功能的变化，如英语用词形变化表示词的语法功能；俄语用词形变化表示词的句法关系，语序比较自由。汉语的词没有显著的形态变化，词在句子中充当句子成分的能力，主要靠语序和虚词来表示。如汉语陈述句的一般顺序是：主语＋动词＋宾语，日语陈述句的一般顺序是：主语＋宾语＋动词。另外，汉语里有助词和丰富的量词，英语则没有这两类词；英语里有冠词，汉语则没有。即使同样运用语序，不同的语言表达同一意思所用的语法格式也可能不同。因此，各民族语言都有自己的语法规律，我们在研究和说明汉语的语法规则时，要警惕拿别的民族语言的语法来硬套汉语的语法。

（4）系统性。语言的各种规则并不是孤立的、互不相干的，而是紧密相联、相互制约形成的一个复杂的系统。语法系统由语素系统、词类系统、短语系统、句子系统和句群系统等若干子系统构成。语素、词、短语、句子和句群等语法单位之间互相联系，处于一定的关系之中。语法是由组合关系和聚合关系构成的严整有序的规则系统。组合关系和聚合关系是语法结构规律中最基本的两种关系。

组合关系是指语法成分之间在应用中前后发生的结构关系，体现了语言的线性特点和相互间组合的规则性。它决定了句法结构的方式和类型，如主谓关系、述宾关系、偏正关系等。例如：

我想明天出发。

他弟弟打算暑假去北京。

其中：“我——想”、“他弟弟——打算”之间都是主谓关系，“想——明天出发”、“打算——暑假去北京”都是述宾关系。

聚合关系是指能够在相同的功能位置上出现的语言单位。同一个聚合关系中的语言单位具有共同的语法特点，体现了语法成分的可代替性和可选择性，决定了语法单位的功能类型。例如：

A	B	C
我	想	明天出发
弟弟	打算	暑假去北京

上述A、B、C三类就是不同的聚合关系构成的“聚类”。B类的“想”、“打算”都是动词，C类的“明天出发”、“暑假去北京”都是谓词性短语。

语法的系统性，要求我们在学习研究语法的过程中，要注意各语法规则之间的相关性，能做到举一反三，触类旁通。

3. 语法单位和句法成分

（1）语法单位

语法单位指的是语言构造的组成部分，可以分为四级：语素、词、短语、句子。

① 语素：语素是语言中最小的音义结合体，是最小的语法单位，也是构词的备用单位。语素可以和别的语素组合成词，也可以单独成词。如“人、我、一、是、了”等，既有一定的语音形式，又能表示一定的意义，且不能再分解成更小的单位，它们是语素。但它们同时又能独立运用，即为词。而“语”和“言”是两个语素，它们不能独立运用，只能与别的语素组合成词，如“语气、谚语、言论、名言”。

② 词：词是最小的能独立运用的语言单位，是构成短语和句子的备用单位。“能独立运用”，使词区别于语素；“最小的”，使词区别于短语。词由语素构成，如“亲切”一词就由“亲”和“切”两个语素构成的。词又是短语和句子的重要的组成部分，还有一部分词加上句调就可以单独成句，如“谁?”“好!”“看!”。

③ 短语：短语是语义上和语法上都能搭配而没有句调的一组词，是造句的备用单位。短语由词构成，是比词高一级的语言单位。短语既可充当句子成分，也可独立成句。大多数短语加上句调就成为句子。

④ 句子：句子是由词或短语带上一定的句调，能够表达一个相对完整的意思的语言单位。它是语言的基本运用单位。每一个句子，都必须结构独立，表意完整。结构独立，是指不被包含在别的语法结构之中；表意完整，指的是句子在语义上是自足的。

有时候，一个句子表意还不够清楚，得用一组句子——句群（也叫句组或语段）。句群是前后衔接连贯的一组句子，一个句群有一个明晰的中心意思。介于句群和句子之间由两个或两个以上意义密切相关、结构上互不作成分的分句组成的语言单位叫复句。有了句子（单句）、复句、句群，就能用来传递信息，进行交际了，所以句子、复句、句群都是语言的使用单位。

人们运用语言时，就是按照一定的结构规律，用语素构成词，用词构成短语，用词或短语构成句子，有时候再用句子构成句群，从而表达自己的思想感情，达到交际的目的。

（2）句法成分

句法成分指的是对组成句子的词与词、词与短语或短语与短语之间的结构类型关系而取的不同名称。这些名称有：主语、谓语、动语、宾语、定语、状语、补语、中心语。举例如下：

全体　同学 ‖ 都　做　完了 | 语法　作业。
主　语 ‖ 谓　　语
（定语）中心语 ‖ 动　语 | 宾　语
‖ ［状语］中心语＜补语＞ | （定语）中心语

这是一个结构完整、句法成分完全的句子。可以先分成主语“全体同学”和谓语“都做完了语法作业”两个部分。主语是陈述的对象，谓语是陈述主语的，两者之间是陈述关系。双竖线左边叫主语，右边叫谓语。谓语里如果有宾语，就会有动语。动语在宾语前，表示动作行为，是支配、涉及后面的宾语成分；宾语表示人或事物，是动作所支配和涉及的对象。如例句的谓语部分里就有宾语“语法作业”，动语就是“都做完了”。动语在前，宾语在后。

主语、宾语成分内部经常是由修饰语和中心语组成的偏正短语。修饰语是描写或限制中心语的，位于中心语之前。这类偏正短语的整体功能是名词性的（指中心语主要由名词、代词充当）。

定语是名词性短语里中心语前面的修饰语，如上句中“全体同学”就是名词性短语，其中名词“同学”就是中心语，“全体”是中心语“同学”的修饰成分，是定语。“语法作业”也是名词性短语，“语法”是修饰“作业”的，做定语；“作业”是被“语法”修饰的，做中心语。谓语的动语常由谓词性短语组成。这个谓词性短语结构关系主要有两种情况，一是［状语］＋中心语，一是中心语＋〈补语〉。

状语是谓词性短语里中心语前面的修饰成分，补语是谓词性短语里中心语后面的补充成分。状语、补语多由形容词、副词、趋向动词等充当。如上句中“都做”就是一个谓词性短语，在这个短语里，中心语是谓词“做”，副词“都”做动词“做”的状语；“做完”也是一个谓词性短语，趋向动词“完”做动词“做”的补语。

口诀：

主语谓语分不难，陈述关系最关键。
谓语若是有宾语，动语必在宾语前。
动语中心前为状，动语中心后是补。
谓前为状谓后补，记住定语主宾前。
（谓指动语的中心语）

4. 现代汉语语法的特点

（1）语序和虚词是主要的语法手段

语言单位只有组合起来才能传递信息、交流思想。汉语中语言单位组合要依靠一定的语法手段。汉语没有印欧语言那种严格意义的形态变化，其组合的语法手段是语序和虚词（虚语素也可以）。汉语语法就是借助语序和虚词或虚语素的组合变化来表示语法关系和语法意义的。

语序是指语言单位的排列顺序。语序不同，语言单位组合后的结构关系和意义往往也就不同。例如“牛奶”和“奶牛”，“生产”和“产生”，“青年”和“年青”，“人为”和“为人”，由于两个语素组合的语序不同，组合后的结构关系和意义就随之发生了变化；“老师问”和“问老师”，“说不好”、“不说好”和“不好说”，由于词的组合语序不同，组合后的结构关系和意义也就不一样；“屡战屡败”和“屡败屡战”，由于语序不同，表达重点也就不一样。“屡战屡败”重点在“屡败”，即指每战皆败，不堪一击；“屡败屡战”重点在“屡战”，即指虽遭失败而不气馁。又如“说你行你就行不行也行，说不行就不行行也不行（横批：不服不行）”，这是利用语序的变化巧妙组成的一副对联，它所讽刺的官僚主义者那种独断专横、飞扬跋扈之态跃然纸上。

改变语序可以形成不同的结构关系和语法意义。例如：

紧握（偏正关系）　握紧（述补关系）

发展迅速（主谓关系） 迅速发展（偏正关系）

转播中断（主谓关系） 中断转播（述宾关系）

语言单位在组合过程中，用不用虚词或虚语素，用的虚词或虚语素一样不一样，也都直接影响到组合后的结构关系和意义。例如，“四川出产的橘子”和“四川出产橘子”，“我和妈妈”和“我的妈妈”，其结构关系和意义就不一样；“高贵者”和“高贵”，“学员”、“学者”和“学士”，其构词方式和所表示的意义也是不完全相同的。

虚词的有无和不同虚词的运用可以形成不同的结构关系。例如：

小王这个孩子（复指关系） 小王的这个孩子（偏正关系）

蒸馒头（述宾关系） 蒸的馒头（偏正关系）

老师的学生（偏正关系） 老师和学生（联合关系）

某些短语加入虚词后，结构关系虽未改变，但语义却发生变化。例如：

北京饭店 北京的饭店 孩子脾气 孩子的脾气

阿Q性格 阿Q的性格 十斤鲤鱼 十斤的鲤鱼

“北京饭店”是专有名词，而“北京的饭店”则指地点设在北京的所有饭店。

语言单位的组合不是任意的，而是有一定规律的。例如，把一些词杂乱无章随便堆砌在一起，就不能成为句子，也就不能表达什么意思。像“老师”、“学生”、“爱”这三个词，随便孤立地放在一起，除了它们本身各自的词义外，再不能表达什么意思；如果按照一定的规律，把它们组成句子，那就会获得极大的意义，就可以表达丰富的内容。我们可以把它们组成：

老师爱学生。

学生爱老师。

在这两个句子里，所用的词完全相同，词的意义并没有改变，但词的位置改变了，词与词之间的关系也变了，所表达的内容就不一样了。在第一个句子里，“老师”在前，是施动者，“学生”在后，是受动者。在第二个句子里，施动者和受动者的位置交换了一下，词与词之间的关系变了，所以表达的意思也就不一样了。

有时，同样的几个词，由于改变了语序，改变了虚词或虚化词，就改变了词与词之间的关系，甚至可以表达完全相反的思想内容。例如“存在决定意识”和“意识决定存在”，就表达了两种完全对立的世界观。

由此可见，怎样组词成句，在语言运用中有着十分重要的作用。我们要把自己的思想准确清楚地表达出来，让别人了解，那么用词造句就必须合乎规律，也就是必须合乎语法。只有运用语法规则把词组织起来，语言才能成为交际的工具。

（2）词类与句法成分没有对应关系

印欧语中词类的功能比较单纯，词类与句法成分之间存在简单的一一对应关系。名词只能作主语和宾语，动词只能作谓语，形容词只能作定语和补语，副词只能作状语。但汉语里词类与句法成分之间的关系比较复杂，除了副词主要作状语（少数副词可以作补语）外，其他词类都可以充当多种句法成分。例如名词主要作主语、宾语和定语，还可以作谓语和状语；动词主要作谓语，还可以作定语、主语、宾语和状语。例如：

五月一日‖劳动节。（名词作谓语）

游泳‖是一项非常有益的体育活动。（动词作主语）

应该注意的是，汉语中名词作谓语、状语，动词作主语、宾语时，本身的词性并没有改变，名词还是名词，动词还是动词。这属于词类活用，后面再述。

（3）词、短语、句子的构造基本一致

词、短语、句子是三级不同的语法单位，但它们之间的构造关系基本一致。

例如：

结构关系	合成词	短语	句子
主谓关系	气喘	气息微弱	他身体健康。
偏正关系	小学	小型设备	多么美妙的音乐啊！
述宾关系	美容	美化校园	禁止吸烟！
述补关系	说明	说得明白	跑快点儿！

（二）语法学

“语法”这一术语，除了指“语言单位的结构规律”外，还指“语法学”。语法是语言的结构规律，是存在于语言深层的客观规律和变化规则。这种规律是不以人的主观意志为转移的，它随着语言的产生而产生，随着语言的发展而发展。语法学则是研究语言单位的结构规律和探索描写语法结构规律的科学，是人们对客观的语法规律的主观认识和说明。可以这样说明二者的关系：语法只有一个，是客观存在的；语法学不止一个（如历史语法学、比较语法学、描写语法学等），是人们从不同角度对语法的主观认识。当然主观认识必须以客观事实为依据，客观事实必须通过主观认识得到提炼、归纳和整理。

二、语法研究的内容

（一）词法

词法主要是指词的结构方式、词形变化和功能分类的规律。例如汉语里一些双音节性质形容词的重叠形式是 AABB 式，表示程度加深，如“教室里干干净净”、“高高兴兴上班去”、“这张纸上密密麻麻地写满了字”。部分双音节重叠式形容词还可以用 ABAB 方式重叠，如“高高兴兴”可以说成“高兴高兴”，“轻轻松松”可以说成“轻松轻松”，“舒舒服服”可以说成“舒服舒服”。这些都是词法研究的内容。

（二）句法

句法主要指短语和句子等语法单位的构成、组合搭配的规律及其表达功用等。句法主要包括短语结构规则、句型、句式、句类、复句、句群等内容。例如“空气新鲜”是主谓短语，“新鲜空气”是偏正短语。词法与句法既各自独立，又相互联系。

三、为什么要学习语法和怎样学习语法

（一）为什么要学习语法（语法的作用）

语法是语言的重要组成部分，它与语音、词汇共同构成语言的三大要素。世界上任何一种语言都有自己的语法，学习一种语言，无论是本民族语言还是外民族语言，掌握它的

语法规律是非常重要的，也是学好它的重要前提。我们从小就学会了说话，对本民族语言有很深的感性认识，但在平常的语言实践中，我们也会发现自己常常说一些不合习惯的话来。特别是写文章时，出错的可能性更大。这时，如果我们有一定的语法知识，分析一下句子的结构，就会帮助我们找出错误的原因所在。我们学习语法，就是从理性上认识语言的结构规律，利用它来指导、调节我们的语言实践。

（二）怎样学习语法

首先要理论联系实际。学习语法，仅仅记得一些术语和道理是很不够的，更重要的是要掌握语言的基本规律。学会怎样分析、理解句子，怎样写出正确、通顺的句子，怎样改正语法错误的病句。因此，要学好语法，非常重要的一点就是要理论联系实际，加强练习实践。只有通过反复地练习和实践，才能加深对理论知识的理解并巩固所学的知识，也才能熟练地掌握和运用基本规律，从而进一步指导语言实践。只有这样，才能真正把语言学好，使它为我们的学习和工作服务。

另外，语法书的功用是帮助我们观察各种语法现象，了解各种语法结构规律的。因此，学习语法的时候不要被书上的说法限制住，要拿书上的说法和实际语言印证比较。如果书上的说法和实际语言不相符合，或者不完全符合，那就要根据情形，加以修正或补充。

四、语法中的几个名词术语

（一）语法意义和语法手段

每一种语法现象都有语法意义和语法手段两个方面，研究任何一种语法现象都必须从这两个方面来说明。为了能更好地理解现代汉语的一切语法现象，下面我们介绍一下语法意义和语法手段这两个名词术语。

1. 语法意义

语法意义一般是指语言单位组合时所表达的抽象内容（例如句子中词与词之间的关系、短语中词与词之间的关系或词里的语素与语素之间的关系等），从语言单位具体的语义中按照语法特点概括而成的抽象意义（包括句子的语气）。各语言单位用途的功能意义也都属于语法意义。还有人给“语法意义”下过这样的定义：“语法意义是指语法单位或结构体由一定的语法形式表示的内部结构意义和外部功能意义”，“句法、语义、语用的意义都是语法意义”。（范晓、胡裕树《有关语法研究三个平面的几个问题》，见《中国语文》1992 年第 4 期）

语法意义是多种多样的，汉语里的语法意义类型，大体有以下几种：

（1）关系意义。关系意义是指语言单位在组合中所显示出来的意义。例如：

① 客人来了（主谓关系）

② 来客人了（动宾关系）

③ 我和朋友（联合关系）

④ 我的朋友（偏正关系）

⑤ 年青（主谓式合成词）

⑥ 青年（偏正式合成词）

例①②中的主谓关系、动宾关系是句子中的词与词在组合时显示出来的语法意义；例③④中的联合关系、偏正关系是短语中的词与词在组合时显示出来的语法意义；例⑤⑥中的主谓、偏正是构成词的语素与语素在组合时显示出来的关系。

（2）抽象意义。从语言单位具体的词义、句义中按语法特点概括而成的语法意义。例如“走”、“看”、“学习”、“讨论”、“研究”等词都有具体的、不同的词义，但在语法里却不管它们各自具体的词义，而认为它们都是表示动作行为的，并在此基础上根据它们共同的语法特点把它们概括成“动词”这种抽象的语法意义。又如“美丽的北京”、“无限的温暖”、“惊人的毅力”等短语也都有不同的语义，语法不讨论这些短语的具体语义，而根据它们共同的语法特征把它们概括成“偏正短语”这种抽象的语法意义。又如“你去过北京吗?”“他到哪里去了?”“今天是星期几?”等句子都有具体的、不同的句义，语法也不讨论这些句子的具体语义，而认为这些句子都是表示疑问的，都有一个高升的语调，根据这些句子共同的语法特征，把它们概括成“疑问句”型这种抽象的语法意义。

（3）功能意义。指语言单位的功能用途。例如词和语素在功能上的区别是：词可以用来造句，语素只能用来构词。名词和动词在功能上的区别是：名词一般不能单独作谓语，而动词可以作谓语或谓语中心语。形容词和副词在功能上的区别是：形容词能作定语、谓语等基本成分，副词只能作状语、补语等附加成分或连带成分。又如“是”，当它用在主语和宾语之间起联系作用时，是动词；而当它用在动词或形容词前面表示肯定、强调语气时，则应归属副词。这是两个不同的功能意义，因此应是两个不同的“是”。

至于虚词，主要就是表示语法意义的。例如：“我和母亲”中的“和”，表示前后两个语言单位是平等、并列的联合关系；“我的母亲”中的“的”则表示前后是偏正关系；“他会来的”中的“的”则表示肯定、强调的语气。语法意义往往是跟词汇意义对照起来说的，所以虚词的语法意义也可以从它跟词汇意义的比较中来理解它。例如“走着”，“走”表示一种具体动作，“着”表示动作正在进行。“走”的意义是具体的、基本的，“着”的意义是抽象的、附加的；“走”的意义是独立的，“着”的意义是不能独立的。“走”的意义是词汇意义，“着”的意义就是语法意义。

2. 语法手段

语法手段是用来表示语法意义的方式。现代汉语的语法手段主要有以下几种：

（1）语序（词的组合）：语言单位在组合中的排列顺序。语序不同，所表示的语法意义也往往不一样。例如：

天气好（主谓关系）

好天气（偏正关系）

（2）虚词（虚词的有无或不同）：用不用虚词，或所用的虚词不同，所表示的语法意义也不一样。例如：

走（表示“走”的动作）

走了（表示“走”的动作完成）

走了（“走”的动作已经完成）

走着（“走”的动作正在进行）

借书　（动宾关系）

借的书（偏正关系）

我的朋友（偏正关系）

我和朋友（联合关系）

在海边走（“海边”是“走”的地方）

向海边走（“海边”是“走”的方向）

(3) 虚语素：有无虚语素表示的语法意义是不一样的。例如：

剪（表示“剪”的动作，动词）

剪子（名词）

二（表示“二”这个数目，数词）

老二（表示排行为“二”的人，名词）

(4) 重叠：重叠以后往往增加了相应的语法意义。例如：

商量（表示“商量”的动作行为）

商量商量　（不仅表示“商量”的动作行为，语义委婉还留有余地）

(5) 音变（儿化）：儿化音变以后也往往增加了相应的语法意义。例如：

刀（泛指所有的刀）　刀儿（指小刀，增加了“小”的意思）

(6) 声调、句调。例如：

好（hǎo，表示“好”这种性质，形容词）

好（hào，表示“好”〔即“喜爱”〕这种活动，动词）　音节的声调不同

以上这些语法手段的性质，其实就是各种语言单位的配置顺序不同、质量不同以及语言单位的增减、替换等。

（二）语法形式和语法范畴

1. 语法形式

语法形式是语法意义和语法手段的统一，也就是说，语法形式是语法意义和语法手段在统一中的关系。还有人给“语法形式”下过这样的定义：“语法形式则是语法意义的表现形式，即表示语法意义的方式或手段。语法意义和语法形式紧密相连，是对立的统一，没有无语法形式的语法意义，也没有无语法意义的语法形式。”（范晓、胡裕树《有关语法研究三个平面的几个问题》，见《中国语文》1992 年第 4 期）语法意义一定要用语法手段表达出来，但语法意义和语法手段并不是一对一的关系。相同的语法意义可以用不同的语法手段来表达，相同的语法手段也可以表达不同的语法意义，所以语法意义和语法手段统一起来，才是语法形式。因此，虽然语法手段相同，只要所表达的语法意义不同，就是不同的语法形式；反过来，虽然语法意义相同，只要用来表达的语法手段不同，也就是不同的语法形式。

例如，“走走”和“走了走”，二者的语法意义相同，都表示“走一下”（附加有“一下”的语法意义），可是由于所用的语法手段不同（前者单用重叠，后者兼用了虚词“了”），所以它们是两个不同的语法形式。

又如，“个个”（如“这些孩子个个都很聪明”）和“走走”（如“我们到江边去走走”）也是两个不同的语法形式，因为二者的语法手段虽然相同（都用了“重叠”这一种语法手段），但它们所表达的语法意义不同，“个个”表示事物的周遍性，附加有“每”的语法意义（“个个”等于“每个”），“走走”表示动作的短暂，附加有“一下”的语法意义（“走走”相当于“走一下”）。

语法形式可以用“什么由什么表示”或“用什么表示什么”的公式表述为语法规则。例如，我们可以说：现代汉语的动词用词的重叠（如“走走”）来表示动作的短暂或尝试的意思，也就是重叠后使动词附加有“一下”的意思；我们也可以说：现代汉语动作的短暂或尝试的意思可以由动词的重叠（如“走走”）来表示，也可以由动词的重叠兼中加“了”、“一”（如“走了走”、“走一走”）来表示。

由此可见，我们研究现代汉语语法，应该研究它的语法形式，也就是说，一方面要从语法意义出发，研究每一个语法意义是用什么语法手段表达的；而另一方面又要从语法手段出发，研究每一种语法手段所表达的是什么语法意义。

2. 语法范畴

语法范畴是跟语法形式密切联系着的一个概念。它是各词所固有的而从这些词的具体意义里抽象出来的概括性的意义。

王力先生认为，“范畴”是一个科学概念，它反映现象中最一般的和最本质的联系。“拿粗浅的话来说，‘范畴’就是‘类’，不过这是哲学上和科学上的最一般和最本质的类……‘语法范畴’是一般语法的概念，它是以词的变化规则和组词成句的规则为基础，由特殊的形态标志表现出来的。”

语法手段表达语法意义，而语法意义都可以归纳成语法范畴。语法形式就是语法范畴的外部表现。语法形式可以是词法的，也可以是句法的；所以“凡用语法形式（包括词的变化和用词造句的方法）表达出来的各种语法关系的意义都可以叫做语法范畴”。（岑麒祥《语法理论基本知识》，时代出版社，第 14 页）

例如：

着　表示动作、变化正在进行

了　表示动作、变化已经完成

过　表示动作、变化已成过去

“着”、“了”、“过”就是用虚词（动态助词）这种语法手段，分别表达了“动作、变化正在进行”，“动作、变化已经完成”，“动作、变化已成过去”这样的语法意义。这种语法意义的最一般和最本质的联系，就是动作、变化的发展阶段和绵延状态，也就是动作、变化对时间的一种联系。因此，这种语法意义可以归纳成一个语法范畴，就是“体”的范畴；“‘着’表示一种动作的进行体，‘了’和‘过’表示一种动作的结束性的或非结束性的完成体”。

动作、变化跟时间还可以有另一种关系，也就是动作、变化对说话的那瞬间的关系。动作、变化相对正在说话的时候，或在以前或在以后。正在说话的时候，叫做“现在时”，在以前叫做“过去时”，在以后叫做“将来时”。“现在时”、“过去时”、“将来时”如果用语法手段表达出来，就是语法意义，而这种语法意义就可以归纳成“时”的语法范畴。虽然说汉语的人也有“现在时”、“过去时”和“将来时”的概念，可是现代汉语往往不用语法手段来表达，而用词汇手段来表达（如用表示时间的名词或用“正在”、“已经”、“马上”、“曾经”等副词来表达），所以许多人都认为现代汉语没有“时”这个语法范畴。

思考与练习

一、名词解释

1. 语法。2. 句法成分。3. 语法学。4. 词法。5. 句法。6. 语法意义。7. 语法手段。8. 语法范畴。

二、为什么说研究语法要注意它的民族性？

三、举例说明现代汉语语法的三个特点。

四、关于汉语语法总特点的流行说法是：“缺乏严格意义的形态变化”，你同意这种说法吗？

五、请以“不怕辣”、“辣不怕”和“怕不辣”为例，说明它们结构和意义上的不同点。

六、汉语常常使用重叠手段，请举出几种实例。

七、举例说明语法的抽象性和稳固性。

八、谈谈四级语法单位的关系。

九、结合自己的语言实际，谈谈如何学好语法。

第二节 词类

一、词的分类

（一）什么是词类

词类，是词的语法性质的分类，是为了弄清词的语法功能，讲述词的用法，说明语言的组织规律而对词进行的分类。

（二）为什么要划分词类

划分词类的目的首先是为了讲授语法的方便，便于说明语句的结构和各类词的用法，这是教学上的目的。从语言研究的角度来说，划分词类的目的，是为了研究语言系统和语言构造的秘密，即语言系统是由哪些基本类别的词逐层建立起来的。从语言的构造来说，划分词类是为了研究语言结构是如何由一些最基本的成分依次组合为短语、句子以及更大的单位的，其间的条件、规则又是什么，等等。从语法分析的角度来说，划分词类也是语法分析的基础。朱德熙先生在《语法答问》中指出：“语法分析必须在词类区分的基础上进行。区分词类也是进行语法分析不可缺少的步骤之一。”

（三）词类划分的标准

词类划分的标准是依据词的语法功能、形态和意义，其中词的语法功能最为重要。

1. 词的语法功能指的是词与词的组合能力，有以下三种表现。

(1) 词在语句里充当句法成分的能力，即词的职务。表现在能不能充当句法成分和充当什么句法成分上。实词都能充当句法成分，只是不同类的词会充当不同的句法成分。例如“太阳”、“风景”在“太阳出来了”“湖滨的风景多美呀”等语句里充当主语或主语中心，“出来”、“美”充当谓语或谓语中心，而虚词（“了”、“的”、“呀”等）不充当句法成分。

(2) 实词与另一类实词的组合能力。包括某类实词能不能和其他类实词组合，如果能组合，用什么方式组合，组合后发生什么关系，等等。例如“太阳”能够前加数量短语“一个”，而不能跟副词“不”组合。

(3) 虚词依附实词和短语的能力。包括虚词与什么实词结合，怎样组合，组合后表示什么语法意义等。例如“的”用在偏正短语里表示修饰和被修饰的关系，“吗”用在句末表示疑问语气。

2. 词的形态可分两种，一指构形形态，例如重叠：“研究”重叠为“研究研究”，“老实”重叠为“老老实实”，这是动词、形容词的形式和语法意义都不相同的形态变化。二指构词形态，例如加词缀，“凿”这个语素，可单独构成动词，加词缀“子”就构成另一个词“凿子”（名词），这就是构词形态。

3. 词的意义，这里指同类词在语法上的概括意义或意义类别。名词表示人或事物的名称，动词表示动作、行为等，形容词表示性质、状态等。例如“马”、“牛”、“羊”等的具体意义不同，但可以概括出“事物”的共同意义。上面讲的功能和形态分别是句法和词法形式，意义专指语法意义。语法研究应遵循语法形式和语法意义相结合的原则，划分词类不能只顾形式不管意义。

划分词类的三种依据，在不同的语言中其重要性各不相同。在词的形态很丰富的印欧语里，划分词类主要凭词的形态，虚词无词类形态可言，只好凭语法意义。汉语也有形态（如重叠），但种类很少，而且在同类词内普遍性又差，只能作次要的标准。词的概括意义在各种语言中都同词的形态、功能有密切关系，而且意义制约着形态和功能。例如汉语形容词，有些能重叠，以表示程度的不同，大都能受程度副词（“很”等）修饰。英语形容词用“级”的形态和程度副词表示程度的差别。学习词类时从意义入手比较简便好记，能抓住大多数，少数词可凭功能、形态来验证。但光凭意义这个标准有时会行不通，例如时间名词和时间副词同是表示时间义，依靠它们不同的功能（如时间名词可做状语，还做主语、宾语、定语等成分，时间副词只能做状语）才能辨别出它们的类属。因此，汉语划分词类主要应依据语法功能。只有在判定某些词的归类，用功能标准不足以显示其特点时，才必须考虑形态和意义，在划大类中的小类时，意义更显得重要。在考虑兼类词的同一性时，不能不考虑意义。

功能、形态、意义三者是一个统一体的三种不同表现。在运用分类标准时要注意分清主要和次要。汉语划分词类，语法功能是主要的，但是使用功能标准时必须分清主要、次要或者经常、非经常。因为汉语的实词大都是多功能的，即每类词大都能充当多种句法成分，例如“批判”就是个多功能词，既能做谓语，也能做主语、宾语、定语、状语。只因它做谓语、带宾语的用法是主要的、经常的，其他用法是次要的、有条件的，再加上它能作动词式的重叠（形态：批判批判），表示动作意义，才被认作动词。

在同一词类里，不同词的语法特征也有差异，例如名词可以受数量短语修饰，但这对某些名词来说不起作用，像“现在、今年、东方”等就是。但是这些词与受数量短语修饰的名词的主要功能（作主语、宾语）相同，与别的词类不同，意义又是事物，因其主要或多数特征相同，所以仍旧应该划归名词。

在不同词类之间也有共性，这才有归并成一个更大的词类的可能，例如动词和形容词都有作谓语的功能，可以归并为谓词这个大类。与此相反，同一词类之内各词也有个性，这才有再分小类的可能。例如动词有的只能带名词性的宾语，有的只能带谓词性的宾语，有的能带名词性宾语也能带谓词性宾语，于是可分出名宾动词、谓宾动词、名谓宾动词这三小类。

（四）汉语的词类体系

词类是一个有层次的系统。根据句法功能的不同，汉语里的词首先可分为实词和虚词两大类。

能够单独充当句法成分的词叫实词；不能单独充当句法成分，只表示一定的语法意义的词叫虚词。

实词大多表示实在的意义，能够作短语或句子的成分，或能够独立成句。如“大”、“土”、“祖国”、“来”、“看”、“恨”、“温柔”、“四”、“只”、“你”、“都”等实词。虚词一般不表示实在的意义，不作短语或句子的成分，它们的基本用途是表示语法关系。如“凭”、“和”、“了”、“的”、“吗”等虚词。

实词与实词之间能相互组合，如“三个人”、“伟大祖国”、“快走”；但虚词只能跟实词组合，不能跟其他虚词组合。实词和虚词是汉语词的基本类别，虚词的数量很少，实词则占了绝大部分。

根据组合能力的不同，实词可再分为十类：名词、动词、形容词、区别词、数词、量词、副词、代词、叹词、拟声词。虚词包括介词、连词、助词、语气词四小类。

有了实词，便可造简单的句子；有了虚词，句子的含义更丰富。但虚词一般是不能独立造句的，虚词必须依附于实词才能进入语言结构。如“我认识他”、“我不了解他”是只用实词造的两个句子，其中不含虚词。加上虚词以后变成“我认识他了”、“我不了解他呀”，句子的含义更丰富。但“了”、“呀”却不能单独成为句子。虚词还可将这两句连在一起，使它们发生特定的关系，如“我虽然认识他，但是我不了解他”。

二、实词及其语法功能

（一）名词

1. 名词的定义

名词是表示人、事物和时地名称的词。

2. 名词的分类

（1）表示人或事物的名词：

A. 个体名词：学生、同志、鸟、花朵。

B. 集合名词：人民、群众、物品、马匹。

C. 抽象名词：文化、战争、思想、权利。

D. 物质名词：水晶、树木、风、阳光。

（2）时间名词：今天、清晨、清明、春季。

（3）处所、专有名词：北京、郊区、附近、前方、屋里。

（4）方位名词：有单纯的方位词与合成的方位词两种。

A. 单纯的方位名词：上、中、下、前、后、左、右、东、西、南、北、里、外、内、间、旁。

B. 合成方位名词由两个单纯方位词或一个单纯方位词加“以”、“之”、“边”、“头”、“面”等构成，例如：上下、前后、左右、以上、以前、以内、之前、之南、后边、西边、旁边、东头、外头、上面、左面等。

方位名词表示方向、位置，其中有少数还可表时间，如“以上、之后、之前、之内、前后、左右”等。

3. 名词的主要语法功能

（1）名词常作主语、宾语、定语。作主语如“风景优美”、“货源充足”；作宾语如“热爱祖国”、“参加考试”；作定语如“汉语方言”、“中国特色”。少数名词可作谓语（详见后面“名词谓语句”），如“今天星期五”、“鲁迅浙江人”。

（2）名词能同数量短语、指量短语结合。如“一阵风”、“那些孩子”、“三本书”。

（3）名词一般不受副词修饰。如不说“不鱼”、“又时间”、“都桌子”。

（4）名词可以与介词组成介词短语，充当状语、定语或补语。如“［在纽约］学习”、“（关于和平）的问题”、“生＜于北京＞”。

（5）名词大都不能重叠，如不能说“马马”、“书书”、“太太阳阳”。但亲属称谓词以及其他少数名词可以重叠，如“妈妈”、“哥哥”、“星星”等；名词量化时也可以重叠，如“天天”、“人人”、“年年”、“家家户户”，表示“每一”或“众多”的意思；部分名词对举时也可以重叠，如“山山水水”、“花花草草”、“瓶瓶罐罐”、“条条框框”，表示“全面而纷繁”的意思。

（6）表人的名词和代词后面能加助词“们”，表示群体的意义（详见后面助词“们”），如“老师们”、“孩子们”。这个群体意义指人就是“之类、之流”的意思，指物就是拟人的用法了。

（7）时间、处所、方位名词能作状语。如“他［春天］来过”、“我［下午］休息”、“咱们［合肥］见”、“大家［里边］走”。

（二）动词

1. 动词的定义

动词是表示动作、行为、心理活动或存在、变化、消失等的词。

2. 动词的分类

（1）表示动作行为的动词：听、打、走、说、学习、宣传、停止。

（2）表示心理活动的动词：爱、怕、想、希望、喜欢、羡慕。

（3）表示存在、变化、消失的动词：在、有、存在、发生、死亡、消失。

（4）表示判断的判断动词：是。

（5）表示某种关系的关系动词：像、似、属于。

（6）表示可能、意愿、必要的能愿动词：能、能够、愿意、肯、敢、要、想、应该。

（7）表示使令的使令动词：使、叫、请、让、要求。

（8）表示动作趋向的趋向动词：来、去、上、下、上来、出去、回来。

3. 动词的主要语法功能

（1）动词常作谓语或动语中心，例如“我来了”、“他美美地睡了一觉”。

（2）多数可带宾语，例如“张艺谋拍电影”、“同学们填表格”、“打球”。

（3）动词能受副词修饰，但多数不受程度副词修饰。如能说“不走”、“再来”、“必须解决”，但不能说“很走”、“十分来”、“极其解决”。只有表示心理活动的动词和一些能愿动词，既受一般副词修饰，也受程度副词修饰。如“不喜欢”、“很喜欢”、“非常喜欢”，“不愿意”、“很愿意”、“非常愿意”。有些一般动词带上宾语可以受程度副词修饰，如“很有纪律”、“相当有礼貌”、“非常守时”、“十分讲道理”。

（4）动词一般可后带动态助词“着”、“了”、“过”，表示动态。如“拿着书”、“吃了饭”、“去过上海”。

（5）一些表示行为动作的动词可重叠，重叠时表示一种尝试态，含有时间短、程度轻的意味。单音节动词重叠形式是 AA，第二音节读轻声，如“坐坐”、“谈谈”、“笑笑”。双音节动词重叠形式是 ABAB，如“商量商量”、“交流交流”、“研究研究”。有些动宾式合成词的重叠形式是 AAB 式，如“散散步”、“睡睡觉”。

4. 几类特殊动词的语法功能

动词比较复杂，特别是以下几类：

（1）能愿动词（又叫助动词），主要表示三种意义：

表可能的：能、能够、可能、可以、会。

表意愿的：愿、情愿、愿意、肯、敢。

表必要的：要、须、应该、得（děi）。

能愿动词与一般动词的区别在于：能愿动词不能重叠，不能带动态助词“着、了、过”，不能用在名词前边，不能带数量补语。经常作状语，修饰动词、形容词，例如“能买”、“肯来”、“应该明白”。但与做状语的副词又有所不同，常见形式是有两种，一是用肯定否定连用表示疑问（“×不×”式），如“会不会”、“敢不敢”、“要不要”。一是双重否定式（“不×不×”式），如“他不会不来”。也能单独充当谓语，如“我愿意”；也能做动语的中心语，如“完全可以”。

（2）趋向动词分单纯的趋向动词和合成的趋向动词两种。如：

上　下　进　出　回　开　过

来　上来　下来　进来　出来　回来　开来　过来

去　上去　下去　进去　出去　回去　开去　过去

趋向动词能单独作谓语，如“你上!”也可以做动语的中心语，如：“月亮下去了，太阳还没有出来。”趋向动词还可以经常置于动词或形容词后作补语，表示动作的趋向，如“送出去”、“暖和起来”。多数趋向动词能带宾语，如“上楼”、“出门”、“回家去”、“拿出来一本书”。

“来”、“去”等用在动词后面表示趋向，有两种位置：“寄来十块钱——寄十块钱来”；“请来一个人——请一个人来”。这二者区别在于，前者是陈述，表示已然行为，后者是祈使，表示未然行为。

（3）判断动词：典型的判断动词只有一个“是”。此外“为”、“即”、“系”等也可以表示判断。“是”的基本作用是放在主语和宾语之间，和宾语组成述宾短语共同充当谓语，对主语作出以下几种情况的说明判断。

① 说明或判断人、事物（主语）等于什么或属于什么（宾语）。等于什么时，主语和宾语可以互换，如“作者是鲁迅”、“他是一个推销员”。属于什么时，则主语范围小于宾语，这时主语和宾语不能互换，如“女儿也是传后人”。

② 说明或判断事物（主语）的特征、质料、情况（宾语）。如“她是圆脸”、“这是龙井茶”、“那是核爆炸”。

③ 表示事物（宾语）的存在（主语）。如：“遍地是牛羊”、“路两边是草坪”。这类句子的主语一般多是表示处所的词语。

要注意，“是”也能作副词，常用在谓语动词、形容词的前面，表示肯定。如“他的性格是变了”、“今天是很冷”、“我们的战士是勇敢”。这些句中的“是”要重读，“是”相当于“的却、确实”的意思，不能省略（也叫做强调肯定），“是”不重读时只表示一般的肯定。另外，“是”还可以与句末语气词“的”构成“是……的”的固定格式，这格式中的“是”就不是判断词也不是副词了（注意，不要把这种固定格式与“他是个卖的豆腐的”式的句子中的“是”相混）。

（三）形容词

1. 形容词的定义

形容词是表示人或事物的性质、状态，或者动作、行为、发展变化的状态等的词。

2. 形容词的分类

（1）表示性质的：好、坏、近、远、伟大、勇敢、漂亮、聪明、高兴、严肃。

（2）表示状态的：雪白、绿油油、血淋淋、黑不溜秋。

（3）表示数量的：多、少、全、许多、好些。

3. 形容词的主要语法特点

（1）经常作谓语或谓语中心和定语，也可作状语、补语。例如：

作谓语：太阳好　心情舒畅　态度冷淡

作谓语中心：心地非常善良　他潇洒得很

作定语：红太阳　痛苦的神情　伟大的祖国

作状语：快走　老实说　恭敬地站着

作补语：吃得好　说清楚　走快了

（2）性质形容词大多能受程度副词修饰。如“很好、非常清楚、最高、太大”。但是，本身带有程度意义的状态形容词如“雪白”、“笔直”，加叠音词缀的形容词如“酸溜溜”、“红彤彤”以及其他一些复杂形式的形容词如“黑咕隆咚”、“黑不溜秋”等，都不受程度副词修饰。如不能说“很雪白”、“太笔直”、“有点红彤彤”。

（3）状态形容词不能带补语，如能说“红得很”，不能说“通红得很”。状态形容词也不能用于比较，如能说“今天比昨天冷”，不能说“今天比昨天冷飕飕”。

（4）性质形容词大都可以重叠。单音节形容词的重叠形式是AA，重叠后第二个音节读阴平，口语中后加儿化音，如：大—大大儿（的）、好—好好儿（的）。单音节形容词重叠作定语时，表示程度适中并常带有喜爱的感情色彩，如“圆圆的脸”、“大大的眼睛”、“长长的头发”。性质形容词重叠以后，前面不能再加程度副词或用“不”加以否定，而且做定语、补语都要加“的”，如不能说“很矮矮的个子”、“非常轻轻的脚步声”，只能说“明明白白的事情”、“站得高高的”、“装得满满的”。

还有用两个单音节形容词联合重叠的形式，如“高高低低”、“大大小小”、“红红绿绿”等，表示繁多的意思。这是句法结构中的一种固定格式。双音节形容词的重叠形式一般是AABB，重叠后第二个音节读轻声，例如“明白—明明白白”、“干净—干干净净”。

少数双音节贬义词，其重叠形式是A里AB，例如“糊涂—糊里糊涂”、“小气—小里小气”、“啰嗦—罗哩罗嗦”。

“雪白”、“冰凉”等状态形容词的重叠式是ABAB，一般表示程度加深。如“雪白—雪白雪白”、“漆黑—漆黑漆黑”，“小河里的水冰凉冰凉的”、“她的嘴唇通红通红的”。

附：

1. 动词和形容词的语法功能大同小异，合称谓词。谓词与名词的语法特性是对立的，具体如下：

区别	词	类
主要语法功能或表达作用	名词	动词、形容词
能否经常做主语、宾语	能	不能
能否经常做谓语	不能	能
能否受“不”修饰	不能	能
能否用肯定否定并列形式提问（V不V）	不能	绝大多数能
能否重叠	不能	部分能
概括意义	人或事物	动作性状
表达作用	在于指称	在于叙写描写

2. 动词和形容词的区别：

（1）从带宾语的情况看。动词绝大多数可以带宾语，形容词不能带宾语，形容词一旦带了宾语，就变成了动词。

（2）从能否受程度副词“很”修饰来看。动词多数不能受“很”修饰，形容词多数能受“很”的修饰。

（3）从重叠情况来看。有些动词能按AA或ABAB式重叠，表示动量少或时量少；有些形容词能按AA式或AABB式重叠，表示程度加深或程度适中。

(4) 从概括意义来看。动词表示“动作、行为、活动”；形容词表示“性质、状态”。

(四) 区别词

1. 区别词的定义

区别词是区分事物类别、表示事物属性的词，它有分类的作用。如“共同”、“慢性”、“新式”、“高速”、“天然”、“正式”、“大型”、“大号”、“人造”、“彩色”等。

2. 区别词的主要语法功能

(1) 能直接修饰名词和名词短语作定语（中间不用“的”），大多能带“的”形成“的”字短语。如“彩色电视”、“慢性肺炎”、“高速公路”、“大号的”、“人造的”、“初级的”、“男的”。

(2) 不能单独作谓语、主语、宾语。组成“的”字短语、联合短语或成对对比后可以作主语、谓语、宾语。如“大号的不合适”、“他不男不女”、“看见两男两女”。

在一定的语言环境中，被区别词直接修饰的名词可以不出现，结果就形成了区别词直接充当主语、宾语的情况。如“这种病急性好治，慢性难治”、“原来判的是无期，后来改为有期”、“其实是男是女都一样”、“寄挂号”、“拍加急”。

(3) 不受副词“不”、“很”修饰，如不说“不高速”、“不人造”、“很天然”。否定时前面加“非”，如“非正式的”。

(4) 大多成对或成组出现。因为区别词的属性往往有对立的性质，因此区别词常是成对或成组的。如“男、女”，“单、双”，“金、银”，“阴、阳”，“民用、军用”，“国有、私有”，“大型、中型、小型”，“有期、无期”等等。

(5) 现代汉语中，有一小部分区别词既可以充当定语，也可以充当状语。例如：

廉价商品　正式文件　直接关系　共同纲领　高速公路（作定语）

廉价出售　正式通知　直接联系　共同前进　高速发展（作状语）

3. 要注意区分区别词与形容词

形容词能充当定语，还可以充当谓语、补语和状语，能前加副词“不”；而区别词只能充当定语，不能单独充当谓语、补语等，否定时前面不加“不”。

还要注意区别短语和词。例如“女医生”、“男运动员”能插入“的”，算是有区别词的短语；“女人”、“男孩儿”，中间不能插人“的”，算一个词，这里的“女”、“男”是语素，不是词。

(五) 数词

1. 数词的定义

数词是表示数目和次序的词。

2. 数词的分类

(1) 基数词：表示数目的多少。如“零”、“一”、“二”、“三”、“十”、“千”、“亿”、“半”、“万”、“百”等。

基数词可以组成表示倍数、分数、概数的短语。

① 倍数：由基数加“倍”组成，如：“一倍”、“三倍”、“二十多倍”、“两千一百多

倍”。

② 分数：用“几成”或者在分母和分子之间用“分之”表示，如：“十分之一”、“千分之三”、“只有三成的把握”、“产量增加了一成”。

③ 概数：表示大概数目的。概数表示法有三种：第一，在基数词或数量短语后分别加上“多、把、来、上下、左右、以上、以下”等，如：“百把（人）”、“十来（个）”、“一千左右”、“五斤上下”。第二，相邻两个整数连用，如：“五六（个）”、“七八百（斤）”。第三，在“十、百、千”等前用“约”、“成”、“上”等，如：“约五千（人）”、“成百上千只蝴蝶”。

（2）序数词：表示次序先后。一般在基数前加前缀助词“第”或“初”。如：“第一”、“第二”、“初一”、“初五”。有时序数可以不用“第”，如“合肥二中”、“我住三楼”。有时也可用“甲、乙、丙、丁”或“子、丑、寅、卯”等表示序数。

3. 数词的主要语法功能

（1）数词常与量词结合组成数量短语，充当定语、补语，如“三个人”、“去了两趟”。书面语里数词也可以直接修饰动词做状语，如“四上庐山”、“一泻千里”、“一把拉住”。

（2）数词一般不直接同名词组合，只有文言格式和成语中可直接修饰名词，如“一草一木”、“三心二意”、“千山万水”。

现代汉语中数词是否直接修饰或限制名词，也要视具体情况而定。在“两姐妹”、“四车间”、“十万军民”、“睁一眼闭一眼”、“抱成一团”、“第二中学”、“前一阶段”、“三大流派”等短语中，则数词都可以直接用在名词前边，这些直接用在名词前边的数词，后边都可以添加必要的量词。但添加的这些量词有的是可有可无的，有的虽可以添加，但添加后语言倒是不够凝练。也就是说，遇到这种情况时，就要考虑语言的结构或语义的表达效果而决定是否直接用数词还是数量短语同名词的组合了。

（3）数词有时也可以直接做主语、宾语。如“一加二等于三”、“九除以三等于三”。

（4）倍数只用来表示数目的增加，不能表示数目的减少。分数可以表示数目的增加，也可以表示数目的减少。表达数目的增减是用原来的数目作基准，不是用增减后的数目做基准。数目的增减有一套习惯用语。

表示数量增加的，可以用：增加了、增长了、上升了、提高了，增加是不包括底数的，它只指净增数，如从十增加到五十，可以说“增加了四倍”，不能说“增加了五倍。”增加到（为）、增长到（为）、上升到（为），则包括底数，指增加后的总数，如从十增加到五十，可以说增加到五倍，不能说增加到四倍。

表示数量减少的，可以用：减少了、降低了、下降了，这些都指差额，如“从十减少到一”，应该说“减少了十分之九”，不能说“减少了九倍”；减少到（为）、降低到（为）、下降到（为），这些都指减少后的余数，如“从一百减少到十”，应该说“减少到十分之一”。

（5）几个特殊的数词：表示数目的词中，“二”和“两”的逻辑意义都是一加一，但用法不同。“两”只能用在位数词“百、千、万”的前面，“二”可以用在“十、百、千、万”的前面，也可以用在“十”的后面。如“两百”、“两千”、“二百”、“二万”、“二十二”。成对的东西，用“两”不用“二”。如“两袖清风”、“两腿发软”、“两耳不闻窗外事”，其中“两”不可换成“二”。“俩”是“两个”的合音，读音为“liǎ”，所以“我俩”不能说成“我们俩”，“老两口”不能说成“老俩口”。“仨”是“三个”的合音，读音为“sā”，如“咱哥仨从小一起长大”、“仨瓜俩枣”。

（六）量词

1. 量词的定义

量词是表示计量单位的词。同古代汉语相比，现代汉语的量词特别丰富。

2. 量词的分类

（1）表示人和事物单位的物量词。包括：

个体量词：个、件、本、条、张、只。

集体量词：对、双、副、堆、批、伙、套、串、群、帮、打（dá）。

度量衡量词：升、公斤、元、米。

不定量词：些、点儿。

借用量词：临时由名词或动词借用而来的量词。如：身、手、脸、碗、车、挑、捆。

（2）表示动作行为单位的动量词。包括：

专用动量词：次、回、趟、下、番、顿、阵、遍。

借用动量词：借用表示动作行为的肢体、器官或动作行为所用工具的名称作量词。如：眼（看一眼）、脚（踢一脚）、刀（切三刀）、枪（开两枪）。

（3）表示动作延续时间长短的时量词。包括：秒、小时、天、日、周、旬、年。注意，这些时量词只有作为计算动作久暂时才是动量词，如“哭三天”；如果这些时量词的前边能加数量词时，则这些词是名词而不是动量词，如“三个小时”；如果这些词既能直接加数词又能加数量词，则这些词就既是动量词也是名词（这类词叫兼词），如“睡了三（个）小时”。

（4）由两三个量词复合而成的复合量词：人次、架次、吨公里、立方米每秒等。例如“人次”表示活动的人数和次数的总量；“吨海里”表示运输量中的重量和里程的总量。复合量词用在名词后面作谓语，一般不用在名词前面。例如：“阿富汗战争期间，英美两国平均每天出动轰炸机 300 架次以上”、“支援车船 150 辆艘次”。

3. 量词的主要语法功能

（1）一般不独立运用，多在数词后与数词组成数量短语充当定语、状语、补语。名量短语常作定语，如“一只青蛙四条腿”；也可充当主语、谓语和宾语，如“一块一公斤”、“喝两杯”。动量短语常作状语和补语，如“一次完成”、“来一趟”。

（2）大部分单音节量词可重叠。如：“个——个个”、“件——件件”、“层——层层”、“阵——阵阵”。

量词重叠后作主语、定语，一般表示“每一”或“许多”的意思。如“天天都是 3·15”、“顿顿都吃炸酱面”、“条条大道通罗马”。

重叠后作状语，表示“逐一”。如“代代相传”、“层层叠加”、“步步高升”。重叠后作谓语表示“众多”或“连绵不断”，如“歌声阵阵”、“繁星点点”。

数词“一”和量词组成的数量短语也能重叠，重叠形式为“一 A 一 A”，也可简缩为

“一AA”，可充当定语、状语、主语，充当这些句法成分时所表示的意义跟单音节量词重叠表示的意义基本相同。如“一届一届的学生”、“一口一口地吃”、“一句一句地说”、“一座座青山”、“一个个都是好样的”。

（3）量词有时也可以单独做句法成分，如“我想有个（定语）家”、“带份（定语）礼物给你”。句子中，“个”、“份”是“一个”、“一份”的省略，这种省略只限数词“一”。

（4）量词用在指示代词后边，构成指量短语，与数量短语统称量词短语。

4. 注意量词使用的习惯性和选择性

量词的使用，既有习惯性，又有选择性。例如“一头牛”、“一匹马”、“一条鱼”，这些是习惯性的搭配。量词的使用有时又可以有一定的选择性，如点状物可以选“点、粒、颗、滴”；线状物可以选“线、丝、条、支”；面状物可以选“片、面、幅、方”等。具体到每一个词，如“笔”可以选“杆、支、管”；“花”可以选“朵、束、簇”；“书”可以选“部、册、卷、本”等。

数词、量词与名词的语法功能比较接近，三者合起来成为与谓词相对的“体词”。

（七）副词

1. 副词的定义

限制、修饰动词、形容词，表示程度、范围、时间等意义的词叫副词。

与印欧语系诸语言相比，汉语的副词是一类比较特殊的词类：既具有实词的某些语法特点，可以充当句法成分，如“他又来了”，在句中作状语；有的甚至可以单独成句，如用“也许”回答“你下午回去吗?”这个句子。但从另外的一个角度看，副词又具有虚词的某些个性特征，如“粘着、定位、虚化”，大多词汇意义空灵，语法意义突出。现代汉语中副词的用法和功能纷繁多样，相当复杂，而且使用范围广，频率高；尤其是汉语本身缺乏严格意义的形态变化，许多在印欧语中由别的词承担的语法任务，在汉语中往往要靠副词来完成，所以副词在汉语词类系统中具有重要而特殊的地位。

2. 副词的分类

从语义的角度看，副词大致可分六个小类：

（1）表示程度的：很、最、非常、格外、极、更、稍、有点儿。

（2）表示范围的：都、总、共、统统、只、仅仅、就、一律、光、一齐。

（3）表示时间、频率的：已经、曾经、刚、才、在、正、将、就、立刻、常、渐、一向、总是、还、再、也、又。

（4）表示肯定、否定的：必、准、的确、不、没、没有、未、别、是否。

（5）表示情态、方式的：特意、亲自、忽然、赶紧、暗暗、连忙、大肆。

（6）表示语气的：难道、岂、究竟、偏、可、难怪、也许、竟然、甚至、恰恰、未免、幸亏、居然、只好、不妨。

3. 同类副词的用法差别

同类副词，在用法上往往很有差别，如程度副词有绝对程度和相对程度之分。

“他的成绩很好”与“他的成绩最好”句中的“很”与“最”，表示的意义不一样。

“都、只”都表示范围，但是“都”表示总括全部，一般是总括它前面的词语。而

“只”表示限制，限制它后面的词语的范围。如“孩子们都只喜欢看电视”，“都”总括“孩子”，指的是所有的孩子，“只”限制的范围是“看电视”。

同样是否定“去”，“不去”是说话人就自己的意愿说的，表明说话人不愿意或不能去；“没去”是说这种行为尚未成为现实，否定“去”这一动作行为的发生；“别去”的“别”表示禁止或劝阻，表明说话人不希望对方有某种行为。

“他果然迟到了”和“他居然迟到了”是预设不同，前句的预设是“他会迟到”，后句的预设是“他不会迟到”。

同一个副词，也可表示多种不同的意思，如“就”，既可表时间，如“马上就来”；也可表范围，如“就一间房子”；还可表语气，如“我就不回去”。一个副词究竟表示什么意思，往往必须结合全句语境仔细体会。

4. 副词的主要语法功能

（1）常修饰动词或形容词，作状语。如：“赶紧起床”、“格外高兴”。也可修饰全句作句首状语，如：“幸亏你回来了”、“难道你不相信我”、“也许她已经走到半路上了”。

（2）不能修饰名词作定语，除“很”、“极”等少数副词外，一般也不能作补语。如：可以说“漂亮得很”、“好极了”、“坏透了”，但不能说“忽然思想”、“马上教室”或“来得悄悄”。

（3）副词不能用肯定否定并列的方式表示疑问，除“不”、“没有”、“也许”、“有点儿”、“马上”、“刚刚”、“的确”等少数副词以外，一般不能单独回答问题。如不能说“果然不果然？”但像“你什么时候回来的？刚刚。”“什么时候出发？马上。”“你去吗？不，我不去。”句中的副词都是单独回答问题的了。

（4）有些副词能起关联作用。有单用，也有成对使用，或与连词相配合。如“看了又看”、“越说越快”、“不打不相识”、“又说又笑”、“来得了就来”、“既聋又哑”。

5. 副词和其他词类的区别

（1）时间副词和时间名词的区别

有的时间副词和时间名词在意义上相近似，又都可做状语，但它们具有不同的语法特点。应该根据语法特点把它们区别开来。

① 时间名词能用在介词后边，跟介词一起组成介词词组，时间副词不能组合。这是区别它们的最简便的方法。比如“现在”、“目前”、“正在”、“马上”这几个词，“现在”、“目前”都能跟介词组合，如“从现在（开始）、到目前（为止）”，“正在、马上”的前边就不能用“在”、“从”、“到”之类。“现在”、“目前”是时间名词，“正在”、“马上”是时间副词。

② 时间名词可以作主语、宾语、定语，而时间副词不可以。副词只能状语，不能作其他成分。

（2）副词和形容词的区别

副词和形容词都能作状语，容易混淆，但也容易分辨。办法是：看能否受“很”修饰，能否作定语或谓语，能否用肯定否定并列表疑问。能，是形容词；不能，是副词。如“偶尔—偶然”、“特地—特殊”、“永远—永久”，各组中前者为副词，后者为形容词。例如

“偶尔也去看一场电影”和“偶然也去看一场电影”看似一样，其实不然，可说“很偶然去看一场电影”，不能说“很偶尔去看一场电影”，所以“偶然”是形容词，“偶尔”是副词。再如“怪脾气—怪神气”、“老毛病—老生病”、“光玻璃—光动嘴”，各组中同音同形的词，实际上都属于两个不同的词类：前者修饰名词作定语，是形容词；后者修饰动词、形容词作状语，是副词。它们是意义完全不同的同形同音词。再如：

“迅速”和“迅即”：

① 作状语	迅速处理	迅即处理
② 受程度副词的修饰	非常迅速地处理	————
③ 作谓语	动作迅速	————
④ 组成短语作谓语	动作非常迅速	————

“迅速”是形容词，“迅即”是副词。

“突然”和“忽然”：

① 作状语	突然出现	忽然出现
② 受程度副词的修饰	非常突然地出现	————
③ 作定语	突然事件	————
④ 作补语	出现得很突然	————

“突然”是形容词，“忽然”是副词。

“白、怪、净、老”等词，修饰名词时是形容词，修饰动词、形容词时是副词。例如：

形容词	副词
白布（表性质）	白跑一趟（白＝空，表方式）
怪事（表性质）	怪好看的（怪＝很，表程度）
净水（表性质）	身上净是泥（净＝全，表范围）
老人（表性质）	老没见他（老＝一直，表时间）

两个“白”是同一个字，但它是两类词，因语义和语法性质都不同，两者意义上已经失去了联系，应该认为是同音词，不是形容词兼副词。“怪”、“净”、“老”等也不是兼类。

(3) 副词“没有”与动词“没有”的区别

“没有”（没）是副词又是动词。否定人物或事情的存在时是动词，例如“他没（有）书”，这时是作谓语中心。否定动作或性状的存在时是副词，例如“他没来”、“没红”，这样用时是当状语。

可以这样分辨：

第一，“没有”用作动词时，相当于文言文里的“无”，后面常带名词性宾语；“没有”用作副词时，相当于文言文里的“未”，后面常常是动词或形容词。

第二，根据能否用“有”替换来检验。能拥“有”替换的，是动词；不能用“有”替换的是副词。

“没有”的用法应还要注意两点：一是当“没有”表示对领有、具有的否定时，被否定的如果是抽象事物，那么被否定的事物一般只能放在“没有”后边，构成“没有＋抽象名词”的格式。二是“没有”否定的行为已经发生时，只能是“没有（或‘没’）＋动词”

的格式，而不能构成“没有＋动词＋了”的格式。例如，我们可以说：

看了——没有看　去了——没有去

洗了几件衣服——没洗几件衣服

但“看了”、“去了”不能说成“没有看了”、“去了——没有去了”；“洗了几件衣服”不能说成“没洗了几件衣服”。下面的几个句子也都是有毛病的：

总共也没去了几次。

整个假期他也没看了几页书。

没过了一个钟头，我们就像老朋友一样熟悉了。

以上三个句子中的“了”都应该去掉。

6. 运用副词应注意的几个问题

（1）有些程度副词所表示的程度和用法并不完全相同。

有些双重否定的句子跟单纯肯定的意思差不多，只是语气要委婉些，如“我的情况，你不是不了解”。有的双重否定的句子比单纯肯定的语气更强，含有“一定要”、“必须”的意思，如“这么多问题，不能不研究解决了”。

（2）在运用多重否定时，要注意不要把意思说反了。例如：

① 我们并不否认这部电影没有不足之处。

② 面对这一派大好形势，我们能不无动于衷吗？

例①“不否认”就是“承认”。联系上下文，显然是把话说反了，可把“没有”改成“有”。例②是个反问句。反问相当于一次否定，“不”是一次否定，整个句子按字面意思就成了“面对这一派大好形势，我们能无动于衷”，显然把意思说反了，可去掉“不”。

（八）代词

1. 代词的定义

代词是具有代替或指示作用的词。

2. 代词的性质和分类

（1）代词的性质：代词不是根据句法功能划分的词类，它是根据表达功能，即是否具有替代或指称功能划分出来的一种特殊的词类。从功能上看，代词主要替代体词，有些则可以替代谓词。代词的语法功能跟它所代替的词语大致相当，即所代的词语能充当什么成分，那个代词就能充当什么成分。

（2）代词的分类：按句法功能划分，代词分成三类：

① 人称代词：代替人或事物名称的词。例如：我、咱、你、您、他、她、它、我们、自己、自个儿、别人、人家、大家、大伙儿、彼此等。

② 指示代词：指代或区别人、事物、情况的词。这类代词主要包括“这”、“那”和由“这”、“那”构成的一些词：

这（些）、那（些）——指人或事物

这里、这儿、那里、那儿、这会儿、那会儿——指处所或时间

③ 疑问代词：表示疑问的词。这类代词包括：

谁、什么、哪、啥——问人或事物

哪儿、哪里、什么（地方）——问处所

多会儿、几时、什么（时候）——问时间

怎么、怎样、怎么样——问性状、方式、动作

多、多么、几、多少——问程度、数量

代词表

<table>
<tr><td colspan="2">按功能分的类</td><td colspan="6">按作用分的类</td></tr>
<tr><td>代替哪些词</td><td>相当于哪些词</td><td colspan="3">人 称 代 词</td><td>疑问代词</td><td colspan="2">指示代词</td></tr>
<tr><td rowspan="8">代名词</td><td rowspan="5">一般名词</td><td></td><td>个体</td><td>群体</td><td rowspan="5">哪
谁
什么</td><td>近指</td><td>远指</td></tr>
<tr><td>第一人称</td><td>我</td><td>我们 咱们</td><td rowspan="4">这</td><td rowspan="4">那</td></tr>
<tr><td>第二人称</td><td>你 您</td><td>你们</td></tr>
<tr><td>第三人称</td><td>他 她 它</td><td>他（她它）们</td></tr>
<tr><td>其他</td><td colspan="2">自己 大家 彼此 别人
自个儿 人家 大伙</td></tr>
<tr><td>处所名词</td><td colspan="3"></td><td>哪儿 哪里</td><td>这儿 这里</td><td>那儿 那里</td></tr>
<tr><td>时间名词</td><td colspan="3"></td><td>多会儿</td><td>这会儿</td><td>那会儿</td></tr>
<tr><td>数量名词</td><td colspan="3"></td><td>几 多少</td><td></td><td></td></tr>
<tr><td>代谓词</td><td>动词
形容词</td><td colspan="3"></td><td>怎样 怎么
怎么样</td><td>这样
这么样</td><td>那么
那么样</td></tr>
<tr><td>代副词</td><td>副词</td><td colspan="3"></td><td>多</td><td>这么</td><td>那么</td></tr>
</table>

3. 代词的用法

（1）人称代词的用法。有三种：

① 第一人称，指说话一方，单数用“我”，复数用“我们”。

② 第二人称，指听话一方，单数用“你”，敬称“您”，复数用“你们”。

③ 第三人称，指说话、听话以外的一方。单数、男性用“他”，女性用“她”，非人用“它”，“它”既可以指有生命的，也可以指无生命的。复数、指人时，男性用“他们”，女性用“她们”，非人用“它们”。

人称代词的正确运用，对于正确而熟练地运用语言是十分重要的。下面几点是我们在运用人称代词时应该注意的：

一是第三人称代词除在单数、复数、性别、人或其他物上的用法有区别外，不明男性或女性时也用“他”（如“一个人当他取得成绩时，要防止骄傲”），“他们”可代表全是男性，也可代表既有男性又有女性。有人把有男有女的群体用“他（她）们”来表示，这是没有必要的。在文学作品中，有时用“她”来代替“它”，表示一种敬爱的感情，例如用“她”来指代“党”、“祖国”、“故乡”等。

二是“自己”。“自己”主要是用来复指主语的，主语是什么，在主语后面出现的“自

己”就代替什么。例如“我自己心里自有主张”、“他不敢相信自己的眼睛”。“自己”决不限于指“我”，当主语不是第一人称而后面又需要用第一人称“我”时，不能轻易地用“自己”来代替，否则就会指代不明。例如“进校以来，领导和老师对自己十分关心。”这里的“自己”是指代“领导和老师”的，显然用错了，应把“自己”改成“我”才对。像这一类句子是否正确，可以用下面的方法来检验：用“自己”所复指的主语把“自己”换掉，看能否成立。能成立的，就是正确的；不能成立的，那就是错用了“自己”。

三是“我们”和“咱们”都用于自称，但用法并不完全相同。“我们”既可用于只包括说话人的一方，不包括听话的对方在内，如“我们去图书馆借书，你在教室等我们一会儿”；也可用于包括听话的对方在内，如“你等一下，我们一起走”。“咱们”只能用于包括听话的对方在内，如“咱们来比赛一下好不好”、“你别看书了，咱们去看电影”。

四是“您”是“你”的尊称。当对方不止一人时，可以说“您二位”、“您各位”、“您诸位”，口语中一般不说“您们”。

五是“人家”有时指自己，如“我不吃辣椒，他偏要人家吃”；有时指别人，如“对自己‘学而不厌’，对人家‘诲人不倦’，我们应取这种态度”；有时又指某个人，如“小二黑跟别人恋爱，不是犯法的事，不能捆人家”（这里的“人家”指小二黑）。

六是“我”、“你”、“他”，可以两两配合使用，表示不定指。例如“你一言，我一语，说个不停”、“你一条，他一条，一口气说了五六十条”、“时间已到，你来了，他又走了，这个会何时才能开得成”。这里的“我”、“你”、“他”都不确指某个人，是虚指用法。（也可参见下文代词的活用）

七是注意指代明确，不可混淆。第三人称代词一般是用来称代前面已经出现过的人或事物的，当前面出现的人或事物不止一个或不止一种时，就容易发生混淆。

（2）指示代词的用法。分为远指和近指两种。

①“这”类为近指，指代离说话人较近的对象，如：“这、这儿、这里、这边、这么、这会儿、这样、这些、这么些”。

②“那”类为远指，指代离说话人较远的对象。如：“那、那儿、那里、那边、那么、那会儿、那样、那些、那么些”。

③ 用于回忆过去时，常用“那”不用“这”。如“那时候我还是个小孩子”，不可说成“这时候我还是个小孩子”。

④“这”和“那”对举，表示不定指。

⑤ 指示代词除可以代替词外，还可以代替短语或句子。

另外，“每、各、某、另、别、凡、其他、其余、一切”等也是指示代词。其中：

“每”和“各”是分指，指全体中的任何一个，但“每”侧重指全体中个体之间的相同面，而“各”侧重于不同点。如“每个人都有一双手”、“各人有各人的想法”。

“某”是不定指。“其他、另”是旁指，指所说范围之外的。“某、另”还可指不确定的人或事物，如“三个人回来了两个，另一个不知去向”，“一切”是统指。

（3）疑问代词的用法

疑问代词的主要用途是表疑惑并提出问题，尤其是构成各种类别的特指问句。主要用法有：

① 有疑而问，要求回答。句末用问号。例如："谁在敲门?""你什么时候动身?"

② 无疑而问，表示反诘或感叹，加强语气，不要求回答。句末可用问号，也可以不用问号。例如："谁不说他做得对呢。"

③ 用疑问代词指不确定的人、事物、时间、处所等，不要求回答。句末不用问号。这是疑问代词的虚指用法。例如：

这些话，我记得谁说过来着。（指不确定的某个人）

我什么时候到重庆去，一定要去参观红岩纪念馆。（指不确定的时间）

我记得在哪儿见过他。（指不确定的处所）

国际形势怎样，国内形势怎样，涉及政策性的问题该怎么办，不该怎么办，应该经常给大家讲讲。（指不确定的事）

④ 疑问代词有时可以重叠，表示"不止一个"，带有列举的意思。例如：

"他告诉我谁谁来过了"、"他说他来了没几天，哪儿哪儿都去了，花了多少多少钱，买了什么什么东西"。

4. 代词的活用

代词活用常见的有两种用法：

第一，表任指，疑问代词不表疑问，表示在所代范围内无例外。如"他消息灵通，什么都知道"、"谁有事都找他帮忙"、"我哪儿也不想去"。

第二，表虚指，代替说不出或无需说出的人或事物，如"这个人，我好像在哪儿见过"、"这个一句，那个一句，让我无所适从"、"喝他个痛快"、"打他个落花流水"。

（九）叹词

1. 叹词的定义

叹词是表示感叹以及呼唤、应答的词，它是一种独立于句法结构之外，以模拟人类自己的声音、表示人类自身情感为主的特殊的词类。如"啊、哟、唉、哼、哎呀、哎哟、喂、嗯"。

2. 叹词的主要语法特点

(1) 叹词的基本用法是作独立语或独词句。例如"唉哟，可把你盼来啦!"句中的"唉哟"就是独立语。

(2) 叹词独立性很强，一般不参加句子结构，常用作感叹语（独立成分），或单用为句子（感叹句）。在句中位置灵活，可用于句首、句中或句后。如："哦，我知道了。""咱这儿，哈，就数你脾气好。""又到了星期日了，唉!"

(3) 叹词也可独立而成为一个非主谓句，如："呸! 谁要你的臭钱!""鸡叫了吗? 嗯。"有时，叹词还可以活用，借用作动词、形容词、名词充当一定的句法成分，例如：

他哼了一声。 用作动词，作谓语中心。

他蹲在地上哎哟哎哟地直叫唤。 用作形容词，作状语。

这人很乐观，说不上三句话，就打两个哈哈。 用作名词，作宾语。

电话里发出喂喂的声音。 作定语。

（4）叹词的写法不十分固定，同一种声音，往往可以用不同的汉字表示。在写作时，要尽量采用通行的写法。如叹词“啊”的声调不同，则意义也不同（不同的叹词）：

啊（ā）！真好哇！——表示赞叹。

啊（á）！这么快呀！——表示惊讶或不知道。

啊（ǎ）！怎么回事啊！——表示特别惊讶或醒悟。

啊（à）！好吧。——表示应诺或知道了。

（十）拟声词

1. 拟声词的定义

拟声词是模拟自然界各类事物声音的词，又叫象声词。如“啪、哗啦、轰隆、丁当、叽里咕噜”等。

拟声词可使语言表达具体、形象，给人以如闻其声、如临其境之感，增强语言的生动性。

2. 拟声词的语法特点

（1）拟声词的语法法功能和叹词一样，可以充当独立语或独立成句。例如“咚、咚、咚，有人在敲门”，“啪！他重重地挨了一耳光”。

（2）单音节和双音节的拟声词都可以重叠，有多种叠用方式。可以是 AA 式、AAA 式或 AAAA 式，也可以是 ABAB 式或 AABB 式。例如：“呼呼”、“滴滴答答”、“滴答滴答”、“嗡嗡地叫”、“嗡嗡嗡地叫”、“嗡嗡嗡嗡地叫”；“叮当叮当地响”、“叮叮当当地响”。双音节拟声词还有一种重叠变式，如“叽里咕噜”、“稀里哗啦”、“乒零乓郎”。

（3）不能用肯定否定相叠的方式表示疑问，不能带动态助词“着”、“了”、“过”，也不能受副词的修饰。在“我看你还呼呼不呼呼？”“哗啦了半天”等用法中，“呼呼”、“哗啦”是拟声词活用作别类词了，不能看作是拟声词带动态助词和受副词修饰的一般用例。

（4）可以作多种句子成分。例如：

① 作谓语：炮声隆隆　流水哗哗

② 作定语：外面传来一阵丁冬声。　　哗哗的流水声。

③ 作状语　闹钟滴答滴答地响着。　　泉水丁冬响。

④ 作补语：他累得呼哧呼哧的。　　她笑得咯咯咯。

3. 拟声词和形容词、叹词的异同

（1）拟声词同形容词的异同

拟声词和形容词一样可以作定语、状语、谓语，这是它们相同之处。形容词一般能受程度副词修饰，拟声词不行；形容词能重叠，重叠方式一般是 AA 式、AABB 式，而拟声词不能重叠，只能叠用为 AA 式、AAA 式、AAAA 式或 ABAB 式、AABB 式。拟声词作修饰成分时，远没有一般形容词那么自由，拟声词的修饰对象都是声响本身或发出声响的某些事物及其动作，超出这个范围，其修饰作用就受限制了。由此可见，拟声词与形容词是小同而大异。

（2）拟声词与叹词的异同

拟声词与叹词都可以用在句首。叹词通常不与句中的其他词语发生结构关系，而拟声词则常作定语、状语、谓语等。叹词还常常独立成句，拟声词一般不能独立成句。

另外，叹词在表示感叹应答的声音的同时，还直接表达某种感情，而拟声词却只摹声而不表“情”。这里说的“情”指的是词义内容，与用词造句时的褒贬无关。

由此可见，拟声词与叹词也是小同而大异。有些教材把拟声词归入叹词是不太恰当的。

三、虚词及其语法功能

汉语的虚词是一个封闭类，每小类数目有限，使用频率却很高，且每个虚词都有很强的个性。汉语是一种非形态语言，因此虚词和语序成了主要的语法手段。虚词没有词汇意义，因此虚词的功用主要是附着或连接词或短语表达各种语义关系，表示各种语法意义；虚词不能单独成句，不能单独作句法成分；虚词也不能重叠。

虚词的不同语法功能表现在它同实词或短语等的关系上面，能同哪些实词或短语发生关系，发生什么样的关系，由此可再区分出四类虚词：介词、连词、助词、语气词。

（一）介词

1. 介词的定义

介词是用在名词、代词或其他词语前面的词。它与词或短语合起来构成介宾短语，对动词、形容词起修饰或补充说明的作用，表示时间、处所、对象、方式、目的等。介词同其他词语组合时主要起“中介”作用，如“到图书馆去”，其中的介词“到”介绍“图书馆”给动词“去”，表示“去”这个动作的方向、处所。

2. 介词的类别

表示方向、处所的：从、自、往、朝、向、到、在、于、沿着、朝着等。

表示时间的：自、从、自从、打从、到、在、当、于、趁、乘、随着等。

表示状态、方式、依据的：按、按照、依、依照、依据、照、本着、经过、经、通过、根据、据、以、将、就、凭等。

表示目的、原因的：为、为了、为着、给、因、由于等。

表示对象、关联的：对、对于、关于、至于、替、向、跟、同、连、和等。

表示比较的：比、跟、同、和、与等。

表示排除的：除了、除去、除开等。

3. 介词的主要语法特征能

（1）不单独充当句法成分，只附在名词性词语前面与之组成介词短语。

（2）介词短语的主要语法功能是作状语，如“在食堂吃饭”、“从我做起”、“把大门关上”；有的作补语，如“工作到深夜”、“记在心里”；有时后加“的”可以作定语，如“对这个问题的看法”、“关于真理标准问题的讨论”、“和老朋友的关系”。

“走向胜利”、“献给人民”、“来自全国各地”、“忠于人民”、“落在你身上”、“生于上海”等结构形式，既可以认为“向胜利”是一个介词短语，充当“走”的补语，也可以认为“走向”是一个动词，“胜利”直接充当宾语，整个“走向胜利”是一个述宾短语。

4. 介词和动词的区别

（1）介词大都由及物动词虚化而来，有的介词与动词同形。例如：

在：他住在家里吗？（介词）

他在家吗？（动词）

比：你的成绩比我好。（介词）

你和我比手劲。（动词）

给：我给他洗衣服。（介词）

我给他三本书。（动词）

这样的词还有很多，如“让、向、朝、用、通过、拿、到、跟、由”等，要注意它们词性的不同。

（2）介词与动词的区别大致有四个方面：

① 介词不能单独作谓语中心，动词可以；

② 介词不能重叠，动词可以；

③ 介词不能带时态助词，动词可以；

④ 介词不能带补语，动词可以。

5. 部分介词用法分析

（1）“在”

介词“在”经常跟由方位名词“上、中、下”等组成的方位词组构成介词短语，表示时间或空间关系，如“在院子里”、“在计划中”。“在……上”、“在……下”也可以表示条件和范围，如“在同学们的帮助下”、“在导师的悉心指导下”。“在……上”、“在……下”中间应插入名词或名词性短语，谓词性词语不能进入。如：

在如何安置下岗职工的问题上，大家的意见并不一致。

在全校师生的共同努力下，学校面貌有了大的改观。

（2）“对”和“对于”

这两个介词都可介引动作对象或与动作有关的人或事物，二者在很多场合可通用，一般能用“对于”的地方也能用“对”。例如：

把余钱存入银行，对（对于）国家和个人都有好处。

但“对”的使用范围更广，能用“对”的地方，不一定都能用“对于”。当“对”表示“向”、“对待”这两种意思时，只能用“对”，不能用“对于”。如“你没对我说实话”、“他对老师很有礼貌”这两句中“对”不可换成“对于”。

运用“对”和“对于”常见错误有两种：一是该用“对”而用“对于”，如“我对于英语很有兴趣”、“他对于老师很尊敬”两句中的“对于”都应改为“对”；二是主体、客体位置颠倒，如“书法对于我简直一窍不通”，应该是“我对于书法简直一窍不通”。

（3）“关于”

引进关联、涉及的事物，表示范围或提示。如“关于青少年犯罪问题，国外有许多专门的研究。”“关于”和“对于”用法相近，有时可互换，如“关于（对于）这个问题，大家还有什么看法？”但也有区别。由“关于”组成的介词短语作状语，只能放在主语前，作句首状语，如："关于电脑，我所知甚少"，但不能说"我关于电脑所知甚少"。由"对于"组成的介词短语作状语，置于主语前、后均可，"对于电脑我很感兴趣"也可说成"我对于电脑很感兴趣"。另外，由"对于"组成的介词短语不能直接做标题，如"对于课堂教学改革"，但由"关于"组成的介词短语能直接作文章的标题，如"关于课堂教学改革"、"关于健全党委制度的若干方法"。

（二）连词

1. 连词的定义

连词是连接词、短语、分句和句子的词。

2. 连词的分类

根据连接单位的不同，连词可分为：

（1）主要用于连接词和短语的连词：和、跟、同、与、而、及、以及、或、或者。

（2）主要用于连接分句的连词：虽然、但是、不但、而且、如果、即使、那么、因为、所以。

（3）主要用于连接句子的连词：因此、但是、然而、所以。

3. 连词的作用

连词在起连接作用的同时，也表示出连接对象之间的关系。如在"爸爸和妈妈"中，"和"表示的是并列关系；"为真理而献身"中，"而"表示的是偏正关系。

4. 连词的语法特征

（1）不能充当句子成分，不能用来回答问题。

（2）只有连接作用，没有修饰作用。有修饰作用的词都不是连词。例如"他写得又快又好"，其中的"又"既有关联作用，又有修饰作用，所以它不是连词，而是副词。

（3）具有双向性或多向性。连词都关涉到两个或两个以上的单位或方面，只要有连词出现，不管是单个儿使用还是配对儿使用，都一定有它所关涉到的两个或两个以上的单位或方面出现。因此，凡是可以不在两个单位之间起作用，只有单向性的词，就不是连词。比如介词，只跟后面的词语构成介宾短语，具有单向性，不同于连词。试比较：

① 我和他都去过北京。

② 我昨天和他谈了这件事。

（4）连词既可以同连词互相呼应，产生关联作用，如"不但……而且"；又可以同副词互相呼应，产生关联作用，如"如果……就"、"只有……才"等。

5. 连词和介词、副词的区别

（1）连词和介词的区别

有些词，如"和"、"同"、"跟""因为"等，常常既可以用作介词，又可以用作连词。一般这样区分：

第一，连词连接的前后两个部分是联合并列的，没有主次之分，不能抽去任何一部分，如"我和他都是学生"；介词的前后两个部分不是并列的，有主次之分。

第二，连词的前后两部分可以对调，对调后基本意义不变；介词的前后部分不能对调，对调后意义会发生变化。例如上面的例①中，"我"和"他"可以对调，可以说成

“他和我都是三好生”；而例②中的“我”和“他”有主次之分，不能对调，如果对调成“他和我谈过这件事”，就变成“他”是说话者，“我”是听话者，意思就变了。

第三，连词大多数可以省去，改用顿号；介词不能省去，不能用顿号代替。

第四，是介词，可以用其他介词替换；是连词，则不能用介词来替换。

第五，连词的前边不能插入别的语言成分，介词的前边可以插入别的语言成分。

第六，连词的位置可以放在主语的前面或后面，而介宾短语中则不能插入主语。例如：

“因为我有事，所以就没有去。”

这里的“因为”是连词，它可以放到主语后面去，说成“我因为有事”。再如“我因为这事正在为难。”这里的“因为”是介词，“因为这事”是介宾短语。主语“我”不能插入“因为这事”的中间，因为如果说成“因为我这事正在为难”，原句的意思就变了。“为难”的就不是“我”，而是别人了，而且由于缺主语，离开了上下文它就不能成立了。至于说成“因为这事我正在为难”，则是整个介宾短语提到主语的前边，并不光是介词“因为”提到主语前边。另外这个“因为”还可以用“为”、“为了”一类介词来替换它。

有的连词还跟介词同形，存在划界问题，例如“和、跟、同、由于、因、因为”等。试以“和”类连词为例：

朱老大和众多乡邻要出去找马了。（连词）

老大不和我商量，就辞掉了承包下来的活路。（介词）

我和同学们对起答案来，他们答的都不如我准确。（介词）

（2）连词和副词的区别

连词和关联副词常常配合使用表示关联作用，如“不管……也”、“只有……才”，在这种场合，副词也有关联作用，但是这些副词并不因此而变成了连词，它和连词毕竟不同。它们的主要区别在于：

第一，副词除了关联作用，还可以充当句法成分（作修饰性状语）；连词除了连接作用，没有另外的意义，不能充当任何句法成分。因此，句子中去掉连词，一般都能成立，而且基本意义不变，如“我和他都是三好生”、“因为我有事，所以没有去”，其中“和”、“因为”、“所以”都是连词，把它们去掉，句子能够成立，而且基本意义不变。

第二，副词的位置大多比较固定，连词的位置比较灵活。在分句之间起关联作用时，连词不仅大都可以用在谓前主后，而且全都可以用在主语前边；关联副词则只能用在谓语前边，不能用在主语前边。例如：

① 无论他让不让我去，我都要去。

② 只有他不让我去，我才不去。

③ 如果他不让你去，那么你就不应该去。

④ 因为他不去，所以我也不去。

这些复句里，前分句里的“无论”、“只有”、“如果”、“因为”都是连词，都能用在主语前边；后分句里的“那么”、“所以”也是连词，也能用在主语前边；后分句里的“都”、“才”、“就”、“也”则是关联副词，它们只能用在谓语前、主语后，而不能用在主语前边。

第三，“只是”、“或者”、“要”等词，是兼类词，有时是副词，有时是连词，我们可以根据它们所起的作用，能同哪些词发生关系以及调换其他的词等方法去分辨它们。例如：

⑤ 我这样说，只是跟他开开玩笑罢了。

这里的“只是”是副词，位置比较固定，假如补出主语“我”，只能说“我只是跟他开开玩笑罢了”，而不能说“只是我跟他开开玩笑罢了”。这个“只是”还可以换成“仅仅”、“只”一类的副词。

⑥ 木器不便搬运的，也小半卖去了，只是收不起钱来。

这里的“只是”是连词，可以换成“但是”、“可是”一类连词，位置也可以移动。如补出主语“我”，可以说成“我只是收不起钱来”，也可以说成“只是我收不起钱来”。

⑦ 你赶快走，或者还能搭上末班车。

“或者”是副词，有“也许”的意思。

6. 几个主要连词的用法

(1) 和、与、同、跟

这四个词用法相同。其中“和”最普遍，这里重点讲下“和”自用法：

①“和”作连词，原本只可连接名词性词语，如：“我和你”、“北京、天津和上海”。

②“和”现在也可用以连接单音节和双音节的动词和形容词。用“和”连接的动词、形容词，常作主语、宾语、定语、谓语中心语。

但“和”连接的词作谓语中心须有条件，除必须是双音节外，前后还必须有其他成分，如前有共同的状语，或后有共同的宾语，例如：

A. 聪明和勤奋是他成功的两大因素。

B. 我为他感到幸福和自豪。

C. 他的话十分明确和有力。

D. 他们继承和发扬了革命的优良传统。

E. 他是一个不知道好和坏的人

由“和”连接的动词或形容词，在例 A 中作主语，在例 B 中作宾语，在例 E 中作定语，在例 C、例 D 中作谓语中心。例 C 前面有状语“十分”，例 D 后面有宾语“革命的优良传统”。

③ 用连词“和”还应注意两个问题：

一要注意所连接的各项之间应该是平等的联合关系，不能有包含关系，“地里种的是高粱、玉米和各种农作物”不通，因为“各种农作物”是大概念，包括“高粱”、“玉米”，应将“和各种”改为“等”。

二要注意跟介词“和”的区别。“和”兼属连词、介词，使用不慎会造成歧义。如：“下场球由刘国梁和孔令辉打”。这句话可作两种解释：一指单打，“和”是介词；一指双打，“和”是连词。有人主张对“和”、“同”作明确分工，让“和”专作连词用，让“同”专作介词用，这是个很好的办法。请看下例：

我国根据平等、互利、互相尊重主权和领土完整的原则同其他国家建立和发展外交关系。

其中的“和”专作连词用，“同”专作介词用，分工明确，表意清楚。

“和”、“与”、“同”、“跟”又都可以作介词，为了语意明确，避免歧义，现在有这样一种趋势，即让“和”、“与”作连词，“同”、“跟”作介词。目前在理论著作、报纸社论和正式文件中，都很注意这种区分。

（2）及、以及

“及”、“以及”主要用来连接有主次之分或先后之别的词语。它所连接的既是联合关系，又表示出一定的层次。多用于书面语。“以及”比“及”使用的范围广，特别是前面各项使用逗号隔开时，一般都用“以及”。如“代表团团长及全体团员”、“河南是小麦、棉花以及玉米、高粱等农作物的重要产区之一”、“内蒙、西藏、新疆、青海及其他少数民族地区的代表都先后发了言”、“本店经销电视机、收音机、录音机，以及各种零件”、“问题是如何产生的，以及最后该如何解决，都需要调查研究”。

“及”还经常同“其”连用，“其”指代前面的人或事物，相当于“他”、“他的”或“他们”、“他们的”，“及其”则是“和他”、“和他们”或“和他（们）的”的意思。例如：

暴露的对象，只能是侵略者、剥削者、压迫者，及其在人民中所遗留的恶劣影响，而不能是人民大众。

（3）而、而且、并且

“而”的连接能力很强，在现代汉语中用得相当广泛，可以连接词、短语、分句、句子和段落，表示种种关系。例如：“简练而生动”（并列关系）、“学坏容易而学好难”（转折关系）、“各班都取得了良好的成绩，而以初三（1）班的成绩最为突出”（递进关系）、“把烧红的钢放进水里，会很快冷却而变硬”（承接关系）等。

“而且”、“并且”只能连接有递进关系的两项。“而且”连接的两项可以是动词性的，也可以是形容词性的；“并且”常常连接动词性的词语。例如：

读书是学习，使用也是学习，而且是更重要的学习。

它的表面柔软而且光滑。

我们应该并且必须提前完成这项任务。

（4）或（或者）、还是

①“或（或者）”跟“和”用法不同。“或”表选择，或甲或乙，任选其一；“和”表联合，甲乙兼有。在实际运用中常犯“或”、“和”混用的毛病。例如：

A. 据说这种病要半年和更长的时间才能痊愈。

B. 各级党组织要花大力气去发现、选拔、培养或任用年青干部。

例 A“和”应改为“或”，例 B“或”应改为“和”。

② 跟“或者”一样表示选择关系的连词还有“还是”，但“还是”与“或者”用法有别：疑问句中一般只用“还是”，例如不能把“你买还是不买？”说成“你买或者不买？”下面的用例有误：

你打算去经商，或者去上大学？

句中“或者”应改为“还是”。

（三）助词

1. 助词的定义

助词是附着在实词、短语或句子上面表示一定语法意义（结构关系或动态等附加意义）的词。助词是一种比较特殊的虚词。它的独立性最差，附着性最强，意义最不实在。凡是后附的（如的、了、过、着等）都念轻声，前附的（如所、连、给等）不读轻声。助词既不能单独充当句子成分，也不能在实词与实词的组合中起媒介或连接作用。

2. 助词的分类

（1）结构助词：用来表示词语之间结构关系的助词，如“的”、“地”、“得”。

（2）动态助词：用来表示动作行为或状态处于什么样的情况或程度的助词，如“着”、“了”、“过”。

（3）比况助词：附着在词或短语后边构成比况短语的助词。如“似的”、“一样”、“一般”。

（4）其他助词：所、被、给、连、的话、们等。

此外，表列举未尽的“数学物理等学科”中的“等”，在重叠动词后强化尝试意义的“试试看”中的“看”，参与构成概数的“十来个”、“百把公斤”中的“来”、“把”等，也都是助词。

助词的个性特征很强，各个小类之间在附着对象、表义方式、虚化程度、使用频率等各个方面都相差甚远。

3. 几类助词的语法特征

（1）结构助词：主要表示附加成分和中心语之间的结构关系。“的、地、得”读法相同，都读轻声“de”，分别用在定语、状语之后或补语之前，作定语、状语、补语的标志。具体如下：

①“的”

“的”是定语的标志，表示“的”前面的词或短语是定语。例如：

窗外的歌声　群众的力量

革命的一生　管理的方法

幸福的生活　新鲜的空气

开往北京的火车　你寄来的信

“的”的另一种用途是附着在词或短语后面构成“的”字短语。“的”字短语相当于一个名词，可以作名词所能作的句子成分。例如：

那用鲜血浸染的石子，红的像红旗一样鲜艳，黄的像阳光一样灿烂，白的像云霞一样洁白。（“红的”、“黄的”、“白的”分别作主语）

走在队伍前面的是张校长。（作主语）

我是教书的。（作宾语）

“的”有时附在词或联合短语后，表示“等等”、“之类”的意思。例如“你去买些文具、日用品什么的”、“想办法弄点糖儿、豆儿的”。

②“地”

“地”是状语的标志，表示“地”前面的词或短语是状语。例如：

再三地要求　顽强地战斗

历史地考察　形式主义地看问题

或多或少地有了一些进步

像年轻人一样地矫健

要注意的是，并不是任何定语后边都要用“的”，任何状语后边都要用“地”。

什么情况下要用“的”、“地”，什么情况下不用，请参看定语、状语部分的有关内容。

另外，关于“的”和“地”，有学者主张合二为一，都写作“的”，但是目前报刊文章和许多著作中大都是分写的。有关“的”、“地”的分合问题，目前语言学界尚在讨论之中。

③“得”

“得”是补语的标志，表示“得”后面的词或短语是补语。例如：

看得清楚　绿得可爱

建设得十分漂亮　团结得像一个人一样

“个”、“得个”有时相当于“得”。例如：

玩了个痛快　打得个落花流水

(2) 动态助词

表示动态。动态是动作、行为、发展变化在某一过程所处的情况，它反映的是一种动态，不一定与特定时间相联系。动态助词主要用在动词、形容词后面。主要有：

①“着”

“着”表示动作在进行或状态在持续。即有时表示动作开始后、结束前的进行情况，有时表示动作完成后的存在形态。如：

我手里拿着一本书。　　　“拿”的动作正在进行。

教室的灯亮着。　　　　　“亮”的状态在持续。

他正穿着新衣服呢！　　　表示动作在进行。

他穿着一身新衣服。　　　表示动作完成后状态的持续。

再如“山上架着炮”，既可表示“山上正在架炮”，也可表示“炮架在山上”。

②“了”

“了”表示动作或性状的实现，即已经成为事实。动作或性状的发生跟时间没有必然联系，所以“了”的应用跟“着”一样也不受时间限制。如：

他吃了饭就睡觉。　“了”表示动作过去实现。

听了我的话，她的脸红了一阵子。　“了”表示“红”的性状已经实现。

③“过”

“过”表示曾经发生某种动作或具有某种性状，如：

小李坐过飞机。

他俩好过。

北京我去过。

我们游览了长城。

“过”也可以用在形容词之后，表示过去有过某种状态。例如：

生孩子后，她胖过一阵子。

她年轻时也曾漂亮过，风流过。

（3）比况助词

附着在名词、动词、形容词或短语后面，构成比况短语，表示比喻。比况短语充当句子成分时，作用相当于一个词。如“花园似的城市”、“花儿一样的少年”。比况短语常和动词“像”配合使用，如“像落汤鸡似的”、“像小鸟一样快乐”。这种动词短语常作谓语、状语、补语、定语。如“他飞也似的跑了”、“他高兴得像个孩子似的”、“同学们一个个落汤鸡似的”。

另外要特别注意，“一样”有时并不是比况助词，如在“一样东西”中，“一样”是数量短语；在“两种说法很不一样”中，“一样”是形容词。

（4）其他助词

①“所”

“所”常用在动词前边，主要用途有四种：

第一，及物动词或主谓短语作定语，而中心语在意念上受这个及物动词支配的时候，动词前边可用“所”字，如“他所请的人都到了”。这样的“所”也可以不用，用上“所”能比较清楚地表示这个动词或这个主谓短语是定语。

第二，“所”用在动词前构成名词性短语，相当于“的”字短语。如“所见”、“所闻”就是“看见的”、“听到的”的意思。当这种短语前面有“有”或“无”时，则是作“有”、“无”的宾语，如“有所思”、“无所用心”。有时这种结构后面还可加“的”构成“的”字短语，用来代替特定的名词（如“所希望的”）。

第三，同“为（被）”配合，表示被动，如“为人民群众所喜闻乐见”。

第四，“所”用在“的”字短语中，这种“所”往往可有可无，但“的”非有不可，如“这都是我往常的朋友所不知道的”。

②“给”

“给”用于口语，用在动词前，表示加强语气。如“房间都给收拾好了”、“自行车被妹妹给骑走了”、“我把房间都给收拾好了”。这种“给”既用于主动句，也用于被动句。去掉“给”，句意基本不变。

③“连”

“连”用在名词性、动词性、形容词性词语前面表示强调，说明事实和情理的矛盾，与后面的“都”、“也”相呼应，组成“连……都（也）……”格式。如“连三岁的孩子也懂得这个道理”，“连我你都不认识了”，“连问也不问就走了”。去掉“连”，句意基本不变，但语气变弱了。

④“们”

“们”用在指人的普通名词后面，表示群体的意义。如“同学们”、“战上们”。“们”只表示群体而不表示计量，所以数量确定的词语后面不再加“们”，如不能说“三个孩子们”、“一千个观众们”。表示抽象的一类人时，尽管是多数，是群体，也不能加

“们”。如不说“儿童们是祖国的未来、妇女们能顶半边天”。在一些童话、寓言或卡通片里，指物的名词后面也可加“们”，如“星星们、兔子们、蟋蟀们”，这是修辞上的拟人用法。

⑤“看”

“看”用于加强尝试态，大多用在重叠动词后面，必须读轻声。如“尝尝看”、“想想看”、“试试看”、“写篇文章看”、“先服几味药看”。

（四）语气词

1. 语气词的定义

语气词是常位于句末或句中停顿处，表示种种语气的词，大多读轻声。我们平时说话，每一句都会带有一定的语气，如果没有语气，就不成为句子。汉语语气的表达主要借助于语调、语气词及叹词等，而且这些手段还可以配合使用。

2. 语气词的分类

表示陈述语气的，如：的、了、吧、嘛、啊、啦、喽、罢了。

表示疑问语气的，如：吧、吗、呢、啊。

表示祈使语气的，如：吧、了、啊。

表示感叹语气的，如：啊。

有些语气词是由连读合音而产生的，如：“啦”由“了”、“啊”合音而成，“喽”由“了”、“哟”合音而成。

3. 语气词的语法特征

（1）语气词只能附着在别的词语后面，起一定的语法作用。

（2）语气词常常跟语调一起共同表达语气，所以有的语气词可以表达多种语气。

（3）普通话中最基本的六个语气词的用法：的、了、吗、呢、吧、啊。

①“的”用于陈述句句末，主要用以加强对事实的确定和未来的推断，表示本来确实如此，如：“我相信他会来的”、“我曾经调查过的，不会错的。”

“的”常和副词“是”配合使用，如“问题是明摆着的”、“我是绝对不会和他们一般见识的”。

“的”有时也用于疑问句和感叹句句末，以加强对疑问点和感叹事实的确定。如“你是怎么搞的？这样重要的事情也会忘记的？”“就是你亲口说的！”

②“了”用于陈述句句末，也可表示对已然事实的确定和推断，但与“的”不同的是：“了”表示情况发生了变化，如“这道题我会做了”，表示我以前不会做这道题，现在会做了；“这道题我会做的”，表示我本来就会做这道题。

“了”有时也用于疑问句和感叹句句末，以加强对新情况的疑问和感叹。如“你来了多久了？”“今天谁去值班了？”“这个消息太诱人了！”“你也太不像话了！”

③“吗”是一个典型的疑问语气词，主要用于是疑问句，如“你是学生吗？”“吗”也可用于疑多于问，甚至完全肯定的假性疑问句，如“你也是新来的吗？”“这一切难道是我的过错吗？”“你以为少了你就不行了吗？”

④“呢”主要用于特指问句和选择问句，表示疑问，如“谁是你最崇拜的人呢？”“你

还要什么呢?”“呢”还可用于陈述语气，如“我没什么，你才辛苦呢”。“呢”也可以用在没有任何疑问信息的反问句，如“谁不知道她难伺候呢?”“我怎么可能不知道呢?”“这样的人谁还会同意和她合作呢?”

⑤“吧”用于疑问语气，表示估计、推测、半信半疑，如“要下雨了吧?”也可用于祈使语气，带有一种商量或请求的口气，如:“走吧。”“大家行行好吧。”“吧”还可在表示列举、选择、让步时强化延宕的语气，如“就说小张吧，他从小开始练的。”“去吧，又没有时间，不去吧，又有点不甘心。”“丢了就丢了吧，以后注意一点就是了。”“譬如喝茶吧，里面也有许多讲究。”

⑥“啊”常用在感叹句后，表示感叹语气，如“多好哇!”“真好看哪!”“多了不起呀!”“这可是咱们部队的老传统啊!”

语气词也可以两三个连用，连用时，后一语气词决定全句语气意义。例如:“他是什么时候走的呢?”表疑问语气的“呢”位于表陈述语气的“的”后，与“的”连用，决定了整个句子的疑问语气类型。“唉! 这一家人真够痛苦的了。”“的”加强语气，表示确实痛苦，“了”表示痛苦已经变成了事实。

4. 语气词“的”、“了”跟助词“的”、“了”以及与动态助词“了”的区别

语气词“的”、“了”跟助词“的”、“了”与动态助词“了”中的“的”和“了”都同形，二者在句子里也有可能处于同一位置，不过语法意义和用法还是有分别的。语气词“的”可以单独附着于句尾，这比较容易看出来。有时还会跟有加重语气的“是”配合着用，这就容易跟结构助词混淆。试比较下面几例:

① 他是个卖菜的(人)。(结构助词)

② 这本书是新出版的(书)。(结构助词)

③ 那样说是可以的。(语气词)

④ 他是会来的。(语气词)

⑤ 他今天会回来的。(语气词)

可以从两方面考察:

第一，看“的”后面能不能添加上相应的名词。前两例可以添加，“是”后是“的”字短语，说明主语的类别，“的”是结构助词;后三例不能添加，“的”是语气词，表示肯定、确定，特别是例⑤，句中不用“是”，更易看出“的”附着于句尾，属于全句。

第二，看删去“是、的”之后，句子的基本意思改变了没有。如果句子的基本意思改变了，“的”就是结构助词;相反，就是语气词。前两例删去“是、的”，句子成了叙述句，而不是给主语归类，基本意思变了，可知“的”是结构助词。后三例删去“是、的”，基本意思未变，只是语气有别，“的”就是语气词。对那些用“是”的句子，还可以用改为否定句的办法来检验，看否定词加在什么位置上:能加在“是”前，“的”是结构助词;只能加在“是”后，“的”是语气词。例①可以改为否定句，在“是”前加“不”，说成“不是卖菜的”，仍然是说明主语的类别，整个句子并没有改为否定句，可知“的”是结构助词。例②也可以改为否定句，“不”能加在“是”前，“的”是结构助词。例③④只能在“是”后加“不”，可见“的”是语气词。

而语气助词“了”与动态助词“了”的区别，主要在于动态助词“了”可以处于句中，语气词“了”只能附着于句尾，这容易区分。像下面的例子：

⑥ 他掌握了三门外语了。

⑦ 这本书我读了三天了。

例⑥⑦句中的前一个“了”用于句中动词之后，表动态，是助词；句尾的“了”位于名词性成分后面，主要表示事态变化的实现，是语气词。

有时语气词“了”和动态助词“了”在句末连用，根据同音删略的原则，删了一个，剩下一个。剩下的“了”兼有语气词和动态助词两种作用，例如：

⑧ 自行车他骑走了。（了＋了）

⑨ 枫树的叶子红了。（了＋了）

例⑧⑨的的句尾“了”，也是在动词、形容词后面，这表示动作或性状的实现，也表示事态的变化，兼有语气词和动态助词两种作用。

四、词的兼类与活用

（一）兼类词

1. 兼类现象和兼类词

根据语法功能划分词类，分出的词每类都有自己的特点，类和类之间，区别十分明显。然而词的语法功能往往是相互交错、参差不齐的。汉语中大部分词都能划归某一个词类，但有些词经常具有两个或两个以上词类的主要语法功能，这是词的兼类现象，这类词叫兼类词。

说一个词是兼类词，不是说这个词在具体语言环境中既是甲类词又是乙类词，而是说这个词在不同语言环境中表现出不同的语法特征，在甲处是甲类词，在乙处是乙类词。如“翻译”一词，在“我翻译了一篇文章”中，作谓语中心，后附动态助词“了”，并带有宾语，表现出动词的主要语法特征，属动词；在“我是一个翻译”中，作宾语，前面受数量短语的修饰，具备名词的主要语法特征，是名词。

判断兼类词要坚持两个原则：一是兼类在同类词里只占少数，否则就是分类不清；二是兼类词一定要是声音相同，词义有联系，否则不是兼类词，是同音词。如“净”：一盆净水，“净”是动词；地上净是水，“净”是副词，二者意义毫不相干，不是兼类词，是同音词。再如“凉”：水凉了，“凉”读“liáng”，是形容词；凉了一杯水，“凉”读“liàng”，是动词，二者读音不同，也不是兼类词。

2. 常见兼类现象

（1）兼属动词、形容词

“端正、明白、深入、明确、丰富、巩固、纯洁、密切、破、忙”等。

如“端正”一词，在“我们要端正学习态度”中，是动词，带宾语，具有动词的语法特征；在“端正的学习态度”中，是形容词，修饰名词性短语作定语。

（2）兼属名词、动词

“代表、领导、工作、通知、指示、决定、建议、报告、编辑”等。

如“这些代表没有资格代表我们”，前一个“代表”做主语中心，表示人，是名词；后一个“代表”做谓语中心，带宾语，是动词。

（3）兼属名词、形容词

“科学、错误、精神、卫生、困难、经济、道德、麻烦、矛盾”等。

例如“这件事很麻烦”，“麻烦”做谓语中心，是形容词；“你真是我的一个大麻烦”，“麻烦”做宾语，是名词；“那就麻烦你了”，“麻烦”带宾语，是动词。

（二）词类活用

词类活用是一种特殊的用法，出于修辞的需要，临时将某一个甲类词用作乙类词，该词只是暂时具备了乙类词的属性，一旦离开特定的语言环境，乙类词的属性就会立即消失而还原为甲类词。如“你怎么比阿Q还阿Q?”这句中，后一“阿Q”就是名词临时活用作形容词。“老栓，就是运气了你！你运气，要不是我信息灵——”这句中，两个“运气”都是名词临时活用为动词。

五、判断词性的方法

（一）判断一个词的词性，应该从组合能力、充当句子成分的能力以及形态（包括构词形态和构形形态）、意义几个方面入手。

首先，要尽可能多地搜集（当然也可以自己造）包含有该词的句子或短语，考察其组合能力和充当什么样的成分。

其次，要看意义，看所要判定的词在这些用例中意义是否有差别，几个意义之间是否有联系，是看作一类词合适还是分别看作不同的词。

最后，要看它和哪类词的语法特点最相近。和哪类词的语法特点最相近，便将其归入哪类词。

（二）判断一个词的词性，应该在掌握各类词的语法特点的基础上进行。有的特点为充分条件，即只要具备某个特点就一定是某类词，比如说“只能作状语的一定是副词”，“能作谓语并能带宾语的一定是动词”。有的是必要条件，即某类词一般要符合某个条件，但具备某个条件，不见得是某类词。如，形容词能作谓语和定语，但能作谓语和定语的不见得是形容词。如“今天星期三”、“星期三的课调到星期四上”，这里的“星期三”就不能判定为形容词。

（三）判断一个词的词性，还要注意一般和特殊。任何“凡是”都有例外。例如我们说“名词不能受副词的修饰”，这是就一般情况而言的，方位名词则可以受副词的修饰，如“最东边、最后边”等，个别副词也可以修饰作主语的名词，如“只这几家商店卖这种椅子”、“就小张一人考上了大学”等。我们不能因此否定这条语法规律。

（四）一般说来，下边几种情况不作为词性归类的依据：

1. 仅在儿童语言中出现的用例。如某些重叠、拟人化说法等。

2. 仅在熟语中的搭配用例。如我们不能据“人不人，鬼不鬼”这个熟语中的“不”能修饰名词“人”、“鬼”，而否定“名词不能受副词‘不’修饰”这条语法规律。

3. 仅在韵文、唱词中出现的用法。因为在韵文中，为了押韵，有些搭配是不符合我们平常说话习惯的。

4. 仅在语法书上讨论问题才出现的用例。比如"'呢'是语气词，不能作主语。"而"呢"在"'呢'是语气词"这个用例中，"呢"偏偏作了主语，这种情况不能算。此外，文章中加引号的词或短语也不作为判断词或短语性质的标准。如"'说不清'是一句极有用的话。"（鲁迅《祝福》）尽管中补短语可能作主语，但本句中的"说不清"不能作为中补短语作主语的用例。

（五）下面举几个词性判别的例子：

1."为什么"-

副词，询问原因或目的。它出现的位置有三种：

出现在谓词性词语的前面。如：

你为什么不说话？

花儿为什么这样红？

出现在主语短语的前面。如：

为什么我就不能去？

为什么面前偏偏横着一条小河？

出现在句尾。如：

小李今天没来上班，为什么？

2. "一定"

（1）形容词，有两种情况：

① 固定的。只修饰名词，通常要带"的"。如：

一定的时间　一定的成分

西瓜的味道和土壤、水分、日光等都有一定关系。

② 某种程度的；适当的。只修饰名词，必须带"的"。如：

他的外语水平有了一定的提高。

我准备在一定的场合发表我的意见。

（2）副词，有两种情况：

① 表示意志的坚决。多用于第一人称；用于第二、第三人称时，往往表示要求别人坚决做到。用在动词和助动词"要、得（děi）"前。如：

我一定照办！

你明天一定来啊！

他们一定要来，我劝阻不下。

你一定得告诉我结果！

② 必然，确实无疑。用在动词、形容词前面。如：

你一定是记错了。

他身体一定很好。

你不亲自请他，他一定不来。

你亲自请他，他也不一定来。

3．“顺着”

动词，听从，不违背，不违抗。如：

你不要什么事都顺着他。

介词，有“沿着”或“依照、按照”的意思。用在名词性词语的前面，和后面的名词构成介词短语。经常作状语。如：

顺着大路往东走，不远就是我们的学校。

我顺着他指的方向望去，果然是一片树木。

4．“叫”

两种情况：

（1）作动词

① 喊叫；吼叫；鸣叫。可带“着、了、过”，可重叠。不能带宾语。如：

大喊大叫。

疼得叫了起来。

鸡叫过两遍了。

② 呼唤；召唤；招呼。可带“着、了、过”，可重叠。可带名词宾语。宾语可以是人，也可是物。如：

小张，老李叫你。

你把我叫来干什么？

叫了一辆面的。

她叫着我的名字，说……

③ 致使，派，让。必带兼语。如：

叫人为难。

领导叫我干什么，我就干什么。

上级派我到贫困地区去扶贫。

④ 名字是。必带宾语。如：

谁叫“盖天力”？

我叫鬼不见，他叫缠死鬼。

⑤ 必带双宾语。如：

大家都叫我“张老五”。

我们都叫她“李二嫂”。

（2）作介词

同“被”，引进动作的施事者，动词前后要有表示完成、结果的词语，或者动词本身包含此类成分。如：

墨水瓶叫弟弟给打翻了。

手指叫刀子划破了皮。

窗口叫大树挡住了阳光。

现代汉语词类体系表

<table>
<tr><th colspan="5">一、实词</th></tr>
<tr><th>词类</th><th colspan="2">小类</th><th>举例</th><th>语法特点</th></tr>
<tr><td rowspan="4">名词</td><td colspan="2">表示人和事物</td><td>朋友、人民、思想</td><td rowspan="4">1. 经常作主语和宾语，不能作补语。
2. 名词前面一般能够加上表示物量的数量短语，一般不能加副词。
3. 名词不能用重叠式表示某种共同的语法意义。
4. 表人的名词后面能够加“们”表示模糊复数。</td></tr>
<tr><td colspan="2">表示时间</td><td>秋天、现在、明年</td></tr>
<tr><td colspan="2">表示处所</td><td>里屋、东郊、上海</td></tr>
<tr><td colspan="2">表示方位</td><td>前、右、之上、以下</td></tr>
<tr><td rowspan="7">动词</td><td colspan="2">表示动作行为</td><td>听、批评、宣传</td><td rowspan="7">1. 动词能作谓语或谓语中心，多数能带宾语。
2. 动词能够前加副词“不”，多数不能加程度副词，只有表心理活动的动词和一些能愿动词能够前加程度副词。
3. 动词多数可以后带“着、了、过”等表示动态。
4. 有些动词可以重叠，表示短暂、轻微（动作的动量少或时量少），限于表示可持续的动作动词。单音动词重叠是 AA 式，双音动词重叠是 ABAB 式。</td></tr>
<tr><td colspan="2">表示心理活动</td><td>爱、怕、喜欢</td></tr>
<tr><td colspan="2">表示存在变化消失</td><td>有、发生、消失</td></tr>
<tr><td colspan="2">判断动词</td><td>是</td></tr>
<tr><td colspan="2">能愿动词</td><td>能、会、敢、应该</td></tr>
<tr><td colspan="2">趋向动词</td><td>来、去、回、起来</td></tr>
<tr><td colspan="2">形式动词</td><td>进行、予以、加以</td></tr>
<tr><td rowspan="4">形容词</td><td colspan="2">性质形容词</td><td>软、硬、甜、伟大</td><td rowspan="4">1. 形容词能作谓语或谓语中心语和定语，多数能够直接修饰名词。少数性质形容词，能够直接修饰动词，作状语。
2. 性质形容词大都能受程度副词修饰。性质形容词的重叠式和状态形容词，或者因为是表情态的，或者因为本身带有某些程度意义，不能再受程度副词修饰。
3. 形容词不能带宾语。
4. 有些性质形容词可以重叠，重叠后用法同状态形容词。
5. 有些单音性质形容词可带上叠音词缀或其他词缀，这时用法同状态形容词，例如“红彤彤、灰不溜秋”。</td></tr>
<tr><td colspan="2">状态形容词</td><td>雪白、笔直、绿油油</td></tr>
<tr><td colspan="2">不定量形容词</td><td>多、少、全</td></tr>
<tr><td colspan="2">唯谓形容词</td><td>陋、盎然、昏沉</td></tr>
<tr><td>区别词</td><td colspan="2"></td><td>慢性、彩色、上等、初级、大号、单瓣、万能、野生、人造、冒牌、杏黄、西式、有限、无限</td><td>1. 能直接修饰名词作定语；多数能带“的”形成“的”字短语。
2. 不能作谓语、主语、宾语，组成“的”字短语后可以作主语、宾语。例如“西式的比较贵”，“他要买微型的”。
3. 不能前加“不”，否定时前加“非”。</td></tr>
<tr><td rowspan="4">数词</td><td rowspan="3">基数词</td><td>倍数</td><td>三倍、百分之二百</td><td rowspan="4">1. 数词通常要跟量词组合成数量短语才能作句法成分。
2. 数量短语通常用作定语或补语。</td></tr>
<tr><td>分数</td><td>七成、三分之一</td></tr>
<tr><td>概数</td><td>三十来（斤重）</td></tr>
<tr><td colspan="2">序数词</td><td>第一、初五、甲、乙</td></tr>
</table>

（续表）

<table>
<tr><th>词类</th><th>小类</th><th>举例</th><th>语法特点</th></tr>
<tr><td rowspan="2">量词</td><td>物量词</td><td>个、条、台、副、匹</td><td rowspan="2">1. 量词总是出现在数词后面，两者一起组成数量短语，作定语、状语或补语等。
2. 单音量词大都可以重叠，重叠后能单独充当定语、状语、主语、谓语，不能作补语、宾语。
3. 量词有时可以单独作句法成分。</td></tr>
<tr><td>动量词</td><td>次、回、遍、番、趟</td></tr>
<tr><td rowspan="7">副词</td><td>程度副词</td><td>很、挺、稍微、格外</td><td rowspan="7">1. 副词都能作状语。程度副词“很、极”还可以作补语。
2. 副词一般不能单说，只有“不、没有、也许、有点儿、当然、马上、何必、刚好、刚刚、的确”等在省略句中可以单说。
3. 部分副词能兼有关联作用。有单用的，有成对使用的，例如“打得赢就打”、“越说越快”、“又说又笑”。</td></tr>
<tr><td>范围副词</td><td>都、总、共、总共</td></tr>
<tr><td>时间频率副词</td><td>曾、已经、刚刚</td></tr>
<tr><td>处所副词</td><td>处处、到处、随处</td></tr>
<tr><td>肯定否定副词</td><td>必定、的确、不、没</td></tr>
<tr><td>情态方式副词</td><td>肆意、忽然、亲自</td></tr>
<tr><td>语气副词</td><td>难道、偏偏、果然</td></tr>
<tr><td rowspan="3">代词</td><td>人称代词</td><td>你们、自己、彼此</td><td rowspan="3">代词按语法功能分，可以分为代名词、代谓词、代副词，代名词的语法功能接近名词，代谓词的语法功能接近动词和形容词，代副词的语法功能接近副词。</td></tr>
<tr><td>疑问代词</td><td>谁、什么、多少、怎样</td></tr>
<tr><td>指示代词</td><td>这、那、这会儿、那么</td></tr>
<tr><td>拟声词</td><td></td><td>咣、叭、叮当、哗啦</td><td>可以作状语、定语、谓语、补语、独立语等，也可单独成句。其中作状语最常见。</td></tr>
<tr><td>叹词</td><td></td><td>咦、哎、嗯、哎呀</td><td>独立性很强，常独立成句或作感叹语（独立成分）。</td></tr>
<tr><td colspan="4">二、虚词</td></tr>
<tr><td>词类</td><td>小类</td><td>举例</td><td>语法特点</td></tr>
<tr><td>介词</td><td></td><td>从、为了、把、被</td><td>附着在名词或其他词语前面，组成介词短语作句法成分。</td></tr>
<tr><td>连词</td><td></td><td>和、及、同、并且</td><td>起连接作用。用在两个或几个词、短语或句子之间。</td></tr>
<tr><td rowspan="3">助词</td><td>结构助词</td><td>的、地、得、所</td><td rowspan="3">附着在一些词语的后面，与这些词语一起组成助词短语——“的”字短语、“所”字短语、比况短语——作句法成分。动态助词用在动词或形容词后表动态。</td></tr>
<tr><td>动态助词</td><td>着、了、过、来着</td></tr>
<tr><td>比况助词</td><td>似的、般、一样</td></tr>
<tr><td>语气词</td><td></td><td>吧、吗、吧、啊</td><td>能附着在全句或句中词语的后面，表示特定的语气。</td></tr>
<tr><td colspan="4">虚词共同的语法特点是：附着性强，不能作句法成分，不能单独回答问题。</td></tr>
</table>

思考与练习

一、名词解释。

1. 词类。2. 词的语法功能。3. 实词。4. 虚词。5. 形容词。6. 区别词。7. 基数词。8. 序数词。9. 量词。10. 副词。11. 叹词。12. 助词。13. 语气词。14. 兼类词。15. 词类活用。

二、有人把“副词”归入虚词，也有人归为“半实半虚词”，请你做一评论。

三、传统上，总是把“拟声词”和“叹词”归为虚词，本教材则归为实词，你认为哪种比较合理？

四、在括号里填入合适的词，并指出属于什么词类，以及什么小类。

1. 我的（　　）个战友来了。　　2. 他去过三（　　）上海。

3. 我不（　　）这种事。　　4. 青年们要到（　　）去。

5. 桌子（　　）有什么？　　6. 我们在路上碰到了三个（　　）。

7. 他刚刚走（　　）顶楼。　　8. 他会干这种事（　　）。

9. 你给我的书看完（　　）。　　10.（　　）是我今年看过的最好的一本书。

11. 这个人非常（　　）。

五、标明下列各组词的词性

坚决——决心　可爱——热爱　荣誉——光荣　企图——意图

答案——答应　气愤——气魄　批语——批示　残杀——残忍

诱饵——诱惑　兴奋——兴趣　安心——担心　道歉——抱歉

安慰——欣慰　感激——感动　愉快——高兴

六、鉴别下列带黑线的词，哪些是形容词，哪些是副词。

1. 这里风景的确不错——这里风景确实不错

2. 长久没有好处——永远没有好处

七、在下面句子的括号里填上适当的结构助词，并说明理由。

1. 问题彻底（　　）解决了。　　2. 彻底（　　）解决问题是很不容易的。

3. 问题解决（　　）很彻底。　　4. 问题还没有得到彻底（　　）解决。

八、将下面句子中的词划分开，然后列一个实词简表，把其中的实词分别填在简表里。

例：我们｜一定｜要｜统一｜祖国。

1. 春分刚刚过去，清明即将到来……这是科学的春天！让我们张开双臂，热烈地拥抱这个春天吧！

2. 你们在想要攀登科学顶峰之前，务必把科学的初步只是研究透彻，还没有充分领会前面的东西时，就决不要动手搞以后的事情。

3. 秋天的后半夜，月亮下去了，太阳还没有出，只剩下一片乌蓝的天；除了夜游的东西，什么都睡着了。

九、举例说明“我们”与“咱们”、“你”与“您”、“那”与“哪”用法上有什么不同。

十、误用量词有的是由于没注意方言和普通话的量词和名词的搭配规律或习惯的差异，试举出“羊、鱼、树、针、桥、车”等十个名词，在前面填上“一”和专用量词。(如“一只［个］羊……”) 在普通话量词后的方括里填上自己方言的专用量词。

十一、用横线把下面一段话里的虚词标出来，然后列一个虚词表，把它们的大类小类分别填在表里。(重复的可只写一个)

一个晴朗的早晨，天空碧蓝碧蓝的，不沾一丝云彩，一股带着清凉和花香的微风，轻轻地吹拂着。早起的飞燕掠过小白杨树的头顶，找食去了。多嘴的小麻雀刚睁开眼睛，就吵吵嚷嚷地讨论早饭该吃些什么。牵牛花、向日葵的花瓣沾满了露水，给刚刚升起的太阳照耀得闪闪发光，颜色变得格外鲜艳了。一只花喜鹊从村子里飞来，她还没站稳脚跟，就对小白杨树们说：“喂！小白杨树，村子里的人们就要来修大路啦。”

十二、区别下面带黑线的同形词，指出它们各自的词性。

1. 弟弟比他小三岁——你比不上他

2. 你让妹妹一点儿——他让老师批评了一下

3. 这孩子好聪明——这是个好孩子

4. 墙壁挺白的——他白来了一趟

5. 说到曹操——曹操就到

十三、区别下列句子中的“没有”(动词/副词)、“是”(动词/副词)、“的”(助词/副词)、“了”(助词/语气词)、“一样”(形容词/助词) 的词性。

1. 你美国去过没有？　　2. 一下雪，这里就没有烧的。

3. 他没有工作。　　4. 这辆车是他的。

5. 他是个当老师的。　　6. 这本书是他借来的。

7. 他买了书就回家了。　　8. 妹妹已经是大学生了。

9. 开饭了，吃了再走吧。　　10. 脸色跟纸一样。

11. 这支笔跟那支笔一样。　　12. 他跟孩子一样。

十四、指出下列句中有下划线的词的词性。

1. 这位明星非常热爱自己的家乡。　　2. 他在部队的时候很遵守纪律。

3. 你将来想做什么？　　4. 在中国家庭中，彩色电视机拥有率很高。

5. 慢慢说，别着急。　　6. 工作干不完，他是不会休息的。

7. 啊，澳门，你经历了几百年与母亲隔绝的痛苦岁月！

8. 你忘记了自己的身份了吗？　　9. 他把书给弄丢了。

10. 身体比过去瘦了，但学问比过去多了。

11. 勤劳智慧的中国人民正在以百倍的热情建设自己的国家。

12. 我们要端正自己的学习态度。　　13. 我跟领导反映过你和他的意见。

14. 我们马上开始这项工作。　　15. 你说应该朝什么方面考虑？

16. 对这个学生的经历，老师们都很了解。

17. 三十岁以上的教师都可以享受休假。

18. 新老同学开始都需要出操。　　19. 他是个当老师的。

20. 这本书是他借来的。　　21. 他买了书就回家了。
22. 妹妹已经是大学生了。　　23. 开饭了，吃了再走吧。
24. 脸色跟纸一样。　　25. 这支笔跟那支笔一样。
26. 他跟孩子一样。

十五、下列词是否是兼类词，如果是，指出兼属什么词类。

铁　左　忙　打　犁　在　清楚　热情　动作　建筑　丰富

十六、给下列句中 de 注上汉字，并指出这些汉字所代表的词所起的语法作用。

学 de 好 de 是应该帮助学 de 差 de 尽快 de 赶上来 de。

十七、举例说明下列词的语法功能，指出他们的特殊性是什么，并谈谈对它们词性的看法。

高速　临时　共同　非法　主要　基本　永久　自动

十八、指出下列每组中的两个副词、介词或连词在用法上的区别。

马上——眼看　从——自从　向——朝　哪怕——不管

或者——还是　只有——除非　极——极为　分外——格外

十九、根据下面四个例句，比较副词"千万"和"万万"在意义和用法上有什么区别。

1. 你千万不可粗心大意！　3. 你千万要小心！/你万万要小心！×
2. 你万万不可粗心大意！　4. 他万万想不到。/他千万想不到。×

二十、下列各句中"去"的词性是否相同，为什么？

1. 你去吧。　2. 别让他去了。
3. 他不同意去。　4. 去是对的。
5. 不去也好。　6. 去不去都行。

二十一、请找两个意义相近的虚词进行比较分析，看看它们有什么差异，并举例说明。

二十二、"高明"是形容词，但在"另请高明"中是指"高明的人"的意思，能不能据此说"高明"是形容词兼名词？"手"作为"手脚"的"手"是名词，但在"人手一册"中，《现代汉语词典》认为是"拿着"的意思，这样一来能否说"手"是名词兼动词？谈谈你的看法。

二十三、你怎么理解虚词的意义？虚词的意义与它们的语法功能是什么关系？

二十四、划分词类时形态标准和功能标准有什么区别？

二十五、"和"出现在动词或形容词之间需要什么条件？

第三节　短语

一、短语及其构成特点

短语是词和词按照一定的语法规则（意义上和语法上能搭配）组合起来的一组词，所以短语又叫词组。

用词和词组合成短语，必须注意两点：

第一，构成的短语中不能没有实词。例如“就走”、“马上就走”、“何必马上就走”，至少都有一个实词“走”，所以它们都是短语。

第二，在组合过程中必须遵守语法规律。例如名词一般不能与副词组合，所以“很学校”便不能构成短语；至于“丰富的和平”、“温习衣服”等，由于词和词在意义上不能配合，所以也不能构成短语。

短语不同于词，它是比词大一级的语言单位；它也不同于句子，因为它没有语调，不能独立地表达完整的意思，不能直接进行交际。短语是构成句子的基础，它不仅可以充当各种句子成分，而且大多数短语带上一定的语调，就可以成为句子。短语的构造和句子的构造基本上是一致的，掌握了短语的各种结构，基本上也就掌握了句子的结构。因此，在现代汉语句法结构中，短语占有十分重要的地位。

汉语组成短语的语法手段是语序和虚词。语序是各类词语排列的前后顺序。直接组合的，主要靠语序，语序不同，语法意义往往不一样。例如“意义重大—重大意义”（主谓—偏正），是名词和形容词组合时语序的不同。非直接组合的，靠虚词。例如“猎人和狗—猎人的狗”（联合—偏正），是虚词的不同，形成不同的语法形式和语法意义。

二、短语的类型

短语可以从多种角度去观察，从而分出各种不同的类别。最重要的有两种分类：一种是结构类，这是向内看的分类，主要看它内部结构类型；另一种是功能类，这是向外看的分类，主要看其充当句法成分的能力定它的类。

短语也可以按构成要素是否凝固来分类，把它分为固定短语和临时短语（非固定短语）；也可以从意义上分出单义短语和多义短语；还可以按它的成句能力，加句调能成句的叫自由短语，加句调也不能独立成句的叫不自由短语（又叫黏着短语，例如“态度的恶劣”等）；还可以按照短语的层次多少，分为一层短语（又称简单短语）和多层短语（又称复杂短语）两类。

总之，短语的不同分类，服从于不同的目的，目的不同，依据的标准不同，分出的类型也不同。这里我们主要从短语的结构类和功能类两方面加以介绍。

（一）短语的结构类别

1. 偏正短语

由修饰语和中心语两部分组成，前一部分（偏）限制或修饰后一部分（正）。按照修饰语性质的不同，又可以分为两个小类：

（1）定中短语

后一部分一般是由名词充当的，叫中心语。前一部分是对中心语起限制作用的，叫定语。如“红太阳”，“太阳”是中心语；“红”是定语，说明“太阳”的性质。又如：

安徽北方　　木头房子　　电话号码

伟大的祖国　漂亮的书包　奔驰的列车

定中短语有的靠词序直接组合，有的通过结构助词“的”进行组合。

(2) 状中短语

后一部分一般由动词、形容词充当，叫中心语。前一部分限制修饰后面的中心语，叫状语。如“非常高”，“高”是中心语；“非常”是状语，表明“高”的程度。又如：

赶快走　　马上回来　　十分舒服

努力地工作　勤奋地学习　极端负责

状中短语有的靠词序直接组合，有的通过结构助词“地”进行组合。

2. 动宾短语（也叫述宾短语）

前一部分是动词（述语），后部分是宾语。动词表示动作行为，宾语是受这种动作行为影响、支配的对象，两部分是支配和被支配的关系。如“洗衣服”，“洗”是述语，表示动作；“衣服”是宾语，是“洗”这一动作所支配的对象。

又如：

写小说　爱干净　想办法

讲故事　想办法　禁止吸烟

3. 述补短语（也叫补充短语）

前一部分是述语，后一部分是补语。述语表示动作或性状，主要由动词和形容词充当，补语补充说明前一部分。如“洗干净”，“洗”是述语，表示动作；“干净”是补语，说明“洗”的结果。又如：

说明白　走过去　听得清楚

读两遍　学得好　累得说不出话来

述补短语有的靠词序直接组合，有的通过结构助词“得”进行组合。

4. 主谓短语

前一部分是主语，后一部分是谓语。主语是谓语陈述的对象，表示谁或什么；谓语对主语进行陈述，说明主语干什么、怎么样或是什么。主谓之间用语序直接组合。如“阳光灿烂”，“阳光”是主语；“灿烂”是谓语，说明“阳光”怎么样。又如：

身体健康　雨水充足　粮食丰收

他是学生　今天晴天　我看电视

5. 联合短语（也叫并列短语）

由语法地位平等的两个或两个以上部分组成，各部分之间有并列、顺承、递进、选择等关系。例如：

并列：南京、无锡和苏州　　　伟大而质朴

顺承：讨论通过　　　　　　　研究决定

递进：不仅能说更是会做

选择：升学或就业　　　　　　一个或两个

联合短语各部分之间有的靠词序直接组合，有的用关联词，有的用顿号或逗号隔开，有的标点和关联词并用，排列组合顺序还应遵守约定俗成的语言习惯。

6. 连动短语

两个或两个以上的动词或动词性短语连用，表示连续的几个动作的短语叫连动短语。它们之间没有主谓、动宾、述补、偏正、联合等关系，也没有语音停顿和关联词语。如“坐下来看书”是“坐下来”和“看书”两个动作连用，这两个动作之间没有上述各种关系，也没有语音停顿和关联词语，所以它们是一个连动短语。又如：

拉开门走了出去　游泳去　上街买菜　坐着看书

有信心克服困难　拉着手不放　坐汽车上山　倒杯茶喝

有办法解决问题

拿块毛巾揩揩汗　坐电车回家

去图书馆借本书　坐飞机去北京旅行

连动短语有时也可以是由动词短语和形容词短语连用构成的，如“听了这个消息很高兴”。

7. 兼语短语

由一个动宾短语和一个主谓短语套叠而成，动宾短语的宾语兼作主谓短语的主语。如“喊他回来”，“喊他”是动宾短语，“他回来”是主谓短语，“他”既是“喊”的宾语，又是“回来”的主语，所以称作“兼语”。又如：

禁止闲人进入　请你吃顿饭　找我帮忙

派他去西安　使祖国富强　有人喊你

构成兼语短语的动词往往带有使动性，如“请、让、劝、叫、称、留、喊、命令、组织、发动、领导、鼓励、阻止、通知、号召”等。

8. 同位短语（也叫复指短语）

由两个部分组成，这两个部分有同一关系，表示同一个事物。如“中国的首都北京”，“中国的首都”就是“北京”，“北京”就是“中国的首都”，互相支撑对方。又如：

清明那天　春夏两季　他自己

你们几位　“勇敢”这个词　山城重庆

9. 量词短语

由数词或指示代词加上量词组成。由数词加量词组成的叫数量短语，由指示代词加量词组成的叫指量短语，统称量词短语。例如：

<u>两个</u>人　<u>一拳</u>打去　拉<u>三次</u>　<u>一打</u>是<u>十二双</u>　小孩儿<u>三岁</u>

最好的<u>一个</u>　<u>一大堆</u>柴火

<u>这件</u>比<u>那件</u>好　只看过<u>那一次</u>

10. 介宾短语（也叫介词短语）

介宾短语由介词和其他词语（主要是名词性词语）组成，如：“在教室里”、“对于这个问题”、“由于工作关系”、“为了前途”等。又如：

为人民　把老虎　按照有关规定

比改革开放以前

在那高高的雪山上

有时介词也可以同非名词性词语构成介宾短语，如“为了健康”、“通过学习、讨论”。

介宾短语都可作状语，如“用碗盛汤”、“把作业做完”；

有的也可作补语，如“生于1918年”、“躺在床上”；

有的介词短语加上“的”也可作定语，如“关于牛郎织女的传说”、“对老师的意见”。

介词短语可以用来表示动作的工具、方式、因果、施事、受事、时间、对象等。

11. “的”字短语

“的”字短语由助词“的”附着在其他实词或短语后面组成，它具有名词的性质，指称人或事物，如“新的”、“吃的”、“用的”、“学校的”、“新来的”、“教书的”、“考第一名的”。“的”字短语在句中主要作主语、宾语。例如：

木头的容易坏　来的都是客　满把都是银的和铜的　他是一个卖菜的

我们反对的是说空话的人

12. 方位短语

方位短语是由方位词附着在其他词或短语后面构成的。例如：

树上　国内外　丰收以后　黄河以南　改革开放以后

开会前　教室里　挥手之间　出发之前　井冈山的林海里

13. 比况短语

比况短语是由比况助词附着在词或短语后面构成的。例如：

鲜花似的　像闪电一般

像大海一样　像芦柴棒似的

14. “所”字短语

助词“所”经常放在动词前，同动词结合，组成“所”字结构，即“所”字短语。如：

所有　所想　所需要　所认识　所忆　所闻　所作　所图

“所”字短语也是名词性短语，表示“所……的人”、“所……的事物”、“所……的情况”等。

“所”和动词结合，后面再有名词性结构，则所字结构起定语的作用。“所”字短语一般不独立使用。

上面所介绍的这些短语，都是按一定的语法规则临时组合起来的，其组合比较自由，故又统称为自由短语。其中，有人把上面1～5项叫基本短语或一般短语，6～14项叫特殊短语。语言中还有一种跟自由短语相对的，其组合比较固定的短语，叫做固定短语，如成语、惯用语、歇后语和由两个或两个以上的词构成的专用名称等都是固定短语。

（二）短语的功能类别

按照语法功能（即充当句子成分的能力）的不同，短语可分为：名词短语、动词短语和形容词短语。有些短语在功能上有不同于这三类短语的地方，但它们可以分别附依这三类。

1. 名词短语

名词短语是以名词为主体的短语，它的性质和作用与名词相同。包括用名词性词语构成的联合短语，以名词为中心的偏正短语，由名词或名词性偏正短语作谓语的主谓短语，还包括复指短语、方位短语、“的”字短语等。表物量的数量短语（如“一个”、“三张”、“一大碗”、“两小块”等）和表物量的指量短语（如“这件”、“那本”等）可以附属于名词短语。

2. 动词短语

动词短语是以动词为主体的短语，它的性质和作用与动词相同。包括动词性的联合短语、偏正短语、补充短语，动宾短语、连动短语、兼语短语和由动词充当谓语或谓语中心的主谓短语也都是动词短语。

3. 形容词短语

形容词短语是以形容词为主体的短语，它的性质和作用与形容词相同。包括由形容词组合而成的联合短语，以形容词为中心的偏正短语和补充短语（即形补短语），由形容词充当谓语或谓语中心的主谓短语，如“前途光明”、“身体健康”等，也是形容词短语

三、复杂短语及其层次分析

（一）复杂短语

根据组成短语的组合层次的多少，我们把短语分成简单短语和复杂短语。简单短语和复杂短语的根本区别不在于组成短语的词的数量的多少，而在于组合层次的多少。简单短语是指词与词在一个层次上的组合；复杂短语，是指三个或三个以上的单词在两个或两个以上的层次上组合而成的短语。词在组合时往往不是按照线性次序进行排列的，而是根据发生结构关系的先后，一层一层组合起来的，这就是句法结构的层次性。例如，“木头房子”这个短语只有两个词，只能有一个结构层次，是一个简单短语；“语文、数学、外语、政治”这个短语虽然有四个词，但这四个词之间是联合关系，它们处在同一结构层次上，所以这个短语也只有一个结构层次，也是一个简单短语；又如“我喜欢流行歌曲”这个短语共有四个词，就其组合情况来看，首先是“流行”跟“歌曲”发生结构关系，然后是“喜欢”跟“流行歌曲”发生结构关系，最后是“我”跟“喜欢流行歌曲”发生结构关系，这样就表现出一定的层次性，是个复杂短语。

（二）层次分析

1. 层次分析法

分析复杂短语结构层次的方法就叫做层次分析法，也叫做直接成分分析法。在句法结构的每一层中，直接发生结构关系的语言成分叫做直接成分。

例如，“我喜欢流行歌曲”的直接成分是“我”和“喜欢流行歌曲”，“喜欢流行歌曲”的直接成分是“喜欢”和“流行歌曲”，“流行歌曲”的直接成分是“流行”和“歌曲”。在分析复杂短语时，我们可以顺次找出每一层次上的直接成分，并确定它们之间的结构关系。层次分析法的目的是揭示一个句法结构内部的固有的层次结构关系。这种分析方法就是按照一定的程序对句法结构的直接成分不断切分，并进一步说明各直接成分之间的结构关系，层层剖析，一直分析到词为止。

2. 层次分析时层次切分的原则

层次切分要遵循结构、功能和意义的原则。所谓结构原则，是指切分后的语言片段各

自能成为一个结构。所谓功能原则，是指切分后的语言片段可以按照汉语的语法规律搭配。所谓意义原则，是指切分后的语言片段不能违背短语原来的意思。例如：

要求符合结构原则：一朵红花

一朵/红花（√）　一/朵红花（×）　一朵红/花（×）

要求符合功能原则：一家研究单位的工程师

一家研究单位的/工程师（√）　一家/研究单位的工程师（×）

要求符合意义原则：毒害儿童的黄色读物

毒害儿童的/黄色读物（√）　毒害/儿童的黄色读物（×）

这里要特别强调，结构原则就是切分后的词或短语，要符合词或短语的结构规则要求。功能原则就是切分后的词或短语能够符合语法规则的要求，要能按语法规则再进行组合，分析出来的两部分结构上能够组合，而功能上不能组合的，其分析通常也是正确的。意义原则，一定要符合三点：一是分析出来的各部分必须都有意义；二是分析出来的各个成分在意义上必须能够搭配；三是分析出来的各部分在意义上搭配起来，必须符合原意。例如：

“他匆匆忙忙地穿好衣服就出去了”，其中的“穿好衣服”又只能分析成“穿好/衣服”，而不能分析成“穿/好衣服”。因为后一种分析虽然前后能够搭配，但已经违背原句的意思了。同样的道理，“小红闹着要穿好衣服，不要旧衣服”中的“穿好衣服”，又只能分析成“穿/好衣服”，而不能分析成“穿好/衣服”。

“大红花”如果分析成“大红/花”，意义上虽可搭配（“大红”是一种红色，“大红/花”表示“某种颜色的花”），但是“大红花”的原意是“大的红花”。因此“大红/花”的分析不当，而应分析为“大/红花”。

“城市农副产品市场”是城市里面出售农副产品的市场。如果分析成“城市农副产品/市场”，就变成出售城市里生产的农副产品的市场了，而城市里一般是不生产农副产品的，所以这种分析不符合原意。正确的分析应该是“城市/农副产品市场”。

这里还要说明：功能标准和意义标准有联系又有区别。分析出来的两个部分从功能上来看是不能组合的，那么从意义上来看也往往是不能搭配的，如“两所/学校的领导”，按功能标准不能组合，按意义标准则不能搭配。分析出来的两部分，如果功能上能够组合的，意义上也大多是能够搭配的，如“两所学校的/领导”，功能上能够组合，意义上也能够搭配。

“我们最喜欢的演员”同“我们最要好的朋友”表面上看来一样，实际上内部结构是不同的。因为“喜欢”是单方面的行为（“我们所喜欢的”“演员”往往并不认识“我们”，更谈不上“喜欢”了），“我们最喜欢”是可以组合、可以搭配的，因此它应该分析为“我们最喜欢的/演员”。

上面这两个短语，按功能标准就很难加以区别，它们内部结构的不同，只有从意义上入手，才能揭示出来。由此可见，在进行语法分析时，功能标准和意义标准也有不一致的时候。作为正确的分析，必须同时满足结构、功能、意义这三个条件，缺一不可。

3. 层次分析的方法

层次分析的方法主要有从小到大和从大到小两种基本类型。两种分析方法的结果一致，只是在分析步骤上有区别。

所谓“从小到大”，就是把短语切分成一个个单词，从词开始，由小到大，即由部分到整体，逐层归纳。这种由小到大的归纳法的分析程序是：首先，把短语里的每个词找出来，并在每个词下面画上一条横线（连词和助词一般不画横线，构成“的”字短语的“的”应画横线）；然后，再按由小到大，由部分到整体的组合顺序逐层归纳，并注明每个层次的结构关系。例如：

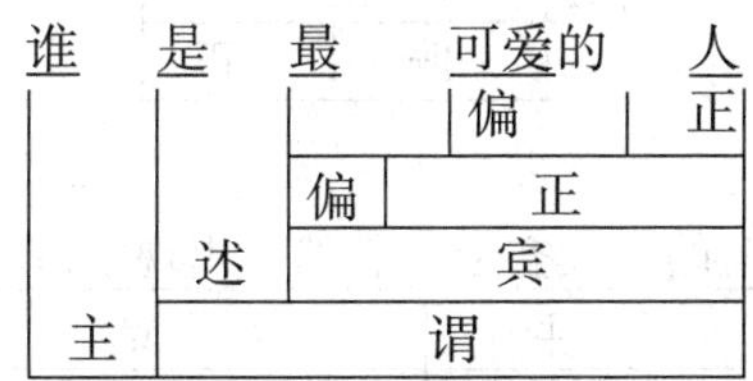

所谓“从大到小”，就是把要分析的短语由整体到局部，从大到小，依次逐层切分。分析时首先确定这个复杂短语的总的结构关系，把整个短语切分为两个部分（这两个部分就是构成复杂短语的两个直接组合的成分，又叫直接成分）；然后，再用同样的方法分别对这两个直接成分进行切分，这样不断切分下去，一直切分到词为止。如：

谁	是	最	可爱的	人
主	谓			
	述	宾		
		偏	正	
			偏	正

这两种方法，都能有效地揭示句法结构的层次性。比较起来，从小到大的方法更适宜于说明人们说话时言语的生成过程，而从大到小的方法更利于分析理解人们已经说出来的现成的话。所以我们分析一个复杂短语时，常常采用从大到小的方法。

4. 层次分析时要注明成分之间的结构关系

在分析结构层次的同时，要注明切分出来的两个直接成分之间的结构关系。在分析中，对只有两项直接组合的短语，如偏正、动宾、补充、主谓、介宾、方位、比况和“的”字短语等，应该用二分法，即一分为二；对不止两项组合的短语，如兼语短语，可用多分法。联合、复指、连动等短语，只有两项时，就用二分法；不止两项时，就用多分法。

（三）框式图解法

分析复杂短语一般采用框式图解法，这便于显示复杂短语的结构层次。下面我们分析两个复杂短语作为示例。

我们	班	来了	新	同学
主		谓		
偏	正	述	宾	
			偏	正

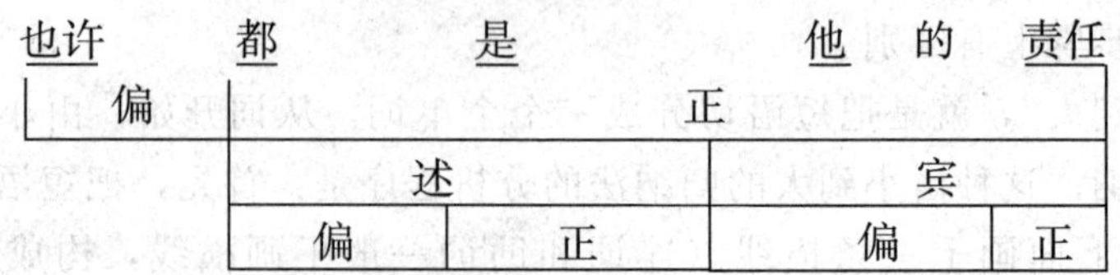

刚买的书包

偏 正

偏 正

蓝蓝的 天空上 忽然 出现了 乌云

主 谓

偏 正 偏 正

述 宾

希望 参加 去 欧洲的 旅行团

述 宾

述 宾

述 宾

偏 正

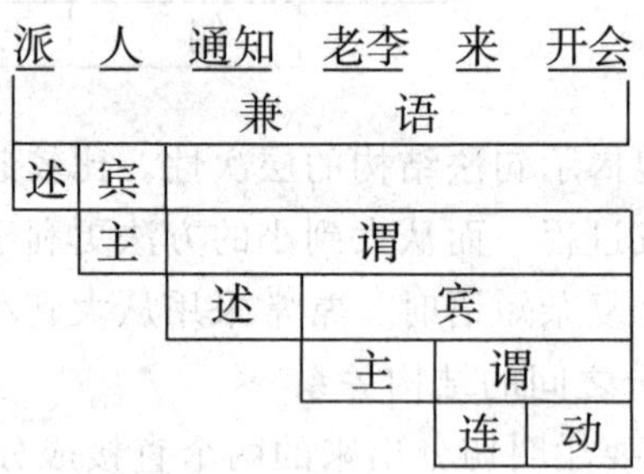

弟弟 的 自行车 撞了 一下

主 谓

偏 正 述 补

数 量

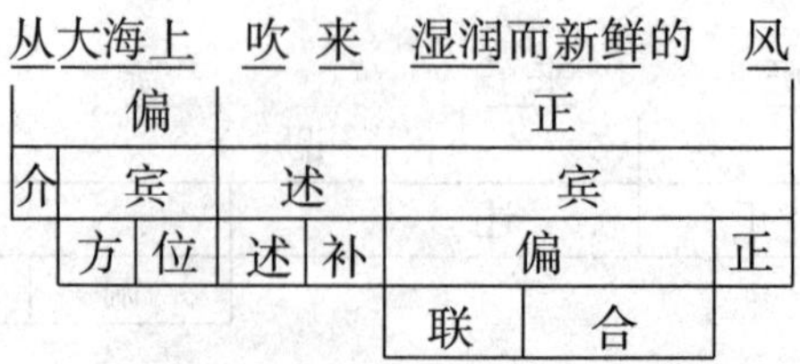

她	能不能	马上	报到	还是	一个	问题
主				谓		
主	谓			述	宾	
	偏		正	偏 正	偏	正
	联 合	偏	正		数 量	

（四）短语的多义性和歧义性

一个短语同时有两种或两种以上的意义就是多义短语，也叫歧义短语。形成多义短语的原因是语言结构有限，语义无穷，用有限的结构表达无穷的意思，就有可能产生同一结构表达多种语义内容的现象，即形成短语的多义性。使用层次分析法有助于分析多义短语的歧义性。

1. 多义短语的歧义性

主要表现在以下四个方面：

（1）结构关系方面

① 结构关系不同因而层次切分也不同

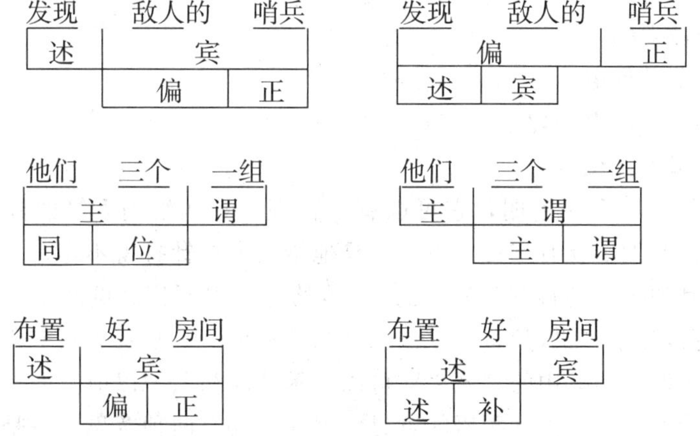

② 结构关系不同但层次切分相同

如“出租汽车”有两个意思：在“本公司出租汽车”中，它是述宾短语；在“他开着一辆出租汽车”里，是偏正短语。这两个层次切分都相同，但结构关系不同。又如：

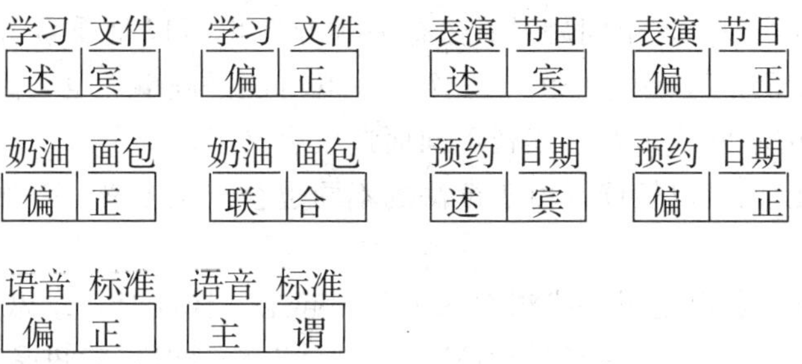

③ 结构关系相同而层次切分不同

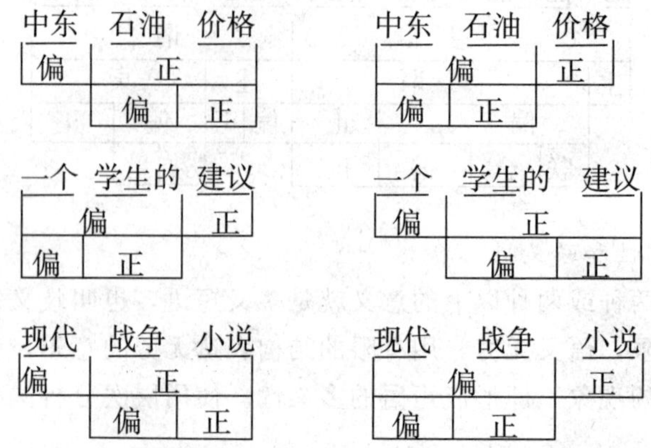

（2）因词语含义不明或语义关系不明而造成多义

例如：

① 他的针打得不疼

② 我去上课

③ 他原来住在这里

④ 来了一个烫发的

⑤ 他在车厢上贴标语

⑥ 有关领导应该严肃处理

⑦ 这个人谁都不认识

例①中“他的针”含义不明，它可以有三种理解：他给别人打的针，别人给他打的针，用他的针。因此例①就有三种意思：一是他给人家打针打得不疼，二是别人给他打的针打得不疼（给其他人打的针就疼），三是用他的针打得不疼。例②中的“上课”可以表示“听课”，也可以表示“讲课”。所以例②有两种意思：一是我去教室听别人讲课，二是我去教室给别人上课。例③中的“原来”可以表示“起初”、“以前”的意思，也可表示发现以前不知道的情况，含有恍然醒悟的意思。因此例③有两种意思：一是他以前曾经住在这里；二是真没有想到，他就住在这里。例④中的“烫发的”，可以指从事烫发职业的理发员，也可以指需要烫发的顾客，还可以指已经烫了头发的人。例⑤“在车厢上”的语义可以指“他”，意思是他在车厢上，他贴标语；“在车厢上”的语义也可以指“贴标语”，意思是他贴标语，标语在车厢上。例⑥中的“有关领导”可以是施事者，原例的意思就是“有关领导应该严肃处理（这个问题）”；“有关领导”也可以是受事者，原例的意思则是“应该严肃处理有关领导”。例⑦中的“这个人”既可能是施事，也么能是受事。

（3）因轻重音的不同或多音字读音不同而造成多义

一个词可以重读也可以轻读，由于读法的不同也会产生多义。例如：

我想起来了

“起来”重读时，意思是说“我想起床了”；“起来”轻读时，意思是说“（某一件事）我回想起来了”。“一个晚上就写了三封信”，当“就”轻读时，意思是说写得快，效率高；

当“就”重读时，则是说写得慢，效率低。

他爬过山没有

“过”字重读时，是个趋向动词，意思是问他翻越过这座山没有。“过”字轻读时，是个动态助词，意思是指他爬了山没有。

当然，这种因轻重音而产生的多义，只是在书面语里才会出现，在口语里是不会有歧义的。又如：

张三还欠款 5000 元

“还”有两个读音，读 huán 时，是动词，常作“归还”讲；读 hái 时，是副词，常作“仍旧、仍然”讲。上例究竟是说“张三归还欠款 5000 元”，还是说“张三仍然欠款 5000 元”？现实生活中有人曾因此发生经济纠纷，所以遇到类似的多音多义字，不能不慎重。

（4）因不同联想而造成多义

有些事物综合在一起有某种情况，还是分开来各有某种情况，由于各人的联想不同而产生了不同的理解。还有的是人们将已经说出来的部分同没有说出来的意思连起来理解而产生了歧义。例如：

公路桥的两侧还有两米多宽的人行道

“两侧还有两米多宽的人行道”，是两侧一共有两米多宽，还是两侧各有两米多宽？这类歧义在重要的文件里要特别注意避免。在清政府同德国签订的《胶澳租界条约》中有这样一段文字：

德国获得在山东境内修筑胶济铁路权，铁路沿线三十里内矿产开采权……

对“铁路沿线三十里内”，清政府解释为“铁路两侧共三十里”，德方解释为沿线每侧各三十里，两侧共六十里。像这种情况就必须加上必要的限制，使语言表达得更加准确。又如：

（今天吃饭，）大家一律不准用筷子

“不准用筷子”，是用手抓了吃或用刀、叉什么的，还是什么都不用，扑在碗里吃？人们产生哪种联想，会有什么样的理解，与他头脑中考虑的问题、掌握的材料等有关。类似的例子还有：

今天晚会女同志一律不准穿裤子（某单位的一则通知）

“不准穿裤子”，是只能穿裙子，还是什么也不穿？因各人的联想不同而造成了多义。

上面举的一些多义短语，大多是脱离了上下文的。在实际的语言运用中，其中有些短语在具体的语言环境中是不会产生歧义的。例如“研究方法”，在“这种研究方法十分重要”中只能是偏正短语；“我买了一个牛奶面包”中的“牛奶面包”，也决不会误解为“牛奶和面包”。“找到了叔叔的孩子”这个短语在“找到了叔叔的孩子我哭了起来”这句话中，是单义的，结构层次只能是：

找	到了	叔叔的	孩子
述		宾	
述	补	偏	正

在“我找到了叔叔的孩子”中也是单义的，结构层次只能是：

<table>
<tr><td>我</td><td>找</td><td>到了</td><td>叔叔的</td><td>孩子</td></tr>
<tr><td>主</td><td colspan="4">谓</td></tr>
<tr><td></td><td colspan="2">述语</td><td colspan="2">宾语</td></tr>
<tr><td></td><td>述</td><td>补</td><td>偏</td><td>正</td></tr>
</table>

当然，也有些多义短语进入句子后仍具有多义性，这就会产生歧义，造成误解，影响交际。这时就必须消除歧义，以便于思想的准确交流和信息的正确传递。

2. 消除歧义的方法

（1）注意语序的调整安排。如“告别师大的学生”可以改写为：A. 学生告别师大；B. 向师大的学生告别。

又如“安徽和江苏的部分地区遭受了水灾”可以改写为“江苏的部分地区和安徽遭受了水灾”。

（2）注意词语的换用或增删。如“厂长的问题”可以改写为：A. 关于厂长的问题；B. 厂长提出的问题。

又如“一个学生的建议”可以改写为：A. 一位学生的建议；B. 一条学生的建议。

再如“三个医院的领导”可以改写为：A. 三所医院的领导；B. 三位医院的领导。

（3）注意标点符号的运用和句式的变换。例如“他拿了本书出来交给我”可改成“他拿了本书，出来交给我”（加个逗号，变成了复句形式。“出来”不读轻声），或改成“他把书拿出来交给我”（这是“把”字句，“出来”念轻声）。

又如“他知道这件事不要紧”可改为“他知道这件事，不要紧”或“他知道，这件事不要紧”。再如“台上摆着酒席”可改为“台上正在摆着酒席”或“酒席摆在台上”。

上面所介绍的多义短语的类型和消除歧义的方法，都只是常见的几种，并非全部（多义短语还可以从另外的角度来分类，如偏正短语中的多义现象，动宾短语中的多义现象，联合短语中的多义现象等）。学习和掌握这一部分内容，对于我们分析语病、增强对语言的敏感、提高我们理解和运用语言的能力，都是十分有用的。

思考与练习

一、名词解释。

1. 短语。2. 自由短语。3. 不自由短语。4. 简单短语。5. 复杂短语。6. 同位短语。7. 兼语短语。8. “的”字短语。9. 层次分析法。10. 多义短语。

二、有人把实词与实词的组合叫做“短语”，把实词与虚词的组合叫做“结构”，你认为这样区分好不好？

三、有人给“连动短语”下了个排除式的定义：两个动词性词语连续出现，它们之间没有偏正、述宾、述补、主谓、联合、同位、兼语等关系，这就是连动短语。你认为这种定义好吗？为什么？

四、有人主张“坐在椅子上”不分析为介宾短语作补语，而分析为“坐在”带方位短语作宾语。你认为如何？说明理由。

五、当表示时间的数量短语在动词后面出现时，不容易区分是宾语还是补语，例如“住了一年”和“等了一年”。你有什么好办法来区分吗？

六、汉语由于词形变化少，如名词加名词，有可能是偏正、主谓不同的关系；动词加名词，也可能是动宾或偏正的关系，请举例说明这种语法现象。

七、有时，方位词跟名词组合，要判断是名词，还是方位短语，比较困难。例如：桌上、院内、树下、家里。你认为应该如何处理？

八、方位短语表示“条件”，是有限制的，例如：“在这样的情况下”、“在恶劣的条件下”、“在同学们的帮助下”、“在上级的正确领导下”。请分析出现的条件限制。

九、层次分析法对分化类似“修路”“汽车医院”“连校长都不认识”“大衣裹得严严的”这样的歧义短语有作用吗？为什么？

十、有人主张层次分析法应该分析到每个语素为止，你认为是否可行？为什么？

十一、有人认为名词的修饰语，如果带结构助词，带“的”不带“地”；动词和形容词的修饰语，如果带结构助词，带“地”不带“的”。你认为这种说法正确吗？为什么？

十二、指出下列短语的结构类型。

1. 住了一年　2. 予以严厉批评　3. 洗刷干净　4. 知道底细
5. 阳光灿烂　6. 进来歇一下　7. 文化教育　8. 分析研究
9. 坚强无比　10. 他中等身材　11. 凯歌阵阵　12. 他去比较适合
13. 态度和蔼　14. 富裕起来　15. 硕果累累　16. 热爱家乡
17. 十分壮丽　18. 喜欢清静　19. 走了一个　20. 通知你所认识的
21. 坚持下去　22. 读了三遍　23. 吃得很饱　24. 病虫害防治
25. 我们大家　26. 有人找你　27. 你们几位　28. 互相支援
29. 船长老李　30. 活跃学术气氛　31. 独立思考　32. 禁止大声喧哗
33. 体育运动　34. 春秋两季　35. 研究水平　36. 高兴得很
37. “山”这个字　38. 进京告状　39. 写文章做演说　40. 无比坚强
41. 伟大事业　42. 鼓励他学好功课　43. 国庆节那天
44. 战斗英雄黄继光　45. 叫河水让路　46. 迅速发展　47. 痛快极了
48. 非常谦虚　49. 摔跤这种运动　50. 称她为师姐　51. 史密斯先生
52. 打电话报警　53. 请他做东　54. 有决心搞好工作　55. 出去闲逛
56. 使人聪明

十三、指出下列哪些是定中短语，哪些是状中短语。

1. 严肃态度　2. 严肃纪律　3. 纪律教育　4. 教育市民
5. 市民情绪　6. 情绪激动　7. 激动高呼　8. 高呼口号
9. 口号内容　10. 内容激烈　11. 激烈论辩　12. 论辩口才
13. 口才一流　14. 一流水平　15. 水平一般　16. 联合阵线

十四、找出每个短语中的介宾短语。

1. 以民族英雄自居　2. 在家里读书　3. 被坏人袭击

4. 朝东走去　5. 自北京到上海　6. 将会场内外封锁

7. 走向自由民主　8. 这样做是为了友谊

十五、把下列句子中的“的”字短语用横线标示出来。

1. 要求于人的甚少，给予人的甚多。这就是松树的风格。

2. 边防检查站的马上会派有关人员去监察的。

3. 先进的要帮助落后的。

十六、指出下面句中定语的短语结构类和功能类。

恒心，是攀登高峰的通天梯。

虚心，是金色秋天的丰收者。

诚心，是友谊园里的艳丽花。

信心，是理想王国的信天使。

耐心，是获得甜果的自豪家。

真心，是秉公办事的执法官。

宽心，是健康长寿的灵芝草。

妒心，是身体内部的毒性瘤。

灰心，是时代洪流的淘汰者。

躁心，是前进路上的绊脚石。

私心，是走向深渊的大祸根。

十七、把下边并列的词语中的两项改为结构相同的短语。

1. （这篇文章）有内容，说理透。　2. （防止）遇水、潮湿。

3. （小组里）整治空气浓，团结得很好。　4. 站立山巅，面向四方。

十八、运用层次分析法分析下列复杂短语。

1. 革命战争年代的火热斗争生活　2. 矿山建设者的摇篮

3. 分析研究一下材料　4. 谁是最可爱的人

5. 一种新式的炊具电磁炉　6. 依靠群众的智慧和力量

7. 教学经验丰富的老年教师　8. 朝着四个现代化的宏伟目标前进

9. 研究高血压病人的饮食问题　10. 世界珍贵稀有动物熊猫的故乡中国

11. 浓浓的长长的眉毛和一双不大不小的眼睛　12. 高兴得老王跳了起来

十九、运用层次分析法分析下列多义短语。

1. 关于他的专题片　　2. 鲁迅和他的老师

3. 两个师大的学生　　4. 新职工宿舍

5. 热爱人民的军队　　6. 咬伤了他的狗

7. 看打乒乓球的中学生

二十、指出下列量词结构的小类。

1. 几十遍。2. 这册书。3. 开三枪。4. 三棵树。5. 哪些人。6. 每五人。7. 八百块钱。8. 多少两。

二十一、指出“不老歌”中三字短语的结构类和功能类。

起得早，睡得好；七分饱，常跑跑；多笑笑，莫烦恼；天天忙，永不老。

二十二、“他走了一个钟头了”这句话有两种解释：一是指他在路上已经有一个钟头，一是指他离开某地已经有一个钟头。这里的歧义是不是由于短语的多义造成的？

第四节 句子

一、句子及其特点

人们用语言交换意见，交流思想，使用的基本单位是句子。句子是语言的基本运用单位。在交际和交流的过程中，词和短语只能表示一个简单或复杂的概念，句子才可以表达一个完整的意思。正因为有了句子，人类的思维活动的结果、认识活动的成果才能记载下来，并加以巩固，使人类社会生活中的思想交流成为可能。

从语音上说，每个句子都带有一定的完整的语调。我们说话的时候，每个句子都带有特定的语调，表示某种语气，句与句之间有较大的停顿，在书面上用一定的标点（句号、问号、感叹号）表示出来。这些都由交流思想的需要来决定的。

从内容来说，一个句子表示一个相对完整的意思，能够完成一次简单的交际任务。例如，“昨天他”和“从北京回来了”都不能表达一个完整的意思，所以都不是句子；而“昨天他从北京回来了”却能表达一个完整的意思，就是一个句子。这里说的“完整”，指的是相对完整，或者说是语义上自给自足的完整。“一个语言片段，虽然只说了一种复杂的思想感情中的一点点，只要它本身站得住，听的人并不要求在这部分里补充什么，它还得算是完整”（张中行《词组和句子》）。

从内部结构来看，句子是由词或短语组成的。句子和词、短语是三级不同的语法单位，分属于不同的平面。句子是在实际交际中使用的单位，可以叫做语言的“使用单位”或“动态单位”，而词和短语只是造句的材料，不能直接用来交际，可以叫做语言的“备用单位”或“静态单位”。一个会说汉语的人，他脑子里储存有许许多多汉语的词。当他进行交际时，根据表达需要，从中选出适当的词，按照语法规则组成了句子。或者先把词组成词组，再组成句子。因此词、短语同句子的区别不在“量”上，而在于它们的性质不同。

人们使用句子进行交际，总要有特定的语言环境、特定的交际背景。这就是说交际总是在特定的时间、地点，在特定的对象之间进行的。因为有了语调，组成句子的词或短语所叙述的内容才同现实发生特定的联系。外边有人敲门，里边问：“谁?”外边回答说：“我。”这个“我”是个句子，带有语调，具体指代敲门的人。而词典中的“我”只是个词，不带语调，不限定某一具体的人。所以说，句子的最大特点在于它是人们用来交流思想的语言的基本运用单位。

二、句子的分类

可以从不同的角度、按不同的标准对句子进行分类。一般先从大的方面，从语言的结构角度，按句子的结构类型（句型），把句子分为单句、复句和句群。后再依据单句、复句和句群的内部结构和意义关系，再把它们分成不同类型的句子。

三、单句

单句是由词或短语充当的，有特定的语调，能独立表达一定的意思的语言单位。它是句子中最基本的语言使用单位，是不能再分出分句的句子。学习单句，要掌握以下内容。

（一）单句的句子成分

单句中，句子成分是句子结构的组成成分。组成句子的词或短语在句中处于不同的位置、不同的层次，并组成不同的结构关系。不同的结构关系就定出不同的句子成分。另外，句子除了少数由词构成的以外，几乎都是由短语构成的，所以短语中有什么成分，句子中一般也有什么成分。

句子成分包括句子的一般结构成分和特殊结构成分两种。句子的一般结构成分有主语、谓语、动语、宾语、定语、状语、补语、中心语等，句子的特殊成分有提示成分和独立成分等。

1. 主语和谓语

汉语句子多数由主语和谓语两个部分组成。主语和谓语是相互依存的两个成分，两者之间具有被陈述和陈述的关系，主语是谓语陈述的对象，指出谓语说的是谁或什么；谓语是对主语加以陈述的，说明主语怎么样或是什么。通常主语在前，谓语在后。

从结构上说，主语和谓语之间的联系比较松散。这主要表现在以下两点上：

第一，主语和谓语之间可以有停顿，主语后边还可以有语气助词“啊、吧、么、呢”。例如：

这条狗呢，把它弄死好了。

第二，只要不引起误解，主语就可以省去不说。例如：

朦胧中听见广播说，到了奉节。开头省了“我”，“到”前省了“船”。

分析句子成分时，用“‖”把主语和谓语分开，“‖”之前是主语，之后是谓语。当主谓短语作其他短语的成分时，主语下面画“=”，谓语下边画“—”。例如：

优秀的科学家‖必定是某种程度的狂人。

不会做小事的人，‖也做不出大事来。

她‖性格和蔼。

(1) 主语的构成

主语可分名词性主语与谓词性主语。

① 名词性主语

主语由名词性词语充当，名词性词语包括名词、数词、名词性的代词和名词性短语，多表示人或事物。作为被陈述的对象，在句首能回答“谁”或者“什么”等问题。这种句子可以叫名词主语句。例如：

A. 龙须沟啊，‖不是坏地方。（名词）

B. 前面‖围着一圈人。（方位名词）

C. 九‖是三的三倍。（数词）

D. 明天这个时候，我们‖就可以走出戈壁滩了。（代词）

E. 院子里‖静悄悄的。（方位短语）

F. 今天晚上‖特别冷。（定中短语）

G. 顽强的毅力‖可以征服世界上任何一座高峰。（定中短语）

H. 一米‖等于三尺。（数量短语）

I. 观众们‖在两旁，一个个‖看得眼花缭乱。（名词，数量短语重叠）

J. 他们几个‖一阵风似地跑过来。（同位短语）

K. 粮食、棉花‖丰收了。（联合短语）

L. 小型的‖比大型的好得多。（“的”字短语）

汉语的主语（以及宾语）缺乏形态标志，主语和谓语的关系也比较松散，有时主语后头有停顿或出现语气词，如上面A句，因此，分析主语和谓语，只从形式上的语序和语义上的施受关系来考虑。主语和谓语相对，谓语以动词为中心时，要考虑动词所陈述的对象是不是施事、受事。拿句首表示时间和处所的词语来说，可以作陈述的对象，也就是作主语，如例B、F和例E。如果动词前还有表施事、受事的名词性词语作陈述对象，那么时间、处所词语就成为状语了，如例D的“明天这个时候”。又如：

又高又密的树枝上，鸟儿叫得正欢。

某些词语用作主语，一般要求有一定的语言环境点明它所指称的人或事物。例I的数量短语靠上文点明是指人，例L“的”字短语的意义也是靠下文点明的。

② 谓词性主语

主语也可以由谓词性词语充当，谓词性词语包括动词、形容词、谓词性的代词、动词性短语、形容词性短语（含主谓短语）。这是以动作、性状或事情作陈述的对象，这种句子可以叫谓词主语句。例如：

A. 笑‖是具有多重意义的语言。（动词）

B. 骄傲‖是无知的产物。（形容词）

C. “这样‖行不行?”“这样好。”（代词）

D. 信不信‖由你。（动词联合短语）

E. 公正廉洁‖是公职人员行为的准则。（形容词联合短语）

F. 拆台‖比搭台容易得多。（动宾短语）

G. 他不参加‖也好。（主谓短语）

H. 请他作报告‖已经不是个新事儿了。（兼语短语）

I. 认真地学习外语‖是对的。（状中短语）

J. 学习得认真‖是应该的。（述补短语）

K. 去北京查资料‖很必要。（连动短语）

L. 两国总统互访‖意义重大。（主谓短语）

名词性主语后头的谓语在词性上不受限制，只要语义能搭配，可以用各种谓词性词语充当。而谓词性主语句（含主谓主语句）的谓语不是这样，它总是由非动作性谓词（判断动词、形容词等）充当。

③ 主语的意义类型

依据作主语的词语和作谓语的词语之间的语义关系，主语有：

A. 施事主语

主语表示发出动作、行为的主体，是动作的发出者。主谓关系指的是一种结构关系，施受关系则是主语所指的事物跟动词所表示的动作之间的语义关系。如：

猫‖捉老鼠。

我‖去北京了。

狼‖咬死了羊。

两只水鸟‖在水草边梳理那耀眼的羽毛。

B. 受事主语

主语表示承受动作、行为的客体，也就是动作、行为所涉及的对象。例如：

这本书‖看完了。

衣服‖洗干净了。

羊‖被狼咬死了。

那本书‖我还没看完。

这里的受事是广义的，只要从意义上看可以认为是动作、行为所针对的对象，包括动作的承受者、结果和对象，都是受事。

C. 当事主语

主语表示非施事、受事的人或事物。例如：

小妹‖只掉了几滴眼泪。

我们‖跑丢了一只猫。

这件事‖不能怪他。

这个买卖‖你是怎么当的家？

当事主语值得注意，其中的谓语或谓语中心有时用及物动词，有时用不及物动词，后面一定有宾语，主宾之间语义上有领属关系。这种主语有时像施事。其实，这里的主语只是跟动作有关联的当事，宾语才是施事。也因此，这种句子的宾语可以移到动词前做主语或主语中心，例如“我们的猫跑丢了”。但是不能删去宾语而只用当事主语，否则句子不能成立或者改变了原义。

谓语不用动词而用形容词、名词的句子，其主语也属于当事主语。如：

只生一个孩子‖好。

远近高低‖各不同。

（2）谓语的构成

谓语主要由动词、形容词或谓词性短语（含主谓短语）充当，一些代替动词或形容词的代词、名词或名词短语、数词、数量短语等也可充当谓语。这里只作简单介绍，具体参见后面的主谓句中的相关内容。

① 动词或动词性词语经常作谓语，主要叙述主语的动作、行为或变化。在主动句中

说明主语作什么动作，在被动句中说明主语受到什么动作。“是”、“应该”等非动作性动词主要用来判断、说明主语的类属或说明能够怎样、应当怎样、愿意怎样等。例如：

客人‖来了。

人类‖早就幻想飞向太空。

耐心和恒心‖总会得到报酬的。

她‖唱得优美、动听。

轮船‖在江面上缓慢地行驶着。

带双宾语的动词短语和连动、兼语短语也可作谓语（参见后面“宾语”和“几种特殊的句式”）。

② 形容词或形容词性词语作谓语，主要用来描写主语的性状，说明主语本身怎么样。例如：

树叶‖绿了。

这个地方‖凉快。

她‖对人很热情。

他‖高兴在脸上，我‖高兴在心里。

他‖已经累得精疲力竭了。

③ 代替动词或形容词的代词可以直接作谓语。如：

那边情况‖怎么样？

你‖怎么啦？

④ 名词或名词性词语作谓语，一般用于说明天气、日期、籍贯、事物数量、价值、年龄等简短的句子。有些名词短语作谓语则是描写人物的容貌或说明事物的情况、价值等。如：

今天‖冬至。（节令）

鲁迅‖浙江人。（籍贯）

他‖七十岁了。（年龄）

三本，‖一块钱。（价钱）

三七‖二十一。（数量）

她‖大眼睛，长头发。（容貌）

⑤ 主谓短语作谓语，如：

这件事‖我知道。

他‖身体健康。

这部影片，‖观众有不同的意见。

他们俩‖手拉着手。

江南的夏夜，‖蛙声如潮。

这书‖一本两块钱。

⑥ 谓语的意义类型主要看谓语对主语的作用。可以分为三大类。

一类着重于叙述，叙述主语所做的或与主语有关的一件事情，这主要由动词性词语充当。

一类着重于描写，即描写主语的性状，这主要由形容词性词语（这里包括形容词性的主谓短语）充当。例如“天气很凉，垦殖过的草地斑斑秃秃的”，“他脸色阴沉，神态严肃”。

一类着重于判断说明，例如“鲁迅是浙江人”，又如“荷叶，是小青蛙的摇篮”，即说明主语的类属或情况。

谓语的意义类型跟谓语的词性不完全对应。例如谓语动词主要是叙述主语的动作行为的，但是由“是”、“有”、“像”等非动作动词组成的谓语只是用来判断说明主语的情况。例如“知识就是力量”、“你啊，真有本事”、“她像一只受惊的小鹿”、“她的眼光好像一把利剑”，这些句子只是作出解释、肯定具有、表示比喻等等，而不是叙述一个活动、一件事情。

2. 动语和宾语

动语是支配、涉及后面宾语的成分。动语和宾语是共现共存的两个成分，句内有宾语，就必有动语，有动语就必有宾语。

（1）动语的构成

动语由动词性词语构成，例如：

A. 山坡上下来两个打柴的。（动词）

B. 我们相互交流过学术观点（动词）

C. 你们要学好用好祖国的语言文字。（联合短语）

D. 他终于露出笑容。（述补短语）

E. 她临走前交代下几句话。（述补短语）

F. 她昨夜哭湿了一个枕头。（述补短语）

动语可以由动词单独充当，这类动词通常是及物动词，只有存现句（见后面有关内容）中，动词或动语中心语可以是不及物动词。一般来说，动词或动语中心语若不是及物动词的话，则这动词或动词中心语要带上补语后才能带宾语，因为这里的宾语只跟补语发生某种语义联系，如例 F 就是这方面的例子。

形容词不能带宾语，但是兼属动词的形容词就能带宾语。例如：

多一个铃铛多一声响，多一支蜡烛多一分光。

小枝只小我一岁，是独生女。

知识能够满足人的需要和社会的需要。

（2）宾语的构成

宾语是相对于动语中的动词而言的，它在动词的后面，表示人、物或事情，是动作所支配、关涉的对象。宾语跟主语相似，也分名词性宾语和谓词性宾语两种。例如：

A. 他在修改论文。（名词）

B. 这间客厅有二十平方米。（数量短语）

C. 我买了吃的，玩的，用的。（的字短语）

D. 观察、体验、研究、分析一切人、一切阶级、一切群众、一切生动的生活形式和

斗争形式、一切文学与艺术的原有材料。（联合短语）

E. 有成就的人理应受到尊重，但是她却受到伤害，这不能不使我感到惊奇。（动、动、形）

F. 教育成功的秘密在于尊重学生。（动宾短语）

G 最有效的防御手段是攻击。（动词）

H. 谁说女子不如男？（主谓短语）

其中，A、B、C、D 是名词性宾语，E、F、G、H 是谓词性宾语。

谓词性词语作宾语，只能出现在能带谓词性宾语的动词后面，这类动词叫做谓宾动词，如“觉得、认为、希望、企图、建议、提议、允许、加以、给以”等。只能带体词性宾语的动词叫做体宾动词，如“买、驾驶、修理、学习、洗、写”等。

除了动词能带宾语外，有的动词加上补语构成的动词性短语也能带宾语。例如：

这一年秋季，她们学会了射击。

它冲出人群，一溜烟似的跑了。

坐着，躺着，打两个滚，踢几脚球，赛几趟跑，捉几回迷藏。

（3）宾语和动语的语义关系

从广义上说，宾语一般是动语支配的对象，但宾语和动语之间的语义关系很复杂，最常见的有以下几种：

① 受事宾语

宾语是动作、行为的直接支配、关涉的人或事物，包括：

动作的承受者，如：割麦子　打落水狗

动作的对象，如：告诉大家　感谢你

动作所产生的结果，如：做出成绩　考了 100 分

② 施事宾语

宾语是动作、行为的发出者、主动者，可以是人或自然界的事物。例如：

来了一位客人　走漏了消息　　出太阳了　荷叶上滚着水珠

高粱抽穗儿了　天上飘着白云　一锅饭吃十个人

这种句子的动词一般是不及物动词，动词后通常带动态助词或补语等才容易独立成句。这种宾语如果由于语用的需要（改变话题或语境）可能移位到动词前，充当主语，例如：

客人来了　太阳出来了　白云在天上飘着

③ 当事宾语

宾语既不是施事，也不是受事，可以借助不同的变换式来辨认，如：

结果宾语：盖房子（盖成房子）

处所宾语：回南方、坐车上（回到……、在……上坐）

时间宾语：熬夜、过中秋节（在……里熬着、在……时过）

工具宾语：编柳条、喝小杯（用……编/喝）

方式宾语：存活期、寄航空（用……的方式存/寄）

原因宾语：避雨、缩水（因……而躲避）

目的宾语：交涉过财产问题（为……而交涉）

类别宾语：他当班长，我是学生（他是班长）

存在宾语：那里有鱼（鱼在那里）

其他宾语：上年纪、出风头上面括号里用加字变换法来测试宾语属于哪类，但不是没有例外的。

(4) 宾语和主语的异同

宾语和主语相同的是能做主语的词语都能做宾语。不同的是，宾语和主语不在一个层次上，宾语是对动语而言的，主语是对谓语而言的。动语和宾语之间是动宾关系，主语和谓语之间是主谓关系。在动词谓语句中，主语和宾语的分别是看它们在句子中的位置，动词前边的是主语，动词后边的是宾语。如“我看他”中，从表面上看，动词“看”前面有主语，后面有宾语，前后都好像处在同一层次上。其实，主语“我”是和谓语“看他”发生主谓关系，宾语“他”则是和动语“看”发生动宾关系。由此可见，主语和宾语并不处在同一层次上。

3. 定语

(1) 定语及其构成

名词性短语里中心语前面的修饰语是定语，定语和中心词的关系是偏正关系（定语+中心语）。大多数实词短语都可以作定语，如区别词、形容词、名词、代词、数量短语、主谓短语等。例如：

冰雪世界　神奇色彩　男演员　一片绿洲　微型电脑　人多的地方

戴眼镜的老汉　总理仔细地听取了（李四光）的理论要点

动词、形容词前边的修饰语，如果是由名词、人称代词或名词性词组充当的，这样的修饰语也是定语。例如：

（这个人）的逝世，对于欧美战斗着的无产阶级，对于历史科学，都是不可估量的损失。

（街上）的冷清使她的声音显着特别的清亮，使祥子特别的难堪。

(2) 定语与中心语的语义类型关系

定语和中心语的语义关系，主要描写性定语和限制性定语两大类。

① 描写性定语一般能回答“什么样的”问题，其作用主要是描绘人或事物的性质、状态，突出其中本来就有的某一特性，使语言更加形象生动。描写性定语多用形容词性成分充当，例如：

青春气息　　壮丽的故宫　绿油油的庄稼

弯弯曲曲的小河　如飞的火车　风平浪静的港湾

② 限制性定语一般能回答“哪一种或哪一类”的问题。其作用主要是给事物分类或划定范围，使语言更加准确严密。这种定语越多，中心语所指的人或事物的范围就越小。一般说来，名词性词语、动词性词语和区别词做定语多是限制性的，表示人或事物的领有者、时间、处所、环境、范围、用途、质量、数量，等等。例如：

石头房子 颐和园的湖光山色 冬季的阳光

野生动物 驮炊具和行装的骆驼 一块桦树皮

在限制性定语里，有一种是表同一性的。例如：

为谁服务的问题是一个原则问题。

讲解员解说着黄土高原变成肥沃良田的远景。

同一性定语和中心语之间是同一关系，所指内容一致。如果把其间的结构助词“的”换成“这个”，整个偏正短语就转化为同位短语。

除专有名词前的描写性定语外，有些描写性定语也有限制作用，例如“绿油油的庄稼”里的“绿油油”，在描写状态的同时，也起限制范围的作用。

(3) 定语的成句作用和位置

① 定语的成句作用

有时候，定语还能满足结构的需要，甚至有成句的作用。有些词，特别是表抽象事物的词，需要带上一定的定语，才可作主语或宾语。例如在“尽最大努力、已经作了种种努力、争取更大光荣”里，若不用定语，就不能构成动宾短语。有一些作主语、宾语的词需要加上定语，以表示确指，句子才能成立。例如：

你放得下（这儿）（这样好）的地方吗？

她有（一双）（大）眼睛。

② 定语的位置

定语一般在名词的前边。有时为了强调、突出定语，定语还可以有下面两种位置：

一是把定语放在句首（也叫前置定语）。如：

（一双）（大）眼睛，她有。

二是把定语放在句尾。如：庄稼，绿油油的。

前置定语和后置定语，都可以回归于名词的前边，而基本不影响语意的表达。

(4) 定语的标志

结构助词“的”是定语的标志。“的”的作用主要表现在两个方面，一是区别偏正关系与其他关系，一是强调前面词语的修饰性、领属性和描写性。定语和中心语的结合，有一定的灵活性：有的加“的”，有的不加“的”，有的可加可不加，有的加了之后语法关系和语义上会有不同。加不加“的”主要在于定语的词类。单音节形容词作定语，通常不加“的”，如“红花”、“好主意”。双音节形容词及形容词重叠式作定语，常常加上“的”，如“优良的传统”、“高高的个子”、“漂漂亮亮的书包”。名词作定语，有的不加“的”，有的要加“的”，如“电话号码”、“语文老师”、“昨天的报纸”、“校园的景色”。表人称代词、动词、短语作定语时，一般都要加“的”，如“你的书”、“喝的水”、“质量好的产品”。

有时候加不加“的”影响定语的性质和意思。如“中国朋友”与“中国的朋友”，加“的”表领属关系，不加“的”表性质、属性。“中国历史”与“中国的历史”，加“的”增加了前面词语的修饰性。“三斤鲤鱼”与“三斤的鲤鱼”，前者表计量，鲤鱼共有三斤；后者表描写，指一条重三斤的鲤鱼。

(5) 复杂定语

名词前边如果有几个定语，或虽然只有一个定语，但其内部结构复杂时，定语就复杂起来了。这种定语我们称之为复杂定语。复杂定语主要有以下三种类型：

① 多项递加定语

几个定语递加在名词前边，几个定语之间没有修饰、限制的关系，它们都可以分别、单独地修饰、限制后面的名词。例如：

碧蓝的天空挂着一轮金黄色的圆月。

句中的“一轮”和“金黄色”之间没有修饰、限制的关系，它们可以分别修饰限制“圆月”，即可以说成“一轮圆月”，也可以说成“金黄色的圆月”。

② 短语定语

短语定语是指由短语充当的定语。这是一种单项定语。它的结构形式可用（ab）x来表示，其中a和b分别表示短语中的两个直接成分，x表示名词。例如：

一位教师的建议。

“一位”和“教师”之间有修饰限制的关系，“一位教师”能够组合，而且“一位”只能直接同“教师”发生关系，不能直接同“建议”发生关系。

在一般情况下，根据短语定语的这个特点，我们就不难把多项定语和短语定语区别开来了。如上面两个例句：

“（一项）（教师）的建议”与“（一位）教师的建议”，前一句是多项递加定语，“一项”和“教师”之间没有修饰限制的关系，它们不能组合，没有“一项教师”的说法。它们可以分别作名词的定语（可以说“一项建议”，也可以说“教师的建议”）。后一句名词性的偏正短语作定语，“一位”与“教师”之间有修饰限制关系，且“一位”不与“建议”组合。

③ 综合式复杂定语

多项定语和短语定语同时用在一个名词前边，这时定语的结构就更加复杂了。例如：

（他）（对朋友）的态度很真诚。

（它们）（那种）（不畏风霜）的姿态却使人油然而生敬意。

这是（一次）（十分困难）的飞行。

从大的方面来看，三个句中的“态度”、“姿态”、“飞行”前边的定语都是多项递加定语，其中又分别包含了“对朋友”、“不畏风霜”、“十分困难”这样的短语定语。

复杂的多项定语有一个排列次序的问题。按汉语的习惯，同性质的定语在句子里的先后次序大致是（多层定语从离中心语最远的词语算起）：表领属或时间、处所的名词、代词或名词短语在最前面，数量词在第二位，动词或动词短语在第三位，形容词或形容词短语在第四位，表性质、质量的名词在第五位。例如：

（他）（那件）（新买）的（羊皮）大衣。

他们是（我校）（两位）（有三十多年教龄）的（优秀）（语文）教师。但有时也有灵活性，如数量短语和指量短语的位置就比较灵活：

（一个）（最大）的苹果　（最大）的（一个）苹果

（那位）（穿运动鞋）的男生 （穿运动鞋）的（那位）男生

语序是汉语的一种重要的表达手段。如果不注意多层定语的排列顺序，就有可能造成表达不清甚至表达有误。

4. 状语

（1）状语及其构成

状语是谓词（动词、形容词）性短语里中心语前面的修饰语，状语和中心语之间是偏正关系（状语＋中心语）。状语表示谓词的时间、处所、方式、条件、对象、数量、范围等。例如：

妈妈［高兴］地点点头。（表性状）

石拱桥［在世界桥梁史上］出现得比较早。（表范围）

［任何景物中］，她都能发现美。（表条件）

［在回家的路上］，我看见了一个外地人。（表处所）

状语多由副词充当，还可以由时间名词、能愿动词、形容词（特别是表示状态的形容词）充当；介词短语、量词短语、部分指示代词、疑问代词和其他一些短语也可以做状语。例如：

［非常］快乐 ［明天］回来 ［快］走 ［老地方］见

［可以］休息 ［这么］办 ［怎样］回答 ［从自习室］来

［一个一个］地进去 ［十分激动］地表示

［眼神呆滞］地望着 ［满怀信心］地说

状中短语的中心语主要由谓词及谓词性短语充当。

（2）状语与中心语的语义类型关系

状语与中心语的关系，也分为限制性和描写性两类。

① 限制性状语

主要用来表示时间、处所、程度、否定、方式、手段、目的、范围、对象、数量、语气等。如上文中的“［明天］回来、［老地方］见、［这么］办、［从自习室］来”等例子。

② 描写性状语

主要是用来描写中心语的状态、情态等的状语，如上文中的“［非常］快乐”、“［眼神呆滞］地望着”、“［满怀信心］地说”等例子。

（3）状语的标志

结构助词“地”是状语的标志。但有的状语后不能加“地”，有的必须加“地”，有的可加可不加，情况也很复杂：

代词、表时间、处所的名词和介词词组充当的状语不加“地”。

副词，特别是单音节副词也不加“地”。在特别强调时，双音节副词后才能带“地”，如“非常地及时、格外地高兴”。

谓词性短语、名词性短语作状语，大都要加“地”，如“不住地说”、“有计划地提高”、“形式主义地看问题”。

形容词作状语，有的要加“地”，如“慢腾腾地走”；单音节形容词作状语，则不能加“地”，如“快跑”、“大干”、“轻放”、“重敲”；有的可加可不加，如“慢慢地说”、“慢慢说”。加上“地”有偏重描写动作情态的意味，因此在强调时，常常加“地”。

(4) 状语的层次

状语同定语一样，也有层次问题。当一个中心语前有几个状语时，就形成了多层状语。多层状语从离中心语最远的词语算起，一般的次序是：(A) 表时间的，(B) 表处所的，(C) 副词，(D) 形容词或动词，(E) 表对象的。例如：

许多代表［昨天］［在休息室里］［都］［热情］地［同他］交谈。

(5) 句首的时间、处所词语作主语还是作状语的辨别

句首表示时间、处所的词语作主语还是作状语，这一直是语法学界争论不休的问题，也是语法教学的难题之一。这里从以下几个方面来进行分辨。

时间、处所的词语是被描写、判断、说明或评议的对象，作主语。如：

昨天是星期天。

北京是我们中国的首都。

在含有被动意味的句子里，句首时间、处所词语在意义上受后面谓语动词的支配，是谓语陈述的对象，作主语。如：

昨天的时间被浪费了。

墙上被挂满了字画。

有些谓语动词，是说明时间、处所本身的动作或变化的，这时时间、处所词语是谓语陈述的对象，作主语。

在表示事物存在、出现或消失的句子（即“存现句”——后面“几种特殊的句式”中有专门介绍）里，句首的处所词语可以作主语。

存现句里时间词语作状语。

主谓句句首的时间、处所词语作状语。这类时间、处所词语的位置往往可以移到主语后面去。

表时间、处所的介宾短语在句首一般作状语（上面第四种情况中所说那种被判断的表处所的介宾短语除外）。

5. 补语

(1) 补语及其构成

补语是动词、形容词短语里中心语后面的补充成分，用来说明动作、行为的结果、状态、趋向、数量、时间、处所、可能性或者说明性状的程度、状态等，回答“怎么样”、“多久”、“在什么地方”等问题。

补语常由谓词性词语、数量短语和介词短语、代词“怎么样”、副词“很”和“极”等充当。如：

洗〈干净〉　　跑〈累〉了　写〈完〉　　叫〈醒〉。

睡〈在床上〉　好〈极〉了　舒服得〈很〉

他‖带〈走〉了所有的书。

天上‖飘〈过来〉几朵白云。

道静的心‖突地动了〈一下〉。

我们‖在路上走了〈三天〉。

他们‖谈得〈怎么样〉?

(2) 补语与中心语的语义类型关系

从意义上看，对中心语来说，补语意义类型主要有：

① 结果补语

补语表示动作本身所达到的状态或产生的结果，如“写完”中的“完”是补语，是说“写”这个动作已经处于“完”的状态。它和表示结果的宾语不同，表示结果的宾语是动作产生出来的具体产品，如“写文章”中的“文章”。

充当结果补语的是动词或形容词，常用的动词有“倒、翻、病、死、见、懂、成、完、透、会、给”等，一般常用形容词都可以作结果补语。例如：

这个字写〈错〉了。

他很伤心，哭〈肿〉了眼睛，心也哭〈硬〉了。

一到时间，你可得叫〈醒〉我。

结果补语在结构上同中心语结合得很紧，中间不能加入别的成分，动态助词“了、过”等只能放在补语后面。

② 趋向补语

补语用在动词的后边，表示动作的方向或事物随动作而活动的方向，由趋向动词充当，例如：

跑〈来〉　拿〈出去〉　换〈回去〉

“起来、下去”也可以用在形容词后边作补语，表示引申意义。如“好起来”表示开始变好，“坏下去”表示继续变坏。

“坐了下来”和“坐下来了”不一样。“坐了下来”的“了”是动态助词，表示“坐”的动作已经完成。“坐下来了”的“了”是语气词，表示发生了变化，由“没坐下来”变到“坐下来”。

带趋向补语的动词词组还可以带宾语。例如：

我背〈上〉背包，跟通讯员走了。

一切都像刚睡醒的样子，欣欣然张〈开〉了眼。

上两例的补语都是由单纯趋向动词充当的，宾语在补语的后边。如果补语是由合成趋向动词充当的，宾语的位置有三种：

第一种　动词＋趋 1 趋 2＋宾语。例如：

拿〈出来〉一本书

第二种　动词＋宾语＋趋 1 趋 2。例如：

拿一本书〈出来〉

第三种　动词＋趋 1＋宾语＋趋 2。例如：

拿〈出〉一本书〈来〉

③ 可能补语

补语表示可能或不可能。这种补语的中心语主要是动词，也有少数是形容词。肯定式中带有“得”，表示可能，否定式中带有“不”，表示不可能。例如“看得见”的意思是能看见，“看不见”的意思是不能看见。

可能补语可以看成是由结果补语、趋向补语加上“得”、“不”变换来的。因此带“得”的格式有可能表示两种意思。以“写得好”为例，可以是：第一，表示可能，能够写好；第二，表示结果，写的结果是好的。我们可以从提问形式和答话的否定形式看出两种结构的不同。见下表：

写得好	结果补语	可能补语
否定式	写得不好	写不好
扩展式	写得很好	写得不好？
疑问式	写得好不好	写得好写不好？
意义上	能够写好	写的结果是好

可能补语还有另一种格式，就是在动词、形容词后面加上“得”表示可能，加上“不得”表示不可能。例如：

一片吃〈得〉，整个的自然也吃〈得〉。

这人你可小看〈不得〉！

和尚动〈得〉，我动〈不得〉？

④ 情态补语

补语表示由于动作、性状而呈现出来的情态，中心语和补语之间一定要有结构助词“得”。补语可以是单个的谓词，也可以是各种谓词性的短语。例如：

后来全镇的人们几乎都能背诵她的话，一听到就厌烦得〈头痛〉。

讲的人讲得〈眉飞色舞〉，听的人听得〈津津有味〉。

他高兴得〈眼泪都流出来〉。

一阵凉风吹得〈他连打了几个寒战〉。

有时，补语前不用“得”而用“个、得个”，如“雨下个不停、他说个没完、闹得个满城风雨”。用“得”字的补语在一定的语境中可以省略，例如：

瞧你急得！

看他那头发乱得！

你看她的脸红得！

⑤ 程度补语

补语表示程度，它用在形容词或表示心理活动的动词后面。充当程度补语的主要是两个程度副词，一个是“极”，后边一定有语气助词“了”；另一个是“很”，前边一定有结构助词“得”。例如：

陈然高兴〈极〉了。

院子里凉爽得〈很〉，干净得〈很〉。

程度补语还能由“些、一些、点、一点”等来充当。例如：

两壶热茶喝下去，他心里安静了〈些〉。

雕像者说："还要贵〈一点〉。"

⑥ 数量补语

数量补语表示数量，包括下面三种：

第一种是由包含有动量词的数量词组来充当，表示动作的次数。例如：

彼此又推让〈一回〉，田家到底也不要郭全海的马。

为了她自己的孩子，她嫁过〈两次〉。

第二种是由表示时量的数量词组来充当，用来表示动作持续的时间。例如：

我在北京住了〈三年〉了。

他看了〈一上午〉的电视。

⑦ 时间、处所补语

补语多用介宾短语来表示动作发生的时间和处所。

由介词"于、在"组成的介宾短语来充当。例如：

这座桥修建〈于公元六〇五年左右〉，到现在已经一千三百多年了，还保持着原来的雄姿。

老王站〈在桥上〉看风景。

由介词"到"加表时间的词语组成的介宾词组，表示动作持续到什么时间。例如：

盼〈到十一点半钟〉，天色转白，我不由喊了句："走吧！"

参见下表：

补语意义关系类型

补语名称	表意作用	肯定式补语的例子	否定式补语的例子	有无标记"得"
结果补语	表动作结果	吃完	无	无
情态补语	表状态	讲得眉飞色舞	无	都有
程度补语	表程度	好极了、好得很	无	只有"很"必有
趋向补语	表趋向	拿来、拿出、拿出书来	无	无
数量补语	表动作次数、表动作时量	看一次、看他一次，看了一星期	无	无
时地补语	表时间、表地点	生于1950年、住在广州	无	无
可能补语　可能结果补语可能趋向补语	表动作可能性表能否得到结果表可能和趋向	吃得（能吃）、吃得完、看得出来	吃不得（不能吃）、吃不完、看不出来	这个"得"不是助词，而是表可能

(3) 补语与宾语的辨认

补语、宾语都位于动词后，一般说来，补语是谓词性成分，宾语多数是名词性成分。

但是宾语也可能用谓词性成分，补语可能用表示时段的名词性成分，此外宾语和补语都可以用量词短语充当，由于这种种原因，就有个补语和宾语的划界问题。划分补语和宾语，可以从以下几方面考虑：

第一，看关系。“喜欢安静”和“考虑清楚”都是“动＋形”。前者的“安静”可以回答“喜欢什么”的问题，是宾语，是“喜欢”所支配的对象，有动宾关系。后者的“清楚”不可能回答“考虑什么”的问题，只能回答“考虑得怎么样”的问题，是“考虑”的结果补语，有中补关系。此外状态补语之前会用“得”字，而某些动词含语素“得”，像“获得丰收、取得胜利、觉得好看、心情显得很沉重”，中间的“得”字是构词成分，不是助词。

第二，看成分的词性。量词短语里如果用物量词，一般是宾语；如果用动量词，就是补语。例如“看几本”和“看几遍”，前者“几本”是宾语，后者“几篇”是补语。

第三，某些表示时间的成分既可能作补语，也可能作宾语，而作宾语时往往可以变换成“把”字句。例如“他浪费了两个钟头”和“他干了两个钟头”，前者可以变换成“他把两个钟头浪费了”，其中“两个钟头”是宾语；后者不能这样变换，其中“两个钟头”是补语。

（4）补语和宾语的顺序

补语和宾语都在动词后面，两个成分同时出现时，就有个排列顺序问题。补语和宾语的位次有三种情况：

① 先补后宾

补语在宾语前，这是最常见的顺序。例如：

我在八里之外，就闻〈到〉香味了。（结果补语＋受事宾语）

我哪里猜得〈到〉他们的心思！（可能补语＋受事宾语）

我们走〈进〉了李大师的画室。（趋向补语＋处所宾语）

这时候邻屋里走〈出来〉一位大妈，打量了我一下。（趋向补语＋施事宾语）

他扫了一〈眼〉那个小孩。（数量补语＋受事宾语）

他回了一〈趟〉家。（数量补语十处所宾语）

② 先宾后补

补语在宾语后，这很有限制。例如：

我们在机场等了你〈好几个小时〉！（限于代词、指人名词宾语＋数量补语）

他去过昆明〈两次〉。（处所宾语＋动量补语）

陈老五劝我回屋子里〈去〉。（处所宾语＋趋向补语）

给我拿一支铅笔〈来〉。（受事宾语＋趋向补语）

③ 宾在中间

宾语在两个趋向补语中间，这时算两层补语，例如“拿出书来”的“来”是“拿出书”这个中心语的补语，“出”是“拿”的补语，属不同层次。

从上述情况可以看出，动量补语和宾语的语序有两种，代词宾语必须放在动量补语前，名词宾语有时有不同位置。趋向补语和宾语可能有三种语序。单音趋向补语里，只有

“来、去”可以放在宾语前面或后面，其余在宾语前面。两个趋向动词做补语时，用第③式的最常见，第①式也用得较多，只有第②式少见。如果宾语表处所，就只能用第③式。

6. 中心语

中心语是偏正（定中、状中）短语、中补短语里的中心成分。在有多层定语或状语的偏正短语里，每一层定语或状语所修饰的中心成分都是中心语，因此有的中心语是短语，有的是词。中补短语里的中心语也如此。最后一层中心语即中心词可叫“中心”，如主语中心是指主语里的中心词，余可类推。

中心语根据同它相对的成分的不同可分为四种：定语中心语、状语中心语、补语中心语和动语中心语。

（1）定语中心语

定语中心语是指与定语配对的中心语，通常由名词性词语充当，如“学术界的主要注意力”一语里，两层中心语都是名词性的。谓词性词语也可以做定语中心语。例如：

经济的振兴要靠科学技术。

要始终十分重视智力的开发。

放纵的结果是孩子的堕落下去。（“堕落下去”是述补短语做定语的中心语）

（2）状语中心语

状语中心语是指与状语配对的中心语，通常由谓词性词语充当，例如：

他已经来了。

但在名词谓语句里，状语中心语可以由名词充当。例如：

现在已经深秋了。

屋子里就我们俩。

台湾海峡狭窄处才135千米。

（3）补语中心语

补语中心语是指与补语配对的中心语，通常由动词或形容词充当，也可以由短语充当，例如“粉刷装修得很好看”、“自命不凡得厉害”、“惊慌失措得像个孩子”、“吊死在一棵树上”。

（4）动语中心语

动语中心语是以动词为中心的短语，这种短语有三种情况：一是偏正关系中状中关系中的中心语，如“狠狠地打”这个动语中的“打”就是中心语。二是中补关系中的动词是中心语，如“爬起来”这个动语中的“爬”就是中心语。三是动语中心语前有状语后有补语，如“大笑三声”这个动语中的“笑”就是中心语。

这里要注意的是，我们在对句子成分进行分析时，一般是把定语中心语作为主语或宾语，把状语中心语、补语中心语和动语中心语作为谓语对待的。

7. 独立成分

句子的独立成分又叫独立语。句子里的某个实词或短语，与它前后别的词语没有结构关系，不互为句子成分，但又是语意上所必需的成分，这就是独立语。

独立语在句中的位置比较灵活，可以添加在句首、句中或句末，以适应表达的需要。

从表意上看，独立语主要有以下四种：

（1）插入语

插入语的作用是使句子严密化，补足句意，或引起听话者的注意。插入语的作用主要有：

① 有的插入语用来加强语气，通常用“毫无疑问、不可否认、不用说、十分明显、主要是、特别是”等。例如：

毫无疑问，周恩来同志必将作为伟大的无产阶级革命家而载入史册。

“吹面不寒杨柳风”，不错的，像母亲的手抚摸着你。

不用说两个人的劲头都绷得像梆子戏上的琴弦。

说实在的，这些成绩全是大家的。

老实说，她更瞧不起你。

不错，八股文章中国有，外国也有，可见是通病。

这种埋头做事、不动脑筋的人，简直是——说得不客气一点——跟牛马一样。

② 有的表示对情况的推测和估计，口气比较委婉，通常用“看来、算起来、我想、充其量、少说一点”等。例如：

山里的人看来谁都懂得打猎的道理。

其间耳闻目睹的所谓国家大事，算起来也很不少。

大婶，说不定，我们这几天就要开到前线去。

就算这么做，那充其量也只能使出三十部犁呗，三十部犁又挡什么事？

我看樱花，往少里说，也有几十次了。

看起来，我们有些同学，对于语言和言语的分别，还不理解。

③ 有时说话者为了引起听话人的注意，或希望听话人接受自己的观点，通常用“请看、你看、你瞧、你说、你听着”等。例如：

一个女子，你记着，不能受两代人的欺侮。

事情明摆着，你看，我们能不管吗？

你听，这些孩子的嘴多巧！

你瞧，这西瓜多诱人。

④ 有些是表注释、补充或总括意义的，通常用“也就是、包括、便是、正如、总之”等。例如：

我那时并不知道这所谓的猹是什么东西——便是现在也没有知道——只是觉得状如小狗而很凶猛。

总而言之：我将不能常到百草园了。

（2）称呼语

称呼语用来称呼对方，引起对方的注意。例如：

“你放着吧，祥林嫂！”四婶慌忙大声说。

王亮，你等等我呀！

昌林哥，玉翠嫂子，你们两位同意不？

（3）感叹语

感叹语表示惊讶、感慨、喜怒哀乐等感情和应答等。例如：

哎呀呀，是你呀，快进来。

嗯，我这就走。

唉，你也太沉不住气了。

好，就这样决定！

啊呀，天，你长得多结实啊！

这些感叹词如果加上了感叹号，就成了非主谓句，是一个独立的句子，而不是独立语了。

（4）拟声语

拟声语用于模拟事物的声音，给人以真实感，以加强表达效果。例如：

砰，砰，砰，外面有人在敲门。

呼——呼——狂风夹着沙石扑来了。

8. 提示成分

提示成分也叫复指成分。它与独立成分一样都附于句子，不能离开句子而独立，又不能组成句子的直接成分。常见的提示成分主要有两种：

（1）称代式提示成分

一个词或短语在句子前头，后面的句子里头用一个代词来指称它，这就是称代式提示成分。指代词可以在句中作主语、宾语或定语。例如：

青岛，这是一座美丽的海滨城市。（主语）

国家的统一，人民的团结，国内各民族的团结，这是我们的事业必定要胜利的基本保证。（主语）

最了解我的人是你，我的好朋友。（宾语）

我们常常想念他，敬爱的胡老师。（宾语）

那位远方来的客人，他的到来给我们带来了欢乐。（定语）

（2）总分式提示成分

先总说，然后分说，分说部分的主语与总说部分是复指关系，这就是总分式提示成分。有两种情况：

① 总说为提示成分，例如：

他们夫妻俩，一个是司机，一个是售票员。

孩子们，有的在唱歌，有的在跳舞，有的在做游戏。

全村农民，有的在割麦，有的在插秧，有的在从事别的劳动。

姚志兰和吴天宝，一个是电话员，一个是火车司机。

② 分说为提示成分，例如：

参加比赛的有三个队：中国队、美国队、日本队。

修车的、卖菜的、补鞋的——一下子来了许多个体户。

文科有五个系：中文、历史、哲学、经济、新闻。

这里有三种人：同意的、反对的、中立的。

（二）单句的句型

单句句型是指单句句子的基本结构模式，它是按句子的结构特点划分出来的类别。在语言交际中，句子的数量无限，表意千差万别，但句型的数量却是有限的。掌握了一定的句型，并且根据有关的规则，填入某些功能相同的词语，就能够产生出新的句子来。句型既然是句子的结构类型，那么一切与句子的句法结构无关的因素都不应该影响句型的确定。这些因素包括：

句子的语气、语调、口气以及语气词不影响句型的确定。例如："小王走了。""小王走了?""小王走了啊!""小王走!"这几个句子都是主谓句。

句子中的特殊成分不影响句型。例如："说真的，我很生他的气。""我认识小王，你的那个好朋友。"这两个句子都是主谓句。

句子的倒装不影响句型。例如："你回来了?"与"回来了，你?"都是主谓句。

句子的扩展不影响句型。例如："玫瑰花开了。"与"张三家的院子里的玫瑰花开了。"也都是主谓句。

句型系统是有层次的。单句这个句型又可分为主谓句、非主谓句两种下位句型。主谓句又可分为四类：名词谓语句、动词谓语句、形容词谓语句和主谓谓语句。非主谓句也可分为四类：名词非主谓句、动词非主谓句、形容词非主谓句和叹词、象声词非主谓句。确定某个具体的句子的句型时，必须逐层进行，从第一层开始，一直到最小的基本句型。例如"班长带领我们学文件。"这个句子的句型是单句、主谓句、动词性谓语句、动宾谓语句。具体如下：

1. 主谓句

由主语和谓语两个成分构成的单句叫主谓句。谓语是句子结构的核心，因此对主谓句下位句型的划分，主要的依据是谓语的功能。根据谓语的不同，主谓句可以分成以下四个小类：

（1）名词谓语句

由名词和名词性短语充当谓语的句子是名词谓语句。现代汉语中，名词充当谓语是有条件的。名词谓语表示对主语的判断和说明，一般限于口语里的肯定句，用来说明时间、天气、籍贯、年龄、数量、容貌等。例如：

今天三月五日。(日期)

明天冬至。(节令)

昨天阴天。(天气)

鲁迅浙江人。(籍贯)

二五一十。(数量)

她大眼睛，长头发。(容貌)

老人七十三岁了。(年龄)

两本，一块钱。(价钱)

名词和名词短语前边加上"是"，就变为动词谓语句。否定时一定要加"是"，如"昨天晴天”——“昨天不是晴天。”

（2）动词谓语句

由动词和动词性短语充当谓语的句子是动词谓语句，动词谓语对主语起叙述作用，叙述动作的发展、变化等。

① 动词谓语句的常见形式是：动词后面还有宾语、补语或动态助词。例如：

检查将近结束时，屋内的电话铃响了。（动词）

我国的石拱桥几乎到处都有。（动词）

我买了一辆自行车。（动宾谓语句）

他放下行李走过来跟我说了几句话。（连动谓语句）

老李找了几个帮手挺能干。（兼语谓语句）

② 以能愿动词为中心词的动词词组作谓语表示评价。例如：

他不敢再动了。

③ 以动词“是”为中心语的动词短语作谓语表示判断，宾语可以是体词性的，也可以是谓词性的。例如：

这少年便是闰土。

母亲最大的特点是一生不曾脱离过劳动。

④ 以动词“有”为中心词的动词短语作谓语主要表示领有和存在。例如：

苏州园林里到处都有假山和池沼。

动词谓语句在日常交际中占有很大的比重，是汉语的常见句型。

（3）形容词谓语句

由形容词和形容词性短语充当谓语的句子是形容词谓语句，形容词谓语是说明主语的性质或状态的。如：

天晴了。

这孩子老实憨厚。

单个形容词作谓语表示事物恒久的属性，是静态的，常用作比较或对照。例如：

这间屋子大，那间屋子小。

形容词作谓语常用复杂形式。状态形容词作谓语时加“的”，如

风轻悄悄的。

小手胖乎乎的。

性质形容词作谓语时，则要常常加上程度副词、某些语气副词等作状语、补语。例如：

她很能干。

听了这句话，我高兴极了。

（4）主谓谓语句

由主谓短语作谓语的句子是主谓谓语句，主谓谓语是用来说明或描述主语的。这是汉语特有的一种句式。为了说明的方便，我们把全句的主语叫大主语，主谓短语的主语叫小主语。主谓谓语句有下列几种类型：

① 大主语是受事，小主语是施事，全句的语义关系是：受事‖施事—动作。

例如：

A. 这件事‖大家都赞成。

B. 任何困难‖他都能克服。

C. 一口水‖他都不喝。

D. 这包肉丸子，‖你拿回去熬白菜。

E. 大家的事情‖大家办。

大主语可以说原来是谓语里的一个成分，由于表达的需要，移位到句首当主语。例 D 谓语里连用两个动词，大主语只跟其中一个动词有动作和受事关系。

② 大主语是施事，小主语是受事，全句的语义关系是：施事‖受事—动作。

例如：

A. 你这人，‖锤把都没摸过。

B. 他‖什么酒都尝过。

C. 他‖任何困难都能克服。

D. 他‖一口水都不喝。

E. 我‖暖水瓶也灌了，书桌也整理了。

这种句子的受事有时有周遍性（指所说没有例外），有时表列举的事物，如例 E。有周遍性的受事，可能前面有任指性词语，后面有“都”或“也”相呼应，有往大里夸张的意味，如例 B、C；或者用“一”和“不、没有”相呼应，有往小里夸张的意味，如例 D。

第①种句子和第②种句子有的能互换，但不一定都能互换，如例①A 不能换用为第②种格式，例②A 也不能换用为第①种格式。

③ 大主语和小主语之间具有领属关系或整体与部分的关系。小主语是大主语特性的某一侧面，通过这一侧面对大主语进行说明或描述。例如：

A. 沙漠地区‖空气干燥。

B. 他‖身材很高大，两眼炯炯有神。

C. 国庆节那天，‖天气特别好。

D. 领导和群众‖心连心。

这种句子的小谓语，有一些可以跟大主语和小主语同时发生语义联系，如果不用小主语，句子也能成立，如例 A；有一些跟大主语没有直接的语义联系，如果删去小主语，句子就不能成立，例如 C、D.

④ 大主语是关涉的对象，前面暗含一个介词“对、对于、关于”等。大主语前若加上介词，就变成句首状语。谓语中有时用代词指代大主语。例如：

这部影片，大家有不同的看法。

拉丁语，我知道的很少。

这三个问题，我们讨论了两个。

⑤ 谓语里有复指大主语的复指成分。例如：

A. 一个边防军人，‖他时刻准备着为边关奉献一切。

B. 这孩子，‖我也疼他。

C. 咱们俩‖谁也别忘了谁。

例A的小主语和例B的宾语是大主语的复指成分。例C谓语里的两个“谁”是任指用法，但是它的指代范围受大主语限制住，只能指其中的任意一个，这可以看成类似复指的成分。

以上的主谓谓语句里的小谓语是动词语或形容词语，其实还有用名词语的，这多见于口语短句，只有肯定形式，可以随语境而出现省略了的动词，例如：

对虾‖一对多少钱？（一对要多少钱｜一对花了多少钱）

大家‖一人一包。（一人得一包｜一人给一包）

三个人‖一人一件大衣。（一人给一件大衣｜一人买一件大衣）

主谓谓语句是凭结构定的类名。因为它是汉语里很有特点的一类句型，而且这种句子的类型越来越多，使用频率也越来越高，放在一起谈便于了解它的特点。若照功能分类，它应归入谓词谓语句，即按小谓语的词性来分类，小谓语是动词的，归动词谓语句，小谓语是形容词的，归形容词谓语句。小谓语是名词的，由于这种谓语名词有表述性，有的又能加状语，这种句子的否定形式必定是动词谓语句。

2. 非主谓句

分不出主语和谓语的单句叫非主谓句。它由主谓短语以外的单词或短语形成。这类句子有些要在一定的语境中才能独立成句。可以分为以下几类：

(1) 名词非主谓句

由一个名词或名词性词组形成。例如：

1949年春天。上海外滩。（说明时间、地点）

多么美丽的画面啊！（表示赞叹）

蛇！（表示突然发现的事物）

小王！（表示呼唤、称呼）

杏花，春雨，江南。（用于景物描写）

(2) 动词非主谓句

由一个动词或动词性词组形成。这种句子通常用来说明自然现象、生活情况等，有的是口号。例如：

上课了。

已经下班了。

禁止停车！

打倒霸权主义！

来人！

有些兼语句也是非主谓句。例如：

有人在外面喊你。

使祖国富强！

(3) 形容词非主谓句

由一个形容词或形容词性短语形成。这种句子通常用来说明对事物的简单判断或评价，用来表达说话人的态度和感情。例如：

行！

糟糕！

太棒了！

好漂亮哟！

安静点吧！

(4) 叹词句和象声词非主谓句

由一个叹词或象声词形成。

叹词非主谓句有表示呼唤、应答、问答的“喂!”“哎呀!”“哦!”等；有表示愤怒、鄙视、斥责的“哼!”“呸!”等；有表示感叹、喜悦、高兴的“啊!”“哈哈!”“哇噻!”等。

象声词非主谓句主要是模拟声音，如：“哗啦!”“轰隆隆!”“辟里啪啦!”“稀里哗啦!”

(三) 单句的句式

单句句式是根据单句的局部特点或标志划分出来的句子类型，它比较集中地体现了现代汉语句子的结构特点以及语义表达上的特色。句式在句法、语义、语用上都有一定的特殊性。句式不同于句型，它们有联系，也有区别，是两个不同的概念。对句式的分析离不开句型，句式是在句型的基础上总结出来的，它是根据部分句子在表达上的特点加以归纳的结果；句型则概括了所有的句子，从其结构上的特点加以归纳的结果。因此，某种特殊句式完全可能属于不同的句型。

现代汉语常见的句式主要有以下几类：

1. 连谓句（也叫连动句）

(1) 连谓句及其构成

由连动短语充当谓语或独立成句的句子叫连谓句。连谓句内部的几个谓语都是陈述同一个主语的，一般都遵循时间顺序排列，它们之间的语义关系主要有以下几种。例如：

我拉开门走了出去。（表先后发生的动作）

我举双手赞成。（前后表方式和目的关系）

他俩拉着手不放。（从正反两方面说明一件事）

大家听了很高兴。（后一性状表前一动作的结果）

他看书看累了。（前后表因果关系）

(2) 连谓句的特点

① 几个动词共用同一个主语，或者说每一个动词结构都可以和同一个主语分别构成主谓关系。如：

你马上乘车来见我。（你马上乘车＋你来＋你见我）

② 连用的动词或动词性短语之间不能有语音停顿，书面上不能有逗号隔开。例如：

"我走过去，拉开门，走了出去。"就不是连动句，而是一个承接复句。

③ 连用的动词或动词性短语之间没有关联词，也没有分句间的逻辑关系，否则就是紧缩复句。例如："他一来就开始干活"，"你有意见就说出来"这两个句子都不是连动句。

连谓句在谓语部分连用两个或两个以上的动词或动词性短语，共一个主语，删除了一些成分，且没有停顿，因而跟其他句式相比，连动句显得简洁、精练、经济、连贯。

2. 兼语句

(1) 兼语句及其类型

由兼语短语充当谓语或独立成句的句子叫兼语句。根据兼语短语前一动词的语义，兼语句大致可以分为以下三种：

① 前一动词有使令意义，能引起一定的结果，常用动词有"让、叫、派、催、命令、促使、发动、组织、鼓励、禁止"等。例如：

你叫他回来。

我喊她参加会议。

微笑使你年轻。

② 前一动词是表示赞许或责怪的及物动词，它是由兼语后面的动作或性状引起的，前后谓语有因果关系。常用动词有"喜欢、担心、称赞、感谢、爱、恨、嫌、骂、夸"等。例如：

我们夸他是个好孩子。

我感谢你告诉我这个消息。

他埋怨我没给他办成这件事。

③ 前一动词用"有"、"轮"等表示领有或存在等。例如：

他有个哥哥在北京工作。

他有个妹妹很能干。

村外的黄土路上有人在走。

有人找你。(非主谓句)

轮到你值班了。(非主谓句)

此外，兼语句和连谓句可以出现在同一个句子里。例如：

连长去请指导员来接电话。

鲁迅先生派人叫我明天早晨打电话托内山先生请医生看病。

(2) 兼语句跟主谓短语作宾语的句子的区别

兼语句跟主谓短语作宾语的句子形式上相似，因此要注意分清。例如：

A. 我们派小吴去北京。

B. 我们知道小吴去北京。

A 句是兼语句，B 句是主谓短语作宾语的句子。两者的区别是：

① 停顿处和加状语处不同。在第一个动词后，A 句不能有停顿，不可加状语；主谓短语作宾语的 B 句可以。如"我们知道・小吴・去北京"，"我们知道・小吴・［明天］去北京"。

② 第一个动词的性质不同，支配的对象不同。兼语句的动词多有使令意义，如A句中的“派”，支配的是人，不是一件事。主谓短语作宾语的句子的动词一般是认知、感知意义的动词，无使令意义，支配的是一件事，而不是一个人，如B句中的“知道”。

3. 双宾语句

(1) 双宾语句及其构成层次

一个动宾短语再带一个宾语的句子叫双宾语句，也或说是谓语中心语后面先后出现两种宾语的句子。我们一般把紧靠动词的宾语叫近宾语，不紧靠动词的宾语叫远宾语。双宾语句的双宾结构，由以下三块线性词语组成两个层次，如下图所示：

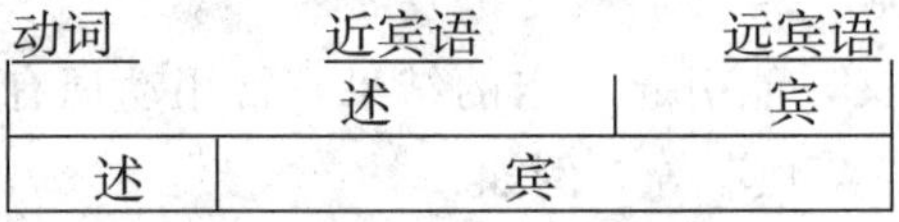

<table>
<tr><td>动词</td><td>近宾语</td><td>远宾语</td></tr>
<tr><td colspan="2">述</td><td>宾</td></tr>
<tr><td>述</td><td colspan="2">宾</td></tr>
</table>

例如：

他给我两本书。

我问他哪种方法好。

母亲教给我许多生产知识和革命道理。

大家叫他胖子。

我问你一个问题。

(2) 双宾句的特点

① 构成双宾语句的动词大体上有三类：一类有给予义，一类有取得义，一类有认定义。

A. 具有给予意义的动词，表示事物由甲传递给乙。如“送、给、赠、卖、告诉、奖、递、输、还、赔、付、通知、指示”等。这些动词后面大多可以加“给”。例如：

单位奖他一万元。→奖给他一万元。

这个时期母亲教给我许多生产知识。

将走的前几天，他叫我到他家里去，交给我一张照片。

B. 具有取得意义的动词，表示事物由乙传递给甲。如“收、取、买、偷、拿、调、抢、骗、赢、赚、扣、收、要”等。这些动词后面大多不可以加“给”。例如：

商场收他十块钱。(√) 收给他十块钱。(×)

C. 具有认定意义的动词，表示抽象信息的传递，或是某种称呼的认定、给予。如“骂、夸、教、教导、问、询问、告诉、责怪、嘱咐、当、叫”等。例如：

我告诉你一个好消息。

我们叫她老班长。

宋老师教我们《现代汉语》。

② 近宾语一般指人，回答“谁”的问题，靠近动词，中间无语音间歇，常由简短的代词、名词充当；远宾语一般指事物，回答“什么”的问题。例如：

你给了我很多帮助。

我借他十块钱。（“向他借”和“借给他”）

他告诉我今天停电。

他捐给希望工程一百万元钱。

远宾语也可指人。如“大家叫她祥林嫂”。这种情况比较少。

③ 双宾语句有的可变换为非双宾语句同义句，多数用介词将指物宾语提前，例如：

A. 伯父昨天给我两本书。（双宾语句）

伯父［把（那）两本书］给了我。（非双宾语句，其中“两本书”加“那”变成有定事物）

B. 王老师教过我们语文。（双宾语句）

王老师教我们的语文。（非双宾语句）

C. 大家叫她祥林嫂。（双宾语句）

大家［把她］叫做祥林嫂。（非双宾语句，把近宾语提前）

这种情况也叫宾语离位，宾语离位后的句子都不再是双宾语句。只有动词后头先后出现近宾语和远宾语，才是双宾句。

要注意“学校分配给他新房子”也不是双宾句，因为“给他”是介词短语做补语（也可变为状语），只有“新房子”是“分配”的宾语。“他买了书和笔”也不是双宾句。

4. 存现句

存现句是表示什么地方存在、出现或消失了什么人或物的句子。句子的主语是表存在的处所名词，宾语是存现的主体。

（1）存在句：表示什么地方存在什么人或物。动词后一般加助词“着”，有时也用“了”。宾语一般是带有数量短语的定中短语，也不排斥其他定中短语或名词。存在句可分为动态和静态两种。

① 表示动作的进行，是动态存在句。例如：

屋顶上飘着一面红旗。

外头下着雨。

嘴里嚼着口香糖。

② 表示动作的完成或状态的持续，是静态存在句。例如：

门口站着一个人。

桌子上有三本书。

村子东面是一片麦田。

静态存在句和动态存在句的区别在于三点：

第一，动词本身有无动作性。如“是”、“有”这两个动词没有动作性，只能构成静态存在句。

第二，动词是否可以从动作转化为状态。如静态存在句里的“着”能够被“了”替换。例如：

门口站着一个人。→门口站了一个人。

黑板上写着字。→黑板上写了字。

第三，两者的变换式不同。如：

门口站着一个人。(√) 一个人站在门口。(√) 门口正在站着一个人。(×)

外头下着雨。(√) 雨下在外头。(×) 外头正在下着雨。(√)

(2) 出现句：表示什么地方出现了什么人或物。例如：

河对岸飘来阵阵歌声。

他的脸上露出了幸福的微笑。

(3) 消失句：表示什么地方消失了什么人或物。例如：

山梁上隐去了落霞的余晖。

水溪边，顿时少了女人们的踪迹。

西天抹去了最后一缕红霞。

出现句和消失句动词后一般加助词“了”或趋向补语。

5.“是”字句

(1)“是”字句的含义

由判断动词“是”构成的句子叫“是”字句。

(2)“是”的位置和“是”字句的作用

①“是”字放在主语、谓语之间，有多种作用：

A. 表示事物等于什么或属于什么。例如：

我们的目的是发展生产。

我是安徽人。

巴金是作家。

B. 表示事物的特征、质料、情况。例如：

中国人是黑头发。

这一年，人家是丰年，我是歉年。

C. 表示物的存在。例如：

到处是庄稼，遍地是牛羊。

教室前面是操场。

这类句子的主语一般是表示处所的名词。

D. 表示事物之间的关系、联系。例如：

一份盒饭是二十五元钱。

他仍然是一身农民打扮。

那时我们是小米加步枪。

E. 表示比喻。例如：

长征是宣言书，长征是宣传队，长征是播种机。

母亲啊，你是荷叶，我是红莲。

6.“把”字句

在谓语动词前用介词“把”引出动作行为的受事，并对受事加以处置的一种主动句式。

“把”字句的主语是动作行为的施事。例如：

你把房间收拾一下吧！

武松把老虎打死了。

他一直把头低着，不说话。

“把”字句又叫处置句，因为这种句式中的谓语动词对“把”所引进的动作受事具有某种处置作用。所谓处置，是指谓语动词对“把”字所介绍的对象施加某种积极影响，使它产生某种结果，发生某种变化，或处于某种状态。如“我把嗓子喊哑了”一句中，“喊”的结果是“哑”，这就是处置；“了”字表示事态发生了变化。因此，与一般的动词谓语句比较，“把”字句的作用主要是突出、强调“把”引出的词语及其产生的结果或状态。

“把”字句的结构特点：

一是动词前后总有别的成分，动词一般不能单独出现，尤其不能出现单音节动词。通常后面有补语、宾语、动态助词，至少也要用动词的重叠式。例如“把书放在桌子上”、“把地种上庄稼”、“把茶喝了”、“把信带着”、“把情况谈谈”。或者是动词前面有状语，例如“别把脏水到处泼”。但是如果动词是动补型双音节词，就可以单独出现，例如“不要把直线延长”。韵文中可以不受上述限制，例如可以说“夫妻双双把家还”。

二是“把”的宾语一般说在意念上是有定的、已知的人或事物，因此前面会带上“这、那”一类修饰语。例如“把书拿来”、“把那支铅笔带上”。说“把书拿来”时，这书是确定的某一本书或某些书。如果用无定的、泛指的词语，常是泛说一般的道理，例如“不能把真理看成谬误”、“把一天当做两天用”。

三是谓语动词一般都有处置性，就是动词对受事要有积极影响。因此，不及物动词、能愿动词、判断动词、趋向动词和“有、没有”等不能用来做谓语动词。没有处置性的动词比较少见，例如“一出门槛，便把慰问对象忘个一干二净”、“只把目录看了一遍”。

四是“把”字短语和动词之间一般不能加能愿动词、否定词，这些词只能置于“把”字前。例如不能说“他把青春愿意献给家乡的建设”、“我们把困难敢踩在脚下”、“我把衣服没有弄坏”、“为什么把这消息不告诉他”。不过熟语性句子有例外，例如“怎能把人不当人呢”。

有时候，“把”的介引成分跟动词没有多少语义上的联系，而是跟动补短语有联系，整个短语用来说明使介引成分怎么样。例如“把眼睛哭肿了”、“我的故事把在座的朋友都讲哭了”。

“把”字句“把”后的宾语多数可以看作动词的受事，但也有不少把字句“把”后的宾语不是谓语动词的受事，如“他的话把我的心凉了半截”、“这件事把他怕成那样了”，这两句中的“我的心”、“他”不好说是受事。

跟“把”意思相同的介词还有“将”字，多用于书面语。如“将革命进行到底”、“他们将这个可怜的孩子卖给了人贩子”。

7.“被”字句

谓语动词前用介词“被”引出动作行为的施事，或将“被”直接附于动词前以表示被动的句子。它是一种特殊的被动句。

"被"字句的主语是动作行为的受事。例如：

自行车被他骑走了。

老虎被武松打死了。

口语中，常用"叫"、"让"、"给"等代替"被"表被动，但"叫、让、给"后的动作施事不可省。例如：

书给他拿走了。

杯子叫我给打碎了。

他让坏人给骗了。

介词"被"后的动作施事可以省。例如：

大楼被炸倒了。

晚会被取消了。

书面语中，表被动的有"为……所"、"被……所"的固定格式，这是古汉语的遗留形式，一般只在书面语中使用。例如：

为情所惑。

不被人所理解。

新的软件系统为广大用户所关注。

"被"字句是以受事为陈述对象，表示被动，用以强调、突出动作行为及其对受事产生的结果的。如"小偷被大家抓住了"，句意强调的是"抓住了"这个结果意味。

"被"字句过去一般表示不如意、不希望发生的事情，但现在它的使用范围扩大了，表如意的事也可用被字句，如"被表扬"、"被选为班长"。

"被"字句的结构特点：

一是谓语动词是及物的动作动词。如上几例中的"骑"、"打"、"录取"都是动作性极强的及物动词。并且动词后面也大多有补语、宾语或别的成分。被字句的动词要求比把字句宽泛些，部分心理动词、认知动词也可进入被字句的谓语部分。如："小李被小王喜欢上了"、他的行踪被特务知道了"、"他的意图被我感觉到了"。

二是主语所表示的受事也必须是确定的，如可以说"那本书被他拿走了"、不能说"一本书被他拿走了"。

三是能愿动词和表否定、时间等的词只能放在"被"字前。如："他没有被困难吓倒"、"这件事已经被人传出去了"、"山上的小树都被砍光了"。

这里说"被"字句的主语表示受事，是就最常见的情况说的，其实其中也有表间接受事的。例如"他家被黄鼠狼叼走了两只小鸡"，丢了鸡也是他家的遭遇。

8. 倒装句

一般说来，汉语句法结构中，各句子成分的位置比较固定，它们是按一定的顺序排列在一起的。如主语在前，谓语在后；定语或状语在前，中心语在后等。各句子成分处于通常位置上的句子是常式句。在语言表达中，有时为了强调、突出某一句子成分或者为了变换句法而颠倒原有语序的句子叫倒装句。

倒装句也叫变式句。颠倒了的成分可以恢复到原来位置，而且句意不变。

倒装往往是说话人情绪激动时，要强调的部分先脱口而出，然后再追补原来应该先说的部分，因此表达重心在前置的部分，而后置的部分则带有申述或追补的意味。

常见的倒装句主要有以下几种：

(1) 主谓倒置：主语在前，谓语在后，这是汉语最基本的语序。有时为了强调、突出谓语，或者是由于说话急促，先把重点说出，然后追加主语，就把谓语放置在主语的前面，构成倒装。这种现象常见于疑问句、祈使句和感叹句。例如：

多威风啊，仪仗队！

怎么了，你？

起来，不愿做奴隶的人们！

(2) 定语、状语后置：定语、状语在中心语前，这是正常的语序。有时为了强调、突出定语或状语，也会把定语、状语移到中心语之后，构成倒装。这种现象常在一些写景抒情的散文中出现。例如：

我们曾经和党内机会主义倾向作斗争，左的和右的。

如果我能够，我要写下我的悔恨和悲哀，为子君，为自己。

他走上了领奖台，慢慢地，羞怯地。

后置的定语、状语大都是联合短语。这往往是为了突出，或者是为了调整语序，使语句显得简洁。

9. 省略句

在一定的语言环境中，为了语言的简练，常常会省去一些不言自明的成分，这种现象叫句子成分的省略，有省略现象的句子叫省略句。如口语中，有人问“你吃饭了吗?”答：“吃了。”这句答话就省略了主语“我”。

省略句对语言环境的依赖性很大，离开了特定的语言环境，省略就不清楚，会影响句意的表达。常见的省略主要有两种：

一种是对话中省略。作为交际双方面对面的言语活动，一问一答，最容易省略。例如：

甲：你从哪儿来?

乙：(我从) 街上 (来)。

甲：(你) 买了什么东西?

乙：(我买了) 一袋饼干、三包方便面和一本杂志。

二是上下文中省略。在某些篇章话语中，依靠上文或下文提供的信息而省略某个成分。

依靠上文省略的叫承前省略。例如：

老王只有一个儿子，(儿子) 在外地工作，(儿子) 不常回来。

李丽在北京读书，杨洋也在 (北京读书)。

上海的夏天比烟台 (的夏天) 热多了。

依靠下文省略的叫蒙后省略。例如：

(我们) 展望未来，我们对前途充满信心。

（他）话还没说完，他就匆匆忙忙地走了。

要注意省略句与非主谓句的区别：

从语境条件上看：省略句离开了一定的语言环境，意思就不明确；非主谓句不需要依赖什么语言环境，如“禁止吸烟!”在任何情况下，对任何人，都只能理解为提出某种要求，意思非常明确。

从结构特点上看：省略句中，省略的成分都可以确定地补出来，具有还原性，而且只有一种可能性。非主谓句在结构上是独立的，完整的，不必补上什么，也无法确定地补上什么句法成分，没有可还原性。

从词性上看：非主谓句只有名词非主谓句，动词非主谓句，形容词非主谓句，叹词、拟声词非主谓句。因此代词、数量词、副词等是不能单独构成非主谓句的。

从修辞作用上看：非主谓句除了常常用于特定环境外，还经常用于抒发强烈的思想感情。

（四）单句的句类

句类是按照句子的语气划分出来的类别。每一个句子都有贯穿全句的语调，不同的语调表示不同的语气。

句类不同于句型，语气是决定句类的因素。根据句子表达语气的不同，可以分为以下四种：

1. 陈述句

陈述句是用来陈述事情，表示陈述语气的句子。一般用降调，书面上句末用句号表示，并且句末常用表陈述语气的语气词“的”、“了”、“呢”、“罢了”等加强语气。例如：

北京是中国的首都。

昨天我在步行街买了一件衣服。

我不愿意去的。

它的翅膀还在动呢。

没什么，只是心情不好罢了。

陈述句有肯定的陈述，例如：“他是共青团员”。有否定的陈述，例如：“你这样做不对”。有强调的陈述，例如：“是我搞错了”。“这本书是好看”。有委婉的陈述，例如：“这样做恐怕不太好”，“这件事没有谁不知道。”

2. 疑问句

疑问句是用来提出问题，表示疑问语气的句子。语调多数是上升的，句末用问号。

从表达意思上看，疑问句包括有疑而问和无疑而问两大类。按照结构特点，疑问句可以分为特指问句、是非问句、选择问句和正反问句。

（1）特指问句：发问的人用疑问代词“谁”、“什么”、“怎么”、“哪”、“哪儿”等提出疑问点，要求对方针对这些疑问点做出回答，这种问句叫特指问句。语调可升可降，句末常用语气助词“呢”，也可用“啊”，但不能用语气词“吗”。例如：

刚才，四老爷和谁生气呢？

今天星期几？

女人抬头笑着问："今天怎么回来得这么晚?"

有的疑问句中疑点隐含，不出现疑问代词。例如："我的手机呢?""后来呢?""你说呢?""我不要钱呢?"这类句子也是特指问句。从构成上看，这类特指问句可以分为两种：

第一，"NP（名词性成分）＋呢"。这种问句，如果是首发句，一般是询问处所，相当于问"NP在哪儿"。在一定的语境中，当"NP呢"处在后续句的情况下，也可以询问处所以外的其他情况，相当于问"NP怎么样"。例如：

我的帽子呢?（＝我的帽子在哪儿呢?）

他俩分手了，后来呢?（＝后来怎么样呢?）

第二，"VP（谓词性成分）＋呢"。句中的VP，可以是动词，可以是形容词，也可以是主谓词组。它一般询问假设性的后果，句中可以出现假设连词。在一定条件下，这类问句也可以不含假设义。例如：

我不要钱呢?（＝如果我不要钱，那么会怎么样呢?）

那么他对孩子呢?（＝他对孩子怎么样呢?）

你认为呢?（＝你认为该怎么办呢?）

（2）是非问句：发问的人说明一种情况，或提出一种看法，要求对方做出肯定或否定的回答，这种问句叫是非问句。这种句子基本与陈述句相同，只是语调变为升调，或者在句末带上疑问语气词"吗、吧、么、啊"等。如："他来了。"→"他来了?"→"他来了吗?"常用"是"或"不"、"没有"作肯定或否定的回答。例如：

今天是星期三吗?

小队长回头对水生说："都是你村的?"

雷锋同志，春节还出差吗?

用语气词的是非问句还可以有一些变化形式，即前句用陈述句形式，后句用"是吗"、"对吗"、"行吗"、"可以吗"，这些是非问句有商量、推测的口气。如：

我们一起吃晚饭，好吗?

我明天去拜访您，可以吗?

是非问句不能用语气词"呢"。需要注意的是是非问句本身是否定句时，回答方式要加以变通，例如：

问：老师还没有来吗?肯定回答：是的，还没有来。否定回答：不，已经来了。

（3）选择问句：发问的人提出几个并列的项目（几种可能、几种看法），希望对方从中加以选择做出回答，这种问句叫选择问句。有的采用复句形式，中间常常用"还是"连接。可以在句中和句末都用"呢"，也可以只在句中用"呢"，也可以都不用，不能用语气词"吗"。例如：

通宝，你是卖茧子呢，还是自家做丝?

简单地说，还是详细地说?

小姐来点什么?可乐?雪碧?橙汁?

（4）正反问句：用肯定否定相叠的方式来提出问题，希望对方从中选择一项回答。这种问句叫正反问句。肯定否定相叠的可以是动词，也可以是形容词。语调可升也可降，若用语气词“呢”，有“深究”的意味。例如：

你养花不养花？

你看像不像燕子？

屋里有没有人呢？

正反问句有多种省略的变化形式。如：

养花不养花？（你养不养花？你养花不养？你养花不？）

有人没有人？（有没有人？有人没有？有人不？）

无疑而问是疑问句的特殊用法，包括反问句和设问句。

反问句：用疑问句的形式表达自己对事情的看法，只问不答，在语气上有不满、反驳的意味。通常用肯定形式表示否定的意思，用否定形式表示肯定的意思。例如：

好听的话谁不会说？难道你不知道今天下午开会吗？

既当爹，又当妈，你说他辛苦不辛苦？

设问句：又叫自问自答句，发问人心中实际上已有了明确的意见，但并不直接把自己的看法说出来，而是先用一个问句引起对方的注意，然后再顺势引出自己的看法。例如：

是谁创造了人类世界？是我们劳动群众。

人民币的信誉靠什么？靠稳定。

有的文章直接用设问句作标题能吸引读者，启发读者思考。

3. 祈使句

祈使句是表示请求、命令、劝告、催促或者禁止等意义的句子。语调一般用降调，书面上，语气强烈时用感叹号，语气较缓时用句号。句末有时用“吧”、“了”等语气词。

祈使句的谓语只能是表示动作或行为的动词或动词性短语，主语是第二人称代词“你”或“你们”，因为是当面讲话，主语常常省去。例如：

祥林嫂，你放着罢！（表命令）

别着急，慢慢来。（表劝告）

请勿吸烟！（表禁止）

“咱们”和“我们”（只限包括式）也可以作祈使句的主语。例如：

咱们去干吧！

大海，走吧，我们走吧！

4. 感叹句

感叹句是用来表示某种强烈感情的句子。语调是下降的，句末用感叹号。句中常用“好、多、多么、真”一类词。例如：

啊，好一幅北国寒冬瑞雪丰年的画图！

太瞧不起人了！

皇帝的新装真是漂亮！

生日快乐！

祖国万岁！

（五）单句成分与层次结构关系分析示例

本教材用‖作为主语部分与谓语部分的分隔标记，用｜作为动语部分与宾语部分的分隔标记，用（ ）作为标记定语的符号，用［ ］作为标记状语的符号，用〈 〉作为标记补语的符号，用＿＿作为标记主语部分、谓语部分（含动语部分）中心语的符号，用＿＿作为标记宾语部分中心语的符号，用～～作为标记兼语的标记符号。

本教材把句子成分分析法和句子层次结构关系分析法融合在一起，分析句子的层次结构关系和句法成分，更能直观、形象地分析理解句子的结构成分。

主谓句：

1. 狼‖ 咬 <死> 了 (他) 家 的 羊。

主	谓				
	述		宾		
	述	补	定		中
			定	中	

2. 狼 ‖[把 他 家 的 羊] 咬 <死>了。

主	谓				
	状			中	
	介	宾		述	补
		定	中		

3. （他） 家的 羊‖被 狼 咬 <死>了。

主			谓			
定		中	状		中	
定	中		介	宾	述	补

4. （他） 家的 羊，‖狼 咬 <死>了。

主			谓		
定		中	主	谓	
定	中			述	补

5. 你 ‖ 会 不 会 唱 山歌?

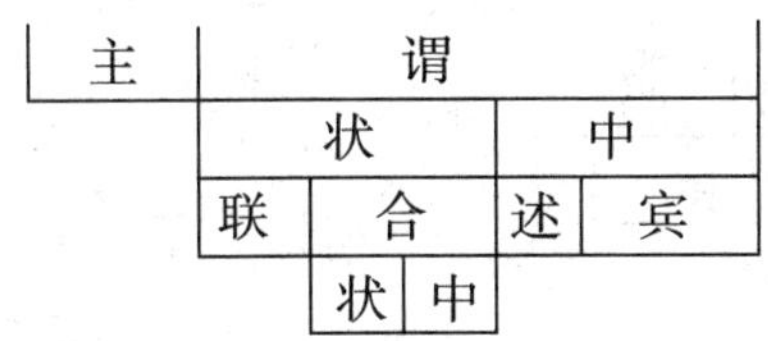

6. 大嫂‖ 带上 孩子 上 夜校 去了。

主	谓					
	连			动		
	述		宾	述		补
	述	补		述	宾	

7.（他）的话 ‖ [很]有道理。

主 | 谓
定 | 中 | 状 | 中
述 | 宾

8. 我 ‖请教 您 （一 个） 问题。

主 | 谓
述 | 宾
述 | 宾 | 偏 | 正

9.（我们）学校 ‖ [从山上] 移 <下来>｜（一棵） 树。

主语 | 谓 语
定 | 中 | 动语 | 宾语
述 | 补 | 定 | 中
状 | 中

10.（鹅毛般）的大雪 ‖ [一直] 下个 <不停>。

主语 | 谓 语
定 | 中 | 述 | 补
状 | 中

11. 我 们 ‖ 都 希 望 ｜他 当 代 表。

主语 | 谓 语
动语 | 宾 语
状 | 中 | 主 | 谓
动 | 宾

（这是一个主谓短语做宾语的句子）

12. 你 再 等 她 五 分 钟，‖ 可 以 吗？

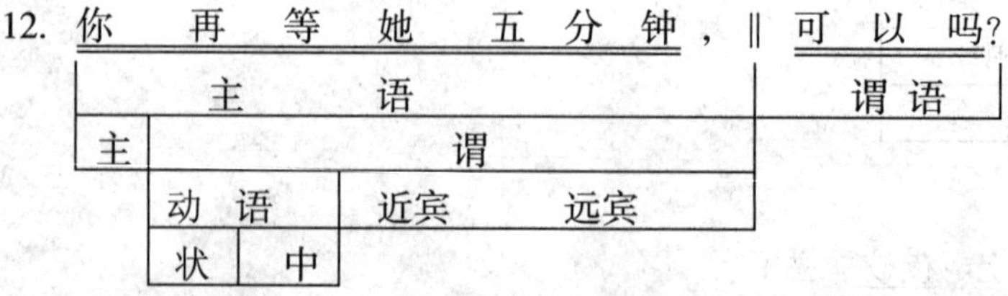

（这个句子从大的方面看，是一个主谓短语做主语的句子；从小的方面看，在主谓短语的谓语部分，动语带了两个宾语，是一个双宾语的句子）

13. 她 ‖ (这)(三本)书 一本 [也][没有] 看。

主语	谓语					
	主语			谓语		
	定	中		主	谓	
		定	中		状	中
						状 | 中

（这是一个主谓谓语句，而主谓谓语短语中的谓语又是一个主谓短语）

14. 周总理 ‖ [紧紧] 地 握着 (王进喜) 的 手 [不] 放。

主语	谓语					
	动宾				动语	
	述		宾		状	中
	状	中	定	中		

（这是一个连动谓语句）

15. 大家 ‖ [刚才][还] 议论 他 [没有] 做 <好> 这件事呢。

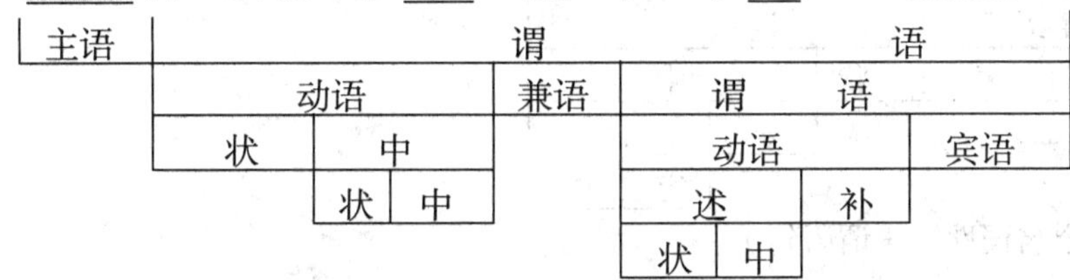

（这是一个兼语短语作谓语的句子）

16. 他 ‖ [成天][被家务] 绑 <住>了 | 手脚。

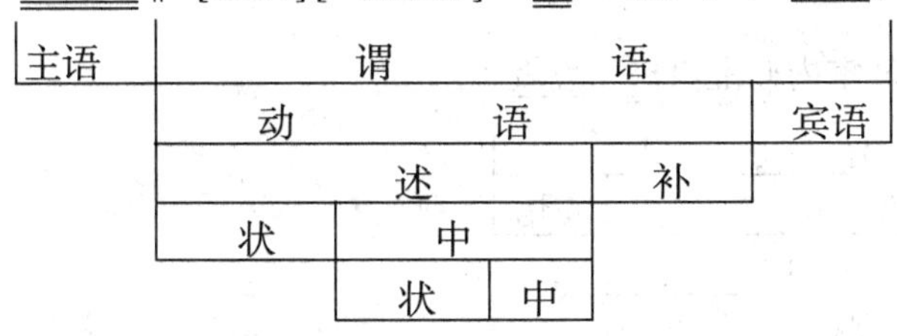

（这是个被字句）

17. 你 ‖ [把这本词典][再] 借给 我 用 <三天>吧。

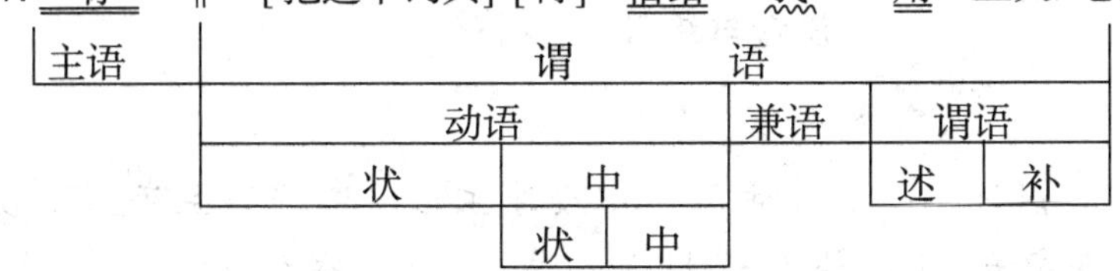

（这是一个把字句、兼语句）

18.（许多）（外国）朋友‖来 <到>黄山 游览，<从美国，从巴西，从南非，从世界各地>。

主语			谓语				
定	中		动语		宾语	动词	状语
	定	中	述	补			

（这是变式句中的状语后置句，也是一个连动句）

19.[多么] 优美呀，‖（我们）的校园！

谓语		主语	
状	中	定	中

（这是一个主谓倒装句）

20.（今年）的成绩‖不如｜ 去年好。

主语		谓语	
定	中	动	宾

21.（王老汉）两口子‖[就](这么)(一个) 女儿。

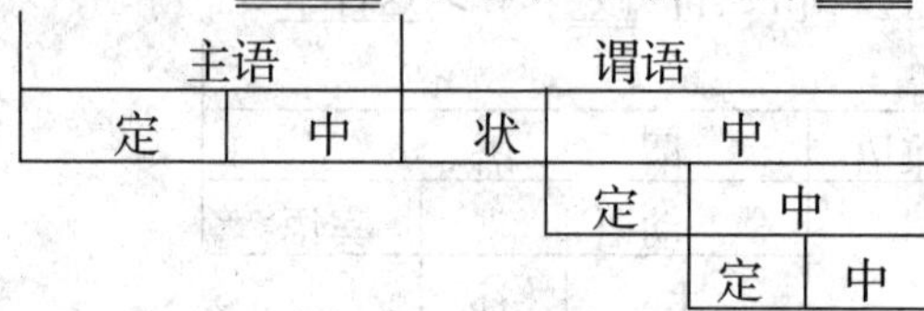

（这是一个名词性短语谓语句）

22.[很] 好！ （这是一个形容词非主谓句）

状	中

23. 请 同学们 [不要][在教室内][乱] 扔 垃圾。

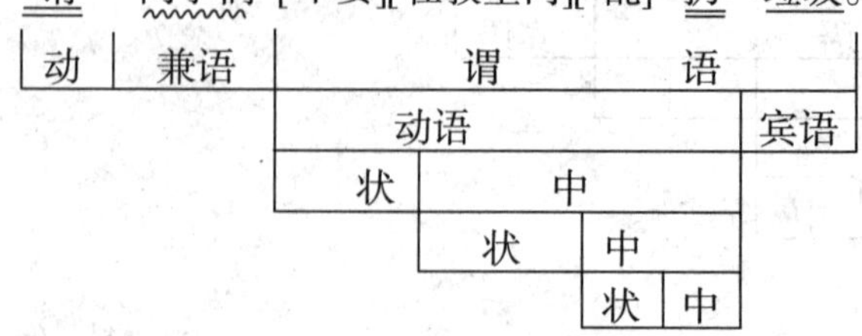

思考与练习

一、名词解释。

1. 单句。2. 主语。3. 谓语。4. 施事主语。5. 受事主语。6. 当事主语。7. 受事宾语。8. 施事宾语。9. 当事宾语。10. 补语。11. 独立成分。12. 提示成分。13. 主谓句。14. 非主谓句。15. 单句句式。16. 连谓句。17. 兼语句。18. 双宾语句。19. 存现句。20. “把”字句。21. “被”字句。22. 倒装句。23. 省略句。24. 陈述句。25. 疑问句。26. 祈使句。27. 感叹句。

二、什么是句子成分？句子一般结构成分有哪些？

三、独立成分有哪些表达作用？举例说明。

四、使用“把”字句有哪些条件？举例说明。

五、举例说明“被”字句在结构上有哪些特点？

六、句型分析和句子分析有什么不同？

七、非主谓句和通常所说的省略句有什么不同？

八、举例说明主谓谓语句的不同类型。

九、“什么他也不吃”，有人认为不是主谓谓语句，而是“宾语提前句”。你同意吗？为什么？

十、具有“取得”义动词所构成的句子，比如“骗了他一笔钱”，有人认为不是双宾语句，而是偏正短语“他一笔钱”作宾语。你同意吗？为什么？

十一、一般语法书上说：“具备主语和谓语这两个部分的是句子。”有人评价说，这个定义很有用，可惜不周密。你是否同意这个评价？

十二、“点”和“些”都是表示不定量的量词，为什么我们可以说“我一点也不知道”，不说“我一些也不知道”？

十三、指出下列句子的结构类型。

1. 好聪明的孩子！　2. 门口蹲着一只狗。

3. 孩子把碗打碎了。　4. 鲁迅的作品被翻译成许多国家的文字。

5. 请勿吸烟。　6. 姑娘流着泪述说着她内心的痛苦。

7. 李老师教留学生汉语课。　8. 起来，不愿做奴隶的人们！

9. 桂林山水美得叫人陶醉。　10. 9 月 10 日教师节。

11. 前进！　12. 十一点了。

13. 忽然传来一阵欢呼声。　14. 从今天起，我们收听日语广播。

15. 我们学英语。　16. 同学们都表示同意。

17. 我不知道他已经回来了。　18. 马儿跑得飞快。

19. 这把刀我切肉。　20. 他找了你三次。

十四、根据下列要求，造出相应的句子。

1. 名词非主谓句　2. 兼语句。　3. 主谓谓语句　4. 名词谓语句

5. 双宾语句　6. “把”字句　7. 存现句

十五、指出下列各句的语气类型，是疑问句须进一步指出它所属的小类。

1. 你不是本地人吧？　2. 谁能回答这个问题？

3. 真可恶！　4. 你吃了没有？

5. 难道是我错了吗？　6. 祝你万事如意！

7. 小明已经回来了。　8. 小姐来点儿什么？可乐？雪碧？果汁？

9. 你看，老师来了。　10. 明天会下雨吧？

11. 你别再胡思乱想了。　12. 祖国万岁！

13. 不是大病，头疼脑热罢了。　14. 天！

15. 你的衣服呢？　　　　　　　　16. 里边有没有人呢？

十六、指出下列主谓谓语句的小类型。

1. 针灸技术我们医院已经提供了一整套资料。
2. 在这里，我们谁都不认识。
3. 这部电影艺术水平不高。
4. 这种小说我认为不太健康。
5. 所有利润他们都上缴国家了。
6. 我们家乡经济很繁荣。
7. 这种矿石，开采的地方离我们老家不远。
8. 热爱科学的中学生我们是非常感兴趣的。
9. 那次胜利我们已经记不清是第几次了。
10. 十个苹果三个烂了。

十七、把下列句子变换为别的句式的句子（至少每句变换一种）。

1. 大伙儿嗓子喊哑了。　　　　2. 谁都能估价出诚实和忠厚的分量。
3. 你认识刚才进去的那个人？　　4. 我的耳边响起了一个洪亮的声音。
5. 战火把这个村庄的树木烧尽了。

十八、指出下列句子的句型，并分析其句子成分。

1. 生长在南方的同志们看到这些水墨画高兴得直鼓掌。
2. 我所遇到的毕竟还是好人多于坏人。
3. 旧社会逼得他无路可走。
4. 他被亲人送到医院把伤治好了。
5. 康藏公路和青藏公路的通车把幸福和繁荣带给了住在青藏高原上的人们。
6. 银行法对中国金融业的发展意义重大。

十九、根据已学过的句式，判断下列句子分别属于什么句式。

1. 单位发给她一件大衣。　　　　2. 我拍了他一下。
3. 小王叫黄蜂蜇了一下。　　　　4. 海上刮起了大风。
5. 我问你一个问题。　　　　　　6. 你把房间给整理一下。
7. 你快告诉我去天安门广场怎么走。

二十、指出下列句子中的独立成分和提示成分。

1. 桌子上放着两本杂志：《萌芽》、《家庭》。
2. 据说这个山洞里住过一个神仙。
3. 他的字，说老实话，实在太潦草了。
4. 黄河，它是我们中华民族的象征。
5. 墙上的两幅画，一幅是国画，另一幅是油画。
6. 我看，今天的劳动，你就不必去了。
7. 啊！好厉害呀！
8. 我们可以用两个字来概括：美，巧。

二十一、下边的句子分别属于什么句型？全部改写成主谓谓语句。

1. 科教战线形势喜人。 2. 他在学习方面很认真。

3. 我们青年一代要完成历史赋予的重任。 4. 我认为这个问题可以讨论。

5. 关于田间管理，他的经验很丰富。 6. 他的身体健康。

二十二、下列“把”字句用得对不对？为什么？

1. 班里的老师在新同学进校以后，先把外地的同学一一谈心。

2. 何师傅把新中国成立前自己的遭遇启发同学们的阶级觉悟。

3. 如果把正确的工作态度不放在第一位，我们的工作就不可能搞好。

4. 各部门把新的政策应该很好地贯彻下去。

5. 请大家把这个问题考虑，以后再抽时间讨论。

6. 现在不刻苦学习，将来怎么能把生活重担挑？

7. 我们要把这次访问当作磨炼意志的战场。

8. 他们把我们像对待自己人一样，我们一定要答谢他们。

二十三、下列句子中的“被”，有的是滥用的，有的是误用的（误用“被”表现在谓语动词管不着有关词语）。请分别指出，并加以修改。

1. 经过大家讨论，一份切实可行的计划终于被拟好了。

2. 这些彩旗都被悬挂在高空，迎风飘扬。

3. 小沈被当选为小组长。

4. 不管敌人玩弄什么花招，都逃脱不了被彻底灭亡的命运。

5. 由于清朝政府的破坏，使馆被义和团攻了五十六天，西什库教堂被围攻了六十三天，都没能攻下。

第五节 复句

一、复句及其特点

由两个或两个以上意义密切相关、结构上互不作成分的分句组成的语言单位叫复句。分句可以是主谓结构，也可以是非主谓结构。分句之间有短暂的语音停顿，书面上常用逗号、分号，有时还可用冒号来表示。一个复句只有一个统一的语调，句末有隔离性的语音停顿，书面上用句号、叹号或问号来表示。

分句之间意义上的联系是通过语序或者关联词语表示的。所谓关联词语，主要是连词和某些有关联作用的副词。比方说，“他经常读报，很了解国家大事”是一个复句，两个分句之间的因果联系很清楚。“经常读报”是原因，在前。“很了解国家大事”是后果，在后。如果把这两个分句的次序颠倒过来，听起来就不大明白了，因此必须加上适当的关联词语才能把他们的因果关系表示出来。再如“他很了解国家大事，因为他经常读报”也属这种情况。像“下雨了”和“他很了解国家大事”这样两件事在意义上毫无联系，就不能组成一个复句。

复句中使用关联词语，有时用一个，有时用一对。成对的关联词语，可以是连词和连词互相配合（如“虽然……但是”），也可以是连词和副词互相配合（如“只要……就”）。

在复句中，使用不同的关联词可以表达不同的关系，试比较下边几个句子：

甲：学英语呢，还是学法语呢？

乙：不但学英语，而且学法语。

丙：或者学英语，或者学法语。

丁：与其学英语，不如学法语。

甲、乙、丙、丁说的都是学英语和法语的事，但是表达的意思不一样，这个“不一样”是靠不同的关联词表示出来的。甲的意思是要在英语和法语中选学一种，所以用了“还是”来表示“学英语”和“学法语”之间的选择关系。乙的意思是光学英语不够，还要学法语，所以用“不但……而且”来表示这一层的意思。丙认为英语和法语只能选学一种，到底是学英语还是学法语，他没有定见，所以用了“或者……或者”来表示选择的意思。丁作了一番比较，认为学法语比学英语更适合些，所以用了“与其……不如”来表示取舍。

再比较下边几个句子：

甲：因为天气冷，所以树秧长不出来。

乙：如果天气转暖，树秧就会长出来。

丙：既然天气转暖了，树秧就会长出来。

丁：不管天气转不转暖，树秧总会长出来的。

甲、乙、丙、丁都是议论天气冷暖跟树秧生长的关系。甲认为天气冷是树秧长不出来的原因，一定的原因造成了一定的结果，“因为……所以”就表示了前后两部分的因果关系。乙推测树秧以后还能长出来，可是得有一定的条件，就是要指出来，“天气转暖”只不过是假设的一种情况罢了。前后两个分句之间的假设和结论的关系，由“如果……就”表示出来。丙拿了天气已经转暖这一既成事实为理由，推断树秧会很快长出来的，用了“既然……就”来表示理由和推断的关系。丁认为树秧的生长跟天气冷暖无关，因此用“不管……总”来表示天气转暖也好，不转暖也好，都不成为树秧生长的条件，树秧终究会长出来的。

上边只是举例说明复句是怎样组织成的。在实际的语言运用中，复句的情形还要复杂些。

我们分析复句的时候，首先要找出复句的起讫点，确定分句的数目；其次再找出分句之间的关联词语，根据关联词语去确定复句类型；分句之间如果没有关联词语，可以根据上下文来确定它们意念上的具体联系，或者看各分句之间能加上什么样的关联词语。

二、复句的类型

按分句间的结构层次，复句可以分为一般复句和多重复句两种。只具有一个结构层次的复句叫一般复句，这类复句根据分句间的语意关系又可分为分成两大类十小类：第一类是联合复句，联合复句中分句之间有并列、承接、递进、选择、解说的语意关系；第二类是偏正复句，偏正复句中分句之间有因果、条件、转折、假设、目的的语意关系。具有两个或两个以上结构层次的复句叫多重复句，多重复句中各分句之间也有一般复句间的意义关系。

（一）一般复句

1. 联合复句

联合复句是指分句间没有主次之分，两个或两个以上的分句平等地联合在一起，分句无论多少都是同一层次的复句。常见的联合复句有：

（1）并列复句

并列复句中各分句的内容是并列的。几个复句往往分别述说或描写相关的几件事或者是一个事物的几个方面，撇开用语安排或表述重心，前后分句的顺序往往可以调换。如：

① 风也停了，雨也住了，云也散了。

② 我们既要有现代化的农业、工业，又要有现代化的国防。

③ 赵七爷是邻村茂源酒店的主人，又是这三十里方圆以内的唯一出色人物兼学问家。

并列复句中各分句可以用意合法组合在一起，不用关联词语。如：

① 小张爱唱歌，小关爱跳舞，小陈爱曲艺。

② 小瀑布不见了，大瀑布变小了。

③ 山朗润起来了，水涨起来了，太阳的脸红起来了。

并列复句中各个分句也可以用关联法组合在一起，即使用关联词语。关联词语可以单用，也可以成对使用（合用）。常用的关联词语有：

平列	合用	既 A，又（也）B；又（也）A，又（也）B； 有时 A，有时 B；一方面 A，（另，又）一方面 B； 一边 A，一边 B；一会儿 A，一会儿 B。
	单用	也　又　同时　同样　另外
对举	合用	不是 A，而是 B；并非 A，而是 B；是 A，不是 B。
	单用	而　而是

从前后分句的语义关系上看，并列复句可以分为并列式和对举式两种。几个分句并列地叙述几件事或一件事的几个方面是并列式。如：

① 小王一面擦汗，一面反驳。

② 它既不需要谁来施肥，也不需要谁来灌溉。

③ 他一边走，一边对我招手。

前后分句有对照关系的是对举式，如：

① 我是来工作的，不是来吃饭的。

② 她喜欢诗歌，不喜欢小说。

③ 这不是表扬你，而是在讽刺你呀！

对举式并列复句跟转折复句不同，转折复句前偏后正，主次分明，同时关联词语也不同。

(2) 承接复句

前后分句叙述连续发生的动作或发生的几件事，分句间有相承的关系。

承接复句中的分句次序一般不能随意改动，分句间可以不用关联词语，也可以用关联词语。如果用，大都是表示时间、空间或逻辑关系的词语。常用的关联词语有：

合用	首先（起先、先）A，然后（后来、随后、再，又）B；刚 A，就 B；一 A，就 B
单用	便　就　又　再　于是　然后　后来　接着　跟着　继而　终于

叙述连续发生的动作的，如：

他回到家里，用一个瓦盆装了土，把棉籽埋进去，放在炕头上。

我悄悄地披上大衫，带上门出去。

叙述连续发生的几件事的，如：

湖水滋润着湖边的青草，青草喂胖了羊群，羊奶哺育着少女的后代子孙。

她高高兴兴拆开信封，抽出一张请柬，上面印着这些字……

承接复句与并列复句结构的不同之处在于：并列复句分句间关系是雁行式排列，比较松缓，如果调换次序，基本意思不变。而承接复句分句间是鱼贯式排列，比较严合，一般不能调换分句的次序。如：

她一边走，一边思考，还一边瞅着马路上的行人。

他披衣坐起，摸出香烟，点着火，怔怔地发呆。

上句是并列复句，三个句子的语序调换一下，复句的基本意义不变。下句是承接复句，分句间有时间先后之分，语序不能调换，如果调换了次序，就打乱了句子的原意。

承接复句按顺序的内在联系，可以分为三类。

一是时间上的顺承，分句是按时间的先后排列的。如：

他一下飞机，看见一名潇洒男士陪着妻子来接，就开始吃惊，接着又觉得尴尬，最后又想通了，开始显得落落大方起来。

我轻轻地起身，穿上大衣，带上门，蹑手蹑脚地走了出去，消失在茫茫夜色中。

二是空间上的顺序，分句按空间位置的顺序排列，这一般是按人的视点顺序排列的，有由远而近，有由大到小，也有由小到大。

遥远的天空，有一个弯弯的月亮，弯弯的月亮下面是那弯弯的小桥，小桥的旁边是一条弯弯的小船。

眼前是一片小树林，树林过去是一大片农田，农田尽处是那座不高的山。

三是事理上的顺序，分句是按照一定的事理逻辑来安排的。如：

张家庄有个张木匠，张木匠有个女儿叫张婉，张婉找个女婿叫木匠小张。

正确的认识来源于合理的判断，合理的判断产生于细致周到的分析，细致周到的分析出于对客观事物的了解和熟悉。

修辞上的顶真就是典型的按事理顺序首尾衔接的。

（3）递进复句

是指几个分句所表示的意思一层推进一层，后一分句在前面分句所述说的意义的基础上更进一层，一般由少到多，由小到大，由轻到重，由浅到深，由易到难，反之亦可。递进关系的表达，通常要用一定的关联词语：

<table>
<tr><td rowspan="2">一般递进</td><td>合用</td><td>不但（不仅、不只、不光、非但）A，而且（还、也、又、更、连）B；
不但 A，反而 B</td></tr>
<tr><td>单用</td><td>而且　并且　何况　况且　甚至　以至　更　还
甚至于　更何况</td></tr>
<tr><td rowspan="2">衬托递进</td><td>合用</td><td>尚且 A，何况（更不用说、还）B；
别说（慢说、不要说）A，连（就是）B</td></tr>
<tr><td>单用</td><td>而且　何况　反而</td></tr>
</table>

常见的递进关系复句有：

① 一般递进关系的复句。如：

松树的干是用途极广泛的木材，并且是很好的造纸原料。

小李失去了生活的信心，甚至也想到了自杀。

科研所不仅为家乡培育了良种，还承担了国家重点科研项目。

参加培训班的学员，不仅有本校的学生，而且有外校的学生，甚至不少社会青年也来报名参加。

② 特殊的递进复句，前一分句表示否定，后一分句表示肯定，从反面把意思推进一层。如：

他不但不记恨我，反而热情地帮助我。

③ 衬托递进复句。前面分句是后面分句的衬托，后面分句的意思推进一层，这是一种强调的说法。单用或合用关联词语都可以。如：

见面尚且怕，更不必说向他提意见了。

小孩子的热情都那么高，何况我们这些青年人呢？

别说小集镇买不到，就是大城市也买不到。

现在年近四十的教授尚且考博士，何况他刚刚过了三十岁，更何况他现在还只是副教授呢。

④ 顺进式递进复句。顺进式指的是后一句顺着前一分句的意思，把前一分句的意思推进一步。如：

记者参加了这个会，并且听了著名演员马兰演出的黄梅戏。

递进复句常常隐含某种预设，如“她不但会唱歌，而且会作词、作曲”，预设会唱歌的不一定会作词、作曲。因而递进复句的使用要注意预设的正确和合理，否则句子会不正确。如“他不但有儿子，而且有妻子”，隐含的预设是没有妻子可以有儿子，这一预设是不合理的，所以复句本身也有问题。

（4）选择复句

几个分句分别叙述两种或两种以上的情况，以供人选择和取舍。

选择关系的几个分句，或者提出“或此或彼”的几种情况，表达数者选其一的意思；或者分别述说选取与舍弃的情况，语气委婉或坚定。

不同类型的选择，有不同的关联词语，按选择的类型或关联词语的不同，可以把选择复句分为两个小类。

常见的选择复句类型和常用的关联词语如下：

未定选择	数者选一	合用	或者（或、或是）A，或者（或、或是）B；是A，还是B
		单用	或者　或是　或　还是
	二者选一	合用	不是A，就是B；要么A，要么B；要不A，要不B
已定选择	先舍后取	合用	与其A，不如（毋宁、宁肯、还不如、倒不如）B；不A，而B
		单用	还不如　倒不如
	先取后舍	合用	宁可（宁、宁肯、宁愿）A，也不（决不、不）B

① 取舍未定的选择复句

分句提供两个以上的选择项，至于选择哪一项，说话者没有确定，即选择未定。如：

反正呀，这项工作不是你做，就是我做。

要么你下岗，要么你去服务公司，要么你去进修。

你或者继续升造，或者去找份工作。

我明天去北京，或者去天津。

“不是……就是”含有非此即彼的意思，二者必居其一，没有第三种可能，所以也称“限选复句”；“要么……要么”、“或者……或者”容许第三种情况，也可以构成三个分句以上的选择复句，所以又叫“任选复句”。

取舍未定的另一类关联词语是用在疑问句中，“是……还是”或“还是”构成选择问句，选择问句从复句看就是选择复句，这类选择复句也属于“任选复句”。如：

你是继续深造读书呢，还是找份工作上班挣钱呢？

你是参加拔河呢，还是参加投掷呢，还是参加长跑呢？

② 取舍已定的选择复句

分句提出的选择项，说话者已经予以选择，即选择已定。

一种是先取后舍，说话者选择了前项，而舍弃了后项，即肯定前项否定后项。如：

我们宁可站着死，也不跪着生。

他宁愿住在偏僻的城郊，也不愿住闹市区。

另一种是先舍后取，说话者舍弃了前项，选择了后项，即否定了前项，肯定了后项。如：

与其这样半死不活，不如死而后生。

与其匆匆忙忙就开始工作，毋宁事先慎重考虑。

与其说她有过人的才能，倒不如说她以美貌胜人。

表示取舍已定的选择复句是舍此而取彼或取此而舍彼，主观态度十分明显，抉择语气十分坚决。不过，相对来说，先取后舍的复句要比先舍后取的复句态度更加坚决些，后者语气委婉一些。比较：

宁可站着死，也不愿跪着生。

与其跪下生，还不如站着死。

取舍已定的选择复句由于选择已经确定，实际上不存在选择，所以也可以把它们独立为一类，叫取舍复句。

“宁可、宁肯、宁愿……也”是前一分句表示说话者做出的选择，后一分句表示进行这一选择的目的，以表示决心和态度。如：

我们宁可回家晚一点，也要将任务完成。

他宁愿挨一顿批评，也要把老王拉来评评理。

(5) 解说复句

后面分句对前面分句述说的事件、情况或提到的人、事物作某种解释、说明。前一分句总提，后边的分句分开来述说，或者前边的分句分说，后面的分句加以总括，都属于解说关系。解说关系通常靠分句的排列顺序和意义来表达，不用关联词语，可分为解说式和总分式两种类型。

解说式是后面的分句对前面的分句加以解释、说明。如：

① 小李有一个明显的特点，那就是特别爱笑。

② 许多红色的星星很大很大，有的可以装得下八十万个太阳。

总分式有的先总说，后分说，分说部分有的前有冒号，有的有数量词，有的有“有的……有的”。如：

① 集市上非常热闹，有卖菜的，有卖早点的，还有卖服装的。

② 迎面走来的两个人，一个不认识，一个就是我的同学。

③ 当前我们要做好三件大事：一是扩大内需求，二是扩大对外贸易，三是寻求新的经济增长点。

有的先分说，后总说，总说分句往往有总括性词语“都”或总括性语句。如：

① 你是台湾人，我是安徽人，我们都是中国人。

② 她一手提着竹篮，内中一个破碗，空的；一手拄着一支比她更长的竹竿，下端开了裂；她分明已经纯乎是一个乞丐了。

也有可能先总说，后分说，再总说。如：

他口袋里装着两封信，一封是小芳写的，一封是秀凤写的，两封信都让他心跳。

解说复句、分说复句、总说复句，总是主谓短语或者省略主语的谓词性短语，不能是体词性短语，否则就成了特殊成分了。如下几句是含特殊成分的单句：

① 他有一辆小汽车：奥迪 2000 型。

② 老王只有一个孩子，小王。

③ 一个儿子，一个女儿，他们是老王的希望。

④ 他买了几件家具：沙发、席梦思床、餐桌、餐椅。

2. 偏正复句

偏正复句一般由两个部分构成，两部分在语意上是一偏一正，或一主一从，所以偏正复句也叫“主从复句”，正句或主句是句子主要意思所在，偏句或从句是修改限制正句或主句的，是次要的、从属的。一般来说，偏正复句是偏句在前，正句在后，有时为了语用的需要也可以正句在前，偏句在后。

(1) 因果复句

分句间存在原因跟结果关系的复句是因果复句。因果关系的复句，有两种情况：一种是说明因果，前后分句叙述说明由于什么原因产生了什么结果，或产生的某种结果是由于什么原因。一种是推论因果，就某种根据来推断出结论，可以是由因推果，也可以由果推因。因果关系的表达也常用一定的关联词语，或单用或成对地前后呼应着用。如下表：

说明因果	合用	因为（因、由于）A，所以（才、就、使、故、于是、因此、因而、以致）B；之所以 A，是因为（是由于、就在于）B
	单用	因为　由于　是因为　是由于　所以　因此　因而　以致　致使　从而　以至（于）
推论因果	合用	既然 A，那么（就、又、便、则、可见）B
	单用	既然　既　就　可见

常见的因果复句有：

① 说明因果复句

偏句说明原因，正句说明结果。这种复句可以偏句单用“因为、由于”等关联词句，可以在正句单用“因此、因而、所以、从而、以致、致使”等关联词句，也可以合用“因为……所以”，“由于……因此（因而、所以、就、便、于是）”，“之所以（其所以）……是因为”等关联词语。如：

因为她身材高大结实，所以能挑水挑粪。

由于一两个零件没完成，耽误了一台复杂机器的出厂时间。

因为马克思有了广泛的知识作基础，所以他能建筑起他的学术大厦。

散文之所以比较容易写，是因为它更接近我们口中的语言。

说明因果的复句也可以没有关联词语，靠意合法显示因果关系，如：

天下这么大的雨，我们都迟到了。

我应该感激母亲，她教给我与困难作斗争的经验。

说明因果复句有时也可以表示未实现的因果关系。如：

因天可能下雨，我带了一把伞。

② 推论因果复句

这种复句有的是由一定的原因推出由此产生的结果，有的是由一定的客观情况推出产生这种情况的原因，是对两种情况内在因果联系作主观推断的。关联词语常用“既然……那么（就、可见）”，也可以单用“可见”。

A. 由因推果的。例如：

姑娘，既然天上没有什么好，你就不用回去了。

党和国家既然给了青年这样优越的条件，青年就应该为社会主义做出更多的贡献。

B. 由果推因的。例如：

现在大家纪念他，可见他的精神感人之深。

既然党组织叫他联系，一定没有问题。

推论因果复句也有不同关联词语的。如：

你不同意这个方案，为什么还要投赞成票呢？

那么下午不营业，咱们就不必去了。

（2）条件复句

条件关系复句的偏句提出一种条件，正句说出在这个条件下产生的结果。条件关系的复句，分句间具有条件与结果的关系，最常见的是表示条件（充分条件、必要条件或无论什么条件）的分句在前，后面的分句表示在具备某种条件时产生的结果。条件关系复句常用一定关联词语，或前后呼应着用，或单用。单用时一般用承上的关联词语，当表示条件的分句后置，或正句表示的结果明确时，也可单用启下的关联词语。具体如下：

<table>
<tr><td rowspan="4">有条件</td><td rowspan="2">充分条件</td><td>合用</td><td>只要（只需、一旦）A，就（都、便、总）B</td></tr>
<tr><td>单用</td><td>便　就</td></tr>
<tr><td rowspan="2">必要条件</td><td>合用</td><td>只有（唯有、除非）A，才（否则、不）B</td></tr>
<tr><td>单用</td><td>才　要不然</td></tr>
<tr><td colspan="2">无条件</td><td>合用</td><td>无论（不论、不管、任、任凭）A，都（总、总是、也、还）B</td></tr>
</table>

① 充分条件复句

偏句提出一个充分条件，正句说明具备这个条件就能产生相应的结果。例如：

人民广场只要开群众大会，公安局就要宣布断绝交通。

一旦核泄漏，后果便不堪设想。

② 必要条件复句

偏句提出一个非具备不可的必要条件，正句说出相应的结果。如：

只有勤奋刻苦，才可能顺利通过考试。

除非有特效药，否则不可能救活他。

必须消灭恶霸，农民才能过上好日子。

一般来说，必要条件给人的感觉是唯一条件，有的也确实是这样，但实际并不完全是这样。如果某个结果需要几个必要条件，必要条件就不是唯一的了。如阳光、空气、水、土壤都是植物生长不可缺少的必要条件，这样，下列句子都是合理的：

只有照射到阳光，植物才能生长。

只有有空气，植物才能生长。

只有吸收到水分，植物才能生长。

只有合适的土壤，植物才能生长。

充分条件复句、必要条件复句都是有条件的复句。条件复句中还有一种是无条件的。

③ 无条件复句

偏句先排除所有条件，正句说明在任何条件下都会产生的结果。如：

国家无论大小，都应该互相尊重领土和主权。

怎么忍，也忍不住喉咙的哽咽。

反正我不会跟你们走的，无论你怎么说。

老王总是有办法的，不管遇到多大困难。

（3）转折复句

转折关系的前后分句，不是顺着一个意思往下说，通常放在前面的分句陈述某一个事实，表示对某一事实的确认，或借以表示一种让步，不是说话人想要表达的重要意思，后面的分句才转入说话人所要着重表明的意思。关联词可以成对地前后呼应着用，也可单用。根据前后分句意思相反、相对的程度以及关联词语的不同，转折关系分“重转”、“轻转”、“弱转”三类。如下：

重转	合用	虽然（但是、虽说、虽则、虽、尽管、固然）A，但是（可是、然而、但、却、还、也、而）B
轻转	单用	虽然　但是　但　然而　可是　可　却
弱转	单用	只是　不过　只不过　倒

① 重转复句

正句跟偏句明显对立，语意明显相反或相对，常用关联词语有“虽然……但是”、“尽管……但是”。“虽然”也可以说成“虽”、“虽说”。跟“但是”同义的还有“可是”、“但”、“可”、“而”、“然而”、“却”、“虽然”等，这一类的关联词语有预示转折的作用。如：

他虽然对一些问题有自己独到的见解，但是还没有形成一套完整的理论。

虽到了农历五月，山里却依然有些寒气。

尽管已经八十多了，可他每天还是按时到研究所来。

② 轻转复句

偏句没有预示转折的关联词语，正句用“虽然”一类的词语突然转折，也叫“突转句”。跟“虽然”意思一样的还有“但是、但、然而、可是、可、却”等，这类转折复句语意上比有预示转折词语的重转折轻一些。如：

这样做哪怕再合理，可真正理论起来却不怎么地道。

他内心很是悲哀，但忍住没有让眼泪流下来。

她曾经是个柔弱的女孩子，可是岁月的风霜使她的性格变得刚毅。

现在早就不再自己织布穿了，然而他还保留下了跟他几乎一辈子的手工织布机。

无论重转转折复句还是轻转转折复句，其中“但是”类词都可以跟“却”连用表示转折。如：

自己田里生出来的东西一天一天不值钱，而陵上的东西却一天一天贵起来。

她嘴上虽然没说出来，但是心里却不能不想。

③ 弱转复句

正句跟偏句没有明显语意的对立，转折的意思较为轻微，常在正句前用“只是”、“只不过”、“倒”等关联词语连接。如：

小陈平时不爱说话，辩论时倒是妙语连珠。

我是应该来的，只是没时间。

你可以随便看看，不过不要到里面去。

转折复句一般要用关联词语，但有时偏句和正句对比很明显时也可以不用关联词语，靠意思来显示转折。如：

我嘴上没说出来，心里很高兴。

这孩子平时成绩很好，这次考试的成绩并不理想。

(4) 假设复句

假设关系的复句，最常见的是偏句提出某种假设（一般性假设、让步假设），正句说明在假设的前提下产生的结果或引出的结论。假设关系常用的关联词语大致如下：

<table>
<tr><td rowspan="2">一致</td><td>合用</td><td>如果（假如、假使、假若、假设、倘若、倘使、若是、若、要是、万一、如果说）A，就（那么、那、便、则）B</td></tr>
<tr><td>单用</td><td>那　那么　就　便　则　的话</td></tr>
<tr><td rowspan="2">相背</td><td>合用</td><td>即使（就是、就算、纵使、纵然、哪怕）A，也（还）B；再 A，也 B</td></tr>
<tr><td>单用</td><td>也　还</td></tr>
</table>

常见的假设复句有：

① 一致性假设

用表示一致关系的关联词语，偏句提出假设，正句表示结果。假设如果成立，结果就能出现，假设与结果是一致的。如：

如果生活失去了令人向往的前景和理想，那么就不会呼唤人们紧张地全力以赴地去工作。

要是你不去，那么谁去？

你临时有事的话，可以打个电话来。

假设分句可以放在结果句之后，这样用的句子有补充和突出假设分句的作用。如：

你可以先走，要是我 7 点钟还不回来的话。

我们完全可以炒你的鱿鱼，如果你三次不按时上班。

② 相背假设

偏句与正句的关系是相背的，即假设和结果不一致。这种复句，偏句先让一步说，把假设当做事实承认下来，正句则说出不因为假设实现而改变的结论。这种句子有人称为让步复句。例如：

游览者即使就极小范围的局部看，也能得到美的享受。

就是盖间库房，但也装不下这些稻谷。

相背假设复句和转折复句有同有异。相同的是这两个复句后一分句都不是顺着第一分句的意思连贯着说，而是有了转折。不同的是：相背假设复句前后分句说的事情都是假设的，而转折复句前后所说的事情都是现实的。如：

即使盖间库房，但也装不下这些稻谷。（假设）

虽然盖间库房，但装不下这些稻谷。（转折）

（5）目的复句

偏句表示一种行为，正句表示该行为的目的。目的关系和关联词语如下：

积极目的	单用	以、以便、以求、用以、借以、好、好让、为的是
消极目的	单用	以免、免得、省得、以防

常见的目的复句有：

① 积极目的复句

偏句表示采取某种动作行为，正句表示想要实现或达到的某种目的，正句前常用“以”、“以便”、“用以”、“借以”、“以求”、“为的是”等。如：

今天她起得很早，为的是赶头班车。

小李采取了第一方案，借以节省时间。

我们早就来到了市府广场，好占据有利地势。

② 消极目的复句

偏句表示采取某种动作行为，正句表示避免发生某种不希望出现的结果，正句前常用的关联词语有“以免”、“以防”、“免得”、“省得”等。如：

放学以后要及时回家，免得家长担心。

麻烦你顺便把衣服带来，省得我再跑一趟。

必须坚持写仿宋字，以免被敌人发现笔迹。

“为了”也表示目的。但“为了”目的句是表示目的的在前，表示动作行为的在后，即表目的的是偏句，表动作行为的是正句。这跟上述目的复句不同。如“以免”、“以便”类目的复句，目的是表述重点；“为了”类目的复句，动作行为是表述重点。如：

为了赶上头班车，他起得很早。

为了防止被人偷去，我把保险柜的钥匙藏起来了。

“为了”类目的复句既可以表示积极目的，也可以表示消极目的。

目的复句跟因果复句有一定的联系。把目的复句的关联词语换成表示因果关联的关联词语就可以变为因果复句。如：

他起得很早，以便赶上头班车。——他起得很早，因为这样可以赶上头班车。

他起得很早，以便赶上头班车。——因为要赶上头班车，所以他起得很早。

我把保险柜的钥匙收藏起来了，免得被人偷去。——因为要免得被人偷去，我把保险柜的钥匙收藏起来了。

不过，目的复句的关联词语跟因果复句完全不同，用上“以便”、“以免”、“为了”目的性很强。

3. 复句与单句的联系与区别

复句与单句是汉语句子的两种基本句型。单句是只有一套句法结构关系的句子，复句是由两个或两个以上、意义上有密切关系、结构上互不包容的分句组合而成的句子。一个句子到底是单句还是复句，要看其结构，而不能看长短，因为有些单句比复句还要长。区分单句与复句，主要从以下四个方面入手：

（1）看句法结构。单句只有一套句法结构，而复句则具有两套或两套以上独立的句法结构。构成复句的分句可以是短语，也可以是词，可以是主谓短语，也可以是非主谓短语。例如：

蓝天，远树，金黄色的麦浪。

天气暖和，下着小雨。

（2）看主语。单句不管长短，只能有一个主语，有的甚至没有主语。而复句各个分句的主语可以相同，也可以不同，可以省略，也可以不省略。例如：

亲眼去看，你就知道郁金香有多么美。

他是我的一个本家，应该叫他五叔，是一个身体壮实的老人。

（3）看关联词语。关联词语是复句的重要的语法标志，上面已述。

（4）看句中的停顿。停顿是复句中各分句之间重要的形式标志。

（二）多重复句

1. 多重复句及其构成

一般复句一般只有两个分句、一个层次，如果把其中一个分句扩展成为复句，就有了两个层次。如果分句再扩展下去，一个复句就会有更多层次。这种具有三个或三个以上的分句，在结构上有两个或两个以上层次的复句叫做多重复句，如：

他的父亲是开锡箔店的，｜听说现在已经做了店主，‖而且快要升到绅士的地位了。

这是三个分句，两个层次，是多重复句。再看下面的句子：

车夫急着上鱼布，｜铺户忙着收幌子，｜小贩们慌手忙脚地收拾摊子，｜行路的加紧往前奔。

这个句子虽然由四个分句组成，但却只有一个层次，它是个一般复句（一重复句）。

多重复句要有三个以上分句构成。但由三个以上分句构成的复句未必都是多重复句，是否是多重复句，除了要看分句数目外，更要看分句间有无层次差别，关键是看各分句是否处在同一层次上，有不止一个层次的复句才是多重复句。

多重复句按层次的数目分为二重复句、三重复句、四重复句、五重复句。从理论上讲，还可能有更多层次复句，但从表达和接受、理解来看，实际语言运用中，五重以上复句就比较少见了。

2. 分析多重复句的方法

多重复句因为分句数目多，分句间层次和逻辑关系复杂，因而不便于理解、接受和运用。要正确理解、接受和运用多重复句，首先要对多重复句的层次和关系进行正确的分析。为了保证多重复句分析的正确，应该掌握一定的分析多重复句的方法。常用分析多重复句的方法有：

（1）通览总体结构，划定分句数目

复句中分句之间的语音停顿大多用逗号表示。只要注意到复句中每一分句不能充当另一分句的任何成分这一特点，就不会把词或短语当成句子。请看：

① 有一年的冬初，四叔家里要换女工，②做中人的卫老婆子带她进来了，③头上扎着白头绳；④乌裙，⑤蓝夹袄，⑥月白背心，⑦年纪大约二十六七岁，⑧脸色青黄，⑨但两颊却还是红的。

这个复句共有九个分句，其中①②③⑦⑧⑨是主谓结构的分句，④⑤⑥是非主谓结构的名词性短语作分句。再看：

① 一篇好的文章或一篇演说，如果是重要的带指导性质的，②总得要提出一个什么问题，③接着加以分析，④然后综合起来，⑤指明问题的性质，⑥给以解决的方法，⑦这样，就不是形式主义的方法所能济事。

这个复句有七个分句构成，其中①②是主谓结构分句，其他都是非主谓结构分句。

同时，也不能把不是分句的误认为分句。单句中的句首状语、特殊成分、倒装成分都不是分句，尤其要辨别单句内偶然具有的某些一般充当关联词语的成分带来的误导，如单句内用“无论”、“不论”、“不管”、“为了”、“因为”等引导的成分。像下列复句中的划线部分都不能误认为分句：

① 无论谁，都不能践踏法律，因为在法律面前人人平等，法律是神圣的。

② 铃声响后，同学们飞快地跑回教室，从操场上，从阅览室，从乒乓球室。

（2）把握全句，确定层次

多重复句的语意重点和最主要的逻辑关系，全在第一层次显示出来，所以确立第一层次至关重要。确定了第一层次之后就可以在第一层次的前后两方再确立第二层次，确立了第二层次之后就可以在第二层次的前后两方再确立第三层次，依次类推。在分句间标明意义关系，用竖线表明层次，第一层为“|”，第二层为“‖”，第三层为“‖|”，依次类推。如：

① 虽然我把主要精力用于数学，|②但我并没有放弃古诗文的学习，③时常写点诗，

转折

④既丰富业余生活，⑤又练了自己的文笔，⑥对写作论文也有很大帮助。

从全句看，该句是想说明研究数学跟古诗文学习这两个看似没有关系的学科的关系，说明说话者并没有重理轻文，第一分句说的是有关数学的，后面的分句都转向叙述有关诗文的，所以从全句看，该句是转折关系，又有转折关系的关联词“虽然……但”，第一层在“但”前。又如：

① 在自然科学发展的历史中，有不少科学家认识了真理，‖②并且坚持真理，|③结

递进　　　　因果

果被愚昧的统治者杀死、烧死，‖④他们的学说、著作也被禁止、焚毁。

并列

这是一个表示因果关系的复句，①②两个分句合起来说明原因，③④两个分句合起来表示结果，两个分句之间用关联词语“结果”来连接，这是第一个层次。再向下分析①②两个分句组成了递进分句，两个分句之间用关联词语“并且”来连接；③④两个分句组成了并列复句，两个分句之间用关联词语“也”来连接，这是第二层次。

(3) 抓住关联词语，辨析统领内容

在确定分句数目之后就找出关联词语，辨析其搭配和统辖的内容。如果有省略关联词语的情况，可以在省略关联词语的地方加相应的关联词语，来确认其逻辑关系，如：

① 我赞美白杨树，｜②就因为它不但象征了北方的农民，‖③尤其象征了今天我们民
　　　　　　因果　　　　　　　　　　　　　　　　　递进
族解放斗争中所不可缺少的朴质、坚强以及力求上进的精神。

先确立为三个句子，然后标出关联词语，①②分句关联词语不配套，根据句意可在第一分句里试加“所以”，使第一分句变为“我所以赞美白杨树”与第二分句联系起来成为有配套关联词语的因果关系。统观全句，分析确定“（所以）……因为”显示整个复句为因果关系（倒装），据此可以划出全句的第一层次。这个句子的第二关联词语是“尤其”，统领二、三分句，因此可以确定第一层次后二、三分句为递进复句。这样全句就是一个二重复句，因为标志全句语义重点的第一层次为因果关系，也可以称为因果关系的二重复句。再看下边句子：

① 今日虽然是五月初一，｜②但高山中的夜晚仍有点轻寒侵人，‖③所以这一堆火也
　　　　　　　　　　　转折　　　　　　　　　　　　　　　　因果
使周围的人们感到温暖和舒服。

这个复句有“虽然”、“但”、“所以”三个关联词语，其中“虽然……但”是成套的，这时涉及“但”的管辖范围，也涉及“所以”分句的原因分句的范围，本句“但”管辖②③两个分句，所以第一层在①②之间，是转折关系，②③之间是因果关系。

(4) 多重复句分析示例

A. 二重复句

a. ① 手术室里虽有十多个人，‖②可是谁也没有讲话，｜③只有明亮的灯在嘶嘶响着。
　　　　　　　　　　　　转折　　　　　　　　　　并列

b. ① 如果我们只把过去的一些文件逐字逐句照抄一通，｜②那就不能解决任何题，
　　　　　　　　　　　　　　　　　　　　　　　　假设
‖③更谈不上正确地解决什么问题。
递进

c. ① 只要这几家工厂还在生产，‖②小清河就别想变清，｜③因此，环保局下达了联
　　　　　　　　　　　　　条件　　　　　　　　　因果
盟皮革厂等十家工业污染大户限期整改的通知。

d. ① 因为李洼乡资源贫乏，‖②交通也很闭塞，｜③所以这么多年总是摘不掉贫困
　　　　　　　　　　　　并列　　　　　　因果
乡镇的帽子。

e. ① 你如果不按人民的意志办，‖②或者工作不能让人民满意，｜③人民就有权力批
　　　　　　　　　　　　　选择　　　　　　　　　　　　　假设
评你控告你，‖④甚至罢免你惩办你。
　　　　　递进

B. 三重复句

a. ①如果没有氧气，‖ ②光有氢气，‖ ③或者光有氢气，‖ ④没有氧气，| ⑤却不能
并列　选择　并列　假设
生成水。

b. ① 如果我们既放下包袱，‖ ②又开动了机器，‖ ③既是轻装，‖ ④又会思索，| ⑤那我
并列　并列　并列　假设
们就会胜利。

c. ① 广聚见他的话头又不对了，‖ ②虽不敢强叫，| ③可是又想听见他们谈些什么，
因果　转折
‖ ④因此也不愿走开，‖ ⑤就站在圈外。
因果　承接

d. ① 高尔基在自学的过程中，既没有名师指点，‖ ②更没有资料可供查询，‖ ③碰到
并列　因果
的困难当然就比寻常人更多，| ④但是疑难总是吓不倒他的。
转折

e. ① 如果将一个人关进隔离室内，| ②即使让他感觉非常舒服，③ ‖ 但没有任何感情
假设　假设
的体验，‖ ④他也会很快发疯。
假设

f. ① 与会代表不仅专业知识精湛，‖ ②而且见多识广，| ③能得到他们的首肯，‖ ④靠
递进　因果　因果
的不是溢美之词，‖ ⑤而是材料、事实、理论、数据。
并列

C. 四重复句

a. ① 我们不管读什么书，‖ ②都必须认真去读，‖ ③不仅了解书的内容，‖ ④而且要
条件　并列　递进
通过书的内容去了解其反映的时代和社会，| ⑤否则就不能算读懂读透。
假设

b. ① 我们无论认识什么事物，‖ ②都必须全面地去看，‖ ③不但要看到它的正面，
条件　解说
‖ ④而且要看到它的反面，| ⑤否则，就不能有比较完全的和正确的认识。
递进　条件

c. ① 大学的原意是学生组合成的团体，‖ ②想读书研究的人，不论年老年轻，‖ ③大
因果　条件
家组成一个团体，‖ ④聘请名师来讲授，| ⑤这就是大学的起源。
承接　解说

d. ① 不管父母说得多好听，‖②只要自己做的不是那么回事，|||③孩子一定是照父母

条件　　　　　　　　　　　　　　　　条件

做的学，||||④而且还多学了一手两面派，|⑤所以父母本身的德行很重要。

递进　　　　　　　　　　因果

D. 五重复句

① 一篇好的文章或一篇演说，如果是重要的带指导性质的，‖②总得要提出一个什

假设

么问题，接着加以分析，|||③然后综合起来，||||④指明问题的性质，|||||⑤给以解决的

承接　　　　　　承接　　　　　　并列

办法，|⑥这样，就不是形式主义的方法所能济事。

因果

E. 六重复句

① 我的父亲允许了；|②我也很高兴，‖③因为我听到闰土这名字，|||④而且知道

并列　　　　　　因果　　　　　　　　递进

他和我仿佛年纪，||||⑤闰月生的，||||||⑥五行缺土，|||||⑦所以他的父亲叫他闰土。

并列　　　　　　并列　　　　　　因果

（三）紧缩复句

复句中的分句在结构上是相对独立的，分句与分句之间有语音停顿，在书面上用点号隔开。主语相同的两个分句的谓语连在一起，中间没有语音停顿，在书面上不用标点隔开，形式上像一个单句，这就成为紧缩复句。如：

① 你即使不说，我也知道。（复句，假设关系）

② 你不说我也知道。（假设关系紧缩复句）

③ 不见真佛不烧香。（看关联词语，假设、条件紧缩复句都成立）

④ 他一回来我就告诉你。（承接关系紧缩复句）

紧缩句复句的类型，可以从不同角度去归纳。比如，根据紧缩句常用的关联词语，可以概括紧缩句常见的种种格式，也可以根据紧缩句在一起的前后部分主语的异同，分为主语不同的紧缩复句和主语相同的紧缩复句。

1. 主语不同的紧缩复句

这类紧缩复句一般只使用单个的关联词语。以前后主语的不同，又分为：

（1）前现、后省。如：你不讲也能看懂。

（2）前省、后现。如：不说我也知道。

（3）前后全省。如：不问不开口。

（4）前后均现。如：你一说我就懂。

2. 主语相同的紧缩复句

（1）前后均现。如：你走你就走。

（2）前省后现。如：不去医院他是不会好的。

（3）前现后省。如：他一不高兴就发脾气。

(4) 前后全省。如：多做练习才能提高成绩。

当主语相同并且只出现前一主语时，紧缩复句很像单句中的连动句，但又与连动句不同：紧缩复句几个部分之间有假设、条件、让步、转折等关系，并且常用关联词语；而连动句几个谓词性成分之间没有这些关系，也没有关联词语。

思考与练习

一、名词解释

1. 复句。2. 联合复句。3. 偏正复句。4. 多重复句。5. 紧缩复句。

二、下面几个例句有争议，你认为是单句还是复句，为什么？

1. 他用牙刷刷刷这边牙齿，刷刷那边牙齿。

2. 我们希望你们马上过来，一起参加讨论。

3. 只有人民才是创造历史的动力。

4. 无论谁也不能干涉自主的婚姻。

5. 当国旗升起的时候，我从一个山村孩子纯真的敬礼里，看到中国深远处的伟力和韧性。

6. 她用秤称了一下书稿，十二斤半。

7. 无论怎样普通、微小的花朵，都是构成美的部分。

8. 他刚出生不久父亲便去世了。

9. 他这个人呀，就是不听老人的话。

10. 才说了几句，他就睡着了。

11. 对你，对我，他都不太信任。

12. 他这是对你说，不是对我说。

13. 为了弟弟，我们都作出了极大的牺牲。

14. 为了迎接总统到来，我们里里外外打扫了一遍。

15. 他走过去关上门。

16. 他走过去，关上门。

17. 不但全体学生，而且所有的教师都参加了这次运动会。

18. 这地方不但风景优美，而且空气清鲜。

19. 墙上挂着两张地图，一张是世界地图，一张是中国地图。

20. 墙上挂着的两张地图，一张是世界地图，一张是中国地图。

三、指出下列复句的类型

1. 流行音乐是时尚流行的文化，必须由年轻人去做。

2. 1953 年，德国一家拉链公司首次推出了用塑料制作的拉链，而从大大降低了拉链的生产成本。

3. 宁损失 100 万，也不失一人才。

4. 谁泄露消息，谁负法律责任。

5. 营业大厅里，数百人盯着行情显示屏，上面时刻显示着上海和深圳股市交易价格的变化。

6. 精神固然离不开物质，但精神的力量可以使有限的物质发挥最大的潜能。

7. 她忘记了说感谢的话，只是一个劲地傻笑。

8. 不是一位中学老师自告奋勇送我回家，我会迷失在香山植物园里。

9. 大清国我都不敢保他有二十年的寿命，何况高丽？

10. 他的祖国则因为他玷污了国家的名誉将他除名，于是他成了一个没有国籍的人。

11. 西班牙港并非是西班牙的港口城市，而是加勒比海岛国特立尼达和多巴哥的首都。

12. 秘书长是联合国的首席行政长官，也是联合国秘书处的最高领导。

13. 来客也不少，有送行的，有拿东西的，也有看热闹的。

四、区分下列复句类型

1. 自卑固然不好，自负也不好。

2. 困难固然很多，可是我们有信心克服它。

3. 他不是老实，是愚蠢。

4. 他不是去南京，就是去北京。

5. 这个人不是别人，就是张三。

6. 他不但不埋怨，反而安慰了我几句。

7. 活了七十几，反而叫一个小孩子骗了。

8. 爷爷爱听京戏，不爱听流行音乐。

9. 爷爷爱听京戏，却不爱听流行音乐。

五、主语出现在关联词语的前面或后面，意义上会有微妙的变化，请就下面的例句作分析。

1. 与其你去，不如我去。

2. 你与其去，不如不去。

六、为什么在条件复句中，“除非”既可以跟“才”，也可以跟“不”搭配？例如：

1. 除非你去请，她才会答应。

2. 除非你去请，她不会答应。

七、“即使……也”、“如果……就”、“只有……才”、“虽然……却”都是成对的关联词语。其中的“也”、“就”、“才”、“却”为什么归入副词，不归入连词？

八、“为了”、“由于”、“因为”兼属连词与介词。它们后边接上一个名词性单位时，就属介词，接上一个非名词性单位时，就属连词。请找几个例子来说明。

九、“之所以……是因为”组成的句子，有人认为是单句，有人认为是复句。你赞成哪种说法？为什么？

十、分析下列多重复句：划分层次并注明层次关系。

1. 成绩能够鼓舞人，同时会使人骄傲；错误使人倒霉，同时也是很好的老师。

2. 如果把人类的饮食男女这些机能同其他社会活动割裂开来，并使它们成为唯一的终极目的，那么，它们的性质就和一般动物所具有的没有什么差别了。

3. 掌柜是一副凶脸孔，主顾也没有好声气，教人活泼不得；只有孔乙己到店，才可以笑几声，所以至今还记得。

4. 因为我们是为人民服务的，所以，我们如果有缺点，就不怕别人批评指出。

5. 只要你坚持体育锻炼，你的身体就会逐渐好起来，因为体育锻炼能增进人们的健康。

6. 如果不是站在人民的立场，而是站在个人或小集团的立场，就会带着这样那样的偏见看问题，因而不能正确分析各种矛盾和现实情况，必然对形势作出错误的估计。

7. 孔乙己是这样的使人快活，可是没有他，别人也这么过。

8. 发展个体经济不是权宜之计，而是我国一项长期的方针，也是改革的一个重大步骤。

9. 由于地下军事要塞的建筑是在秘密状态下进行的，为防止军事泄密，劳工要么被折磨致死，要么被秘密杀害。

10. 过去捧着“铁饭碗”，混社会主义的“大锅饭”吃，那不叫主人翁，而是败家子。

11. 念小学时，家境拮据，买不起漂亮的信笺，更买不起自来水笔。

12. 由于老年人各自“闭关自守”，信息闭塞，即使知己就在咫尺，相互之间却“老死不相往来”。

13. 人生中一些极珍贵极美好的东西，如果不好好把握，便常常失之交臂，甚至一生难得再遇再求。

14. 没有知识，工人就无法做好工作；有了知识，工人才能更好地完成任务。

15. 困难是欺软怕硬，你的思想是硬的，它就变成豆腐，你要软，它就硬。

十一、下面句子哪些是紧缩句，哪些是单句？为什么？

1. 他不去不要紧。　　2. 他们一家五口就住两间房子。

3. 你要来明天就来。　　4. 没有找到凭据就下判断叫武断。

5. 梨不吃不知道味道。　　6. 你真是越长越漂亮了。

7. 你再说也没有用。　　8. 他放学回家一口气吃了三碗饭。

第六节　句群

一、句群及其构成

1. 句群

句群也叫句组或语段，它是由几个句子组成的，是一个有明晰中心意思的语言使用单位。它一头联系着句子，一头联系着篇章，在语言运用上有着特殊的重要地位。例如：

(1) 日出后的草原千里通明，这时最便于发现蘑菇。天山蘑菇又大又肥厚，鲜嫩无比。

(2) 我听了，觉得那蜜蜂可怜，原谅它了，可是从此以后，每逢看到蜜蜂，感情上就疙疙瘩瘩的，总不怎么舒服。

例（1）（2）都是由两个句子组成的句群。

2. 句群的结构特点

句群在结构上以语法手段（如语序、关联词语）把几个句子组织起来，表现出语义上的事理关系。句与句之间只有一种事理关系即为一个层次、是一重句群，这种关系的表述同复句一样，即并列、承接、递进、选择、转折、假设、条件、因果等关系。有的句群，句与句之间有两种或两种以上的事理关系，即为两个或两个以上层次，是多重句群。例如：

时候既然是深冬，渐近故乡时，天气又阴晦了，冷风吹进船舱中，呜呜地响，从蓬隙向外一望，苍黄的天底下，远近横着几个萧索的荒村、没有一些活气。我的心禁不住悲凉起来了。

自然造物，最美好的莫过于人的生命。然而他来去匆匆。唯其珍贵而短暂，所以在人类的进步的历程中，每一代青年，在人生之舟起锚开航之际，重要探索人生永存的秘密。

纺线，劳动量并不太大，纺久了会腰酸胳膊疼；不过在刻苦学习和紧张工作的间隙里纺线，除了经济上对敌斗争的意义外，也是一种很有兴趣的生活。纺线的时候，眼看着匀净的毛线或者棉纱从拇指和食指之间的毛卷里或者棉条里抽出来，又细又长，连绵不断，简直有艺术创作的快感。摇动车轮，旋转的与锭子争着发出嗡嗡、嘤嘤的声音，像演奏的弦乐，像轻轻地唱歌。那也那有节奏的乐音和歌声是和谐的，优美的。

句群的结构特点，具体表现在以下几个方面：

（1）句群的构成单位是两个或两个以上各自独立的句子，这句子可以是单句，也可以是复句。各个句子在句法上有各自的独立性而在意义上又有一定的联系。如：

春天来了。它来到教室里，静静地听小学生读书、唱歌。它来到操场上，欢乐地和小学生一起游戏。

例句是由三个句子组成的句群，它们之间既独立又关系十分密切，都讲“春天来了”。

从语法意义上说，句群是由两个以上单句或复句组成。复句大于单句，句群大于复句。复句构成单位是分句，分句与分句的结构关系是句子内部的关系。彼此依赖性较强，各分句缺乏独立性。如：

我悄悄地披上大衣衫，带上门出去。(承接复句)

两个分句叙述连续发生的动作。

（2）组成句群的句子间不能使用成对关联词语，一般只在有逻辑关系的后续句里使用成对关联词语中的后一个。如：

四叔皱了皱眉，四婶已经知道了他的意思，是在讨厌她是一个寡妇。但看她模样还周正，手脚也壮大，又是顺着眼，不开一句口，很像一个安分耐劳的人，便不管四叔的皱眉，将她留下了。

这个句群句子间是转折关系，用关联词语“但”。

复句只要有必要，分句间可以成对地使用关联词语。如：

因为你努力学习，所以取得了进步。

(3) 每个句群都有一个明晰的中心意思，意思相连的句子依照一定的组合规则组成句群，各个句子都围绕着一个中心进行表述，为一个中心意思服务。如：

① 我小时候有一次，杨梅吃得太多，发觉牙齿又酸又软，连豆腐也咬不动了。②我这才知道，杨梅虽然熟透了，酸味还是有的，因为它太甜，吃起来就不觉得酸了。③吃饱了杨梅再吃别的东西，才感觉到牙齿被它酸倒了。

这是个由三个句子组成的句群。①句写“我”吃杨梅吃得太多，发觉牙齿又酸又软。②③句主要意思是：杨梅虽然熟透了，酸味还是有的。②句中的“这”指代①句的内容，使之成为后两句的必要条件，并把这三个句子组合成句群。从这三个句子中可以看出一个中心意思：熟透了的杨梅虽然很甜，可还是有酸味的。

(4) 句群没有一个统一的语调。组成句群的句子各具相对完整的语调，各句间语调的配合具有谐和性，书面上要用句号、问号、叹号等句末点号来表示。

二、句群的类型

句群可以根据不同的标准进行分类。根据句与句之间的结构关系，可以把句群分为并列、承接、选择、递进、转折、因果、假设、条件、总分、解正等。

1. 并列句群

句群中的几个分句分别说明相关的几件事情，几种情况，或同一事物的几个方面。各个句子间的关系是并列的、平行的，没有主次之分，句群的中心意思由各句联合表示。如：

五香瓜子，要吗？盐炒葵花子，要吗？油炸花生米，要吗？

月亮从树林边上升起来了，放射出冷冷的光辉。田野上的积雪分外白，越发使人感到寒冷。星星仿佛怕冷似的，不安的眨着眼睛。

2. 顺承句群

组成句群的各句子是按顺序承接的，是一种纵的连接。有的按事物发生、发展顺序，有的按时间先后顺序，有的按空间顺序承接。各句子可以直接组合，也可以在后续句中单用关联词“便”、“于是”、“然后”等。如：

他回过头去说：“水生，给老爷磕头。”便拖出躲在背后的孩子来，这正是一个廿年前的闰土，只是黄瘦些，颈子上没有银圈罢了。

听说在很远很远的地方有一座云梯山。山上住着个种树的老爹，白发白眉白胡子。他的胡子很长，从下巴一直拖到地上。

3. 选择句群

句群中各个句子分别提出几种情况，要求从中选择一种。常用的关联词语“或者”、“要么”、“还是”等。如：

我又模糊地撞去了吗？或者我在嘻嘻地笑你的愚蠢吗？或者我在怜悯你的困苦吗？

一句话，不了解矛盾各方面的特点，这就叫做片面地看问题。或者叫作只看见局部，不看见全体，只看见树木，不看见森林。

4. 递进句群

句群的几个句子所表达的意思一个比一个进一层，这类句群常用“而且”、“并且”等关联词语。如：

我这时突然感到一种异样的感觉，觉得他满身灰尘的后影，刹时高大了，而且愈走愈大，须仰视才见。

便是七斤嫂，那时不也说，没有辫子倒也没有什么丑么？况且衙门里的大老爷也还没有告示。

5. 转折句群

前面的句子说一个意思，后续句子是顺着前依据的意思说下去，而是做了一个转折，朝着另一方面的意思说下去。常用关联词语“可”、“可是”、“但”、“但是”、“却”、“而”、“然而”等。如：

焦大的骂，并非要打倒贾府，倒是要贾府好，不过说主奴如此，贾府就要弄不下去了。然而，得到的报酬是马粪。

他有点傻气，有点呆气。姜豆芽就说他是书呆子。可是，这书呆子会念诗，而且念得那么好！

6. 因果句群

句群的句子间存在着原因和结果的关系。常用“所以”、“因此”等关联词语。如：

作品的句子有长有短，短的句子可以一口气读完，而长的句子有时候则需要分成几段来读。因此，停顿是有声语言表情达意必不可少的手段。例如：

湿沙层的水份足够供应固定沙丘的植物的需要。所以在流动沙丘上植林种草，是可以成活的。

7. 假设句群

句子间表示假设的情况和假设的情况实现以后会出现的结果。常用“那样”、“否则”、“不然”等关联词语。如：

你对于那个问题不能解决吗？那么，你就调查那个问题的现状和历史吧！

倘使后来对此用了“侵略”一词呢？那就会变成“干了坏事了，尊重他们”了。

8. 条件句群

句群的句子间有条件关系。常用“才”、“就”等关联词语。如：

真正的好文章，一定要鲜明有力地拥护那应该拥护的东西，同时也一定要鲜明而有力地反对那应该反对的东西。这才会是生气勃勃的好文章。

你爱喝的咖啡多得很！我不定期有一瓶哩！只要你能喝。

9. 总分句群

句群的句子间有总说与分说的关系。例如：

珠宝项链分为长短两种。一种是紧贴脖颈的短项链，另一种是垂挂式的长项链。

10. 解说句群

分为注释式、特解式、例解式、问答式等。例如：

电流和抵抗成反比例嘛。就是说，抵抗越大，电流越小；抵抗越小电流越大。（注释式）

他把我那件破得可怜的衬衫洗干净了，并且缝好了。这件衬衫是我第一次受审时的牺

牲品。(特解式)

还有，以为诗人或文学家高于一切的人，他的工作比一切工作都高贵，也是不正确的观念。举例说，从前海涅以为诗人最高贵，而上帝最公平，诗人在死后，便到上帝那里去，围着上帝坐着，上帝请他吃糖果。(例解式)

们这么大的一个国家，怎么才能团结起来，组织起来呢？一靠理想，二靠纪律。(问答式)

三、句群与复句的区别

句群与复句既有联系，也有区别。句群和复句的联系主要表现在，句群的句子之间的关系类型和复句间的关系类型基本上是相同的。因而在一定语境中有些句组可以变换成复句，有些复句可以变换成句群。不过，变与不变采用句群的形式，还是采用复句的形式，都要根据语境和表达的需要而定。句群与复句的区别主要表现在：

1. 材料构成不同

句群的构成单位是句子，复句的构成单位是分句。句群中的各个句子在句法上有各自的独立性，且在意义上有一定的联系。而复句分句与分句的结构关系是句子内容的关系，彼此依赖性较强，各分句缺乏独立性。如：

历史是过去的事实。但我更认为历史是过去与现在的无终止的对话。(句群)

天气虽然这么冷，但是我身上还在出汗呢。(复句)

2. 句调不同

句群的句子与句子间有较大的语言停顿，这种停顿是隔离性的停顿，书面上用句号、叹号、问号表示。复句中，分句与分句间只有较短的语言停顿，书面上用逗号、分号表示，复句不管有多少分句，也不管它结构怎么复杂，一个复句内部分句与分句间不可能出现句号、叹号、问号。

天那么高，那么蓝。蓝蓝的天上飘着几朵白云。(句群)

今天清早，天气骤然变冷，天空中布满了铅色的阴云；中午，凛冽的寒风刮起来了，呼呼地刮了整整一个下午；黄昏时分，风停了，就下起了鹅毛般的大雪来。(复句)

3. 组合手段不同

复句中的单句成为复句的组成部分以后，失去了独立性，称为分句，如："今天天气好，我一定要去。"这是两个各自独立的单句，意义上有一定的联系，放在一起就成为一个整体，也就构成了复句。由于两句合在一起表达一个意思，已失去了原来各自为阵的独立的意思，所以这样的单句进入复句结构以后，就仅仅成为复句中的一个分句。

而句群以特定的语言形式组合，句群中各个句子前后连贯，互相衔接时，以使用一些关联词语为标志，并且在使用时只用成对的关联词语中的后一个关联词语。如：

喜鹊的羽毛大部分黑而带绿，只是肩和腹部有白色的羽毛，显得朴素洁净。喜鹊的体态轻盈优美，鸣声清脆响亮，有使人喜悦的感觉。不论是在萧瑟秋风的树下，还是在冬天野外的路旁，喜鹊迎面飞来，生机勃勃，欢欣活泼，令人感到振奋。因而，喜鹊受到人们的喜爱。(句群)

今晚却很好，虽然月光还是淡淡的。(复句)

另外，组成句群的句子之间在意义上有一定的逻辑联系，而不是将几个毫不相干的句子任意放在一起就能够成句群。如：

弟弟很爱学习，也很有礼貌。他每次来到黄伯伯的牢房门前，总是先轻轻地敲几下门，得到黄伯伯的许可，才走进门去，敬个礼说："黄伯伯好!"黄伯伯上午教他语文和算术，下午教他俄语和图画。他每门功课都学得很好。特务在旁边监视的时候，他就用俄语跟黄伯伯说话。特务不懂俄语，干着急也没办法。

4. 运用关联词语不同

组成句群的句子间不能使用成对的关联词语，在复句中经常成对运用的关联词语有些在句组中不能出现。如："又……也"、"也……也"、"尚且……何况"、"不是……就是"、"与其……不如"、"宁可……也不"、"之所以……是因为"、"既然……那么"、"即使……也"、"只有……才"、"无论……却"等。这是因为它们互相呼应，联系紧密，不容易分开成为几个句子。一般只在有逻辑关系的后续句里使用成对关联词语中的后一个。复句只要有必要，分句间可以成套地使用关联词语。如：

因为你努力学习，所以取得了进步。

另外，有些句式如问答句式、连问句式、连叹句式等，在句群中有，在复句中却没有。这是因为复句只是一个句子，内部的分句不能用句子充当。因此，句群和复句有些是不能互相变换的。如：

(1) 谁是我们最可爱的人呢？我们的部队，我们的战士，我感到他们是最可爱的人。

(2) 人们常说："东虹轰隆西虹雨。"意思是说，虹在东方，就有雷无雨；虹在西方，将会有大雨。

例(1)是问答句式，例(2)后句中间用了分号，内部结构复杂，这两例都不能换成复句。

四、句群与段落的关系

句群是由句子组成的语言单位，但不能把句群和由句子组成的段落混为一谈。句群是语法单位，段落是文章的书写形式单位。它们之间没有对应关系。如下面三个例子就是三个自然段。

1. 我们决定爬一座三十里高的瑶山，地图上叫越城岭，土名叫老山界。

2. 老山界是我们长征中所过的第一座难走的山。但是我们走过了金沙江、大渡河、雪山、草地以后，才觉得老山界的困难，比起这些地方来，还是小得很。

3. 开饭了，就餐的人们，蹲着的、坐着的、站着的都有。草地真是一个又大又好的露天餐厅。我盛了一碗野菜坐下来，一眼就看见总司令也端着一碗野菜，还津津有味地吃着哩。他边吃边向身边的战士们称赞饭菜的味道。战士们见首长和自己在一块吃野菜，又那么平易近人，一点也不感到拘束，都争着与总司令拉话。

例1只是一个句子，这表明有的段落比句群小。例2一个自然段是一个句群，这个段落刚好和句群相等。例3有两个句群(句群中间用斜线隔开)，前一个句群是说"草地是又大又好的餐厅”，后一个是说“总司令平易近人，和战士们一起吃野菜”。显然，这个段落比句群大。

句群常常小于自然段，也有和自然段重合的，句群大于自然段的情况少见。如：

春天像落地的娃娃，从头到脚都是新的，它生长着。

春天像小姑娘，花枝招展的，笑着，走着。

春天像健壮的青年，有铁一般的胳膊和腰脚，领着我们向前去。

上例是由三个自然段组成的一个句群，三者意思联系得非常紧，从三个方面说明春天有朝气、很可爱的意思，三者前后衔接，一气呵成。之所以分成三个自然段，是为了抒发强烈的感情，出于表达的需要。

一般地说，句子（含单句与复句）、句群是构成段落的语言单位，它们的排列顺序、组合方式决定了段落的结构特点。由一个句子或一个句群构成的段落，往往是文章的过渡段、开头段或结尾段。如：

我冒着严寒，回到相隔2000余里，别了20余年的故乡去。

我们不怕死，我们有牺牲的精神！我们随时向李先生一样，前脚跨出大门，后脚就不准备再跨进大门！

由几个句子、句群构成的段落，是文章中的扩展段，他们或是叙述语段，或是议论语段或是说明语段，是我们要研究的典型语段。和复句的分类相同，从语段的语法结构和语义表达相统一的角度来划分，这种扩展段中句子、句群之间的事理关系也可以分为并列、承接、递进、选择、转折、假设、因果、条件等关系。如：

幸福是一种人生的感悟，一种个人的体验。也许，幸福是你奋不顾身，解救了他人的生命；也许，幸福是你的义举，挽救了濒临破产的企业；也许，幸福是你的爱心，帮助失学儿童圆了大学梦；也许，幸福是你的善举，使孤寡老人安享晚年；也许，幸福是你的温情，让失意者重树生活的自信。关键是，你要有一副热心肠，要有一颗善良的心。这样，你才能感受到幸福。

五、句群分析

句群的构造和复句一样，组成成分之间不仅有一定的关系，而且有一定的层次。如果一个句群是由三个及以上的句子组成，那么，它往往有一定的层次。如：

①飞机场上人越来越多，一会儿就聚集了上千人。|②但是却沉默着。‖③整个机场上空十分严肃，就像在前线战斗将要打响之前的一刹那。

例句有三个句子，这三个句子是按一定的层次组合起来的。前一个句子和后两个句子之间是句群内的第一层次，第二句和第三句之间是第二层次。句群和复句一样，有一个层次的句群是一层句群，有两个和几个层次的句群是多重句群。例句有两个层次，是一个二重句群。

三重句群。例如：

① 这是闰土的父亲所传授的方法，我却不大能用。|||②明明见它们进去了，拉了绳，跑去一看，却什么都没有，费了半天力，捉住的不过三四只。‖③闰土的父亲是小半

天便能捕获几十只，装在叉袋里叫着撞着的。｜④我曾经问他得失的缘由，他只静静地笑道："你太性急，来不及等它走到中间去。"（鲁迅《从百草园到三味书屋》）

这个句群由四个句子组成，前三句和最后一句之间是第一个层次，第一、二两句和第三句之间是第二个层次，第一句和第二句之间是第三个层次。这个句群有三个层次，是个三重句群。

句群的分析基本和复句相同，既要指出句群是由几个句子组成的，又要标出各个句子之间的关系和结构层次。在方法上一般用加线法、图示法和思路分析法。

用加线法分析下面的句群：

① 我的母亲对于我几次被捕，在拘留所里度过的几次"二十九天"，也已经习惯了。
‖②尤其在前年，我在监狱里住了八个月，母亲还常给我送东西去。｜③ 因此对我的工
递进　　　　　　　　　　　　　　　　　　　　　　因果
作已经能够理解了。‖④只是她还不明白为什么我现在不像过去那样坦率地任警察捉去。
　　　　　　转折
‖⑤她担心我在逃跑以后再捉去反而不好。
并列

分析句群，首先是用序号①②③……标明句子数。第二步是用竖线标出层次（和多重复句一样，用一根竖线标示第一层，用两根竖线标示第二层，用三根竖线标示第三层等等）。第三步是在每一处竖线下面注明该层次的组成部分之间的关系。句群分析和复句分析有一个重要的不同，即每个分析下面要用括号注出中心意思。上例如下图所示：

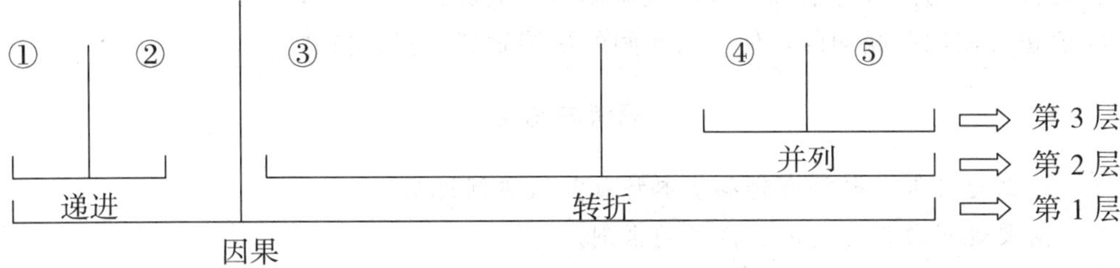

（中心意思：母亲对"我"的工作的理解与担心）

这种分析也同多重复句的图示相同。不同的是图中①②③④⑤分别代表五个句子，不是代表分句。我们如果掌握了多重复句的图示法，那么句组的图示分析也就清楚了。

把握思路分析句群，在我们学习、理解和使用语言中具有十分重要作用。如：

① 我不喝水，支撑着仍然看，也说不出见了些什么，只觉得戏子的脸都渐渐地有些稀奇了，那五官渐不明显，似乎融成一片的再没有什么高低。‖②年纪小的几个打呵欠了，
　　　　　　　　　　　　　　　　　　　　　　　　并列
大的也各管自己谈话。｜③然而一个红衫的小丑被绑在台柱子上，给一个花白胡子的用马
　　　　　　　转折
鞭打起来了。大家才又振作精神的笑着。‖④在这一夜里，我以为这实在要算是最好的一折。
　　　　　　　　　　　　　因果

这个句群由四个句子组成，以关系词“然而”为标志，句群分为两部分，也就是说，①②两句和③④两句之间是句群第一层，“然而”是标志第一个层次两部分之间结构关系的关系词语，第①②两句和第③④两句之间是转折关系。这段话是写文章中“我”和小朋友在“红衫小丑”出场前后的两种不同情绪。作为句群，这段话有两个层次，①②句之间，是第二个层次，结构是并列关系，分别写“我”和小朋友在“红衫小丑”出场前的情绪；③④句之间也是第二层次，在结构上是因果关系，因为“红衫小丑”使大家振作了精神，所以“我”认为这一折戏最好。

其实这三种分析方法都是在结构分析法基础上进行的。

六、句群的组织与运用

句群表意比句子丰富，它一般能完成一定的实际任务，而且由于几个句子形成了一定的语言环境，不致产生歧义，句群的使用价值就比孤立的句子大得多。但将句子组成句群时，常常会犯前言不搭后语，语无伦次、啰嗦重复、随意转换话题等语病。组织句群，不仅要合乎语法，而且要合乎修辞、逻辑。为了表达清楚，在组织运用句群时要注意以下几点：

1. 中心语意要突出。组成句群的句子应紧扣中心，表述角度要一致，不要节外生枝，自相矛盾。

2. 句群的句子与句子之间要有内在的逻辑联系。要做到语序合理，层次清楚，前后衔接连贯。不要颠三倒四，东拉西扯。

3. 句群各句的内容应准确精练，应避免啰嗦重复、冗杂不清。

4. 要正确使用关联词语，使句与句间的衔接做到紧密、自然。

思考与练习

一、什么是句群？句群有哪些基本特征？试举例说明。

二、简要说明句群与复句、段落的区别。

三、分析下列句群的结构类型。

1. 清早，我到公园去玩，一进门就闻到一阵清香。我赶紧往荷花池边跑去。

2. 有机灰尘来自生物的家乡。有的来自植物之家，如皮屑、生发、粪便、鸟羽、蝉翼等。

3. 我多么想自己也养几条小金鱼啊。可是买金鱼要到店里去，爸爸妈妈都没有空闲。

4. 有一次火车开动的时候猛地一震，把一瓶白磷震倒了。磷一到空气马上燃烧起来。许多人过来，和爱迪生一起把火扑灭了。车长气极了，把爱迪生做实验的东西全仍了出去，还狠狠地打了他一个耳光，把他的一只耳朵打聋了。

5. 松树的生命力可谓强矣！松树要求于人的可谓少矣！

6. 在这些时候，我可以附和着笑，掌柜是决不责备的。而且掌柜见了孔乙己也每每这样问他，引人发笑。

第七节 标点符号

标点符号是文章不可缺少的组成部分。我们说话时，在句子与句子之间，或者一个句子中间，有种种停顿。文字本身没有能力把这些停顿表示出来，这就要靠标点符号了。另外，说话时的语气和某些词语的性质或作用也要靠标点符号来表示。正确运用标点符号，可以使文章的意义更加明确，语言的结构更加清楚，文字更加简练。

一、标点符号的性质、作用和种类

标点符号是书面语中用来表示停顿、语气以及词语性质的标记，是书面语言的有机组成部分，是书面语言不可缺少的辅助工具。它可以帮助人们更加确切地表达自己的思想感情和理解别人的语言。

标点符号包括标号和点号两大类，标号包括引号、括号、破折号、省略号、书名号、着重号和间隔号、专名号，是用来表示词语的性质或作用的。点号包括句号、逗号、顿号、分号、冒号、问号、叹号，是用来表示语气中的停顿和说话时的语气的。

二、点号的用法

（一）句号（。）

句号表示一句话完了之后的停顿。主要用于陈述句，也有时也用于语气缓和的祈使句。如：

（1）我们是主张自力更生的。

（2）春天的百花送来了浓香。

祈使句句末常用叹号，但如果语气舒缓，不读急降调，而接着读平调，也可以用句号。如：

请您再说一遍。

文章中该用句号而不用，或者不该用而用了，都会使句子结构层次不清，表述不明。如：

花生秧子是生猪的好饲料，种花生来发展养猪事业提供了有利条件，这几年由于花生种得多，全村养猪数量达到1400多头，猪多肥多，又促进了粮食产量的提高。

例句中六个分句应改为三个句子。开头两个分句是一个意思：种花生养猪提供了条件；三、四两个分句是另一个意思：种花生促进了养猪；五、六两个分句又是一个意思：养猪促进了粮食生产。因此，第二、第四两个逗号应改为句号。

（二）逗号（，）

逗号表示一句话中间的停顿，也可以是单句内部的停顿，也可以是复句里分句之间的停顿。如：

（1）梦，就是理想。

(2) 一切进步的战争都是正义的，一切阻碍进步的战争都是非正义的。

例（1）的逗号表示单句内部的停顿。例（2）的逗号表示复句分句之间的停顿。

运用标点符号应该基本上和语言的语法结构相一致，单句内部在语言上有停顿的地方不一定都能用逗号点断。一个地方该不该用逗号，除了要看说话的时候有没有停顿之外，还要看结构上能不能切断。如：

它是站在海岸遥望海中已经看得见桅杆尖头了的一只航船，它是立于高山之巅远看东方已见光芒四射喷薄欲出的一轮朝日，它是躁动于母腹中的快要成熟了的一个婴儿。

例句是一个复句，包含了三个分句。每个分句都比较长，内部并没有用逗号点断。可是实际念起来的时候，可能在好几处要停顿一下，换换气。如果完全以念起来的停顿为根据使用逗号的话，就有可能破坏了结构的完整，使得它支离破碎，影响到意思的表达。

主语和谓语之间用不用逗号，跟这两部分的长短有关。如：

人民解放军永远是一个战斗队。

例句中主语部分和谓语部分都比较短，说的时候当中没有停顿，不能用逗号隔开。

动词和宾语结合得很紧，当中没有停顿，一般不能用逗号隔开。只有当宾语是一个比较长的主谓词组时（前边的动词往往是“认为”、“相信”、“知道”、“证明”、“指出”之类），说话的时候有停顿，当中才能用逗号。如：

大家知道，战争与和平是互相转化的。

状语跟后边的中心词关系密切，一般不能用逗号隔开。但由“对”、“对于”、“关于”、“在”、“当”等介词组成的介词结构，有时可以用逗号点断。如：

对于这块阵地，我们不去占领，别人就会去占领。

某些关联词语后边，如果有停顿，可以用逗号。如：

但是，普及工作和提高工作是不能截然分开的。

（三）顿号（、）

表示句中较短的并列词语之间的停顿。如：

必须抓紧粮食、棉花、油料、化肥、煤炭的生产。

亚马孙河、尼罗河、密西西比河和长江是世界四大河流。

并非所有的并列词语之间都需要用顿号，如并列成分之间用了连词“和”、“跟”、“与”、“同”等就不能再用顿号。例如“北京、上海和合肥”不能写成“北京、上海、和合肥”。也并不是所有并列成分都必须用顿号隔开，有停顿的时候才用得着顿号。像“青少年”、“工农业”、“调查研究所”、“七八十年”等等。说话的时候当中没有停顿，也就无须用顿号隔开。

顿号还经常用在次序语之后。如“一、……二、……”“甲……乙……”。次序号用了括号，就不用顿号，那种“（1）、……（2）、……”的用法是不对的。

（四）分号（；）

分号所表示的停顿比逗号大，比句号小，一般用在复句中的并列分句和较长的并列词组之间。如：

到日本去的人，未到之时，首先会想起樱花；到了之后首先要谈到樱花。

启明星把黑暗送走，却从不与朝霞争辉；红梅花把寒冬送去，却从不与百花争春。

有时复句里的分句，论结构、论意义都不是并列的，但分句内部已经用了逗号，如果分句之间也用逗号，层次就不够清楚，看不出句子内部的段落；用句号，又会把意思密切关联的分句变成独立的句子，碰到这种情形，还是用分号比较合适。如：

文章是客观事物的反映，而事物是曲折复杂的，必须反复研究，才能反映恰当；在这里粗心大意，就是不懂得做文章的起码知识。

（五）冒号（：）

冒号也是用来表示句子内部比较大的停顿的，但它的主要作用是用来提起下文，常用在“说”、“证明”、“指出”、“表示”、“承认”等一类词语之后，如：

唐朝人魏徵说过：“兼听则明，偏听则暗”。也懂得片面性不对。

我们的实践证明：感觉到了的东西，我们不能立刻理解它，只有理解了的东西才更深刻地感觉它。

冒号主要用在以下几个方面：

1. 用在书信、发言稿的开头的称呼语后面，提示下面要讲话。用在“某某说”后面，提示下面是某某的话。

2. 用在总提语之后，让读者注意下文将要分项来说。例如：

任弼时同志一生有三怕：一怕工作少，二怕麻烦人，三怕用钱多。

3. 用在总括语之间。例如：

行动，要靠思想来指导；思想，要靠行动来证明：思想和行动是紧密相联的。

4. 用在较复杂的宾语之前。例如：

在螳螂世界里，有一种奇特的现象是：“结婚”就意味着雄螳螂走向自己的坟墓。

上例动宾之间也可用逗号。

5. 在需要解释的词语或分句之后。例如：

三七：中药名，即田三七。

原来鲁镇是僻静地方，还有些古风：不上一更，大家便都关门睡觉。

冒号还可以用来隔开作者和书名（或篇名），如“鲁迅：《一件小事》”，当然也可不用冒号，如“巴金《家》”。

使用冒号要注意：（1）没有比较大的停顿不要用冒号。（2）冒号一般管到句末。

（六）问号（？）

问号表示一句话问完了之后的停顿。问号有的是有疑而问，有的是半信半疑，有的是无疑而问，不管是哪一种，都是疑问语气，都应该用问号。

什么？她就在这儿？此地？

为什么语言要学，并且要用很大气力去学呢？因为语言这东西，不是随便可以学好的，非下苦功夫不可。

选择问句中间的停顿用逗号，句末用问号。如：

小刘，你是喝茶呢，还是喝咖啡？

用“好不好，行不行”等提问格式表示的较委婉祈使语气，也可用问号。如：

你听听群众的意见好不好？

句末用不用问号，并不是以句子当中有没有疑问代词或句子末尾有没有“呢”、“么”之类作为依据的。疑问代词不一定表示疑问，语气词“呢”、“么”等也可以表示疑问以外的语气。反问句虽是无疑而问，虽然不期望对方回答，但它是用强烈的疑问语气来表现的，所以一般还得用问号。

（七）叹号（!）

感叹号表示强烈的感情，用于感叹句或感情比较强烈的祈使句、反问句，也表示说话时的停顿。如：

我多么想看看她老人家呀!

起立!

主语、状语等成分倒置的感叹句，以及称呼语在感叹句句末，叹号不能在句中，必须放在句末。如：

多美啊，天柱山的风景!（主谓倒装）

再见，妈妈!

也有人为了表示特别强烈感情用“!!”或“!!!”，但是比较少见。其实感情的强烈程度主要靠句子里的词语来表示，不是靠叹号的叠用来表示的。滥用叹号，就会失去它的表达强烈感情的作用。

三、标号的用法

（一）引号（“　”‘　’）

引号表示文章中引用的部分，直接引用别人的话才用引号，用自己的话转述别人的意思不用引号。如：

① 古语道：“江海不拒细流，泰山不拒土石。”

② 列宁常称这个法规为辩证法的本质，又称之为辩证法的核心。

引用分为直接引用和间接引用，例①引的是原话，用引号；例②是转述，不用引号。

引号一般用双引号，引文之内又有引文，就用单引号。如：

张老师教导他的学生说：“一定要采取实事求是的态度，‘知之为知之，不知为不知’，不要强不知以为知。”倘单引号之内又有引文，那又要再用双引号。

（二）括号（　（　）　）

括号表示注释前面的话，跟句子的结构没有关系，如：

白帝城（原名紫阳城）是新莽时公孙述割据四川时建筑的。

落红不是无情物，化作春泥更护花。（语出自清代龚自珍《已亥杂诗》）

括号还用在次序语的外面，如（一）（二）（三），（甲）（乙）（丙）。这时它和顿号的作用相同，后头不能再用顿号。

括号有圆括号和方括号两种，常用圆括号。如果有两类不同性质的夹注，可分别采用方括号和圆括号，以示区别。

（三）破折号（——）

破折号常用来表示文章中的注释部分，通常比较重要的注释部分用破折号；比较不重要的注释，没有它也不影响意义完整的用括号。如：

我国古代的三大发明——火药、印刷术、指南针对世界历史的发展有伟大贡献。

不料这秃儿却拿着一枝黄漆的棍子——就是阿 Q 所谓哭丧棒——大踏步走了进来。

破折号还可以表示语义的转换、递进、跃进或语音的中断、延长。如：

① 我看你性情好像没有大变——鲁贵像是一个很不老实的人。

②“嘟——”火车进了站。

例①破折号表示意思的转换，例②的破折号表示声音的延长。

另外，文章的副标题之前有时也用破折号，起注释作用。

（四）省略号（……）

省略号表示文中的省略部分。一共六个圆点，占两个字位置。

远处田野稻浪翻腾，棉海如银……一片丰收景象。

孔乙己低声说道“跌断、跌、跌……”他的眼色，很像恳求掌柜，不要再提。

省略号还表示表示沉默，语气中断，欲言又止等。如：

穿长袍的问：“这一位是……”

“我的兄弟”。戴礼帽的回答。

破折号也可以表示语言的中断，区别是：破折号表示语言戛然而止，省略号则表示余声未尽。

如果省略号前面是完整的句子，省略号放在句子之后，表示省略的是另一句，不是这一句的一部分。如果前面不是完整的句子，则直接用省略号。省略号后边一般不再用其他标点。

（五）着重号（.）

着重号表示文中特别重要或值得读者注意的字句，加在这些句子的下边。如：

我夏秋两季看守庄稼。

这个定律是两千多年前希腊学者阿基米德发现的，所以叫做阿基米德定律。

着重号表示要求读者特别注意的词句。

（六）书名号（《》〈〉）

表示书籍、篇章、报刊、剧作、歌曲等名称。如：

《林海雪原》（书名）

《读者》（刊物名）

《风波》（篇章名）

《雷雨》（剧作品）

《乡恋》（歌曲名）

书名号有《》、〈〉两种，一般习惯先用《》，《》号内如果需要再加书名号，就用〈〉。

如果书名后还有篇名，就在一个书名号的书名与篇名之间加一间隔号。如：《史记·项羽本纪》、《左传·宣公十二年》、《诗·郑风·风雨》。

（七）间隔号（·）

间隔号是一个圆点，表示间隔或分界。用在月份和日期、英译的名和姓、书名和篇名、词牌（曲牌）和词题等中间。如：

“四·一二”事变　弗·伊·列宁《朝花夕拾·藤野先生》

（八）连接号（—）

表示把意义密切相关的词语连成一个整体。时间、地点、数目的起讫，人或事物的某种联系，都可以用连接号连接起来。连接号比破折号短，占一个字的位置。如：

郭沫若（1892—1978），原名郭开贞，号尚武。

“合肥—武汉”特快列车就要开了。

（九）专名号（____）

表示人名、地名、国名、山名、河流名、机关团体名等，标在字的下边，一般只用于古籍或某些文史著作里面。为了和专名配合，这类著作里的书名号可以用波浪线。如：

屈原放逐，乃赋离骚，左丘失明，厥有国语

最后再简单地说一说标点符号在书写时应当注意的几点：

1. 破折号和省略号可以放在一行的开头。

2. 引号、括号和书名号的前一半可以放在一行的开头，不能放在一行的末了。

3. 其他符号一律不能放在一行的开头。

着重号是放在字的下面的，不受转行的限制。

思考与练习

一、标点符号可以分成哪两种类型？每种类型各有哪些标点符号？

二、引号除了引用说话之外，还有什么作用？请举例说明。

三、问号和叹号的分工是怎样的？有人喜欢用“?!”“!!”“!!!”，你觉得好不好？

四、引用别人的话可以采取“直接引用”、“间接引用”或“局部引用”等方式，这些不同的方式同标点符号的作用有什么关系？

五、表示注释，有时用括号，有时用破折号，这两种用法有没有区别？

六、在直接引用人家的说话时，有时把引文拆成两段，当中插进“××说”。插进“××说”的句子可以看成一种插说句，它的后边用哪种点号（逗号、冒号、句号）较为合理？

七、破折号和括号都解释说明行文中的语句，它们用法有什么区别？

八、解释下列各段文字中每个标点符号的使用理由。

1. 我们的孩子不会了解19世纪俄罗斯小说家的沉痛的话：“我小时候就没有童年。”

2.《母与子》的作者——法国著名作家罗曼·罗兰。

3. 屈原、司马迁、李白、杜甫等光辉的名字，像一颗颗美丽的宝石，嵌在中华民族的史册上。

4. 她一手提着竹篮，内中一个破碗，空的；一手拄着一支比她更长的竹竿，下端开了裂：他分明已经纯属是一个乞丐了。

5. 这是老先生最得意的作品，是老先生十多年的汗水——不，是他毕生的心血！

九、标点下列几段文字：

1. 当年　焦裕禄同志调到兰考后　经过调查研究　找张副书记交换意见　他问　改变兰考面貌的关键在哪儿　张说　在于人的思想的改变　对　焦裕禄说　但是应该在　思

想 的前面加两个字 领导 关键在于县委领导核心的思想转变 没有抗灾的干部 就没有抗灾的群众观点 在这里 焦裕禄仅用了短短几句话 就把如此重大而复杂的问题说得一清二楚 内涵深刻 这才是简洁朴素的语言。

2. 1859 年达尔文出版了物种起源一书他以极其丰富的事实无可辩驳的证据指出现在的生物界不是上帝或神创造的而是由共同的最原始的祖先经过极其漫长的时间发展进化来的各种生物之间不是彼此孤立的而是有着或远或近的亲缘关系

第八节 常见的语法错误

一、单句中常见的语法错误

语法错误是由于违反语法规则而产生的语言毛病。有语法错误的句子是不符合大多数语言使用者的语感的，也是不通顺的。

（一）用词不当

1. 实词运用不当

（1）名词、动词、形容词的误用

名词、动词、形容词，常因不解词性和用法而误用。如：

① 名词误作形容词

A. 科学人才选拔赛深受重视，一直被人认为是此类科学奖中最荣誉的一种。

B. 祖国山河分外锦绣。

例 A“荣誉”为名词，不能受程度副词“最”修饰。

例 B 也名词误用为形容词，“锦绣”指精美鲜艳的丝制品。虽然有时作“山河”和“前程”等的定语，仍为名词，这里受程度副词“分外”的修辞，像形容词那样做谓语是不妥当的。应改为“美丽”或“娇娆”。

② 名词误作动词

A. 一提到中医学，有些人就不免会疑问：“它是符合科学的吗？”

B. 他理想得到一份称心的工作。

例 A“疑问”是名词，宜改为“产生疑问”。

例 B 将名词“理想”误用为动词，做谓语，应改为“幻想”或“希望”，也可以改成“她的理想是……”

（2）数词、量词使用不当

数词“二”和“两”表示数目相同，但用法不同。如：

① 上学期他有二门功课考得不很好。

② 全年任务的两分之一已经完成。

例①的“二”应该改为“两”，例②的“两”应该改为“二”。“二”和“两”的分布规律大致是这样的，单独用作度量衡量词时，除“二两”不能说成“两两”外，用“二”、

“两”都可以。如果度量衡量词连用，前面一般用“二”、“两”都可以，后一个必须用“二”。如“两块两角二分”。表示分数和序数用“二”不用“两”。

“俩”、“仨”是“两个”、“三个”的意思，下面句中的“俩”应该改为“两”。

他们俩个人说好来看我。

数目的减少不能用倍数，下面例句中的“两倍”应该改为“百分之五十”或“一半”。

这个月的生产成本比上月降低了两倍。

（3）代词使用不当

使用代词要注意避免指代不明、人称不对、用错代词等语法错误，如：

① 小吴和小陈是好朋友，在工作上她一直是支持她的。

② 我站在窗前向广场看去，人们正在这里做工间操。

③ 王师傅说他二十岁那年得了一场大病，是李大夫把我救活的。

④ 此时此刻，获奖同志们的心情是什么呢？

例①出现两个“她”，到底哪个指小吴，哪个指小陈不清楚。例②是近指远指代词错用，应把近指的“这里”改为远指的“那里”。

例③后一句为间接引语，用第一人称“我”不对，应用第三人称“他”。例④的代词“什么”使用不当，“什么”是询问事物的，这里应用问情况的“怎么样”，改成“……心情怎么样呢?”或“……心情是什么样的呢?”。

（4）副词的误用

一种情况是不明词义，该用甲副词而用乙副词。如：

① 她看完了演出再走的。

② 今天下这么大雨，你果然还来了。

例①的“再”应为“才”，表示时间晚；例②的“果然”应为“居然”，表示出乎意料。

第二种情况是当用形容词而误用了副词。如：

① 这种意外事故的发生是很偶尔的。

② 他这种艰苦奋斗的作风是一向的。

例①的“偶尔”应改为形容词“偶然”，例②的“一向”应改为形容词“一贯”。

第三种情况是误用双重否定。如：

① 难道谁能否认地球不是绕太阳转的吗?

② 谁也不能不相信，语言不是交际工具。

双重否定表示肯定，三重否定仍是否定，使用多重否定的目的在于加强句子的语气。例①用了“否认、不”两重否定，又用“难道……吗”表示反问语气，也是一重否定，全句具有三重否定，表达意思不符合事理，应去掉否定副词“不”。例②有三重否定，意为否定，与要表达的原意不符，应去掉“不相信”或“不是”中的一个“不”。

2. 虚词运用不当

（1）虚词用错

应用甲而误用乙，如：

我根本分不出这种蘑菇是人工培植的或是野生的。

在否定句以及疑问句中，表达选择关系的连词不用“或”而应用“还是”。

他把全部精力，做了他们能做的一切。

介词“把”后面的名词一般是后面动作的受事，这里明显在语义上表示“工具”，所以要改用“用”或“以”。

(2) 时态失宜

①“了”和“着”

时态助词“了”表示动作的完成，“着”表示动作或状态的持续。

A. 采取岗位培养的办法，造就着一大批人才。

B. 他力图采取新的工艺，在艺能方面达到或超过了规定的指标。

A中的“造就”含有“结果”义，不宜用“着”。B句当中有“力图”，意思是尚未完成，不宜用“了”。

②“当”和“在”

“当……的时候”、“在……之前”、“在……之后”都表示两件事的时间关系。

A. 当她来到我们的驻地之前，我们并不知道有新的任务。

B. 在我们一来到比赛场地之后，记者们都围了起来。

A中“当”和“之前”的时态失宜。“当”应改为“在”。B中的“在……之后”或“在……之前”已成习惯，如“在我们出国之后”、“在我们出国之前”。其实，这个“在”是多余的。“在……之后”或“在……之前”加入“一”，时态就不调和了，或者删去“一”，或者说成“我们一来到比赛场地，记者们就围了起来。”

(二) 成分残缺

句子的某些成分，在一定条件下是可以省略的。如果不符合省略的条件任意省略致使句子缺少了某些必不可少的成分，这就叫句子成分残缺。

1. 主语残缺

① 经专家们讨论研究，一致认为这种治疗方法值得推广。

② 杂技表演十分精彩，博得了全场的热烈掌声，对演出的成功表示祝贺。

③ 从最近的读者来信中，使我们加强了办好报纸的信心。

例①由于用上介词“经”，缺了主语，删去“经”，让“专家们”做前后分句的主语就行了。例②的末一分句缺主语。谁祝贺？应在“对”的前面添上“观众”或别的什么字眼。例③由于用上了“从”和“中”，逗号前边的部分只能充当句首修饰语。这样一来，后边的主语没有了。宜删去“从”和“中”，让“最近的读者来信”作主语，逗号也宜删去。或者删去“使”，让“我们”作主语。

还有暗中更换主语，造成主语残缺。如：那一天，老师在讲完课以后，我们才离开教室。句中“老师”是主语，下边出现的“在……以后”是谓语中的修饰语。话还没有说完，又出现了主语“我们”。可以把“老师在讲完课以后”改为“在听完老师讲课以后”。

2. 谓语残缺

谓语残缺或缺谓语中心，句子没有用来陈述说明的部分，或用来陈述说明的部分不完整。如：

① 南堡人民经过一个冬天的苦战，一道 4 米高，20 米宽，700 米长的拦河大坝，巍然屹立在天目溪边。

② 为适应改造老专业、建设和发展新专业的要求，我校要建立新的规章制度等一系列工作。

例①只说出主语“南堡人民”和状语“经过一个冬天的苦战”，就另起了一个头，致使谓语不完整。可把“经过”提到句首，用“经过南堡人民一个冬天的苦战”做状语，让“一道……大坝”做句子的主语。例②“建立新的规章制度”是动宾短语，似乎不缺谓语动词，但其后加上“等一系列的工作”，它便成了“一系列工作”的同位短语，全句还是缺谓语动词。改法有二：一是在能愿动词“要”之后加上“做好”；一是全句改为“……我校要建立新的规章制度，开展一系列工作。”

3. 宾语残缺

缺宾语或宾语中心。有的动词后面由于缺少动作行为所涉及的表示人或事物的词语，使表意不完整、不明确。如：

从中西医结合到完成新医学的过程，必须是中医、西医、中西医结合三种力量同时发展，不断使中西医结合向深度、广度发展。

“是”的宾语缺少中心语“过程”。这是因为“中医、西医……向深度、广度发展”太长而给挤丢了，应在句末加“的过程”。

《丝路花语》……用生动的艺术形象阐明了“历史悬明镜，强盛不闭关”。

“阐明”为体宾动词，要求实语是名词性的，因此要在句末加上“的真理”。

（三）成分搭配不当

搭配不当主要是指句子成分之间的搭配，也包括句子成分内部词组成分间的搭配。造成搭配不当的原因是违反了词语组合的选择限制。

1. 主语搭配不当

① 她的崇高品质经常在我脑海中浮现。

② 内容正确是衡量文章好坏的标志。

③ 参加长跑的运动员在公路上驰骋。

例①的主语“品质”是一种抽象事物，含有“抽象”这一语义特征。而谓语“浮现”则含有“形象”这一语义特征，因此不能搭配，可以把“品质”改为“形象”。例②谓语中涉及“文章好坏”两个方面，而主语只讲“内容正确”一个方面，显然没有照应，应改为“内容正确与否是衡量文章好坏的标准。”例③主语“运动员”前有定语“参加长跑的”，“运动员”含有“长跑”这一语义特征。谓语“驰骋”含有“骑马”这一语义特征，与主语是矛盾的，可以把“驰骋”改为“飞奔”或“奔跑”。

2. 动宾搭配不当

① 她从小养成了好逸恶劳。

② 中国队在比赛中发扬了自己的风格和水平，取得了冠军。

③ 张峰一直仔细观察着对方的每一句话。

例①动词“养成”只能带名词性宾语，而“好逸恶劳”是动词性宾语，故不能搭配，应改为“养成了好逸恶劳的坏习惯。”例②宾语是一个联合词组，其中“风格”可与“发扬”搭配，“发扬”含有“发展、弘扬”的意思，具有“范围”特征，而“水平”具有“尺度、高低”特征，因而不能搭配，可去掉“和水平”或把“发扬”改为“打出”。例③谓语“观察”含有“视觉”这一语义特征，宾语“话”含有“听觉”语义特征，二者不能搭配。可以把“观察”改为“听”，或者把“每一句话”改为“每一个表情”。

3. 修饰语和中心语搭配不当

① 今后我要努力生活，报效伟大的祖国。

② 老师笑得那么慈祥，笑得那么耐心。

③ 沙田坝人民今年又提出响亮的战斗任务。

例①“努力”具有“费力”特征，“生活”涵盖较广，既包括“费力”的“工作、学习”等，又包括“不费力”的“休息、娱乐”等，因此不能搭配，可把“生活”改为“工作”。例②谓语“笑”具有“愉快”的特征，而“耐心”具有“忍耐、禁受”特征，相互矛盾，应把“耐心”改为“开心”。例③的定语“响亮”具有“声音”特征，“任务”不具备“声音”特征，不能搭配，可把“任务”改为“口号”。

4. 主语和宾语不搭配

① 五月的合肥，是繁花似海，气候宜人的季节。

② 她的革命精神，受到全国人民的爱戴。

例①为表示等同的字句，但主语“合肥”是“地方”，宾语“季节”是“时令”，互相不搭配，应把“五月的合肥”改为“合肥的五月”。例②的主语“精神”属于“抽象事物”，而定语“爱戴”的对象应是“人”。违反了选择限制，不能搭配，应把“爱戴”改为“景仰”。

（四）语序不当

这种毛病是指由于词语的位置放得不当，从而影响句子意思的表达，造成语法错误。

1. 定语和中心语的位置颠倒。如：

里屋北院上房，我们老两口住。

“里屋北院上房”应改为“北院上房里屋”，因为“北院”最大，“上房”次之，“里屋”最小，定语“北院上房”与修饰限制的中心语“里屋”位置颠倒了。

2. 定语错放在状语的位置上。如：

全体同学深刻地受到一次爱国主义教育。

把该做定语成分的“深刻地”放到“受到一次”之后。

3. 状语错放在定语位置上。如：

经过学习，大家普遍的觉悟提高了。

把该作状语的成分“普遍”错放到了定语位置上，应把“普遍”放到“提高”之前作状语。

4. 多层定语语序不当。如：

教师节时，我们拜访了为祖国培养了许多栋梁之材的那位老教授。

“老教授”是宾语中心词，前后有两个定语“为祖国培养了许多栋梁之材”和“那位”，应将“那位”放在前面。

5. 多层状语语序不当。如：

这个文学社团是校学生会和校团委联合于上月底创办的。

表示时间的介词结构“于上月底”应提到表示情势的状语“联合”前边，文理才通顺。

（五）结构混乱

1. 句式杂糅

同一种意思，可以用几种句式表达，这是正常现象。可是，说话或写作时，把两种不同的句式糅在一起，纠缠不清，这就造成句式杂糅。如：

① 班委会根据同学们的要求下，举办了一次舞会。

② 这种新药一问世，即深受广大群众所欢迎。

例①要么说“根据同学们的要求”，要么说“在同学们的要求下”，现在各取两种格式一半杂糅，显然不妥，可以换成两种格式中的任何一种。例②为“深受……欢迎”以及“为……所欢迎”两种格式杂糅，可任选一种格式予以修改。

2. 两个分句糅成一个单句

分句之间的停顿用逗号或分号，如果误用并列成分的顿号，就造成分句糅合的毛病。如：

① 维生素A的最好来源是各种动物的肝脏、蛋黄、奶类和一些鱼类中也含有丰富的维生素A。

② 张佩君除跳舞外，兼任报幕、开场、结尾的节目还得由她编导。

例①中把“维生素A的最好来源是……肝脏”和“蛋黄……中也有……维生素A”两个分句人为地糅合在一起成一个不通的单句，改“肝脏”后顿号为逗号，语病得以消除。例②中“张佩君……兼任报幕”和“开场……由她编导”是两个分句，各有主语，其间误用顿号，“兼任”一词一直管到“节目”，造成杂糅和搭配不当的双重毛病。

3. 前后该用同一种句式而杂用不同句式

当上级宣布我们摄制组成立并交给我们任务的时候，我们大家既光荣又愉快的感觉是颇难形容的。

“既光荣又愉快的感觉”是前一句的结尾，又是后一句的开头，牵连在一起，形成语病，而后又一句两种句式杂糅在一起。修改时，可以在“感觉”后加一个逗号，再加上“这种感觉”四个字。

（六）指代不明和数量混乱

1. 指代不明

① 对偶尔失足的青少年，应耐心教育，不要歧视他们，这不利于帮助他们改正错误。

② 浪费给我们带来了极大的损失，如果把它集中起来开个展览会，大家就会明白浪费就是犯罪的道理。

例①中的“这”指代不明。从文句的意思看，“这”似乎是指“对……青少年，应耐心教育”，或者是指“不要歧视他们”。这样，似乎上述两个方面都“不利于”青少年改正错误，显然不合情理。应该把“这”改为“否则会”。例②中的“它”指代不明，似乎是指上文的“浪费”，可是“浪费”怎么能集中呢。应该把“它”改为“浪费的物品”。

2. 数量混乱

（1）“以上”和“以下”

“以上”和“以下”是方位词，常用在量词短语后边表示概数。同时使用时会产生概念不明确的毛病。

一点二米以下的儿童不买票，一点二米以上的儿童须买票。

“……以上”和“……以下”都包括本数，同时使用时，本数算在“以上”之内，还是算在“以下”之内？可以改为：“一点二米以上儿童须买票，不满一点二米的不须买票。”

（2）差数和总数

“增加了……”指增加的数量，“增加到”指达到的数量，包括本数和增加的那部分数量。“降低了”和“降低到”的区别也是如此。前者指差数，后者指总数。

① 今年第一季度的产量超过去年同期的八万盒，增加到百分之五十。

② 采取新工艺，成本降低了一倍，定价也就合理。

例①中的“百分之五十”即四万盒，这决不是产量的总数，而是增加的数量。应该把“增加到”改为“增加了”。例②倍数只能说“增加”，不能说“降低”。应该把“成本降低了一倍”改为“成本降低到一半”。

（3）概数

数词和数词短语后边接上“多”、“把”等助词或“以上”、“以下”、“左右”等方位词，都表示概数。概数不能混用。

① 参加这次活动的有千多人左右。

② 来的人大约只有三十上下。

例①中“多”表示余数不定，“千多”即比一千稍多一些。“左右”即接近某一数目。可能多一些，也可能少一些。“千多人”与“千人左右”不能同时出现。例②中“大约”、“上下”重复，“只有”指确数，不宜与概数同现，可以改为“大约有三十多”。

（七）“把”、“被”误用

“把”和“被”同为介词，具有介词的一般语法特点。但介词“把”引进受事，“被”引进施事。“我把他批评了”和“我被他批评了”句型相同，但施受关系不一样。

“把……”和“被……”这两个介词短语都用在动词前边，这里的动词不能是单音节的光杆动词。我们可以说“请把门关上”，不能说“请把门关”。可以说“把衣服洗了”，不能说“把衣服洗”。可以说“衣服被雨淋湿”，不能说“衣服被雨淋”。可以说“代表被我们选出来了”，不能说“代表被我们选”。当然，一些熟语不受这个限制。

二、复句中常见的语法错误

（一）先后无序

复句，特别是多重复句，含义丰富，结构繁复，关系多样，在使用语句时，要注意前后文的内在联系，保持层次清晰，先后有序。例如：

① 在抢险防洪的战斗中，经过三个多小时惊心动魄的和洪水搏斗，战士们奋不顾身

地跳进汹涌澎湃的激流，保住了大堤，战胜了洪水。

② 武汉长江大桥真宏伟啊，我不仅去过这座大桥，而且从电影里看见过武汉长江大桥。

例①应该是承接复句，但是次序混乱，按照事情发展的顺序重新调整为："在抢险防洪的战斗中，战士们奋不顾身地跳进汹涌澎湃的激流，经过三个多小时的惊心动魄的搏斗，终于战胜了洪水，保住了大堤"。例②后边两个分句之间的递进关系颠倒了，应该把次序调整一下使意思由一般到特殊，构成递进关系，应改为："我不但在电影里看到武汉长江大桥，而且还去过这座大桥"。

（二）因果失当

分句之间缺乏因果关系。例如：

① 因为对语文学习缺乏正确的认识，所以至今我的写作水平仍然很低。

② 他小学毕业，就回乡参加生产，所以很能干，也吃得苦。

例①前后两个分句没有因果关系，可以把前句改为"因为没有认真地学习语文"。例②分句之间没有因果关系，在第三分句前用上"所以"就变成了"很能干，也吃得苦"是"他小学毕业，就回去参加生产"的结果，这是不确切的，应该去掉"所以"。

（三）条件不符

复句的两个或两个以上分句意义必须通达，必须有一定逻辑联系，符合一定条件，否则就不能构成复句。例如：

① 大家如果不认真学好语文，就不会有较高的思想水平。

② 尽管工作不那么忙，时间不那么紧，每天都坚持自学日语。

例①推理错误，假设和结果二者不通达，"认真学好语文"和"思想水平较高"没有必然逻辑关系。可以把后一句改为"就不会有较高的写作能力"，那么与前一分句语义就合乎条件了。例②前边两个分句和第三个分句前后矛盾。"工作不那么忙"、"时间不那么紧"应该是有时间、有功夫学习日语的，前后不构成转折关系的条件。这句话可以改为："不管工作多么忙，时间多么紧，他每天都坚持自学日语"。

（四）关系不明

复句的两个分句或几个分句之间必须有密切的联系、明确的关系，否则不能构成复句。例如：

① 中国人民是勤劳的，中国人民决心发展同世界各国人民之间的友谊。

② 在上山的路上，我欣赏着四周的美景，又是一阵阵花香。

例①两个分句的意思互不相干，关系不明，要组成复句，需要改写。例②由于句式选择不当，造成语义失联。

（五）关联词使用不当

关联词语是复句的有机组成部分。一个复句，用不用关联词语，是单用还是成对地配合着用，用在什么位置上，都有一定的规则。例如：

① 不管天气多么冷，同学们却能坚持到校。

② 敌人的威胁不但不能使英雄屈服，激起英雄更大的愤慨。

③ 他不但是三好学生，而且是我们班长。

④ 我们不但佩服他，而且以前对他有偏见的人，现在也佩服他了。

例①中关联词语搭配不当，“不管”应与“都”搭配，应把“却”改为“都”。例②缺少关联词语，根据复句的特点，如果本来应该用关联词语的，可是没有用，或者该使用成对的，却只用了一个，这样少了必要的关联词语，分句之间的关系就不清楚，意思也不明确。根据句意，应该在第二分句前加上“反而”与“不但”配对，使之成为递进关系的复句。例③滥用关联词语，不必用而用关联词语就会使句子显得啰唆生硬，难以确切地表达意思。该句前后两个分句应是并列复句，并不构成递进关系，可以改为“他是个三好学生，又是我们班的班长。”例④并列复句关联词语位置不对，“不但”应放在主语“我”前边，本来“不但”可以放在主语前，也可以放在主语后。如果前后分句主语相同，“不但”可以放在主语后，前后分句的主语不同，“不但”就要放在主语前。该句中前一分句的主要是“我”，后一分句的主语是“以前对他有偏见的人”，两个分句的主语不同，“不但”应该移到“我”前。

三、句群中常见的语法错误

（一）结构混乱

① 我们每一个人都应该去植树，不能去毁树。②植树和毁树是一对矛盾。③要做到这一点是很不容易的。④现代社会上还有毁树的现象。

① 句是句群的语意中心，③④围绕这个中心所说，②跟前后句脱节，结构缺乏联系，故应删去。

（二）思路不清

① 在一次与洪水的搏斗中，班长头部负了伤，因流血过多昏过去了。②战士们送他回去，他坚定地说：“不要管我，保护群众财产要紧！”

班长既然“昏了过去”，就不能说出神志清醒的话。如果说：“不要管我，保护群众财产要紧”是班长清醒后说的，应交代清楚。

（三）层次不明

客观现实之间的联系有一定次序，因此句群里先说什么后说什么也不是任意的，应做到层次分明。

① 人们一般把火山分为活火山、死火山和休眠火山三类。②在人类历史以前爆发过，迄今为止没有爆发过的火山叫死火山；在人类历史中爆发过，以后长期处于平静，但仍可能爆发的火山叫休眠火山；经常的周期性喷发的火山叫活火山。

这个句群包含两句。前一句总说，提到三种火山；后一句有三个分句，分说三种火山，但没有按总说中的“活火山、死火山、休眠火山”的次序说，显得条理不清、层次不明。

（四）意义多层

① 昨天晚上我们几个人去光明影院看电影。②六点出发。③去早了也没有意思。④影院门前人山人海。⑤我们在大门口检票后进场了。⑥没有票的不能入场。

例句中③⑥是意义重复多余的话，应删去。

四、标点符号使用中出现的错误

（一）书写位置不合要求

1. 引号和点号的连用

凡是完整地照录别人的话，末了的点号放在引号之内；凡是把引文作为作者一句话的一部分，末了的点号放在引号的外面。

① 俗话说："到什么山上唱什么歌"。又说："看菜吃饭，量体裁衣"。

② 我们有些同志喜欢写长文章，但是没有什么内容，真是"懒婆娘的裹脚，又长又臭。"

例①是完整地照录别人的话，应把点号写到引号之内。例②引用一句话的一部分，点号应写在引号之外。

2. 括号同点号连用

他又要所有的草灰（我们这里煮饭是烧稻草的，那灰，可以做沙地的肥料，）待我们启程的时候，他用船来载去。

如果是老实地用最适当的字眼把你所看到的，想到的写出来，比较容易准确；一加不恰当的修饰，反而不准确了。现在一般的毛病是爱修饰，修饰的恰当当然好，修饰的不好可就糟糕了。（说到这里，郭老笑着对在做记录的两位女同志说："比如女同志打扮得好的很漂亮，打扮得不好就糟糕了。"引得哄堂大笑起来。）

例句中逗号位置错误，应放在括号之外，因为括号表示文章中注释部分。注释部分可能是注释全句的，也可能是注释句中某一部分的。前者叫做句外括号，后者叫做句内括号。句内括号紧贴在被注释部分之后，倘若正文在这里该用点号，点号放在括号之后，括号内部可以有逗号或分号，但不能有句号，尽管已经是一个句子。句外括号前边正文的点号用在括号之前。括号内部如果是句子，可以用句号。

3. 省略号同点号的连用

① 我在这里意外的遇见朋友了——，假如他现在还许我称他为朋友。

② 总而言之，我将不能常到百草园了。Ade，我的蟋蟀们！Ade，我的覆盆子们和木莲们……！

例句中标号位置不当。不论是句中或句末，如果本来应该用点号的，应该用了点号再加破折号或省略号。

破折号和省略号在书面形式上占两格地位。省略号后边也有人用上点号的。按理说，这个点号是不必要的，因为文字既然省略了，标点符号当然也可以省略。但是有些疑问句或感叹句用上省略号之后仍旧要用问号及感叹号。如："难道你以为……？""这未免太……！?"此外，为了表示省略部分自成段落，下文同省略的意思不直接相连，省略号后边也可以用上个句号。

直行书写，点号都放在文字底下的右侧，着重号放在文字的右边，书名号放在文字的上下。书名号如改用竖浪线，就放在文字的左边。专名号也放在文字的左边。引号改用﹃ ﹄、﹁ ﹂，括号改用︵ ︶，破折号改用竖线，省略号改为直行。

（二）标点符号的误用

1. 在汉语里，一段话该分成几个句子，是有一些弹性的。现在的情况是在许多文章里，该用逗号而用句号的情况。比如文章中用上了“虽然……但是”、“因为……所以”之类，当中就不能用句号点断。

2. 文章是让人读的，使用点号，还有破折号和省略号，应该力求与口语相应。如：

① 她一进门说了声：“大家都在等着你们呢!”就飞也似的跑开了。

② 我们的企业处在两种矛盾——企业利益与国家利益，个人利益与企业利益——之中，必须摆正其中的关系。

例①中，用冒号的地方没有停顿，这个冒号应该删去。引文不是单纯的感叹，是陈述句的一部分，应该删去叹号，同时在引号后边加上逗号。例②的破折号用在不能停顿的地方，最好要把句子改写一下：“我们的企业处在企业利益与国家利益、个人利益与企业利益这两种矛盾之中……”

（三）使用标点符号要避免产生误解

举几个例子加以说明：

① 针灸是我国医学遗产中的一个重要部分，自古以来，我国劳动人民就广泛采用，世界医学界也给予很高的评价。

② 上车后，请即购票或出示月票，每人可免费携带 1.2 米以下儿童一人；儿童单独上车，须购车票，车票必须保留到下车。

例①中容易使人误解为“自古以来”世界医学界也给针灸以很高评价了，宜把第三个逗号改为句号。例②“车票必须保留到下车”并非专指单独上车的儿童，应该把“须购车票”后边的逗号改为句号。

思考与练习

一、改正下列句子用词错误，说明改正的理由。

1. 村里人是那样爽朗，那样豪情，使我忘记了旅途的疲劳。

2. 能不能把事情办好的关键在于充分发挥群众。

3. 惜寸阴，惜分阴，宝贵自己的时间，这是我的座右铭。

4. 湖面上倒影着点点白帆。

5. 经过半年多的学习，小张已经非常熟练大客车的驾驶技术。

6. 最近，一百六十多名在职人员通过自修取得了博士和硕士学位。

7. 负责建造大厦的无锡建工二公司施工员杨炳兴介绍说……

8. 这座县城对他是陌生的，没别的熟人，没别的可落脚的地方。

二、下面句子有无语法错误？如有，试加以改正并说明理由。

1. 张军所以这般刻苦，是因为有种坚强的思想在支配他。

2. 这次在工厂最后一天的劳动，是同学们最紧张、最愉快、最有意义的一天。

3. 伟大的思想家鲁迅在《祝福》中的祥林嫂是受封建礼教迫害的千百万妇女中的一个。

4. 从他身上，我们看到了许多党的工作者的光辉形象。

5. 朱老师在去教学大楼的路上，突然有一位老人面带笑容地迎面走来。

6. 鲁迅乐于为出版青年的作品写序作跋，有时还从版税中拿出钱来资助。

7. 风夹着豆大的雨点哗哗地下起来了。

8. 河南以北的收复，表示安史之乱取得了最后的胜利。

9. 姐姐借他十块钱。

10. 李红等六名毕业生要求去山区当教师的申请公布后，在同学中强烈地引起反响。

三、修改下列复句，使之成为正确复句。

1. 由于她骄傲自大以致成绩一落千丈。

2. 倾听孩子提出的问题，那么就与孩子展开讨论，注意他的情绪。

3. 项羽面对生的希望却举起了一把自刎的剑，秋白在将要英名流芳时又举起了一把解剖刀，他们都将行将定格的生命的价值又推上了一层。

4. 我们需要认真总结一下几个月来的学习经验，因为我们的学习目的是明确的。

5. 只有从思想上解决了为什么人的问题，就能更好地为人民服务。

6. 不管那里自然条件极端恶劣，垦荒队员还是在那里开垦出万亩良田。

7. 有些炎症，西药中药都能治。不但中药能与一般抗菌素媲美，而且副作用小，成本也较低。

8. 因为怕要下雨，所以我还是带把伞。

9. 为了抢救国家财产和人民的生命，哪怕刀山火海，我们就要上。

10. 人们只有解放思想，努力学习，就可以掌握科学技术知识，并且有可能成为科学家。

四、指出下列句群的语病，并修改。

1. 现在，考试是极为普通的事，学生有考试，职工有考试，干部也有考试。因此，人们把考试看得十分重要。

2. 有文凭的人可能没有才能，有文凭的人大致可以分为两种：一种是有文凭并且有才能；另一种是有文凭可能没有才能。

3. 小东是我的邻居，有丰富的钓鱼经验。今天的天气真好。吃过早饭，我们来到村外的小河边。他昨天约我去钓鱼。

4. 她已经完成了硕士论文的撰写。导师劝她留校执教。她的论文答辩已经通过。她不肯，一心要去较艰苦的新疆工作。

5. 在海外，我是个穷孩子，当时不必说读书，就连日常生活都不能维持。我爸为了一家人的生活，替资本家做苦工给折磨死了。爸死以后，我就没有书读了。

五、修改下列句子中的标点符号。

1. 这里出产丰富。农产有水稻、小麦、薯类、玉米、茶叶……等。

2. 我接到一个电话，电话告诉我：他买好飞机票就要出国了。

3. 四月，正是鲜花盛开的时候，在杭州，西湖已经浓妆打扮，迎接各地的游人。

4. 什么地方什么条件下可以种植什么样的药材？老农民了如指掌。

5. 一个时期，诗人对于季节：春夏秋冬的自然描写特别多。

6. 师范院校的学生都必须学习《教育学》《心理学》等公共必修课。

7. “行喽，”小陈停了一会说：“叫我干什么我就干什么。”

第六章　修　辞

这一部分主要学习修辞和语境，修辞与语音、词汇、语法的关系，学习语音、词语、句子、语体、篇章修辞和常用修辞格以及修辞的综合运用等内容。目的是通过学习使学生注意选词炼句，音韵和谐，恰当运用修辞手法，掌握综合运用语言的原则、方法和规律，不断提高口头和书面表达能力，逐步达到准确、鲜明、生动、精练、连贯、得体的要求。学会根据不同的语体选用不同的修辞手段。

修辞格和修辞的综合运用是学习的重点。掌握修辞格主要应注意以下方面的内容：一是每类辞格的构成基础和构成特点，二是每类辞格所属小类及特点，三是每类辞格的主要修辞作用，四是相关辞格的辨析。其中相关辞格的辨析也是本章学习的难点。应注意不同辞格既各有特点，有些辞格之间又有一定联系，应对其联系与区别有较为明确的认识，准确的辨析是建立在对每类辞格的构成基础和构成特点的准确把握之上的。此外，还要掌握各类语体的特点和区别，各类语体在修辞方式上的差别。

第一节　修辞概述

一、修辞与修辞学

修辞是一种语言活动。早在《易经》里就有“修辞立其诚”的句子，这句子里的“修辞”就是修饰文辞的意思。但这只是极其简略地提出“修辞”的概念和意义，还不是专门研究运用语言规律的科学术语。直到20世纪二三十年代，人们才把“修辞”作为一门独立的学科，积极从事修辞研究，形成“修辞学”。修辞学有的研究所有语言共同的修辞规律，这叫普通修辞学；有的只研究个别语言的修辞规律，这叫个别修辞学。现代汉语修辞属于个别修辞学。

个别修辞学以修辞为研究对象，这个对象是“人们在特定的语言环境中，选取恰当的语言形式，以增强表达效果的语言活动”。这其中特定的语言环境，指的是说话的时间、地点、场合和对象，在文章中则是具体的上下文；选取恰当的语言形式，包括语音的配合，词语、句式的选择，辞格的选用和语体的选择等；表达效果指的是修辞内容通过修辞手段表达出来后，在接受对象中所产生的影响和作用。这三者是紧密联系、不可分割的，忽视了哪一方面，都不能达到修辞目的，而选取恰当的语言形式则是三者中的关键。

修辞作为一种言语活动，是客观存在的。只要你说话或写文章，就有修辞，不管你是否意识到。修辞的各种规则和方法也是客观存在的，并在民族语言运用中不断发展。修辞学是研究如何根据具体语言环境和表达思想内容的需要，选取恰当的语言形式，以提高语言表达效果的科学。它是人们对修辞的各种规则和方法的认识和表述，研究的对象是修辞现象。在语言运用中，凡出于增强表达效果的动机，运用各种语言文字材料、各种表达技巧的一切现象，都是修辞现象，具体包括修辞内容、修辞手段和修辞效果三个方面。修辞手段用以表达修辞内容，修辞效果通过修辞手段来实现，它们互相联系而又互相区别，构成修辞现象的整体。

修辞学就是研究语音、词语、句子、篇章、辞格、语体风格中的诸修辞现象的。修辞学以客观的修辞现象为基础，但它又总是带有一定的主观因素。

二、积极修辞与消极修辞

传统的修辞是指比喻、夸张、拟人等修辞格，而随着语言的发展和语言研究的深入，当代意义上的修辞研究已突破传统意义上的词格范畴，并将修辞现象分为“积极修辞”和“消极修辞”两类。“积极修辞”是指运用各种辞格加强语言表达效果的方法和手段；与之相对的“消极修辞”是指运用诸如语音推敲、词语锤炼、句子选择、语体确立、段落以及层次安排等方法和手段加强语言表达效果的行为，即通常所说的“遣词造句”、“谋篇布局”。“积极修辞”侧重于形象思维，追求生动性和感染力；“消极修辞”侧重于逻辑思维，强调准确性和客观性。“消极”并非指其修辞效果消沉和具有否定意味，只是与“积极”相对而言的一种说法。“消极修辞”也称“一般性修辞”，“积极修辞”也称“特殊性修辞”。

语言中表达同样一个意思，可以有许多种不同的表达方式。例如：

一个人的死，价值有高低之分。（消极修辞）

一个人的死，或重于泰山，或轻于鸿毛。（积极修辞）

又如：

一提起她来，十里八村没有一个不说她漂亮的。（使用双重否定）

她长得鼻子是鼻子，眼是眼的，越端详越好看。（使用熟语描写）

她长得好像仙女一样。（明喻）

她长得简直就是个人样子。（暗喻）

都说王飞漂亮，她比王飞还漂亮。（衬托）

她可是百里挑一的大美人。（夸张）

就是咱公司的“七仙女”。（借代）

看见她一眼，这辈子就算没白活。（夸张）

她是现代的赵飞燕、东方的维纳斯、中国的戴安娜。（排比）

三、为什么要学习修辞

1. 修辞的目的在于提高语言表达效果。只有表达效果得到了提高，所说所写的才能更好地为他人所理解、接受；只有掌握了有效的修辞方法和手段，也才能帮助我们正确地理解他人的所说所写。

2. 要提高语言的表达效果，必须运用有效的语言形式。有效的语言形式包括大量运用的“消极修辞”和“积极修辞”。大量运用有效的修辞方法和手段，可以有力地帮助我们圆满地完成交流思想的任务。

一种语言形式有效与否，是由表达的需要来决定的。某一修辞方法或手段，在某种语言环境中是最有效的，而在另一语言环境中就可能不合适。因此，好的修辞总是与特定的表达需要相适应的。

3. 自古以来，大凡文学大师都十分注重修辞，讲究词语的锤炼。“语不惊人死不休”的杜甫；“二句三年得，一吟双泪流”的贾岛；“形骸已与流年老，诗句犹争造物工”的陆游，他们都给我们留下了千古名句。

四、修辞的基本原则

修辞的原则，是指运用语言材料和表达技巧以提高表达效果时所必须遵循的原理、标准和准则。一般来说，修辞必须遵守三大原则：

1. 修辞要切合题旨

题旨就是说写的中心思想或意图。修辞是运用语言的艺术，但不可能把它看成是可以脱离思想内容的单纯的技巧性的东西。修辞的目的是提高语言的表达效果，它所要表达的是思想内容，讲究怎样表达才能取得最佳效果。因此，各种修辞手段的运用都是直接或间接地以服从表达思想内容为先决条件的。词语、句子、辞格的本身没有好坏、美丑之分，用得不恰当，就是不好的、不美的。从这个意义上讲，思想内容决定了修辞形式。但是，说、写的内容不能离开形式而单独存在，形式往往也具有相对的独立性，而反作用于内容，运用恰当的形式则可以深化思想内容，收到最佳的表达效果。

切合题旨，就是要求正确的思想内容和完美的修辞形式的统一，达到和谐美。不能脱离内容为修辞而修辞，一味地追求所谓的技巧，那样就会成为文字游戏。

2. 修辞要适切语体

语体是言语的功能变体，是适应不同交际目的、任务、内容、范围等需要形成的一系列使用全民族语言材料特点的综合表达体系。各种语体都有自己典型的、公认的表达手段和方式，一定的语体，要求一定的词语、句式、辞格、语音手段等与之相适应，其他语体对于这些表达手段和方式往往是相排斥的。例如公文语体排斥文艺语体中的儿化词和双关、夸张等辞格，文艺语体排斥科学语体中的科技术语和结构复杂的长句子等。适切语体，就是要根据不同的语体选用词语、句式、辞格和修辞手段，做到得体。

3. 修辞要适应语境

修辞现象总是在特定的语言环境中产生的，修辞效果也只有在特定的语言环境中才能体现出来。修辞的语境制约着词语、句式、辞格等手段的选择，此时此地说这句话合适，换一个时间、地点就不合适，而同一句话在不同的语境中往往又会有不同的含义和效果。适应语境，就是要根据一定的语言环境灵活选用语言材料和表达手段，照顾到方方面面，因时、因地、因人制宜，切不可不看语境孤立地使用各种修辞手段。

要保证这三条原则落到实处，就要结合言语实际使用修辞，就要应尽量掌握多种同义形式，就要结合具体情况运用修辞格式和手段，还要创新修辞，努力使语音、词语的锤炼、句式的选择及辞格的运用都有新意，防止落入俗套。这样修辞后的内容才能准确、鲜明、形象、生动，收到良好的修辞表达效果。

五、修辞学与其他学科的关系

修辞作为一种言语活动，它是以语音、词汇、语法为基础的。如果把语音、语义看成第一平面，词汇、语法看成第二平面，那么修辞就是更上一层的第三平面。它是对语音、语义、词汇、语法的综合运用。修辞学作为语言学中的一个分科，与语言学中的其他分科如语音学、词汇学、语法学都有密切的关系，同时又存在区别。

修辞虽然不以逻辑学、心理学、美学为基础，但修辞追求的是语言表达的美好效果，而这美好效果的表达就不能不遵循逻辑思维规律、心理活动和审美情趣。

1. 修辞学与语音学的关系

修辞凭借语音表达，语音也能构成各种各样的修辞手段，因此，修辞学和语音学的关系非常密切。但两者研究语音的角度不同，修辞学研究语音的核心是“调好音”，研究怎样通过平仄、谐音、拟声、双声、叠韵、字调、语调、儿化韵及押韵等语音修辞手段来提高表达效果。通过语言修辞形式所表现出来的抑扬顿挫的音律美、溢于言表的感情色彩以及特色鲜明的民族风格，正是语音修辞所欲达到的表达效果。语音学研究的是语音的系统，揭示语言的发音过程和发音变化及其规律。

2. 修辞学与词汇学的关系

许多修辞手段是通过词汇来实现的，修辞学与词汇学关系非常密切。修辞学研究词汇的核心是“遣好词”，调配好词语材料，从而获得好的表达效果。修辞学研究词汇着眼于词语的选用、词语的修辞义、词语的活用、词语的艺术化的选用等。词汇学研究词语的本质特征，语义、词汇的构成和发展变化的规律。

3. 修辞学与语法学的关系

也是非常密切的。通常说，语法管的是通不通，修辞管的是好不好。修辞学研究语法的核心是“造好句”，只根据表达的需要，选用符合语法结构规则的各种组合且造出合乎语法的句子，才能提高句子的表达效果。语法学则在于揭示语言结构规律的本身。

4. 修辞学与逻辑学的关系

逻辑学是研究思维本质、形式和规律的科学。语言和思维是两种不同的现象，但语言是思维的工具，因此，修辞学与逻辑学有密切的联系。讲话要符合逻辑，修辞要以逻辑为基础。一般来说，合乎逻辑的语言才能收到良好的表达效果，有逻辑矛盾的语句在修辞上也是不符合要求的。但修辞并不研究逻辑，它们各有自己的研究对象。

5. 修辞学与心理学的关系

修辞离不开人的心理，修辞学与心理学的关系也很密切。修辞手段的形成和产生有一定的心理基础，运用修辞手段也要受到心理因素的制约。修辞学研究不能忽视听说读写的心理因素，但修辞学和心理学是两门完全不同的学科，修辞学是语言学的一个分科，心理学是介乎自然科学和社会科学之间的边缘科学，是专门研究心理现象的性质和规律的。

6. 修辞学与美学的关系

修辞涉及语言美，就要和美学发生联系。修辞学研究语言美应该具有哪些形式或素质方面的要求、修辞手段的美学基础以及怎样达到语言美等。但美学是研究美的本质、美的构成、美的表现形式和基本规律的科学，它不但涉及语言美，也涉及其他艺术门类。

思考与练习

一、名词解释

1. 修辞。2. 修辞学。3. 积极修辞。4. 消极修辞。

二、简答

1. 修辞与修辞学的区别与联系。

2. 积极修辞与消极修辞有什么不同?

3. 修辞应遵循哪些基本原则?

4. 语言中表达同样一个意思，有许多种不同的表达方式可供选择。为什么说，为了表达特定情境中的特定意义，在众多的方式中只有一种是最好的?

5. 修辞学与语音学、词汇学、语法学、逻辑学、心理学、美学之间是一种什么样的关系?

第二节 语音修辞

语音是语言的声音，是语言的物质外壳。语言是声音和意义的结合体。也就是说，既定的语音是与相应的词义结合在一起的，人类所要表达的意义通常只有借助语音才能体现出来。比如，我们听到别人说“xiàn dài hàn yǔ xiū cí”的声音，就能理解这是“现代汉语修辞”的意思。

每一种语言的声音都有其体系，不是任意音节凑合在一起就能够表达意思的；某一既定的意思也不是只有一种语音形式才能表达。用什么样的语音形式与词语配合，表达既定的意思，这其实就有个选择、协调、锤炼的修辞问题。

在内容与形式统一，形式为内容服务的原则下，讲求语音的声韵美，即讲求语音修辞是必要的。语言的声韵美体现在五个方面：一是音节整齐匀称，二是声调平仄相配，三是韵脚和谐自然，四是讲究叠音自然，五是讲求双声叠韵配合。

一、音节整齐匀称

音节的整齐匀称，主要是指结构相似、音节数目相等等。

音节整齐，可以使语言具有节奏感，增强语言表达的抒情色彩和感人力量。例如：

我爱我们祖国的土地！狂风曾来扫荡过它，冰雹曾来打击过它，霜雪曾来封锁过它，大火曾来烧灼过它，大雨曾来冲刷过它，异姓奴隶主的铁骑曾来践踏过它，帝国主义的炮弹曾来袭击过它。

句中的几个分句构成了结构相似、字数基本相同、音节整齐匀称的排比句，读来感情充沛，很有气势。再如：

回味，常常妙不可言。所谓“精妙处，忍不住击节叫好；伤感处，止不住泪眼婆娑；激愤处，耐不住拍案而起；谐趣处，憋不住哑然失笑。”这是回味的一种境界。

上句中“精妙处、伤感处、激愤处、谐趣处”四句格式相同，构成排比；而且“忍不住击节叫好、止不住泪眼婆娑、耐不住拍案而起、憋不住哑然失笑”都是动补短语与四字成语接连对称使用，节奏十分鲜明。再如：

周恩来同志的一生，高瞻远瞩，深明大义，处处以大局为重，事事从大局出发。他文能治国，武能安邦，功盖中华，誉满天下，从不居功。他光明磊落，忍辱负重，严以责己，宽以待人。他为了团结同志，稳定大局，宁肯自己受委曲、受责难，从无半句怨言。他大公无私，把自己毕生的精力都献给了社会，从不向社会索取任何私利。

他实事求是，不尚空谈，不说大话，脚踏实地，任劳任怨，总是把荣誉归于别人，把重担加于自己。他苦在人先，乐在人后，坚持同群众同甘苦、共命运。

这里对偶和排比句的运用，双音节（自己、别人）与单音节（他、人）配合，使句子音节显得匀称自然。

音节连接还不能忽长忽短，其结构也要整齐，形式美观。例如：

那清清冽冽的光，秋江静水般的爽，女子手指般的柔，田园牧歌般的淌，仄耳细听似还有熠熠有声呢，将群峦环抱的村庄洗濯的冰清玉洁似的。（伍振戈《桃花江小夜曲》）

句中的“光、爽、淌”等采用单音节对单音节的方法，将其中一个改成双音节（光——光亮，爽——清爽，柔——温柔，淌——流淌）就变得不和谐了。

现代汉语双音节词占优势，古代汉语中的许多单音节词在现代汉语中也变成了双音节词。单音节词和双音节词的同义并存现象为我们合理安排音节提供了很好的基础。在选择过程中，我们可以交错运用单音节词和双音节词，也可以让同一个词的单、双音节形式分别出现，造成音节的既交错又匀称，使语言富有音乐的节奏感。例如：

他实事求是，不尚空谈，不说大话，脚踏实地，任劳任怨，总是把荣誉归于别人，把重担加于自己。他苦在人先，乐在人后，坚持同群众同甘苦、共患难。

读这一段文字，感觉起来是琅琅上口。原因何在？再读下面的一段：

他实事求是，不喜欢空谈，不说大话，脚踏实地，任劳任怨，总是把荣誉归于别的人，把重担加于自己。他苦在人先，乐在别人的后面，坚持同群众同甘苦、一起患难。

这段文字意思不难理解，但读起来缺乏美感。

当然，不能为求整齐匀称，任意增减音节。削足适履，会使句子变得生硬、不自然。

二、声调平仄相配

汉语语音声调有四声：阴平、阳平、上声、去声。也就是我们通常所说的第一声、第二声、第三声、第四声。平声即阴平、阳平，阴平是55调，长而平缓，阳平是35调，是扬，因此平声可视作为扬；仄声主要是上声、去声，上声是 214 调，短而曲折，先降后升，去声是 51 调，是全降调，因此仄声可视作为抑。

平仄相配、抑扬顿挫是汉语语音修辞常用手法。

音节安排恰当，注意声调的平仄变化，念起来就不至于像僧敲木鱼，调门一律，可以收到波澜起伏、抑扬顿挫的表达效果，使语音和谐动听，富有音律美。例如：

虎踞龙盘今胜昔，天翻地覆慨而慷。

诗句的平仄是：仄仄平平平仄仄，平平仄仄仄平平。

赠送转业干部的纪念品上刻着“剑胆琴心，金戈铁甲”八个字。

“剑胆琴心，金戈铁甲”的平仄是：仄仄平平，平平仄仄。

有时为了求得平仄的和谐相配，还可以适当改变词语的结构。例如：

环境幽雅的校园，绿树成荫，花坛巧布，彩练横空，千红万紫。

习惯的说法是“万紫千红”，但为了与上句在声调上相配，改成了“千红万紫”。这么一改，足见功夫。

三、韵脚和谐自然

声音美与押韵有密切关系。所谓韵脚和谐，就是把韵母相同或相近的字放在句子的末尾，也叫押韵。当然为了押韵而生拼硬凑所谓的韵脚和谐，那就不自然了。

押韵通过同韵相押使句子的末尾字音回环反复，同音相应，给人以和谐悦耳的美感。“彩练横空，千红万紫”是从平仄角度安排词序的；如从韵脚角度，则“彩练横空，万紫千红”的词序就好些。

诗歌是讲求押韵的。音节整齐匀称使得言语具有节奏感，若再安排好韵脚，语言就会和谐悦耳，琅琅上口。例如：

卑鄙是卑鄙者的通行证，
高尚是高尚者的墓志铭。
看吧，在镀金的天空中，
飘满了死者弯曲的倒影。

诗中的韵脚是“证”、“铭”、“影”，押“ing”韵。声韵和谐，悦耳动听。

有些散文是当诗歌来写的，为了加强表达效果，也很讲求押韵，虽然间隔可以长一些，音节上也可以不那么整齐匀称，但仍然可以让人感到韵律的回环美，给人以艺术般的享受。例如：

……灵车队，万众心相随。哭别总理心欲碎，八亿神州泪纷飞。红旗低垂，新华门前撒满泪。日理万机的总理啊，您今晚几时回？

长夜无言，天地同悲。只见灵车去，不见总理归。

……您为祖国山河添光辉，您为中华儿女震声威，您不朽的业绩永世长存，您光辉的名字青史永垂。……

这两段文字，于疏散中见整齐，在自然里透严密，读起来很有美感。平仄相配例句中改“万紫千红”为“千红万紫”，是为了解决声调问题，而此例句中改“永垂青史”为

“青史永垂”则是为了韵脚和谐。再比如：

春风里，百花下，小鸡小鸭过家家，小鸭手拿花，往鸡头上插，你是小鸡我是鸭，小鸭想你心如麻。

我想我是一只狗，天天守在你门口；我想我是一只猪，天天陪你去看书；我想我是一只羊，天天陪你去食堂。

这些句子，都是注意押韵，才集中了意义，形成声音上的回环往复，给人以和谐悦耳的美感。

四、讲究叠音自然

叠音又叫“重言”或“复字”。恰当运用叠音词语，可以突出词语的意义，加强对事物的形象描绘，增强我们对语言的感受，增加语音的美感。叠音词语还能表现亲切、爱怜的情感。如：

弯弯的月儿小小的船，
小小的船儿两头尖。
我在小小的船里坐，
只见闪闪的星星蓝蓝的天。

这首儿歌不仅描绘了物象的形态之美，更表现出作者的喜爱之情。假如我们将这首儿歌中叠音词都改成单音词，整首儿歌就变成：

弯的月儿小的船，
小的船儿两头尖。
我在小的船里坐，
只见闪的星蓝的天。

改变后的儿歌所描绘的对象就不那么可爱了，作者对它的感情色彩就不见了，那种喜爱、向往之情就荡然无存了。再如北齐民歌《敕勒歌》：

敕勒川，阴山下。
天似穹庐，笼盖四野。
天苍苍，野茫茫，风吹草低见牛羊。

这首民歌的抒情色彩和引发读者对草原之景的想象就是靠叠音词体现出来的。没有“天苍苍，野茫茫”这个叠音词语，抒情味和想象力就不会这么强烈和丰富了。再如李清照的：

寻寻觅觅，冷冷清清，凄凄惨惨戚戚。

寻寻——词人百无聊赖，若有所失，四处寻找，毫无着落；于是进一步苦苦搜索——觅觅；然而寻觅无果，反倒增添了孤寂清冷的感受——清清冷冷；一个闺阁寡妇，在国破家亡之后，又处于“冷冷清清”的环境，凄凉、悲惨、忧伤之情怎能不一齐涌上心头——“凄凄惨惨戚戚”，七个叠词一气呵出，把词人微妙复杂的心理活动和愁怨孤苦的情绪表现得淋漓尽致，仅此三句，已使愁苦凄惨的气氛笼罩全篇。再从语音的节奏、声调看，这些叠词连缀成句，读起来短促、轻细而凄清，形成了吞声饮泣的音韵美，增强了作品的艺术感染力。再如：

曲曲折折的荷塘上面，弥望的是田田的叶子。叶子出水很高，像亭亭的舞女的裙。层层的叶子中间，零星地点缀着些白花，有袅娜地开着的，有羞涩地打着朵儿的；正如一粒粒的明珠，又如碧天里的星星。微风过处，送来缕缕清香，仿佛远处高楼上渺茫的歌声似的。这时候叶子与花也有一丝的颤动，像闪电般，霎时传过荷塘的那边去了。叶子本是肩并肩密密地挨着，这便宛然有了一道凝碧的波痕。叶子底下是脉脉的流水，遮住了，不能见一些颜色；而叶子却更见风致了。（朱自清《荷塘月色》）

在这段文字里，作者用了许多叠音词来突出景物的特征，来强化抒情性，来舒缓语气，来唤醒读者的情感。试想，如果把这里的叠音词删除或更改成别的词语，原作的那种舒缓深情的语气就会荡然无存了，朗读起来就会平淡无味，更谈不上唤醒读者的情感了。再如史晓京的《漓江》：

苗苗条条的漓江，秀秀气气的漓江，是出落得水灵灵的桂林女
清清亮亮的漓江，羞羞涩涩的漓江，是桂林女的水汪汪的大眼睛
漓江，文文静静的活活泼泼的，是桂林人脸上朗朗的笑
漓江，轻轻快快的柔柔和和的，是桂林人嘴上甜甜的脆脆的乡音

这首诗歌要不是大量运用叠音形式，恐怕就很难描绘出漓江秀美而又动人的特点。

附：一些常用的叠音词语

1. AAB 类

面面观　呱呱叫　麻麻亮　娘娘腔　红彤彤　绿油油　飘飘然　泡泡糖
毛毛雨　团团转

2. AABB 类

平平安安　明明白白　清清白白　祖祖辈辈　原原本本　随随便便
蓬蓬勃勃　缝缝补补　了了草草　平平常常　拉拉扯扯　昏昏沉沉
清清楚楚　时时处处　郁郁葱葱　世世代代　简简单单　平平淡淡
稳稳当当　浩浩荡荡　地地道道　大大方方　坛坛罐罐　嘻嘻哈哈
吃吃喝喝　前前后后　含含糊糊　家家户户　比比划划　摇摇晃晃
安安静静　平平静静　时时刻刻　勤勤恳恳　松松垮垮　拖拖拉拉
破破烂烂　快快乐乐　忙忙碌碌　婆婆妈妈　匆匆忙忙　头头脑脑
吵吵闹闹　男男女女　磕磕碰碰　整整齐齐　冷冷清清　完完全全
熙熙攘攘　吵吵嚷嚷　松松散散　形形色色　口口声声　老老实实
踏踏实实　严严实实　扎扎实实　零零碎碎　鬼鬼祟祟　慢慢腾腾
哭哭啼啼　服服帖帖　普普通通　吞吞吐吐　千千万万　安安稳稳
平平稳稳　支支吾吾　仔仔细细　高高兴兴　隐隐约约　实实在在
认认真真　堂堂正正　大大咧咧　疯疯癫癫

3. AABC 类

苦苦哀求　牢牢把握　咄咄逼人　喋喋不休　格格不入　恋恋不舍

闷闷不乐　念念不忘　滔滔不绝　孜孜不倦　鼎鼎大名　哈哈大笑
落落大方　熊熊大火　楚楚动人　娓娓动听　泛泛而谈　滚滚而来
侃侃而谈　默默奉献　郁郁寡欢　比比皆是　环环紧扣　面面俱到
岌岌可危　津津乐道　强强联手　夸夸其谈　苦苦求索　蒸蒸日上
循循善诱　勃勃生机　花花世界　寥寥数语　步步为营　寥寥无几
默默无闻　默默无语　依依惜别　代代相传　官官相护　面面相觑
恰恰相反　息息相关　心心相印　欣欣向荣　区区小事　振振有词
彬彬有礼　赫赫有名　绰绰有余　津津有味　念念有词　耿耿于怀
蠢蠢欲动　历历在目　星星之火　沾沾自喜

4. ABB 类

乐呵呵　乐悠悠　乐滋滋　乐陶陶　乱哄哄　乱蓬蓬　亮晶晶　傻乎乎
光溜溜　光秃秃　光闪闪　兴冲冲　冷冰冰　响当当　喜冲冲　喜洋洋
喜滋滋　喜盈盈　圆滚滚　天苍苍　孤零零　密麻麻　干巴巴　怒冲冲
恶狠狠　慢腾腾　明晃晃　毛茸茸　气冲冲　气呼呼　气鼓鼓　水汪汪
水灵灵　汗渍渍　沉甸甸　油乎乎　泪汪汪　泪淋淋　湿淋淋　湿漉漉
滑溜溜　潮乎乎　热乎乎　热腾腾　热辣辣　甜丝丝　甜津津　白嫩嫩
白生生　白皑皑　白花花　白蒙蒙　皱巴巴　直勾勾　直挺挺　眼巴巴
眼睁睁　空荡荡　笑吟吟　笑呵呵　笑哈哈　笑嘻嘻　笑盈盈　笑眯眯
粘糊糊　紧梆梆　红彤彤　红扑扑　红殷殷　红艳艳　绿森森　绿油油
绿茵茵　绿茸茸　绿莹莹　绿葱葱　美滋滋　肉墩墩　胖乎乎　胖墩墩
脏兮兮　色迷迷　蓬松松　血淋淋　赤裸裸　软绵绵　轻飘飘　酸溜溜
野茫茫　金灿灿　阴森森　雾沉沉　雾茫茫　青幽幽　静悄悄　顶呱呱
香喷喷　骨碌碌　黄澄澄　黄灿灿　黑乎乎　黑油油　黑洞洞　黑漆漆
黑糊糊　黑黝黝　齐刷刷

5. ABCC 类

大腹便便　文质彬彬　生气勃勃　兴致勃勃　雄心勃勃　野心勃勃
白发苍苍　死气沉沉　怒气冲冲　衣冠楚楚　来去匆匆　信誓旦旦
大名鼎鼎　想入非非　忠心耿耿　人心惶惶　天网恢恢　人才济济
罪行累累　含情脉脉　热气腾腾　杀气腾腾　千里迢迢　气势汹汹
气息奄奄　喜气洋洋　小心翼翼　顾虑重重　困难重重　逃之夭夭
神采奕奕　忧心忡忡　虎视眈眈　众目睽睽

6. ABAC 类

挨家挨户　百战百胜　百发百中　半工半读　暴饮暴食　本乡本土
不折不扣　不卑不亢　不管不顾　不慌不忙　不骄不躁　不亢不卑
不明不白　不偏不倚　不屈不挠　不三不四　不痛不痒　不上不下
不闻不问　常来常往　潮涨潮落　炒买炒卖　彻头彻尾　称王称霸
成名成家　诚惶诚恐　诚心诚意　此情此景　从重从快　从难从严

大包大揽　大风大浪　大轰大嗡　大起大落　大是大非　多才多艺
多姿多彩　多灾多难　非亲非故　风言风语　古色古香　合情合理
忽高忽低　糊里糊涂　互利互惠　互谅互让　绘声绘色　昏头昏脑
活灵活现　或明或暗　戒骄戒躁　可歌可泣　苦思苦想　冷言冷语
离心离德　利国利民　满打满算　没头没脑　民风民俗　难分难解
难解难分　难舍难分　能屈能伸　偏听偏信　平起平坐　群策群力
人来人往　人山人海　如火如荼　如醉如痴　入情入理　若即若离
若明若暗　善始善终　时隐时现　缩手缩脚　所作所为　同工同酬
同心同德　徒子徒孙　土里土气　惟妙惟肖　稳扎稳打　我行我素
无法无天　无声无息　无缘无故　无忧无虑　无影无踪　疑神疑鬼
亦步亦趋　有条有理　有头有尾　有始有终　有勇有谋　有滋有味
又红又专　愈演愈烈　怨天怨地　载歌载舞　再接再厉　真刀真枪
整日整夜　知己知彼　自高自大　自觉自愿　自给自足　自卖自夸
自暴自弃　自私自利　自生自灭　自言自语　自作自受　作威作福

五、讲求双声叠韵配合

汉语里独有的双声、叠韵词，在语言表达上具有特殊的作用。李重华在《贞一斋诗说》中说："叠韵如两玉相扣，取其铿锵；双声如贯珠，取其婉转。"这说明了双声叠韵在表达上的特殊作用。

双声叠韵词语的恰当运用，可以形成一种回环的美。这种修辞效果，靠两者相连、相对、彼此应和，使人读起来琅琅上口，听起来音韵悦耳，使语言具有声音美。例如：

① 梦里依稀慈母泪，
　城头变幻大王旗。（叠韵对叠韵）

② 流连戏蝶时时舞，
　自在娇莺恰恰啼。（双声对双声）

③ 无路从容陪语笑，
　有时颠倒着衣裳。（叠韵对双声）

在诗句的上下联中恰当地使用双声，叠韵，珠联璧合；再加上平仄相谐，声音回环荡漾，有悦耳的美感，增强诗句的音乐效果。例如：

④ 青春啊青春，美丽的时光，比那彩霞还要鲜艳，比那玫瑰更加芬芳。

青春啊青春，壮丽的时光，比那宝石还要灿烂，比那珍珠更加辉煌。（歌曲《青春啊青春》）

歌词中用了"芬芳"、"珍珠"、"辉煌"三个双声和"鲜艳"、"玫瑰"、"灿烂"六个叠韵词，使语言圆润上口，动听入耳，声音美与内容美完美结合，表现出了青春的无限美好。再如：

泉泉泉，珍珠灿烂个个圆。

圆圆圆，晶莹芬芳老龙涎。

涎涎涎，澄澈蜿蜒流万年。

这是一个双声词和叠韵词组成的顶真句，属于双声和叠韵连用的形式，短声长韵紧相接连，彼此应和，有铿锵婉转的音律美。

韵文，即讲究押韵的文体，包括诗、词、曲、赋、铭等。韵文是讲究格律的，大多数要使用同韵母的字作句的结尾，不同时代流行不同的韵文文体。

在实际的语音修辞过程中，我们常常综合运用各种语音修辞手段，以期取得更佳的语音修辞效果。这一点，不论是古代还是现在，人们都是非常重视的。如古代的韵文、骈文，甚至是散文中的某些语段，大多注意字句数的整齐对称，使用同韵母的字作句的结尾，注重声韵和谐。远如诗经，以四言为主；汉魏骈文全篇基本上对偶成句，四六字居多；至于唐诗、宋词、元曲、明清戏曲赋文和现代诗词、散文，无不在必要的文体和章篇语段中讲究音节整齐匀称，声调平仄相配，韵脚和谐自然。这里随便举古今各一例子稍作说明如下。

比如格律诗中的七律，都是每首八句，每句七字；抛开每句中一、三、五字平仄，只看二、四、六字平仄，每首诗同一联中出句和对句的平仄都是相反的，而粘联句子的平仄都是相同的；每一首诗中的二、四、六、八句尾字若是押平声韵，则一、三、五、七句尾字押仄声韵（也有首句入韵的）。正是七律诗讲究句字整齐合平仄声韵，所以读起来就音节抑扬顿挫，语音和谐优美。如唐代柳宗元的七律《登柳州城楼寄漳汀封连四州刺使》：

城上高楼接大荒，海天愁思正茫茫。惊风乱飐芙蓉水，密雨斜侵薜荔墙。岭树重遮千里目，江流曲似九回肠。共来百越文身地，犹自音书滞一乡。

再比如宋庆山《西藏纪游》中的一段文字：

西藏的天，高远而青蓝；西藏的云，白净似丝棉；西藏的风无尘，吸一口直舒肺腑；西藏的水清甘，掬一捧嗅润心田。西藏的烈日，当空不觉炎炎，气温凉爽须穿长袖衣衫。西藏的山苍莽，西藏的谷平旷。苍莽负雪，银装素裹，雪高万丈云遮峰，如魔如幻；平旷积湖，清碧漪涟，湖低千尺水连天，犹在云端。

这段文字不仅记述了西藏的蓝天、白云、雪山、大湖、风、水和炎凉的烈日等自然优美的景物特征，更由于注重字句音节的整齐匀称，平仄声律的婉转和谐，韵脚押韵的自然顺口，读起来有种醉人的美感。

思考与练习

一、语音修辞一般要注重以下几个方面，请作简要概述，并各举例说明。

1. 音节整齐匀称。

2. 声调平仄相配。

3. 韵脚和谐自然。

4. 讲究叠音自然。

5. 注重双声叠韵配合。

二、运用哪种修辞手法，可以将“他实事求是，不喜欢空谈，不说大话，脚踏实地，任劳任怨，总是把荣誉归于别的人，把重担加于自己。他苦在人先，乐在别人的后面，坚持同群众同甘苦、一起患难”这句话说得更好一些？为什么？

三、我们平时所说的“抑扬顿挫”，其实就是语音修辞中的声调平仄相配。在语言现象中寻找一些根据这一手法说写出的实例。

四、指出下面例子中的双声词、叠韵词和叠音词。

我们初上船的时候，天色还未断黑，那漾漾的柔波是这样恬静，委婉，使我们一面有水阔天空之想，一面又憧憬着纸醉金迷之境了。等到灯火明时，阴阴的变为沉沉了：黯淡的水光，像梦一般；那偶然闪烁着的光芒，就是梦的眼睛了。（朱自清《桨声灯影里的秦淮河》）

五、运用语音修辞知识，写上一段话，体现语言的音韵美。

第三节　词语修辞

汉语的词语是丰富多彩的，但是要把道理论述得缜密清晰，故事叙述得生动活泼，人物描绘得惟妙惟肖，并不是随便使用什么词语都可以的。只有从表达的需要和特定的语境出发，选择那些最准确、最生动的词语，把它们恰当地组织到句子里，才能收到最佳的表达效果。这就是词语的修辞。在汉语的多种修辞手段中，词语修辞是使用频率最高、表达效果最直接、最明显的一种，可以说是一种最重要的修辞手段。

词语修辞主要是指词语的选择和配合。我们在表达某个意思的时候，可供选择的词语很多，但是在特定的题旨情境中，也只有一个词是最准确的、最恰当的。法国 19 世纪现实主义作家福楼拜曾经这样说过：“我们所要表现的东西，这里只有唯一的字眼可以表现它，说明它的动作的只有唯一的动词，限制它的性质的只有唯一的形容词。”这就要求人们在词语的选择、加工和锤炼上下功夫。在特定的语境中，选用最准确的词语，能收到独特的艺术效果。

一、选用词语的要求

词语选择的一般要求是：弄清对象、准确朴实、简洁有力、新鲜活泼、形象生动。

1. 弄清对象

弄清对象是要求准确地把握词的含义，弄清楚它是否切合所写的对象，能否正确表现所写的事物，取得表情达意的良好效果。弄清对象，是恰当选择词语的前提。例如：

月光如流水一般，静静地泻在这一片叶子和花上，薄薄的青雾浮起在荷塘里。

朱自清伫立在荷塘边上，荷塘里的叶和花在月光下闪着光华，像水洗过的那么清朗闪光，荷塘周围树木阴翳，月光照射下来，犹如水的流泻而下。这个“泻”字紧扣“月光如流水”的比喻，不仅贴切地表达了站在塘边仰望月光的视觉感受，而且也反映了月下荷叶荷花的神采。然而月光毕竟不是流水，它有流泻的水的形，却无流水倾泻的声，所以作者在“泻”前特地加上一个“静静地”这个状语。这样，既写出了月光和流水的相似，又写出了两者的区别，把月下荷塘的光彩和静穆之美描绘出来了。

2. 准确朴实

准确就是词语的意义切合人物的思想感情，切合被描述的客观实际。准确是最基本的要求，它是词语选择的基础。选择最为恰当的朴实和生动的词语表情达意是准确的要求。朴实就是词语质朴通俗，明白易懂。朴实与生动是相辅相成的，一般来说，越是准确生动的用词，越应该是朴实的。例如：

① 许多工夫，还无动静。国王首先暴躁起来，接着是王后和妃子、大臣、宦官们也都有些焦急……（鲁迅《铸剑》）

② 她的脑筋里，有个“媳妇样子”，是这样：头上梳个笤帚把，下边两只粽子脚，沏茶做饭，碾米磨面，端汤捧水，扫地抹桌……从早起倒尿壶到晚上铺被子，时刻不离，唤着就到；见个生人，马上躲开。（赵树理《孟祥英翻身》）

例①写国王看玩把戏，但等了“许多工夫，还无动静”，便发起脾气来。在小说原稿中，鲁迅用的是“急躁”，定稿时改为“暴躁”，“暴躁”含有“急躁”和“凶暴”的意思，这就恰如其分地表现了暴君的性格，用词非常准确。例②刻画的是孟祥英的婆婆，这段文字，“口语化而又艺术化”，特别是一系列的动词，都是口头语，念起来顺口，听起来好懂，朴实、精练、富于表现力。

3. 简洁有力

简洁有力，是指词语运用要干干净净，决不拖泥带水，要力求以较少的词语表达丰富的内容。例如：

① 有一条蚕，蹲在竹器的边缘，挺起胸，抬起头，一动也不动，他独个儿不吃桑叶。（《叶圣陶选集》1951 年版）

这段话作者在 1979 年删去了“他独个儿”，把后面两句改为“不吃桑叶，并且一动也不动”。因为前面已指明“有一条蚕”，再说“他独个儿”就显得累赘，删改后语句就更加简洁通畅。

用词简洁有力，还要做到以少胜多，以一当十。例如：

② 主席也举起手来，举起他那顶深灰色的盔式帽。举得很慢很慢，像在举一件十分沉重的东西，一点一点的，一点一点的，等到举到头顶，忽然用力一挥，便停在空中，一动不动了。（方纪《挥手之间》）

例②中的“挥”字极富概括力，给人以无限的想象空间：一方面它十分传神地刻画出毛泽东临上飞机向送别群众深情告别的伟岸形象；另一方面，一个“挥”字仿佛也在暗示一些什么，如“果断决定”，“立即付诸行动”等。

4. 新鲜活泼

新鲜活泼就是所选用的词语要新颖独特、富有生气，令人耳目一新。例如：

① 夜是母性的，雨也是，我遂在双重的母性中拥书而眠。（张晓风《夜雨》）

② 那溅着的水花，晶莹而多芒……轻风起来时，点点随风飘散，那更是杨花了。——这时偶然有几点送入我们温暖的怀里，便倏的钻了进去，再也寻不着。（朱自清《绿》）

例①中的“母性”与“夜”，词语的配置，打破了常规，造成了一种“陌生化”的奇特效果，也艺术地表现了作者对外部世界的种种独特感受，诗性的阐释。例②“钻”字是个常用字，但用在这儿新鲜活泼。一般地说，水花不用“钻”来状写，作者却越出常规，以拟人手法把无生命的水花溅落到人身上而瞬间即逝的情景说成是有情有意有态的“钻”，不仅写活了水花，而且表现了人的欣喜之情，增添了许多鲜活之气。

5. 形象生动

形象生动就是词语能够把人、事物的形神或作者的思想感情栩栩如生地表现出来，从而吸引人、打动人。例如：

① 他不回答，对柜里说，“温两碗酒，要一碟茴香豆。”便排出九文大钱。（鲁迅《孔乙己》）

②“阿呀阿呀，真是愈有钱，便愈是一毫不肯放松，愈是一毫不肯放松，便愈有钱……”圆规一面愤愤的回转身，一面絮絮的说，慢慢向外走，顺便将我母亲的一副手套塞在裤腰里，出去了。（鲁迅《故乡》）

例①“排”字，具体地表现了孔乙己在柜台上将铜钱一个接一个地按次序摆的动作，生动地体现了他有意让别人知道他此时有现钱，不愿再被别人嘲笑的内心活动。例②中，“愤愤”，表明杨二嫂要不到她所想要的木器家具而气恼；“絮絮”，写她一张利嘴还在继续发泄怨气；“慢慢”，点出她想伺机拿点小东西；“塞”传神地写出了她唯恐别人看见的心态。“愤愤”、“絮絮”、“慢慢”、“塞”这几个字儿词语，把一个爱占小便宜的小市民杨二嫂写活了。再如：

③ 李白桃红杨柳绿，豆青麦碧菜花黄。

④ 白酒红人面，黄金黑人心。

这两句五彩缤纷，形象生动，凸显了色彩的魅力。

⑤ 油油的绿意
闪闪的绿色
醉人的绿
奇异的绿
平铺着的、厚积着的绿
像少妇拖着的裙幅
有鸡蛋清那样软、那样嫩
宛然温润的碧玉 （朱自清《绿》）

这里作者通过美妙的联想，使单一而又普通的“绿”形象生动起来，丰富多彩起来，含蕴出无尽的意境美。

形象生动还可以注意选用一些形象化的词语。如：

一轮巨大的水淋淋的鲜红月亮从村庄东边暮色苍茫的原野上升起来时，村子里弥漫的烟雾愈加厚重，并且似乎都染上了月亮那种凄艳的红色。（莫言《枯河》）

句中，作者用“巨大的水淋淋的鲜红月亮”这种色彩明丽的词语来渲染主人公遭受残酷毒打后悲惨死去的一种凄惨与不祥的气氛。

汉语中形象化的词语很多很多，随便拈来几个：

尖 洞 深 丑 圆顶 破旧 死鱼 笔直 宽敞 八字须 鸡冠花 云片糕 冷冰冰 笑哈哈

这里需要指出的是，这里所讲的词语的色彩义与词汇部分所讲的词语的色彩义有密切联系，但并不完全等同，并不是完全指正确选用具有色彩义的词语，而是利用包括色彩义在内的各种语言因素，使词语的色彩鲜明。

二、选用词语的方法

选用词语的方法包括精心挑选词语和注意词语的配合两种。挑选词语有着眼于语义的，有着眼于声韵的，其中声韵的选择问题在“语音修辞”一节中已涉及，这里只讲一下语义的选择问题。词语的配合指的是相同语素或同义词语的配合，以及色彩的配合。

（一）精心挑选词语

各类词语都需要认真选择，但应以动词、形容词、状态词为重点，还要理解掌握词语的移用、化用和仿用。

1. 注意动词、形容词、状态词的选用

选择意义恰当的词语，动词、形容词、状态词的选择最为关键。要把人或事物表现得具体形象、生动逼真，就必须在动词、形容词、状态词的锤炼上下功夫。名家对此都十分重视，取得了很好的表达效果。例如：

① 池塘里绒被一样厚厚的浮萍，凸起来了，再凸起来，猛地撩起一角，唰地揭开了一片；水一下子聚起来，长时间的凝固成一个锥形；啪地砸下来，砸出一个坑，浮萍冲上了四边塘岸，几条鱼儿在岸上的草窝里蹦跳。（贾平凹《风雨》）

② 远望天山，美丽多姿，那常年积雪高插云霄的群峰，像集体起舞时的维吾尔族少女的珠冠，银光闪闪；那富于色彩的连绵不断的山峦，像孔雀开屏，艳丽迷人。就在雪的群峰的围绕中，一片奇丽的千里牧场展现在你的眼前。墨绿的原始森林和鲜艳的野花，给这辽阔的千里牧场镶上了双重富丽的花边。（碧野《天山景物记》）

例①作者选用了一些富有表现力的词语来写景状物，给人以立体感。如“猛地撩起”、“唰地揭开”、“啪地砸下”等几个摹状拟声的状态词和表现行为的动词，具体生动地写出了狂风暴雨横扫一切，席卷天地的声势和摧枯拉朽、不可一世的淫威，使人如闻其声、如临其境。不着“风雨”二字，而风雨之声、之势、之态，栩栩如生，跃然纸上。例②中，同样说“美”，却用了四个不同的形容词，“美丽”统称一切漂亮的事物，用在文章开头，概括地写天山景物的好看；“艳丽”形容色彩鲜艳的美，用来写像孔雀开屏一样富于色彩的山峦，突出了它的鲜艳；“奇丽”是罕见的、意想不到的美，用来写雪山群峰围绕中居然有一大片牧场，突出惊奇之感；“富丽”是堂皇的美，能给这千里牧场镶上一重又一重美丽的花边，当然称得上“富丽”。这几个形容词恰到好处地描写了不同对象的不同特征，非常贴切。

2. 注意词语的移用、化用和仿用

（1）移用

将描写甲事物的词语用于描写乙事物，这种词语锤炼的方法就叫移用。例如：

① 放眼2002年的北京，大片大片的四合院消失了，连胡同、里弄都整条整条地蒸发了。(《中国青年报》2002年8月14日)

② 陈水扁的“台独”讲话引爆了近年来两岸最大的政治地震和国际风暴，余波难平。(《人民日报》2002年8月12日)

③ 这年我十八岁，我下巴上那几根黄色的胡须迎风飘飘，那是我第一批来这里定居的胡须，所以我格外珍重他们。(余华《十八岁出门远行》)

例①“蒸发”原指物理学中“液体表面缓慢地转化成气体”的过程，这里用来形容“胡同、里弄”等固体建筑物的变化消失的过程，令人耳目一新。例②“引爆”的本义是“用发火装置使爆炸物爆炸”，能与之搭配的往往是“炸弹”、“地雷”、“原子弹”、“瓦斯”等自身具有爆炸性质的事物，移用到政治领域，意为“使事物迅速、猛烈地产生或显露”，生动形象。例③“定居”本指在某个地方固定地居住下来（多指时常迁移的人)。这里却用来形容几根稀疏的胡须，活泼风趣。

(2) 化用

将静态的事物转化为动态的事物加以描写，或将动态的事物转化为静态的事物加以描写，这种动静化用的方法就叫词语的化用。例如：

① 我们上了半山亭，朝东一望，真是一片好景，茫茫苍苍的河北大平原就摆在眼前，烟树深处，还藏着我们的北京城。(杨朔《香山红叶》)

② 大约三个月后，初稿完成了。我把它养在电脑里，不去看，也不去想。(毕淑敏《悲悯生命》)

例①登山而望“好景”尽收眼底，一个“摆”字化静为动，化平淡为神奇，别具匠心地写出了大自然的鬼斧神工。例②作者不说“存”却精心选择了动词“养”，使境界全活，情趣盎然。

化动为静就是把一个动作或一个过程的速度放慢，把它写成像电影中的“慢镜头”，甚至“定格”，把一个稍纵即逝的动的对象固定下来，像一幅抓拍的照片一样呈现给读者，以加强印象。例如通讯《“飞天”凌空——跳水姑娘吕伟夺魁记》写吕伟跳水的一刹那：

③ 轻舒双臂，向上高举，只见吕伟轻轻一蹬，就向空中飞去。有一瞬间，她那修长美妙的身体犹如被空气拖住了，衬着蓝天白云，酷似敦煌壁画中凌空翔舞的“飞天”。

这是一幅用语言描绘出的定格的画面，让读者能充分欣赏那快得难以看清的实际情形。

(3) 仿用

在一定语境中，根据已有的词语，相对应地仿照出一个新的词语，以取得讽刺、幽默等效果。这就叫词语的仿用。例如：

① 对嘛，“文化革命”就是改造人的大革命。那几年，我不就被改造成家庭妇男了吗？不信，你问文婷，我什么不干？什么不会？(谌容《人到中年》)

② 老杨同志道：“你不懂只说你不懂，什么粗人不粗人？农救会根本没有收过一个细人入会！……”(赵树理《李有才板话》)

例①根据生活中常用的“家庭妇女”仿出违反常情的“家庭妇男”，表达出“我”的苦闷与不满。例②“粗”作粗鲁解，是它固有的意义，而“细”却失去了其原来的意义。很明显，“细人”绝不是腰肢细长的人，而是指有知识有文化温文尔雅的人。这是老杨同志反唇相讥时临时赋予它的意义，表示了厌恶、气愤的感情。

（二）注意词语的配合

词语的配合不是孤立进行的，它要靠句子内部相关词语来体现，还要依据上下文语境因素对词语的制约。吕叔湘先生说：“语言的表达意义，一部分是显示，一部分是暗示，有点像打仗，占据一点，控制一片”。词语的合理配合不仅可以显示具体词义的确定性，还可以收到词义明确以外的新意或弦外音的效果。词语的配合要注意照应，要注意表达上的整体和谐。如：

这些记述过去长征的片断故事，好比当时一根火柴、一把野菜、一条标语，虽然质量不高，味道也不强，但它却能对今天新长征的战士们起一点御寒、充饥、添劲的作用。

句中，“御寒”与“一根火柴”前后照应，“充饥”与“一把野菜”前后照应，“添劲”与“一条标语”上下相承，它们配合自然，呼应紧密，形成了表达上的整体和谐。

词语的配合与运用要注意以下几个方面。

1. 相同语素或同义词语的配合

（1）同义词语的配合运用。

同义词语中，大多数是近义词语。这类词语在表达中是最值得注意的。

① 同义词语配合运用得好，可以准确地表现客观事物的特征，反映事物之间的细微差别。例如：

第一间，盛着我们的爱和恨。对父母的尊爱，对伴侣的情爱，对子女的疼爱，对朋友的关爱，对万物的慈爱，对生命的珍爱。（毕淑敏《精神的三间小屋》）

这里，“尊爱”、“情爱”、“疼爱”、“关爱”、“慈爱”、“珍爱”近义词语的选择和搭配非常恰当准确，十分有效地写出了爱的细微差别。

② 同义词语的配合使用，可以更好地抒发人物的思想感情，还可以使语言富于变化。例如：

这并非为了别的，只因为两年以来，悲愤总时时来袭击我的心，至今没有停止，我很想借此算是竦身一摇，将悲哀摆脱，给自己轻松一下，照直说，就是我倒要将他们忘却了。（鲁迅《为了忘却的纪念》）

例中的“悲愤”是说由悲痛而产生对反动派的愤怒，“悲哀”则是对革命者牺牲的悲伤和哀痛，爱憎分明，感情强烈。

③ 同义词语连用，可以加重语势，达到强调的目的。例如：

对同志对人民不是满腔热忱，而是冷冷清清，漠不关心，麻木不仁。（毛泽东《纪念白求恩》）

例中“冷冷清清”、“漠不关心”、“麻木不仁”这三个同义词语连用，突出了某些人对同志对人民极端冷漠的态度，加重了批评的语气。

相同词语的配合，新闻标题中用法很多。例如：

献出友谊　赢得友谊　北京友谊医院受到社会赞誉（《北京晚报》）

石景山区添石景（《人民日报·海外版》）

无锡有锡了（《人民日报》）

羊教授羊年话羊（《人民日报》）

（2）相同语素的配合

为了准确、简练、生动地表达，有时还可以用相同语素的词，让它们配合运用，紧相呼应。例如：

有的单位“门难进，脸难看，事难办”，官僚衙门作风严重。（《人民日报》）

“难进”、“难看”、“难办”，突出了一个“难”字，表现出了人民群众对官僚衙门作风的不满。

《阿Q正传》第六章，鲁迅写阿Q回未庄讲述自己一段“不平常”经历时的几段文字：

据阿Q说，他是在举人老爷家里帮忙。这一节，听的人都肃然了。这老爷本姓白，但因为合城里只有他一个举人，所以不必再冠姓，说起举人来就是他。这也不独在未庄是如此，便是一百里方圆之内也都如此，人们几乎多以为他的姓名就叫举人老爷的了。在这人的府上帮忙，那当然是可敬的。但据阿Q又说，他却不高兴再帮忙了，因为这举人老爷实在太“妈妈的”了。这一节，听的人都叹息而且快意，因为阿Q本不配在举人老爷家里帮忙，而不帮忙是可惜的。

据阿Q说，他的回来，似乎也由于不满意城里人，这就在他们将长凳称为条凳，而且煎鱼用葱丝，加以最近观察所得的缺点，是女人的走路也扭得不很好。然而也偶有大可佩服的地方，即如未庄的乡下人不过打三十二张的竹牌七，只有假洋鬼子能够叉“麻酱”，城里却连小乌龟子都叉得精熟的。什么假洋鬼子，只要放在城里的十几岁的小乌龟子的手里，也就立刻是“小鬼见阎王”。这一节，听的人都赧然了。

“你们可看见过杀头么？”阿Q说，“咳，好看。杀革命党。唉，好看好看……”他摇摇头，将唾沫飞在正对面的赵司晨的脸上。这一节，听的人都凛然了。但阿Q又四面一看，忽然扬起右手，照着伸长脖子听得出神的王胡的后项窝上直劈下去道：

“嚓！”

王胡惊得一跳，同时电光石火似的赶快缩了头，而听的人又都悚然而且欣然了。

这里作者特意选用“肃然”、“赧然”、“凛然”、“悚然”、“欣然”等五个都有语素“然”的词。“肃然”是尊敬的样子，“赧然”是因羞愧而脸红的样子，“凛然”是令人敬畏的样子，“悚然”是恐惧的样子，“欣然”是高兴的样子。这五个词，非常生动地反映了阿Q讲“中兴史”时的严肃气氛和听众们的情绪的变化：听众们听到阿Q竟然能到举人老爷家里帮忙时，都不免肃然起敬；听到城里连小乌龟子都会叉“麻将”而且叉得精熟时，又自愧不如，面有赧色；听到杀革命党时，难免有些惊恐；最后看到阿Q扬起手来模仿杀头的动作，直劈下去时，大家都有些神情恍惚，仿佛自己置身刑场，不免大吃一惊，但再一看，原来是劈在王胡身上，而且王胡一“惊”一“缩”颇为滑稽，自然又哄然大笑，十分高兴了。这五个都有语素“然”的词在文章中前后呼应，配合使用，收到了很好的表达效果。

2. 色彩的配合

词除了表示词汇意义外，往往带有感情色彩和语体色彩。选择词语时，还得注意色彩的配合，也就是说在一定的语境中，应根据表达内容的需要，选用色彩相协调的词语，以收到良好的表达效果。

（1）感情色彩要鲜明

词语的感情色彩，即词语的褒贬色彩。恰当地选用褒义词和贬义词有助于表达鲜明的立场、观点和爱憎感情。例如：

① 我已经说过：我向来是不惮以最坏的恶意来推测中国人的。但这回却很有几点出于我的意外。一是当局者竟会这样地凶残，一是流言家竟至如此之下劣，一是中国的女性临难竟能如是之从容。

我目睹中国女子的办事，是始于去年的，虽然是少数，但看那干练坚决，百折不回的气概，曾经屡次为之感叹。至于这一回在弹雨中互相救助，虽殒身不恤的事实，则更足为中国女子的勇毅，虽遭阴谋秘计，压抑至数千年，而终于没有消亡的明证了。倘要寻求这一次死伤者对于将来的意义，意义就在此罢。（鲁迅《纪念刘和珍君》）

这里对“当局者”、“流言家”用了贬义词“凶残”、“下劣”、“阴谋秘计”、“压抑”，而对刘和珍等爱国青年用了“从容”、“干练坚决”、“百折不回”、“气概”、“殒身不恤”、“勇毅”等一系列褒义词，鲜明地表达了鲁迅的爱憎。

汉语中有些词语本身就带有鲜明的感情色彩。如：

褒贬词语选用不当，容易引起误解，甚至会使人感到爱憎颠倒，立场模糊。例如：

② 她非常敬佩地看着老师在讲台上喋喋不休地讲着历史故事。

例②中“喋喋不休”含有贬义，用于她“敬佩”的老师，爱憎感情就颠倒了，可改为“滔滔不绝”。再如：

成天泡在沙龙里，裸着性感的粉肩玉臂，边听着古典的音乐，边欣赏着印象派的画，边露出色迷迷的娇情媚态……那才叫温柔呢，可惜错过了年代，更可惜“国别”不同——中国不是法兰西。（王英绮《被造成的女人》）

这里原含褒义的“温柔”，就只有了“娇情媚态”的贬义了，感情色彩很鲜明。

汉语中，有很大一部分词语不带感情色彩，是中性词语，运用得恰当也能充分表达作者的感情。如副词“简直”，本身无褒贬含义。鲁迅在《中国人失掉自信力了吗》一文中说：“说中国人失掉了自信力，用以指一部分则可，倘若加于全体，那简直是诬蔑。”从鲁迅手稿中可以看到，原来没有“简直”，后来加上“简直”，突出地表达了作者气愤的感情。

（2）语体色彩要协调

语体有口语和书面语之分，书面语又有文艺语体、科技语体、政论语体和公文语体等之分。语体色彩的配合，就是要求所选用的词语要和所使用的语体相适应相协调。

口语词通俗活泼，书面语词庄重典雅。一般说来，文艺作品使用带有口语语体色彩的词语多一些，理论文章、公文使用带有书面语语体色彩的词语要多一些。例如：

① 满脸浑身血道道，皮破肉烂不忍瞧。（李季《王贵与李香香》）

② 人民解放军百万大军，从一千余华里的战线上，冲破敌阵，横渡长江。西起九江（不含），东至江阴，均是人民解放军的渡江区域。（毛泽东《人民解放军百万大军横渡长江》）

例①是长篇叙事诗中王贵被地主崔二爷毒打的描写，用的是口语色彩的词语。例②中的“余”、“敌阵”、“含”、“至”、“均”等文言词语，以其简洁、庄重的语体色彩和电文这种公文事务语体相适应，使表意更加精确严密。再如：

③ 那只粗糙的手再也顾不得悠闲地捋下巴上的那撮白胡子了，转而一个劲地摸着赤脚片儿。（路遥《人生》）

上句富有口语色彩，“赤脚片儿”是典型的口语词，通俗易懂，生动活泼，非常富有生活气息。

有时候，为了取得某种修辞效果，故意在口语语体作品中，插入书面语色彩很强的词语，或者在书面语语体作品中，插入口语色彩很强的词语。例如：

④ 热烈欢迎省卫生检查团莅临我市指导工作。

⑤ 白下区采取让青年人才小步快跑、前排就座的方法，吸引青年知识分子到经济建设和社会主义事业发展的主战场上建功立业。

例④虽为口头致辞，但“莅临”词语的使用，可以适当地表示对对方的尊重，体现表达者的郑重。例⑤口语词“小步快跑、前排就座”用在调查报告中，十分形象地道出了激励知识分子建功立业的方法。

如果不是表达的需要，没有特别的表达效果，不要在一种语体作品中用上另一种语体色彩的词语，不然就会产生语体不协调的毛病，显得不伦不类。例如：

⑥ 我一个暑假阅读了三册新小说。

例⑥的“阅读”、“册”，是书面语词，用在口语色彩相当浓的上下文中，语体色彩很不协调。把“阅读”、“册”换为“读”、“本”，语体色彩就协调了。

思考与练习

一、为什么要重视词语的选择？请结合实例谈谈体会。

二、选择词语应该从哪些方面入手？应该达到什么样的要求？

三、请指出下面各句用的不妥的词语，加以修改，并作简要说明。

1. 五月的江南是美丽的季节。

2. 塞伽·夏定博士发现了人造胃管。

3. 这里也许很小，却装下了大千世界，浓缩了浩渺历史。

4. 我们要抓紧工作以外的休息时间进行个人的自学。

5. 从明天起开始下乡劳动。

6. 出版社已经决定将我的一本拙作再版一次。

四、从词语锤炼的角度谈谈下例中词语的精彩之处。

1. 这里的水，多，清，静，柔。在园里信步，但见这里一泓深潭，那里一条小渠。

桥下有河，亭中有井，路边有溪。石间细流脉脉，如细如缕；林中碧波闪闪，如锦如缎。这些水都来自难老泉。泉上有亭，亭上挂着清代著名学者傅山写的“难老泉”三个字。这么多的水长流不息，日日夜夜发出叮叮咚咚的响声。

2. 老栓慌忙摸出洋钱，抖抖的想交给他，却又不敢去接他的东西。那人便焦急起来，嚷道，“怕什么？怎的不拿！”老栓还踌躇着；黑的人便抢过灯笼，一把扯下纸罩，裹了馒头，塞与老栓；一手抓过洋钱，捏一捏，转身去了。嘴里哼着说，“这老东西……”（鲁迅《药》）

3. 西塞山前白鹭飞，桃花流水鳜鱼肥。青箬笠，绿蓑衣，斜风细雨不须归。（张志和《渔歌子》）

五、从词语修辞的角度谈谈下列文字中词语的修辞方法和效果。

1. 这里的水，多，清，静，柔。在园里信步，但见这里一泓深潭，那里一条小渠。桥下有河，亭中有井，路边有溪。石间细流脉脉，如细如缕；林中碧波闪闪，如锦如缎。这些水都来自难老泉。泉上有亭，亭上挂着清代著名学者傅山写的“难老泉”三个字。这么多的水长流不息，日日夜夜发出叮叮咚咚的响声。

2. 沁园春·考试

考试如此多娇，引无数考生尽通宵。惜秦皇汉武，胆子太小，唐宗宋祖，不得不抄，一代天骄，成吉思汗，最后全把白卷交。俱往矣，数风流人物，全部重考。

3. 钗头凤·戒烟词

本国烟，外国烟，成瘾苦都无边。前人唱，后人和，饭后一支，神仙生活。错！错！错！　烟如旧，人空瘦，咳嗽气喘罪难受。喜乐少，愁苦多，一朝上瘾，终身枷锁。莫！莫！莫！

4. 手机短信语

A. 祝你在新的一年里，有棒棒的Body，满满的Money，多多的Happy，每天心情都Sunny，无忧无虑像个小Baby。

B. 删除昨天的烦恼；确定今天的快乐；设置明天的幸福；存储永远的爱心；取消时间的仇恨；粘贴美丽的心情；复制醉人的风景；打印你的笑容。

5. 广告语

A. 正宗椰树牌椰汁，白白嫩嫩（椰树牌椰汁）。

B. 茅台九月九的酒，好运伴你走，茅台王子酒。

C. 百分百好牛，百分百好奶，光明牛奶。

第四节　句子修辞

句子是能够表达一个完整意思的言语单位。在书面上，句末一般用句号。由于表达疑问、祈使、感叹等语气的需要，也可以用问号或感叹号。

说话、写文章都是为了表达思想感情，达到交际和交流思想的目的。每一句话，都是交际和交流思想的一个基本单位。因此，一个句子，不管是告诉别人一件事，问别人一个问题，要求别人做什么，还是就某种事实抒发自己的感慨，都得体现某个意图，能够表达一个完整的意思。为了做到这一切，写好句子、用好句子，是非常重要的一个环节。它不仅涉及语音、词汇和语法问题，还与修辞密切相关。

句子修辞主要有以下手段和方法。

一、调整语序

（一）主语谓语的倒装

常规句又叫常式句，倒装句又叫变式句。

一般情况下，常规句的主语、谓语、宾语、定语、状语、补语和中心语等句子成分在句法结构中都有相对确定的位置：主谓结构中主语在谓语之前，述宾结构中述语在宾语之前，述补结构中述语在补语之前，偏正结构中定语或状语在中心语之前。例如：

北京是中国的首都。

观众们为芭蕾舞演员的精湛技艺鼓掌喝彩。

而倒装句句子成分的位置已发生了变化。它将“主＋谓”的一般语序倒置，就是所谓的主谓倒置。主谓倒置常见于疑问句、祈使句、感叹句中。主谓倒置的目的是强调突出谓语部分表达的意思。例如：

① 怎么了，你？——强调突出说话人的疑问。

② 再见吧，妈妈！军号已吹响，钢枪已擦亮，行装已背好，部队要出发。——强调突出说话人的心情。

③ 多么壮丽呀，祖国的河山！——强调突出说话人对事物的感受。

主谓倒装，有时是由于说话者心急，就把句中最重要的谓语部分先说出，然后再补出主语。有时是为了强调谓语而有意采用这种句式。

倒装的主语和谓语之间，在口头表达上有明显的停顿，书面上常用逗号表示。它可以无条件还原为“主＋谓”结构，还原后主谓之间可以不用逗号。如上边的①②③句就可以分别还原为正常的主谓句。

① 你怎么了？

② 妈妈再见吧！

③ 祖国的河山多么壮丽呀！

（二）修饰语和中心语的倒装

定语、状语的正常位置是在中心语的前面。例如：

他击毙了五十多个敌人。

我要那个纸做的杯子。

他从大洋彼岸的美国回来了。

为那些喜结良缘的年轻人祝福吧！

如果次序相反，就是定语、状语后置。定语倒置具有补充说明、强调突出的作用；状语倒置则具有强调突出状语所表达的意思并使所说的话富于感情的作用。例如：

他击毙了敌人五十多个。——定语倒置，补充说明击毙敌人的数量。

那个杯子，纸做的，我要。——谓宾倒置，强调突出所要的物品；定语倒置，强调突出物品的材料属性。

他回来了，从大洋彼岸的美国。——状语倒置，强调突出来自何方。

昨晚，他乘飞机从大洋彼岸的美国赶回来了。——状语倒置，强调突出时间。

祝福吧，为那些喜结良缘的年轻人！——状语倒置，强调突出目的。

定语、状语后置，有时是使这些后置的成分更加突出，给人留下深刻的印象；有时是为了调整句子结构，使语言简洁有力，避免臃肿。

凡是倒装的定语，都可以无条件地还原，不需添删任何字；倒装的状语，也都可以无条件还原，但它的前面一定要有停顿，书面上用逗号表示出来。如：

我看了本小说，长篇的。——我看了本长篇小说。

许多外国朋友来到桂林游览，从伦敦，从纽约，从巴黎，从世界各地。——从伦敦，从纽约，从巴黎，从世界各地，许多外国朋友来到桂林游览。

（三）偏正复句中分句的倒装

复句通常有相对稳定的语序，以偏正复句为例，它通常是“前偏后正”——如在语序上变换为“前正后偏”，则成为所谓的“偏正复句中分句的倒装”。

“偏正复句中分句的倒装”可以起到突出强调正句所要表达意思的作用。例如：

①我们之所以能够取得优异的成绩，是由于平时舍得下工夫。

② 宽带互联网与无线互联网之所以缺乏竞争力，是因为缺乏国外风险资本的支撑。

这两句倒置了因果复句正常的语序。按正常因果复句的语序应为：

因为平时舍得下工夫，所以我们能够取得优异的成绩。

由于缺乏国外风险资本的支撑，所以宽带互联网与无线互联网缺乏竞争力。

又如：

③ 要把事情办好，只有依靠广大人民群众。——倒置了条件复句正常的语序。依条件复句正常的语序应该是：

只有依靠广大人民群众，才能把事情办好。

又如：

④ 消费者永远也改变不了被损害的地位——如果所谓集体、法人的利益总是“重如山”，个人的利益总是“轻如毛”的话。

⑤ 你应该时时严格要求自己，即使没人提醒。

以上两句倒置了假设复句正常的语序。按假设复句正常的语序应该是：

如果所谓集体、法人的利益总是“重如山”，个人的利益总是“轻如毛”，消费者永远也改变不了被损害的地位。

即使没人提醒，你也应该时时严格要求自己。

又如：

⑥ 父亲能写一手好字，虽然他的文化不高。

⑦ 我依然穷其心力来守护和经营自己的心灵家园——尽管穷得叮当响。

以上两句倒置了转折复句正常的语序。按转折复句正常的语序应该是：

父亲的文化不高，但是能写一手好字。

尽管穷得叮当响，我依然穷其心力来守护和经营自己的心灵家园。

又如：

⑧ 每逢周末，团支部都举办舞会或联欢活动，好让大家尽情领略生活的快乐。

⑨ 她与同事调了班，为的是下午陪妈妈去逛街。

以上两句倒置了目的复句正常的语序。按目的复句正常的语序应该是：

为了让大家尽情领略生活的快乐，每逢周末，团支部都举办舞会或联欢活动。

为了下午陪妈妈去逛街，她与同事调了班。

二、选用句式

说话和写文章选用句式很重要，一般地说，句式不同句义可能就会有所不同。但对于表达同一个意义的不同句式而言，这则是依据内容表现主题的需要而进行的句式选用。

（一）短句和长句的选用

1. 使用短句

短句是指词语少、结构简单的单句和复句中的分句。短句的修辞效果表意简洁、生动、明快、有力，叙事简明，抒情强烈激越。短句常用于口语中，文艺作品一般也多用短句。例如：

啊，美，伟大的美，令人陶醉的美。

“美”这个名词和“伟大的美”、“令人陶醉的美”两个偏正短语构成了具有递进关系的感叹句，简洁明了，表达了作者对日出美景的赞叹。

又如：

有个农村叫张家庄。张家庄有个张木匠。张木匠有个好老婆，外号叫“小飞蛾”。小飞蛾生了个女儿叫“艾艾”，算到 1950 年正月十五元宵节，虚岁 20，周岁 19。庄上有个青年叫“小晚”，正和“艾艾”搞恋爱。故事就是出在他们两个人身上。

这段文字没有任何修饰语句，只使用短句平铺直叙，却收到了简洁、明快、清晰利落的表达效果。

2. 使用长句

长句是指词语多、结构复杂的句子，一般多出现在政论、科技等语体中。其修辞效果是表意周密、严谨、精确、细致。例如：

事实表明，不触动封建根基的自强运动和改良主义，旧式的农民战争，资产阶级革命派领导的民主革命，以及照搬西方资本主义的其他种种方案，都不能完成救亡图存的民族使命和反帝反封建的历史任务。

这是一个长句。主语是“事实”，谓语中心语“表明”的宾语很长：“不触动封建根基的自强运动和改良主义，旧式的农民战争，资产阶级革命派领导的民主革命，以及照搬西方资本主义的其他种种方案，都不能完成救亡图存的民族使命和反帝反封建的历史任务”。

文学作品也有采用长句形式的。例如：

每逢看到了欣欣向荣的庄稼，看到刚犁好的涌着泥浪的肥沃的土地，我的心头就涌起像《红旗歌谣》中的民歌所描写的——“沙果笑得红了脸，西瓜笑得如蜜甜，花儿笑得分了瓣，豌豆笑得鼓鼓圆”这一类带着泥土、露水、草叶、鲜花香味的大地的情景。

这个长句子用了复杂状语：“每逢看到了欣欣向荣的庄稼，看到刚犁好的涌着泥浪的肥沃的土地”；句子中宾语“情景”的定语很长，“像《红旗歌谣》中的民歌所描写的——‘沙果笑得红了脸，西瓜笑得如蜜甜，花儿笑得分了瓣，豌豆笑得鼓鼓圆’这一类带着泥土、露水、草叶、鲜花香味的大地的”共有四个修饰限制的成分，具体、细致、明确、生动地描写了“我”心头涌起的情景，使读者如同身临其境，充分地领会作者对土地的深厚情感。

3. 长句和短句的转化以及长短句的连用

长句和短句在词量多少、内部结构、表达效果等方便各有不同。仅就修辞效果说，长句能使表达严密、精确、细致，使条理贯通、气势畅达，适宜于政论性的文章和在文学作品中描写自然景色、心理活动的内容；短句节奏短促、干脆利落、简洁明快、生动活泼，适宜于叙述性的文章，尤其适宜于表现紧张的气氛、激越的情绪、坚定的语气等。为了表达效果的需要，长短句可以互换。

(1) 长句变短句

长句变短句，首先要认清长句的特点。长句的特点一般有三：一是修饰语（定语、状语）多，二是并列成分多，三是某一成分的结构比较复杂。根据这些特点，我们还可以用以下办法：

① 先抓住句子的主干，明确句子的中心、意思，然后抽出附加成分，将它们变成按时间先后顺序排列的短句。例如：

巴尔的摩地方法院1987年5月30日裁决亚特兰大市一个生产据称“能使头发卷曲而发亮”的美发剂的制造商向一位使用该厂生产的美发剂而毁发毁容的妇女赔偿45万美元巨款。

经过分析，我们归纳出这长句的主干是“巴尔的摩地方法院裁决一制造商赔偿巨款”；然后，我们把修饰成分按时间先后排列组合，这个长句就可变为下列短句：

亚特兰大市一制造商，生产了一种据称“能使头发卷曲而发亮”的美发剂，一位妇女因使用这种美发剂而毁发毁容。1987年5月30日，巴尔的摩地方法院裁决该制造商向这位妇女赔偿45万美元。

② 抽出句子的主干，让并列的修饰语分别变成分句。例如：

今后一个时期，我们要抓紧进行机构改革和经济体制改革，实现干部队伍的“四化”，建设社会主义精神文明，打击经济领域和其他领域内破坏社会主义的犯罪活动，在认真学习新党章的基础上，整顿党的作风和组织这五项工作。

可改为：

今后一个时期，我们要抓紧五项工作：进行机构改革和经济体制改革；实现干部队伍的“四化”；建设社会主义精神文明；打击经济领域和其他领域内破坏社会主义的犯罪活动；在认真学习新党章的基础上，整顿党的作风和组织。

③ 抽出复杂的修饰成分中的一部分，改为复句里的单句，再让其他的修饰成分分别作分句。例如：

在牧场上，经常可以看到一个骑着枣红马，穿着蓝色蒙古袍，腰间系着豆绿腰带，身上背着红十字药箱的青年。

可改为：

在牧场上，经常可以看到一个骑着枣红马的青年，他穿着蓝色蒙古袍，腰间系着豆绿腰带，身上背着红十字药箱。

（2）短句变长句

短句变长句的方法与长句变短句的方法相反，可先找出几个短句陈述的主要内容，再找出其共有的部分作为句子的主干，然后把几个短句中的其他内容变为长句里按一定顺序排列的修饰成分；或把短句中分别与中心语搭配的修饰成分合并在一起与中心词搭配。例如：

他们都是应届毕业的大学生，他们怀有远大的理想而又德才兼备，他们志愿到祖国最需要的地方去，把青春献给伟大祖国。

可改为：

他们都是怀有远大理想而又德才兼备、志愿到祖国最需要地方去、把青春献给伟大祖国的应届毕业的大学生。

长句变短句或短句变长句时，应注意：句子内容不能省略，不能改变，可以调整语序，增删个别词语，不能有语病。

长句和短句的变换方法也适宜于单句和复句的变换。因为长句变短句就是把原来单句中的修饰成分变成一个或几个句子，这些句子与原来句子的主干部分组合在一起，也就成了一种复句的形式；反过来，短句变长句，也主要是把复句形式的几个句子组成结构复杂的单句。

（二）肯定句和否定句的选用

1. 肯定句是对事物做出肯定判断的句子。如：

他是大学生。

这是任何人都明白的道理。

2. 否定句是对事物做出否定判断的句子。如：

他不是大学生。

这是任何人都不明白的道理。

3. 肯定句和否定句的互换

表达同样的意义，可以使用肯定句，也可以使用一般否定句和双重否定句。肯定句语义要重一些、语气强一些；一般否定句（一个否定词的句子）语义轻一些，语气比较缓和；双重否定句（两个否定词的句子）表达肯定的意思，语义语气比一般肯定句还强。

肯定句转换为否定句，方法是选用一个反义词，并在反义词前加一个否定词。如：

你要知道，骄傲最终是会吃苦头的。

你要知道，骄傲最终是不会快乐的。

肯定句转换为双重否定句，方法是加两个否定词："不……不"或"非……不可"等。如：

我必须去图书馆看书。→我不得不去图书馆看书。

这样的事情有先例。→这样的事情并非没有先例。

（三）主动句和被动句的选用

1. 主动句和被动句

句中主语表示动作或行为的施事，这种句子叫主动句。例如：

我们把困难克服了。

句中主语表示动作或行为的受事，这种句子叫被动句，例如：

困难被我们克服了。

2. 主动句和被动句的选用

如果要突出主动者，可以用主动句式；如果要突出被动者，则用被动句式。例如：

风卷着雪花，狂暴地扫荡着山野、村庄，摇撼着古树的躯干，撞开了人家的门窗，把破屋子上的茅草大把大把地撕下来向空中扬去，把冷森森的雪花撒进人家的屋子里，并且在光秃秃的树梢上怪声地怒吼着、咆哮着，仿佛世界上的一切，都是它的驯顺的奴隶，它可以任意地蹂躏他们，毁灭他们……

这段话连用一系列主动句，生动地描写风雪肆虐的情景，突出地表现了风雪的无情、冷酷，衬托出了冬日的寒冷、萧索。

上句如果改成被动句，则会是另一种效果：

雪花被风卷着，山野、村庄被风雪狂暴地扫荡着，古树的躯干被摇撼着，人家的门窗被撞开了，破屋子上的茅草被大把大把地撕下来扬向空中，人家的屋子里被撒进了冷森森的雪花，雪花在光秃秃的树梢上怪声地怒吼着、咆哮着，仿佛世界上的一切，都是风的驯顺的奴隶，可以被它任意地蹂躏、毁灭……

句中，主语成了山野、村庄、古树的躯干、门窗、茅草等，整个场景显得寒冷、萧索，突出地表现了山野、村庄、古树的躯干、门窗、茅草等的孤单、无助、弱小、可怜等。

3. 主动句与被动句的变换

典型的主动句是"把"字句，典型的被动句是"被"字句。"把"字句变"被"字句，要去掉介词"把"字，让介词"把"的宾语做主语，将原句主语加"被"组成介宾短语做状语；"被"字句变"把"字句，则要去掉"被"字，让介词"被"的宾语做主语，将原句主语部分加上介词"把"组成介宾短语做状语。如：

他把老人的手紧紧地握住了。（把字句）

老人的手被他紧紧地握住了。（被字句）

（四）疑问句、设问句和反问句的选用

这里要先明确一下疑问句、设问句和反问句的差别。疑问句是从句子的用途角度来说的，而设问句和反问句是从修辞的角度来说的。

疑问句从句子的用途角度向别人提出问题，是有疑而问，当向别人询问一件事时，我们就会用到疑问句。如：

这是谁家的狗？

那里的情况怎样？

一般说来，疑问句是有疑而问，提问者不知道问题的答案，需要由别人来给出答案。

它通常是由一方发问，由另一方作答，所以，疑问句与回答句是紧紧相连的，回答句紧跟在问句的后面。

设问句是自己提问自己回答的修辞方式，目的是在于引人注意，启发思考，句子本身不表示肯定什么或否定什么。它的重要性不在于前面的提问，而在于后面的回答。先提出问题，是为了引起注意和思考，使后面的回答给人留下更深刻的印象。如：

什么叫自律？自律就是自己管束自己的行为。

最深刻的感受是什么呢？是美，是一种特别的美，充满了诗情画意的美。

社会生产力有这样巨大的发展，劳动生产率有这大幅度的提高，靠的是什么？最主要的是靠科学的、技术的力量。

文章的标题或开头用设问句，能够启发读者思考，便于读者更好地领会文章的内容和中心思想。比如：

人的正确思想是从哪里来的？

反问句是用疑问句的形式表示确定（肯定或否定）的意思。常用肯定形式表示否定，用否定形式表示肯定。反问句强调明知故问的语气，而答在句中。这类句式常和“难道”、“怎么”等反问词语联接。如：

他怎么能跑掉呢？（用肯定的形式表示否定）

凭着崇高的理想、豪迈的气概、乐观的志趣，克服困难不也是一种享受吗？（用否定式表示肯定的意思）

自然灾害难道会对你手下留情吗？（用肯定的形式表示否定）

（五）句子语气的选用

句子语气的选用就是变换陈述、疑问、祈使、感叹等句子的语气形式。变换语气，变的是句子的形式和语气，句子表达的意思要保持不变，选用的句式要保持陈述对象的一致性，保持感情、语气的一致性。

1. 陈述句和反问句的互换

陈述句有肯定陈述句和否定陈述句两种，从修辞上说，疑问句主要是指设问句和反问句。陈述句变为疑问句必须变成反问句才能与原意相符，一般在陈述句中加上“怎么”、“难道”、“什么”等反诘疑问词副词，句末加上“吗”、“呢”等语气词助词，句尾句号变为问号。疑问句变为陈述句则要去掉反问的副词、助词，变问号为句号。如：

陈述句：敢于这样做的人是个英雄。→反问句：敢于这样做的人，难道不是一个英雄吗？

陈述句：他是一个好学生。→他难道不是一个好学生吗？

注意，肯定陈述句直接加否定词后，就变为否定陈述句了，意思就相反了，这是不符合句式转换的要求的。如：

陈述句：他是一个好学生。→否定陈述：他不是一个好学生。

反问句比一般的陈述句语气更强，更能引起人们的思考。比较下面两个句子：

你可以说他是中国人走向现代的起点，但是，哪一个民族走向现代时的步履也不会像在上海那样匆促、慌张、自怯、杂乱无章。

你可以说他是中国人走向现代的起点，但是，哪一个民族走向现代时的步履会像在上海那样匆促、慌张、自怯、杂乱无章？

第一个句子是一个否定陈述句，第二个句子是一个反问句。前者是简单的陈述，读者是被动地接受；后者的疑问引发读者主动的深深的思考，同时又能在句子中找到答案。在语气上，后者比前者更强烈，给人留下的印象更深刻。

2. 祈使句和疑问句的互换

把祈使句改成疑问句时，先要去掉表示祈求命令的动词，使句中的被祈使对象成为发问对象，作主语；然后再在谓语中心词前面加上“能不能”、“可不可以”之类词语向对方发问；最后将祈使句末尾的句号、感叹号改为问号。

将疑问句改成祈使句，就是把谓语中心词前的“能不能”、“可不可以”之类词语去掉，然后加上表示祈使命令的动词，最后把句末的问号改成句号或感叹号。如：

祈使句：请你不要再批评他了。→疑问句：你能不能不再批评他了？

疑问句：你能不能不去呢？→祈使句：请你不要去！

3. 陈述句和感叹句的互换

陈述句改为感叹句，一般加“多么”、“太”、“真”等词，句末要加上感叹词“啊”、“呀”等，将句号改为感叹号；也可以句末直接加感叹词和感叹号；感叹句改为陈述句，则去掉句中的副词和感叹号，加上句号。如：

陈述句：他是一个好人。→感叹句：他真是一个好人啊！

（六）整句和散句的选用

1. 整句

结构相同或相似的一组句子叫整句。整句主要是排比、对偶句等。

整句形式整齐，声音和谐，气势贯通，意义鲜明，在散文、诗歌、唱词中应用较多，适合于表达丰富的感情，能给人鲜明、深刻的印象。如：

① 走生路，生而出新；走险路，险而出奇；走难路，难而不俗。（徐刚《黄山拾美》）

这个句子中分句子字数、结构都相同，构成排比格式。作者拿黄山不同的路与作家三种不同的创作道路相类比，形式齐整匀称，表意简练醒目。

② 我们分担寒潮、风雷、霹雳；我们共享雾霭、流岚、虹霓。（舒婷《致橡树》）

这个句子中两个分句构成对比，分述恋人之间同甘苦、共患难的不同情况，表现那种相互理解、相互支持、平等和谐的爱情，抒情强烈激越，音调悦耳和谐。

2. 散句

结构不整齐、各式各样的句子交错运用的一组句子叫散句。散句主要是长句短句交错、非排比句、非对偶句等。散句可以随意抒写，自由畅达，灵活自然。例如：

不过，瞿塘峡中，激流澎湃，涛如雷鸣，江面形成无数漩涡，船从漩涡中冲过，只听得一片哗啦啦的水声。过了八公里的瞿塘峡，乌沉沉的云雾，突然隐去。峡顶上一道蓝天，浮着几小片金色浮云，一注阳光像闪电样落在左边峭壁上。（刘白羽《长江三日》）

这句描写瞿塘峡的景色，句式各种各样，字数长短不一，灵活多变，形象生动，把瞿塘峡的美景描写得栩栩如生，避免了单调呆板、毫无生气。

3. 整句和散句修辞效果各不相同。语言的实际运用中，有三种情况要密切关注。

（1）整句改为散句

整句改为散句是将整句中重复使用的提示词去掉，使相关内容变为细小成分。如：

花园里开满了鲜花，风一吹，红的像火焰在跳动，黄的像金子在闪光，白的像雪花在飘落。（整句）

花园里开满了红、黄、白三色鲜花。风儿一吹，犹如跳动的火焰、闪闪发光的金子和即将飘落到地上的雪花。（散句）

（2）散句改为整句

散句改为整句则要加上重复使用的词语，使之和相关内容构成整齐句式；或将句中不太整齐的并列部分修整，分别组合，变为排比句或对偶句。例如

① 天上一弯月，地上灯万盏。——天上一弯月，地上万盏灯。

② 没过多久，这里发生了一场特大旱灾，潺潺小溪枯竭了，牲畜干渴而死去，干旱枯萎了田野的庄稼，山谷里饿殍遍野。——没过多久，这里发生了一场特大旱灾，潺潺的小溪枯竭了，干渴的牲畜死去了，田野的庄稼枯萎了，山谷里饿殍遍野。

③ 理想不是现成的粮食和画卷，而是一粒种子，一张白纸，需要你去播种、描画和渲染。理想是一片荒漠，而不是葱茏的绿洲，你要去开垦它，改造它。——理想不是现成的粮食，而是一粒种子，需要你去播种培育；理想不是现成的画卷，而是一张白纸，需要你去描画渲染；理想不是葱茏的绿洲，而是一片荒漠，需要你去开垦改造。

思考与练习

一、依据要求选择下列每题的正确答案

1. “下雨天留客天留我不留”这句话，客人表示自己不愿意留下。（　　）

A. 客人问：下雨天，留客天。留我不留？

B. 主人答：下雨，天留客。天留我不留。

C. 主人说：下雨天留客，天留我不留。

D. 客人说：下雨，天留客。天留，我不留。

2. “下雨天留客天留我不留”这句话，主人表示不愿意客人住下。（　　）

A. 客人问：下雨天，留客天。留我不留？

B. 主人答：下雨，天留客。天留我不留。

C. 主人说：下雨天留客，天留我不留。

D. 客人说：下雨，天留客。天留，我不留。

3. “我本来以为他不是从美国来的”是（　　）。

A. 否定句　　B. 疑问句　　C. 肯定句　　D. 祈使句

4.“今天咱有什么吃什么。”是（　　）。

A. 疑问句　　B. 陈述句　　C. 祈使句　　D. 感叹句

5.“走吧！”是（　　）。

A. 疑问句　　B. 陈述句　　C. 祈使句　　D. 感叹句

6.“情况的了解、任务的确定、兵力的部署、军事和政治教育的实施、给养的筹划、装备的整理、民众条件的配合等等，都要包含在……”是个（　　）。

A. 长句　　B. 短句　　C. 双重否定句　D. 感叹句

7. 下列说法正确的是（　　）

A. 短句一般多出现在政论、科技等语体中。

B. 整句整齐匀称、节奏和谐、气势贯通、意义鲜明，常常用于诗歌、散文等文艺性文体中。

C. 用疑问的形式表示确定的意思，以加强语气，这是设问。

D. 散句是指结构不同，字数长短不一的句子。散句要求句式整齐匀称。

8. 下列句子中与其他三句不同的是（　　）

A. 这是什么缘故呢？有人说，我们中国是有一种“特别国情”。

B. 主宰戏剧的是什么人？一般以为是剧作家，认定剧本为一剧之本。

C. 全然忘却，毫无怨恨，又有什么宽恕之可言呢？

D. 怎么样才能不惧呢？有了不惑不忧工夫，惧当然会减少许多了。

9. 按要求变换句子有误的是（　　）

原句：老同志这种看来淡漠的反应激怒了小李。

A. 变换成被动句：小李被老同志这种看来淡漠的反应激怒了。

B. 变换成反问句：老同志这种看来淡漠的反应怎能不激怒小李？

C. 变换成否定句：老同志这种看来淡漠的反应不能激怒小李。

D. 变换成感叹句：老同志这种看来淡漠的反应激怒了小李啦！

二、简答或列举

1. 句子修辞的主要方法。

2. 语序调整的主要内容。

3. 长句和短句各有哪些特点？它们的修辞效果有什么不同？

4. 长句变为短句的方法。

5. 基本意义相同的肯定句和否定句，在表达效果上有什么不同？

6. 整句和散句的修辞效果有哪些不同？

三、实践操作

1. 根据要求转换“地方法院今天推翻了那条严禁警方执行市长关于不允许在学校附近修建任何等级的剧院的指示的禁令”这个句子的句式。

（1）转换成短句

（2）转换成复句

（3）转换成散句

2. 将下面语段中画线部分的句子改为句式整齐的排比句，可以更换个别词语，但不得改变原意。

窥探一个成功人的履迹，无一例外，他首先是在乎扮演好自己的角色，“一屋不会扫”的人，自然也“扫不了天下”，所以，见到茂密的森林，你只要无愧地做了丛林中最挺拔的一棵；在奔腾的大河面前，你只要无愧地把自己化作浪花里最纯净的一滴水珠；仰望无边无垠的蓝天，你只要毫无愧疚地让自己成为朵朵云中最祥和的一朵……这样的人生就够了。

3. 阅读下面一段文字，调整画线部分的语序和句式，使之句式协调一致，前后关联通畅。

湖与塔都是有灵魂的，它们的灵魂是千千万万人的灵魂。湖是动，塔是静；塔是高傲的，湖是谦逊的；阴柔的湖水，好比江南不断的春雨；塔姿雄壮，恰似塞外猎猎的长风。北大如果没有了湖和塔，就像胡适之先生所说的，长坂坡里没有赵子龙，空城计里没有诸葛亮。

4. 写段以主动句为主的一段话，再把它改写为以被动为主的句子，说说它们在表达效果上的不同之处。

第五节　语体风格修辞

人们在语言运用过程中，根据交际的内容、对象、范围、语境和交际目的不同所形成的言语行为的体式，叫语体。各种不同的语体在语言的运用和修辞手法上，都表现出它们各自特有的风格。尽管各种语体都使用全民共有的语言材料，但是表达方式可以不同。这就使得各种不同的语体有了明确的分界。

语体可以分为口语语体和书面语体两大类。

口语语体是适应“面谈”的交际需要而形成的，所以也叫谈话语体。口语语体的主要特点是：平易、自然，不事雕琢，有跳跃性。

书面语体是适应书面交际的需要，在口语的基础上经过加工而形成的。书面语体的主要特点是：结构完整，讲究条理性，具有规范性。

比较下面两个例子，可以清楚地看到口语语体和书面语体的不同：

王利发：——哥儿们，都是街面上的朋友，有话好说。德爷，您后边坐！

（二德子不听王利发的话，一下子把一个盆碗搂下桌去，摔碎。翻手要抓常四爷的脖颈）

常四爷：（闪过）——你要怎么着？

二德子：——怎么着？我碰不了洋人，还碰不了你吗？

马王爷：——（并未立起）二德子，你威风啊！

二德子：（四下扫视，看到马王爷）

喃，马王爷，您在这儿哪？我可眼拙，没看见您！

老舍《茶馆》的这一段对白，是典型的口语语体。

再如：

为了全面恢复和进一步发扬党的优良传统和作风，健全党内的民主生活，维护党的集中统一，增强党的团结，巩固党的组织和纪律，提高党的战斗力，中央根据目前党的状况，向全党重申党内政治生活的下列准则。

这是从《关于党内政治生活的若干原则》中摘录的这一段文字，就是典型的书面语体。

一、口语语体的选用

（一）口语语体

口语语体也叫谈话语体，是在日常交谈中形成的，是为社会日常生活服务的。

口语语体也可以用书面语形式表达，如写信、记日记等，但它主要是通过口语形式来表达的，其典型的形式是“面谈式”。

口语语体的特点是：

1. 酝酿语言的过程较短。

2. 用词比较自由。

3. 句法结构比较简单，多用短句和省略形式。

4. 语言平易、自然、朴素、少修饰。

5. 生动、活泼，有强烈的生活气息。

6. 借用字调、语调和变化来帮助表情达意。

（二）口语语体的种类及选用

根据语境不同，谈话的对象不同，口语语体又可分为随意谈话语体和非随意谈话语体两类。

1. 随意谈话语体

随意谈话语体，谈话非常自由，事前没有准备，不受任何约束。语言表达朴素自然，同时会有重复、停顿、拖延等不同的语速、语气，偶尔也会伴随着非语言行为即不同的面部表情、手势和身势等参与表达。

（1）随意谈话语体的语言特点：在词汇方面多使用全民所用的语汇，常用一些叠音词、拟声词、方言、俗语、俚语、谚语等，很少用关联词语和术语；在句法方面多用短句、倒装句、省略句等；在修辞方面常用比喻、夸张等修辞格来增强语言的表现力。

（2）随意谈话语体的语用特点：

第一，随意谈话语体体现了语言的简略性，使语言交际相互衔接，互为补充，在一定的语境中不需要把话说完整，双方都能领会话语的意思，所以在表达形式上省略的成分和数量都比较多。对话的结构可以十分简单，省略句式特别多，有时可以省略到在意义上无法搭配的地步，甚至会违反逻辑规律，但这些不影响交际。例如：

一位买花的问卖花者：“这种花容易活吗？”

卖花的说：“好活。你要是死了找我。”

句中的“你”如果单看字面意思很明显不合逻辑，但在这个特定的语境中，买花人就知道卖花者所说的是“你的花”的意思。

第二，随意谈话语体语言的多变性，一方面表现在句法结构、句式等方面的多样化，另一方面也表现在句子与句子之间的跳跃性及话题的不断转移上。如下文中水生与妻子的一段对话，就是属于随意谈话语体。例如：

她问：“他们几个哩？”

水生说：“还在区上。爹哩？”

女人说：“睡了。”

“小华哩？”

“和他爷爷去收了半天虾篓，早就睡了。他们几个为什么还不回来？”

这一段对话中，运用了省略句，而且话题的跳跃性很大。因为说话直接结合语境，所以对话双方的意思彼此都能明白。如果用完整句式，反而显得不够简练，从而失去了口头语言的神采。

（3）随意谈话语体的优势：

第一，反馈优势。在谈话中，交际双方不只是说话，还要听声，察颜观色，看动作。整个活动是一个信息输出、输入的交相反馈过程。受话人或点头，或摇头，或面露赞同之色，或眉头紧锁，都会给发话人以信息。发话人可随时调整自己的思路和说话程序，保持交际的同一性。

第二，语境优势。交际双方处在同一的语义背景和直观环境中，使谈话成为立体的、多维的整体。言语态势贯穿于随意谈话的全过程中，动作、表情等使谈话更丰富更简练。这些优势使得随意谈话语体具有语言的简略性和多变性。

2. 非随意谈话语体

非随意谈话语体与书面语体比较接近，它往往通过思考，有一定的酝酿过程，说话有准备。这种谈话体一般用于比较严肃的社交场合，或是事务性的谈话。如讨论会上的发言、演讲会或报告会上的即兴发言、教师的课堂用语、上下级或同事之间有关公事的谈话等等，都是有目的、有准备的。

非随意谈话语体的特点是：

在用词造句上多用通用词，少用方言词，避免不文雅的词汇和粗话。句法上一般比较完整，有时也用关联词语。语句之间，语段之间的逻辑性比随意谈话语体强。谈话内容不如随意谈话语体变化多，表达的意思比较完整，阐发的观点也比较清楚。例如：

过去，有些老实人说了老实话，吃了亏，而不老实的人却占了便宜。党内的这种情况使一些干部产生了一种印象：似乎老实人总是吃亏；似乎手长一点，隐瞒一点，说点假话，总是占便宜。这种印象是不正确的，不正常的。在共产党内，在人民群众中，不允许滋长这种风气，要抵制这种风气，要对这种风气进行斗争。说老实话真的吃亏，说假话真的不吃亏吗？老实人真的吃亏，不老实的人真的不吃亏吗？（毛泽东：总有一天要吃亏的）我看，不怕吃亏的老实人，最后是不会吃亏的。

这段引自刘少奇《在扩大的中央工作会议上的讲话》的文字，是在正式会议上面向广大听众的讲话，属于非随意谈话语体。

二、书面语体的选用

（一）书面语体及其特点

1. 书面语体

书面语体是适应书面交际的需要，在口语的基础上经过加工而形成的语体。书面语最大的优势是有时间去斟字酌句，谋篇布局，反复推敲，充分酝酿。可以调动语言多种要素，排除或避免多种非语言因素的干扰，精心策划语言的形式美。

2. 书面语体的语言特点

（1）在表达形式上要清楚和合乎规范。

（2）语音方面，在某些文艺语体中对韵律的要求很严格，例如要押韵要讲究平仄等。有些演讲属于书面语体，在写演讲稿时，也要考虑语言手段，在音节配合上要谐调。

（3）词汇方面，可按不同语体的要求来加以选择，如科技语体大量运用术语，政论语体多用政治词汇，文艺语体多用修饰语。

（4）在句法上，书面语体用词造句要求规范化，句式完整，复句较多。

（5）在修辞方面，根据书面语体的不同类型，修辞格的选择运用也有所不同。

（二）书面语体的种类

书面语体的类型主要包括以下五种：

1. 公文语体

公文语体也称事务语体，它是适应事务交往目的而形成的语言体系。因此，公文语体与复杂的社会生活有着密切的联系。公文语体适用于党和国家机关、社会团体联系知照事务的通用公文和专用公文，公文包括党和国家机关的文件、法令、条约、照会、公报，包括社会团体和企事业单位的合同、规章、协议书、计划、调查报告等。叶圣陶在《公文写得含糊草率的现象应当改变》一文中明确指出：“公文不一定要好文章，可是必须写得一清二楚，十分明确，句稳词妥，通体通顺，让人家不折不扣地了解你说的是什么。”“公文就该尽可能写得简而得要。”同时，公文又有明显的格式性。具有明确性、简要性和格式性，这是公文语体最重要的要求。

明确性是指公文语体所要求的时间、地点、数量、范围等方面必须写得十分肯定明确，避免发生歧义和误解。

简要性是指公文语体的内容必须扼要、清楚、通顺，要指出问题和争论之所在。不能废话连篇，离题万里。

格式性是指公文语体有比较固定的格式，不能有随意性。比如命令、通报、决议之类的标题、编号、发文日期都有一定的格式。

公文语体在语言运用上的特点，可以从词语的使用、句式的使用和辞格的使用三个方面来考察。

（1）公文语体使用的词语

公文有一套自己专用的词语（固定的习惯用语），以适应特定交际的需要。

① 多用专用词语、文言词语

公文语体中，专用词语是大量的。例如“遵照”、“承蒙”、“任免”、“审核”、“特此通报”、“予以查处”等。有些文言词语也已成为现代公文语体的专用词语。例如“兹因”、“欣悉”、“值此……之际”、“如下”等。公文语体不宜用口语词或易产生歧义的词语。

② 多用“的”字短语、介词短语和联合短语

“的”字短语的作用相当于名词，它具有更概括的意义，例如“情节严重拒不交代的”、“违反规定私自出售的”等。介词短语和联合短语的大量应用，是为了适应公文语体的明确性和简要性的特点。例如“关于党的建设的几个问题”、“调查、保护和合理利用地表水、地下水资源”等。

（2）公文语体使用的句式

公文语体要求句法完整严谨，主要使用陈述句和祈使句。陈述句式常用助词“了”表示完成动态，或用肯定与否定的判断句式。如《中华人民共和国宪法》、《婚姻法》，条文内容使用的几乎全是陈述句。祈使句式常用命令、禁止、请求等语气。《关于党内政治生活的若干准则》、《中华人民共和国环境保护法》中，除用陈述句外，其余大多为祈使句。其他公文当然也用祈使句。例如“望照此办理”、“不得有误”、“当否，请批复”。公文语体较少用口语句式，而较多运用常式单句、并列复句和文言句式。

（3）公文语体的修辞方式

在辞格运用上，公文语体很少运用比喻、比拟、夸张、双关、婉曲，有时选用对偶、反复、排比等。

公文语体在长期使用过程中，根据使用场合的不同形成一些固定的格式，如公文文件、规章制度、合同，都有一定的格式。

公文语体在语言材料和修辞方式的选用方面都具有自己的特点，形成了公文语体简明、准确、平实、庄严的风格。

2. 政论语体

政论语体也称宣传鼓动语体或时评语体，广泛地与社会生活的各个方面直接联系着，通过对社会政治生活中各类问题的论述，对人民群众起着宣传鼓动的教育作用。政论语体包括社论、时评、宣言、声明、新闻报道、文艺批评、思想杂谈等。

政论语体有宣传鼓动性和严密的逻辑性，这是它的主要特征。

所谓宣传鼓动性，就是政论语体观点明确，旗帜鲜明，论述带有强烈的思想感情。所谓严密的逻辑性，就是政论语体论证问题是采用逻辑思维兼顾形象思维的方法，把科学的论证和形象的描绘结合起来，使论点突出，论据充分有力，论证周到严密，以理服人。

政论语体在语言运用方面的特点可以从词语使用、句式使用、辞格使用三个方面来观察。

（1）政论语体使用的词语

① 具有广泛性

政论内容所涉及的领域很多，因而在词语的运用上也很广泛。首先是较多地运用政治性词语，如“民主、自由、制度、政党、社会主义、资本主义、超级大国、多极世界”

等，也可运用带有感情色彩的褒贬词语，如“可贵、崇高、优秀、精华、侃侃而谈、恶劣、后果、奉承、狡猾、夸夸其谈”等，还可运用文言词语和熟语，等等。

② 不断吸收新词语

政论语体具有宣传鼓动功能，因此对社会的发展变化有极大的敏感性，新生事物不断出现，新的词语也就不断产生。例如“承包、钻台、飞碟、地铁、集装箱、三连冠、超声波、经济特区、联产责任制”，等等。政论语体使用词语时不太受限制。

（2）政论语体使用的句式

与文艺语体相比，政论语体在句类的选择上较多运用陈述句、祈使句；从句型上看，主要运用主谓句，还较多运用复句，而多重复句用得更多。这些句式的选用都是服从表意的需要。

（3）政论语体使用的修辞方式

政论语体经常运用谚语、歇后语、俚俗语等，在句式选择方面，长句、短句并用；在辞格运用方面是有选择的，它较多运用比喻、比拟、借代、设问、排比、对偶、对比、反诘等。

政论语体在语言材料和修辞方式的选择、应用上是比较多样化的，它的风格是庄重、谨严、雄健，也不乏谐趣的一面。

3. 科技语体

科技语体是适应科学技术的内容、范围和交际需要而形成的运用全民族语言特点的体系。它是为科学技术的研究、发展和普及服务的，随着科学技术的产生而产生、发展而发展。现代汉语科技语体是在现代科学技术的基础上形成的。

科技语体可分为专门科技语体和通俗科技语体。专门科技语体是指科技专著、科学论文、科学报告、科技教材、实验报告、技术标准以及读书笔记等用的语体。通俗科技语体主要是指一些普及性的通俗科技读物（如竺可桢的《向沙漠进军》、茅以升的《中国石拱桥》、李四光的《人类的出现》等）用的语体。

专门科技语体最重要和最根本的要求是精确性和严密性，不追求艺术美。

专门科技语体在语言运用上的特点，可以从词语使用、句式作用、辞格使用三个方面考察。

（1）专门科技语体使用的词语

① 大量运用专业术语

专门科技语体大量运用术语，因为术语表意单一而精确，这是科技语体在运用语言上的一大特色。但是，有时同一术语在不同的领域中含义又不一样，这就需要注意分辨。如“形态”、“结构”、“功能”等，在语言学和生物学中含义就不同。“高潮”这一术语，在天文学上是指“在潮汐的一个涨落周期内，水面上升达到的最高潮位，也称满潮”，而在文艺作品情节中则是指“矛盾发展的顶点”。

② 不断吸取外来词和国际通用词

外来词和国际通用词中很大一部分表达确定的科学概念，意义单一，通过“音译”、“音译兼意译”、“借形”等方式进入汉语，丰富了汉语词汇。例如“加仑”、“有机”、“无机”、“欧姆”、“抗生素”、“原子”、“细菌”、“克隆”等。

（2）专门科技语体使用的句式

专门科技语体使用的句式比较单一。所谓单一是指句式严整而少变化。论述的逻辑性要求句子具有完整性。从句类看，主要是使用陈述句，有时也用疑问句，基本不用感叹句和祈使句；从句型看，则多用主谓句，一般不用省略句和倒装句。大量运用复句，特别是多重复句，注重使用关联词语，因为它表意准确严密，适合表达丰富而复杂的内容。

（3）专门科技语体的修辞运用特点

专门科技语体要求表达上必须准确、严密、简洁，不追求语言艺术化，所以在辞格的选用方面有很大的局限性，很少用比喻、映衬、反语、夸张、排比等辞格。

通俗科技语体是用于向非专门人员和不大熟悉某一科学的人深入浅出地介绍某门科学知识的，在词语方面不用专门术语，往往以日常口头词语来代替，句式比较灵活多样。有时还运用比喻、比拟、对偶、排比、引用等辞格，以增强广大读者的兴趣。

专门科技语体是面对某一门学科专家的，通俗科技语体是面对一般人的。二者由于交际对象和交际目的不同，在语言材料和修辞方式等方面的选用上存在着明显的差别，表现出不同的语言风格。专门科技语体的风格是精确、严谨、平实，通俗科技语体的风格是通俗、明快、严谨，庄重则是两者都有的。

4. 文艺语体

文艺语体也称艺术语体，它是通过艺术形象来反映社会生活的。在运用语言的声音、意义、色彩和结构等方面，文艺语体努力追求艺术化，给人以美的教育和享受。

（1）文艺语体的语言特征

文艺语体的语言具有形象性和情感性，这是文艺语体区别于其他语体的主要特征。

① 形象性

文艺创作运用的是形象思维，所以文艺作品的语言必须是形象的，带有描绘色彩。

② 情感性

文艺作品不是干巴巴的，而是带有作者或作品中的人物鲜明的情感。

（2）文艺语体的类别

文艺语体可分为散文体、韵文体和戏剧体三类，它们各具特点。

① 散文体

散文体是指小说、散文和特写等用的语体。它在语言运用方面的主要特点就是多样化。

散文体在语言材料和修辞方式的选择上异常广泛，几乎不受什么限制。它讲求句子连贯流畅，着重叙述和描绘事物，句式错落，辞格不拘。因此，散文体的风格主要是繁丰和藻丽。如茅盾的小说《春蚕》和朱自清的散文《春》等。

② 韵文体

韵文体是指诗歌、词曲和快板等所用的语体。韵文的语言富有音乐美。因此，它非常讲求韵律和节奏。

韵文由于韵律的需要，所以在用词和造句等方面具有灵活性。它的风格主要是含蓄。

为了突出韵文的节奏，句中可以增加衬字，可以变动通行句式。

③ 戏剧体

戏剧体是指话剧、歌剧和地方戏等用的语体。戏剧的语言特点是个性化、口语化和动作性。个性化是指剧中人物的语言要具有鲜明突出的性格特征，用语必须充分注意人物的年龄、职业、生活习惯、社会地位、思想品德等。口语化是指剧中人物对话的语言最接近日常口语，朴素自然，亲切生动，观众易懂。动作性是指戏剧语言能细致入微地表现人物的外形状态和心理活动。戏剧的语言动作，常常是借助人物的活动来表现其个性特征的。戏剧体的风格主要是通俗明快。

文艺语体的风格具有多样性。生活的多样性决定题材的多样性，而题材的多样性必然要求风格的多样性。这是文艺语体风格多样性的根本原因。

5. 广告语体

借助媒体用来宣传自我形象或推销产品的一种语体，是一种新兴的语体。

(1) 广告语体的特点

① 语言要求既新颖生动又严谨得体，因为广告既要吸引人又要受广告法的制约。

② 广告语体要求在真实、合法的基础上，还要注意修辞的技巧，力求语言生动、醒目、简洁。

③ 为加强语言表达效果，广告语言中多用一些如双关、仿词、反复、比喻、排比、对偶等修辞格。例如：

让你爱不“湿”手。(洗衣机广告)

赶走热辣辣的暑气，享受凉津津的滋味。(电风扇广告)

(2) 广告的写作形式

广告的写作形式十分灵活，它可以运用各种表现形式，如新闻形式、诗歌形式、议论形式、简介形式等。在当前的广告语言中也存在一些语言不通的毛病。由于广告宣传的范围大、流传广，这些毛病会给语言运用、社会风气带来不良影响，所以要注意提高广告用语的水平，使广告语体逐步走向规范化。

思考与练习

一、简答

1. 语体。

2. 口语语体、书面语体的种类及其特点。

3. 随意谈话语体和非随意谈话语体的在语言运用上的不同特点。

4. 比较事务语体、政论语体、科技语体、文艺语体、广告语体的不同特点。

二、实践操作

1. 写出与下列书面语相对应的口头语。

掩饰（ ） 包蕴（ ） 饱览（ ） 吹拂（ ） 停滞（ ）

2. 写出与下列口头语相对应的书面语：

抬头（ ） 卖出（ ） 天边（ ） 胳膊（ ） 背着（ ）

3. 说说下列的文艺语体与科技语体的相互渗透关系。

四年的地下苦干。整整四年，它在黑暗中，穿着像羊皮般坚硬的肮脏外套；整整四年，它用镐尖挖掘着泥土；终于有一天，这位满身泥浆的挖土工突然穿上了高贵的礼服，插上了能与鸟儿媲美的翅膀，陶醉在温暖中，沐浴在阳光里，享受着世上至高无上的欢愉。无论它的音钹有多响，也永远不足以颂扬如此不易，如此短暂的幸福。(法国·法布尔《昆虫记——蝉》)

4. “一座缩短了从淮南市到淮北市几百公里路的淮河铁路公路两用大桥今天在省委领导同志参加下举行了通车典礼。”这个句子既是单句、整句，又是长句，书面色彩浓烈，不便于广播，请将它改成适合广播的新闻事务语体。

要求：(1) 分成四个短句；(2) 每句包含一个要点；(3) 句与句之间要连贯。

提示：全句的要点可分析为：第一，桥的性质；第二，桥的功能；第三，桥在“今天”的“活动”；第四，谁参加了“今天”的活动。将这四个要点用短句的形式进行表达，就能符合改写要求。

第六节 篇章修辞

篇章是一次交际过程中使用的完整而连贯的语言单位，是能够表达一个相对完整的思想内容的语流。

篇章有大有小，有繁有简。但不管它们大小繁简，都是由字成词、由词成语、由语成句、由句成群、由群成段、由段成篇、由篇成章而成的。

一般情况下，篇章由一系列结构上衔接、语义上连贯的句子组成。但它大于一个句子，可以是层次（句群)、段落、段群（两个或几个意义上有密切联系的段落)，也可以是整篇文章，涉及作者、发话人、受话人和读者。篇章既包括对话，也包括独白；既包括书面语，也包括口语。

一、篇章修辞的要求

连贯性、统一性是篇章修辞最核心的要求。

连贯是从语言的组合衔接上对语言运用提出的要求。一篇之中，先说哪一段，后说哪一段；一段之中，先说哪一句，后说哪一句，都要作通盘考虑，合理安排，尽可能使文章前后贯通，语意畅达，一气呵成。统一也是从语言的组合衔接上对语言运用提出的要求。小到一个段落内的各个句子，大到层次、段落和篇章，必须从属于一个中心，任何游离于中心思想之外的句子、层次、段落都是不可取的。

要使文章语言连贯、统一，需要注意以下几个方面。

（一）话题前后要统一

叙述一件事情，或者说明一个道理，要保持话题的前后统一。每个句子要围绕统一的话题，使句子的话题与段的话题一致；每个段要围绕统一的话题，使段的话题与全文的话题一致。话题前后统一，是保持语言连贯的首要条件。例如：

我对松树怀有敬意的更重要原因却是它那种自我牺牲精神。你看，松树的叶子可以榨油，松树的干是用途极广的木材，并且是很好的造纸原料；松树的脂液可制松香、松节油，是很重要的工业原料；松树的根与枝又是很好的燃料。更不用说在夏天它自己用枝叶挡住炎炎烈日，叫人们在绿阴如盖下休憩；在黑夜，它可以劈成碎片做成火把，照亮人们前进的道路。总之一句话，为了人类，它的确是做到了“粉身碎骨”的地步了。

这段话歌颂了松树的自我牺牲精神。第一句总提对松树的自我牺牲精神怀有敬意，第二、三句分述它为人类献身的具体表现，最后一句总结。每一句都围绕这个统一的话题展开，语意连贯、自然。

（二）表述角度要一致

说话也好，写作也好，说明一个意思，描述一个对象，总要有一个表述的角度，包括时间角度、空间角度、人称角度等。一个复句或意思联系紧密的几个句子，表述的角度应该前后一致。角度一致，语言才能连贯。例如：

他童年时候讨过饭，少年时候在财主的马房里睡过觉，青年时候又在秦岭荒山里混过日子，简直不知道世界上有什么可以叫做困难。他觉得照党的指示给群众办事，受苦也是享受。

这段话，头三个分句都从时间角度来表述，前后两句又都以“他”为表述角度，语气连贯，语意畅达。

（三）思路要连续不断

思路连续不断，反映在语言上，就是句子的顺序、段的顺序安排要合理。

事物之间都有一定的顺序，包括时间顺序、空间顺序、程序顺序、事理顺序等。按照这些顺序合理地安排文章，语言才能连贯。一般说来，记叙文多以时间或空间为顺序，说明文多以空间或程序为顺序，议论文以事理为顺序。句的安排、段的安排都应该考虑这些相关的顺序。例如：

从远处看，郁郁苍苍，重重叠叠，望不到头。到近处看，有的修直挺拔，好似当年山头的岗哨；有的密密麻麻，好似埋伏在深坳里的奇兵；有的看来出世还不久，却也亭亭玉立，别有一番神采。

（四）语言衔接要紧密

注意语言形式上的衔接与呼应，也是保持话语连贯的一个重要条件。要使语言前后衔接紧密，可以采用下列一些方法。

1. 恰当使用关联词语

关联词语可以连接复句中的分句，表示分句间的关系，也可以连接句子或段落。恰当使用关联词语，可以使语言连接紧密，语意表达连贯。关联词语残缺或使用不恰当，则会影响语意的连贯。例如：

① 这还是初步的研究成果，它的巨大意义是不难理解的。

前边说是初步的研究成果，后边又说意义巨大，意思脱节。如果加上关联词语，说成“这虽然还是……但它的……”，表意就明确了，语言也连贯了。

② 于是，这枚恐龙蛋化石千万年后扬名于今的机会再次到来了。这次机遇是否会再度失之交臂呢?

前后两句缺少关联，可在后一句的前边加上“但是”。

2. 巧妙使用意思有联系的词语或句子

所谓意思有联系的词语或句子，包括序数词、表示时间或空间的一组词、表比较的词、同一词语、同义词语、代词、同义句子等。恰当使用这类词语或句子，可以使语言前后贯通，语意自然顺畅。例如：

如今，你若是从井冈山许多山坳走过，便能看到一条条修长的竹滑道。它们几乎是笔直从山顶上穿过竹林挂下山来的。这便是英雄的井冈山人的业绩。他们在竹林里送走了几百个白天和黑夜，用竹滑道，用水滑道，送出一百多万根毛竹。

通过几个代词，将前后意思巧妙地贯穿起来。又如：

1993 年初，李广岭发现他收集到的一枚蛋化石很有些奇特。这枚较小的蛋化石，显得有些扁，直径为 9 厘米，约重 450 克，蛋壳完整，没有裂纹，比跟它同样大小的要轻。

第一句只说他发现“一枚蛋化石很有些奇特”，紧接着却说“这枚较小的蛋化石”，“较小”在前边没有交代，很突然，致使语意表达不连贯。

3. 适当使用过渡性语句或段落

从一个意思转到另一个意思，一个事件转到另一个事件，一个场面转到另一个场面，等等，需要适当使用一些过渡性的语句或段落，以避免文章生涩、不流畅。例如：

我在这里也并不想对于“送去”再说什么，否则太不“摩登”了。我只想鼓吹我们再吝啬一点，“送去”之外，还得“拿来”，是为“拿来主义”。

前边有四段是批判“送去主义”的，这一段先总结上文，结束批判，然后引出下文，正面提出“拿来主义”，这样就把前后两个意思自然而然地连接了起来。

二、篇章修辞的主要方法

（一）标题的修辞艺术

标题是文章的眼睛。标题运用修辞手法，可以简洁明了，生动形象，富有艺术特色，可以引导读者理解文章的内容，可以具有强烈的吸引力和感染力。

1. 比喻

《手术台就是阵地》

把“手术台”比作战斗的“阵地”，形象地表达了“手术台”的重要性和特殊性，突出了紧张、危急的气氛。意在歌颂战斗在手术台前的白求恩大夫对革命工作极端负责的崇高品质和伟大的国际主义精神。

《沙漠里的船》和《彩色的翅膀》用的也是比喻的修辞手法。

2. 拟人

《大海的歌》和《骄傲的孔雀》

《大海的歌》把无生命的大海当作有生命的人，它能唱歌、传情、表意。《骄傲的孔雀》则把孔雀当作人，它能思维、有表情、神态活泼。

3. 借代

《帐篷》

借“帐篷”歌颂了社会主义的建设者们为了祖国的繁荣富强，以帐篷为家，艰苦创业的革命精神。

《金色的鱼钩》和《手》也采用了借代的修辞手法。

4. 双关

《种子的力》

表面写种子的力量无穷，赞美它是世界大力士，实际写中国人民有一股百折不挠、奋发向上的抗日力量，赞美了抗日的烽火扑不灭，中华民族具有独立于世界民族之林的伟大力量。

《落花生》、《古井》和《挑山工》也采用了双关的修辞手法。

5. 引用

《“你们想错了”》

引用了方志敏烈士的原话。这句话不仅是方志敏对敌人的严厉驳斥，表现出了共产党人和国民党人的本质区别，而且突出了中心，点明了主题。

《兄弟便是朱德》、《半夜鸡叫》也采用了引用的修辞手法。

6. 倒装

《别了，我爱的中国》

表达了作者郑振铎告别亲友、离开祖国时依依不舍的真挚感情，抒发了强烈的爱国主义激情。

《再见吧，妈妈》也采用了倒装的修辞手法。

7. 设问

《幸福是什么》

用设问句作题，给人以深刻的启示，发人深思。

总而言之，文章的标题对一篇文章的成败，是至关重要的。

(二) 布局谋篇的修辞方法

在一篇文章从无到有的成形过程中，剪裁和结构处于关键的地位。茅盾曾指出，有些文学作者“虽有丰富的生活经验，但还不善于在丰富的生活经验中把握本质的东西而剔除非本质的东西；换言之，还不善于剪裁”。一些作者的作品失败，其中一个重要原因是“没有经过剪裁与综合。作者总觉得他所有的生活经验，样样都很有意义，舍不得割弃一些……论结构，则散漫而重选”。因此，学习写作就要自觉锻炼这种“剪裁与综合”的能力。

1. 剪裁

服装师缝制衣服是根据一个人身材的大小，式样的要求，量好尺寸进行设计后把布料剪碎，再按设计要求进行缝制，从而制成一件合身而又美观的服装。写作者为了组织材料成为一篇“天衣无缝”的文章，首先就要按照构思对材料进行选择、取舍，这就是“剪裁”。

剪裁的主要内容是：区别主次，进行取舍，确定详写和略写。

初学写作者提高剪裁能力的方法主要有：

(1) 养成敏锐的眼光和善于思索的头脑。写作者所面对的是社会生活和客观事物，要从那些表面纷繁复杂的现象中看清楚哪些是能够反映生活中某种本质规律的现象，从而将它们选择出来。至于那些不能反映这一本质规律或与这一本质规律无关的现象，则加以剔除。

(2) 以确定的主题或中心人物、事物作为剪裁的中心。对它们进行剪裁不能是下意识的，而是要按照立意自觉地进行。凡是有利于表现立意——主题（中心人物，中心论点）的材料，就选取备用，相反的则舍去。

(3) 在剪裁过程中注意完整与多样的统一。剪裁之前也要有周密的构思。由于剪裁是为了缝合，所以要从整体上、宏观上着眼，来安排剪裁的每一个步骤，以保证篇章的完整性。当然，完整不等于单调，完整是多样的统一。

(4) 剪裁应当注意加法与减法的辩证关系。剪裁不是照搬生活纯客观地进行的，哪里要用加法，何处该用减法，要根据表现主题的需要来决定。然而减法是用得最多的。《水浒传》不写林冲当教头时的生活，而是把它们统统删掉，而直接写他和高衙内的冲突。这样就立即展开了林冲的性格特点，掀起了情节的波澜，也立即揭开了“官逼民反”这一主题思想的序幕。因此，剪裁就要把那些不相关的、非本质的东西通通剪去。只有这样，那些必需的、本质的东西才会显豁、突出。处理好剪裁中加与减的辩证关系，是整个写作过程中十分重要的一环。

2. 结构

结构是紧接着剪裁之后的一项整体构造工作，也称为“布局”、“谋篇”。它的任务是使文章“言之有序”。孙犁说：“作品的结构不单是一个形式的问题，也是内容的问题。因为一篇作品既是描写一个事件，那事件本身就具备一个进行的规律，一个存在的规模。作者抓住这个规律，写出这个规律，使它鲜明，便是作品的基本结构。”

文章的结构包括内部结构和外部结构两种：

(1) 内部结构

主要是指构成文章的思路和线索，是文章的内在逻辑在篇章中的表现。思路是作者写作时思维活动的线路；线索是作者用以串连全文思想内容的人、事、物、情、理。在具体的写作中，思路和线索的形式是多种多样的。内部结构主要有两种类型：

① 主观型结构。这种结构是以作者的思想认识、心理活动的次序、变化来组织材料的。主要有：

A. 情感结构。按照主观感受、情绪变化来组织材料、进行表现的形式。

B. 思辨结构。按思想认识、理性分析进行结构。如依照“提出问题”、“分析问题”、“解决问题”或“摆出谬论”、“批驳谬论”、“击破谬论”写出的评论文章。

C. 意识流结构。依照意识的流动来组织材料。这种结构的内容通常表现为“内心独白”、“自由联想”和“象征暗示”。

② 客观型结构。这种结构是以客观事物本身的内在结构为依据组织材料、进行表现

的。具有明显的“摹制”的特点。主要有：

A. 时空结构。依照客观事物的产生、发展、消亡的时间、空间对材料进行组织和安排，不加任何的改动、调换。

B. 人物结构。依照起初人物的原样进行写作，保存原有人物自身的结构特点。

C. 事物结构。依照事物本身的内在结构组织材料。

（2）外部结构

主要是指文章的外部存在形式。它的结构方式主要有：

① 纵式结构。从开头依照“顺流而下”或“直线向上”逐层发展到结尾。

② 横式结构。从开头至结尾的各层次之间是平列的形式。

③ 交错式结构。即以纵式为主、横式为辅或以横式为主、纵式为辅而纵横交错地安排材料。

④ 连环式结构。用一环扣一环的方式将有关的材料组织起来。

⑤ 包孕式结构。一种结构中包含着其他结构的形式，如大的结构中包含着中、小结构，是故事中套故事的结构。

（三）外部结构的安排

外部结构的主要内容是：层次和段落，过渡和照应，开头和结尾。

1. 层次和段落

文章的层次和段落是客观事物发展规律的阶段性和人的思维认识过程的阶段性反映，也是由文章本身的特殊性所决定的。安排层次段落，可以分清先后主次，理清来龙去脉，使文章能有步骤地展开，将文章结构成为一个连贯的有机体。

（1）层次

层次是文章中各层意思的次序，标志着文章内容展开的步骤和次序。一篇文章的主题往往要分几层意思才能表达清楚，每一层意思就是一个层次。

不同文体在层次安排上有不同的方法。一般来说：议论文的层次应根据论点和论据之间的逻辑关系来确定它们在文章中的地位和次序。具体形式有：①总提分述式；②逐层深入式；③并列论述式；④正反对比式，等等。记叙文的层次应按照事物发生的先后、因果、始末的关系及空间位置来安排。具体形式有：①按事物发展阶段来安排；②按人物活动来安排；③按时间变化来安排；④按空间转换来安排；⑤按叙述过程的先后和叙述方法（顺叙、倒叙、插叙）确定层次，等等。

层次的表达，可用小标题表示，也可用空行显示层次，或者用一、（一）、1、（1）四级序码表示层次的安排。

（2）段落

段落即自然段，是篇章结构的基本单位。在文章中每个段落用换行作为明显的标志，表示文章思路发展中的停顿和间歇。它表达一个相对独立完整的意思，通常称为“意义段”或“自然段”。

划分段落要遵循内容的单一性和完整性的原则。凡是揭示层次内容必须单独成段的，就要作为一段。段落的多少和长短，均应视文章内容的需要，体裁的特点，有利于表达来确定。

段落的划分要受多种因素的影响，如文章的内容、风格、体裁、流派以及作者的个性、习惯等。

（3）层次和段落的区别与联系

① 区别

层次着眼于思想内容的划分，即围绕篇章中心思想考虑先写什么后写什么，也就是文章的中心思想是怎样一层一层表达的，它是写文章时思路的顺序。段落侧重于文字表达的需要，是对文章内容而言的，是文章各部分内容的叙述、描写或议论的顺序，有“换行指路”的明显标志。

② 联系

层次和段落虽然概念内涵涉及的对象不同，但在具体的表现形式上却是密不可分的。一篇文章往往有两个或两个以上的层次。在谋篇布局时，一般总是先安排好篇章的层次，再在层次内安排具体的段落。

有时一个层次包含两个或两个以上的段落，这是“层次大于段落”，这时段落服从于层次的安排，是层次的具体表现形式。

有时一个层次只有一个段落，这是“层次等于段落”，这时层次和段落在形式上是一致的、重合的。

有时一个层次只是一个段落内容的组成部分之一，这是“层次小于段落”，或说是“段落大于层次”，这时几个层次的内容才构成一个段落。

下面以吴晗的《谈骨气》（有删节）来说明以上内容：

我们中国人是有骨气的。

战国时代的孟子，有几句很好的话：“富贵不能淫，贫贱不能移，威武不能屈，此之谓大丈夫。”意思是说，高官厚禄收买不了，贫穷困苦折磨不了，强暴武力威胁不了，这就是所谓大丈夫。大丈夫的这种种行为，表现出了英雄气概，我们今天就叫做有骨气。

我国经过了奴隶社会、封建社会的漫长时期，每个时代都有很多这样有骨气的人，我们就是这些有骨气的人的子孙，我们是有着优良革命传统的民族。

当然，社会不同，阶级不同，骨气的具体含义也不同。这一点必须认识清楚。但是，就坚定不移地为当时的进步事业服务这一原则来说，我们祖先的许多有骨气的动人事迹，还有它积极的教育意义，是值得我们学习的。

南宋末年，首都临安被元军攻入，丞相文天祥组织武装力量坚决抵抗，失败被俘后，元朝劝他投降，他写了一首诗，其中有两句是：“人生自古谁无死，留取丹心照汗青。”意思是人总是要死的，就看怎样死法，是屈辱而死呢，还是为民族利益而死？他选取了后者，要把这片忠心纪录在历史上。文天祥被拘囚在北京一个阴湿的地牢里，受尽了折磨，元朝多次派人劝他，只要投降，便可以做大官，但他坚决拒绝，终于在公元 1282 年被杀害了。

孟子说的几句话，在文天祥身上都表现出来了。他写的有名的《正气歌》，歌颂了古代有骨气的人的英雄气概，并且以自己的生命来抗拒压迫，号召人民继续起来反抗。

另一个故事是古代有一个穷人，饿得快死了，有人丢给他一碗饭，说："嗟，来食！"（喂，来吃！）饿人拒绝了"嗟来"的施舍，不吃这碗饭，后来就饿死了。不食嗟来之食这个故事很有名，传说了千百年，也是有积极意义的。那人摆着一副慈善家的面孔，吆喝一声"喂，来吃！"这个味道是不好受的。吃了这碗饭，第二步怎样呢？显然，他不会白白施舍，吃他的饭就要替他办事。那位穷人是有骨气的：看你那副脸孔、那个神气，宁可饿死，也不吃你的饭。

不食嗟来之食，表现了中国人民的骨气。

还有个例子。民主战士闻一多是在1946年7月15日被国民党枪杀的。在这之前，朋友们得到要暗杀他的消息，劝告他暂时隐蔽，他毫不在乎，照常工作，而且更加努力。明知敌人要杀他，在被害前几分钟还大声疾呼，痛斥国民党特务，指出他们的日子不会很长久了，人民民主一定得到胜利。毛主席在《别了，司徒雷登》一文中指出："许多曾经是自由主义者或民主个人主义者的人们，在美国帝国主义者及其走狗国民党反动派面前站起来了。闻一多拍案而起，横眉怒对国民党的手枪，宁可倒下去，不愿屈服。"高度赞扬他表现了我们民族的英雄气概。

孟子的这些话，虽然是在2000多年以前说的，但直到现在，还有它积极的意义。当然我们无产阶级有自己的英雄气概，有自己的骨气，这就是决不向任何困难低头，压不扁，折不弯，顶得住，吓不倒，为了社会主义、共产主义建设的胜利，我们一定能够克服任何困难，奋勇前进！

这这篇文章可以分为三个大层，由十个自然段构成。

第一大层提出全文的中心论点"我们中国人是有骨气的"，并从理论上进行阐明。这一层由1～4四个自然段构成，这是层次大于段落。这一大层又可以分为两小层，第一小层就是开头的一段，这一段就一句话，这是层次由一句构成的一个段落构成的，是层次等于段落。

第二大层引述三个例子，进一步论证论点，从事实上论证中国人是有骨气的。这一层由5～9五个自然段构成，也是层次大于段落的。这一大层又可以分为三个小层，这第三小层列举闻一多事例的一段，是段落等于层次；这个段落又可以大致分为"还有个例子……人民民主一定得到胜利"和"毛主席在《别了，司徒雷登》一文中指出……高度赞扬他表现了我们民族的英雄气概"两个层次，这又是段落大于层次的例子。

第三大层是第10自然段，总结全文，也是进一步论证论点。这一层从大的方面看是层次等于段落；从小的方面看，这一层（段）的两句话又是两个层次：前一句，照应开头，指出孟子的话至今仍有现实意义，后一句，强调要发扬无产队级的骨气，这是层次小于段落。

2. 过渡和照应

过渡和照应（也可以说是起承转合）是在文章中体现事物发展的连贯性的一种结构手段。运用过渡和照应，可使文章结构严密，气势贯通，前后呼应，条理分明，增强表达效果。

（1）过渡，是文章中各层次、各段落之间的桥梁，起承上启下的作用。

一般在以下情况下需要过渡：

① 由总到分，或由分到总；

② 由叙入议，或由议到叙，由写景到抒情；

③ 今昔相联；

④ 地点、事件转换；

⑤ 由环境到人物；

⑥ 从概述到详述，或由详入简；

⑦ 从正面到反面，或从反面到正面。

过渡可以采用段落之间空行、关联词、过渡句（陈述句或设问句）或过渡段等方法。

(2) 照应，包括交代和照应。交代又包括伏笔。照应既反映篇章的严谨又表现脉络的连贯。常用的照应方法有：首尾照应，论点照应，性格照应，事物照应，气氛照应，等等。

3. 开头和结尾

开头和结尾是体现文章结构完整与否的重要标志。它们必须统一在完整的结构之中，不可脱离主题或中心思想而游离于整体之外。

运用怎样的开头和结尾，应根据主题、内容的需要和不同的文章体裁、不同的读者对象来决定。要写得简洁、有力，力求新颖、生动。

(1) 开头

文章的开头方法很多，如开门见山法、对比法、引用法、比喻法、排比法、设问法、悬念法等等，但一篇好的文章，最好是开篇点题，开宗明义，开门见山，先声夺人。文章的开头必须引人入胜，能激发起读者往下读的欲望。

写记叙文可以开篇点题，将中心思想和盘托出；写议论文可以开篇竖起论点，让人明了所持观点；写散文可以开篇言志，自然表明情感倾向；写说明文可以开篇引出说明对象，紧紧抓住对象特点。如此，则观点明确，中心突出，写作者意在文先，顺势而发；阅读者明察意图，一目了然，正所谓“立片言以居要，乃一篇之警策”。

归纳起来看，文章的开头大致有以下几种：

① 开门见山法

文章开头就点出题意，并表明倾向。运用此法，简洁明快，中心突出，文章的思想内容可一目了然，避免了拖泥带水，含混不清。毛泽东同志写《改造我们的学习》开篇写道：“我主张将我们全党的学习方法和学习制度改造一下。”言简意赅，观点明确。朱自清先生写《绿》开篇就说：“我第二次到仙岩的时候，我惊诧于梅雨潭的绿了。”

② 引征启志法

巧妙利用引语顺势引出文章的主旨，既能点明文章中心，又能增强语言的文采及文化底蕴，可谓一箭双雕。如唐弢的《琐忆》：“鲁迅先生有两句诗：‘横眉冷对千夫指，俯首甘为孺子牛。’这是他自己的写照，也是他作为一个伟大作家的全部人格的体现。”

③ 巧设疑问法

写文章应善于设疑，在一问一答中点出文章中心，亮出自己的观点。如毛泽东同志《人的正确思想是从哪里来的?》一文：“人的正确思想是从哪里来的？是天上掉下来的吗？

不是；是人类头脑里固有的吗？也不是；人类的正确思想只能从社会实践中来。”

④ 赋陈排比法

通过对题目或文意的外延及内涵的反复吟诵，顺势引导，自然亮出观点，表明情感倾向。如有人写《心灵的阳台》，开头就铺陈阳台："阳台是大剧院一节小小的包厢，你端坐其中，如临戏境；阳台是天地间被抽出的一节小小的抽屉，你从抽屉中探出身来，便不再感到窒息；阳台是你一位诚挚的朋友，你随时可以敞开心扉，向它铺展自己的灵魂；阳台是一盘深情的歌带，只要你把它放在转动的轴上，它便可以为你奏出如丝细流与万丈狂澜。”然后点出："房间里有阳台的人，可能是家境富裕的人；心目中有阳台的人，却一定是有灵魂的人。”观点自然流露，升堂入室，水到渠成。

⑤ 对比寄托法。

事物都是相辅相成、对立而又统一的整体，巧妙利用事物的这种特点，一退一进，一转一承，自然亮出观点，不仅使得行文曲折有致，而且有力地突出了文章的中心，增强了文章表情达意的深刻性、丰富性。如一篇题为《感谢冷漠》的文章开篇写道："如果说宽容是一种美丽的潇洒，那么冷漠则是一个幸福的磨难，冷漠给了我们生活的动力，我们感谢冷漠。”

（2）结尾

文章或段落的结尾和开头一样对整个文章来说是非常重要的。这是作者最后一次和读者交流的机会，这里可以进一步地进行解释、加强，或者总结你在文中所阐述的观点和看法。结尾必须精心安排，或点明中心，发出号召，或给人以启发教育，或使读者回味无穷，留下深刻的印象。

文章结尾若能妥善经营，不仅能收到画龙点睛之妙，还能给读者回味无穷的感觉。文章有好的开头和发挥得淋漓尽致恰到好处的结尾，将可能是一篇完美无缺的作品。

归纳起来看，文章的结尾大致有以下几种：

① 自然性结尾

这种结尾方法就是按一定的顺序把事情叙述完了，文章也就到此为止，不再作其他的叙述。一般地说，事情的结果也就是文章的结尾。如《半夜鸡叫》，就是以周扒皮被长工们痛打了一顿，“倒霉丧气，一肚子的话说不出来”作结尾。读完课文后，没有拖泥带水之感，只觉得痛快淋漓、干净利索，并为长工们的行为拍手叫好。

② 启发性结尾

这种结尾方法是指文章结尾时做到“言有尽而意无穷”，即让人回味无穷，得到启发，受到教育。如《腊八粥》的结尾："我没有说什么，含着泪低下头去，和他们一同剥起花生来。”就是启发性结尾。我们读了以后会引起一连串的问题：作者为什么会含着泪？作者没有说什么，那么她内心到底想说什么？作者为什么要和他们一同剥起花生来？这里，反映了作者一种怎样的情思呢？……而这些问题又促使读者进一步从文章中去寻找答案。搞清了这些问题，也就加深了对文章的理解，获得了更深的感受。

启发性结尾有时也以作者的发问作结尾，如《劳动最有滋味》就以“要不，怎么劳动会改变一个人的气质呢？”作结尾。

③ 总结性结尾

这种方法就是对文章所写的人物事件或景物、所表达的感情在文章结束时加以总结，使读者得到一个清晰明确的总印象。如《新型的玻璃》的结尾："在现代化的建筑中，新型玻璃正在起着重要的作用。随着科学技术的发展，新型玻璃将会创造出更多的奇迹。"这就是一种总结性结尾，是对前文生动具体地描述各种新型玻璃用途的总结，突出了新型玻璃的作用，也进一步点明了题意。

思考与练习

一、篇章修辞中的名词解释

1. 剪裁。2. 层次。3. 段落。

二、简答

1. 篇章修辞的核心要求。

2 要使文章语言连贯、统一，需要注意哪些问题?

3. 篇章修辞的主要方法。

4. 标题修辞常用的方法。

5. 布局谋篇的修辞方法。

6. 剪裁的主要内容。

7. 常见的文章结构。

8. 常见议论文的层次形式。

9. 常见记叙文的层次形式。

10. 显示层次常用的方法。

11. 划分段落要遵循的原则。

12. 层次和段落的区别和联系

13. 过渡和照应及其作用。

14. 常用开头和结尾的方法。

三、作下面文字是一篇文章的开头，从这个开头看，本文所涉及的话题会是什么？它采用的是什么方法？下文涉及的内容将是哪些?

"生命的大屋里，有着千百万道情感之门，开启它们，我们将得到欢乐、忧伤、勇气、沮丧。"

四、实践操作

1. 写出下列标题的修辞艺术

(1)《金色的鱼钩》。

(2)《半夜鸡叫》。

(3)《再见了，妈妈》。

2. 以"相信自己与听取别人的意见"为话题，用"开门见山法"写个开头，列出主体部分的提纲，并写出结尾。

3. 阅读下面贾平凹的《丑石》，从篇章修辞的角度，分析它题目、层次段落结构和语言艺术。

我常常遗憾我家门前的那块丑石呢：它黑黝黝地卧在那里，牛似的模样；谁也不知道是什么时候留在这里的，谁也不去理会它。只是麦收时节，门前摊了麦子，奶奶总是要说：这块丑石，多碍地面哟，多时把它搬走吧。

于是，伯父家盖房，想以它垒山墙，但苦于它极不规则，没棱角儿，也没平面儿；用錾破开吧，又懒得花那么大气力，因为河滩并不甚远，随便去捎一块回来，哪一块也比它强。房盖起来，压铺台阶，伯父也没有看上它。有一年，来了一个石匠，为我家洗一台石磨，奶奶又说：用这块丑石吧，省得从远处搬动。石匠看了看，摇着头，嫌它石质太细，也不采用。

它不像汉白玉那样的细腻，可以凿下刻字雕花，也不像大青石那样的光滑，可以供来浣纱捶布；它静静地卧在那里，院边的槐荫没有庇覆它，花儿也不再在它身边生长。荒草便繁衍出来，枝蔓上下，慢慢地，竟锈上了绿苔、黑斑。我们这些做孩子的，也讨厌起它来，曾合伙要搬走它，但力气又不足；虽时时咒骂它，嫌弃它，也无可奈何，只好任它留在那里去了。

稍稍能安慰我们的，是在那石上有一个不大不小的坑凹儿，雨天就盛满了水。常常雨过三天了，地上已经干燥，那石凹里水儿还有，鸡儿便去那里渴饮。每每到了十五的夜晚，我们盼着满月出来，就爬到其上，翘望天边；奶奶总是要骂的，害怕我们摔下来。果然那一次就摔了下来，磕破了我的膝盖呢。

人都骂它是丑石，它真是丑得不能再丑的丑石了。

终有一日，村子里来了一个天文学家。他在我家门前路过，突然发现了这块石头，眼光立即就拉直了。他再没有走去，就住了下来；以后又来了好些人，说这是一块陨石，从天上落下来已经有二三百年了，是一件了不起的东西。不久便来了车，小心翼翼地将它运走了。

这使我们都很惊奇！这又怪又丑的石头，原来是天上的呢！它补过天，在天上发过热，闪过光，我们的先祖或许仰望过它，它给了他们光明，向往，憧憬；而它落下来了，在污土里，荒草里，一躺就是几百年了?!

奶奶说："真看不出！它那么不一般，却怎么连墙也垒不成，台阶也垒不成呢?"

"它是太丑了。"天文学家说。

"真的，是太丑了。"

"可这正是它的美!"天文学家说，"它是以丑为美的。"

"以丑为美?"

"是的，丑到极处，便是美到极处。正因为它不是一般的顽石，当然不能去做墙，做台阶，不能去雕刻，捶布。它不是做这些玩意儿的，所以常常就遭到一般世俗的讥讽。"

奶奶脸红了，我也脸红了。

我感到自己的可耻，也感到了丑石的伟大，我甚至怨恨它这么多年竟会默默地忍受着这一切，而我又立即深深地感到它那种不屈于误解、寂寞的生存的伟大。

第七节　常用修辞格

修辞格，又叫辞格，是为了使语言生动、形象、富有表现力而使用的一些特殊的修辞方式。一种成熟的修辞格一般都是由特定的修辞手段（方法）、特定的结构格式和特定的修辞效果形成的统一体。现代汉语中有许多修辞格，陈望道先生在《修辞学发凡》里列举了38种，黄伯荣、廖序东主编《现代汉语》（增订五版）列出了20种修辞格，本节只介绍学术界观点趋于一致的最常见的十八种修辞格，分别是比喻、比拟、借代、拈连、夸张、双关、对偶、仿词、顶真、排比、通感、反复、回环、设问、反问、对比、反语、层递。

一、常见修词格

1. 比喻

（1）比喻及其作用

比喻就是“打比方”。即两种不同性质的事物，彼此有相似点，便用一个事物来比方另一个事物的修辞格。例如：

书就像微波，从内向外震荡着我们的心，徐徐地加热，精神分子的结构就改变了，成熟了，书的效力凸显出来。

句中用“微波”的作用来比方“书的效力”。

比喻用得好，可以使语言通俗易懂，生动形象。好的比喻，可以使深奥的道理浅显化，抽象的概念形象化，平淡的语言生动化。上例中用“微波”的作用这样一件日常生活中常见的事物去比喻“书的效力”，这样就化抽象为形象，变深奥为浅显，形象地说明了书对人内在精神结构的渐进影响，使人极易领悟。

（2）比喻的基本类型

比喻一般由本体、喻体和比喻词三个部分组成。本体是指所要描写或说明的事物，喻体是指用来打比方的事物，比喻词是连接本体和喻体的词语。由于本体、喻体、比喻词隐现情况的不同，比喻可分为明喻、隐喻和借喻三种基本类型。

① 明喻

明喻是本体、喻体和比喻词都出现的比喻。比喻词常用“像、如、似、仿佛、犹如、好比、如同、像……一样、仿佛……似的、犹如……一般”等。其基本格式是：甲像乙。例如：

王少奶奶又有了喜，肚子大得惊人，看着颇像轧马路的石碾。

② 隐喻

隐喻是本体和喻体同时出现的。它不像明喻那么明显，一看就知道是在打比方。这种比喻关系是隐含着的，实际上是暗中打了比方，所以称为隐喻，也叫暗喻。比喻词常用“是、就是、成了、成为、变成、等于”等，这种比喻直接说本体就是（或成为）喻体，实际上比明喻更强调了喻体同本体的相似点。其基本格式是：甲是乙。例如：

A. 家是既让你高飞又用一根线牵扯的风筝轴。

隐喻有时可以不使用比喻词，这也正符合其“隐”的特点。

B. 长街静穆，万民伫立，

一颗心——一片翻腾的大海，

一双眼——一道冲决的大堤。

C. 良药苦口利于病，忠言逆耳利于行。

D. 我的思想感情的潮水，在放纵奔流着。

E. 胡宗南这个志大才疏的饭桶，什么都想要，什么都舍不得，结果把一切都丢得精光！

例B为注释式比喻，即本体和喻体之间的关系利用破折号注释形式表现出来，“——”可视作比喻词“是”等。例C为平列式比喻，喻体在前，本体在后，一前一后，平行排列。例D为修饰式比喻，“潮水”比喻“思想感情”。例E是同位式比喻，本体在前，喻体在后，形成复指关系。

③ 借喻

本体和比喻词都不出现，直接以喻体代替本体的比喻，借喻的基本形式是“乙代甲”。例如：

黑夜，静寂得像死一般的黑夜！但是黎明的到来毕竟是无法抗拒的。

句中用“黑夜”比喻“半殖民地半封建反动统治”，借“黎明”比喻“人民得到解放的日子”。

（3）比喻的变式

比喻还有灵活的用法，这里介绍主要的几种：

① 反喻

反喻是用否定句构成的比喻。即从本体的反面设喻，来说明本体不具备某种性质或特征。采用“本体—不像（不是）—喻体”的格式。强调本体和喻体的差异之处。例如：

我如果爱你——/绝不像攀缘的凌霄花/借你的高枝炫耀自己。

② 博喻

连用两个以上的喻体来描述同一本体的比喻，又名“复喻”、“莎士比亚式比喻”。这种比喻能充分地描写事物的特征，形象地揭示事物多方面的内涵，又能大大地增强文章的气势。其结构形式大致为：本体＋比喻词＋多个喻体。例如：

它是黑夜的火把，雪天的煤炭，大旱的甘露。人们含着欢喜的眼泪听这首歌。

句中本体只有一个“这首歌”，而喻体却有三个“火把”、“煤炭”、“甘露”，对本体进行描绘。

③ 较喻

较喻是指本体和喻体在程度上相互比较的比喻，是以喻为主，喻中有比，根据程度的不同，比喻词的变化，又可以分为强喻（本体超过了喻体）、弱喻（本体不及喻体）、等喻（本体和喻体在程度上相等）。例如：

A. 可是在中国，那是确无写处的，禁锢得比罐头还严密。

B. 冬天里草木不长芽，旧社会庄户人不如牛马。

C. 他那件汗衫破烂得和渔网差不多。

例 A 是强喻，例 B 是弱喻，例 C 是等喻。

(4) 运用比喻应注意的问题

① 要贴切。本体与喻体必须是性质不同的两类事物，但两者之间要有相似点。这是两个相反相成的条件，是构成比喻的客观基础，缺一不可。例如：

一颗颗炮弹像重型炸弹，在敌人的阵地上炸开了。

那一棵一棵的大树，像我们的俘虏似的狼狈地躺在工地上。

例中“炮弹”与“炸弹”是同类事物，不能起比喻作用，因而是一个不恰当的比喻。例中“大树”与“俘虏”属异类事物，但二者没有相似点，故无法构成比喻。

② 要通俗。通俗的实质是，喻体比本体更为人所熟悉，让人易于理解。如果喻体也是抽象的、生疏的事物，这个比喻就失去了作用。例如：

这篇文章的结构，像神经网那样严密。

例中的“神经网”本身是捉摸不定的概念，用作比喻，不易理解。

③ 要新颖。新颖的比喻是作者对生活的新发现，对艺术的新创造。一般来说，本体喻体在相同点上“距离”越大比喻也就越新鲜。例如：

书本就像降落伞，打开才能发生作用。

例由“书本”联想到“降落伞”，是远联想，二者之间有较大的距离，作者将他们巧妙地联系起来，产生了新鲜的比喻。

2. 比拟

比拟是通过想象，把物当作人写，或者把人当作物来写，或者把甲事物当作乙事物来写的一种修辞格。比拟包括拟人和拟物两种。

(1) 拟人

把物当作人来写，赋予物以人的言行或思想感情，又叫物的人格化。包括两种情况：

① 把事物当作人来描写。例如：

鸟儿将巢安在繁花嫩叶当中，高兴起来了，呼朋引伴地卖弄清脆的喉咙，唱出婉转的曲子，跟轻风流水应和着。

例句中将“鸟儿”人格化了，具有了人的情感“高兴”，而且还具有人的行为，“呼朋引伴”、“卖弄清脆的喉咙”、“唱出婉转的曲子”，从侧面显示了春天万物复苏，生机勃勃的美好景象。

② 让人同事物说话，或者把事物变成人，跟人一样说话行动，有思想感情。例如：

A. 不好！“小芦花”和“猫头鹰”卡在门口了。我说：“慢点儿，别卡坏了身体！”忙把它们抱了出来。

B. 这一圈小山在冬天特别可爱，好像是把济南放在一个小摇篮里，它们安静不动的低声说：“你们放心吧，这儿准保暖和。”

例 A 我和小鸡说话，例 B 小山能够说话。

运用拟人，可以使表达更为生动活泼，使人感到亲切有趣，同时，便于抒发感情，加强语言的感染力。

（2）拟物

拟物就是把人当作物来写，使人具有物的动作或情态，或者把甲物当作乙物来写，表达某种强烈的爱憎感情。例如：

A. 我到了自家的房外，我的母亲早已迎着出来了，接着便飞出了八岁的侄儿宏儿。

B. 说是春天，那是日历上的节气，4 月份了。但对雪域高原来说，冬季还甩着白茫茫的尾巴。

例 A 把人物化为长着翅膀的鸟类，用“飞”来描绘出一个八岁孩子与久别重逢的亲人相见时的惊喜与兴奋状态。动物才长尾巴呢！例 B 将“冬季”当作动物写，以抒发感情，加强幽默感。

拟物能够使表达形象生动，进而激发人们的联想，使人展开想象的翅膀，捕捉它的意境，体味它的深意。

（3）比拟与比喻的区别

比拟与比喻都是两事物相比，但它们有所区别：比喻重在“喻”，把甲事物喻为乙事物，着重突出事物的相似点；比拟重在“拟”，把甲事物当作乙事物来写，甲乙两事物彼此交融，对于事物的相似点已不着重突出了。

（4）运用比拟应注意的问题

① 想象或联想应合乎事理，要切合事物的固有特点。例如：

机关枪吐着愤怒的火舌，恨不得把侵略者一个个地吞下去。

例句拟人，但“吐”与“吞”相矛盾，不符合“机关枪”的特征，想象不合理。

② 要跟当时的环境气氛、人物的思想感情相吻合。例如：

在这欢乐之夜，月亮也板着面孔在看着大家。

句中“板着面孔”与“欢乐之夜”在气氛上不协调，比拟不合理。

3. 借代

（1）借代及其作用

借代是不直接说出要说的人或事物的名称，而借与它具有密切关系的其他事物来代替的修辞格。借代中，被代替的事物是本体，用来代替的事物是借体。

借代重在事物的相关性，也就是利用客观事物之间的种种关系巧妙地形成一种语言上的艺术换名。通过换名，引人联想，使表达的特点鲜明、形象突出、语言活泼。

（2）借代的方式

借代的方式很多，常见的有：

① 用特征、标志代本体。例如：

“红眼睛原知道他家只有一个老娘，可是没料到他竟会那么穷，榨不出一点油水”，……壁角的驼背忽然高兴起来。

句中用外貌特征“红眼睛”、“驼背”来代替人。

② 用具体代抽象。例如：

搞好菜园子，丰富菜篮子。

句中用具体事物“菜园子”来代替抽象事物农副业生产和老百姓的物质生活。

③ 用部分代整体。例如：

军队驻扎一个月，没有动过群众的一针一线。

句中借“一针一线”代指包括“一针一线”在内的群众的所有财物。

④ 用专名代泛称。例如：

苏州的公交系统也涌现了一批李素丽。

例句用“一批李素丽”代许多模范售票员。

⑤ 用结果代原因。例如：

于是大家替他们捏着把汗。

用“捏着把汗”代替“担心”。

此外，还有用产地代本体的，如用“龙井”代“龙井茶”；用原料代本体的，如用“狼毫”代“毛笔”；用作者代著作的，如“读点鲁迅”用“鲁迅”代“鲁迅著作”；用牌号代本体的，如用“桑塔纳”代替这些牌号的汽车，等等。

(3) 借代与借喻的区别

借代的基础是相关性，即要求借体同本体有关系；借喻的基础是相似性，即要求喻体同本体有相似之处。两者的作用也不同，借喻是喻中有代，以喻为主。借代是代而不喻，只起代称的作用。借喻可改为明喻，借代则不能。例如：

红旗指处乌云散，解放区人民斗倒地主把身翻。

句中，“红旗”是用标志代解放军，二者有密切关系，是借代；“乌云”是用它的黑暗来比喻国民党的统治，二者有相似的地方，而且可以说成“国民党的统治就像乌云一样黑暗”，是借喻。

(4) 运用借代应注意的问题

① 借体必须具有代表性，所指的意义要明确

运用借代，要使读者一看就知道借代的本体和借体是什么，如果不够明显，应在上下文中交代清楚。比如鲁迅《故乡》中前面描写杨二嫂站着的样子像“圆规”，下文才用“圆规”来代替杨二嫂。

② 要注意借代的褒贬色彩、使用场合

以人物形象的某一特征来称代某人物时，大都带有一定的感情色彩。有些借代含有讽刺、幽默意味，使用时要慎重，不宜用在庄重的场合。

4. 拈连

拈连就是利用上下文的联系，把用于甲事物的词语巧妙地用于乙事物上的一种修辞格。例如：

我不停地写，不停地写……写在纸上的我不得不一封封毁掉，可写在心上的却铭记得愈来愈深。

拈连把甲乙两个事物巧妙地联系起来，甲事物一般都是具体的，在前；乙事物一般都是抽象的，在后。这种修辞方法凭借上下文的联系，把本来不搭配的词语搭配在一起，给人的感觉是生动活泼，新鲜别致。上例中把“写在纸上”的“写”巧妙地连到“写在心上”，自然而深刻地写出陶斯亮对父亲陶铸的刻骨铭心的爱和思念之情。

拈连可分为全式拈连和略式拈连两种。

(1) 全式拈连

又称明式拈连。甲乙两事物都出现，拈连词语不可少，这是一种形态完备的拈连。例如：

蜜蜂是在酿蜜，又是在酿造生活；不是为自己，而是在为人民酿造最甜的生活。

句中把本适用于“酿蜜”的“酿”字，顺势拈来用在“又是在酿造生活”这样的句子中，使本来互不搭配的词语，临时顺畅地搭配起来，贴切自然地表现了对蜜蜂奉献精神的歌颂。“酿”用在前后两个事物的叙述之中。

(2) 略式拈连

又称暗式拈连。甲事物省略，或甲事物中的拈连词语省略，乙事物必须出现，借助上下文，省略的内容还是清楚的。例如：

A. 母亲一把大剪刀，仿佛裁掉了我童年的忧伤，给我剪出一个原来如此瑰丽的世界。

B. 我只是伫立凝望，觉得这一条紫藤萝瀑布不只在我眼前，也在我心上流过。

例 A 省略了甲事物“剪裁衣服”。例 B 省略甲事物中的拈连词语“流过”。

运用拈连，要注意甲乙两事物在语义上必须有内在联系。甲事物是乙事物的根据或条件，乙事物只有联系甲事物才能得到确切深刻的理解。例如：

在高原的土地上种下一株株的树秧，也就是种下了一个美好的希望。

种树是造福后代，所以说“种下了一个美好的希望”。

5. 夸张

夸张是故意对客观事物言过其实，用以突出事物的某方面特征，表达某种强烈思想感情的修辞格。

(1) 夸张的类型

夸张的方式可分为扩大夸张、缩小夸张、超前夸张三种。

① 扩大夸张

扩大夸张是故意把事物往大、多、高、重、强等处说。例如：

这个马国丈原名马国章；奸、懒、馋、滑、坏，一身占全五个字；不必提名道姓，打个喷嚏，顶风臭四十里。

作者抓住马国丈“五毒”俱全的特点，以夸张的手法突出表现他的丑恶。

② 缩小夸张

缩小夸张是故意把事物往小、少、矮、轻、弱等处说。例如：

可是更妙的是三五月明之夜，天是那样的蓝，几乎透明似的，月亮离山顶似乎不过三尺。

这句是说月亮离山顶非常近，只隔着“三尺”。

③ 超前夸张

超前夸张是故意把事物出现的顺序颠倒，把后出现的说成是先出现的，或是同时出现的。例如：

碰上院里搬来个陈大爷，捻儿更急，你还没点哪，他就炸了。

句中“捻儿更急，你还没点哪，他就炸了”就是超前夸张。

（2）运用夸张应注意的问题

① 运用夸张要以事实为基础，要合乎情理，合乎逻辑，否则就不可信。如“人有多大胆，地有多高产。”这个夸张便是脱离现实地说大话，因为农作物产量要受到地力的限制，不是你想有多高的产量便会有多高的产量。

② 运用夸张要明显，不要使人觉得又像夸张，又像事实。如有人用夸张来形容力气大，说“他力气大，简直能挑得动三五百斤”，这便可能会被误会为事实如此，因为实际真有人挑得起三五百斤重的东西。

③ 运用夸张还要注意语体，不可滥用。一般说来，文艺语体宜用夸张，而科技语体尤其是科学专著不宜用夸张。

6. 双关

双关是在特定的语言环境中，利用语音或语义条件，有意使语句同时关涉表面和内里两重意思，表面上说的是一种意思，实际上指另一种意义的修辞格。

双关包括谐音双关和语义双关两种。

（1）谐音双关

谐音双关是利用词语之间的同音、近音关系构成的双关。例如：

A. 她说，我有约法三章：第一，你得听我的。那当然，我心想大不了你当家长，我当副家长，叫人家笑话气管炎。

句中的“气管炎”是“妻管严”的谐音，这样表达显得风趣活泼。

（2）语义双关

利用词语或句子的多义性构成的双关。例如：

B. 周蘩漪：好，你去吧！小心，现在（望窗外，自语）风暴就要起来了！

C. 夜正长，路也正长，不如忘却，不说的好罢。

例 B 的“风暴”表面上是指自然的气象现象，实际上是指将要震荡整个周家的一场情感的劫难。这里可以看作是弱女子蘩漪向周家大少爷周萍发出的严正警告。例 C 中“夜正长”指黑暗的统治还要延续；“路也正长”指斗争道路曲折漫长。

恰当地运用双关，往往能含蓄曲折地表达思想感情，适应特定环境的需要，如例 A、B。同时也可以使语言表达幽默风趣，活泼生动，如例 A。

（3）双关与借喻的区别

语义双关是借一个词语或句子关顾两个事物，同时包含两种意思，表面一层意思，隐含另外一层意思，使表达含蓄委婉、幽默风趣。

借喻是借用喻体说明本体事物，使抽象深奥的事物表达得具体、生动、简洁。

（4）运用双关应注意的问题

要特别注意不能产生歧义，意思要明朗，不能过于冷僻、晦涩。必须使读者或听者能够根据生活经验、上下文的交代，自然地体会到它的含义，否则就容易造成误解。

7. 对偶

对偶就是把字数相同、结构相同或相似，意义相关的两个词、短语或句子对称排列在一起，表达相似、相反或相关意思的修辞格。对偶又叫“对仗”，俗称“对对子”。例如：

风声雨声读书声，声声入耳；

家事国事天下事，事事关心。

例句从形式上看，结构相同、字数相等，两个分句构成一组对偶；从意义上看，语义相关，突出反映了爱国忧民的知识分子关心国家社会命运的思想感情。

(1) 对偶的类型

① 从内容上，对偶可分为正对、反对、串对三种。

A. 正对

构成对偶的两个词、短语或句子分别从两个角度、两个侧面说明同一事理，内容相似，互相补充，这就是正对。例如：

草堂有耀终非火，

荷露虽团岂是珠。

例句以相等的字数和相同的词性构成了整齐匀称的形式，上下联表达了相似的内容，告诉人们不要被表面现象所迷惑。

再如杜甫《登楼》的颔联“锦江春色来天地，玉垒浮云变古今”，毛泽东“五岭逶迤腾细浪，乌蒙磅礴走泥丸”，上下两句的意思都是相近的，但内容不同。

B. 反对

构成对偶的两个词、短语或句子从正反对立的两个方面说明同一事理，在内容上相反或相对，是反对。例如：

带着冷漠的目光看待生活，纵然在盛夏也不会感到温暖；怀着火热的感情对待生活，即使是严冬也不会觉得冷酷。

例句从对立的两个方面说明了对待生活的不同态度，对比鲜明。

再如《与诸子登岘山》的颈联“水落鱼梁浅，天寒梦泽深”，杜甫《将赴成都草堂途中有作先寄严郑公》(其四)的颔联“新松恨不高千尺，恶竹应须斩万竿”，毛泽东《和柳亚子先生》》中的颈联：“牢骚太盛防肠断，风物长宜放眼量”都是反对。反对对比鲜明、情感分明，具有很高的艺术感染力。

C. 串对

构成对偶的两个短语或句子有承接、假设、因果、条件等关系的，是串对。串对的句子不是平列的，而是如流水顺连而下，所以又叫“流水对”。例如：

a. 才饮长沙水，
又食武昌鱼。

b. 不因鹏翼展，
哪得鸟途通？

例 a 以“才”、“又”的时间顺序，表明上下联是顺承关系。例 b 是因果关系。

再如王之涣《登鹳雀楼》“欲穷千里目，更上一层楼”、杜甫《秋兴》(其二)“请看石上藤萝月，已映洲前芦荻花”都是流水对，意思延续相承，两句组成一个整体，不可分割，次序不可颠倒。

② 从结构看，对偶可分为严对和宽对两种。

A. 严对

又叫“工对”，要求上下分句字数相同，结构相同，意义相关，词性一致，平仄相对，没有重复的字。例如：

墙上芦苇，头重脚轻根底浅；

山间竹笋，嘴尖皮厚腹中空。

上联是“仄仄平平，仄仄平平平仄仄”，下联是“平平仄仄，平平仄仄仄平平”，上下联的字不相重复。

再比如毛泽东《长征》“五岭逶迤腾细浪，乌蒙磅礴走泥丸。金沙水拍云崖暖，大渡桥横铁索寒”，杜甫《绝句四首》（其三）“两个黄鹂鸣翠柳，一行白鹭上青天。窗含西岭千秋雪，门泊东吴万里船”都是严对。

严对要求同类词对同类词、同性词对同性词（名词、动词、形容词、数量词、代词、方位词、颜色词、副词、虚词类），同门词对同门词（如名词门的天文、地理、器物、宫室、服饰、饮食、文具、文学、草木、鸟兽、虫鱼、形体、人事、人伦、哲学、思想等等），务必保证对仗工整严谨。

B. 宽对

宽对在格式上要求就不是那么严格，只要求字数相当、结构相似即可，上下分句不必过于注意平仄，可以使用相同的字。例如：

惨象，已使用我目不忍视了；流言，尤使我耳不忍闻。

再如毛泽东《悼罗荣桓同志》的颔联“长征不是难堪日，战锦方为大问题”就是宽对（名词对名词）。宽对是与工对相对而言的，一般宽对是只讲词性，不讲门类的。

③ 其他对偶

A. 借对

借对有借义和借音两种对。

a. 借义对是利用一字多义的现象来构成对仗，即在诗中用的是甲义，但借用乙义或者其他意义跟联句中相应的字对。如杜甫《曲江二首》（其二）中的颔联“酒债寻常行处有，人生七十古来稀”，句中“寻常”不不是数词，怎么和“七十”相对呢？原来古代八尺为寻，一丈为长，那么“寻常”已经表示数目，所以借来和“七十”相对了。

b. 借音对指甲字的发音跟乙字的读音相同，诗中用甲字，但借同音的乙字跟联句中相应的字相对。如杜甫《秦州杂诗》（之三）中的颈联“马骄珠汗落，胡舞白蹄斜”，其中的“珠”与“朱”同音，可与“白”相对。再如孟浩然《裴司士见访》中的颈联“厨人具鸡黍，稚子摘杨梅”，“扬”与“羊”同音，可与“鸡”相对。借音对多见于颜色对，用得好可为对仗增强艺术感染力，但需要较高的文学修养和丰富的知识。

B. 句中对

同一句中的上下两词语互相对偶。如：峰回路转、晓风残月、羽扇纶巾等；再如杜甫《登高》“风急天高猿啸哀，渚清沙白鸟飞回”中“天高”与“风急”、“沙白”与“渚清”都属于句中对。

C. 单句对：上下两句相对偶。如：浮光躍金，静影沉璧。岗陵起伏，草木行列。

D. 隔句对：第一句对偶第三句，第二句对偶第四句。例如：骐骥一跃，不能十步；驽马十驾，功在不舍。

E. 长偶对：奇句与奇句相对偶，偶句与偶句相对偶。例如：亲不负楚，疏不负汉，爱国忠君真气节；骚可为经，策可为史，经天行地大文章。

(2) 运用对偶应注意的问题

对偶强调结构工整，音律和谐，易记易诵。但使用时必须出于自然，要根据所表达的内容来决定，不能生拼硬凑，单纯追求形式而以辞害意。在现代诗文的写作中，运用对偶可不必完全拘泥于古代“工对”的戒律。

8. 仿词

比照现成词语，临时仿造出新的词语，这种修辞格叫仿词。

(1) 仿词的类型

仿词可分为反仿、类仿两种。

① 反仿

根据上文出现的某词语，临时仿造出与之意义相反的词语。例如：

A. ……陶君于石印本的错字多未纠正，而石印本的不错字却多纠歪了。

B. 由于是日式，它嫌矮，而且像一朵“背日葵”那样，绝对晒不到太阳。

例 A 比照“纠正”仿造出“纠歪”，讽刺了陶君的不学无术。例 B 的“背日葵”是利用反义关系，仿照“向日葵”而造出来的新词。

② 类仿

根据上文已出现的某词语，临时仿造出与之意义相近的词语。例如：

A. 他醉眼迷离，翻了三五本历史教科书，凑满一千多字的讲稿，插穿了两个笑话。这种预备并不费心血，身血倒赔了些，因为蚊子多。

B. 一天，上官云珠对我说：“我再也不演交际花交际草了。”

例 A“身血”是仿造“心血”而造的，幽默风趣。例 B“交际草”是根据“交际花”仿造的，生动诙谐。

(2) 仿词和拈连的区别

仿词是在现成词语比照下，用更换语素的方法创造新词，出现了新的形体，例如仿“公海”造“私海”，仿“黑格尔”造“白格尔”，它们是两个词。

拈连是利用上下文的联系，把适用于甲事物的词移用到乙事物上去，只是从意义上拈用，它不创造新词，仍是一个词。

(3) 运用仿词应注意的问题

仿词别致新鲜，精练生动，大都富有讽刺性或幽默感，能深刻有力地突出事物的本质。但运用仿词不宜过多过滥，更不能生搬硬套、机械模仿。要仿得自然得体。仿词都是临时创造的，它的特定含义一定要清楚明白，特别是当被仿的词不出现时，单用仿词要加引号，使人一目了然。如例②中的“背日葵”。

9. 顶真

顶真是用上一句句尾的词语充当下一句句首的词语，使前后句子头尾蝉联的修辞格。顶真又叫顶针、联珠或蝉联。例如：

A. 有个农村张家庄，张家庄有个张木匠，张木匠有个好老婆，外号叫个“小飞蛾”，“小飞蛾”生了个女儿叫“艾艾”……

B. 没有思想，就没有创造；没有创造，就没有人类的未来。

C. 竹叶烧了，还有竹枝；竹枝断了，还有竹鞭；竹鞭砍了，还有深埋在地下的竹根。

恰当地运用顶真，可以使音节匀称，形式整齐，声音和谐，节奏分明，如例 A；可以使议事说理准确、谨严、周密，如例 B 中的顶真使上下文气贯通，强调了“思想”之于“创造”、“创造”之于“人类的未来”的重要性，说理严密透辟；可使条理更清晰，如例 C 条理分明地反映了事物间的有机联系，显现了井冈翠竹的顽强生命力。但顶真不宜滥用，要根据表达思想感情的需要而选用，不能为了追求形式而不顾内容地大搞文字游戏。

10. 排比

排比是把结构相同或相似、意义相关、语气一致的三个或三个以上的短语或句子排列起来而构成的修辞格。

从排比的形式看，常见的有以下几种：

（1）词语的排比

看，这是何等庄严、肃穆、伟大的葬礼！

例句的定语是用三个词语构成的排比，表现了周恩来总理葬礼的隆重及人民的悲哀。

（2）短语的排比

延安的歌声，是革命的歌声，战斗的歌声，劳动的歌声，极为广泛的群众的歌声。

例句的宾语是用四个短语构成的排比，对延安歌声进行了高度评价。

（3）句子的排比

A. 生产多么需要科学！革命多么需要科学！人民多么需要科学！

B. 中国的新文艺失却一个公正的扶持人，朋友中失却一个公正的畏友，将来的新中国失却一个脚踏实地的文艺工作者。

C. 无聊是把自我消散于他人之中的欲望，它寻求的是消遣。寂寞是自我与他人共在的欲望，它寻求的是普通的人间温暖。孤独是把他人接纳到自我之中的欲望，它寻求的是理解。

例 A 是三个单句构成的排比，强调了科学的重要性。例 B 是三个分句组成的排比，强调了朱先生的逝世给社会造成的损失。例 C 是三个复句构成的排比，显示出作者对人生的哲学思辨。

排比形式整齐，节奏鲜明，语意贯通，气势强劲，往往给人一气呵成之感。用于说理，可以把道理论述得周密深刻，富有说服力；用于抒情，可以把感情抒发得淋漓尽致，富有感染力。

（4）排比与对偶的区别

排比是三个或三个以上句子的平行排列，对偶只限于两个句子。排比的形式不如对偶严格。

排比的各个句子字数可以不完全相等，往往运用相同的词语；对偶的两个句子字数必须相等，而且忌用相同的词语。

(5) 运用排比要注意的问题

运用排比要注意形式必须适应内容的需要，不能为了加强气势而不顾内容如何来滥用排比的形式。排比的各项不能互相包容，必须是轻重相称，平等并列的关系。

排比和对偶虽在形式上相似，但不相同：排比不止两项，对偶只限两项；排比在结构、字数等方面的要求，不像对偶那样严格。排比的各项常常出现相同的词语充当提示语，对偶则要求尽量避免字面的重复。

11. 通感

通感是把听觉、视觉、味觉、嗅觉、触觉等各种感觉沟通起来，通过更换感受的角度来表达的修辞格。通感又叫“移觉”。从心理角度看，这种现象叫“感觉转换”，或者叫“感觉变换”。例如：

A. 那笛声里，有故乡绿色平原上青草的香味，有四月的龙眼花的香味，有太阳的光明。

B. 黄宾虹曾把画面的风格分为两种，一种是甜味的，一种是苦味的。他说苦味的是笔墨高古，不专求形式，一般人看了不易懂。苦禅的画应该是属于苦味的。

例A笛音里有草的清香，花的芬芳，还有明亮的阳光，听觉、嗅觉、视觉相融会，那笛声该是多么的撩人情思！例B绘画是一种视觉艺术，用不同的味觉区分画的风格，说苦禅的画是“苦味的”，正好概括了他的画古拙、苍劲、老辣的特点。

通感常常和比喻融为一体，使表达更加形象生动。例如：

C. 微风过处，送来缕缕清香，仿佛远处高楼上渺茫的歌声似的。

例C把嗅觉“缕缕清香”比喻为听觉“渺茫的歌声”，更能突出清香幽远，若有若无、时断时续的特点。

通感使用得好，往往既能化抽象为具体，通过具体形象的描绘达到令人神往的程度；又能创造出一种优美的意境，启发读者联想，体味余韵，给人以新鲜的异乎寻常的感觉。

12. 反复

反复是为了突出某个意思，强调某种感情，有意重复使用某些词语或句子的修辞格。

反复的形式可分为连续反复和间隔反复两种。

(1) 连续反复

某些词语或句子连续反复出现，中间没有其他词语隔开。例如：

盼望着，盼望着，东风来了，春天的脚步近了。

句中的反复“盼望着”，抒发了对春天盼望的急切心情。

(2) 间隔反复

词语或句子间隔地反复出现，中间有其他的词语或句子隔开。例如：

A. 同学们嫌他古怪，嫌他脏，嫌他多病的样子，都不理睬他。

B. 婴儿的眼睛闭了，

青天上出现了两个大星。

婴儿的眼睛闭了，

海边上坐着个年少的母亲。

例 A 的“嫌他”是短语的间隔反复。例 B 的“婴儿的眼睛闭了”，是分句的间隔反复。

反复具有突出思想，强调感情，分清层次，加强节奏感的修辞效果。

间隔反复有时和排比结合在一起使用，同时发挥两种辞格的作用。如：“时间就是生命，时间就是速度，时间就是力量”，是排比兼反复，不仅强调了时间的重要性，而且增强了语言的气势。

（3）反复和排比的区别

反复与排比有相似处，尤其是间隔反复，往往与排比合用。二者的区别是：

反复着眼于词语或句子字面的重复，其修辞作用在于强调突出。

排比着眼于结构形式相同或相似，其修辞作用在于加强气势。

运用反复的句子不一定形成排比，排比句也不一定使用反复的词语。

（4）运用反复必须注意的问题

运用反复必须注意须抓住关键的词语，这样才能使重点显得突出。如果随意地把某些词语或句子重复使用，不仅不能加强表达效果，反而使人感到重复啰嗦，意思雷同。

13. 回环

回环是指运用变换语序的方法，把词语相同而排列次序不同的语言片断紧密联系在一起，以循环往复的形式来表达不同事物间的有机联系的一种修辞格。

回环分严式与宽式两种。

（1）严式回环

是指构成回环的部分词语相同、结构相同或相近，只是顺序不同的回环。例如：

“近来呀，我越帮忙，她越跟我好，她越跟我好，我越帮忙，这不就越来越对劲儿了吗？”

（2）宽式回环

是指构成回环的部分结构相似或相近、词语并不完全相同的回环。例如：

A. 可是“闻名不如见面，见面胜似闻名”——越州另一方面的面目终于亲见了。

B. 理性认识依赖于感性认识，感性认识有待于发展到理性认识，这就是辩证唯物论的认识论。

C. 也许这是一个永远不可调和的矛盾，你要事业，你就得失去做女人的许多乐趣。你要享受做女人的乐趣，你就别要事业。

例 A、B、C 分别是词、短语、句子构成的宽式回环。由于宽式回环不受相同词语、相同结构的严格限制，因此在表达上具有了相对自由的空间，产生出整齐与参差相互映照的变化之美。

回环手法可以广泛运用于明理、状物、写景、抒情的文章中。回环手法的使用，可以强调语意，阐明事理，同时也可使音律和谐，情趣无限。但使用时不能单纯追求形式而置内容于不顾。

(3) 回环与顶真的区别

顶真和回环在头尾顶接用一词语，首尾互相衔接，这是它们的相似点或说是相同点，但又有根本上的不同。

顶真是反映事物间的顺接或联结关系的，它从一个事物到另一个事物，顺连而下，不是递升或递降的关系（这与下面说的层递也不同）。顶真的特点是“顶”而不回，其轨迹是直线，可用“甲→乙，乙→丙”来表示。

回环是在词语相同的情况下，巧妙地调遣它们，利用它们不同结构关系的不同含义形成回环往复的语言形式，从甲事物到乙事物，又从乙事物到甲事物。有的反映事物之间相互依存或密切关联的关系。其特点是“顶”而后“回”，其轨迹是圆周，可用“甲→乙，乙→甲”来表示。

另外，回环都是整句，顶真比较灵活，既可是整句，也可是散句。

14. 设问

设问是为了强调某一意思或引起读者的注意和思考，故意设置问题的修辞格。设问是无疑而问，有时是自问自答的，有时是问而不答的，让读者自己去领会答案。例如：

A. 小屋点缀了山，什么来点缀小屋呢？那是树！

B. 只见沙海上出现一片褐色的峰峦，像一堵废弃在沙海中的城堞。是云？是雾？是烟？还是沙漠中常见的海市蜃楼的幻影？还是翻译同志眼尖，脱口而叫着：“骆驼！骆驼！”

C. 问弃家的人：家是什么？

她说：家是一种能力，一种学习，我自忖无力从那里毕业，就中途逃亡了。

问无家的人：家是什么？

他说：家是羁绊，家是约束，家是熄灭人创造激情的沼泽地，家是一种奢侈的靡费。

问恋家的人：家是什么？

她说：家是树上的喜鹊窝。纵然世界毁灭了，只要家在，依然有一切。

D. 日本日立公司电机厂，五千五百人，年产一千二百万千瓦；咱们厂，八千九百人，年产一百二十万千瓦，这说明什么？要求我们干什么？

例A是一问一答；例B是数问一答；例C是连问连答；例D在对比说明了两个工厂的人数和产量后，连用两个设问而不作回答，引起对方或读者的思考，这说明“咱们厂”生产率太低，必须进行改革。

设问是论说文或散文里经常用到的一种修辞方法。设问的修辞作用和设问的位置有着密切的关系。标题或开头用设问，可以统摄全篇，帮助读者领会中心；段与段间用设问，可以起到承上启下的作用；段落中用设问，可以使段内层次分明，论证深入。

使用设问要注意：问题要富有启发性，能引起读者的注意，否则就会失去设问的意义。

15. 反问

反问是用疑问的句式来表达某种确定的意思的修辞格。反问又叫“反诘”、“激问”。

反问是明知故问，往往是只问不答，答案寓于问语的反面。一般地说，肯定的反问形式，表达否定的思想内容；否定的反问形式，表达肯定的思想内容。例如：

A. 四十多个青年的血，洋溢在我的周围，使我艰于呼吸视听，那里还能有什么言语？

B. 当年毛委员和朱军长带领队伍下山去挑军粮，不就是用这样的扁担么？

例 A 用肯定反问句，表达否定的意思："无话可说"，以此来表达对青年学生被血腥屠杀的强烈的悲愤之情。例 B 是否定反问句，表达肯定的意思：毛委员和朱军长挑军粮就是用这样的扁担。

设问和反问也可以连用，一般是用反问回答设问，往往比直说更有力量。例如：

C. 朋友们，当你听到这段英雄事迹的时候，你的感想如何呢？你不觉得我们的战士是可爱的吗？你不以我们的祖国有着这样的英雄而自豪吗？

例 C 先用设问提出问题，引人思考，后用两个反问句加以回答，使文意起伏，语势加强。

恰当运用反问，能够加强语气，激发读者的感情，加深人们的印象，使本来已确定的思想表现得更鲜明、更强烈。但反问必须是在意思十分明确的前提下提出，否则就会造成语意含混，使人误解。

16. 对比

对比是把两种不同事物或者同一事物的两个方面，放在一起相互比较的一种辞格。例如：

有的人活着，他已经死了；有的人死了，他还活着。（臧克家《有的人》）

外面冰雪覆盖，室内温暖如春，爸爸只穿件薄毛衣，舒坦得很。（杨牧之《无法弥补的时候》）

买书不容易，卖书更难。（李国文《卖书记》）

一个扰嚷喧嚣，一个肃穆幽静；一个珠光宝气，炫人耳目，一个雄奇深邃，浑然天成；一个灯火辉煌，城开不夜，一个月色迷离，万籁俱寂；一个矗起沙漠间，蓝天绿地，却置身万丈红尘，一个历经千百劫，刀劈斧斫，反化成胸中丘壑。（邵燕祥《大峡谷去来》）

运用对比，必须对所要表达的事物的矛盾本质有深刻的认识。对比的两种事物或同一事物的两个方面，应该有互相对立的关系，否则是不能构成对比的。

（1）对比的类型

① 两体对比

两体对比是把两种相反相对的事物并举出来，相互比较，叫两体对比。例如：我的声音低如呻吟，她的声音高如咆哮，惊动楼道里各家人，都出来观看热闹。（张宇《垃圾问题》）

② 一体两面对比

一体两面对比是把同一事物相反相对的两个方面并举出来，相互比较，叫一体两面对比。例如：

有的人太自私，对公事敷衍了事，对自己的私事却一丝不苟。

阳奉阴违，口是心非，当面说得好听，背后又在捣鬼，这就是两面派行为的表现。（毛泽东《中国共产党在民族战争中的地位》）

（2）对比和对偶的区别

对比和对偶都是成对的，但是又有区别。

对比主要是意义内容的相反或相对，而不管结构形式如何。

对偶主要是结构形式上的对称，要求字数相等、结构相同或相似。

有的对比也是对偶（即反对），就意义内容说是对比，就结构形式说是对偶。

17. 反语

（1）反语也叫“反话”。例如：

反语是指故意使用与本来意思相反的词语或句子去表达本意，如：“中国军人屠杀妇人的伟绩，八国联军惩创学生的武功，不幸全被这几缕血痕抹煞了。”（鲁迅《纪念刘和珍君》）

“伟绩”和“武功”都是褒义词，这里作为反语使用，表达了对“中国军人”和“八国联军”强烈的讽刺和憎恨。再如：

参加八国联军打败中国，迫出庚子赔款，又用之于“教育中国学生”，从事精神侵略，也算一项“友谊”的表示。（毛泽东《“友谊”，还是侵略?》）

国民党当局对作家格外“优待”，几乎每个作家都有个特务“保护”着。一来二去，作家就被“护送”到监狱或集中营去“享受”毒刑与杀戮。（老舍《十年百花荣》）

例句中加引号的词语，都是正话反说的反语，观点感情强烈。

（2）反语的类型

① 以正当反

用正面的语句去表达反面的意思。例如：

但衣角会被踹住，可见穿的是长衫，即使不是“高等华人”，总该是属于上等的。（鲁迅《推》）

“高等华人”的人格实际上是非常低劣的，在这里表达了对穿长衫者的讽刺。

② 以反当正

用反面的语句去表达正面的意思。例如：

小陶气愤地说：“这些死人！只管看着干什么，还不把你们的雨衣扔过来。”（徐怀中《西线轶事》）

“死人”是气话，实际上表达的是一种见到战友时的亲切感。

（3）运用反语应注意的问题

① 运用反语要认清不同的对象，区别对待。

② 运用反语应当鲜明，使反语的意思明确、易懂。

18. 层递

（1）层递

根据事物的逻辑关系，连用结构相似、内容上递升或递降的语句，

表达层层递进的事理，叫层递。层递分为递升和递降两类。例如：

① 递升：事情就是这样，他来进攻，我们把他消灭了，他就舒服了，消灭一点，舒服一点；消灭得多，舒服得多；彻底消灭，彻底舒服。（毛泽东《关于重庆谈判》）

② 递降：产品都要有质量标准，首先是国际标准，其次是国家标准，此外还有部颁标准、行业标准、最不济也应当有个企业标准，现在有些不法商贩，专搞伪劣假冒，什么标准规范都不讲，不严格治理怎么得了。（报刊选摘）

（2）层递和排比的区别

① 层递在结构上不强调相同或相似，往往不用相同的词语；排比的结构往往相同或相似，常用相同的词语。

② 层递在内容上是递升或递降的，事物之间是步步推进的逻辑关系；排比的内容是并列的，是一个问题的几个方面，或几个相关的问题。

二、修辞格的综合运用

修辞格的综合运用是指在一个语言片段中，两个或两个以上修辞格的同时运用。在语言实践中，有时是某种辞格单独使用，有时是几种修辞方式综合运用。修辞格的综合运用，有连用、兼用、套用三种方式。

（一）连用

连用是指在一句话或一段话中，有两种或两种以上的修辞格接连使用。连用有同类词格连用和异类词格连用两种。

1. 同类词格连用

① 看，象牛毛，象花针，象细丝，密密地斜织着，人家屋顶上全笼着一层薄烟。（朱自清《春》）

② 梦里依稀慈母泪，城头变幻大王旗。忍看朋辈成新鬼，怒向刀丛觅小诗。（鲁迅《为了忘却的记念》）

例① 是比喻连用，将密密的、细细的春雨描摹得十分形象；例② 是对偶连用，鲜明地表达了军阀混战与人民的痛苦、战友的遇难和作者的愤怒：这两例属同类辞格的连用。

2. 异类词格连用

① 记忆的仓库一旦打开，过去的印象就会纷至沓来，而且还往往带着一种眷恋的情思，一种盎然的兴趣，一种缤纷耀眼的色彩，一种鲜丽活泼的形象，一种温馨馥郁的味道，这样再挑选其中感受最深而又有意义的写来，还愁文章不充实，不动人么？（李保初、周靖《作文教学法》）

② 它走得那样急忙，连车轮辗轧钢轨时发出的声音好像都在说：不停不停，不停不停！（铁凝《哦，香雪》）

③ 惨象，已使我目不忍视了；流言，尤使我耳不忍闻。我还有什么话可说呢？我懂得衰亡民族之所以默无声息的缘由了。沉默呵，沉默呵！不在沉默中爆发，就在沉默中灭亡。（鲁迅《纪念刘和珍君》）

例① 描述“记忆”用的是比拟，接着写“印象”，用的是排比，最后又是反问，将抽象的事物表现得具体生动；例②是比拟、反复的连用，将火车的经过及发出的声音，写得新颖活泼：例③是先用对偶、反问，然后是反复、对比，四个修辞格连用，语言生动，充分抒发了作者对反动政府的反动行径无比愤怒的感情。

3. 词格连用的作用

同类辞格的连用，能强化同一辞格的表达效果，它可以描写事物，突出事物的形象性，可以加强情感的抒发，使感情表达得更鲜明、更深沉，可以突出某一论述的道理，增强说服力。异类辞格的连用，可以前后搭配，互相映衬，收到更好的效果。

（二）兼用

兼用是指一种表达形式兼有几种辞格，即一句话或一段话中，兼有两种或两种以上的修辞格，从这个角度看是一种修辞格，从那个角度看又是另一种修辞格。例如：

① 高松年听他来了，把表情整理一下，脸上堆的尊严厚得可以刀刮。（钱钟书《围城》）

② 有的英雄，勒马挥刀，叱咤风云；
有的英雄，豪情满怀，才华横溢。
有的能言善辩，八面玲珑，
有的拉帮结派，拍马吹牛。

（丁玲《诗人应该歌颂您——献给病中的宋庆龄同志》）

③ 主张西安事变和平解决者，非共产党、八路军、新四军与边区乎？发起抗日民族统一战线，主张建立统一民主共和国而身体力行之者，非共产党、八路军、新四军与边区乎？立于国防之最前线抗御敌军十七个师团，屏障中原、西北，保卫华北、江南，坚决实行三民主义与《抗战建国纲领》者，非共产党、八路军、新四军与边区乎？（毛泽东《向国民党的十点要求》）

例①“脸上堆的尊严厚得可以刀刮”，既是夸张，又是拟物。这是夸张兼拟物。例②从“有的”重复四次来看，是反复，从头两句和后两句的内容来看，是对比；歌颂了革命前辈的才能与功臣，批判了有些干部的坏思想、坏作风。例③ 从“非共产党……乎？”连用三次来看，是反复；从结构相同这一点来看，是排比；从语气来看，又是反问。这段话严词质问了国民党，理充词沛，很有气势。

（三）套用

套用是一句话或一段话总的看来是用了一种修辞格，但这种修辞格中又包含着其他辞格，形成层层相套，有层次组合的包容关系。例如：

① 一站站灯火扑来，像流萤飞走，
一重重山岭闪过，似浪涛奔流……

（贺敬之《西去列车的窗口》）

例① 是对偶中兼用了比喻，比喻中又兼用了拟人。第一个层次是对偶。对偶由比喻构成第二个层次；比喻的本体又是比拟，为第三个层次。

② 高粱好似一队队“红领巾”，
悄悄地把周围的道路观察。

（郭小川《团泊洼的秋天》）

③ 心血操尽，革命伟业似巍巍泰山耸寰宇，

骨灰撒遍，深海恩情如滴滴甘露润人心。

（革命群众挽周恩来同志，见《中国实用文体大全》）

④ 边地俗话说："火是各处可烧的，水是各处可流的，日月是各处可照的，爱情是各处可到的。"（《沈从文文集》第六卷）

例① 是对偶中套用了比喻，比喻中又套用了拟人（比拟）。第一个层次是对偶，第二个层次是比喻，第三个层次是比拟。例② 整体看来是明喻，"红领巾"是借代，"悄悄地……观察"又是拟人，这里套用了三种辞格。例③ 整体看是对偶，从生前和身后两个方面，讴歌周恩来同志一生对革命的伟大贡献，其中上下联又各套用了一个比喻修辞格，上联"似巍巍泰山"还使用了夸张。例④中四个"是"字句构成整齐的排比，但内容上前三句又是为最后一句所设的比喻，称为引喻，整体来看是排比套引喻，生动形象地表明了爱情的随时发生和无处不在。

恰当地综合运用辞格，可以使文章变化多姿，增添文彩。不管是互相补充，还是一身多任，或大小错落，都能收到非常好的效果。

异类连用、兼用和套用都是多种辞格的综合运用，彼此间是有区别的：异类连用是不同辞格的顺序使用；兼用是一种表达形式同时具有几种辞格，但这几种辞格是从不同角度分析出来的，它们之间不存在从属、包容关系；套用则是几种辞格按层次大小的组合使用，有从属、包容、主次的关系。

三、从综合运用的角度分析辞格

修辞格的连用、兼用、套用，不是泾渭分明地使用的，而往往是交织在一起，综合使用的。分析的时候要分清主次，灵活细致，不能顾此失彼。例如：

队伍虽然出罗网，

韩英不幸入铁窗。（《洪湖赤卫队》）

总的看是对比和对偶。这是两种辞格的兼用。"罗网"和"铁窗"分别是借喻（比喻反动派的搜捕）和借代（敌人的监狱），这两种辞格的分布是连用。这两个连用的辞格被对比、对偶包含，这又是套用。

在做作业或考试中，我们经常遇到"从综合运用的角度分析下列文字中的辞格"这样的题。要做好这种题，当然应该对修辞知识特别是辞格很熟悉，有的同学，辞格掌握得很好，也还是做不好这种题，那就是方法问题了。要做好这类题：

首先，应掌握辞格综合运用的知识。辞格的综合运用方式有三种：辞格的连用、套用、兼用。

其次，要注意答题的技巧，也就是分析的方法、叙述的顺序。

第一步，拿到一段文字，先看一看，能不能用上面三种方式中的其中一种方式概括。如果不能概括的话，应划分为几个语段，使每个语段都能用一种方式概括。

第二步，概括之后分别详细叙述。如果是辞格的连用，要指出是什么辞格的连用。如果是套用，要指出从总体看是什么辞格，里面又套了什么辞格。如果是辞格的兼用，也要

具体指出是兼用的什么辞格。

下面举些例子加以分析，请大家在阅读时注意分析的方法。

(1)《于无声处》是以何是非目睹诸人走出和接着来到的一声响雷终场的。亲属“走了”，群众“走了”，他们横行霸道的历史也“走了”，剩下的只是“四人帮”这样一伙立刻就要被人民审判的向隅而泣的可怜虫。

“历史‘走了’”是拈连，“可怜虫”是比喻。这是拈连和比喻的连用。

(2) 提高要有一个基础。比如一桶水，不是从地上去提高，难道是从空中去提高吗？(毛泽东《在延安文艺座谈会上的讲话》)

从整体来看是比喻，但比喻中又包含反问。这是比喻中套用了反问。

(3) 同志们，真正的铜墙铁壁是什么？是群众，是千百万真心实意地拥护革命的群众。(毛泽东《关心群众生活，注意工作方法》)

这是设问和暗喻兼用。

(4) 他赢而又赢，铜钱变成角洋，角洋变成了大洋，大洋又成了叠。(鲁迅《阿Q正传》)

从内容上看是层递，从格式上看是顶针，同时也形成了排比。因此本例是层递、顶针和排比三种辞格的兼用。

(5) 全国同胞们！平津危急！华北危急！中华民族危急！只有全民族实行抗战，才是我们的出路。(毛泽东《反对日本进攻的方针、方法和前途》)

“平津危急！华北危急！中华民族危急！”从内容上看是层递（层升），从句式上看是排比，从词语上看三个“危急”是反复。因此本例是排比、层递和反复的兼用。

(6) 大理花多，多得园艺家定不出名字来称呼。大理花艳，艳得美术家调不出颜色来点染。大理花娇，娇得文学家想不出词语来描绘。大理花香，香得外来人一到苍山下，洱海边，顿觉飘然，不酒而醉。即使在北国还是万里冰封的隆冬吧，在这儿的苍山绿水间却是万紫千红，百花吐芳。(曹靖华《点苍山下金花娇》)

“大理花多……不酒而醉”是排比，各句又是夸张。“大理花多，多得……”，“大理花艳，艳得……”，“大理花娇，娇得……”，“大理花香，香得……”各句都用了顶针。“苍山下，洱海边”是对偶。本例是排比、夸张、对偶的

(7) 春分刚刚过去，清明即将到来。“日出江花红胜火，春来江水绿如蓝。”这是革命的春天，这是人民的春天，这是科学的春天！让我们张开双臂，热烈地拥抱这个春天吧！(郭沫若《科学的春天》)

“春分刚刚过去，清明即将到来。”是对偶。“日出江花红胜火，春来江水绿如蓝。”是引用。“这是革命的春天，这是人民的春天，这是科学的春天！”是排比。“让我们张开双臂，热烈地拥抱这个春天吧！”是比拟。本例从整体来看是辞格的连用。

(8) 桃树、杏树、梨树，你不让我，我不让你，都开满了花赶趟儿。红的像火，粉的像霞，白的像雪。(朱自清《春》)

这个语言片断中“你不让我，我不让你，都开满了花赶趟儿”是比拟里套用回文。后一句“红的像火，粉的像霞，白的像雪”是由三个明喻构成的排比，属辞格的兼用。

(9) 那些新芽，条播的行列整齐，撒播的万头攒动，点播的傲然不群，带着笑，发着光，充满了无限生机。一棵新芽简直就是一颗闪亮的珍珠。“夜雨剪春韭”是老杜的诗句吧，清新极了；老圃种菜，一畦菜怕不就是一首更新的诗？（吴伯箫《菜园小记》）

前半部分“那些新芽，……充满了无限生机。”从整体看是比拟（拟人），里面又套着排比，“条播的……撒播的……点播的……”是排比，这是辞格的套用。后半部分“一棵新芽简直就是一颗闪亮的珍珠。”是比喻（暗喻），“夜雨剪春韭”是引用，“一畦菜怕不就是一首更新的诗？”是反问与比喻的兼用。

(10) 那黄河和汶河又恰似两条飘舞的彩绸，正有两只看不见的大手在耍着；那连绵不断的大小山岭，却又像许多条龙灯一齐滚舞。——整个山河都在欢腾着啊！

分号前是明喻与拟人连用，分号后是明喻，破折号后是拟人。

(11) 书山有路勤为径，

学海无涯苦作舟。

这是个对偶句子，其中套用暗喻。

(12) 由谁来教育文艺工作者，给他们以营养呢？马克思主义的回答只能是：人民。人民是文艺工作者的母亲。

首先是设问，其次是暗喻，属辞格连用。

(13) 这种感情像红松那样，根深蒂固，狂风吹不动，暴雨浸不败，千秋万载永不凋谢。

首先是明喻，其次是夸张、对偶兼用。

(14) 在古老的年代，玛瑙河对岸是一片森林，森林边上的村落里，有一个名叫米拉朵黑的年轻人，他是一个出色的猎手。

论力气，米拉朵黑能和野熊摔跤。

论人才，米拉朵黑像天神一般英俊。

论性情，米拉朵黑像一个温柔的少女。

三个“论……”是排比，其中套用了夸张、明喻。

(15) 东方白，月儿落，

车轮流动地哆嗦。

长鞭甩碎空中雾，

一车粪肥一车歌。

“车轮流动地哆嗦”是拟人兼夸张，“长鞭甩碎空中雾”是拟物，“一车粪肥一车歌”是拈连。

(16) 好！黄山松，我大声为你叫好，

谁有你挺得硬，扎得稳，站得高！

九万里雷霆，八千里风暴，

劈不歪，砍不动，轰不倒！

第一行是拟人，第二行是排比，后两行是夸张，其中第三行套用对偶，第四行又套用排比。

思考与练习

一、名词解释

1. 修辞格。2. 比拟。3. 拈连。4. 仿词。5. 顶真。6. 通感。7. 层递。

二、列举

1. 常见的比喻变式。

2. 借代的方式。

3. 列举对偶的类型，并举例佐证。

4. 对比的类型。

5. 反语的类型。

三、简答

1. 运用比喻应注意的问题。

2. 比拟与比喻的区别。

3. 运用比拟应注意的问题。

4. 借代与借喻的区别。

5. 比喻的基本类型和作用。

6. 运用借代应注意的问题。

7. 全式拈连。

8. 谐音双关和语义双关。

9. 双关与借喻的区别。

10. 运用对偶应注意的问题。

11. 仿词和拈连的区别。

12. 运用仿词应注意的问题。

13. 排比与对偶的区别。

14. 通感的作用。

15. 反复和排比的区别。

16. 回环与顶真的区别。

17. 对比和对偶的区别。

18. 运用反语应注意的问题。

19. 层递和排比的区别。

20. 异类连用、兼用和套用彼此间的区别。

四、实践操作

1. 判断并说出下面各句运用的修辞方式。

（1）狂风紧紧抱起一堆巨浪，恶狠狠地扔到峭崖上，把大块的翡翠摔成尘雾和水沫。

（2）要学参天白杨树，不做墙头毛毛草。

（3）让我们对土地倾注更强烈的感情吧！因为大地母亲的镣铐解除了，现在就看我们怎样为我们的大地母亲好好工作了。

(4) 农民在土地上种下一粒粒种子，也就是种下了一个美好的希望。

(5) 姓陶不见桃结果，姓李不见李花开，姓罗不见锣鼓响，三个蠢材哪里来？

(6) 到底度过几年“人之初”，这字写得多秀气，多有劲。

(7) 我在公坑寺天成禅院曾看过一副对联：“肚大能容，容天下难容之事；口开常笑，笑世间可笑之人”。

(8) 泥鳅有须又无磷，小妹有口又无心，花言巧语来哄我，云遮日头是假晴。

(9) 我不知上了多少石级，一级又一级，是乐趣也是苦趣。

(10) 真正的世界杜鹃花中心何在？就在云南、四川、西藏三省接壤的广大地区……芝麻大的外国植物园，怎样和它相比？

(11) 如果离开充分发扬民主，这种集中，这种统一，是真的还是假的？是实的还是空的？是正确的还是错误的？当然只能是假的，空的，错误的。

(12) 高粱好似一队队红领巾，悄悄地把周围的道路观察。

(13) 这两种人都凭主观，忽视客观实际事物的存在，或作演讲，则甲乙丙丁、一二三四的一大串，或做文章，则夸夸其谈的一大篇，无实事求是之意，有哗众取宠之心。华而不实，脆而不坚。自以为是，老子天下第一，“钦差大臣”满天飞。这就是我们队伍中若干同志的作风。这种作风，拿了律己，则害了自己；拿了教人，则害了别人；拿了指导革命，则害了革命。

2. 下列句子哪个句子的修辞与其他三句不同？

A. 这是什么缘故呢？有人说，我们中国是有一种“特别国情”。

B. 主宰戏剧的是什么人？一般以为是剧作家，认定剧本为一剧之本。

C. 全然忘却，毫无怨恨，又有什么宽恕之可言呢？

D. 怎么样才能不惧呢？有了不惑不忧工夫，惧当然会减少许多了。

3. 综合运用修辞知识，写上一段话和一篇完整文章，并从修辞的角度，谈谈你运用了哪些修辞方法。

附表一　简化字总表

关于重新发表《简化字总表》的说明

为纠正社会用字混乱，便于群众使用规范的简化字，经国务院批准重新发表原中国文字改革委员会于1964年编印的《简化字总表》。原《简化字总表》中的个别字，作了调整。“叠”、“覆”、“像”、“啰”不再作“迭”、“复”、“象”、“罗”的繁体字处理。因此，在第一表中删去了“迭［叠］”、“象［像］”，“复”字字头下删去繁体字［覆］。在第二表“罗”字字头下删去繁体字［囉］，“囉”依简化偏旁“罗”类推简化为“啰”。“瞭”字读“liǎo”（了解）时，仍简作“了”，读“liào”（瞭望）时作“瞭”，不简作“了”。此外，对第一表“余［餘］”的脚注内容作了补充，第三表“讠”下偏旁类推字“雠”字加了脚注。

汉字的形体在一个时期内应当保持稳定，以利应用。《第二次汉字简化方案（草案）》已经国务院批准废止。我们要求社会用字以《简化字总表》为标准：凡是在《简化字总表》中已经被简化了的繁体字，应该用简化字而不用繁体字；凡是不符合《简化字总表》规定的简化字，包括《第二次汉字简化方案（草案）》的简化字和社会上流行的各种简体字，都是不规范的简他字，应当停止使用。希望各级语言文字工作部门和文化、教育、新闻等部门多作宣传，采取各种措施，引导大家逐渐用好规范的简化字。

国家语言文字工作委员会 1986年10月10日

第一表：不作简化偏旁用的简化字

本表共收简化字350个，按读音的拼音字母顺序排列。本表的简化字都不得作简化偏旁使用。

A

碍〔礙〕　肮〔骯〕　袄〔襖〕

B

坝〔壩〕　板〔闆〕　办〔辦〕　帮〔幫〕　宝〔寶〕　报〔報〕　币〔幣〕

毙〔斃〕　标〔標〕　表〔錶〕　别〔彆〕　卜〔蔔〕　补〔補〕

C

才〔纔〕　蚕〔蠶〕(1)　灿〔燦〕　层〔層〕　搀〔攙〕　谗〔讒〕　馋〔饞〕

缠〔纏〕(2)　忏〔懺〕　偿〔償〕　厂〔廠〕　彻〔徹〕　尘〔塵〕　衬〔襯〕

称〔稱〕　惩〔懲〕　迟〔遲〕　冲〔衝〕　丑〔醜〕　出〔齣〕　础〔礎〕
处〔處〕　触〔觸〕　辞〔辭〕　聪〔聰〕　丛〔叢〕

D

担〔擔〕　胆〔膽〕　导〔導〕　灯〔燈〕　邓〔鄧〕　敌〔敵〕　籴〔糴〕
递〔遞〕　点〔點〕　淀〔澱〕　电〔電〕　冬〔鼕〕　斗〔鬥〕　独〔獨〕
吨〔噸〕　夺〔奪〕　堕〔墮〕

E

儿〔兒〕

F

矾〔礬〕　范〔範〕　飞〔飛〕　坟〔墳〕　奋〔奮〕　粪〔糞〕　凤〔鳳〕
肤〔膚〕　妇〔婦〕　复〔復、複〕

G

盖〔蓋〕　干〔乾[3]、幹〕　赶〔趕〕　个〔個〕　巩〔鞏〕　沟〔溝〕
构〔構〕　购〔購〕　谷〔穀〕　顾〔顧〕　刮〔颳〕　关〔關〕　观〔觀〕
柜〔櫃〕

H

汉〔漢〕　号〔號〕　合〔閤〕　轰〔轟〕　后〔後〕　胡〔鬍〕　壶〔壺〕
沪〔滬〕　护〔護〕　划〔劃〕　怀〔懷〕　坏〔壞〕[4]　欢〔歡〕　环〔環〕
还〔還〕　回〔迴〕　伙〔夥〕[5]　获〔獲、穫〕

J

击〔擊〕　鸡〔鷄〕　积〔積〕　极〔極〕　际〔際〕　继〔繼〕　家〔傢〕
价〔價〕　艰〔艱〕　歼〔殲〕　茧〔繭〕　拣〔揀〕　硷〔鹼〕　舰〔艦〕
姜〔薑〕　浆〔漿〕[6]　桨〔槳〕　奖〔獎〕　讲〔講〕　酱〔醬〕　胶〔膠〕
阶〔階〕　疖〔癤〕　洁〔潔〕　借〔藉〕[7]　仅〔僅〕　惊〔驚〕　竞〔競〕
旧〔舊〕　剧〔劇〕　据〔據〕　惧〔懼〕　卷〔捲〕

K

开〔開〕　克〔剋〕　垦〔墾〕　恳〔懇〕　夸〔誇〕　块〔塊〕　亏〔虧〕
困〔睏〕

L

腊〔臘〕　蜡〔蠟〕　兰〔蘭〕　拦〔攔〕　栏〔欄〕　烂〔爛〕　累〔纍〕
垒〔壘〕　类〔類〕[8]　里〔裏〕　礼〔禮〕　隶〔隸〕　帘〔簾〕　联〔聯〕
怜〔憐〕　炼〔煉〕　练〔練〕　粮〔糧〕　疗〔療〕　辽〔遼〕　了〔瞭〕[9]
猎〔獵〕　临〔臨〕[10]　邻〔鄰〕　岭〔嶺〕[11]　庐〔廬〕　芦〔蘆〕　炉〔爐〕
陆〔陸〕　驴〔驢〕　乱〔亂〕

M

么〔麽〕[12]　霉〔黴〕　蒙〔矇、濛、懞〕　梦〔夢〕　面〔麵〕　庙〔廟〕
灭〔滅〕　蔑〔衊〕　亩〔畝〕

N

恼〔惱〕 脑〔腦〕 拟〔擬〕 酿〔釀〕 疟〔瘧〕

P

盘〔盤〕 辟〔闢〕 苹〔蘋〕 凭〔憑〕 扑〔撲〕 仆〔僕〕[13] 朴〔樸〕

Q

启〔啓〕 签〔籤〕 千〔韆〕 牵〔牽〕 纤〔縴、纖〕[14] 窍〔竅〕
窃〔竊〕 寝〔寢〕 庆〔慶〕[15] 琼〔瓊〕 秋〔鞦〕 曲〔麯〕 权〔權〕
劝〔勸〕 确〔確〕

R

让〔讓〕 扰〔擾〕 热〔熱〕 认〔認〕

S

洒〔灑〕 伞〔傘〕 丧〔喪〕 扫〔掃〕 涩〔澀〕 晒〔曬〕 伤〔傷〕
舍〔捨〕 沈〔瀋〕 声〔聲〕 胜〔勝〕 湿〔濕〕 实〔實〕 适〔適〕[16]
势〔勢〕 兽〔獸〕 书〔書〕 术〔術〕[17] 树〔樹〕 帅〔帥〕 松〔鬆〕
苏〔蘇、囌〕 虽〔雖〕 随〔隨〕

T

台〔臺、檯、颱〕 态〔態〕 坛〔壇、罎〕 叹〔嘆〕 誊〔謄〕
体〔體〕 粜〔糶〕 铁〔鐵〕 听〔聽〕 厅〔廳〕[18] 头〔頭〕 图〔圖〕
涂〔塗〕 团〔團、糰〕 椭〔橢〕

W

洼〔窪〕 袜〔襪〕[19] 网〔網〕 卫〔衛〕 稳〔穩〕 务〔務〕 雾〔霧〕

X

牺〔犧〕 习〔習〕 系〔係、繫〕[20] 戏〔戲〕 虾〔蝦〕 吓〔嚇〕[21]
咸〔鹹〕 显〔顯〕 宪〔憲〕 县〔縣〕[22] 响〔響〕 向〔嚮〕 协〔協〕
胁〔脅〕 亵〔褻〕 衅〔釁〕 兴〔興〕 须〔鬚〕 悬〔懸〕 选〔選〕
旋〔鏇〕

Y

压〔壓〕[23] 盐〔鹽〕 阳〔陽〕 养〔養〕 痒〔癢〕 样〔樣〕 钥〔鑰〕
药〔藥〕 爷〔爺〕 叶〔葉〕[24] 医〔醫〕 亿〔億〕 忆〔憶〕 应〔應〕
痈〔癰〕 拥〔擁〕 佣〔傭〕 踊〔踴〕 忧〔憂〕 优〔優〕 邮〔郵〕
余〔餘〕[25] 御〔禦〕 吁〔籲〕[26] 郁〔鬱〕 誉〔譽〕 渊〔淵〕 园〔園〕
远〔遠〕 愿〔願〕 跃〔躍〕 运〔運〕 酝〔醞〕

Z

杂〔雜〕 赃〔贜〕 脏〔臟、髒〕 凿〔鑿〕 枣〔棗〕 灶〔竈〕
斋〔齋〕 毡〔氈〕 战〔戰〕 赵〔趙〕 折〔摺〕[27] 这〔這〕 征〔徵〕[28]
症〔癥〕 证〔證〕 只〔隻、祇、衹〕 致〔緻〕 制〔製〕 钟〔鐘、鍾〕
肿〔腫〕 种〔種〕 众〔衆〕 昼〔晝〕 朱〔硃〕 烛〔燭〕 筑〔築〕

庄〔莊〕[29] 桩〔樁〕　妆〔妝〕　装〔裝〕　壮〔壯〕　状〔狀〕　准〔準〕
浊〔濁〕　总〔總〕　钻〔鑽〕

(1) 蚕：上从天，不从夭。(2) 缠：右从厘，不从厘。(3) 乾坤、乾隆的乾读 qián (前)，不简化。(4) 不作坯。坯是砖坯的坯，读 pī (批)，坏坯二字不可互混。(5) 作多解的夥不简化。(6) 浆、桨、奖、酱：右上角从夕，不从夕或⺤。(7) 藉口、凭藉的藉简化作借，慰藉、狼藉等的藉仍用藉。(8) 类：下从大，不从犬。(9) 瞭：读 liǎo (了解) 时，仍简作了，读 liào (瞭望) 时作瞭，不简作了。(10) 临：左从一短竖一长竖，不从刂。(11) 岭：不作岺，免与岑混。(12) 读 me 轻声。读 yāo (夭) 的么应作幺 (么本字)。吆应作吆。麽读 mó (摩) 时不简化，如幺麽小丑。(13) 前仆后继的仆读 pū (扑)。(14) 纤维的纤读 xiān (先)。(15) 庆：从大，不从犬。(16) 古人南宫适、洪适的适 (古字罕用) 读 kuò (括)。此适字本作逜，为了避免混淆，可恢复本字逜。(17) 中药苍术、白术的术读 zhú (竹)。(18) 厅：从厂，不从广。(19) 袜：从末，不从未。(20) 系带子的系读 jì (计)。(21) 恐吓的吓读 hè (赫)。(22) 县：七笔。上从且。(23) 压：六笔。土的右旁有一点。(24) 叶韵的叶读 xié (协)。(25) 在余和馀意义可能混淆时，仍用馀。如文言句“馀年无多”。(26) 喘吁吁，长吁短叹的吁读 xū (虚)。(27) 在折和摺意义可能混淆时，摺仍用摺。(28) 宫商角徵羽的徵读 zhǐ (止)，不简化。(29) 庄：六笔。土的右旁无点。

第二表：可作简化偏旁用的简化字和简化偏旁

本表共收简化字 132 个和简化偏旁 14 个。简化字按读音的拼音字母顺序排列，简化偏旁按笔数排列。

A
爱〔愛〕
B
罢〔罷〕　备〔備〕　贝〔貝〕　笔〔筆〕　毕〔畢〕　边〔邊〕　宾〔賓〕
C
参〔參〕　仓〔倉〕　产〔產〕　长〔長〕[1] 尝〔嘗〕[2] 车〔車〕　齿〔齒〕
虫〔蟲〕　刍〔芻〕　从〔從〕　窜〔竄〕
D
达〔達〕　带〔帶〕　单〔單〕　当〔當、噹〕　党〔黨〕　东〔東〕
动〔動〕　断〔斷〕　对〔對〕　队〔隊〕
E
尔〔爾〕
F
发〔發、髮〕　丰〔豐〕[3] 风〔風〕
G
冈〔岡〕　广〔廣〕　归〔歸〕　龟〔龜〕　国〔國〕　过〔過〕

H

华〔華〕 画〔畫〕 汇〔匯、彙〕 会〔會〕

J

几〔幾〕 夹〔夾〕 戋〔戔〕 监〔監〕 见〔見〕 荐〔薦〕 将〔將〕[4]

节〔節〕 尽〔盡、儘〕 进〔進〕 举〔舉〕

K

壳〔殼〕[5]

L

来〔來〕 乐〔樂〕 离〔離〕 历〔歷、曆〕 丽〔麗〕[6] 两〔兩〕

灵〔靈〕 刘〔劉〕 龙〔龍〕 娄〔婁〕 卢〔盧〕 虏〔虜〕 卤〔鹵、滷〕

录〔録〕 虑〔慮〕 仑〔侖〕 罗〔羅〕

M

马〔馬〕[7] 买〔買〕 卖〔賣〕[8] 麦〔麥〕 门〔門〕 黾〔黽〕[9]

N

难〔難〕 鸟〔鳥〕[10] 聂〔聶〕 宁〔寧〕[11] 农〔農〕

Q

齐〔齊〕 岂〔豈〕 气〔氣〕 迁〔遷〕 佥〔僉〕 乔〔喬〕 亲〔親〕

穷〔窮〕 区〔區〕[12]

S

啬〔嗇〕 杀〔殺〕 审〔審〕 圣〔聖〕 师〔師〕 时〔時〕 寿〔壽〕

属〔屬〕 双〔雙〕 肃〔肅〕[13] 岁〔歲〕 孙〔孫〕

T

条〔條〕[14]

W

万〔萬〕 为〔為〕 韦〔韋〕 乌〔烏〕[15] 无〔無〕[16]

X

献〔獻〕 乡〔鄉〕 写〔寫〕[17] 寻〔尋〕

Y

亚〔亞〕 严〔嚴〕 厌〔厭〕 尧〔堯〕[18] 业〔業〕 页〔頁〕 义〔義〕[19]

艺〔藝〕 阴〔陰〕 隐〔隱〕 犹〔猶〕 鱼〔魚〕 与〔與〕 云〔雲〕

Z

郑〔鄭〕 执〔執〕 质〔質〕 专〔專〕

简化偏旁

讠〔言〕[20] 饣〔食〕[21] 昜〔昜〕[22] 纟〔糹〕 𢀖〔臤〕 䒑〔𤇾〕 𠂉〔臨〕

只〔戠〕 钅〔金〕[23] 𭕄〔𦥯〕 睪〔睪〕[24] 圣〔巠〕 亦〔䜌〕 呙〔咼〕

(1) 长：四笔。笔顺是：丿𠄌长长。(2) 尝：不是賞的简化字。賞的简化字是赏（见第三表）。（3）四川省酆都县已改丰都县。姓酆的酆不简化作邦。（4）将：右上角从夕，不从夕或⺥。（5）壳：几上没有一小横。（6）丽：七笔。上边一横，不作两小横。（7）马：三笔。笔顺是：㇇马马。上部向左稍斜，左上角开口，末笔作左偏旁时改作平挑。（8）卖：从十从买，上不从士或土。（9）黾：从口从电。（10）鸟：五笔。（11）作门屏之间解的宁（古字罕用）读 zhù（柱）。为避免此宁字与寧的简化字混淆，原读 zhù 的宁作㝉。（12）区：不作区。（13）肃：中间一竖下面的两边从八，下半中间不从米。（14）条：上从夂，三笔，不从攵。（15）乌：四笔。（16）无：四笔。上从二，不可误作旡。（17）写：上从冖，不从宀。（18）尧：六笔。右上角无点，不可误作尧。（19）义：从乂（读 yì）加点，不可误作叉（读 chā）。（20）讠：二笔。不作讠。（21）饣：三笔。中一横折作㇇，不作乚或点。（22）汤：三笔。（23）钅：第二笔是一短横，中两横，竖折不出头。（24）睾丸的睾读 gāo（高），不简化。

第三表：应用第二表所列简化字和简化偏旁得出来的简化字

本表共收简化字 1753 个（不包含重见的字。例如"缆"分见"纟、⺰、见"三部，只算一字），以第二表中的简化字和简化偏旁作部首，按第二表的顺序排列。同一部首中的简化字，按笔数排列。

爱

嗳〔噯〕　嫒〔嬡〕　叆〔靉〕　瑷〔璦〕　暧〔曖〕

罢

摆〔擺、襬〕　罴〔羆〕　䆉〔穲〕

备

惫〔憊〕

贝

贞〔貞〕　则〔則〕　负〔負〕　贡〔貢〕　呗〔唄〕　员〔員〕　财〔財〕
狈〔狽〕　责〔責〕　厕〔厠〕　贤〔賢〕　账〔賬〕　贩〔販〕　贬〔貶〕
败〔敗〕　贮〔貯〕　贪〔貪〕　贫〔貧〕　侦〔偵〕　侧〔側〕　货〔貨〕
贯〔貫〕　测〔測〕　浈〔湞〕　恻〔惻〕　贰〔貳〕　贲〔賁〕　贳〔貰〕
费〔費〕　郧〔鄖〕　勋〔勛〕　帧〔幀〕　贴〔貼〕　贶〔貺〕　贻〔貽〕
贱〔賤〕　贵〔貴〕　钡〔鋇〕　贷〔貸〕　贸〔貿〕　贺〔賀〕　陨〔隕〕
涢〔溳〕　资〔資〕　祯〔禎〕　贾〔賈〕　损〔損〕　贽〔贄〕　埙〔塤〕
桢〔楨〕　唝〔嗊〕　唢〔嗩〕　赅〔賅〕　圆〔圓〕　贼〔賊〕　贿〔賄〕
赆〔贐〕　赂〔賂〕　债〔債〕　赁〔賃〕　渍〔漬〕　惯〔慣〕　琐〔瑣〕
赉〔賚〕　匮〔匱〕　掼〔摜〕　殒〔殞〕　勚〔勩〕　赈〔賑〕　婴〔嬰〕
啧〔嘖〕　赊〔賒〕　帻〔幘〕　偾〔僨〕　铡〔鍘〕　绩〔績〕　溃〔潰〕
溅〔濺〕　赓〔賡〕　愦〔憒〕　愤〔憤〕　蒉〔蕢〕　赍〔賫〕　蒇〔蕆〕
婧〔婧〕　赔〔賠〕　赕〔賧〕　遗〔遺〕　赋〔賦〕　喷〔噴〕　赌〔賭〕
赎〔贖〕　赏〔賞〕(1)　赐〔賜〕　赒〔賙〕　锁〔鎖〕　馈〔饋〕　赖〔賴〕

赪〔赬〕 碛〔磧〕 〔殨〕 赗〔賵〕 腻〔膩〕 赛〔賽〕 襀〔襀〕
赘〔贅〕 撄〔攖〕 槚〔檟〕 嘤〔嚶〕 赚〔賺〕 赙〔賻〕 罂〔罌〕
镄〔鐨〕 箦〔簀〕 鲗〔鰂〕 缨〔纓〕 璎〔瓔〕 聩〔聵〕 樱〔櫻〕
赜〔賾〕 篑〔簣〕 濑〔瀨〕 瘿〔癭〕 懒〔懶〕 赝〔贋〕 豮〔豶〕
赠〔贈〕 鹦〔鸚〕 獭〔獺〕 赞〔贊〕 赢〔贏〕 赡〔贍〕 癞〔癩〕
攒〔攢〕 籁〔籟〕 缵〔纘〕 瓒〔瓚〕 臜〔臢〕 赣〔贛〕 趱〔趲〕
躜〔躦〕 戆〔戇〕

笔

滗〔潷〕

毕

荜〔蓽〕 哔〔嗶〕 筚〔篳〕 跸〔蹕〕

边

笾〔籩〕

宾

傧〔儐〕 滨〔濱〕 摈〔擯〕 嫔〔嬪〕 缤〔繽〕 殡〔殯〕 槟〔檳〕
膑〔臏〕 镔〔鑌〕 髌〔髕〕 鬓〔鬢〕

参

渗〔滲〕 惨〔慘〕 掺〔摻〕 骖〔驂〕 毵〔毿〕 瘆〔瘮〕 碜〔磣〕
穇〔穇〕 糁〔糝〕

仓

伧〔傖〕 创〔創〕 沧〔滄〕 怆〔愴〕 苍〔蒼〕 抢〔搶〕 呛〔嗆〕
炝〔熗〕 玱〔瑲〕 枪〔槍〕 戗〔戧〕 疮〔瘡〕 鸧〔鶬〕 舱〔艙〕
跄〔蹌〕

产

浐〔滻〕 萨〔薩〕 铲〔鏟〕

长

伥〔倀〕 怅〔悵〕 帐〔帳〕 张〔張〕 枨〔棖〕 账〔賬〕 胀〔脹〕
涨〔漲〕

尝

鲿〔鱨〕

车

轧〔軋〕 军〔軍〕 轨〔軌〕 厍〔厙〕 阵〔陣〕 库〔庫〕 连〔連〕
轩〔軒〕 诨〔諢〕 郓〔鄆〕 轫〔軔〕 轭〔軛〕 匦〔匭〕 转〔轉〕
轮〔輪〕 斩〔斬〕 软〔軟〕 浑〔渾〕 恽〔惲〕 砗〔硨〕 轶〔軼〕
轲〔軻〕 轱〔軲〕 轷〔軤〕 轻〔輕〕 轳〔轤〕 轴〔軸〕 挥〔揮〕
荤〔葷〕 轹〔轢〕 轸〔軫〕 轺〔軺〕 涟〔漣〕 珲〔琿〕 载〔載〕
莲〔蓮〕 较〔較〕 轼〔軾〕 轾〔輊〕 辂〔輅〕 轿〔轎〕 晕〔暈〕

渐〔漸〕　惭〔慚〕　皲〔皸〕　琏〔璉〕　辅〔輔〕　辄〔輒〕　辆〔輛〕
堑〔塹〕　啭〔囀〕　崭〔嶄〕　裤〔褲〕　裢〔褳〕　辇〔輦〕　辋〔輞〕
辍〔輟〕　辊〔輥〕　椠〔槧〕　辎〔輜〕　暂〔暫〕　辉〔輝〕　辈〔輩〕
链〔鏈〕　翚〔翬〕　辏〔輳〕　辐〔輻〕　辑〔輯〕　输〔輸〕　毂〔轂〕
辔〔轡〕　辖〔轄〕　辕〔轅〕　辗〔輾〕　舆〔輿〕　辘〔轆〕　撵〔攆〕
鲢〔鰱〕　辙〔轍〕　錾〔鏨〕　辚〔轔〕

齿

龀〔齔〕　啮〔嚙〕　龆〔齠〕　龅〔齙〕　龃〔齟〕　龄〔齡〕　龇〔齜〕
龈〔齦〕　龉〔齬〕　龊〔齪〕　龌〔齷〕　龋〔齲〕

虫

蛊〔蠱〕

刍

诌〔謅〕　㑇〔㑳〕　邹〔鄒〕　㤘〔㥮〕　驺〔騶〕　绉〔縐〕　皱〔皺〕
趋〔趨〕　雏〔雛〕

从

苁〔蓯〕　纵〔縱〕　枞〔樅〕　怂〔慫〕　耸〔聳〕

窜

撺〔攛〕　镩〔鑹〕　蹿〔躥〕

达

闼〔闥〕　因〔闥〕　挞〔撻〕　哒〔噠〕　鞑〔韃〕

带

滞〔滯〕

单

郸〔鄲〕　惮〔憚〕　阐〔闡〕　掸〔撣〕　弹〔彈〕　婵〔嬋〕　禅〔禪〕
殚〔殫〕　瘅〔癉〕　蝉〔蟬〕　箪〔簞〕　蕲〔蘄〕　冁〔囅〕

当

挡〔擋〕　档〔檔〕　裆〔襠〕　铛〔鐺〕

党

谠〔讜〕　傥〔儻〕　镋〔钂〕

东

冻〔凍〕　陈〔陳〕　岽〔崬〕　栋〔棟〕　胨〔腖〕　鸫〔鶇〕

动

恸〔慟〕

断

簖〔籪〕

对

怼〔懟〕

队

坠〔墜〕

尔

迩〔邇〕　弥〔彌、瀰〕　祢〔禰〕　玺〔璽〕　猕〔獼〕

发

泼〔潑〕　废〔廢〕　拨〔撥〕　钹〔鏺〕

丰

沣〔灃〕　艳〔艷〕　滟〔灧〕

风

讽〔諷〕　沨〔渢〕　岚〔嵐〕　枫〔楓〕　疯〔瘋〕　飒〔颯〕　砜〔碸〕

飓〔颶〕　飔〔颸〕　飕〔颼〕　飗〔飀〕　飘〔飄〕　飙〔飆〕

冈

刚〔剛〕　㧏〔掆〕　岗〔崗〕　纲〔綱〕　㭎〔棡〕　钢〔鋼〕

广

邝〔鄺〕　圹〔壙〕　扩〔擴〕　犷〔獷〕　纩〔纊〕　旷〔曠〕　矿〔礦〕

归

岿〔巋〕

龟

阄〔鬮〕

国

掴〔摑〕　帼〔幗〕　腘〔膕〕　蝈〔蟈〕

过

挝〔撾〕

华

哗〔嘩〕　骅〔驊〕　烨〔燁〕　桦〔樺〕　晔〔曄〕　铧〔鏵〕

画

婳〔嫿〕

汇

㧟〔擓〕

会

刽〔劊〕　郐〔鄶〕　侩〔儈〕　浍〔澮〕　荟〔薈〕　哙〔噲〕　狯〔獪〕

绘〔繪〕　烩〔燴〕　桧〔檜〕　脍〔膾〕　鲙〔鱠〕

几

讥〔譏〕　叽〔嘰〕　饥〔饑〕　机〔機〕　玑〔璣〕　矶〔磯〕　虮〔蟣〕

夹

郏〔郟〕　侠〔俠〕　陕〔陝〕　浃〔浹〕　挟〔挾〕　荚〔莢〕　峡〔峽〕

狭〔狹〕　惬〔愜〕　硖〔硤〕　铗〔鋏〕　颊〔頰〕　蛱〔蛺〕　瘗〔瘞〕

箧〔篋〕

戋

刬〔剗〕　浅〔淺〕　饯〔餞〕　线〔綫〕　残〔殘〕　栈〔棧〕　贱〔賤〕

盏〔盞〕　钱〔錢〕　笺〔箋〕　溅〔濺〕　践〔踐〕

监

滥〔濫〕　蓝〔藍〕　尴〔尷〕　槛〔檻〕　褴〔襤〕　篮〔籃〕

见

苋〔莧〕　岘〔峴〕　觃〔覎〕　视〔視〕　规〔規〕　现〔現〕　枧〔梘〕

觅〔覓〕　觉〔覺〕　砚〔硯〕　觇〔覘〕　览〔覽〕　宽〔寬〕　蚬〔蜆〕

觊〔覬〕　笕〔筧〕　觋〔覡〕　觌〔覿〕　靓〔靚〕　搅〔攪〕　揽〔攬〕

缆〔纜〕　窥〔窺〕　榄〔欖〕　觎〔覦〕　觏〔覯〕　觐〔覲〕　觑〔覷〕

髋〔髖〕

荐

鞯〔韉〕

将

蒋〔蔣〕　锵〔鏘〕

节

栉〔櫛〕

尽

浕〔濜〕　荩〔藎〕　烬〔燼〕　赆〔贐〕

进

琎〔璡〕

举

榉〔櫸〕

壳

悫〔慤〕

来

涞〔淶〕　莱〔萊〕　崃〔崍〕　徕〔徠〕　赉〔賚〕　睐〔睞〕　铼〔錸〕

乐

泺〔濼〕　烁〔爍〕　栎〔櫟〕　轹〔轢〕　砾〔礫〕　铄〔鑠〕

离

漓〔灕〕　篱〔籬〕

历

沥〔瀝〕　坜〔壢〕　苈〔藶〕　呖〔嚦〕　枥〔櫪〕　疬〔癧〕　雳〔靂〕

丽

俪〔儷〕　郦〔酈〕　逦〔邐〕　骊〔驪〕　鹂〔鸝〕　酾〔釃〕　鲡〔鱺〕

两

俩〔倆〕 唡〔啢〕 辆〔輛〕 满〔滿〕 瞒〔瞞〕 颟〔顢〕 螨〔蟎〕
魉〔魎〕 懑〔懣〕 蹒〔蹣〕

灵

棂〔欞〕

刘

浏〔瀏〕

龙

陇〔隴〕 泷〔瀧〕 宠〔寵〕 庞〔龐〕 垄〔壟〕 拢〔攏〕 茏〔蘢〕
咙〔嚨〕 珑〔瓏〕 栊〔櫳〕 䶮〔龑〕 昽〔曨〕 胧〔朧〕 砻〔礱〕
袭〔襲〕 聋〔聾〕 龚〔龔〕 龛〔龕〕 笼〔籠〕 詟〔讋〕

娄

偻〔僂〕 溇〔漊〕 蒌〔蔞〕 搂〔摟〕 嵝〔嶁〕 喽〔嘍〕 缕〔縷〕
屡〔屢〕 数〔數〕 楼〔樓〕 瘘〔瘻〕 褛〔褸〕 窭〔窶〕 瞜〔瞜〕
镂〔鏤〕 屦〔屨〕 蝼〔螻〕 篓〔簍〕 耧〔耬〕 薮〔藪〕 擞〔擻〕
髅〔髏〕

卢

泸〔瀘〕 垆〔壚〕 栌〔櫨〕 轳〔轤〕 胪〔臚〕 鸬〔鸕〕 颅〔顱〕
舻〔艫〕 鲈〔鱸〕

虏

掳〔擄〕

卤

鹾〔鹺〕

录

箓〔籙〕

虑

滤〔濾〕 摅〔攄〕

仑

论〔論〕 伦〔倫〕 沦〔淪〕 抡〔掄〕 囵〔圇〕 纶〔綸〕 轮〔輪〕
瘪〔癟〕

罗

萝〔蘿〕 啰〔囉〕 逻〔邏〕 猡〔玀〕 椤〔欏〕 锣〔鑼〕 箩〔籮〕

马

冯〔馮〕 驭〔馭〕 闯〔闖〕 吗〔嗎〕 犸〔獁〕 驮〔馱〕 驰〔馳〕
驯〔馴〕 妈〔媽〕 玛〔瑪〕 驱〔驅〕 驳〔駁〕 码〔碼〕 驼〔駝〕
驻〔駐〕 驵〔駔〕 驾〔駕〕 驿〔驛〕 驷〔駟〕 驶〔駛〕 驹〔駒〕
骀〔騶〕 骀〔駘〕 驸〔駙〕 驽〔駑〕 骂〔罵〕 蚂〔螞〕 笃〔篤〕

骇〔駭〕　骈〔駢〕　骁〔驍〕　骄〔驕〕　骅〔驊〕　骆〔駱〕　骊〔驪〕
骋〔騁〕　验〔驗〕　骏〔駿〕　骎〔駸〕　骑〔騎〕　骐〔騏〕　骒〔騍〕
骓〔騅〕　骖〔驂〕　骗〔騙〕　骘〔騭〕　骛〔騖〕　骚〔騷〕　骞〔騫〕
骜〔驁〕　蓦〔驀〕　腾〔騰〕　骝〔騮〕　骟〔騸〕　骠〔驃〕　骢〔驄〕
骡〔騾〕　羁〔羈〕　骤〔驟〕　骥〔驥〕　骧〔驤〕

买

荬〔蕒〕

卖

读〔讀〕　渎〔瀆〕　续〔續〕　椟〔櫝〕　觌〔覿〕　赎〔贖〕　犊〔犢〕
牍〔牘〕　窦〔竇〕　黩〔黷〕

麦

唛〔嘜〕　麸〔麩〕

门

闩〔閂〕　闪〔閃〕　们〔們〕　闭〔閉〕　闯〔闖〕　问〔問〕　扪〔捫〕
闱〔闈〕　闵〔閔〕　闷〔悶〕　闰〔閏〕　闲〔閑〕　间〔間〕　闹〔鬧〕(2) 闸〔閘〕
钔〔鍆〕　阂〔閡〕　闺〔閨〕　闻〔聞〕　闼〔闥〕　闽〔閩〕　闾〔閭〕
闿〔闓〕　阀〔閥〕　阁〔閣〕　阀〔閥〕　润〔潤〕　涧〔澗〕　悯〔憫〕
阆〔閬〕　阅〔閱〕　阃〔閫〕　阄〔鬮〕(2) 阏〔閼〕　娴〔嫻〕　阏〔閼〕
阈〔閾〕　阉〔閹〕　阊〔閶〕　阍〔閽〕　阌〔閿〕　阋〔鬩〕(2) 阐〔闡〕
阎〔閻〕　焖〔燜〕　阑〔闌〕　裥〔襉〕　阔〔闊〕　痫〔癇〕　鹇〔鷴〕
阕〔闋〕　阒〔闃〕　搁〔擱〕　锏〔鐧〕　锎〔鐦〕　阙〔闕〕　阖〔闔〕
阗〔闐〕　榈〔櫚〕　简〔簡〕　谰〔讕〕　阚〔闞〕　蔺〔藺〕　澜〔瀾〕
斓〔斕〕　㘓〔囒〕　镧〔鑭〕　躏〔躪〕

黾

渑〔澠〕　绳〔繩〕　鼋〔黿〕　蝇〔蠅〕　鼍〔鼉〕

难

傩〔儺〕　滩〔灘〕　摊〔攤〕　瘫〔癱〕

鸟

凫〔鳧〕　鸠〔鳩〕　岛〔島〕　茑〔蔦〕　鸢〔鳶〕　鸣〔鳴〕　枭〔梟〕
鸩〔鴆〕　鸦〔鴉〕　䴓〔鳾〕　鸥〔鷗〕　鸨〔鴇〕　鸧〔鶬〕　窎〔窵〕
莺〔鶯〕　鸪〔鴣〕　捣〔搗〕　鸫〔鶇〕　鸬〔鸕〕　鸭〔鴨〕　鸯〔鴦〕
鸮〔鴞〕　鸲〔鴝〕　鸰〔鴒〕　鸳〔鴛〕　鸵〔鴕〕　袅〔裊〕　鸱〔鴟〕
鸶〔鷥〕　鸾〔鸞〕　䴔〔鵁〕　鸿〔鴻〕　鸷〔鷙〕　鸸〔鴯〕　䴕〔鴷〕
鸼〔鵃〕　鸽〔鴿〕　鸹〔鴰〕　鸺〔鵂〕　鸻〔鴴〕　鹈〔鵜〕　鹇〔鷳〕
鹁〔鵓〕　鹂〔鸝〕　鹃〔鵑〕　鹆〔鵒〕　鹄〔鵠〕　鹅〔鵝〕　鹑〔鶉〕
鹒〔鶊〕　䴖〔鶄〕　鹉〔鵡〕　鹊〔鵲〕　鹋〔鶓〕　鹌〔鵪〕　鹏〔鵬〕
鹐〔鵮〕　鹚〔鷀〕　鹕〔鶘〕　鹖〔鶡〕　䴗〔鶪〕　鹗〔鶚〕　鹘〔鶻〕

鹙〔鶖〕 鹜〔鶩〕 鹛〔鶥〕 鹤〔鶴〕 鹣〔鶼〕 鹞〔鷂〕 鹡〔鶺〕
鹧〔鷓〕 䴘〔鷉〕 鹥〔鷖〕 鹦〔鸚〕 鹨〔鷚〕 鹫〔鷲〕 鹩〔鷯〕
鹪〔鷦〕 鹬〔鷸〕 鹰〔鷹〕 鹯〔鸇〕 鹭〔鷺〕 䴙〔鸊〕 鹳〔鸛〕

聂

慑〔懾〕 滠〔灄〕 摄〔攝〕 嗫〔囁〕 镊〔鑷〕 颞〔顳〕 蹑〔躡〕

宁

泞〔濘〕 拧〔擰〕 咛〔嚀〕 狞〔獰〕 柠〔檸〕 聍〔聹〕

农

侬〔儂〕 浓〔濃〕 哝〔噥〕 脓〔膿〕

齐

剂〔劑〕 侪〔儕〕 济〔濟〕 荠〔薺〕 挤〔擠〕 脐〔臍〕 蛴〔蠐〕
跻〔躋〕 霁〔霽〕 鲚〔鱭〕 齑〔齏〕

岂

剀〔剴〕 凯〔凱〕 恺〔愷〕 闿〔闓〕 垲〔塏〕 桤〔榿〕 觊〔覬〕
硙〔磑〕 皑〔皚〕 铠〔鎧〕

气

忾〔愾〕 饩〔餼〕

迁

跹〔躚〕

佥

剑〔劍〕 俭〔儉〕 险〔險〕 捡〔撿〕 猃〔獫〕 验〔驗〕 检〔檢〕
殓〔殮〕 敛〔斂〕 脸〔臉〕 裣〔襝〕 睑〔瞼〕 签〔簽〕 潋〔瀲〕
蔹〔蘞〕

乔

侨〔僑〕 挢〔撟〕 荞〔蕎〕 峤〔嶠〕 骄〔驕〕 娇〔嬌〕 桥〔橋〕
轿〔轎〕 硚〔礄〕 矫〔矯〕 鞒〔鞽〕

亲

榇〔櫬〕

穷

䓖〔藭〕

区

讴〔謳〕 伛〔傴〕 沤〔漚〕 怄〔慪〕 抠〔摳〕 奁〔奩〕 呕〔嘔〕
岖〔嶇〕 妪〔嫗〕 驱〔驅〕 枢〔樞〕 瓯〔甌〕 欧〔歐〕 殴〔毆〕
鸥〔鷗〕 眍〔瞘〕 躯〔軀〕

啬

蔷〔薔〕 墙〔墻〕 嫱〔嬙〕 樯〔檣〕 穑〔穡〕

杀

铩〔鎩〕

审

谉〔讅〕　婶〔嬸〕

圣

柽〔檉〕　蛏〔蟶〕

师

浉〔溮〕　狮〔獅〕　蛳〔螄〕　筛〔篩〕

时

埘〔塒〕　莳〔蒔〕　鲥〔鰣〕

寿

俦〔儔〕　涛〔濤〕　祷〔禱〕　焘〔燾〕　畴〔疇〕　铸〔鑄〕　筹〔籌〕
踌〔躊〕

属

嘱〔囑〕　瞩〔矚〕

双

扨〔攩〕

肃

萧〔蕭〕　啸〔嘯〕　潇〔瀟〕　箫〔簫〕　蟏〔蠨〕

岁

刿〔劌〕　哕〔噦〕　秽〔穢〕

孙

荪〔蓀〕　狲〔猻〕　逊〔遜〕

条

涤〔滌〕　绦〔縧〕　鲦〔鰷〕

万

厉〔厲〕　迈〔邁〕　励〔勵〕　疠〔癘〕　虿〔蠆〕　趸〔躉〕　砺〔礪〕
粝〔糲〕　蛎〔蠣〕

为

伪〔僞〕　沩〔溈〕　妫〔媯〕

韦

讳〔諱〕　伟〔偉〕　闱〔闈〕　违〔違〕　苇〔葦〕　韧〔韌〕　帏〔幃〕
围〔圍〕　纬〔緯〕　炜〔煒〕　祎〔禕〕　玮〔瑋〕　韨〔韍〕　涠〔潿〕
韩〔韓〕　韫〔韞〕　韪〔韙〕　韬〔韜〕

乌

邬〔鄔〕　坞〔塢〕　呜〔嗚〕　钨〔鎢〕

无

怃〔憮〕 庑〔廡〕 抚〔撫〕 芜〔蕪〕 呒〔嘸〕 妩〔嫵〕

献

谳〔讞〕

乡

芗〔薌〕 飨〔饗〕

写

泻〔瀉〕

寻

浔〔潯〕 荨〔蕁〕 挦〔撏〕 鲟〔鱘〕

亚

垩〔堊〕 垭〔埡〕 挜〔掗〕 哑〔啞〕 娅〔婭〕 恶〔惡、噁〕
氩〔氬〕 壶〔壺〕

严

俨〔儼〕 酽〔釅〕

厌

恹〔懨〕 厣〔厴〕 靥〔靨〕 餍〔饜〕 魇〔魘〕 黡〔黶〕

尧

侥〔僥〕 浇〔澆〕 挠〔撓〕 荛〔蕘〕 峣〔嶢〕 哓〔嘵〕 娆〔嬈〕
骁〔驍〕 绕〔繞〕 饶〔饒〕 烧〔燒〕 桡〔橈〕 晓〔曉〕 硗〔磽〕
铙〔鐃〕 翘〔翹〕 蛲〔蟯〕 跷〔蹺〕

业

邺〔鄴〕

页

顶〔頂〕 顷〔頃〕 项〔項〕 顸〔頇〕 顺〔順〕 须〔須〕 颃〔頏〕
烦〔煩〕 顼〔頊〕 顽〔頑〕 顿〔頓〕 颀〔頎〕 颁〔頒〕 颂〔頌〕
倾〔傾〕 预〔預〕 庼〔廎〕 硕〔碩〕 颅〔顱〕 领〔領〕 颈〔頸〕
颇〔頗〕 颏〔頦〕 颊〔頰〕 颉〔頡〕 颖〔穎〕 颌〔頜〕 颋〔頲〕
滪〔澦〕 颐〔頤〕 蓣〔蕷〕 频〔頻〕 颓〔頹〕 颔〔頷〕 颖〔穎〕
颗〔顆〕 额〔額〕 颜〔顏〕 撷〔擷〕 题〔題〕 颙〔顒〕 颛〔顓〕
缬〔纈〕 濒〔瀕〕 颠〔顛〕 颟〔顢〕 颞〔顳〕 颡〔顙〕 嚣〔囂〕
颢〔顥〕 颤〔顫〕 巅〔巔〕 颥〔顬〕 癫〔癲〕 灏〔灝〕 颦〔顰〕
颧〔顴〕

义

议〔議〕 仪〔儀〕 蚁〔蟻〕

艺

呓〔囈〕

阴

荫〔蔭〕

隐

瘾〔癮〕

犹

莸〔蕕〕

鱼

鱽〔魛〕　渔〔漁〕　鲂〔魴〕　鱿〔魷〕　鲁〔魯〕　鲎〔鱟〕　蓟〔薊〕
鲆〔鮃〕　鲏〔鮍〕　鲅〔鮁〕　鲈〔鱸〕　鲇〔鮎〕　鲊〔鮓〕　䲟〔鮣〕
稣〔穌〕　鲋〔鮒〕　鲍〔鮑〕　鲐〔鮐〕　鲞〔鯗〕　鲝〔鮺〕　鲚〔鱭〕
鲛〔鮫〕　鲜〔鮮〕　鲑〔鮭〕　鲒〔鮚〕　鲟〔鱘〕　鲔〔鮪〕　鲟〔鱘〕
鲗〔鰂〕　鲖〔鮦〕　鲙〔鱠〕　鲨〔鯊〕　噜〔嚕〕　鲡〔鱺〕　鲠〔鯁〕
鲢〔鰱〕　鲫〔鯽〕　鲥〔鰣〕　鲩〔鯇〕　鲣〔鰹〕　鲤〔鯉〕　鲦〔鰷〕
鳏〔鰥〕　橹〔櫓〕　氇〔氌〕　鲸〔鯨〕　鲭〔鯖〕　鲮〔鯪〕　鲰〔鯫〕
鲲〔鯤〕　鲻〔鯔〕　鲳〔鯧〕　鲱〔鯡〕　鲵〔鯢〕　鲷〔鯛〕　鲶〔鯰〕
藓〔蘚〕　䲠〔鰆〕　鲼〔鱝〕　鲹〔鰺〕　鳊〔鯿〕　鲽〔鰈〕　鳁〔鰮〕
鳃〔鰓〕　鳄〔鱷〕　镥〔鑥〕　鳅〔鰍〕　鳆〔鰒〕　鳇〔鰉〕　鳌〔鰲〕
歔〔歔〕　䲢〔螣〕　鳒〔鰜〕　鳍〔鰭〕　鳎〔鰨〕　鳏〔鰥〕　鳑〔鰟〕
癣〔癬〕　鳖〔鱉〕　鳙〔鱅〕　鳛〔鰼〕　鳕〔鱈〕　鳔〔鰾〕　鳓〔鰳〕
鳘〔鰵〕　鳗〔鰻〕　鳝〔鱔〕　鳟〔鱒〕　鳞〔鱗〕　鳜〔鱖〕　鳣〔鱣〕
鳢〔鱧〕

与

屿〔嶼〕　欤〔歟〕

云

芸〔蕓〕　昙〔曇〕　叆〔靉〕　叇〔靆〕

郑

掷〔擲〕　踯〔躑〕

执

垫〔墊〕　挚〔摯〕　贽〔贄〕　鸷〔鷙〕　蛰〔蟄〕　絷〔縶〕

质

锧〔鑕〕　踬〔躓〕

专

传〔傳〕　抟〔摶〕　转〔轉〕　膊〔膞〕　砖〔磚〕　啭〔囀〕

讠

计〔計〕　订〔訂〕　讣〔訃〕　讥〔譏〕　议〔議〕　讨〔討〕　讧〔訌〕
讦〔訐〕　记〔記〕　讯〔訊〕　讪〔訕〕　训〔訓〕　讫〔訖〕　访〔訪〕
讶〔訝〕　讳〔諱〕　讵〔詎〕　讴〔謳〕　诀〔訣〕　讷〔訥〕　设〔設〕

讽〔諷〕 讹〔訛〕 䜣〔訢〕 许〔許〕 论〔論〕 讼〔訟〕 讻〔訩〕
诂〔詁〕 诃〔訶〕 评〔評〕 诏〔詔〕 词〔詞〕 译〔譯〕 诎〔詘〕
诇〔詗〕 诅〔詛〕 识〔識〕 诌〔謅〕 诋〔詆〕 诉〔訴〕 诈〔詐〕
诊〔診〕 诒〔詒〕 诨〔諢〕 该〔該〕 详〔詳〕 诧〔詫〕 诓〔誆〕
诖〔詿〕 诘〔詰〕 诙〔詼〕 试〔試〕 诗〔詩〕 诩〔詡〕 诤〔諍〕
诠〔詮〕 诛〔誅〕 诔〔誄〕 诟〔詬〕 诣〔詣〕 话〔話〕 诡〔詭〕
询〔詢〕 诚〔誠〕 诞〔誕〕 浒〔滸〕 诮〔誚〕 说〔說〕 诫〔誡〕
诬〔誣〕 语〔語〕 诵〔誦〕 罚〔罰〕 误〔誤〕 诰〔誥〕 诳〔誑〕
诱〔誘〕 诲〔誨〕 诶〔誒〕 狱〔獄〕 谊〔誼〕 谅〔諒〕 谈〔談〕
谆〔諄〕 谉〔讅〕 谇〔誶〕 请〔請〕 诺〔諾〕 诸〔諸〕 读〔讀〕
诼〔諑〕 诹〔諏〕 课〔課〕 诽〔誹〕 诿〔諉〕 谁〔誰〕 谀〔諛〕
调〔調〕 谄〔諂〕 谂〔諗〕 谛〔諦〕 谙〔諳〕 谜〔謎〕 谚〔諺〕
谝〔諞〕 谘〔諮〕 谌〔諶〕 谎〔謊〕 谋〔謀〕 谍〔諜〕 谐〔諧〕
谏〔諫〕 谞〔諝〕 谑〔謔〕 谒〔謁〕 谔〔諤〕 谓〔謂〕 谖〔諼〕
谕〔諭〕 谥〔謚〕 谤〔謗〕 谦〔謙〕 谧〔謐〕 谟〔謨〕 谠〔讜〕
谡〔謖〕 谢〔謝〕 谣〔謠〕 储〔儲〕 谪〔謫〕 谫〔譾〕 谨〔謹〕
谬〔謬〕 谩〔謾〕 谱〔譜〕 谮〔譖〕 谭〔譚〕 谰〔讕〕 谲〔譎〕
谯〔譙〕 蔼〔藹〕 槠〔櫧〕 谴〔譴〕 谵〔譫〕 谳〔讞〕 辩〔辯〕
䜩〔讌〕 雠〔讎〕(3) 谶〔讖〕 霭〔靄〕

饣

饥〔饑〕 饦〔飥〕 饧〔餳〕 饨〔飩〕 饭〔飯〕 饮〔飲〕 饫〔飫〕
饩〔餼〕 饪〔飪〕 饬〔飭〕 饲〔飼〕 饯〔餞〕 饰〔飾〕 饱〔飽〕
饴〔飴〕 饳〔飿〕 饸〔餄〕 饷〔餉〕 饺〔餃〕 饻〔餏〕 饼〔餅〕
饵〔餌〕 饶〔饒〕 蚀〔蝕〕 饹〔餎〕 饽〔餑〕 馁〔餒〕 饿〔餓〕
馆〔館〕 馄〔餛〕 馃〔餜〕 馅〔餡〕 馉〔餶〕 馇〔餷〕 馈〔饋〕
馊〔餿〕 馐〔饈〕 馍〔饃〕 馎〔餺〕 馏〔餾〕 馑〔饉〕 馒〔饅〕
馓〔饊〕 馔〔饌〕 馕〔饢〕 汤〔湯〕 扬〔揚〕 场〔場〕 旸〔暘〕
饧〔餳〕 炀〔煬〕 杨〔楊〕 肠〔腸〕 疡〔瘍〕 砀〔碭〕 畅〔暢〕
钖〔鍚〕 殇〔殤〕 荡〔蕩〕 烫〔燙〕 觞〔觴〕

纟

丝〔絲〕 纠〔糾〕 纩〔纊〕 纡〔紆〕 纣〔紂〕 红〔紅〕 纪〔紀〕
纫〔紉〕 纥〔紇〕 约〔約〕 纨〔紈〕 级〔級〕 纺〔紡〕 纹〔紋〕
纬〔緯〕 纭〔紜〕 纯〔純〕 纰〔紕〕 纽〔紐〕 纳〔納〕 纲〔綱〕
纱〔紗〕 纴〔紝〕 纷〔紛〕 纶〔綸〕 纸〔紙〕 纵〔縱〕 纾〔紓〕
纼〔紖〕 咝〔噝〕 绊〔絆〕 线〔綫〕 绀〔紺〕 绁〔紲〕 绂〔紱〕
绋〔紼〕 绎〔繹〕 经〔經〕 绍〔紹〕 组〔組〕 细〔細〕 䌷〔紬〕
绅〔紳〕 织〔織〕 绌〔絀〕 终〔終〕 绉〔縐〕 绐〔紿〕 哟〔喲〕

经〔經〕 荮〔葤〕 荭〔葒〕 绞〔絞〕 统〔統〕 绒〔絨〕 绕〔繞〕
绔〔絝〕 结〔結〕 绗〔絎〕 给〔給〕 绘〔繪〕 绝〔絕〕 绛〔絳〕
络〔絡〕 绚〔絢〕 绑〔綁〕 莼〔蒓〕 绠〔綆〕 绨〔綈〕 绡〔綃〕
绢〔絹〕 绣〔綉〕 绥〔綏〕 绦〔縧〕 鸶〔鷥〕 综〔綜〕 绽〔綻〕
绾〔綰〕 绻〔綣〕 绩〔績〕 绫〔綾〕 绪〔緒〕 续〔續〕 绮〔綺〕
缀〔綴〕 绿〔綠〕 绰〔綽〕 绲〔緄〕 绳〔繩〕 绯〔緋〕 绶〔綬〕
绸〔綢〕 绷〔繃〕 绺〔綹〕 维〔維〕 绵〔綿〕 缁〔緇〕 缔〔締〕
编〔編〕 缕〔縷〕 缃〔緗〕 缂〔緙〕 缅〔緬〕 缘〔緣〕 缉〔緝〕
缇〔緹〕 缈〔緲〕 缗〔緡〕 缊〔緼〕 缌〔緦〕 缆〔纜〕 缓〔緩〕
缄〔緘〕 缑〔緱〕 缒〔縋〕 缎〔緞〕 辔〔轡〕 缞〔縗〕 缤〔繽〕
缟〔縞〕 缣〔縑〕 缢〔縊〕 缚〔縛〕 缙〔縉〕 缛〔縟〕 缜〔縝〕
缝〔縫〕 缡〔縭〕 潍〔濰〕 缩〔縮〕 缥〔縹〕 缪〔繆〕 缦〔縵〕
缨〔纓〕 缫〔繅〕 缧〔縲〕 蕴〔藴〕 缮〔繕〕 缯〔繒〕 缬〔纈〕
缭〔繚〕 橼〔櫞〕 缰〔繮〕 缳〔繯〕 缲〔繰〕 缱〔繾〕 缴〔繳〕
辫〔辮〕 缵〔纘〕 坚〔堅〕 贤〔賢〕 肾〔腎〕 竖〔竪〕 悭〔慳〕
紧〔緊〕 铿〔鏗〕 鲣〔鰹〕 劳〔勞〕 茕〔煢〕 茔〔塋〕 荧〔熒〕
荣〔榮〕 荥〔滎〕 荦〔犖〕 涝〔澇〕 崂〔嶗〕 莹〔瑩〕 捞〔撈〕
唠〔嘮〕 莺〔鶯〕 萤〔螢〕 营〔營〕 萦〔縈〕 痨〔癆〕 嵘〔嶸〕
铹〔鐒〕 耢〔耮〕 蝾〔蠑〕 览〔覽〕 揽〔攬〕 缆〔纜〕 榄〔欖〕
鉴〔鑒〕 只识〔識〕 帜〔幟〕 织〔織〕 炽〔熾〕 职〔職〕

钅

钆〔釓〕 钇〔釔〕 钌〔釕〕 钋〔釙〕 钉〔釘〕 针〔針〕 钊〔釗〕
钗〔釵〕 钎〔釺〕 钓〔釣〕 钏〔釧〕 钍〔釷〕 钐〔釤〕 钒〔釩〕
钖〔鍚〕 钕〔釹〕 钔〔鍆〕 钬〔鈥〕 钫〔鈁〕 钚〔鈈〕 䥺〔釾〕
钪〔鈧〕 钯〔鈀〕 钭〔鈄〕 钙〔鈣〕 钝〔鈍〕 钛〔鈦〕 钘〔鈃〕
钮〔鈕〕 钞〔鈔〕 钢〔鋼〕 钠〔鈉〕 钡〔鋇〕 钤〔鈐〕 钧〔鈞〕
钩〔鈎〕 钦〔欽〕 钨〔鎢〕 铋〔鉍〕 钰〔鈺〕 钱〔錢〕 钲〔鉦〕
钳〔鉗〕 钴〔鈷〕 钺〔鉞〕 钵〔鉢〕 钹〔鈸〕 钼〔鉬〕 钾〔鉀〕
铀〔鈾〕 钿〔鈿〕 铎〔鐸〕 䥽〔鏺〕 铃〔鈴〕 铅〔鉛〕 铂〔鉑〕
铄〔鑠〕 铆〔鉚〕 铍〔鈹〕 钶〔鈳〕 铊〔鉈〕 钽〔鉭〕 铌〔鈮〕
钷〔鉕〕 铈〔鈰〕 铉〔鉉〕 铒〔鉺〕 铑〔銠〕 铕〔銪〕 铟〔銦〕
铷〔銣〕 铯〔銫〕 铥〔銩〕 铪〔鉿〕 铞〔銱〕 铫〔銚〕 铵〔銨〕
衔〔銜〕 铲〔鏟〕 铰〔鉸〕 铳〔銃〕 铱〔銥〕 铓〔鋩〕 铗〔鋏〕
铐〔銬〕 铏〔鉶〕 铙〔鐃〕 银〔銀〕 铛〔鐺〕 铜〔銅〕 铝〔鋁〕
铡〔鍘〕 铠〔鎧〕 铨〔銓〕 铢〔銖〕 铣〔銑〕 铤〔鋌〕 铭〔銘〕
铬〔鉻〕 铮〔錚〕 铧〔鏵〕 铩〔鎩〕 揿〔撳〕 锌〔鋅〕 锐〔鋭〕
锑〔銻〕 锒〔鋃〕 铺〔鋪〕 铸〔鑄〕 嵚〔嶔〕 锓〔鋟〕 锃〔鋥〕

链〔鏈〕 铿〔鏗〕 锎〔鐦〕 销〔銷〕 锁〔鎖〕 锄〔鋤〕 锅〔鍋〕
锉〔銼〕 锈〔銹〕 锋〔鋒〕 锆〔鋯〕 铹〔鐒〕 锔〔鋦〕 锕〔錒〕
锏〔鐧〕 铽〔鋱〕 铼〔錸〕 锇〔鋨〕 锂〔鋰〕 锧〔鑕〕 锘〔鍩〕
锞〔錁〕 锭〔錠〕 锗〔鍺〕 锝〔鍀〕 锫〔錇〕 错〔錯〕 锚〔錨〕
锛〔錛〕 锯〔鋸〕 锰〔錳〕 锢〔錮〕 锟〔錕〕 锡〔錫〕 锣〔鑼〕
锤〔錘〕 锥〔錐〕 锦〔錦〕 锨〔鍁〕 锱〔錙〕 键〔鍵〕 镀〔鍍〕
镃〔鎡〕 镁〔鎂〕 镂〔鏤〕 锲〔鍥〕 锵〔鏘〕 锷〔鍔〕 锶〔鍶〕
锴〔鍇〕 锾〔鍰〕 锹〔鍬〕 锿〔鎄〕 镅〔鎇〕 镄〔鐨〕 锻〔鍛〕
锸〔鍤〕 锼〔鎪〕 镎〔鎿〕 镓〔鎵〕 镋〔钂〕 镔〔鑌〕 镒〔鎰〕
𫔎〔鍽〕 镑〔鎊〕 镐〔鎬〕 镉〔鎘〕 镊〔鑷〕 镇〔鎮〕 镍〔鎳〕
镌〔鎸〕 镏〔鎦〕 镜〔鏡〕 镝〔鏑〕 镛〔鏞〕 镞〔鏃〕 镖〔鏢〕
镚〔鏰〕 镗〔鏜〕 𨱍〔鐯〕 镘〔鏝〕 镩〔鑹〕 镦〔鐓〕 𬭊〔鐥〕
镨〔鐠〕 镧〔鑭〕 镥〔鑥〕 镤〔鏷〕 镢〔鐝〕 镣〔鐐〕 镫〔鐙〕
镪〔鏹〕 镰〔鐮〕 镱〔鐿〕 镭〔鐳〕 镬〔鑊〕 镮〔鐶〕 镯〔鐲〕
镲〔鑔〕 镳〔鑣〕 镴〔鑞〕 镶〔鑲〕 䦆〔钁〕 峃〔嶨〕 学〔學〕
觉〔覺〕 搅〔攪〕 喾〔嚳〕 鸴〔鷽〕 黉〔黌〕 译〔譯〕 泽〔澤〕
怿〔懌〕 择〔擇〕 峄〔嶧〕 绎〔繹〕 驿〔驛〕 铎〔鐸〕 萚〔蘀〕
释〔釋〕 箨〔籜〕 劲〔勁〕 刭〔剄〕 陉〔陘〕 泾〔涇〕 茎〔莖〕
径〔徑〕 经〔經〕 烃〔烴〕 轻〔輕〕 氢〔氫〕 胫〔脛〕 痉〔痙〕
羟〔羥〕 颈〔頸〕 巯〔巰〕

亦

变〔變〕 弯〔彎〕 孪〔孿〕 峦〔巒〕 娈〔孌〕 恋〔戀〕 栾〔欒〕
挛〔攣〕 鸾〔鸞〕 湾〔灣〕 蛮〔蠻〕 脔〔臠〕 滦〔灤〕 銮〔鑾〕

呙

剐〔剮〕 涡〔渦〕 埚〔堝〕 㖞〔喎〕 莴〔萵〕 娲〔媧〕 祸〔禍〕
脶〔腡〕 窝〔窩〕 锅〔鍋〕 蜗〔蝸〕

(1) 赏：不可误作尝。尝是嘗的简化字（见第二表）。(2) 鬥字头的字，一般也写作門字头，如鬧写作閙。因此，这些鬥字头的可简化作门字头。但鬥争的鬥应简作斗（见第一表）。(3) 雠：用于校雠、雠定、仇雠等。表示仇恨、仇敌义时用仇。

附录：以下39个字是从《第一批异体字整理表》摘录出来的。这些字习惯被看作简化字，附此以便检查。括弧里的字是停止使用的异体字。

呆〔獃騃〕 布〔佈〕 痴〔癡〕 床〔牀〕 唇〔脣〕 雇〔僱〕 挂〔掛〕
哄〔閧鬨〕 迹〔跡蹟〕 秸〔稭〕 杰〔傑〕 巨〔鉅〕 昆〔崐崑〕 捆〔綑〕
泪〔淚〕 厘〔釐〕 麻〔蔴〕 脉〔脈〕 猫〔貓〕 栖〔棲〕 弃〔棄〕
升〔陞昇〕 笋〔筍〕 它〔牠〕 席〔蓆〕 凶〔兇〕 绣〔繡〕 锈〔鏽〕
岩〔巖〕 异〔異〕 涌〔湧〕 岳〔嶽〕 韵〔韻〕 灾〔災〕 札〔剳劄〕
扎〔紥紮〕 占〔佔〕 周〔週〕 注〔註〕

附表二　通用规范汉字表

国务院关于公布《通用规范汉字表》的通知

国发〔2013〕23 号

各省、自治区、直辖市人民政府，国务院各部委、各直属机构：

国务院同意教育部、国家语言文字工作委员会组织制定的《通用规范汉字表》，现予公布。

《通用规范汉字表》是贯彻《中华人民共和国国家通用语言文字法》，适应新形势下社会各领域汉字应用需要的重要汉字规范。制定和实施《通用规范汉字表》，对提升国家通用语言文字的规范化、标准化、信息化水平，促进国家经济社会和文化教育事业发展具有重要意义。《通用规范汉字表》公布后，社会一般应用领域的汉字使用应以《通用规范汉字表》为准，原有相关字表停止使用。

国务院

2013 年 6 月 5 日

说　明

一、为了贯彻《中华人民共和国国家通用语言文字法》，提升国家通用语言文字的规范化、标准化水平，满足信息时代语言生活和社会发展的需要，教育部、国家语言文字工作委员会组织制定《通用规范汉字表》。

二、本表收字 8105 个，分为三级：一级字表为常用字集，收字 3500 个，主要满足基础教育和文化普及的基本用字需要。二级字表收字 3000 个，使用度仅次于一级字。一、二级字表合计 6500 字，主要满足出版印刷、辞书编纂和信息处理等方面的一般用字需要。三级字表收字 1605 个，是姓氏人名、地名、科学技术术语和中小学语文教材文言文用字中未进入一、二级字表的较通用的字，主要满足信息化时代与大众生活密切相关的专门领域的用字需要。

三、本表在整合《第一批异体字整理表》(1955 年)、《简化字总表》(1986 年)、《现代汉语常用字表》(1988 年)、《现代汉语通用字表》(1988 年)的基础上制定。一、二级字表通过语料库统计和人工干预方法，主要依据字的使用度进行定量、收字和分级。三级字表主要通过向有关部门和群众征集用字等方法，收录音义俱全且有一定使用度的字。

四、本表一、二级字表的研制，主要使用了国家语言文字工作委员会现代汉语平衡语料库（收录 1919—2002 年人文和社会科学、自然科学、综合等三大类的 55 个学科门类的语料，9100 万字符）、现代新闻媒体动态流通语料库（收录 2001—2002 年 15 种报刊的语料，3.5 亿字符）、教育科普综合语料库（收录 1951—2003 年中小学通用教材及科普读物的语料，518 万字符）、儿童文学语料库（收录 1949—2007 年适合义务教育第一、二学段阅读的儿童文学的语料，570 万字符）、《现代汉语词典》（第五版）、《新华字典》（第十版），参考了其他语料库和工具书。

五、本表三级字的具体来源是：（1）姓氏人名用字，主要来源于 1982 年全国人口普查 18 省市抽样统计姓氏人名用字、公安部提供的姓氏用字及部分人名用字、群众提供的姓氏人名用字、一些古代姓氏用字和有影响的古代人名用字；（2）地名用字，主要来源于民政部和国家测绘地理信息局提供的乡镇以上地名用字、部分村级地名和部分自然实体名称的用字、主要汉语工具书中标明为“地名”的用字；(3)科学技术术语用字，主要来源于全国科学技术名词审定委员会提供的 56 个门类、中国社会科学院语言研究所提供的 33 个门类的科学技术与人文社会科学的术语用字；（4）中小学语文教材的文言文用字，主要来源于中小学语文教材文言文语料库（收录 1949—2008 年中小学语文教材中的文言文和普及性文言文的语料，65 万字符）。

六、本表对社会上出现的在《简化字总表》和《现代汉语通用字表》之外的类推简化字进行了严格甄别，仅收录了符合本表收字原则且已在社会语言生活中广泛使用的“闫、铊、颒”等226个简化字。

七、本表在以往相关规范文件对异体字调整的基础上，又将《第一批异体字整理表》中“皙、喆、淼、昇、邨”等45个异体字调整为规范字。

八、本表的字形依据《现代汉语通用字表》确定，字序遵循《GB13000.1 字符集汉字字序（笔画序）规范》的规定。

九、为方便使用，本表后附《规范字与繁体字、异体字对照表》和《〈通用规范汉字表〉笔画检字表》两个附表。

十、本表可根据语言生活的发展变化和实际需要适时进行必要补充和调整。

一级字表

0001 一
0002 乙
0003 二
0004 十
0005 丁
0006 厂
0007 七
0008 卜
0009 八
0010 人
0011 入
0012 儿
0013 匕
0014 几
0015 九
0016 刁
0017 了
0018 刀
0019 力
0020 乃
0021 又
0022 三
0023 干
0024 于
0025 亏
0026 工
0027 土
0028 士
0029 才
0030 下
0031 寸
0032 大
0033 丈
0034 与
0035 万
0036 上
0037 小
0038 口
0039 山
0040 巾
0041 千
0042 乞
0043 川
0044 亿
0045 个
0046 夕
0047 久
0048 么
0049 勺
0050 凡
0051 丸
0052 及
0053 广
0054 亡
0055 门
0056 丫
0057 义
0058 之
0059 尸
0060 己
0061 已
0062 巳
0063 弓
0064 子
0065 卫
0066 也
0067 女
0068 刃
0069 飞
0070 习
0071 叉
0072 马
0073 乡
0074 丰
0075 王
0076 开
0077 井
0078 天
0079 夫
0080 元
0081 无
0082 云
0083 专
0084 丐
0085 扎
0086 艺
0087 木
0088 五
0089 支
0090 厅
0091 不
0092 犬
0093 太
0094 区
0095 历
0096 歹
0097 友
0098 尤
0099 匹
0100 车
0101 巨
0102 牙
0103 屯
0104 戈
0105 比
0106 互
0107 切
0108 瓦
0109 止
0110 少
0111 曰
0112 日
0113 中
0114 贝
0115 冈
0116 内
0117 水
0118 见
0119 午
0120 牛
0121 手
0122 气
0123 毛
0124 壬
0125 升
0126 夭
0127 长
0128 仁
0129 什
0130 片
0131 仆
0132 化
0133 仇
0134 币
0135 仍
0136 仅
0137 斤
0138 爪
0139 反
0140 介
0141 父
0142 从
0143 仑
0144 今
0145 凶
0146 分
0147 乏
0148 公
0149 仓
0150 月
0151 氏
0152 勿
0153 欠
0154 风
0155 丹
0156 匀
0157 乌
0158 勾
0159 凤
0160 六
0161 文
0162 亢
0163 方
0164 火
0165 为
0166 斗
0167 忆
0168 计
0169 订
0170 户
0171 认
0172 冗
0173 讥
0174 心
0175 尺
0176 引
0177 丑
0178 巴
0179 孔
0180 队
0181 办
0182 以
0183 允
0184 予
0185 邓
0186 劝
0187 双
0188 书
0189 幻
0190 玉
0191 刊
0192 未
0193 末
0194 示
0195 击
0196 打
0197 巧
0198 正
0199 扑
0200 卉
0201 扒
0202 功
0203 扔
0204 去

0205 甘
0206 世
0207 艾
0208 古
0209 节
0210 本
0211 术
0212 可
0213 丙
0214 左
0215 厉
0216 石
0217 右
0218 布
0219 夯
0220 戊
0221 龙
0222 平
0223 灭
0224 轧
0225 东
0226 卡
0227 北
0228 占
0229 凸
0230 卢
0231 业
0232 旧
0233 帅
0234 归
0235 旦
0236 目
0237 且
0238 叶
0239 甲
0240 申
0241 叮
0242 电
0243 号
0244 田
0245 由
0246 只
0247 叭
0248 史
0249 央
0250 兄
0251 叽
0252 叼
0253 叫
0254 叩
0255 叨
0256 另
0257 叹
0258 冉
0259 皿
0260 凹
0261 囚
0262 四
0263 生
0264 矢
0265 失
0266 乍
0267 禾
0268 丘
0269 付
0270 仗
0271 代
0272 仙
0273 们
0274 仪
0275 白
0276 仔
0277 他
0278 斥
0279 瓜
0280 乎
0281 丛
0282 令
0283 用
0284 甩
0285 印
0286 尔
0287 乐
0288 句
0289 匆
0290 册
0291 卯
0292 犯
0293 外
0294 处
0295 冬
0296 鸟
0297 务
0298 包
0299 饥
0300 主
0301 市
0302 立
0303 冯
0304 玄
0305 闪
0306 兰
0307 半
0308 汁
0309 汇
0310 头
0311 汉
0312 宁
0313 穴
0314 它
0315 讨
0316 写
0317 让
0318 礼
0319 训
0320 议
0321 必
0322 讯
0323 记
0324 永
0325 司
0326 尼
0327 民
0328 弗
0329 弘
0330 出
0331 辽
0332 奶
0333 奴
0334 召
0335 加
0336 皮
0337 边
0338 孕
0339 发
0340 圣
0341 对
0342 台
0343 矛
0344 纠
0345 母
0346 幼
0347 丝
0348 邦
0349 式
0350 迂
0351 刑
0352 戎
0353 动
0354 扛
0355 寺
0356 吉
0357 扣
0358 考
0359 托
0360 老
0361 巩
0362 圾
0363 执
0364 扩
0365 扫
0366 地
0367 场
0368 扬
0369 耳
0370 芋
0371 共
0372 芒
0373 亚
0374 芝
0375 朽
0376 朴
0377 机
0378 权
0379 过
0380 臣
0381 吏
0382 再
0383 协
0384 西
0385 压
0386 厌
0387 戌
0388 在
0389 百
0390 有
0391 存
0392 而
0393 页
0394 匠
0395 夸
0396 夺
0397 灰
0398 达
0399 列
0400 死
0401 成
0402 夹
0403 夷
0404 轨
0405 邪
0406 尧
0407 划
0408 迈
0409 毕
0410 至
0411 此
0412 贞
0413 师
0414 尘
0415 尖
0416 劣
0417 光
0418 当
0419 早
0420 吁
0421 吐
0422 吓
0423 虫
0424 曲
0425 团
0426 吕
0427 同
0428 吊
0429 吃
0430 因
0431 吸
0432 吗

0433 吆
0434 屿
0435 屹
0436 岁
0437 帆
0438 回
0439 岂
0440 则
0441 刚
0442 网
0443 肉
0444 年
0445 朱
0446 先
0447 丢
0448 廷
0449 舌
0450 竹
0451 迁
0452 乔
0453 迄
0454 伟
0455 传
0456 乒
0457 乓
0458 休
0459 伍
0460 伏
0461 优
0462 臼
0463 伐
0464 延
0465 仲
0466 件
0467 任
0468 伤
0469 价
0470 伦
0471 份
0472 华
0473 仰
0474 仿
0475 伙
0476 伪
0477 自
0478 伊
0479 血
0480 向
0481 似
0482 后
0483 行
0484 舟
0485 全
0486 会
0487 杀
0488 合
0489 兆
0490 企
0491 众
0492 爷
0493 伞
0494 创
0495 肌
0496 肋
0497 朵
0498 杂
0499 危
0500 旬
0501 旨
0502 旭
0503 负
0504 匈
0505 名
0506 各
0507 多
0508 争
0509 色
0510 壮
0511 冲
0512 妆
0513 冰
0514 庄
0515 庆
0516 亦
0517 刘
0518 齐
0519 交
0520 衣
0521 次
0522 产
0523 决
0524 亥
0525 充
0526 妄
0527 闭
0528 问
0529 闯
0530 羊
0531 并
0532 关
0533 米
0534 灯
0535 州
0536 汗
0537 污
0538 江
0539 汛
0540 池
0541 汝
0542 汤
0543 忙
0544 兴
0545 宇
0546 守
0547 宅
0548 字
0549 安
0550 讲
0551 讳
0552 军
0553 讶
0554 许
0555 讹
0556 论
0557 讼
0558 农
0559 讽
0560 设
0561 访
0562 诀
0563 寻
0564 那
0565 迅
0566 尽
0567 导
0568 异
0569 弛
0570 孙
0571 阵
0572 阳
0573 收
0574 阶
0575 阴
0576 防
0577 奸
0578 如
0579 妇
0580 妃
0581 好
0582 她
0583 妈
0584 戏
0585 羽
0586 观
0587 欢
0588 买
0589 红
0590 驮
0591 纤
0592 驯
0593 约
0594 级
0595 纪
0596 驰
0597 纫
0598 巡
0599 寿
0600 弄
0601 麦
0602 玖
0603 玛
0604 形
0605 进
0606 戒
0607 吞
0608 远
0609 违
0610 韧
0611 运
0612 扶
0613 抚
0614 坛
0615 技
0616 坏
0617 抠
0618 扰
0619 扼
0620 拒
0621 找
0622 批
0623 址
0624 扯
0625 走
0626 抄
0627 贡
0628 汞
0629 坝
0630 攻
0631 赤
0632 折
0633 抓
0634 扳
0635 抡
0636 扮
0637 抢
0638 孝
0639 坎
0640 均
0641 抑
0642 抛
0643 投
0644 坟
0645 坑
0646 抗
0647 坊
0648 抖
0649 护
0650 壳
0651 志
0652 块
0653 扭
0654 声
0655 把
0656 报
0657 拟
0658 却
0659 抒
0660 劫

0661 芙
0662 芜
0663 苇
0664 芽
0665 花
0666 芹
0667 芥
0668 芬
0669 苍
0670 芳
0671 严
0672 芦
0673 芯
0674 劳
0675 克
0676 芭
0677 苏
0678 杆
0679 杠
0680 杜
0681 材
0682 村
0683 杖
0684 杏
0685 杉
0686 巫
0687 极
0688 李
0689 杨
0690 求
0691 甫
0692 匣
0693 更
0694 束
0695 吾
0696 豆
0697 两
0698 酉
0699 丽
0700 医
0701 辰
0702 励
0703 否
0704 还
0705 尬
0706 歼
0707 来
0708 连
0709 轩
0710 步
0711 卤
0712 坚
0713 肖
0714 旱
0715 盯
0716 呈
0717 时
0718 吴
0719 助
0720 县
0721 里
0722 呆
0723 吱
0724 吠
0725 呕
0726 园
0727 旷
0728 围
0729 呀
0730 吨
0731 足
0732 邮
0733 男
0734 困
0735 吵
0736 串
0737 员
0738 呐
0739 听
0740 吟
0741 吩
0742 呛
0743 吻
0744 吹
0745 呜
0746 吭
0747 吧
0748 邑
0749 吼
0750 囤
0751 别
0752 吮
0753 岖
0754 岗
0755 帐
0756 财
0757 针
0758 钉
0759 牡
0760 告
0761 我
0762 乱
0763 利
0764 秃
0765 秀
0766 私
0767 每
0768 兵
0769 估
0770 体
0771 何
0772 佐
0773 佑
0774 但
0775 伸
0776 佃
0777 作
0778 伯
0779 伶
0780 佣
0781 低
0782 你
0783 住
0784 位
0785 伴
0786 身
0787 皂
0788 伺
0789 佛
0790 囱
0791 近
0792 彻
0793 役
0794 返
0795 余
0796 希
0797 坐
0798 谷
0799 妥
0800 含
0801 邻
0802 岔
0803 肝
0804 肛
0805 肚
0806 肘
0807 肠
0808 龟
0809 甸
0810 免
0811 狂
0812 犹
0813 狈
0814 角
0815 删
0816 条
0817 彤
0818 卵
0819 灸
0820 岛
0821 刨
0822 迎
0823 饭
0824 饮
0825 系
0826 言
0827 冻
0828 状
0829 亩
0830 况
0831 床
0832 库
0833 庇
0834 疗
0835 吝
0836 应
0837 这
0838 冷
0839 庐
0840 序
0841 辛
0842 弃
0843 冶
0844 忘
0845 闰
0846 闲
0847 间
0848 闷
0849 判
0850 兑
0851 灶
0852 灿
0853 灼
0854 弟
0855 汪
0856 沐
0857 沛
0858 汰
0859 沥
0860 沙
0861 汽
0862 沃
0863 沦
0864 汹
0865 泛
0866 沧
0867 没
0868 沟
0869 沪
0870 沈
0871 沉
0872 沁
0873 怀
0874 忧
0875 忱
0876 快
0877 完
0878 宋
0879 宏
0880 牢
0881 究
0882 穷
0883 灾
0884 良
0885 证
0886 启
0887 评
0888 补

0889 初
0890 社
0891 祀
0892 识
0893 诈
0894 诉
0895 罕
0896 诊
0897 词
0898 译
0899 君
0900 灵
0901 即
0902 层
0903 屁
0904 尿
0905 尾
0906 迟
0907 局
0908 改
0909 张
0910 忌
0911 际
0912 陆
0913 阿
0914 陈
0915 阻
0916 附
0917 坠
0918 妓
0919 妙
0920 妖
0921 姊
0922 妨
0923 妒
0924 努
0925 忍
0926 劲
0927 矣
0928 鸡
0929 纬
0930 驱
0931 纯
0932 纱
0933 纲
0934 纳
0935 驳
0936 纵
0937 纷
0938 纸
0939 纹
0940 纺
0941 驴
0942 纽
0943 奉
0944 玩
0945 环
0946 武
0947 青
0948 责
0949 现
0950 玫
0951 表
0952 规
0953 抹
0954 卦
0955 坷
0956 坯
0957 拓
0958 拢
0959 拔
0960 坪
0961 拣
0962 坦
0963 担
0964 坤
0965 押
0966 抽
0967 拐
0968 拖
0969 者
0970 拍
0971 顶
0972 拆
0973 拎
0974 拥
0975 抵
0976 拘
0977 势
0978 抱
0979 拄
0980 垃
0981 拉
0982 拦
0983 幸
0984 拌
0985 拧
0986 拂
0987 拙
0988 招
0989 坡
0990 披
0991 拨
0992 择
0993 抬
0994 拇
0995 拗
0996 其
0997 取
0998 茉
0999 苦
1000 昔
1001 苛
1002 若
1003 茂
1004 苹
1005 苗
1006 英
1007 苟
1008 苑
1009 苞
1010 范
1011 直
1012 茁
1013 茄
1014 茎
1015 苔
1016 茅
1017 枉
1018 林
1019 枝
1020 杯
1021 枢
1022 柜
1023 枚
1024 析
1025 板
1026 松
1027 枪
1028 枫
1029 构
1030 杭
1031 杰
1032 述
1033 枕
1034 丧
1035 或
1036 画
1037 卧
1038 事
1039 刺
1040 枣
1041 雨
1042 卖
1043 郁
1044 矾
1045 矿
1046 码
1047 厕
1048 奈
1049 奔
1050 奇
1051 奋
1052 态
1053 欧
1054 殴
1055 垄
1056 妻
1057 轰
1058 顷
1059 转
1060 斩
1061 轮
1062 软
1063 到
1064 非
1065 叔
1066 歧
1067 肯
1068 齿
1069 些
1070 卓
1071 虎
1072 虏
1073 肾
1074 贤
1075 尚
1076 旺
1077 具
1078 味
1079 果
1080 昆
1081 国
1082 哎
1083 咕
1084 昌
1085 呵
1086 畅
1087 明
1088 易
1089 咙
1090 昂
1091 迪
1092 典
1093 固
1094 忠
1095 呻
1096 咒
1097 咋
1098 咐
1099 呼
1100 鸣
1101 咏
1102 呢
1103 咄
1104 咖
1105 岸
1106 岩
1107 帖
1108 罗
1109 帜
1110 帕
1111 岭
1112 凯
1113 败
1114 账
1115 贩
1116 贬

1117 购
1118 贮
1119 图
1120 钓
1121 制
1122 知
1123 迭
1124 氛
1125 垂
1126 牧
1127 物
1128 乖
1129 刮
1130 秆
1131 和
1132 季
1133 委
1134 秉
1135 佳
1136 侍
1137 岳
1138 供
1139 使
1140 例
1141 侠
1142 侥
1143 版
1144 侄
1145 侦
1146 侣
1147 侧
1148 凭
1149 侨
1150 佩
1151 货
1152 侈
1153 依
1154 卑
1155 的
1156 迫
1157 质
1158 欣
1159 征
1160 往
1161 爬
1162 彼
1163 径
1164 所
1165 舍
1166 金
1167 刹
1168 命
1169 肴
1170 斧
1171 爸
1172 采
1173 觅
1174 受
1175 乳
1176 贪
1177 念
1178 贫
1179 忿
1180 肤
1181 肺
1182 肢
1183 肿
1184 胀
1185 朋
1186 股
1187 肮
1188 肪
1189 肥
1190 服
1191 胁
1192 周
1193 昏
1194 鱼
1195 兔
1196 狐
1197 忽
1198 狗
1199 狞
1200 备
1201 饰
1202 饱
1203 饲
1204 变
1205 京
1206 享
1207 庞
1208 店
1209 夜
1210 庙
1211 府
1212 底
1213 疟
1214 疙
1215 疚
1216 剂
1217 卒
1218 郊
1219 庚
1220 废
1221 净
1222 盲
1223 放
1224 刻
1225 育
1226 氓
1227 闸
1228 闹
1229 郑
1230 券
1231 卷
1232 单
1233 炬
1234 炒
1235 炊
1236 炕
1237 炎
1238 炉
1239 沫
1240 浅
1241 法
1242 泄
1243 沽
1244 河
1245 沾
1246 泪
1247 沮
1248 油
1249 泊
1250 沿
1251 泡
1252 注
1253 泣
1254 泞
1255 泻
1256 泌
1257 泳
1258 泥
1259 沸
1260 沼
1261 波
1262 泼
1263 泽
1264 治
1265 怔
1266 怯
1267 怖
1268 性
1269 怕
1270 怜
1271 怪
1272 怡
1273 学
1274 宝
1275 宗
1276 定
1277 宠
1278 宜
1279 审
1280 宙
1281 官
1282 空
1283 帘
1284 宛
1285 实
1286 试
1287 郎
1288 诗
1289 肩
1290 房
1291 诚
1292 衬
1293 衫
1294 视
1295 祈
1296 话
1297 诞
1298 诡
1299 询
1300 该
1301 详
1302 建
1303 肃
1304 录
1305 隶
1306 帚
1307 屉
1308 居
1309 届
1310 刷
1311 屈
1312 弧
1313 弥
1314 弦
1315 承
1316 孟
1317 陋
1318 陌
1319 孤
1320 陕
1321 降
1322 函
1323 限
1324 妹
1325 姑
1326 姐
1327 姓
1328 妮
1329 始
1330 姆
1331 迢
1332 驾
1333 叁
1334 参
1335 艰
1336 线
1337 练
1338 组
1339 绅
1340 细
1341 驶
1342 织
1343 驹
1344 终

1345 驻
1346 绊
1347 驼
1348 绍
1349 绎
1350 经
1351 贯
1352 契
1353 贰
1354 奏
1355 春
1356 帮
1357 玷
1358 珍
1359 玲
1360 珊
1361 玻
1362 毒
1363 型
1364 拭
1365 挂
1366 封
1367 持
1368 拷
1369 拱
1370 项
1371 垮
1372 挎
1373 城
1374 挟
1375 挠
1376 政
1377 赴
1378 赵
1379 挡
1380 拽
1381 哉
1382 挺
1383 括
1384 垢
1385 拴
1386 拾
1387 挑
1388 垛
1389 指
1390 垫
1391 挣
1392 挤
1393 拼
1394 挖
1395 按
1396 挥
1397 挪
1398 拯
1399 某
1400 甚
1401 荆
1402 茸
1403 革
1404 茬
1405 荐
1406 巷
1407 带
1408 草
1409 茧
1410 茵
1411 茶
1412 荒
1413 茫
1414 荡
1415 荣
1416 荤
1417 荧
1418 故
1419 胡
1420 荫
1421 荔
1422 南
1423 药
1424 标
1425 栈
1426 柑
1427 枯
1428 柄
1429 栋
1430 相
1431 查
1432 柏
1433 栅
1434 柳
1435 柱
1436 柿
1437 栏
1438 柠
1439 树
1440 勃
1441 要
1442 柬
1443 咸
1444 威
1445 歪
1446 研
1447 砖
1448 厘
1449 厚
1450 砌
1451 砂
1452 泵
1453 砚
1454 砍
1455 面
1456 耐
1457 耍
1458 牵
1459 鸥
1460 残
1461 殃
1462 轴
1463 轻
1464 鸦
1465 皆
1466 韭
1467 背
1468 战
1469 点
1470 虐
1471 临
1472 览
1473 竖
1474 省
1475 削
1476 尝
1477 昧
1478 盹
1479 是
1480 盼
1481 眨
1482 哇
1483 哄
1484 哑
1485 显
1486 冒
1487 映
1488 星
1489 昨
1490 咧
1491 昭
1492 畏
1493 趴
1494 胃
1495 贵
1496 界
1497 虹
1498 虾
1499 蚁
1500 思
1501 蚂
1502 虽
1503 品
1504 咽
1505 骂
1506 勋
1507 哗
1508 咱
1509 响
1510 哈
1511 哆
1512 咬
1513 咳
1514 咪
1515 哪
1516 哟
1517 炭
1518 峡
1519 罚
1520 贱
1521 贴
1522 贻
1523 骨
1524 幽
1525 钙
1526 钝
1527 钞
1528 钟
1529 钢
1530 钠
1531 钥
1532 钦
1533 钧
1534 钩
1535 钮
1536 卸
1537 缸
1538 拜
1539 看
1540 矩
1541 毡
1542 氢
1543 怎
1544 牲
1545 选
1546 适
1547 秒
1548 香
1549 种
1550 秋
1551 科
1552 重
1553 复
1554 竿
1555 段
1556 便
1557 俩
1558 贷
1559 顺
1560 修
1561 俏
1562 保
1563 促
1564 俄
1565 俐
1566 侮
1567 俭
1568 俗
1569 俘
1570 信
1571 皇
1572 泉

1573 鬼
1574 侵
1575 禹
1576 侯
1577 追
1578 俊
1579 盾
1580 待
1581 徊
1582 衍
1583 律
1584 很
1585 须
1586 叙
1587 剑
1588 逃
1589 食
1590 盆
1591 胚
1592 胧
1593 胆
1594 胜
1595 胞
1596 胖
1597 脉
1598 胎
1599 勉
1600 狭
1601 狮
1602 独
1603 狰
1604 狡
1605 狱
1606 狠
1607 贸
1608 怨
1609 急
1610 饵
1611 饶
1612 蚀
1613 饺
1614 饼
1615 峦
1616 弯
1617 将
1618 奖
1619 哀
1620 亭
1621 亮
1622 度
1623 迹
1624 庭
1625 疮
1626 疯
1627 疫
1628 疤
1629 咨
1630 姿
1631 亲
1632 音
1633 帝
1634 施
1635 闺
1636 闻
1637 闽
1638 阀
1639 阁
1640 差
1641 养
1642 美
1643 姜
1644 叛
1645 送
1646 类
1647 迷
1648 籽
1649 娄
1650 前
1651 首
1652 逆
1653 兹
1654 总
1655 炼
1656 炸
1657 烁
1658 炮
1659 炫
1660 烂
1661 剃
1662 洼
1663 洁
1664 洪
1665 洒
1666 柒
1667 浇
1668 浊
1669 洞
1670 测
1671 洗
1672 活
1673 派
1674 洽
1675 染
1676 洛
1677 浏
1678 济
1679 洋
1680 洲
1681 浑
1682 浓
1683 津
1684 恃
1685 恒
1686 恢
1687 恍
1688 恬
1689 恤
1690 恰
1691 恼
1692 恨
1693 举
1694 觉
1695 宣
1696 宦
1697 室
1698 宫
1699 宪
1700 突
1701 穿
1702 窃
1703 客
1704 诫
1705 冠
1706 诬
1707 语
1708 扁
1709 袄
1710 祖
1711 神
1712 祝
1713 祠
1714 误
1715 诱
1716 诲
1717 说
1718 诵
1719 垦
1720 退
1721 既
1722 屋
1723 昼
1724 屏
1725 屎
1726 费
1727 陡
1728 逊
1729 眉
1730 孩
1731 陨
1732 除
1733 险
1734 院
1735 娃
1736 姥
1737 姨
1738 姻
1739 娇
1740 姚
1741 娜
1742 怒
1743 架
1744 贺
1745 盈
1746 勇
1747 怠
1748 癸
1749 蚤
1750 柔
1751 垒
1752 绑
1753 绒
1754 结
1755 绕
1756 骄
1757 绘
1758 给
1759 绚
1760 骆
1761 络
1762 绝
1763 绞
1764 骇
1765 统
1766 耕
1767 耘
1768 耗
1769 耙
1770 艳
1771 泰
1772 秦
1773 珠
1774 班
1775 素
1776 匿
1777 蚕
1778 顽
1779 盏
1780 匪
1781 捞
1782 栽
1783 捕
1784 埂
1785 捂
1786 振
1787 载
1788 赶
1789 起
1790 盐
1791 捎
1792 捍
1793 捏
1794 埋
1795 捉
1796 捆
1797 捐
1798 损
1799 袁
1800 捌

1801 都
1802 哲
1803 逝
1804 捡
1805 挫
1806 换
1807 挽
1808 挚
1809 热
1810 恐
1811 捣
1812 壶
1813 捅
1814 埃
1815 挨
1816 耻
1817 耿
1818 耽
1819 聂
1820 恭
1821 莽
1822 莱
1823 莲
1824 莫
1825 莉
1826 荷
1827 获
1828 晋
1829 恶
1830 莹
1831 莺
1832 真
1833 框
1834 梆
1835 桂
1836 桔
1837 栖
1838 档
1839 桐
1840 株
1841 桥
1842 桦
1843 栓
1844 桃
1845 格
1846 桩
1847 校
1848 核
1849 样
1850 根
1851 索
1852 哥
1853 速
1854 逗
1855 栗
1856 贾
1857 酌
1858 配
1859 翅
1860 辱
1861 唇
1862 夏
1863 砸
1864 砰
1865 砾
1866 础
1867 破
1868 原
1869 套
1870 逐
1871 烈
1872 殊
1873 殉
1874 顾
1875 轿
1876 较
1877 顿
1878 毙
1879 致
1880 柴
1881 桌
1882 虑
1883 监
1884 紧
1885 党
1886 逞
1887 晒
1888 眠
1889 晓
1890 哮
1891 唠
1892 鸭
1893 晃
1894 哺
1895 晌
1896 剔
1897 晕
1898 蚌
1899 畔
1900 蚣
1901 蚊
1902 蚪
1903 蚓
1904 哨
1905 哩
1906 圃
1907 哭
1908 哦
1909 恩
1910 鸯
1911 唤
1912 唁
1913 哼
1914 唧
1915 啊
1916 唉
1917 唆
1918 罢
1919 峭
1920 峨
1921 峰
1922 圆
1923 峻
1924 贼
1925 贿
1926 赂
1927 赃
1928 钱
1929 钳
1930 钻
1931 钾
1932 铁
1933 铃
1934 铅
1935 缺
1936 氧
1937 氨
1938 特
1939 牺
1940 造
1941 乘
1942 敌
1943 秤
1944 租
1945 积
1946 秧
1947 秩
1948 称
1949 秘
1950 透
1951 笔
1952 笑
1953 笋
1954 债
1955 借
1956 值
1957 倚
1958 俺
1959 倾
1960 倒
1961 倘
1962 俱
1963 倡
1964 候
1965 赁
1966 俯
1967 倍
1968 倦
1969 健
1970 臭
1971 射
1972 躬
1973 息
1974 倔
1975 徒
1976 徐
1977 殷
1978 舰
1979 舱
1980 般
1981 航
1982 途
1983 拿
1984 耸
1985 爹
1986 舀
1987 爱
1988 豺
1989 豹
1990 颁
1991 颂
1992 翁
1993 胰
1994 脆
1995 脂
1996 胸
1997 胳
1998 脏
1999 脐
2000 胶
2001 脑
2002 脓
2003 逛
2004 狸
2005 狼
2006 卿
2007 逢
2008 鸵
2009 留
2010 鸳
2011 皱
2012 饿
2013 馁
2014 凌
2015 凄
2016 恋
2017 桨
2018 浆
2019 衰
2020 衷
2021 高
2022 郭
2023 席
2024 准
2025 座
2026 症
2027 病
2028 疾

2029 斋
2030 疹
2031 疼
2032 疲
2033 脊
2034 效
2035 离
2036 紊
2037 唐
2038 瓷
2039 资
2040 凉
2041 站
2042 剖
2043 竞
2044 部
2045 旁
2046 旅
2047 畜
2048 阅
2049 羞
2050 羔
2051 瓶
2052 拳
2053 粉
2054 料
2055 益
2056 兼
2057 烤
2058 烘
2059 烦
2060 烧
2061 烛
2062 烟
2063 烙
2064 递
2065 涛
2066 浙
2067 涝
2068 浦
2069 酒
2070 涉
2071 消
2072 涡
2073 浩
2074 海
2075 涂
2076 浴
2077 浮
2078 涣
2079 涤
2080 流
2081 润
2082 涧
2083 涕
2084 浪
2085 浸
2086 涨
2087 烫
2088 涩
2089 涌
2090 悖
2091 悟
2092 悄
2093 悍
2094 悔
2095 悯
2096 悦
2097 害
2098 宽
2099 家
2100 宵
2101 宴
2102 宾
2103 窍
2104 窄
2105 容
2106 宰
2107 案
2108 请
2109 朗
2110 诸
2111 诺
2112 读
2113 扇
2114 诽
2115 袜
2116 袖
2117 袍
2118 被
2119 祥
2120 课
2121 冥
2122 谁
2123 调
2124 冤
2125 谅
2126 谆
2127 谈
2128 谊
2129 剥
2130 恳
2131 展
2132 剧
2133 屑
2134 弱
2135 陵
2136 祟
2137 陶
2138 陷
2139 陪
2140 娱
2141 娟
2142 恕
2143 娥
2144 娘
2145 通
2146 能
2147 难
2148 预
2149 桑
2150 绢
2151 绣
2152 验
2153 继
2154 骏
2155 球
2156 琐
2157 理
2158 琉
2159 琅
2160 捧
2161 堵
2162 措
2163 描
2164 域
2165 捺
2166 掩
2167 捷
2168 排
2169 焉
2170 掉
2171 捶
2172 赦
2173 堆
2174 推
2175 埠
2176 掀
2177 授
2178 捻
2179 教
2180 掏
2181 掐
2182 掠
2183 掂
2184 培
2185 接
2186 掷
2187 控
2188 探
2189 据
2190 掘
2191 掺
2192 职
2193 基
2194 聆
2195 勘
2196 聊
2197 娶
2198 著
2199 菱
2200 勒
2201 黄
2202 菲
2203 萌
2204 萝
2205 菌
2206 萎
2207 菜
2208 萄
2209 菊
2210 菩
2211 萍
2212 菠
2213 萤
2214 营
2215 乾
2216 萧
2217 萨
2218 菇
2219 械
2220 彬
2221 梦
2222 婪
2223 梗
2224 梧
2225 梢
2226 梅
2227 检
2228 梳
2229 梯
2230 桶
2231 梭
2232 救
2233 曹
2234 副
2235 票
2236 酝
2237 酗
2238 厢
2239 戚
2240 硅
2241 硕
2242 奢
2243 盔
2244 爽
2245 聋
2246 袭
2247 盛
2248 匾
2249 雪
2250 辅
2251 辆
2252 颅
2253 虚
2254 彪
2255 雀
2256 堂

2257 常
2258 眶
2259 匙
2260 晨
2261 睁
2262 眯
2263 眼
2264 悬
2265 野
2266 啪
2267 啦
2268 曼
2269 晦
2270 晚
2271 啄
2272 啡
2273 距
2274 趾
2275 啃
2276 跃
2277 略
2278 蚯
2279 蛀
2280 蛇
2281 唬
2282 累
2283 鄂
2284 唱
2285 患
2286 啰
2287 唾
2288 唯
2289 啤
2290 啥
2291 啸
2292 崖
2293 崎
2294 崭
2295 逻
2296 崔
2297 帷
2298 崩
2299 崇
2300 崛
2301 婴
2302 圈
2303 铐
2304 铛
2305 铝
2306 铜
2307 铭
2308 铲
2309 银
2310 矫
2311 甜
2312 秸
2313 梨
2314 犁
2315 秽
2316 移
2317 笨
2318 笼
2319 笛
2320 笙
2321 符
2322 第
2323 敏
2324 做
2325 袋
2326 悠
2327 偿
2328 偶
2329 偎
2330 偷
2331 您
2332 售
2333 停
2334 偏
2335 躯
2336 兜
2337 假
2338 衅
2339 徘
2340 徙
2341 得
2342 衔
2343 盘
2344 舶
2345 船
2346 舵
2347 斜
2348 盒
2349 鸽
2350 敛
2351 悉
2352 欲
2353 彩
2354 领
2355 脚
2356 脖
2357 脯
2358 豚
2359 脸
2360 脱
2361 象
2362 够
2363 逸
2364 猜
2365 猪
2366 猎
2367 猫
2368 凰
2369 猖
2370 猛
2371 祭
2372 馅
2373 馆
2374 凑
2375 减
2376 毫
2377 烹
2378 庶
2379 麻
2380 庵
2381 痊
2382 痒
2383 痕
2384 廊
2385 康
2386 庸
2387 鹿
2388 盗
2389 章
2390 竟
2391 商
2392 族
2393 旋
2394 望
2395 率
2396 阎
2397 阐
2398 着
2399 羚
2400 盖
2401 眷
2402 粘
2403 粗
2404 粒
2405 断
2406 剪
2407 兽
2408 焊
2409 焕
2410 清
2411 添
2412 鸿
2413 淋
2414 涯
2415 淹
2416 渠
2417 渐
2418 淑
2419 淌
2420 混
2421 淮
2422 淆
2423 渊
2424 淫
2425 渔
2426 淘
2427 淳
2428 液
2429 淤
2430 淡
2431 淀
2432 深
2433 涮
2434 涵
2435 婆
2436 梁
2437 渗
2438 情
2439 惜
2440 惭
2441 悼
2442 惧
2443 惕
2444 惟
2445 惊
2446 惦
2447 悴
2448 惋
2449 惨
2450 惯
2451 寇
2452 寅
2453 寄
2454 寂
2455 宿
2456 窒
2457 窑
2458 密
2459 谋
2460 谍
2461 谎
2462 谐
2463 袱
2464 祷
2465 祸
2466 谓
2467 谚
2468 谜
2469 逮
2470 敢
2471 尉
2472 屠
2473 弹
2474 隋
2475 堕
2476 随
2477 蛋
2478 隅
2479 隆
2480 隐
2481 婚
2482 婶
2483 婉
2484 颇

2485 颈
2486 绩
2487 绪
2488 续
2489 骑
2490 绰
2491 绳
2492 维
2493 绵
2494 绷
2495 绸
2496 综
2497 绽
2498 绿
2499 缀
2500 巢
2501 琴
2502 琳
2503 琢
2504 琼
2505 斑
2506 替
2507 揍
2508 款
2509 堪
2510 塔
2511 搭
2512 堰
2513 揩
2514 越
2515 趁
2516 趋
2517 超
2518 揽
2519 堤
2520 提
2521 博
2522 揭
2523 喜
2524 彭
2525 揣
2526 插
2527 揪
2528 搜
2529 煮
2530 援
2531 搀
2532 裁
2533 搁
2534 搓
2535 搂
2536 搅
2537 壹
2538 握
2539 搔
2540 揉
2541 斯
2542 期
2543 欺
2544 联
2545 葫
2546 散
2547 惹
2548 葬
2549 募
2550 葛
2551 董
2552 葡
2553 敬
2554 葱
2555 蒋
2556 蒂
2557 落
2558 韩
2559 朝
2560 辜
2561 葵
2562 棒
2563 棱
2564 棋
2565 椰
2566 植
2567 森
2568 焚
2569 椅
2570 椒
2571 棵
2572 棍
2573 椎
2574 棉
2575 棚
2576 棕
2577 棺
2578 榔
2579 椭
2580 惠
2581 惑
2582 逼
2583 粟
2584 棘
2585 酣
2586 酥
2587 厨
2588 厦
2589 硬
2590 硝
2591 确
2592 硫
2593 雁
2594 殖
2595 裂
2596 雄
2597 颊
2598 雳
2599 暂
2600 雅
2601 翘
2602 辈
2603 悲
2604 紫
2605 凿
2606 辉
2607 敞
2608 棠
2609 赏
2610 掌
2611 晴
2612 睐
2613 暑
2614 最
2615 晰
2616 量
2617 鼎
2618 喷
2619 喳
2620 晶
2621 喇
2622 遇
2623 喊
2624 遏
2625 晾
2626 景
2627 畴
2628 践
2629 跋
2630 跌
2631 跑
2632 跛
2633 遗
2634 蛙
2635 蛛
2636 蜓
2637 蜒
2638 蛤
2639 喝
2640 鹃
2641 喂
2642 喘
2643 喉
2644 喻
2645 啼
2646 喧
2647 嵌
2648 幅
2649 帽
2650 赋
2651 赌
2652 赎
2653 赐
2654 赔
2655 黑
2656 铸
2657 铺
2658 链
2659 销
2660 锁
2661 锄
2662 锅
2663 锈
2664 锋
2665 锌
2666 锐
2667 甥
2668 掰
2669 短
2670 智
2671 氮
2672 毯
2673 氯
2674 鹅
2675 剩
2676 稍
2677 程
2678 稀
2679 税
2680 筐
2681 等
2682 筑
2683 策
2684 筛
2685 筒
2686 筏
2687 答
2688 筋
2689 筝
2690 傲
2691 傅
2692 牌
2693 堡
2694 集
2695 焦
2696 傍
2697 储
2698 皓
2699 皖
2700 粤
2701 奥
2702 街
2703 惩
2704 御
2705 循
2706 艇
2707 舒
2708 逾
2709 番
2710 释
2711 禽
2712 腊

2713 脾
2714 腋
2715 腔
2716 腕
2717 鲁
2718 猩
2719 猬
2720 猾
2721 猴
2722 惫
2723 然
2724 馈
2725 馋
2726 装
2727 蛮
2728 就
2729 敦
2730 斌
2731 痘
2732 痢
2733 痪
2734 痛
2735 童
2736 竣
2737 阔
2738 善
2739 翔
2740 羡
2741 普
2742 粪
2743 尊
2744 奠
2745 道
2746 遂
2747 曾
2748 焰
2749 港
2750 滞
2751 湖
2752 湘
2753 渣
2754 渤
2755 渺
2756 湿
2757 温
2758 渴
2759 溃
2760 溅
2761 滑
2762 湃
2763 渝
2764 湾
2765 渡
2766 游
2767 滋
2768 渲
2769 溉
2770 愤
2771 慌
2772 惰
2773 愕
2774 愣
2775 惶
2776 愧
2777 愉
2778 慨
2779 割
2780 寒
2781 富
2782 寓
2783 窜
2784 窝
2785 窖
2786 窗
2787 窘
2788 遍
2789 雇
2790 裕
2791 裤
2792 裙
2793 禅
2794 禄
2795 谢
2796 谣
2797 谤
2798 谦
2799 犀
2800 属
2801 屡
2802 强
2803 粥
2804 疏
2805 隔
2806 隙
2807 隘
2808 媒
2809 絮
2810 嫂
2811 媚
2812 婿
2813 登
2814 缅
2815 缆
2816 缉
2817 缎
2818 缓
2819 缔
2820 缕
2821 骗
2822 编
2823 骚
2824 缘
2825 瑟
2826 鹉
2827 瑞
2828 瑰
2829 瑙
2830 魂
2831 肆
2832 摄
2833 摸
2834 填
2835 搏
2836 塌
2837 鼓
2838 摆
2839 携
2840 搬
2841 摇
2842 搞
2843 塘
2844 摊
2845 聘
2846 斟
2847 蒜
2848 勤
2849 靴
2850 靶
2851 鹊
2852 蓝
2853 墓
2854 幕
2855 蓬
2856 蓄
2857 蒲
2858 蓉
2859 蒙
2860 蒸
2861 献
2862 椿
2863 禁
2864 楚
2865 楷
2866 榄
2867 想
2868 槐
2869 榆
2870 楼
2871 概
2872 赖
2873 酪
2874 酬
2875 感
2876 碍
2877 碘
2878 碑
2879 碎
2880 碰
2881 碗
2882 碌
2883 尴
2884 雷
2885 零
2886 雾
2887 雹
2888 辐
2889 辑
2890 输
2891 督
2892 频
2893 龄
2894 鉴
2895 睛
2896 睹
2897 睦
2898 瞄
2899 睫
2900 睡
2901 睬
2902 嗜
2903 鄙
2904 嗦
2905 愚
2906 暖
2907 盟
2908 歇
2909 暗
2910 暇
2911 照
2912 畸
2913 跨
2914 跷
2915 跳
2916 跺
2917 跪
2918 路
2919 跤
2920 跟
2921 遣
2922 蜈
2923 蜗
2924 蛾
2925 蜂
2926 蜕
2927 嗅
2928 嗡
2929 嗓
2930 署
2931 置
2932 罪
2933 罩
2934 蜀
2935 幌
2936 错
2937 锚
2938 锡
2939 锣
2940 锤

2941 锥
2942 锦
2943 键
2944 锯
2945 锰
2946 矮
2947 辞
2948 稚
2949 稠
2950 颓
2951 愁
2952 筹
2953 签
2954 简
2955 筷
2956 毁
2957 舅
2958 鼠
2959 催
2960 傻
2961 像
2962 躲
2963 魁
2964 衙
2965 微
2966 愈
2967 遥
2968 腻
2969 腰
2970 腥
2971 腮
2972 腹
2973 腺
2974 鹏
2975 腾
2976 腿
2977 鲍
2978 猿
2979 颖
2980 触
2981 解
2982 煞
2983 雏
2984 馍
2985 馏
2986 酱
2987 禀
2988 痹
2989 廓
2990 痴
2991 痰
2992 廉
2993 靖
2994 新
2995 韵
2996 意
2997 誊
2998 粮
2999 数
3000 煎
3001 塑
3002 慈
3003 煤
3004 煌
3005 满
3006 漠
3007 滇
3008 源
3009 滤
3010 滥
3011 滔
3012 溪
3013 溜
3014 漓
3015 滚
3016 溢
3017 溯
3018 滨
3019 溶
3020 溺
3021 粱
3022 滩
3023 慎
3024 誉
3025 塞
3026 寞
3027 窥
3028 窟
3029 寝
3030 谨
3031 褂
3032 裸
3033 福
3034 谬
3035 群
3036 殿
3037 辟
3038 障
3039 媳
3040 嫉
3041 嫌
3042 嫁
3043 叠
3044 缚
3045 缝
3046 缠
3047 缤
3048 剿
3049 静
3050 碧
3051 璃
3052 赘
3053 熬
3054 墙
3055 墟
3056 嘉
3057 摧
3058 赫
3059 截
3060 誓
3061 境
3062 摘
3063 摔
3064 撇
3065 聚
3066 慕
3067 暮
3068 摹
3069 蔓
3070 蔑
3071 蔡
3072 蔗
3073 蔽
3074 蔼
3075 熙
3076 蔚
3077 兢
3078 模
3079 槛
3080 榴
3081 榜
3082 榨
3083 榕
3084 歌
3085 遭
3086 酵
3087 酷
3088 酿
3089 酸
3090 碟
3091 碱
3092 碳
3093 磁
3094 愿
3095 需
3096 辖
3097 辗
3098 雌
3099 裳
3100 颗
3101 瞅
3102 墅
3103 嗽
3104 踊
3105 蜻
3106 蜡
3107 蝇
3108 蜘
3109 蝉
3110 嘛
3111 嘀
3112 赚
3113 锹
3114 锻
3115 镀
3116 舞
3117 舔
3118 稳
3119 熏
3120 箕
3121 算
3122 箩
3123 管
3124 箫
3125 舆
3126 僚
3127 僧
3128 鼻
3129 魄
3130 魅
3131 貌
3132 膜
3133 膊
3134 膀
3135 鲜
3136 疑
3137 孵
3138 馒
3139 裹
3140 敲
3141 豪
3142 膏
3143 遮
3144 腐
3145 瘩
3146 瘟
3147 瘦
3148 辣
3149 彰
3150 竭
3151 端
3152 旗
3153 精
3154 粹
3155 歉
3156 弊
3157 熄
3158 熔
3159 煽
3160 潇
3161 漆
3162 漱
3163 漂
3164 漫
3165 滴
3166 漾
3167 演
3168 漏

3169 慢
3170 慷
3171 寨
3172 赛
3173 寡
3174 察
3175 蜜
3176 寥
3177 谭
3178 肇
3179 褐
3180 褪
3181 谱
3182 隧
3183 嫩
3184 翠
3185 熊
3186 凳
3187 骡
3188 缩
3189 慧
3190 撵
3191 撕
3192 撒
3193 撩
3194 趣
3195 趟
3196 撑
3197 撮
3198 撬
3199 播
3200 擒
3201 墩
3202 撞
3203 撤
3204 增
3205 撰
3206 聪
3207 鞋
3208 鞍
3209 蕉
3210 蕊
3211 蔬
3212 蕴
3213 横
3214 槽
3215 樱
3216 橡
3217 樟
3218 橄
3219 敷
3220 豌
3221 飘
3222 醋
3223 醇
3224 醉
3225 磕
3226 磊
3227 磅
3228 碾
3229 震
3230 霄
3231 霉
3232 瞒
3233 题
3234 暴
3235 瞎
3236 嘻
3237 嘶
3238 嘲
3239 嘹
3240 影
3241 踢
3242 踏
3243 踩
3244 踪
3245 蝶
3246 蝴
3247 蝠
3248 蝎
3249 蝌
3250 蝗
3251 蝙
3252 嘿
3253 嘱
3254 幢
3255 墨
3256 镇
3257 镐
3258 镑
3259 靠
3260 稽
3261 稻
3262 黎
3263 稿
3264 稼
3265 箱
3266 篓
3267 箭
3268 篇
3269 僵
3270 躺
3271 僻
3272 德
3273 艘
3274 膝
3275 膛
3276 鲤
3277 鲫
3278 熟
3279 摩
3280 褒
3281 瘪
3282 瘤
3283 瘫
3284 凛
3285 颜
3286 毅
3287 糊
3288 遵
3289 憋
3290 潜
3291 澎
3292 潮
3293 潭
3294 鲨
3295 澳
3296 潘
3297 澈
3298 澜
3299 澄
3300 懂
3301 憔
3302 懊
3303 憎
3304 额
3305 翩
3306 褥
3307 谴
3308 鹤
3309 憨
3310 慰
3311 劈
3312 履
3313 豫
3314 缭
3315 撼
3316 擂
3317 操
3318 擅
3319 燕
3320 蕾
3321 薯
3322 薛
3323 薇
3324 擎
3325 薪
3326 薄
3327 颠
3328 翰
3329 噩
3330 橱
3331 橙
3332 橘
3333 整
3334 融
3335 瓢
3336 醒
3337 霍
3338 霎
3339 辙
3340 冀
3341 餐
3342 嘴
3343 踱
3344 蹄
3345 蹂
3346 蟆
3347 螃
3348 器
3349 噪
3350 鹦
3351 赠
3352 默
3353 黔
3354 镜
3355 赞
3356 穆
3357 篮
3358 篡
3359 篷
3360 篱
3361 儒
3362 邀
3363 衡
3364 膨
3365 雕
3366 鲸
3367 磨
3368 瘾
3369 瘸
3370 凝
3371 辨
3372 辩
3373 糙
3374 糖
3375 糕
3376 燃
3377 濒
3378 澡
3379 激
3380 懒
3381 憾
3382 懈
3383 窿
3384 壁
3385 避
3386 缰
3387 缴
3388 戴
3389 擦
3390 藉
3391 鞠
3392 藏
3393 藐
3394 檬
3395 檐
3396 檀

3397 礁
3398 磷
3399 霜
3400 霞
3401 瞭
3402 瞧
3403 瞬
3404 瞳
3405 瞩
3406 瞪
3407 曙
3408 蹋
3409 蹈
3410 螺
3411 蟋
3412 蟀
3413 嚎
3414 赡
3415 穗
3416 魏
3417 簧
3418 簇
3419 繁
3420 徽
3421 爵
3422 朦
3423 臊
3424 鳄
3425 癌
3426 辫
3427 赢
3428 糟
3429 糠
3430 燥
3431 懦
3432 豁
3433 臀
3434 臂
3435 翼
3436 骤
3437 藕
3438 鞭
3439 藤
3440 覆
3441 瞻
3442 蹦
3443 器
3444 镰
3445 翻
3446 鳍
3447 鹰
3448 瀑
3449 襟
3450 璧
3451 戳
3452 孽
3453 警
3454 蘑
3455 藻
3456 攀
3457 曝
3458 蹲
3459 蹭
3460 蹬
3461 巅
3462 簸
3463 簿
3464 蟹
3465 颤
3466 靡
3467 癣
3468 瓣
3469 羹
3470 鳖
3471 爆
3472 疆
3473 鬓
3474 壤
3475 馨
3476 耀
3477 躁
3478 蠕
3479 嚼
3480 嚷
3481 巍
3482 籍
3483 鳞
3484 魔
3485 糯
3486 灌
3487 譬
3488 蠢
3489 霸
3490 露
3491 霹
3492 躏
3493 黯
3494 髓
3495 赣
3496 囊
3497 镶
3498 瓤
3499 罐
3500 矗

[1]零：与表数目的汉字“一二三四五六七八九”连用时可用“〇”替代。

二 级 字 表

3501 乂
3502 乜
3503 兀
3504 弋
3505 孑
3506 孓
3507 幺
3508 亓
3509 韦
3510 廿
3511 丏
3512 卅
3513 仄
3514 厄
3515 仃
3516 仉
3517 仂
3518 兮
3519 刈
3520 爻
3521 卞
3522 闩
3523 讣
3524 尹
3525 夬
3526 爿
3527 毋
3528 邗
3529 邛
3530 艽
3531 艿
3532 札
3533 叵
3534 匜
3535 丕
3536 匝
3537 劢
3538 卟
3539 叱
3540 叻
3541 仨
3542 仕
3543 仟
3544 仡
3545 仫
3546 仞
3547 卮
3548 氐
3549 犰
3550 刍
3551 邝
3552 邙
3553 汀
3554 讦
3555 讧
3556 讪
3557 讫
3558 尻
3559 阡
3560 尕
3561 弁
3562 驭
3563 匡
3564 耒
3565 玎
3566 玑
3567 邢
3568 圩
3569 圬
3570 圭
3571 扦
3572 圪
3573 圳
3574 圹
3575 扪
3576 圮
3577 圯
3578 芊
3579 芍
3580 芄
3581 芨
3582 芑
3583 芎
3584 芗
3585 亘
3586 厍
3587 夼
3588 戍
3589 尥
3590 乩
3591 旯
3592 曳
3593 岌
3594 屺
3595 凼
3596 囡
3597 钇
3598 缶
3599 氘
3600 氖
3601 牝
3602 伎
3603 伛
3604 伢
3605 佤
3606 仵
3607 伥
3608 伧
3609 伉
3610 伫
3611 囟
3612 汆
3613 刖
3614 夙
3615 旮
3616 刎
3617 犷
3618 犸
3619 舛
3620 凫
3621 邬
3622 饧
3623 汕
3624 汔
3625 汐
3626 汲
3627 汜
3628 汊
3629 忖
3630 忏
3631 讴
3632 讵
3633 祁
3634 讷
3635 聿
3636 艮
3637 厾
3638 阱
3639 阮
3640 阪
3641 丞
3642 妁
3643 牟
3644 纡
3645 纣
3646 纥
3647 纨
3648 玕
3649 玙
3650 抟
3651 抔
3652 圻
3653 坂
3654 坍
3655 坞
3656 抃
3657 抉
3658 𪮶
3659 芫
3660 邯
3661 芸
3662 芾
3663 苈
3664 苣
3665 芷
3666 芮
3667 苋
3668 芼
3669 苌
3670 苁
3671 芩
3672 芪
3673 芡
3674 芟
3675 苄
3676 苎
3677 苡
3678 杌
3679 杓
3680 杞
3681 杈
3682 忑
3683 孛
3684 邴
3685 邳
3686 矶
3687 奁
3688 豕
3689 忒
3690 欤
3691 轫
3692 迓
3693 邶
3694 忐
3695 卣
3696 邺
3697 旰
3698 呋
3699 呒
3700 呓
3701 呔
3702 呖
3703 呃
3704 旸

3705 吡
3706 町
3707 虬
3708 呗
3709 吽
3710 吣
3711 吲
3712 帏
3713 岐
3714 岈
3715 岘
3716 岑
3717 岚
3718 兕
3719 囵
3720 囫
3721 钊
3722 钋
3723 钌
3724 迕
3725 氙
3726 氚
3727 牤
3728 佞
3729 邱
3730 攸
3731 佚
3732 佝
3733 佟
3734 佗
3735 伽
3736 彷
3737 佘
3738 佥
3739 孚
3740 豸
3741 坌
3742 肟
3743 邸
3744 奂
3745 劬
3746 狄
3747 狁
3748 鸠
3749 邹
3750 饨
3751 饩
3752 饪
3753 饫
3754 饬
3755 亨
3756 庑
3757 庋
3758 疔
3759 疖
3760 肓
3761 闱
3762 闳
3763 闵
3764 羌
3765 炀
3766 沣
3767 沅
3768 沔
3769 沤
3770 沌
3771 沏
3772 沚
3773 汩
3774 汨
3775 沂
3776 汾
3777 沨
3778 汴
3779 汶
3780 沆
3781 沩
3782 泐
3783 怃
3784 怄
3785 忡
3786 忤
3787 忾
3788 怅
3789 忻
3790 忪
3791 怆
3792 忭
3793 忸
3794 诂
3795 诃
3796 诅
3797 诋
3798 谄
3799 诏
3800 诒
3801 孜
3802 陇
3803 陀
3804 陂
3805 陉
3806 妍
3807 妩
3808 妪
3809 妣
3810 妊
3811 妗
3812 妫
3813 妞
3814 姒
3815 妤
3816 邵
3817 劭
3818 刭
3819 甬
3820 部
3821 纭
3822 纰
3823 纴
3824 纶
3825 纾
3826 玮
3827 玡
3828 玭
3829 玠
3830 玢
3831 玥
3832 玦
3833 盂
3834 忝
3835 匦
3836 坩
3837 抨
3838 拤
3839 坫
3840 拈
3841 垆
3842 抻
3843 劼
3844 拃
3845 拊
3846 坼
3847 坻
3848 㧟
3849 坨
3850 坭
3851 抿
3852 坳
3853 耶
3854 苷
3855 苯
3856 苤
3857 茏
3858 苫
3859 苜
3860 苴
3861 苒
3862 苘
3863 茌
3864 苻
3865 苓
3866 茚
3867 茆
3868 茑
3869 茓
3870 茔
3871 茕
3872 茀
3873 苕
3874 枥
3875 枇
3876 杪
3877 杳
3878 枧
3879 杵
3880 枨
3881 枞
3882 枋
3883 杻
3884 杷
3885 杼
3886 矸
3887 砀
3888 刳
3889 奄
3890 瓯
3891 殁
3892 郏
3893 轭
3894 郅
3895 鸢
3896 盱
3897 昊
3898 昙
3899 杲
3900 昃
3901 咂
3902 呸
3903 昕
3904 昀
3905 旻
3906 昉
3907 炅
3908 咔
3909 畀
3910 虮
3911 咀
3912 呷
3913 黾
3914 呱
3915 呤
3916 咚
3917 咆
3918 咛
3919 呶
3920 呣
3921 呦
3922 咝
3923 岢
3924 岿
3925 岬
3926 岫
3927 帙
3928 岣
3929 峁
3930 刿
3931 迥
3932 岷

3933 剀
3934 帔
3935 峄
3936 沓
3937 囵
3938 罔
3939 钍
3940 钎
3941 钏
3942 钒
3943 钕
3944 钗
3945 邾
3946 迮
3947 牦
3948 竺
3949 迤
3950 佶
3951 佬
3952 佰
3953 侑
3954 侉
3955 臾
3956 岱
3957 侗
3958 侃
3959 侏
3960 侩
3961 佻
3962 佾
3963 侪
3964 佼
3965 佯
3966 侬
3967 帛
3968 阜
3969 侔
3970 徂
3971 刽
3972 郄
3973 怂
3974 籴
3975 瓮
3976 戗
3977 肼
3978 䏝
3979 肽
3980 肱
3981 肫
3982 剁
3983 迩
3984 郇
3985 狙
3986 狎
3987 狍
3988 狒
3989 咎
3990 炙
3991 枭
3992 饯
3993 饴
3994 冽
3995 冼
3996 庖
3997 疠
3998 疝
3999 疡
4000 兖
4001 妾
4002 劾
4003 炜
4004 𬉼
4005 炖
4006 炘
4007 炝
4008 炔
4009 泔
4010 沭
4011 泷
4012 泸
4013 泱
4014 泅
4015 泗
4016 泠
4017 泺
4018 泖
4019 泫
4020 泮
4021 沱
4022 泯
4023 泓
4024 泾
4025 怙
4026 怵
4027 怦
4028 怛
4029 怏
4030 怍
4031 㤘
4032 怩
4033 怫
4034 怿
4035 宕
4036 穹
4037 宓
4038 诓
4039 诔
4040 诖
4041 诘
4042 戾
4043 诙
4044 戽
4045 郓
4046 衩
4047 祆
4048 祎
4049 祉
4050 祇
4051 诛
4052 诜
4053 诟
4054 诠
4055 诣
4056 诤
4057 诧
4058 诨
4059 诩
4060 戕
4061 孢
4062 亟
4063 陔
4064 妲
4065 妯
4066 姗
4067 帑
4068 弩
4069 孥
4070 驽
4071 虱
4072 迦
4073 迨
4074 绀
4075 绁
4076 绂
4077 驷
4078 驸
4079 绉
4080 绌
4081 驿
4082 骀
4083 甾
4084 珏
4085 珐
4086 珂
4087 珑
4088 玳
4089 珀
4090 顸
4091 珉
4092 珈
4093 拮
4094 垭
4095 挝
4096 垣
4097 挞
4098 垤
4099 赳
4100 贲
4101 垱
4102 垌
4103 郝
4104 垧
4105 垓
4106 挦
4107 垠
4108 茜
4109 荚
4110 荑
4111 贳
4112 荜
4113 莒
4114 茼
4115 茴
4116 茱
4117 莛
4118 荞
4119 茯
4120 荏
4121 荇
4122 荃
4123 荟
4124 荀
4125 茗
4126 荠
4127 茭
4128 茨
4129 垩
4130 荥
4131 荦
4132 荨
4133 荩
4134 剋
4135 荪
4136 茹
4137 荬
4138 荮
4139 柰
4140 栉
4141 柯
4142 柘
4143 栊
4144 柩
4145 枰
4146 栌
4147 柙
4148 枵
4149 柚
4150 枳
4151 柞
4152 柝
4153 栀
4154 柢
4155 栎
4156 枸
4157 柈
4158 柁
4159 枷
4160 柽

4161 剌
4162 酊
4163 郦
4164 甭
4165 砗
4166 砘
4167 砒
4168 斫
4169 砭
4170 砜
4171 奎
4172 耷
4173 虺
4174 殂
4175 殇
4176 殄
4177 殆
4178 轱
4179 轲
4180 轳
4181 轶
4182 轸
4183 虿
4184 毖
4185 觇
4186 尜
4187 哐
4188 眄
4189 眍
4190 𫫇
4191 郢
4192 眇
4193 眊
4194 眈
4195 禺
4196 哂
4197 咴
4198 曷
4199 昴
4200 昱
4201 昵
4202 咦
4203 哓
4204 哔
4205 畎
4206 毗
4207 呲
4208 胄
4209 畋
4210 畈
4211 虼
4212 虻
4213 盅
4214 咣
4215 哕
4216 剐
4217 郧
4218 咻
4219 囿
4220 咿
4221 哌
4222 哙
4223 哚
4224 咯
4225 咩
4226 咤
4227 哝
4228 哏
4229 哞
4230 峙
4231 峣
4232 罘
4233 帧
4234 峒
4235 峤
4236 峋
4237 峥
4238 贶
4239 钚
4240 钛
4241 钡
4242 钣
4243 钤
4244 钨
4245 钫
4246 钯
4247 氡
4248 氟
4249 牯
4250 郜
4251 秕
4252 秭
4253 竽
4254 笈
4255 笃
4256 俦
4257 俨
4258 俅
4259 俪
4260 叟
4261 垡
4262 牮
4263 俣
4264 俚
4265 皈
4266 俑
4267 俟
4268 逅
4269 徇
4270 徉
4271 舢
4272 俞
4273 郗
4274 俎
4275 郤
4276 爰
4277 郛
4278 瓴
4279 胨
4280 胪
4281 胛
4282 胂
4283 胙
4284 胍
4285 胗
4286 胝
4287 朐
4288 胫
4289 鸨
4290 匍
4291 狨
4292 狯
4293 飑
4294 狩
4295 狲
4296 訇
4297 逄
4298 昝
4299 饷
4300 饸
4301 饹
4302 胤
4303 孪
4304 娈
4305 弈
4306 奕
4307 庥
4308 疬
4309 疣
4310 疥
4311 疭
4312 庠
4313 竑
4314 彦
4315 飒
4316 𬮱
4317 闾
4318 闿
4319 阂
4320 羑
4321 迸
4322 籼
4323 酋
4324 炳
4325 炻
4326 炽
4327 炯
4328 烀
4329 炷
4330 烃
4331 洱
4332 洹
4333 洧
4334 洌
4335 浃
4336 洇
4337 洄
4338 洙
4339 涎
4340 洎
4341 洫
4342 浍
4343 洮
4344 洵
4345 浒
4346 浔
4347 浕
4348 洳
4349 恸
4350 恓
4351 恹
4352 恫
4353 恺
4354 恻
4355 恂
4356 恪
4357 恽
4358 宥
4359 扃
4360 衲
4361 衽
4362 衿
4363 袂
4364 祛
4365 祜
4366 祓
4367 祚
4368 诮
4369 祗
4370 祢
4371 诰
4372 诳
4373 鸩
4374 袒
4375 郡
4376 咫
4377 弭
4378 牁
4379 胥
4380 陛
4381 陟
4382 娅
4383 姮
4384 娆
4385 姝
4386 姣
4387 姘
4388 姹

4389 怼
4390 羿
4391 彖
4392 矜
4393 绔
4394 骁
4395 骅
4396 绗
4397 绛
4398 骈
4399 耖
4400 挈
4401 珥
4402 珙
4403 顼
4404 珰
4405 珩
4406 珧
4407 珣
4408 珞
4409 琤
4410 珲
4411 敖
4412 恚
4413 埔
4414 埕
4415 埘
4416 埙
4417 埚
4418 挹
4419 耆
4420 耄
4421 埒
4422 捋
4423 贽
4424 垸
4425 捃
4426 盍
4427 荸
4428 莆
4429 莳
4430 莴
4431 莪
4432 莠
4433 莓
4434 莜
4435 莅
4436 荼
4437 莩
4438 荽
4439 莸
4440 荻
4441 莘
4442 莎
4443 莞
4444 莨
4445 鸪
4446 莼
4447 栲
4448 栳
4449 郴
4450 桓
4451 桡
4452 桎
4453 桢
4454 桤
4455 梃
4456 栝
4457 桕
4458 桁
4459 桧
4460 桅
4461 栟
4462 桉
4463 栩
4464 逑
4465 逋
4466 彧
4467 鬲
4468 豇
4469 酐
4470 逦
4471 厝
4472 孬
4473 砝
4474 砹
4475 砺
4476 砧
4477 砷
4478 砟
4479 砼
4480 砥
4481 砣
4482 剞
4483 砻
4484 轼
4485 轾
4486 辂
4487 鸫
4488 趸
4489 龀
4490 鸬
4491 虔
4492 逍
4493 眬
4494 唛
4495 晟
4496 眩
4497 眙
4498 哧
4499 哽
4500 唔
4501 晁
4502 晏
4503 鸮
4504 趵
4505 趿
4506 畛
4507 蚨
4508 蚜
4509 蚍
4510 蚋
4511 蚬
4512 蚝
4513 蚧
4514 唢
4515 圄
4516 唣
4517 唏
4518 盎
4519 唑
4520 崂
4521 崃
4522 罡
4523 罟
4524 峪
4525 觊
4526 赅
4527 钰
4528 钲
4529 钴
4530 钵
4531 钹
4532 钺
4533 钽
4534 钼
4535 钿
4536 铀
4537 铂
4538 铄
4539 铆
4540 铈
4541 铉
4542 铊
4543 铋
4544 铌
4545 铍
4546 䥽
4547 铎
4548 氩
4549 氤
4550 氦
4551 毪
4552 舐
4553 秣
4554 秫
4555 盉
4556 笄
4557 笕
4558 笊
4559 笏
4560 笆
4561 俸
4562 倩
4563 俵
4564 偌
4565 俳
4566 俶
4567 倬
4568 倏
4569 恁
4570 倭
4571 倪
4572 俾
4573 倜
4574 隼
4575 隽
4576 倌
4577 倥
4578 臬
4579 皋
4580 郫
4581 倨
4582 衄
4583 颀
4584 徕
4585 舫
4586 釜
4587 奚
4588 衾
4589 胯
4590 胱
4591 胴
4592 胭
4593 脍
4594 胼
4595 朕
4596 脒
4597 胺
4598 鸱
4599 玺
4600 鸲
4601 狷
4602 猁
4603 狳
4604 猃
4605 狺
4606 逖
4607 桀
4608 袅
4609 饽
4610 凇
4611 栾
4612 挛
4613 亳
4614 疳
4615 疴
4616 疸

4617 疽
4618 痈
4619 疱
4620 痂
4621 痉
4622 衮
4623 凋
4624 颀
4625 恣
4626 旆
4627 旄
4628 旃
4629 阃
4630 阉
4631 訚
4632 阆
4633 恙
4634 粑
4635 朔
4636 郸
4637 烜
4638 烨
4639 烩
4640 烊
4641 剡
4642 郯
4643 烬
4644 涑
4645 浯
4646 涞
4647 涟
4648 娑
4649 涅
4650 涠
4651 浞
4652 涓
4653 浥
4654 涔
4655 浜
4656 浠
4657 浣
4658 浚
4659 悚
4660 悭
4661 悝
4662 悒
4663 悌
4664 悛
4665 宸
4666 窈
4667 剜
4668 诹
4669 冢
4670 诼
4671 袒
4672 袢
4673 祯
4674 诿
4675 谀
4676 谂
4677 谄
4678 谇
4679 屐
4680 屙
4681 陬
4682 勐
4683 奘
4684 牂
4685 蚩
4686 陲
4687 姬
4688 娠
4689 娌
4690 娉
4691 娲
4692 娩
4693 娴
4694 娣
4695 娓
4696 婀
4697 畚
4698 逡
4699 绠
4700 骊
4701 绡
4702 骋
4703 绥
4704 绦
4705 绨
4706 骎
4707 邕
4708 鸶
4709 彗
4710 耜
4711 焘
4712 舂
4713 琏
4714 琇
4715 麸
4716 揶
4717 埴
4718 埯
4719 捯
4720 掳
4721 掴
4722 埸
4723 埵
4724 赧
4725 埤
4726 捭
4727 逵
4728 埝
4729 堋
4730 堍
4731 掬
4732 鸷
4733 掖
4734 捽
4735 掊
4736 堉
4737 掸
4738 捩
4739 掮
4740 悫
4741 埭
4742 埽
4743 掇
4744 掼
4745 聃
4746 菁
4747 萁
4748 菘
4749 堇
4750 萘
4751 萋
4752 菽
4753 菖
4754 萜
4755 萸
4756 萑
4757 棻
4758 菔
4759 菟
4760 萏
4761 萃
4762 菏
4763 菹
4764 菪
4765 菅
4766 菀
4767 萦
4768 菰
4769 菡
4770 梵
4771 梿
4772 梏
4773 觋
4774 桴
4775 桷
4776 梓
4777 棁
4778 桫
4779 棂
4780 啬
4781 郾
4782 匮
4783 敕
4784 豉
4785 鄄
4786 酞
4787 酚
4788 戛
4789 硎
4790 硭
4791 硒
4792 硖
4793 硗
4794 硐
4795 硇
4796 硌
4797 鸸
4798 瓠
4799 匏
4800 厩
4801 龚
4802 殒
4803 殓
4804 殍
4805 赉
4806 雩
4807 辄
4808 堑
4809 眭
4810 眦
4811 啧
4812 晡
4813 晤
4814 眺
4815 眵
4816 眸
4817 圊
4818 喏
4819 喵
4820 啉
4821 勖
4822 晞
4823 唵
4824 晗
4825 冕
4826 啭
4827 畦
4828 趺
4829 啮
4830 跄
4831 蚶
4832 蛄
4833 蛎
4834 蛆
4835 蚰
4836 蛊
4837 圉
4838 蚱
4839 蛉
4840 蛏
4841 蚴
4842 啁
4843 啕
4844 唿

4845 啐
4846 唼
4847 唷
4848 啖
4849 啵
4850 啶
4851 啷
4852 唳
4853 唰
4854 啜
4855 帻
4856 崚
4857 崦
4858 帼
4859 崮
4860 崤
4861 崆
4862 赇
4863 赈
4864 赊
4865 铑
4866 铒
4867 铗
4868 铙
4869 铟
4870 铠
4871 铡
4872 铢
4873 铣
4874 铤
4875 铧
4876 铨
4877 铩
4878 铪
4879 铫
4880 铬
4881 铮
4882 铯
4883 铰
4884 铱
4885 铳
4886 铵
4887 铷
4888 氪
4889 牾
4890 鸹
4891 秾
4892 逶
4893 笺
4894 筇
4895 笸
4896 笪
4897 笮
4898 笠
4899 笥
4900 笤
4901 笳
4902 笾
4903 笞
4904 偾
4905 偃
4906 偕
4907 偈
4908 傀
4909 偬
4910 偻
4911 皑
4912 皎
4913 鸻
4914 徜
4915 舸
4916 舻
4917 舴
4918 舷
4919 龛
4920 翎
4921 脬
4922 脘
4923 脲
4924 匐
4925 猗
4926 猡
4927 猞
4928 猝
4929 斛
4930 猕
4931 馗
4932 馃
4933 馄
4934 鸾
4935 孰
4936 庹
4937 庾
4938 痔
4939 痍
4940 疵
4941 翊
4942 旌
4943 旎
4944 袤
4945 阇
4946 阈
4947 阉
4948 阊
4949 阋
4950 阍
4951 阏
4952 羟
4953 粝
4954 粕
4955 敝
4956 焐
4957 烯
4958 焓
4959 烽
4960 焖
4961 烷
4962 焗
4963 渍
4964 渚
4965 淇
4966 淅
4967 淞
4968 渎
4969 涿
4970 淖
4971 挲
4972 淠
4973 涸
4974 渑
4975 淦
4976 淝
4977 淬
4978 涪
4979 淙
4980 涫
4981 渌
4982 淄
4983 惬
4984 悻
4985 悱
4986 惝
4987 惘
4988 悸
4989 惆
4990 惚
4991 惇
4992 惮
4993 窕
4994 谌
4995 谏
4996 扈
4997 皲
4998 谑
4999 裆
5000 袷
5001 裉
5002 谒
5003 谔
5004 谕
5005 谖
5006 谗
5007 谙
5008 谛
5009 谝
5010 逯
5011 郿
5012 隈
5013 粜
5014 隍
5015 隗
5016 婧
5017 婊
5018 婕
5019 娼
5020 婢
5021 婵
5022 胬
5023 袈
5024 翌
5025 恿
5026 欸
5027 绫
5028 骐
5029 绮
5030 绯
5031 绱
5032 骒
5033 绲
5034 骓
5035 绶
5036 绺
5037 绻
5038 绾
5039 骖
5040 缁
5041 耠
5042 琫
5043 琵
5044 琶
5045 琪
5046 瑛
5047 琦
5048 琥
5049 琨
5050 靓
5051 琰
5052 琮
5053 琯
5054 琬
5055 琛
5056 琚
5057 辇
5058 鼋
5059 揳
5060 堞
5061 搽
5062 揸
5063 揠
5064 堙
5065 趄
5066 揖
5067 颉
5068 塄
5069 揿
5070 耋
5071 揄
5072 蛩

5073 蛰
5074 塆
5075 摒
5076 揆
5077 掾
5078 聒
5079 葑
5080 葚
5081 靰
5082 靸
5083 葳
5084 葺
5085 蒽
5086 萼
5087 葆
5088 葩
5089 葶
5090 蒌
5091 萱
5092 戟
5093 葭
5094 楮
5095 棼
5096 椟
5097 棹
5098 椤
5099 棰
5100 赍
5101 椋
5102 椁
5103 椪
5104 棣
5105 椐
5106 鹁
5107 覃
5108 酤
5109 酢
5110 酡
5111 鹂
5112 厥
5113 殚
5114 殛
5115 雯
5116 雩
5117 辊
5118 辋
5119 椠
5120 辍
5121 辎
5122 斐
5123 睄
5124 睑
5125 睇
5126 睃
5127 戢
5128 喋
5129 嗒
5130 喃
5131 喱
5132 喹
5133 晷
5134 喈
5135 跖
5136 跗
5137 跞
5138 跚
5139 跎
5140 跏
5141 跆
5142 蛱
5143 蛲
5144 蛭
5145 蛳
5146 蛐
5147 蛔
5148 蛞
5149 蛴
5150 蛟
5151 蛘
5152 喁
5153 喟
5154 啾
5155 嗖
5156 喑
5157 嗟
5158 喽
5159 嗞
5160 喀
5161 喔
5162 喙
5163 嵘
5164 嵖
5165 崴
5166 遄
5167 詈
5168 嵎
5169 崽
5170 嵬
5171 嵛
5172 嵯
5173 嵝
5174 嵫
5175 幄
5176 嵋
5177 赕
5178 铻
5179 铼
5180 铿
5181 锃
5182 锂
5183 锆
5184 锇
5185 锉
5186 锏
5187 锑
5188 锒
5189 锔
5190 锕
5191 掣
5192 矬
5193 氰
5194 毳
5195 毽
5196 犊
5197 犄
5198 犋
5199 鹄
5200 犍
5201 嵇
5202 黍
5203 稃
5204 稂
5205 筚
5206 筵
5207 筌
5208 傣
5209 傈
5210 舄
5211 牍
5212 傥
5213 傧
5214 遑
5215 傩
5216 遁
5217 徨
5218 媭
5219 畲
5220 弑
5221 颌
5222 翕
5223 釉
5224 鹆
5225 舜
5226 貂
5227 腈
5228 腌
5229 腓
5230 腆
5231 腴
5232 腑
5233 腚
5234 腱
5235 鱿
5236 鲀
5237 鲂
5238 颍
5239 猢
5240 猹
5241 猥
5242 飓
5243 觞
5244 觚
5245 猱
5246 颎
5247 飧
5248 馇
5249 馊
5250 亵
5251 脔
5252 裒
5253 痣
5254 痨
5255 痦
5256 痞
5257 痤
5258 痫
5259 痧
5260 赓
5261 竦
5262 瓿
5263 啻
5264 颏
5265 鹇
5266 阑
5267 阒
5268 阕
5269 粞
5270 遒
5271 孳
5272 焯
5273 焜
5274 焙
5275 焱
5276 鹈
5277 湛
5278 渫
5279 湮
5280 湎
5281 湜
5282 渭
5283 湍
5284 湫
5285 溲
5286 湟
5287 溆
5288 湲
5289 湔
5290 湉
5291 渥
5292 湄
5293 滁
5294 愠
5295 惺
5296 愦
5297 惴
5298 愀
5299 愎
5300 愔

5301 喾
5302 寐
5303 谟
5304 扉
5305 裢
5306 裎
5307 裥
5308 祾
5309 祺
5310 谠
5311 幂
5312 谡
5313 谥
5314 谧
5315 遐
5316 孱
5317 弼
5318 巽
5319 骘
5320 媪
5321 媛
5322 婷
5323 巯
5324 翚
5325 皴
5326 婺
5327 骛
5328 缂
5329 缃
5330 缄
5331 彘
5332 缇
5333 缈
5334 缌
5335 缑
5336 缒
5337 缗
5338 飨
5339 耢
5340 瑚
5341 瑁
5342 瑜
5343 瑗
5344 瑄
5345 瑕
5346 遨
5347 骜
5348 韫
5349 髡
5350 塬
5351 鄢
5352 趔
5353 趑
5354 摅
5355 摁
5356 蜇
5357 搋
5358 搪
5359 搐
5360 搛
5361 搠
5362 摈
5363 彀
5364 毂
5365 搦
5366 搡
5367 蓁
5368 戡
5369 蓍
5370 鄞
5371 靳
5372 蓐
5373 蓦
5374 鹋
5375 蒽
5376 蓓
5377 蓖
5378 蓊
5379 蒯
5380 蓟
5381 蓑
5382 蒿
5383 蒺
5384 蓠
5385 蒟
5386 蒡
5387 蒹
5388 蒴
5389 蒗
5390 蓥
5391 颐
5392 楔
5393 楠
5394 楂
5395 楝
5396 楫
5397 楸
5398 椴
5399 槌
5400 楯
5401 晳
5402 榈
5403 槎
5404 榉
5405 楦
5406 楣
5407 楹
5408 椽
5409 裘
5410 剽
5411 甄
5412 酮
5413 酰
5414 酯
5415 酪
5416 蜃
5417 碛
5418 碓
5419 硼
5420 碉
5421 碚
5422 碇
5423 碜
5424 鹌
5425 辏
5426 龃
5427 龅
5428 訾
5429 粲
5430 虞
5431 睚
5432 嗪
5433 韪
5434 嗷
5435 嗉
5436 睨
5437 睢
5438 雎
5439 睥
5440 嘟
5441 嗑
5442 嗫
5443 嗬
5444 嗔
5445 嗝
5446 戥
5447 嗄
5448 煦
5449 暄
5450 遢
5451 暌
5452 跬
5453 跶
5454 跸
5455 跐
5456 跣
5457 跹
5458 跻
5459 蛸
5460 蜊
5461 蜍
5462 蜉
5463 蛲
5464 畹
5465 蛹
5466 嗣
5467 嗯
5468 嗥
5469 嗲
5470 嗳
5471 嗌
5472 嗍
5473 嗨
5474 嗐
5475 嗤
5476 嗵
5477 罨
5478 嵊
5479 嵩
5480 嵴
5481 骰
5482 锗
5483 锛
5484 锜
5485 锝
5486 锞
5487 锟
5488 锢
5489 锨
5490 锩
5491 锭
5492 锱
5493 雉
5494 氲
5495 犏
5496 歃
5497 稞
5498 稗
5499 稔
5500 筠
5501 筢
5502 筮
5503 筲
5504 筱
5505 牒
5506 煲
5507 敫
5508 徭
5509 愆
5510 艄
5511 觎
5512 毹
5513 貊
5514 貅
5515 貉
5516 颔
5517 腠
5518 腩
5519 腼
5520 腭
5521 腧
5522 塍
5523 媵
5524 詹
5525 鲅
5526 鲆
5527 鲇
5528 鲈

5529 稣
5530 鲋
5531 鲐
5532 肄
5533 鹆
5534 飕
5535 觥
5536 遛
5537 馐
5538 鹑
5539 亶
5540 瘃
5541 痱
5542 痼
5543 痿
5544 瘐
5545 瘁
5546 瘆
5547 麂
5548 裔
5549 歆
5550 旒
5551 雍
5552 阖
5553 阗
5554 阙
5555 羧
5556 豢
5557 粳
5558 猷
5559 煳
5560 煜
5561 煨
5562 煅
5563 煊
5564 煸
5565 煺
5566 滟
5567 溱
5568 溘
5569 漭
5570 滢
5571 溥
5572 溧
5573 溽
5574 裟
5575 溻
5576 溷
5577 滗
5578 滫
5579 溴
5580 滏
5581 滃
5582 滦
5583 溏
5584 滂
5585 滓
5586 溟
5587 滪
5588 愫
5589 慑
5590 慊
5591 鲎
5592 骞
5593 窦
5594 窠
5595 窣
5596 裱
5597 褚
5598 裨
5599 裾
5600 裰
5601 禊
5602 谩
5603 谪
5604 媾
5605 嫫
5606 媲
5607 嫒
5608 嫔
5609 媸
5610 缙
5611 缜
5612 缛
5613 辔
5614 骝
5615 缟
5616 缡
5617 缢
5618 缣
5619 骟
5620 耥
5621 璈
5622 瑶
5623 瑭
5624 獒
5625 觏
5626 慝
5627 嫠
5628 韬
5629 叆
5630 髦
5631 摽
5632 墁
5633 撂
5634 摞
5635 撄
5636 翥
5637 踅
5638 摭
5639 墉
5640 墒
5641 榖
5642 綦
5643 蔫
5644 蔷
5645 靺
5646 靼
5647 鞅
5648 靿
5649 甍
5650 蔸
5651 蔟
5652 蔺
5653 戬
5654 蕖
5655 蔻
5656 蓿
5657 斡
5658 鹕
5659 蓼
5660 榛
5661 榧
5662 榻
5663 榫
5664 榭
5665 槔
5666 榱
5667 槁
5668 槟
5669 槠
5670 榷
5671 僰
5672 酽
5673 酶
5674 酹
5675 厮
5676 碡
5677 碴
5678 碣
5679 碲
5680 磋
5681 臧
5682 豨
5683 殡
5684 霆
5685 霁
5686 辕
5687 蜚
5688 裴
5689 翡
5690 龇
5691 龈
5692 睿
5693 䁖
5694 睽
5695 嘞
5696 嘈
5697 嘌
5698 嘁
5699 嘎
5700 暧
5701 暝
5702 踌
5703 踉
5704 蜞
5705 蜥
5706 蜮
5707 蝈
5708 蜴
5709 蜱
5710 蜩
5711 蜷
5712 蜿
5713 螂
5714 蜢
5715 嘘
5716 嘡
5717 鹗
5718 嘣
5719 嘤
5720 嘚
5721 嗾
5722 嘧
5723 罴
5724 罱
5725 幔
5726 嶂
5727 幛
5728 赙
5729 罂
5730 骷
5731 骶
5732 鹘
5733 锲
5734 锴
5735 锶
5736 锷
5737 锸
5738 锵
5739 镁
5740 镂
5741 犒
5742 箐
5743 箦
5744 箧
5745 箍
5746 箸
5747 箬
5748 箅
5749 箪
5750 箔
5751 箜
5752 箢
5753 箓
5754 毓
5755 僖
5756 儆

5757 傈
5758 僭
5759 劁
5760 僮
5761 魃
5762 魆
5763 睾
5764 艋
5765 鄱
5766 膈
5767 膑
5768 鲑
5769 鲔
5770 鲚
5771 鲛
5772 鲟
5773 獐
5774 觫
5775 雒
5776 夤
5777 馑
5778 銮
5779 塾
5780 麽
5781 瘌
5782 瘊
5783 瘘
5784 瘙
5785 廖
5786 韶
5787 旖
5788 膂
5789 阚
5790 鄯
5791 鲞
5792 粿
5793 粼
5794 粽
5795 糁
5796 槊
5797 鹚
5798 熘
5799 熥
5800 潢
5801 漕
5802 滹
5803 漯
5804 漶
5805 潋
5806 潴
5807 漪
5808 漉
5809 漳
5810 漩
5811 澉
5812 潍
5813 慵
5814 搴
5815 窨
5816 寤
5817 綮
5818 谮
5819 褡
5820 褙
5821 褓
5822 褛
5823 褊
5824 谯
5825 谰
5826 谲
5827 暨
5828 屣
5829 鹛
5830 嫣
5831 嫱
5832 嫖
5833 嫦
5834 嫚
5835 嫘
5836 嫡
5837 鼐
5838 翟
5839 瞀
5840 鹜
5841 骠
5842 缥
5843 缦
5844 缧
5845 缨
5846 骢
5847 缪
5848 缫
5849 耦
5850 耧
5851 瑾
5852 璜
5853 璀
5854 璎
5855 璁
5856 璋
5857 璇
5858 奭
5859 髯
5860 髫
5861 撷
5862 撅
5863 赭
5864 撸
5865 鋆
5866 撙
5867 撺
5868 墀
5869 聩
5870 觐
5871 鞑
5872 蕙
5873 鞒
5874 蕈
5875 蕨
5876 蕤
5877 蕞
5878 蕺
5879 瞢
5880 蕃
5881 蕲
5882 赜
5883 槿
5884 樯
5885 槭
5886 樗
5887 樘
5888 樊
5889 槲
5890 醌
5891 醅
5892 靥
5893 魇
5894 餍
5895 磔
5896 磙
5897 霈
5898 辘
5899 龉
5900 龊
5901 觑
5902 瞌
5903 瞋[2]
5904 瞑
5905 嘭
5906 噎
5907 噶
5908 颙
5909 暹
5910 噘[3]
5911 踔
5912 踝
5913 踟
5914 踒
5915 踬
5916 踮
5917 踯
5918 踺
5919 踞
5920 蝽
5921 蝶
5922 蝻
5923 蝰
5924 蝮
5925 螋
5926 蝓
5927 蝣
5928 蝼
5929 噗
5930 嘬
5931 颚
5932 噍
5933 噢
5934 噙
5935 噜
5936 噌
5937 噔
5938 颛
5939 幞
5940 幡
5941 嶙
5942 嶝
5943 骺
5944 骼
5945 骸
5946 镊
5947 镉
5948 镌
5949 镍
5950 镏
5951 镒
5952 镓
5953 镔
5954 稷
5955 箴
5956 篑
5957 篁
5958 篌
5959 篆
5960 牖
5961 儋
5962 徵
5963 磐
5964 虢
5965 鹞
5966 膘
5967 滕
5968 鲠
5969 鲡
5970 鲢
5971 鲣
5972 鲥
5973 鲧
5974 鲩
5975 獗
5976 獠
5977 觯
5978 馓
5979 馔
5980 麾
5981 廛
5982 瘛
5983 瘼
5984 瘢

5985 瘠
5986 齑
5987 羯
5988 羰
5989 糂
5990 遴
5991 糌
5992 糍
5993 糅
5994 熜
5995 熵
5996 熠
5997 澍
5998 澌
5999 潸
6000 潦
6001 潲
6002 鋈
6003 潟
6004 潼
6005 潺
6006 憬
6007 憧
6008 寮
6009 窳
6010 谳
6011 褴
6012 褟
6013 褫
6014 谵
6015 熨
6016 屦
6017 嬉
6018 勰
6019 戮
6020 蝥
6021 缬
6022 缮
6023 缯
6024 骣
6025 畿
6026 耩
6027 耨
6028 耪
6029 璞
6030 璟
6031 靛
6032 璠
6033 璘
6034 聱
6035 螯
6036 髻
6037 髭
6038 髹
6039 擀
6040 熹
6041 甏
6042 擞
6043 縠
6044 磬
6045 颞
6046 蕻
6047 鞘
6048 颟
6049 薤
6050 薨
6051 檠
6052 薏
6053 薮
6054 薜
6055 薅
6056 樾
6057 橛
6058 橇
6059 樵
6060 檎
6061 橹
6062 樽
6063 樨
6064 橼
6065 墼
6066 橐
6067 翮
6068 醛
6069 醐
6070 醍
6071 醚
6072 磲
6073 赝
6074 飙
6075 殪
6076 霖
6077 霏
6078 霓
6079 錾
6080 辚
6081 臻
6082 遽
6083 氅
6084 瞟
6085 瞠
6086 瞰
6087 嚄
6088 嚆
6089 噤
6090 暾
6091 蹀
6092 踹
6093 踵
6094 踽
6095 蹉
6096 蹁
6097 螨
6098 蟒
6099 螈
6100 螅
6101 螭
6102 螠
6103 螟
6104 噱
6105 噬
6106 噫
6107 噻
6108 噼
6109 罹
6110 圜
6111 锗
6112 镖
6113 镗
6114 镘
6115 镚
6116 镛
6117 镝
6118 镞
6119 镠
6120 氇
6121 氆
6122 憩
6123 穑
6124 篝
6125 篥
6126 篦
6127 篪
6128 篙
6129 盥
6130 劓
6131 翱
6132 魉
6133 魈
6134 徼
6135 歙
6136 膳
6137 膦
6138 膙
6139 鲮
6140 鲱
6141 鲲
6142 鲳
6143 鲴
6144 鲵
6145 鲷
6146 鲻
6147 獴
6148 獭
6149 獬
6150 邂
6151 鹧
6152 廨
6153 赟
6154 瘰
6155 廪
6156 瘿
6157 瘵
6158 瘴
6159 癃
6160 瘳
6161 斓
6162 麇
6163 麈
6164 嬴
6165 壅
6166 羲
6167 糗
6168 瞥
6169 甑
6170 燎
6171 燠
6172 燔
6173 燧
6174 濑
6175 濉
6176 潞
6177 澧
6178 澹
6179 澥
6180 澶
6181 濂
6182 褰
6183 寰
6184 窸
6185 褶
6186 禧
6187 嬖
6188 犟
6189 隰
6190 嬗
6191 颡
6192 缱
6193 缲
6194 缳
6195 璨
6196 璩
6197 璐
6198 璪
6199 螫
6200 擤
6201 壕
6202 觳
6203 罄
6204 擢
6205 薹
6206 鞡
6207 鞬
6208 薷
6209 薰
6210 藓
6211 藁
6212 檄

6213 檩
6214 檾
6215 醢
6216 翳
6217 礅
6218 磴
6219 鹩
6220 龋
6221 龌
6222 豳
6223 壑
6224 黻
6225 嚏
6226 嚅
6227 蹑
6228 蹒
6229 蹊
6230 蟥
6231 螬
6232 螵
6233 疃
6234 螳
6235 蟑
6236 嚓
6237 羁
6238 罽
6239 罾
6240 嶷
6241 黜
6242 黝
6243 髁
6244 髀
6245 镡
6246 镢
6247 镣
6248 镦
6249 镧
6250 镩
6251 镪
6252 镫
6253 罅
6254 黏
6255 簌
6256 篾
6257 篼
6258 簖
6259 簋
6260 鼢
6261 黛
6262 儡
6263 鹪
6264 鼾
6265 皤
6266 魍
6267 龠
6268 繇
6269 貘
6270 邈
6271 貔
6272 臌
6273 膻
6274 臆
6275 臃
6276 鲼
6277 鲽
6278 鳀
6279 鳃
6280 鳅
6281 鳇
6282 鳊
6283 螽
6284 燮
6285 鹫
6286 襄
6287 糜
6288 縻
6289 膺
6290 癍
6291 麋
6292 懑
6293 濡
6294 濮
6295 濞
6296 濠
6297 濯
6298 蹇
6299 謇
6300 邃
6301 襁
6302 檗
6303 擘
6304 孺
6305 隳
6306 嬷
6307 蟊
6308 鹬
6309 鍪
6310 鏊
6311 鳌
6312 鬈
6313 鬃
6314 瞽
6315 鞯
6316 鞨
6317 鞫
6318 鞧
6319 鞣
6320 藜
6321 藠
6322 藩
6323 醪
6324 蹙
6325 礓
6326 燹
6327 餮
6328 瞿
6329 曛
6330 颢
6331 曜
6332 躇
6333 蹚
6334 鹭
6335 蟛
6336 蟪
6337 蟠
6338 蟮
6339 鹮
6340 黠
6341 黟
6342 髅
6343 髂
6344 镬
6345 镭
6346 镯
6347 馥
6348 簟
6349 簪
6350 鼬
6351 雠
6352 艟
6353 鳎
6354 鳏
6355 鳐
6356 癞
6357 癔
6358 癜
6359 癖
6360 糨
6361 蹩
6362 鎏
6363 懵
6364 彝
6365 邋
6366 鬏
6367 攉
6368 攒
6369 鞲
6370 鞴
6371 藿
6372 蘧
6373 蘅
6374 麓
6375 醮
6376 醯
6377 酃
6378 霪
6379 霭
6380 霨
6381 黼
6382 嚯
6383 蹰
6384 蹶
6385 蹽
6386 蹼
6387 蹴
6388 蹾
6389 蹿
6390 蠖
6391 蠓
6392 蟾
6393 蠊
6394 黢
6395 髋
6396 髌
6397 镲
6398 籀
6399 籁
6400 齁
6401 魑
6402 艨
6403 鳓
6404 鳔
6405 鳕
6406 鳗
6407 鳙
6408 麒
6409 鏖
6410 羸
6411 㸌
6412 瀚
6413 瀣
6414 瀛
6415 襦
6416 谶
6417 襞
6418 骥
6419 缵
6420 瓒
6421 攘
6422 蘩
6423 蘖
6424 醴
6425 霰
6426 酆
6427 矍
6428 曦
6429 躅
6430 鼍
6431 巉
6432 黩
6433 黥
6434 黪
6435 镳
6436 镴
6437 黧
6438 纂
6439 璺
6440 鼯

6441	臜	6451	礴	6461	鐾	6471	躐	6481	颧	6491	灞
6442	鳜	6452	颦	6462	羼	6472	髑	6482	躜	6492	襻
6443	鳝	6453	曩	6463	蠡	6473	镵	6483	鼹	6493	纛
6444	鳟	6454	鳢	6464	耱	6474	穰	6484	癯	6494	鬣
6445	獾	6455	癫	6465	懿	6475	饔	6485	麟	6495	攮
6446	孀	6456	麝	6466	蘸	6476	鬻	6486	蠲	6496	囔
6447	骧	6457	夔	6467	鹳	6477	鬟	6487	蠹	6497	馕
6448	瓘	6458	爝	6468	霾	6478	趱	6488	躞	6498	戆
6449	鼙	6459	灏	6469	氍	6479	攫	6489	衢	6499	爨
6450	醺	6460	禳	6470	饕	6480	攥	6490	鑫	6500	齉

[1] 皙：义为人的皮肤白。不再作为“晰”的异体字。

[2] 瞋：义为发怒时睁大眼睛。不再作为“嗔”的异体字。

[3] 噘：义为噘嘴。不再作为“撅”的异体字。

[4] 蹚：义为蹚水、蹚地，读 tāng。不再作为“趟（tàng）”的异体字。

三级字表

6501 亍
6502 丮
6503 彳
6504 卬
6505 殳
6506 匜
6507 毌
6508 邗
6509 戋
6510 圢
6511 氕
6512 伋
6513 仝
6514 冮
6515 氿
6516 汈
6517 氾
6518 忉
6519 宄
6520 讦
6521 讱
6522 扞
6523 圲
6524 圫
6525 芏
6526 芃
6527 朳
6528 朸
6529 𨙸
6530 邘
6531 吒
6532 吖
6533 屼
6534 屾
6535 辿
6536 钆
6537 仳
6538 伣
6539 伈
6540 癿
6541 甪
6542 邠
6543 犴
6544 冱
6545 邡
6546 闫
6547 汸
6548 汋
6549 䜣
6550 讻
6551 𬣞
6552 孖
6553 𬘓
6554 纩
6555 玒
6556 玓
6557 玘
6558 玚
6559 刬
6560 𫭟
6561 坜
6562 坉
6563 扽
6564 𫭢
6565 坋
6566 扺
6567 㧑
6568 毐
6569 芰
6570 苿
6571 苊
6572 苉
6573 芘
6574 芴
6575 芠
6576 芶
6577 芤
6578 杕
6579 杙
6580 杄
6581 杧
6582 杩
6583 尪
6584 尨
6585 轪
6586 𫐄
6587 坒
6588 芈
6589 旴
6590 旵
6591 呙
6592 㕮
6593 岍
6594 𫵷
6595 岠
6596 岜
6597 呇
6598 冏
6599 觃
6600 岙
6601 伾
6602 㑇
6603 伭
6604 佖
6605 伲
6606 佁
6607 飔
6608 狃
6609 闶
6610 汧
6611 汫
6612 𣲘
6613 𣲗
6614 沄
6615 沘
6616 𬇙
6617 汭
6618 㳇
6619 沇
6620 忮
6621 忳
6622 忺
6623 𬣙
6624 祃
6625 诇
6626 邲
6627 诎
6628 诐
6629 屃
6630 𫸩
6631 岊
6632 阽
6633 䢺
6634 阼
6635 妧
6636 妘
6637 郉
6638 纮
6639 驲
6640 𫘜
6641 𬘘
6642 𬘗
6643 𫘝
6644 纼
6645 玤
6646 玞
6647 玱
6648 玟
6649 邽
6650 邿
6651 坥
6652 坰
6653 坬
6654 坽
6655 弆
6656 耵
6657 䢼
6658 𦭜
6659 茋
6660 苧
6661 苾
6662 苠
6663 枅
6664 㭎
6665 枘
6666 枍
6667 矼
6668 矻
6669 匼
6670 𬨂
6671 𬀩
6672 晛
6673 旿
6674 昇
6675 昄
6676 昒
6677 昈
6678 咉
6679 咇
6680 咍
6681 岵
6682 岽
6683 岨
6684 岞
6685 峂
6686 㟃
6687 囷
6688 𬬩
6689 钐
6690 钔
6691 钖
6692 牥
6693 佴
6694 垈
6695 侁
6696 侹
6697 佸
6698 佺
6699 隹
6700 㑊
6701 侂
6702 佽
6703 侘
6704 郈

6705 舠
6706 郄
6707 郚
6708 敆
6709 肭
6710 肸
6711 肷
6712 狉
6713 狝
6714 饳
6715 忞
6716 於
6717 炌
6718 炆
6719 泙
6720 沺
6721 泂
6722 泜
6723 泃
6724 泇
6725 怊
6726 峃
6727 穸
6728 祋
6729 祊
6730 诇
6731 𬣡
6732 郘
6733 鸤
6734 弢
6735 弨
6736 陑
6737 𬮿
6738 陎
6739 𬯀
6740 卺
6741 乸
6742 妭
6743 姈
6744 𫰛
6745 迳
6746 叕
6747 𬳵
6748 驵
6749 𬳶
6750 䌹
6751 𬳽
6752 𬳿
6753 绋
6754 绐
6755 砉
6756 耔
6757 㛃
6758 玶
6759 珇
6760 珅
6761 珎
6762 珋
6763 玹
6764 珌
6765 玿
6766 韨
6767 垚
6768 垯
6769 垙
6770 垲
6771 埏
6772 垍
6773 耇
6774 埄
6775 垎
6776 垴
6777 垟
6778 垞
6779 挓
6780 垵
6781 垏
6782 摎
6783 荖
6784 荁
6785 荙
6786 荛
6787 茈
6788 茽
6789 荄
6790 茺
6791 𬜬
6792 荓
6793 茳
6794 𫇭
6795 茛
6796 荭
6797 𬃊
6798 柷
6799 柃
6800 柊
6801 枹
6802 栐
6803 柖
6804 郶
6805 剅
6806 𬷕
6807 迺
6808 庬
6809 砆
6810 砑
6811 砄
6812 耏
6813 奓
6814 䶮
6815 轵
6816 轷
6817 轹
6818 轺
6819 昺
6820 晛
6821 昽
6822 昀
6823 咡
6824 咺
6825 昳
6826 昣
6827 哒
6828 昤
6829 昫
6830 昡
6831 咥
6832 昇
6833 虷
6834 虸
6835 哃
6836 峘
6837 耑
6838 峛
6839 𪨶
6840 峗
6841 峧
6842 帲
6843 钘
6844 𫓧
6845 钜
6846 𬬮
6847 𫓷
6848 𬬭
6849 钪
6850 𫓦
6851 钭
6852 矧
6853 秬
6854 俫
6855 舁
6856 㑇
6857 俙
6858 俍
6859 垕
6860 衎
6861 舣
6862 弇
6863 侴
6864 鸧
6865 䏡
6866 胠
6867 胋
6868 胈
6869 胩
6870 胣
6871 胐
6872 飐
6873 𫗧
6874 𫗩
6875 庤
6876 疢
6877 炣
6878 炟
6879 㶲
6880 洭
6881 洘
6882 洓
6883 洿
6884 㳚
6885 泚
6886 浈
6887 浉
6888 洸
6889 洑
6890 𬇙
6891 洈
6892 洚
6893 洺
6894 洨
6895 浐
6896 𬇕
6897 洴
6898 洣
6899 恔
6900 宬
6901 窀
6902 扂
6903 袆
6904 祏
6905 祐
6906 祕
6907 叚
6908 陧
6909 陞
6910 娀
6911 姞
6912 姱
6913 姤
6914 姶
6915 姽
6916 枲
6917 绖
6918 骃
6919 𬘡
6920 𬳽
6921 𬘘
6922 𫄧
6923 彖
6924 骉
6925 恝
6926 珪
6927 珛
6928 珹
6929 琊
6930 玼
6931 珖
6932 勣

6933 珽
6934 珦
6935 珫
6936 珒
6937 𬍤
6938 珢
6939 珕
6940 珝
6941 𫭟
6942 埗
6943 垾
6944 垺
6945 埆
6946 垿
6947 埌
6948 埇
6949 莰
6950 茝
6951 𫇭
6952 鄀
6953 莶
6954 莁
6955 䓖
6956 莙
6957 栻
6958 極
6959 梜
6960 桄
6961 梠
6962 桷
6963 梴
6964 栒
6965 酎
6966 酏
6967 颏
6968 砵
6969 砠
6970 砫
6971 砬
6972 硁
6973 恧
6974 翃
6975 郪
6976 𫐐
6977 辀
6978 辁
6979 𧲸
6980 剕
6981 赀
6982 哢
6983 晅
6984 晊
6985 唝
6986 哳
6987 哱
6988 冔
6989 晔
6990 晐
6991 晖
6992 畖
6993 蚄
6994 蚆
6995 鄅
6996 帱
6997 崁
6998 峿
6999 崟
7000 崄
7001 帨
7002 崀
7003 赆
7004 钵
7005 钜
7006 铲
7007 钾
7008 铝
7009 𬭁
7010 眚
7011 甡
7012 笫
7013 御
7014 倴
7015 脩
7016 倮
7017 倕
7018 倞
7019 𫢸
7020 倓
7021 倧
7022 虾
7023 虒
7024 舭
7025 舯
7026 舥
7027 瓞
7028 鬯
7029 鸰
7030 脎
7031 朓
7032 胲
7033 虓
7034 鱽
7035 狴
7036 猑
7037 狻
7038 胥
7039 𫗦
7040 勍
7041 痄
7042 疰
7043 痃
7044 竘
7045 羖
7046 羓
7047 桊
7048 敉
7049 𬊈
7050 烔
7051 烶
7052 烻
7053 𬊤
7054 涍
7055 浡
7056 浭
7057 浬
7058 湾
7059 涢
7060 涐
7061 浰
7062 浟
7063 浛
7064 浼
7065 浲
7066 涘
7067 悈
7068 悃
7069 悢
7070 峃
7071 宧
7072 窅
7073 窊
7074 窎
7075 扅
7076 扆
7077 袪
7078 袗
7079 袯
7080 祧
7081 隺
7082 堲
7083 疍
7084 陧
7085 陴
7086 烝
7087 砮
7088 𫰛
7089 哿
7090 豽
7091 豩
7092 剟
7093 𫘨
7094 𫄨
7095 绤
7096 骍
7097 绕
7098 翬
7099 琎
7100 珸
7101 珵
7102 琄
7103 琈
7104 琀
7105 珺
7106 掭
7107 堎
7108 堐
7109 埼
7110 掎
7111 埫
7112 堌
7113 晢
7114 𫮃
7115 掞
7116 埪
7117 壸
7118 㙍
7119 聍
7120 菝
7121 萚
7122 菥
7123 莿
7124 䓫
7125 勚
7126 草
7127 萆
7128 菂
7129 菍
7130 菼
7131 萣
7132 菪
7133 菉
7134 菡
7135 梼
7136 梽
7137 桲
7138 梾
7139 桯
7140 梣
7141 梌
7142 桹
7143 敔
7144 厣
7145 硔
7146 𬒗
7147 硙
7148 硚
7149 硊
7150 硍
7151 勔
7152 䴕
7153 龁
7154 逴
7155 唪
7156 啫
7157 翈
7158 眼
7159 晙
7160 畤

7161 岘
7162 趼
7163 跂
7164 蛃
7165 蚲
7166 蝀
7167 蚺
7168 啴
7169 翢
7170 崧
7171 崟
7172 崞
7173 崒
7174 崌
7175 崡
7176 铏
7177 鉒
7178 鉷
7179 铕
7180 鐽
7181 铖
7182 铘
7183 铚
7184 锦
7185 铦
7186 钖
7187 牻
7188 牿
7189 稆
7190 笱
7191 筊
7192 偰
7193 偡
7194 鸺
7195 偭
7196 偲
7197 偁
7198 晄
7199 郰
7200 偓
7201 徛
7202 衙
7203 舳
7204 舲
7205 鸼
7206 悆
7207 鄃
7208 瓻
7209 䝙
7210 脶
7211 脞
7212 脟
7213 䏲
7214 鲃
7215 猇
7216 猊
7217 猄
7218 觖
7219 悳
7220 庱
7221 庼
7222 庳
7223 痓
7224 鸩
7225 竫
7226 堃
7227 阌
7228 羝
7229 羕
7230 焆
7231 烺
7232 焌
7233 淏
7234 漍
7235 淟
7236 淜
7237 淴
7238 淯
7239 湴
7240 涴
7241 鋈
7242 㥄
7243 惛
7244 惔
7245 悰
7246 惙
7247 寋
7248 逭
7249 諲
7250 諴
7251 袼
7252 裈
7253 祲
7254 諟
7255 謏
7256 谞
7257 艴
7258 弸
7259 弶
7260 隤
7261 隃
7262 婞
7263 娵
7264 婼
7265 媖
7266 媔
7267 婍
7268 婌
7269 婫
7270 婤
7271 婘
7272 婠
7273 綪
7274 綝
7275 騑
7276 騊
7277 绹
7278 綡
7279 綧
7280 骕
7281 騄
7282 絜
7283 珷
7284 琲
7285 琡
7286 琟
7287 琔
7288 琭
7289 堾
7290 堼
7291 揕
7292 㙍
7293 堧
7294 喆
7295 堨
7296 塅
7297 堠
7298 絷
7299 塿
7300 𡋣
7301 薁
7302 惎
7303 萳
7304 葙
7305 蓒
7306 葴
7307 葳
7308 蒈
7309 鄚
7310 蒉
7311 蓇
7312 萩
7313 蒐
7314 蔆
7315 葎
7316 鄐
7317 蒎
7318 葵
7319 蔻
7320 萹
7321 棤
7322 棽
7323 棫
7324 椓
7325 椑
7326 𬃊
7327 鹀
7328 椆
7329 棓
7330 棬
7331 棪
7332 椀
7333 楗
7334 鹕
7335 甦
7336 醆
7337 觌
7338 奡
7339 硒
7340 硪
7341 欹
7342 詟
7343 輗
7344 辌
7345 棐
7346 龂
7347 齘
7348 凿
7349 牚
7350 晞
7351 晫
7352 晪
7353 晱
7354 踇
7355 蛑
7356 畯
7357 𦊓
7358 喤
7359 崶
7360 嵁
7361 嵽
7362 㟜
7363 崴
7364 崿
7365 嵚
7366 翙
7367 𫖯
7368 圌
7369 圐
7370 赑
7371 淼
7372 赒
7373 錂
7374 铹
7375 𬭭
7376 鉽
7377 銶
7378 鋗
7379 锊
7380 锍
7381 锎
7382 鋐
7383 锓
7384 犇
7385 颋
7386 稌
7387 筌
7388 筘

7389 筜
7390 筥
7391 筅
7392 傃
7393 傉
7394 翛
7395 傒
7396 傕
7397 舾
7398 畬
7399 𫖯
7400 脿
7401 腘
7402 䐃
7403 腙
7404 腒
7405 𬱖
7406 鲃
7407 猰
7408 骛
7409 猯
7410 㺄
7411 馉
7412 凓[1]
7413 鄗
7414 廞
7415 廋
7416 廆
7417 鄘
7418 粢
7419 遆
7420 旐
7421 𬮱
7422 焞
7423 𬊤
7424 欻
7425 𬇙
7426 湆
7427 渫
7428 湝
7429 湃
7430 湓
7431 㴔
7432 渟
7433 溠
7434 渼
7435 溇
7436 湣
7437 湑
7438 溞
7439 愐
7440 愃
7441 敩
7442 甯
7443 棨
7444 扊
7445 裣
7446 祼
7447 婻
7448 嫖
7449 媞
7450 㛹
7451 媓
7452 媂
7453 媄
7454 毵
7455 矞
7456 𫘪
7457 𫘬
7458 缊
7459 缐
7460 骙
7461 瑃
7462 瑓
7463 瑅
7464 瑆
7465 䴖
7466 瑖
7467 瑝
7468 瑔
7469 瑀
7470 𤧛
7471 瑳
7472 瑂
7473 嶅
7474 瑑
7475 遘
7476 髢
7477 塥
7478 堽
7479 赪
7480 摛
7481 塝
7482 搒
7483 搌
7484 蒱
7485 蒨
7486 蓏
7487 蔀
7488 蓢
7489 蓂
7490 蒻
7491 蓣
7492 椹
7493 楪
7494 榃
7495 榅
7496 楒
7497 楞
7498 楩
7499 榇
7500 椸
7501 楙
7502 歅
7503 𬪩
7504 碃
7505 碏
7506 硝
7507 碈
7508 𬒗
7509 硿
7510 鄠
7511 辒
7512 𫐐
7513 𫐓
7514 龆
7515 觜
7516 鄚
7517 暕
7518 鹍
7519 𫫇[2]
7520 曼
7521 暅
7522 跱
7523 蜐
7524 蜎
7525 嵲
7526 赗
7527 骱
7528 锖
7529 𫓹
7530 锘
7531 锳
7532 锧
7533 锪
7534 𬭚
7535 锫
7536 锬
7537 𬭛
7538 稑
7539 稙
7540 䅟
7541 筼
7542 筻
7543 篑
7544 筶
7545 筦
7546 筤
7547 傺
7548 鹎
7549 僇
7550 艅
7551 艉
7552 谼
7553 貆
7554 腽
7555 腨
7556 腯
7557 鲉
7558 鲊
7559 鲌
7560 䲟
7561 𬶋
7562 𬶍
7563 鲏
7564 雊
7565 猺
7566 飔
7567 觟
7568 𦝼
7569 馌
7570 裛
7571 廒
7572 瘀
7573 瘅
7574 鄜
7575 鹒
7576 鄌
7577 麀
7578 鄣
7579 阖
7580 阗
7581 煁
7582 煃
7583 煴
7584 煋
7585 煟
7586 煓
7587 滠
7588 溍
7589 溹
7590 滆
7591 滉
7592 溦
7593 溵
7594 漷
7595 滧
7596 滘
7597 滍
7598 愭
7599 慥
7600 慆
7601 塱
7602 𫌀
7603 裼
7604 禋
7605 禔
7606 禘
7607 禒
7608 谫
7609 鹔
7610 颋
7611 愍
7612 嫄
7613 媱
7614 戤
7615 勠[3]
7616 戣

7617 𫘪
7618 𫘬
7619 缞
7620 耤
7621 瑧
7622 璊
7623 瑨
7624 瑱
7625 瑷
7626 瑢
7627 斠
7628 搢
7629 墕
7630 墈
7631 墐
7632 墘
7633 㩵
7634 鋈
7635 墉
7636 墚
7637 撖
7638 摎
7639 靽
7640 鞁
7641 蔌
7642 蔈
7643 蓰
7644 蔹
7645 蔊
7646 蝦
7647 榰
7648 榑
7649 槚
7650 㮿
7651 槜
7652 榍
7653 疐
7654 𪾢
7655 酺
7656 酾
7657 酲
7658 酴
7659 碶
7660 碜
7661 𥔲
7662 碨
7663 𥕢
7664 碹
7665 碥
7666 劂
7667 鮆
7668 䴗
7669 黟
7670 瞍
7671 鹐
7672 㬎
7673 𫏐
7674 蜾
7675 幖
7676 嶍
7677 圙
7678 𫓹
7679 锺
7680 锼
7681 锽
7682 𫓧
7683 锾
7684 锿
7685 镃
7686 镄
7687 镅
7688 馝
7689 鹙
7690 箨
7691 箖
7692 劄
7693 僬
7694 僦
7695 僔
7696 僎
7697 槃
7698 𫭼
7699 鲒
7700 鲕
7701 𫚕
7702 鲖
7703 鲗
7704 鲘
7705 鲙
7706 𫚔
7707 𫚗
7708 鲛
7709 夐
7710 獍
7711 飗
7712 鹜
7713 澌
7714 廑
7715 廙
7716 瘗
7717 瘥
7718 瘕
7719 鲝
7720 鄱
7721 熇
7722 漹
7723 滶
7724 潆
7725 溇
7726 潩
7727 漼
7728 漴
7729 澹
7730 漈
7731 漨
7732 漻
7733 慬
7734 窬
7735 窭
7736 㮾
7737 𫍟
7738 褕
7739 禛
7740 禚
7741 隩
7742 嫕
7743 嫭
7744 嫜
7745 嫪
7746 缜
7747 𪻐
7748 麹
7749 璆
7750 漦
7751 𥖨
7752 墣
7753 墦
7754 墡
7755 劐
7756 薁
7757 蕰
7758 蔃
7759 鼒
7760 櫄
7761 鹝
7762 磏
7763 磔
7764 殣
7765 憖
7766 霅
7767 暯
7768 暲
7769 暶
7770 踦
7771 踣
7772 䗖
7773 蝘
7774 蝲
7775 蝤
7776 噇
7777 噂
7778 噀
7779 罶
7780 嶲
7781 嶓
7782 𡾊
7783 嶟
7784 嶒
7785 镆
7786 镈
7787 镋
7788 镎
7789 𬭩
7790 镕
7791 稹
7792 儇
7793 皞
7794 皛
7795 鹒
7796 艎
7797 艄
7798 鹆
7799 𬶋
7800 鲦
7801 鲳
7802 鲬
7803 獛
7804 觭
7805 鹠
7806 鹡
7807 糇
7808 糈
7809 翦
7810 鹢
7811 鹣
7812 熛
7813 潖
7814 潵
7815 㵐
7816 澂
7817 澛
7818 𬇙
7819 溍
7820 潾
7821 潏
7822 憭
7823 憕
7824 𫛶
7825 戭
7826 䙊
7827 𧝞
7828 𫍽
7829 嫽
7830 遹
7831 𬴊
7832 璬
7833 璲
7834 璒
7835 憙
7836 擐
7837 鄹
7838 薳
7839 鞔
7840 黇
7841 𬞟
7842 蕗
7843 薢
7844 蕹

7845 檍
7846 橑
7847 橦
7848 醑
7849 觱
7850 磡
7851 𥕢
7852 磜
7853 豮
7854 𫓹
7855 𬺈
7856 𬺉
7857 鹾
7858 虤
7859 暿
7860 曌
7861 曈
7862 曔
7863 蹅
7864 踶
7865 蝤
7866 螗
7867 [illegible]
7868 㠓
7869 幪
7870 嶡
7871 𪩘
7872 𬭋
7873 𬭊
7874 𬭎
7875 馞
7876 穄
7877 篧
7878 篯
7879 簉
7880 鼽
7881 衠
7882 盦
7883 膪
7884 膝
7885 鲭
7886 鲯
7887 鲰
7888 鲺
7889 鲹
7890 𫗴
7891 [illegible]
7892 癀
7893 瘭
7894 𬸚
7895 豲
7896 糒
7897 燋
7898 熻
7899 燊
7900 燚
7901 燏
7902 濩
7903 濋
7904 澪
7905 澽
7906 澴
7907 澭
7908 澼
7909 憷
7910 憺
7911 懔
7912 黉
7913 嬛
7914 鹨
7915 翯
7916 [illegible]
7917 璱
7918 璥
7919 璬
7920 璮
7921 髽
7922 擿
7923 薿
7924 薸
7925 檽
7926 櫆
7927 檞
7928 醨
7929 繄
7930 磹
7931 磻
7932 瞫
7933 瞵
7934 蹐
7935 蟏
7936 嘝
7937 [illegible]
7938 镤
7939 [illegible]
7940 𫔎
7941 镥
7942 镨
7943 𬭸
7944 𬭼
7945 𬭚
7946 𫔀
7947 矰
7948 穙
7949 穜
7950 穟
7951 簕
7952 簃
7953 簏
7954 儦
7955 魋
7956 斶
7957 艚
7958 鹝
7959 谿
7960 䲠
7961 𬶟
7962 鲾
7963 𬶠
7964 鲙
7965 鳁
7966 鳂
7967 [illegible]
7968 鳉
7969 獯
7970 麈
7971 馘
7972 襕
7973 襚
7974 暨
7975 螱
7976 甓
7977 嬬
7978 嬥
7979 𦈡
7980 𫄸
7981 [illegible]
7982 鼇
7983 𬸦
7984 爇
7985 鞳
7986 鞮
7987 [illegible]
7988 藟
7989 藦
7990 藨
7991 鹲
7992 檫
7993 麃
7994 礞
7995 礌
7996 [illegible]
7997 蹢
7998 蹜
7999 蟫
8000 [illegible]
8001 嚚
8002 髃
8003 镮
8004 镱
8005 酂
8006 馧
8007 簠
8008 簝
8009 簰
8010 鼫
8011 鼩
8012 皦
8013 臑
8014 [illegible]
8015 鳑
8016 鳒
8017 [illegible]
8018 鹯
8019 癗
8020 翷
8021 旞
8022 翻
8023 辗
8024 [illegible]
8025 瀔
8026 瀍
8027 瀌
8028 襜
8029 䴙
8030 纆
8031 [illegible]
8032 檬
8033 鬷
8034 醭
8035 蹯
8036 蠋
8037 翾
8038 鳌
8039 儳
8040 儴
8041 鼖
8042 𬶭
8043 鱇
8044 𬶮
8045 鳛
8046 麑
8047 麖
8048 羸
8049 [illegible]
8050 嬿
8051 鬒
8052 蘘
8053 欂
8054 醵
8055 颥
8056 甗
8057 [illegible]
8058 巇
8059 [illegible]
8060 髎
8061 犨
8062 𫚒
8063 鍪
8064 爟
8065 爔
8066 灂
8067 瀹
8068 瀼
8069 瀵
8070 襫
8071 孅
8072 骦

8073 纕	8079 齼	8085 爟	8091 礵	8097 亹	8103 齇
8074 耰	8080 罍	8086 爚	8092 鹴	8098 籥	8104 觿
8075 瓔	8081 鼱	8087 灈	8093 躔	8099 鼷	8105 蠼
8076 瓖	8082 鳠	8088 韂	8094 皭	8100 鱲	
8077 鬘	8083 鳡	8089 蘗	8095 龢	8101 玃	
8078 趯	8084 鳣	8090 蘼	8096 鳤	8102 醾	

[1]凓：义为寒冷。不再作为“栗”的异体字。

[2]噁：化学名词用字，读è，如“二噁英”等。

[3]勠：义为合力、齐力。不再作为“戮”的异体字。

附件 1

规范字与繁体字、异体字对照表

说　　明

一、本表的编制是为了指导正确使用《通用规范汉字表》、方便古籍阅读、促进海峡两岸及港澳地区交流。繁体字和异体字的使用，遵循《中华人民共和国国家通用语言文字法》的规定。

二、本表列出了《通用规范汉字表》中的 3120 个规范字及相应的繁体字、异体字。分三栏编排：第一栏是规范字及其序号。第二栏是繁体字，用圆括号括注。第三栏是异体字，用方括号括注。

三、本表收录了与 2546 个规范字相对应的 2574 个繁体字。对 96 组一个规范字对应多个繁体字（或传承字）的字际关系进行了分解。表中的“～”代表与规范字相同的传承字。依据《简化字总表》的规定，对在部分义项和用法上不简化的“瞭、乾、藉、麽”等字，加注予以说明。

四、本表对《第一批异体字整理表》进行了调整，收录了 794 组共计 1023 个异体字。对在部分义项和用法上可作规范字使用的“仝、甦、堃、脩”等异体字，加注说明其使用范围和用法。

规范字与繁体字、异体字对照表

规范字		繁体字	异体字
0006	厂	(廠)	
0008	卜	~	
		(蔔)	
0012	儿	(兒)	
0014	几	~	
		(幾)	
0017	了	~	
		(瞭[1])	
0020	乃		[廼迺[2]]
0023	干	~	
		(乾[3])	[乹乾]
		(幹)	[榦]
0025	亏	(虧)	
0029	才	~	
		(纔)	
0034	与	(與)	
0035	万	~	
		(萬)	
0041	千	~	
		(韆)	
0044	亿	(億)	
0045	个	(個)	[箇]
0048	么	(麼[4])	
0050	凡		[凢]
0053	广	(廣)	
0054	亡		[亾]
0055	门	(門)	
0056	丫		[枒椏[5]]
0057	义	(義)	

规范字		繁体字	异体字
0059	尸		[屍]
0065	卫	(衛)	
0069	飞	(飛)	
0070	习	(習)	
0072	马	(馬)	
0073	乡	(鄉)	
0074	丰	~	
		(豐)	
0076	开	(開)	
0081	无	(無)	
0082	云	~	
		(雲)	
0083	专	(專)	[耑[6]]
0084	丐		[匃匄]
0085	扎		[紮紥]
0086	艺	(藝)	
0090	厅	(廳)	
0094	区	(區)	
0095	历	(歷)	[歴厯]
		(曆)	[厤]
0099	匹		[疋]
0100	车	(車)	
0101	巨		[鉅[7]]
0114	贝	(貝)	
0115	冈	(岡)	
0118	见	(見)	
0122	气	(氣)	
0125	升		[昇[8]陞[9]]
0126	夭		[殀]

规范字		繁体字	异体字
0127	长	(長)	
0131	仆	~ (僕)	
0133	仇		[讐讎[10]]
0134	币	(幣)	
0136	仅	(僅)	
0137	斤		[觔]
0142	从	(從)	
0143	仑	(侖)	[崘崙]
0145	凶		[兇]
0149	仓	(倉)	
0154	风	(風)	
0157	乌	(烏)	
0159	凤	(鳳)	
0165	为	(爲)	
0166	斗	~ (鬥)	 [鬦鬪鬭]
0167	忆	(憶)	
0168	计	(計)	
0169	订	(訂)	
0171	认	(認)	
0172	冗		[宂]
0173	讥	(譏)	
0177	丑	~ (醜)	
0180	队	(隊)	
0181	办	(辦)	
0182	以		[㕥㠯]
0185	邓	(鄧)	
0186	劝	(勸)	
0187	双	(雙)	

规范字		繁体字	异体字
0188	书	(書)	
0191	刊		[栞]
0195	击	(擊)	
0199	扑	(撲)	
0209	节	(節)	
0211	术	~ (術)	
0215	厉	(厲)	
0218	布		[佈]
0221	龙	(龍)	
0223	灭	(滅)	
0224	轧	(軋)	
0225	东	(東)	
0228	占		[佔]
0230	卢	(盧)	
0231	业	(業)	
0232	旧	(舊)	
0233	帅	(帥)	
0234	归	(歸)	
0238	叶	~ (葉)	
0242	电	(電)	
0243	号	(號)	
0246	只	(衹) (隻)	[祇[11] 秖]
0251	叽	(嘰)	
0253	叫		[呌]
0254	叩		[敂]
0257	叹	(嘆)	[歎]
0258	冉		[冄]
0268	丘		[坵]

规范字		繁体字	异体字
0272	仙		[僊]
0273	们	(們)	
0274	仪	(儀)	
0281	丛	(叢)	
0286	尔	(爾)	[尒]
0287	乐	(樂)	
0289	匆		[怱悤]
0290	册		[冊]
0291	卯		[夘戼]
0294	处	(處)	
0295	冬	～	
		(鼕)	
0296	鸟	(鳥)	
0297	务	(務)	
0299	饥	(飢)	
		(饑)	
0303	冯	(馮)	
0305	闪	(閃)	
0306	兰	(蘭)	
0309	汇	(匯)	[滙]
		(彙)	
0310	头	(頭)	
0311	汉	(漢)	
0312	宁	(寧)	[寕甯[12]]
0314	它		[牠]
0315	讨	(討)	
0316	写	(寫)	
0317	让	(讓)	
0318	礼	(禮)	
0319	训	(訓)	
0320	议	(議)	

规范字		繁体字	异体字
0322	讯	(訊)	
0323	记	(記)	
0330	出	～	
		(齣)	
0331	辽	(遼)	
0332	奶		[妳嬭]
0337	边	(邊)	
0339	发	(發)	
		(髮)	
0340	圣	(聖)	
0341	对	(對)	
0342	台	～	
		(臺)	
		(颱)	
		(檯)	
0344	纠	(糾)	[糺]
0347	丝	(絲)	
0353	动	(動)	[働]
0354	扛		[摃]
0357	扣		[釦]
0358	考		[攷]
0359	托		[託]
0361	巩	(鞏)	
0363	执	(執)	
0364	扩	(擴)	
0365	扫	(掃)	
0367	场	(場)	[塲]
0368	扬	(揚)	[敭颺[13]]
0373	亚	(亞)	
0376	朴	～	
		(樸)	

规范字		繁体字	异体字
0377	机	(機)	
0378	权	(權)	
0379	过	(過)	
0382	再		[𠕅𠕆]
0383	协	(協)	
0385	压	(壓)	
0386	厌	(厭)	
0393	页	(頁)	
0395	夸	～	
		(誇)	
0396	夺	(奪)	
0398	达	(達)	
0402	夹	(夾)	[袷[14]裌]
0404	轨	(軌)	
0405	邪		[衺]
0406	尧	(堯)	
0407	划	～	
		(劃)	
0408	迈	(邁)	
0409	毕	(畢)	
0412	贞	(貞)	
0413	师	(師)	
0414	尘	(塵)	
0418	当	(當)	
		(噹)	
0420	吁	～	
		(籲)	
0422	吓	(嚇)	
0423	虫	(蟲)	
0424	曲	～	
		(麯)	[麴[15]]
0425	团	(團)	
		(糰)	
0427	同		[仝[16]衕]
0428	吊		[弔]
0429	吃		[喫]
0430	因		[囙]
0432	吗	(嗎)	
0434	屿	(嶼)	
0436	岁	(歲)	[嵗]
0437	帆		[帆颿]
0438	回	～	
		(迴)	[廻逥]
0439	岂	(豈)	
0440	则	(則)	
0441	刚	(剛)	
0442	网	(網)	
0444	年		[秊]
0445	朱	～	
		(硃)	
0451	迁	(遷)	
0452	乔	(喬)	
0454	伟	(偉)	
0455	传	(傳)	
0461	优	(優)	
0468	伤	(傷)	
0469	价	(價)	
0470	伦	(倫)	
0472	华	(華)	
0474	仿		[倣髣]
0475	伙	～	
		(夥[17])	

规范字		繁体字	异体字
0476	伪	(僞)	
0480	向	~	
		(嚮)	[曏]
0481	似		[佀]
0482	后	~	
		(後)	
0486	会	(會)	
0487	杀	(殺)	
0488	合	~	
		(閤)	
0491	众	(衆)	[眾]
0492	爷	(爺)	
0493	伞	(傘)	[傘繖]
0494	创	(創)	[剏剙]
0497	朵		[朶]
0498	杂	(雜)	[襍]
0503	负	(負)	
0510	壮	(壯)	
0511	冲	~	
		(衝)	
0512	妆	(妝)	[粧]
0513	冰		[氷]
0514	庄	(莊)	
0515	庆	(慶)	
0517	刘	(劉)	
0518	齐	(齊)	
0522	产	(產)	
0523	决		[決]
0527	闭	(閉)	
0528	问	(問)	
0529	闯	(闖)	

规范字		繁体字	异体字
0531	并		[併並竝]
0532	关	(關)	
0534	灯	(燈)	
0537	污		[汙汚]
0542	汤	(湯)	
0544	兴	(興)	
0550	讲	(講)	
0551	讳	(諱)	
0552	军	(軍)	
0553	讶	(訝)	
0554	许	(許)	
0555	讹	(訛)	[譌]
0556	论	(論)	
0557	讼	(訟)	
0558	农	(農)	[辳]
0559	讽	(諷)	
0560	设	(設)	
0561	访	(訪)	
0562	诀	(訣)	
0563	寻	(尋)	[尋]
0566	尽	(盡)	
		(儘)	
0567	导	(導)	
0568	异		[異]
0570	孙	(孫)	
0571	阵	(陣)	
0572	阳	(陽)	
0574	阶	(階)	[堦]
0575	阴	(陰)	[隂]
0577	奸		[姦]
0579	妇	(婦)	[媍]

规范字		繁体字	异体字
0583	妈	(媽)	
0584	戏	(戲)	[戯]
0586	观	(觀)	
0587	欢	(歡)	[懽讙驩]
0588	买	(買)	
0589	红	(紅)	
0590	驮	(馱)	[駄]
0591	纤	(縴)	
		(纖)	
0592	驯	(馴)	
0593	约	(約)	
0594	级	(級)	
0595	纪	(紀)	
0596	驰	(馳)	
0597	纫	(紉)	
0598	巡		[廵]
0599	寿	(壽)	
0600	弄		[挵衖]
0601	麦	(麥)	
0603	玛	(瑪)	
0605	进	(進)	
0608	远	(遠)	
0609	违	(違)	
0610	韧	(韌)	[靭靱韌]
0611	运	(運)	
0613	抚	(撫)	
0614	坛	(壇)	
		(罎)	[罈壜]
0616	坏	(壞)	
0617	抠	(摳)	
0618	扰	(擾)	

规范字		繁体字	异体字
0619	扼		[搤]
0623	址		[阯]
0624	扯		[撦]
0627	贡	(貢)	
0629	坝	(垻)	
		(壩)	
0632	折	~	
		(摺)	
0635	抡	(掄)	
0637	抢	(搶)	
0639	坎		[埳]
0644	坟	(墳)	
0645	坑		[阬]
0649	护	(護)	
0650	壳	(殼)	
0651	志		[誌]
0652	块	(塊)	
0654	声	(聲)	
0656	报	(報)	
0657	拟	(擬)	[儗]
0658	却		[卻卻]
0660	劫		[刦刧刼]
0662	芜	(蕪)	
0663	苇	(葦)	
0665	花		[苍蘤]
0669	苍	(蒼)	
0671	严	(嚴)	
0672	芦	(蘆)	
0674	劳	(勞)	
0675	克	~	
		(剋[18])	[尅]

规范字		繁体字	异体字
0677	苏	(蘇)	[甦[19] 蘓]
		(囌)	
0678	杆		[桿]
0679	杠		[槓]
0682	村		[邨[20]]
0687	极	(極)	
0689	杨	(楊)	
0696	豆		[荳]
0697	两	(兩)	
0699	丽	(麗)	
0700	医	(醫)	
0702	励	(勵)	
0704	还	(還)	
0706	歼	(殲)	
0707	来	(來)	
0708	连	(連)	
0709	轩	(軒)	
0711	卤	(鹵)	
		(滷)	
0712	坚	(堅)	
0717	时	(時)	[旹]
0720	县	(縣)	
0721	里	~	
		(裏)	[裡]
0722	呆		[獃]
0725	呕	(嘔)	
0726	园	(園)	
0727	旷	(曠)	
0728	围	(圍)	
0730	吨	(噸)	
0732	邮	(郵)	

规范字		繁体字	异体字
0734	困	~	
		(睏)	
0737	员	(員)	
0739	听	(聽)	
0740	吟		[唫]
0742	呛	(嗆)	
0743	吻		[脗]
0745	呜	(嗚)	
0751	别	~	
		(彆)	
0753	岖	(嶇)	
0754	岗	(崗)	
0755	帐	(帳)	
0756	财	(財)	
0757	针	(針)	[鍼]
0758	钉	(釘)	
0762	乱	(亂)	
0770	体	(體)	
0780	佣	(傭)	
0782	你		[妳]
0787	皂		[皁]
0789	佛		[彿髴]
0792	彻	(徹)	
0795	余	~	
		(餘)	
0798	谷	~	
		(穀)	
0801	邻	(鄰)	[隣]
0804	肛		[疘]
0807	肠	(腸)	[膓]
0808	龟	(龜)	

规范字		繁体字	异体字
0812	犹	(猶)	
0813	狈	(狽)	
0815	删		[刪]
0816	条	(條)	
0820	岛	(島)	[㠀]
0821	刨		[鉋鑤]
0823	饭	(飯)	
0824	饮	(飲)	[㱃]
0825	系	~	
		(係)	
		(繫)	
0827	冻	(凍)	
0828	状	(狀)	
0829	亩	(畝)	[畆畂畒畞畮]
0830	况		[況]
0831	床		[牀]
0832	库	(庫)	
0834	疗	(療)	
0835	吝		[悋]
0836	应	(應)	
0837	这	(這)	
0839	庐	(廬)	
0842	弃		[棄]
0845	闰	(閏)	
0846	闲	(閑)	[閒]
0847	间	(間)	
0848	闷	(悶)	
0851	灶	(竈)	
0852	灿	(燦)	
0859	沥	(瀝)	
0863	沦	(淪)	

规范字		繁体字	异体字
0864	汹		[洶]
0865	泛		[氾[21]汎]
0866	沧	(滄)	
0868	沟	(溝)	
0869	沪	(滬)	
0870	沈	~	
		(瀋)	
0873	怀	(懷)	
0874	忧	(憂)	
0882	穷	(窮)	
0883	灾		[災烖菑]
0885	证	(證)	
0886	启	(啓)	[啟唘]
0887	评	(評)	
0888	补	(補)	
0891	祀		[禩]
0892	识	(識)	
0893	诈	(詐)	
0894	诉	(訴)	[愬]
0896	诊	(診)	
0897	词	(詞)	[䛐]
0898	译	(譯)	
0900	灵	(靈)	
0902	层	(層)	
0906	迟	(遲)	
0907	局		[侷跼]
0909	张	(張)	
0911	际	(際)	
0912	陆	(陸)	
0914	陈	(陳)	
0916	附		[坿]

规范字		繁体字	异体字
0917	坠	(墜)	
0919	妙		[玅]
0921	姊		[姉]
0923	妒		[妬]
0926	劲	(勁)	
0928	鸡	(鷄)	[雞]
0929	纬	(緯)	
0930	驱	(驅)	[駈敺]
0931	纯	(純)	
0932	纱	(紗)	
0933	纲	(綱)	
0934	纳	(納)	
0935	驳	(駁)	[駮]
0936	纵	(縱)	
0937	纷	(紛)	
0938	纸	(紙)	[帋]
0939	纹	(紋)	
0940	纺	(紡)	
0941	驴	(驢)	
0942	纽	(紐)	
0944	玩		[翫]
0945	环	(環)	
0948	责	(責)	
0949	现	(現)	
0951	表	～ (錶)	
0952	规	(規)	[槼]
0957	拓		[搨]
0958	拢	(攏)	
0961	拣	(揀)	
0963	担	(擔)	

规范字		繁体字	异体字
0964	坤		[堃[22]]
0967	拐		[柺]
0968	拖		[拕]
0971	顶	(頂)	
0974	拥	(擁)	
0975	抵		[牴觝]
0977	势	(勢)	
0982	拦	(攔)	
0983	幸		[倖]
0985	拧	(擰)	
0991	拨	(撥)	
0992	择	(擇)	
0995	拗		[抝]
1004	苹	(蘋[23])	
1010	范	～ (範)	
1014	茎	(莖)	
1020	杯		[盃桮]
1021	枢	(樞)	
1022	柜	(櫃)	
1025	板	～ (闆)	
1026	松	～ (鬆)	
1027	枪	(槍)	[鎗]
1028	枫	(楓)	
1029	构	(構)	[搆]
1031	杰		[傑]
1034	丧	(喪)	
1036	画	(畫)	
1040	枣	(棗)	

规范字		繁体字	异体字
1042	卖	(賣)	
1043	郁	~	
		(鬱)	[欝鬰]
1044	矾	(礬)	
1045	矿	(礦)	[鑛]
1046	码	(碼)	
1047	厕	(厠)	[廁]
1049	奔		[奔逩犇[24]]
1051	奋	(奮)	
1052	态	(態)	
1053	欧	(歐)	
1054	殴	(毆)	
1055	垄	(壟)	
1057	轰	(轟)	
1058	顷	(頃)	
1059	转	(轉)	
1060	斩	(斬)	
1061	轮	(輪)	
1062	软	(軟)	[輭]
1067	肯		[肎]
1068	齿	(齒)	
1072	虏	(虜)	[虜]
1073	肾	(腎)	
1074	贤	(賢)	
1079	果		[菓]
1080	昆		[崐崑]
1081	国	(國)	
1086	畅	(暢)	
1089	咙	(嚨)	
1096	咒		[呪]
1099	呼		[虖嘑謼]
1100	鸣	(鳴)	
1101	咏		[詠]
1105	岸		[岍]
1106	岩		[嵒巗巖]
1108	罗	(羅)	
1109	帜	(幟)	
1111	岭	(嶺)	
1112	凯	(凱)	
1113	败	(敗)	
1114	账	(賬)	
1115	贩	(販)	
1116	贬	(貶)	
1117	购	(購)	
1118	贮	(貯)	
1119	图	(圖)	
1120	钓	(釣)	
1121	制	~	
		(製)	
1124	氛		[雰]
1129	刮	~	
		(颳)	
1130	秆		[稈]
1131	和		[咊龢[25]]
1137	岳		[嶽]
1141	侠	(俠)	
1142	侥	(僥)	[儌]
1144	侄		[妷姪]
1145	侦	(偵)	[遉]
1147	侧	(側)	
1148	凭	(憑)	[凴]
1149	侨	(僑)	

规范字		繁体字	异体字
1151	货	(貨)	
1156	迫		[廹]
1157	质	(質)	
1158	欣		[訢[26]]
1159	征	~ (徵[27])	
1160	往		[徃]
1163	径	(徑)	[逕[28]]
1165	舍	~ (捨)	
1168	命		[肏]
1169	肴		[餚]
1172	采		[採寀]
1173	觅	(覓)	[覔]
1176	贪	(貪)	
1177	念		[唸]
1178	贫	(貧)	
1180	肤	(膚)	
1183	肿	(腫)	
1184	胀	(脹)	
1187	肮	(骯)	
1191	胁	(脅)	[脇]
1192	周		[週]
1193	昏		[昬]
1194	鱼	(魚)	
1195	兔		[兎兔]
1199	狞	(獰)	
1200	备	(備)	[俻]
1201	饰	(飾)	
1202	饱	(飽)	
1203	饲	(飼)	[飤]

规范字		繁体字	异体字
1204	变	(變)	
1206	享		[亯]
1207	庞	(龐)	
1209	夜		[亱]
1210	庙	(廟)	
1213	疟	(瘧)	
1216	剂	(劑)	
1217	卒		[卆]
1220	废	(廢)	[癈]
1221	净		[淨]
1227	闸	(閘)	[牐]
1228	闹	(鬧)	[閙]
1229	郑	(鄭)	
1230	券		[劵]
1231	卷	~ (捲)	
1232	单	(單)	
1236	炕		[匟]
1238	炉	(爐)	[鑪[29]]
1240	浅	(淺)	
1241	法		[灋灋]
1242	泄		[洩]
1245	沾		[霑]
1246	泪		[淚]
1252	注		[註]
1254	泞	(濘)	
1255	泻	(瀉)	
1262	泼	(潑)	
1263	泽	(澤)	
1270	怜	(憐)	
1271	怪		[恠]

规范字		繁体字	异体字
1273	学	(學)	
1274	宝	(寶)	[寳]
1277	宠	(寵)	
1279	审	(審)	
1283	帘	~ (簾)	
1285	实	(實)	[寔]
1286	试	(試)	
1288	诗	(詩)	
1291	诚	(誠)	
1292	衬	(襯)	
1294	视	(視)	[眎眡]
1296	话	(話)	[䛡]
1297	诞	(誕)	
1298	诡	(詭)	
1299	询	(詢)	
1300	该	(該)	
1301	详	(詳)	
1303	肃	(肅)	
1304	录	(録)	
1305	隶	(隸)	[隷隸]
1306	帚		[箒]
1309	届		[屆]
1313	弥	(彌) (瀰)	
1314	弦		[絃]
1320	陕	(陝)	
1322	函		[圅]
1332	驾	(駕)	
1334	参	(參)	[叅葠蓡]
1335	艰	(艱)	

规范字		繁体字	异体字
1336	线	(綫)	[線[30]]
1337	练	(練)	
1338	组	(組)	
1339	绅	(紳)	
1340	细	(細)	
1341	驶	(駛)	
1342	织	(織)	
1343	驹	(駒)	
1344	终	(終)	
1345	驻	(駐)	
1346	绊	(絆)	
1347	驼	(駝)	[駞]
1348	绍	(紹)	
1349	绎	(繹)	
1350	经	(經)	
1351	贯	(貫)	
1353	贰	(貳)	
1355	春		[旾]
1356	帮	(幫)	[幇幚]
1358	珍		[珎]
1360	珊		[珊]
1365	挂		[罣掛]
1370	项	(項)	
1374	挟	(挾)	
1375	挠	(撓)	
1378	赵	(趙)	
1379	挡	(擋)	[攩]
1383	括		[捪]
1388	垛		[垜]
1390	垫	(墊)	
1392	挤	(擠)	

规范字		繁体字	异体字
1396	挥	(揮)	
1405	荐	(薦)	
1407	带	(帶)	
1408	草		[艸]
1409	茧	(繭)	[璽]
1414	荡	(蕩)	[盪]
1415	荣	(榮)	
1416	荤	(葷)	
1417	荧	(熒)	
1419	胡	~	[衚]
		(鬍)	
1420	荫	(蔭)	[廕]
1421	荔		[茘]
1423	药	(藥)	
1424	标	(標)	
1425	栈	(棧)	
1429	栋	(棟)	
1431	查		[査]
1432	柏		[栢]
1433	栅		[柵]
1434	柳		[栁桺]
1436	柿		[梯]
1437	栏	(欄)	
1438	柠	(檸)	
1439	树	(樹)	
1443	咸	~	
		(鹹)	
1447	砖	(磚)	[塼甎]
1448	厘		[釐[31]]
1453	砚	(硯)	
1455	面	~	
		(麵)	[麪]
1458	牵	(牽)	
1459	鸥	(鷗)	
1460	残	(殘)	
1462	轴	(軸)	
1463	轻	(輕)	
1464	鸦	(鴉)	[鵶]
1466	韭		[韮]
1467	背		[揹]
1468	战	(戰)	
1469	点	(點)	
1471	临	(臨)	
1472	览	(覽)	
1473	竖	(竪)	[豎]
1476	尝	(嘗)	[甞嚐]
1479	是		[昰]
1483	哄		[閧鬨]
1484	哑	(啞)	
1485	显	(顯)	
1486	冒		[冐]
1487	映		[暎]
1495	贵	(貴)	
1498	虾	(蝦)	
1499	蚁	(蟻)	
1501	蚂	(螞)	
1502	虽	(雖)	
1504	咽		[嚥]
1505	骂	(罵)	[傌駡]
1506	勋	(勛)	[勳]
1507	哗	(嘩)	[譁]
1508	咱		[偺喒倃噆]

规范字		繁体字	异体字
1509	响	(響)	
1512	咬		[齩]
1513	咳		[欬]
1516	哟	(喲)	
1518	峡	(峽)	
1519	罚	(罰)	[罸]
1520	贱	(賤)	
1521	贴	(貼)	
1522	贻	(貽)	
1525	钙	(鈣)	
1526	钝	(鈍)	
1527	钞	(鈔)	
1528	钟	(鍾[32])	
		(鐘)	
1529	钢	(鋼)	
1530	钠	(鈉)	
1531	钥	(鑰)	
1532	钦	(欽)	
1533	钧	(鈞)	
1534	钩	(鈎)	[鉤]
1535	钮	(鈕)	
1540	矩		[榘]
1541	毡	(氈)	[氊]
1542	氢	(氫)	
1545	选	(選)	
1546	适	(適)	
1549	种	~	
		(種)	
1550	秋	~	[秌龝]
		(鞦)	
1553	复	(復)	

规范字		繁体字	异体字
		(複)	
1557	俩	(倆)	
1558	贷	(貸)	
1559	顺	(順)	
1560	修		[脩[33]]
1567	俭	(儉)	
1578	俊		[儁雋]
1585	须	(須)	
		(鬚)	
1586	叙		[敘敍]
1587	剑	(劍)	[劒]
1591	胚		[肧]
1592	胧	(朧)	
1593	胆	(膽)	
1594	胜	(勝)	
1597	脉		[脈衇䘑]
1600	狭	(狹)	[陿]
1601	狮	(獅)	
1602	独	(獨)	
1605	狱	(獄)	
1607	贸	(貿)	
1610	饵	(餌)	
1611	饶	(饒)	
1612	蚀	(蝕)	
1613	饺	(餃)	
1614	饼	(餅)	
1615	峦	(巒)	
1616	弯	(彎)	
1617	将	(將)	
1618	奖	(獎)	[奬]
1623	迹		[跡蹟]

规范字		繁体字	异体字
1625	疮	(瘡)	
1626	疯	(瘋)	
1631	亲	(親)	
1635	闺	(閨)	
1636	闻	(聞)	
1637	闽	(閩)	
1638	阀	(閥)	
1639	阁	(閣)	[閤]
1641	养	(養)	
1643	姜	~ (薑)	
1646	类	(類)	
1649	娄	(婁)	
1654	总	(總)	
1655	炼	(煉)	[鍊]
1657	烁	(爍)	
1658	炮		[砲礮]
1660	烂	(爛)	
1661	剃		[薙鬀]
1662	洼	(窪)	
1663	洁	(潔)	[絜[34]]
1665	洒	(灑)	
1667	浇	(澆)	
1668	浊	(濁)	
1670	测	(測)	
1677	浏	(瀏)	
1678	济	(濟)	
1681	浑	(渾)	
1682	浓	(濃)	
1685	恒		[恆]
1687	恍		[怳]

规范字		繁体字	异体字
1689	恤		[卹䘏賉]
1691	恼	(惱)	
1693	举	(舉)	[擧]
1694	觉	(覺)	
1699	宪	(憲)	
1702	窃	(竊)	
1704	诫	(誡)	
1706	诬	(誣)	
1707	语	(語)	
1709	袄	(襖)	
1714	误	(誤)	
1715	诱	(誘)	
1716	诲	(誨)	
1717	说	(說)	
1718	诵	(誦)	
1719	垦	(墾)	
1723	昼	(晝)	
1726	费	(費)	
1728	逊	(遜)	
1731	陨	(隕)	
1733	险	(險)	
1738	姻		[婣]
1739	娇	(嬌)	
1744	贺	(賀)	
1751	垒	(壘)	
1752	绑	(綁)	
1753	绒	(絨)	[毧羢]
1754	结	(結)	
1755	绕	(繞)	[遶]
1756	骄	(驕)	
1757	绘	(繪)	

规范字		繁体字	异体字
1758	给	(給)	
1759	绚	(絢)	
1760	骆	(駱)	
1761	络	(絡)	
1762	绝	(絕)	
1763	绞	(絞)	
1764	骇	(駭)	
1765	统	(統)	
1766	耕		[畊]
1770	艳	(艷)	[豔豓]
1777	蚕	(蠶)	
1778	顽	(頑)	
1779	盏	(盞)	[琖醆]
1781	捞	(撈)	
1787	载	(載)	
1788	赶	(趕)	
1790	盐	(鹽)	
1792	捍		[扞[35]]
1793	捏		[揑]
1796	捆		[綑]
1798	损	(損)	
1802	哲		[喆[36]]
1804	捡	(撿)	
1807	挽		[輓]
1808	挚	(摯)	
1809	热	(熱)	
1811	捣	(搗)	[擣擣]
1812	壶	(壺)	
1816	耻		[恥]
1818	耽		[躭]
1819	聂	(聶)	

规范字		繁体字	异体字
1822	莱	(萊)	
1823	莲	(蓮)	
1827	获	(獲)	
		(穫)	
1828	晋		[晉]
1829	恶	(惡)	
		(噁)	
1830	莹	(瑩)	
1831	莺	(鶯)	[鸎]
1837	栖		[棲]
1838	档	(檔)	
1841	桥	(橋)	
1842	桦	(樺)	
1846	桩	(樁)	
1848	核		[覈]
1849	样	(樣)	
1855	栗		[慄]
1856	贾	(賈)	
1859	翅		[翄]
1861	唇		[脣]
1865	砾	(礫)	
1866	础	(礎)	
1874	顾	(顧)	
1875	轿	(轎)	
1876	较	(較)	
1877	顿	(頓)	
1878	毙	(斃)	[獘]
1879	致	~	
		(緻)	
1881	桌		[槕]
1882	虑	(慮)	

规范字		繁体字	异体字
1883	监	(監)	
1884	紧	(緊)	[緊緊]
1885	党	~	
		(黨)	
1887	晒	(曬)	
1889	晓	(曉)	
1891	唠	(嘮)	
1892	鸭	(鴨)	
1893	晃		[㨪]
1897	晕	(暈)	
1901	蚊		[螡蟁]
1909	恩		[㤙]
1910	鸯	(鴦)	
1918	罢	(罷)	
1919	峭		[陗]
1920	峨		[峩]
1921	峰		[峯]
1922	圆	(圓)	
1924	贼	(賊)	
1925	贿	(賄)	
1926	赂	(賂)	
1927	赃	(贜)	
1928	钱	(錢)	
1929	钳	(鉗)	
1930	钻	(鑽)	[鑚]
1931	钾	(鉀)	
1932	铁	(鐵)	
1933	铃	(鈴)	
1934	铅	(鉛)	[鈆]
1939	牺	(犧)	
1941	乘		[乗椉]

规范字		繁体字	异体字
1942	敌	(敵)	
1945	积	(積)	
1948	称	(稱)	
1949	秘		[祕[37]]
1951	笔	(筆)	
1952	笑		[咲]
1953	笋		[筍]
1954	债	(債)	
1955	借	~	
		(藉[38])	
1959	倾	(傾)	
1965	赁	(賃)	
1966	俯		[俛頫[39]]
1968	倦		[勌]
1971	射		[䠶]
1972	躬		[躳]
1977	殷		[慇]
1978	舰	(艦)	
1979	舱	(艙)	
1983	拿		[拏舒挐]
1984	耸	(聳)	
1987	爱	(愛)	
1990	颁	(頒)	
1991	颂	(頌)	
1994	脆		[脃]
1996	胸		[胷]
1997	胳		[肐]
1998	脏	(臟)	
		(髒)	
1999	脐	(臍)	
2000	胶	(膠)	

规范字		繁体字	异体字
2001	脑	(腦)	
2002	脓	(膿)	
2004	狸		[貍]
2008	鸵	(鴕)	
2009	留		[畄畱𤱶]
2010	鸳	(鴛)	
2011	皱	(皺)	
2012	饿	(餓)	
2013	馁	(餒)	
2015	凄		[淒悽]
2016	恋	(戀)	
2017	桨	(槳)	
2018	浆	(漿)	
2023	席		[蓆]
2024	准	~ (準)	
2026	症	~ (癥)	
2029	斋	(齋)	[亝]
2034	效		[効傚]
2035	离	(離)	
2039	资	(資)	[貲[40]]
2040	凉		[涼]
2043	竞	(競)	
2048	阅	(閱)	
2051	瓶		[缾]
2059	烦	(煩)	
2060	烧	(燒)	
2061	烛	(燭)	
2062	烟		[菸煙]
2064	递	(遞)	
2065	涛	(濤)	
2066	浙		[淛]
2067	涝	(澇)	
2072	涡	(渦)	
2075	涂	~ (塗)	
2079	涤	(滌)	
2081	润	(潤)	
2082	涧	(澗)	
2086	涨	(漲)	
2087	烫	(燙)	
2088	涩	(澀)	[澁濇]
2089	涌		[湧]
2090	悖		[誖]
2093	悍		[猂]
2095	悯	(憫)	
2098	宽	(寬)	
2099	家	~ (傢)	
2101	宴		[醼讌]
2102	宾	(賓)	
2103	窍	(竅)	
2108	请	(請)	
2110	诸	(諸)	
2111	诺	(諾)	
2112	读	(讀)	
2114	诽	(誹)	
2115	袜	(襪)	[韈韤]
2120	课	(課)	
2121	冥		[冥寘]
2122	谁	(誰)	

规范字		繁体字	异体字
2123	调	(調)	
2124	冤		[寃𡨚]
2125	谅	(諒)	
2126	谆	(諄)	
2127	谈	(談)	
2128	谊	(誼)	
2130	恳	(懇)	
2132	剧	(劇)	
2144	娘		[孃]
2147	难	(難)	
2148	预	(預)	
2149	桑		[桒]
2150	绢	(絹)	
2151	绣	(綉)	[繡]
2152	验	(驗)	[騐]
2153	继	(繼)	
2154	骏	(駿)	
2155	球		[毬]
2156	琐	(瑣)	[瑣]
2158	琉		[瑠璢]
2159	琅		[瑯]
2167	捷		[㨗]
2171	捶		[搥]
2180	掏		[搯]
2186	掷	(擲)	
2189	据	~	
		(據)	[㨿]
2191	掺	(摻)	
2192	职	(職)	
2199	菱		[蔆]
2204	萝	(蘿)	

规范字		繁体字	异体字
2213	萤	(螢)	
2214	营	(營)	
2216	萧	(蕭)	
2217	萨	(薩)	
2221	梦	(夢)	
2222	婪		[惏]
2226	梅		[楳槑]
2227	检	(檢)	
2232	救		[捄]
2236	酝	(醞)	
2238	厢		[廂]
2239	戚		[慽慼]
2241	硕	(碩)	
2245	聋	(聾)	
2246	袭	(襲)	
2250	辅	(輔)	
2251	辆	(輛)	
2252	颅	(顱)	
2262	眯		[瞇]
2264	悬	(懸)	
2265	野		[埜壄]
2276	跃	(躍)	
2277	略		[畧]
2280	蛇		[虵]
2282	累	~	
		(纍)	
2286	啰	(囉)	
2291	啸	(嘯)	
2294	崭	(嶄)	[嶃]
2295	逻	(邏)	
2301	婴	(嬰)	

规范字		繁体字	异体字
2303	铸	(鑄)	
2304	铛	(鐺)	
2305	铝	(鋁)	
2306	铜	(銅)	
2307	铭	(銘)	
2308	铲	(鏟)	[剷]
2309	银	(銀)	
2310	矫	(矯)	
2312	秸		[稭]
2313	梨		[棃]
2314	犁		[犂]
2315	秽	(穢)	
2316	移		[迻]
2318	笼	(籠)	
2327	偿	(償)	
2330	偷		[媮]
2335	躯	(軀)	
2336	兜		[兠]
2337	假		[叚[41]]
2338	衅	(釁)	
2342	衔	(銜)	[啣衘]
2343	盘	(盤)	
2345	船		[舩]
2349	鸽	(鴿)	
2350	敛	(斂)	[歛]
2352	欲		[慾]
2353	彩		[綵]
2354	领	(領)	
2355	脚		[腳]
2356	脖		[䪬]
2359	脸	(臉)	

规范字		繁体字	异体字
2362	够		[夠]
2365	猪		[豬]
2366	猎	(獵)	
2367	猫		[貓]
2372	馅	(餡)	
2373	馆	(館)	[舘]
2374	凑		[湊]
2375	减		[減]
2378	庶		[庻]
2379	麻		[蔴]
2380	庵		[菴]
2382	痒	(癢)	
2393	旋	~ (鏇)	
2394	望		[朢]
2396	阁	(閣)	
2397	阐	(闡)	
2400	盖	(蓋)	
2401	眷		[睠]
2403	粗		[觕麤]
2405	断	(斷)	
2407	兽	(獸)	
2408	焊		[釬銲]
2412	鸿	(鴻)	
2413	淋		[痳]
2417	渐	(漸)	
2422	淆		[殽]
2423	渊	(淵)	
2424	淫		[婬滛]
2425	渔	(漁)	
2427	淳		[湻]

规范字		繁体字	异体字
2431	淀	~ (澱)	
2432	深		[㴱]
2436	梁		[樑]
2437	渗	(滲)	
2440	惭	(慚)	[慙]
2442	惧	(懼)	
2445	惊	(驚)	
2447	悴		[顇]
2449	惨	(慘)	
2450	惯	(慣)	
2451	寇		[冦宼]
2455	宿		[㝛]
2457	窑		[窰窯]
2459	谋	(謀)	
2460	谍	(諜)	
2461	谎	(謊)	
2462	谐	(諧)	
2464	祷	(禱)	
2465	祸	(禍)	[旤]
2466	谓	(謂)	
2467	谚	(諺)	
2468	谜	(謎)	
2473	弹	(彈)	
2475	堕	(墮)	
2476	随	(隨)	
2480	隐	(隱)	
2482	婶	(嬸)	
2484	颇	(頗)	
2485	颈	(頸)	
2486	绩	(績)	[勣[42]]

规范字		繁体字	异体字
2487	绪	(緒)	
2488	续	(續)	
2489	骑	(騎)	
2490	绰	(綽)	
2491	绳	(繩)	
2492	维	(維)	
2493	绵	(綿)	[緜]
2494	绷	(綳)	[繃]
2495	绸	(綢)	[紬]
2496	综	(綜)	
2497	绽	(綻)	
2498	绿	(綠)	[菉[43]]
2499	缀	(綴)	
2501	琴		[琹]
2504	琼	(瓊)	
2508	款		[欵]
2510	塔		[墖]
2515	趁		[趂]
2516	趋	(趨)	
2518	揽	(攬)	
2519	堤		[隄]
2521	博		[愽]
2526	插		[挿]
2527	揪		[揫]
2528	搜		[蒐[44]]
2529	煮		[煑]
2531	搀	(攙)	
2533	搁	(擱)	
2535	搂	(摟)	
2536	搅	(攪)	
2542	期		[朞]

规范字		繁体字	异体字
2544	联	(聯)	
2546	散		[㪚]
2548	葬		[塟𦵏]
2554	葱		[蔥]
2555	蒋	(蔣)	
2556	蒂		[蔕]
2558	韩	(韓)	
2563	棱		[稜]
2564	棋		[棊碁]
2576	棕		[椶]
2579	椭	(橢)	
2582	逼		[偪]
2587	厨		[㕑廚]
2588	厦		[廈]
2591	确	(確)	
2593	雁		[鴈]
2597	颊	(頰)	
2598	雳	(靂)	
2599	暂	(暫)	[蹔]
2601	翘	(翹)	
2602	辈	(輩)	
2605	凿	(鑿)	
2606	辉	(輝)	[煇]
2609	赏	(賞)	
2612	睐	(睞)	
2614	最		[㝡冣]
2615	晰		[晳]
2618	喷	(噴)	
2627	畴	(疇)	
2628	践	(踐)	
2633	遗	(遺)	

规范字		繁体字	异体字
2634	蛙		[鼃]
2640	鹃	(鵑)	
2641	喂		[餧餵]
2645	啼		[嗁]
2646	喧		[諠]
2649	帽		[㡌]
2650	赋	(賦)	
2651	赌	(賭)	
2652	赎	(贖)	
2653	赐	(賜)	
2654	赔	(賠)	
2656	铸	(鑄)	
2657	铺	(鋪)	[舖]
2658	链	(鏈)	
2659	销	(銷)	
2660	锁	(鎖)	[鎻]
2661	锄	(鋤)	[鉏耡]
2662	锅	(鍋)	
2663	锈	(銹)	[鏽]
2664	锋	(鋒)	
2665	锌	(鋅)	
2666	锐	(鋭)	
2674	鹅	(鵝)	[鵞䳘]
2675	剩		[賸]
2682	筑	~ (築)	
2683	策		[筴筞]
2684	筛	(篩)	
2685	筒		[筩]
2686	筏		[栰]
2697	储	(儲)	

规范字		繁体字	异体字
2698	皓		[暠皜]
2703	惩	(懲)	
2704	御	～ (禦)	
2708	逾		[踰]
2710	释	(釋)	
2712	腊	(臘)	[臈]
2717	鲁	(魯)	
2719	猬		[蝟]
2722	惫	(憊)	
2724	馈	(饋)	[餽]
2725	馋	(饞)	
2726	装	(裝)	
2727	蛮	(蠻)	
2729	敦		[𢾓]
2737	阔	(闊)	[濶]
2742	粪	(糞)	
2748	焰		[燄]
2750	滞	(滯)	
2755	渺		[淼[45]渺]
2756	湿	(濕)	[溼]
2759	溃	(潰)	
2760	溅	(濺)	
2764	湾	(灣)	
2766	游		[遊]
2770	愤	(憤)	
2776	愧		[媿]
2778	慨		[嘅]
2782	寓		[庽]
2783	窜	(竄)	
2784	窝	(窩)	

规范字		繁体字	异体字
2786	窗		[窓窻牕牎𥧙]
2788	遍		[徧]
2789	雇		[僱]
2791	裤	(褲)	[袴]
2792	裙		[帬裠]
2793	禅	(禪)	
2795	谢	(謝)	
2796	谣	(謠)	
2797	谤	(謗)	
2798	谦	(謙)	
2800	属	(屬)	
2801	屡	(屢)	
2802	强		[強彊]
2804	疏		[疎]
2812	婿		[壻]
2814	缅	(緬)	
2815	缆	(纜)	
2816	缉	(緝)	
2817	缎	(緞)	
2818	缓	(緩)	
2819	缔	(締)	
2820	缕	(縷)	
2821	骗	(騙)	
2822	编	(編)	
2823	骚	(騷)	
2824	缘	(緣)	
2826	鹉	(鵡)	
2828	瑰		[瓌]
2830	魂		[䰟]
2832	摄	(攝)	
2837	鼓		[皷]

规范字		繁体字	异体字
2838	摆	(擺)	
		(襬)	
2839	携		[擕㩗攜攜]
2844	摊	(攤)	
2848	勤		[懃]
2849	靴		[鞾]
2851	鹊	(鵲)	
2852	蓝	(藍)	
2854	幕		[幙]
2859	蒙	~	
		(濛)	
		(懞)	
		(矇)	
2861	献	(獻)	
2866	榄	(欖)	
2870	楼	(樓)	
2871	概		[槩]
2872	赖	(賴)	[頼]
2874	酬		[酧詶醻]
2876	碍	(礙)	
2880	碰		[掽踫]
2881	碗		[㼝盌椀[46]]
2882	碌		[磟]
2883	尴	(尷)	
2886	雾	(霧)	
2888	辐	(輻)	
2889	辑	(輯)	
2890	输	(輸)	
2892	频	(頻)	
2893	龄	(齡)	
2894	鉴	(鑒)	[鍳鑑]
2896	睹		[覩]
2901	睬		[倸]
2906	暖		[㬉煗煖]
2909	暗		[晻闇]
2911	照		[炤]
2914	跷	(蹺)	[蹻]
2916	踩		[跴]
2923	蜗	(蝸)	
2925	蜂		[䗬蠭]
2931	置		[寘]
2932	罪		[辠]
2936	错	(錯)	
2937	锚	(錨)	
2938	锡	(錫)	
2939	锣	(鑼)	
2940	锤	(錘)	[鎚]
2941	锥	(錐)	
2942	锦	(錦)	
2943	键	(鍵)	
2944	锯	(鋸)	
2945	锰	(錳)	
2947	辞	(辭)	[辤]
2948	稚		[稺穉]
2950	颓	(頹)	[穨]
2952	筹	(籌)	
2953	签	(簽)	
		(籤)	
2954	简	(簡)	
2956	毁		[燬譭]
2966	愈		[瘉癒]
2968	腻	(膩)	

规范字		繁体字	异体字
2971	腮		[顋]
2974	鹏	(鵬)	
2975	腾	(騰)	
2976	腿		[骽]
2977	鲍	(鮑)	
2978	猿		[猨蝯]
2979	颖	(穎)	[頴]
2980	触	(觸)	
2983	雏	(雛)	
2984	馍	(饃)	[饝]
2985	馏	(餾)	
2986	酱	(醬)	
2987	禀		[稟]
2988	痹		[痺]
2990	痴		[癡]
2992	廉		[亷廉]
2995	韵		[韻]
2997	誊	(謄)	
2998	粮	(糧)	
2999	数	(數)	
3005	满	(滿)	
3009	滤	(濾)	
3010	滥	(濫)	
3012	溪		[谿[47]]
3014	滩	~ (灘)	
3017	溯		[泝遡]
3018	滨	(濱)	
3022	滩	(灘)	
3023	慎		[昚]
3024	誉	(譽)	

规范字		繁体字	异体字
3027	窥	(窺)	[闚]
3029	寝	(寢)	[寑]
3030	谨	(謹)	
3032	裸		[躶臝]
3034	谬	(謬)	
3035	群		[羣]
3037	辟	~ (闢)	
3043	叠		[疊曡疉]
3044	缚	(縛)	
3045	缝	(縫)	
3046	缠	(纏)	
3047	缤	(繽)	
3048	剿		[勦勦]
3051	璃		[琍瓈]
3052	赘	(贅)	
3054	墙	(墻)	[牆]
3070	蔑	~ (衊)	
3074	蔼	(藹)	
3075	熙		[煕凞]
3079	槛	(檻)	
3081	榜		[牓]
3082	榨		[搾]
3084	歌		[謌]
3088	酿	(釀)	
3091	碱		[堿鹻鹼]
3094	愿	(願)	
3096	辖	(轄)	
3097	辗	(輾)	
3100	颗	(顆)	

规范字		繁体字	异体字
3101	瞅		[田瞅瞅]
3103	嗽		[嗽]
3104	踊	(踴)	
3106	蜡	(蠟)	
3107	蝇	(蠅)	
3109	蝉	(蟬)	
3112	赚	(賺)	
3113	锹	(鍬)	[鍫]
3114	锻	(鍛)	
3115	镀	(鍍)	
3118	稳	(穩)	
3119	熏		[燻]
3122	箩	(籮)	
3123	管		[筦[48]]
3124	箫	(簫)	
3125	舆	(輿)	
3134	膀		[髈]
3135	鲜	(鮮)	[尟尠鱻]
3138	馒	(饅)	
3145	瘩		[瘩]
3148	辣		[辢]
3152	旗		[旂]
3156	弊		[獘]
3160	潇	(瀟)	
3162	漱		[潄]
3171	寨		[砦]
3172	赛	(賽)	
3174	察		[詧]
3177	谭	(譚)	
3181	谱	(譜)	
3183	嫩		[嫰]

规范字		繁体字	异体字
3186	凳		[櫈]
3187	骡	(騾)	[贏]
3188	缩	(縮)	
3190	撵	(攆)	
3196	撑		[撐]
3201	墩		[墪]
3205	撰		[譔]
3206	聪	(聰)	
3207	鞋		[鞵]
3208	鞍		[鞌]
3210	蕊		[蕋橤蘂]
3212	蕴	(蘊)	
3215	樱	(櫻)	
3221	飘	(飄)	[飃]
3223	醇		[醕]
3231	霉	(黴)	
3232	瞒	(瞞)	
3233	题	(題)	
3236	嘻		[譆]
3243	踩		[跴]
3244	踪		[蹤]
3245	蝶		[蜨]
3248	蝎		[蠍]
3253	嘱	(囑)	
3256	镇	(鎮)	
3257	镐	(鎬)	
3258	镑	(鎊)	
3263	稿		[稾]
3266	篓	(簍)	
3269	僵		[殭]
3272	德		[悳]

规范字		繁体字	异体字
3274	膝		[厀]
3276	鲤	(鯉)	
3277	鲫	(鯽)	
3280	褒		[襃]
3281	瘪	(癟)	[癟]
3282	瘤		[癅]
3283	瘫	(癱)	
3285	颜	(顏)	
3287	糊		[粘餬]
3290	潜		[潛]
3294	鲨	(鯊)	
3298	澜	(瀾)	
3299	澄		[澂[49]]
3301	憔		[癄顦]
3304	额	(額)	[頟]
3307	谴	(譴)	
3308	鹤	(鶴)	
3314	缭	(繚)	
3317	操		[撡𢹎]
3319	燕		[鷰]
3321	薯		[藷]
3327	颠	(顛)	
3330	橱		[櫥]
3334	融		[螎]
3339	辙	(轍)	
3344	蹄		[蹏]
3346	蟆		[蟇]
3349	噪		[譟]
3350	鹦	(鸚)	
3351	赠	(贈)	
3354	镜	(鏡)	

规范字		繁体字	异体字
3355	赞	(贊)	[賛讚]
3357	篮	(籃)	
3358	篡		[簒]
3360	篱	~ (籬)	
3365	雕		[彫琱鵰]
3366	鲸	(鯨)	
3368	瘾	(癮)	
3372	辩	(辯)	
3374	糖		[餹]
3375	糕		[餻]
3377	濒	(瀕)	
3380	懒	(懶)	[嬾]
3386	缰	(繮)	[韁]
3387	缴	(繳)	
3395	檐		[簷]
3398	磷		[粦燐]
3405	瞩	(矚)	
3414	赡	(贍)	
3419	繁		[緐]
3420	徽		[徽]
3424	鳄	(鰐)	[鱷]
3426	辫	(辮)	
3427	赢	(贏)	
3428	糟		[蹧]
3429	糠		[粇穅]
3433	臀		[臋]
3436	骤	(驟)	
3439	藤		[籐]
3443	嚣	(囂)	
3444	镰	(鐮)	[鎌鐮]

规范字		繁体字	异体字
3445	翻		[繙飜]
3446	鳍	(鰭)	
3447	鹰	(鷹)	
3452	孽		[孼]
3461	巅	(巔)	
3464	蟹		[蠏]
3465	颤	(顫)	
3467	癣	(癬)	
3470	鳖	(鱉)	[鼈]
3473	鬓	(鬢)	
3476	耀		[燿]
3478	蠕		[蝡]
3483	鳞	(鱗)	
3485	糯		[稬穤]
3488	蠢		[惷]
3489	霸		[覇]
3492	躏	(躪)	
3495	赣	(贛)	[贑灨]
3497	镶	(鑲)	
3499	罐		[鑵]
3509	韦	(韋)	
3514	厄		[戹阨]
3522	闩	(閂)	
3523	讣	(訃)	
3532	札		[劄箚[50]]
3534	匝		[帀]
3537	劢	(勱)	
3547	卮		[巵]
3550	刍	(芻)	
3551	邝	(鄺)	
3554	讦	(訐)	

规范字		繁体字	异体字
3555	讧	(訌)	
3556	讪	(訕)	
3557	讫	(訖)	
3562	驭	(馭)	
3566	玑	(璣)	
3574	圹	(壙)	
3575	扪	(捫)	
3584	芗	(薌)	
3585	亘		[亙]
3586	厍	(厙)	
3597	钇	(釔)	
3603	伛	(傴)	
3607	伥	(倀)	
3608	伧	(傖)	
3610	伫		[佇竚]
3617	犷	(獷)	
3618	犸	(獁)	
3620	凫	(鳧)	
3621	邬	(鄔)	
3622	饧	(餳)	
3630	忏	(懺)	
3631	讴	(謳)	
3632	讵	(詎)	
3634	讷	(訥)	
3638	阱		[穽]
3644	纡	(紆)	
3645	纣	(紂)	
3646	纥	(紇)	
3647	纨	(紈)	
3649	玙	(璵)	
3650	抟	(摶)	

规范字		繁体字	异体字
3653	坂		[阪[51] 岅]
3655	坞	(塢)	[隖]
3658	抝	(摟)	
3661	芸	~	
		(蕓)	
3663	苈	(藶)	
3667	苋	(莧)	
3669	苌	(萇)	
3670	苁	(蓯)	
3676	苎	(苧)	
3686	矶	(磯)	
3687	奁	(奩)	[匳匲籢]
3690	欤	(歟)	
3691	轫	(軔)	[軔]
3696	邺	(鄴)	
3699	呒	(嘸)	
3700	呓	(囈)	
3702	呖	(嚦)	
3704	旸	(暘)	
3707	虬		[虯]
3708	呗	(唄)	
3712	帏	(幃)	
3715	岘	(峴)	
3717	岚	(嵐)	
3719	囵	(圇)	
3721	钊	(釗)	
3722	钋	(釙)	
3723	钌	(釕)	
3738	佥	(僉)	
3748	鸠	(鳩)	
3749	邹	(鄒)	

规范字		繁体字	异体字
3750	饨	(飩)	
3751	饩	(餼)	
3752	饪	(飪)	[餁]
3753	饫	(飫)	
3754	饬	(飭)	
3756	庑	(廡)	
3759	疖	(癤)	
3761	闱	(闈)	
3762	闳	(閎)	
3763	闵	(閔)	
3764	羌		[羗羌]
3765	炀	(煬)	
3766	沣	(灃)	
3769	沤	(漚)	
3777	沨	(渢)	
3781	沩	(溈)	
3783	怃	(憮)	
3784	怄	(慪)	
3786	忤		[啎]
3787	忾	(愾)	
3788	怅	(悵)	
3791	怆	(愴)	
3794	诂	(詁)	
3795	诃	(訶)	
3796	诅	(詛)	
3797	诋	(詆)	
3798	诌	(謅)	
3799	诏	(詔)	
3800	诒	(詒)	
3802	陇	(隴)	
3805	陉	(陘)	

规范字		繁体字	异体字
3807	妩	(嫵)	
3808	妪	(嫗)	
3810	妊		[姙]
3812	妫	(嬀)	
3818	刭	(剄)	
3821	纭	(紜)	
3822	纰	(紕)	
3823	纴	(紝)	
3824	纶	(綸)	
3825	纾	(紓)	
3826	玮	(瑋)	
3835	匦	(匭)	
3841	垆	(壚)	
3848	扻	(攡)	
3852	坳		[坳]
3857	茏	(蘢)	
3868	茑	(蔦)	
3870	茔	(塋)	
3871	茕	(煢)	
3874	枥	(櫪)	
3878	枧	(梘)	
3880	枨	(棖)	
3881	枞	(樅)	
3887	砀	(碭)	
3890	瓯	(甌)	
3892	郏	(郟)	
3893	轭	(軛)	
3895	鸢	(鳶)	
3898	昙	(曇)	
3910	虮	(蟣)	
3913	黾	(黽)	

规范字		繁体字	异体字
3918	咛	(嚀)	
3922	咝	(噝)	
3924	岿	(巋)	
3927	帙		[袟袠]
3930	刿	(劌)	
3931	迥		[逈]
3933	剀	(剴)	
3935	峄	(嶧)	
3938	罔		[冈]
3939	钍	(釷)	
3940	钎	(釺)	
3941	钏	(釧)	
3942	钒	(釩)	
3943	钕	(釹)	
3944	钗	(釵)	
3947	牦		[犛氂]
3958	侃		[侃]
3960	侩	(儈)	
3963	侪	(儕)	
3966	侬	(儂)	
3971	刽	(劊)	
3973	怂	(慫)	
3974	籴	(糴)	
3975	瓮		[甕罋]
3976	戗	(戧)	
3978	肼	(膞)	
3983	迩	(邇)	
3991	枭	(梟)	
3992	饯	(餞)	
3993	饴	(飴)	
3997	疠	(癘)	

规范字		繁体字	异体字
3999	疡	(瘍)	
4003	炜	(煒)	
4004	炬	(熰)	
4007	炝	(熗)	
4011	泷	(瀧)	
4012	泸	(瀘)	
4017	泺	(濼)	
4022	泯		[泯]
4024	泾	(涇)	
4031	怡	(㥲)	
4034	怿	(懌)	
4038	诓	(誆)	
4039	诔	(誄)	
4040	诖	(詿)	
4041	诘	(詰)	
4043	诙	(詼)	
4045	郓	(鄆)	
4048	祎	(禕)	
4051	诛	(誅)	
4052	诜	(詵)	
4053	诟	(詬)	
4054	诠	(詮)	
4055	诣	(詣)	
4056	诤	(諍)	
4057	诧	(詫)	
4058	诨	(諢)	
4059	诩	(詡)	
4066	姗		[姍]
4070	驽	(駑)	
4071	虱		[蝨]
4074	绀	(紺)	

规范字		繁体字	异体字
4075	绁	(紲)	[絏]
4076	绂	(紱)	
4077	驷	(駟)	
4078	驸	(駙)	
4079	绉	(縐)	
4080	绌	(絀)	
4081	驿	(驛)	
4082	骀	(駘)	
4085	珐		[琺]
4087	珑	(瓏)	
4088	玳		[瑇]
4090	顼	(頊)	
4094	垭	(埡)	
4095	挝	(撾)	
4097	挞	(撻)	
4100	贲	(賁)	
4101	垱	(壋)	
4106	挦	(撏)	
4109	荚	(莢)	
4111	贳	(貰)	
4112	荜	(蓽)	
4118	荞	(蕎)	[荍]
4123	荟	(薈)	
4126	荠	(薺)	
4129	垩	(堊)	
4130	荥	(滎)	
4131	荦	(犖)	
4132	荨	(蕁)	
4133	荩	(藎)	
4134	剋		[尅]
4135	荪	(蓀)	

规范字		繁体字	异体字
4137	荬	(蕒)	
4138	莳	(蒔)	
4140	栉	(櫛)	
4143	栊	(櫳)	
4146	栌	(櫨)	
4153	栀		[梔]
4155	栎	(櫟)	
4160	柽	(檉)	
4163	郦	(酈)	
4165	砗	(硨)	
4168	斫		[斮斲斵]
4170	砜	(碸)	
4175	殇	(殤)	
4178	轱	(軲)	
4179	轲	(軻)	
4180	轳	(轤)	
4181	轶	(軼)	
4182	轸	(軫)	
4183	虿	(蠆)	
4185	觇	(覘)	
4189	眍	(瞘)	
4192	眇		[𦕈]
4201	昵		[暱]
4203	哓	(嘵)	
4204	哔	(嗶)	
4206	毗		[毘]
4212	虻		[蝱]
4215	哕	(噦)	
4216	剐	(剮)	
4217	郧	(鄖)	
4220	咿		[吚]

规范字		繁体字	异体字
4222	哙	(噲)	
4225	咩		[哶哞]
4226	咤		[吒[52]]
4227	哝	(噥)	
4231	峣	(嶢)	
4233	帧	(幀)	
4234	峒		[峝]
4235	峤	(嶠)	
4238	贶	(貺)	
4239	钚	(鈈)	
4240	钛	(鈦)	
4241	钡	(鋇)	
4242	钣	(鈑)	
4243	钤	(鈐)	
4244	钨	(鎢)	
4245	钫	(鈁)	
4246	钯	(鈀)	
4251	秕		[粃]
4255	笃	(篤)	
4256	俦	(儔)	
4257	俨	(儼)	
4259	俪	(儷)	
4267	俟		[竢]
4269	徇		[狥]
4279	胨	(腖)	
4280	胪	(臚)	
4288	胫	(脛)	[踁]
4289	鸨	(鴇)	
4292	狯	(獪)	
4293	飑	(颮)	
4295	狲	(猻)	

规范字		繁体字	异体字
4299	饷	(餉)	[饟]
4300	饸	(餄)	
4301	饹	(餎)	
4303	孪	(孿)	
4304	娈	(孌)	
4308	疬	(癧)	
4311	疭	(瘲)	
4315	飒	(颯)	[䬃]
4316	闼	(闥)	
4317	闾	(閭)	
4318	闿	(闓)	
4319	阌	(閿)	
4322	籼		[秈]
4326	炽	(熾)	
4327	炯		[烱]
4330	烃	(烴)	
4335	浃	(浹)	
4339	涎		[㳄]
4342	浍	(澮)	
4345	浒	(滸)	
4346	浔	(潯)	
4347	浕	(濜)	
4349	恸	(慟)	
4351	恹	(懨)	
4353	恺	(愷)	
4354	恻	(惻)	
4357	恽	(惲)	
4361	衽		[袵]
4368	诮	(誚)	
4370	祢	(禰)	
4371	诰	(誥)	
4372	诳	(誑)	
4373	鸩	(鴆)	[酖]
4382	娅	(婭)	
4384	娆	(嬈)	
4389	怼	(懟)	
4393	绔	(絝)	
4394	骁	(驍)	
4395	骅	(驊)	
4396	绗	(絎)	
4397	绛	(絳)	
4398	骈	(駢)	
4403	顼	(頊)	
4404	珰	(璫)	
4410	珲	(琿)	
4415	埘	(塒)	
4416	埙	(塤)	[壎]
4417	埚	(堝)	
4423	赟	(贇)	
4426	盍		[盇]
4429	莳	(蒔)	
4430	莴	(萵)	
4435	莅		[涖蒞]
4439	莸	(蕕)	
4445	鸪	(鴣)	
4446	莼	(蒓)	[蓴]
4451	桡	(橈)	
4453	桢	(楨)	
4454	桤	(榿)	
4459	桧	(檜)	
4470	逦	(邐)	
4475	砺	(礪)	

规范字		繁体字	异体字
4476	砧		[碪]
4483	砻	(礱)	
4484	轼	(軾)	
4485	轾	(輊)	
4486	辂	(輅)	
4487	鸫	(鶇)	
4488	趸	(躉)	
4489	龀	(齔)	
4490	鸬	(鸕)	
4493	眬	(矓)	
4494	唛	(嘜)	
4503	鸮	(鴞)	
4511	蚬	(蜆)	
4512	蚝		[蠔]
4514	唢	(嗩)	
4516	唣		[啤]
4520	崂	(嶗)	
4521	崃	(崍)	
4525	觊	(覬)	
4526	赅	(賅)	
4527	钰	(鈺)	
4528	钲	(鉦)	
4529	钴	(鈷)	
4530	钵	(鉢)	[盋缽]
4531	钹	(鈸)	
4532	钺	(鉞)	
4533	钽	(鉭)	
4534	钼	(鉬)	
4535	钿	(鈿)	
4536	铀	(鈾)	
4537	铂	(鉑)	

规范字		繁体字	异体字
4538	铄	(鑠)	
4539	铆	(鉚)	
4540	铈	(鈰)	
4541	铉	(鉉)	
4542	铊	(鉈)	
4543	铋	(鉍)	
4544	铌	(鈮)	
4545	铍	(鈹)	
4546	䥽	(鏺)	
4547	铎	(鐸)	
4548	氩	(氬)	
4557	笕	(筧)	
4568	倏		[儵儵]
4575	隽		[雋]
4579	皋		[皐臯]
4582	衄		[衂衄]
4583	颀	(頎)	
4584	徕	(徠)	
4592	胭		[臙]
4593	脍	(膾)	
4598	鸱	(鴟)	
4599	玺	(璽)	
4600	鸲	(鴝)	
4601	狷		[獧]
4604	猃	(獫)	
4608	袅	(裊)	[嫋褭嬝]
4609	饽	(餑)	
4611	栾	(欒)	
4612	挛	(攣)	
4615	疴		[痾]
4618	痈	(癰)	

规范字		繁体字	异体字
4619	疱		[皰]
4621	痉	(痙)	
4624	颃	(頏)	
4629	阃	(閫)	
4630	阄	(鬮)	
4631	訚	(誾)	
4632	阆	(閬)	
4636	郸	(鄲)	
4638	烨	(燁)	[爗]
4639	烩	(燴)	
4643	烬	(燼)	
4646	涞	(淶)	
4647	涟	(漣)	
4649	涅		[湼]
4650	涠	(潿)	
4657	浣		[澣]
4658	浚		[濬]
4660	悭	(慳)	
4668	诹	(諏)	
4669	冢		[塚]
4670	诼	(諑)	
4671	袒		[襢]
4673	祯	(禎)	
4674	诿	(諉)	
4675	谀	(諛)	
4676	谂	(諗)	
4677	谄	(諂)	[讇]
4678	谇	(誶)	
4691	娲	(媧)	
4693	娴	(嫻)	[嫺]
4696	婀		[娿]
4699	绠	(綆)	
4700	骊	(驪)	
4701	绡	(綃)	
4702	骋	(騁)	
4703	绥	(綏)	
4704	绦	(縧)	[絛縚]
4705	绨	(綈)	
4706	骎	(駸)	
4708	鸶	(鷥)	
4711	焘	(燾)	
4713	琏	(璉)	
4715	麸	(麩)	[粰麬]
4720	掳	(擄)	
4721	掴	(摑)	
4732	鸷	(鷙)	
4737	掸	(撣)	
4740	壸	(壼)	
4744	掼	(摜)	
4767	萦	(縈)	
4771	梿	(槤)	
4773	觋	(覡)	
4779	棂	(欞)	
4780	啬	(嗇)	
4782	匮	(匱)	
4783	敕		[勅勑]
4788	戛		[戞]
4792	硖	(硤)	
4793	硗	(磽)	
4797	鸸	(鴯)	
4800	厩		[廐廄]
4801	龚	(龔)	

规范字		繁体字	异体字
4802	殒	(殞)	
4803	殓	(殮)	
4805	赍	(賫)	
4807	辄	(輒)	[輙]
4808	堑	(塹)	
4810	眦		[眥]
4811	啧	(嘖)	
4814	眺		[覜]
4821	勖		[勗]
4826	啭	(囀)	
4829	啮	(嚙)	[齧囓]
4830	跄	(蹌)	
4833	蛎	(蠣)	
4836	蛊	(蠱)	
4840	蛏	(蟶)	
4848	啖		[啗噉]
4855	帻	(幘)	
4858	帼	(幗)	
4862	赇	(賕)	
4863	赈	(賑)	
4864	赊	(賒)	
4865	铑	(銠)	
4866	铒	(鉺)	
4867	铗	(鋏)	
4868	铙	(鐃)	
4869	铟	(銦)	
4870	铠	(鎧)	
4871	铡	(鍘)	
4872	铢	(銖)	
4873	铣	(銑)	
4874	铤	(鋌)	

规范字		繁体字	异体字
4875	铧	(鏵)	
4876	铨	(銓)	
4877	铩	(鎩)	
4878	铪	(鉿)	
4879	铫	(銚)	
4880	铬	(鉻)	
4881	铮	(錚)	
4882	铯	(銫)	
4883	铰	(鉸)	
4884	铱	(銥)	
4885	铳	(銃)	
4886	铵	(銨)	
4887	铷	(銣)	
4890	鸹	(鴰)	
4891	秾	(穠)	
4893	笺	(箋)	[牋椾]
4902	笾	(籩)	
4904	偾	(僨)	
4909	偬		[傯]
4910	偻	(僂)	
4911	皑	(皚)	
4913	鸻	(鴴)	
4916	舻	(艫)	
4919	龛	(龕)	
4926	猡	(玀)	
4930	猕	(獼)	
4932	馃	(餜)	
4933	馄	(餛)	
4934	鸾	(鸞)	
4945	阇	(闍)	
4946	阈	(閾)	

规范字		繁体字	异体字
4947	阉	(閹)	
4948	阊	(閶)	
4949	阋	(鬩)	
4950	阍	(閽)	
4951	阏	(閼)	
4952	羟	(羥)	
4953	粝	(糲)	
4960	焖	(燜)	
4963	渍	(漬)	
4968	渎	(瀆)	
4971	挲		[挱]
4974	渑	(澠)	
4983	惬	(愜)	[㥦]
4991	惇		[illegible]
4992	惮	(憚)	
4994	谌	(諶)	
4995	谏	(諫)	
4997	皲	(皸)	
4998	谑	(謔)	
4999	裆	(襠)	
5002	谒	(謁)	
5003	谔	(諤)	
5004	谕	(諭)	
5005	谖	(諼)	
5006	谗	(讒)	
5007	谙	(諳)	
5008	谛	(諦)	
5009	谝	(諞)	
5013	粜	(糶)	
5021	婵	(嬋)	
5025	恿		[惥慂]

规范字		繁体字	异体字
5027	绫	(綾)	
5028	骐	(騏)	
5029	绮	(綺)	
5030	绯	(緋)	
5031	绱	(緔)	
5032	骒	(騍)	
5033	绲	(緄)	
5034	骓	(騅)	
5035	绶	(綬)	
5036	绺	(綹)	
5037	绻	(綣)	
5038	绾	(綰)	
5039	骖	(驂)	
5040	缁	(緇)	
5050	靓	(靚)	
5057	辇	(輦)	
5058	鼋	(黿)	
5064	堙		[陻]
5067	颉	(頡)	
5069	揿	(撳)	[搇]
5073	蛰	(蟄)	
5074	塆	(壪)	
5086	萼		[蕚]
5090	蒌	(蔞)	
5091	萱		[萲蕿藼蘐]
5096	椟	(櫝)	
5097	棹		[櫂]
5098	椤	(欏)	
5099	棰		[箠]
5100	赍	(賫)	[賷齎]
5102	椁		[槨]

规范字		繁体字	异体字
5106	鹁	(鵓)	
5111	鹂	(鸝)	
5113	殚	(殫)	
5117	辊	(輥)	
5118	辋	(輞)	
5119	椠	(槧)	
5120	辍	(輟)	
5121	辎	(輜)	
5124	睑	(瞼)	
5128	喋		[啑]
5135	跖		[蹠]
5137	跞	(躒)	
5142	蛱	(蛺)	
5143	蛲	(蟯)	
5145	蛳	(螄)	
5147	蛔		[蚘痐蛕蜖]
5149	蛴	(蠐)	
5156	喑		[瘖]
5158	喽	(嘍)	
5163	嵘	(嶸)	
5173	嵝	(嶁)	
5177	赕	(賧)	
5178	铻	(鋙)	
5179	铼	(錸)	
5180	铿	(鏗)	
5181	锃	(鋥)	
5182	锂	(鋰)	
5183	锆	(鋯)	
5184	锇	(鋨)	
5185	锉	(銼)	[剉]
5186	锏	(鐧)	

规范字		繁体字	异体字
5187	锑	(銻)	
5188	锒	(鋃)	
5189	锔	(鋦)	
5190	锕	(錒)	
5196	犊	(犢)	
5199	鹄	(鵠)	
5205	筚	(篳)	
5211	牍	(牘)	
5212	傥	(儻)	
5213	傧	(儐)	
5215	傩	(儺)	
5216	遁		[遯]
5218	媭	(嬃)	
5221	颌	(頜)	
5224	鸽	(鴿)	
5228	腌		[醃]
5235	鱿	(魷)	
5236	鲀	(魨)	
5237	鲂	(魴)	
5238	颍	(潁)	
5242	飓	(颶)	[颶]
5243	觞	(觴)	
5246	颎	(熲)	
5247	飧		[飱]
5248	馇	(餷)	
5249	馊	(餿)	
5250	亵	(褻)	
5251	脔	(臠)	
5254	痨	(癆)	
5258	痫	(癇)	
5260	赓	(賡)	

规范字		繁体字	异体字
5264	颏	(頦)	
5265	鹇	(鷴)	
5266	阑	(闌)	
5267	阒	(闃)	
5268	阕	(闋)	
5276	鹈	(鵜)	
5296	愦	(憒)	
5301	喾	(嚳)	
5303	谟	(謨)	[謩]
5305	裢	(褳)	
5307	裥	(襉)	
5310	谠	(讜)	
5311	幂		[冪]
5312	谡	(謖)	
5313	谥	(謚)	[諡]
5314	谣	(謡)	
5319	鹭	(鷺)	
5323	巯	(巰)	
5324	翚	(翬)	
5327	骛	(騖)	
5328	缂	(緙)	
5329	缃	(緗)	
5330	缄	(緘)	[椷]
5332	缇	(緹)	
5333	缈	(緲)	
5334	缌	(緦)	
5335	缑	(緱)	
5336	缒	(縋)	
5337	缗	(緡)	
5338	飨	(饗)	
5339	耢	(耮)	

规范字		繁体字	异体字
5347	骜	(驁)	
5348	韫	(韞)	
5354	摅	(攄)	
5362	摈	(擯)	
5364	毂	(轂)	
5373	蓦	(驀)	
5374	鹋	(鶓)	
5380	蓟	(薊)	
5381	蓑		[簑]
5384	蓠	(蘺)	
5390	蓥	(鎣)	
5391	颐	(頤)	
5393	楠		[枏柟]
5396	楫		[檝]
5402	榈	(櫚)	
5404	榉	(櫸)	
5405	楦		[楥]
5417	碛	(磧)	
5422	碇		[矴椗]
5423	碜	(磣)	
5424	鹌	(鵪)	
5425	辏	(輳)	
5426	龃	(齟)	
5427	龅	(齙)	
5433	韪	(韙)	
5442	嗫	(囁)	
5453	跶	(躂)	
5454	跸	(蹕)	
5457	跹	(躚)	
5458	跻	(躋)	
5468	嗥		[嘷獋]

规范字	繁体字	异体字
5470 嗳	(噯)	
5482 锗	(鍺)	
5483 锛	(錛)	
5484 锜	(錡)	
5485 锝	(鍀)	
5486 锞	(錁)	
5487 锟	(錕)	
5488 锢	(錮)	
5489 锨	(鍁)	
5490 锩	(錈)	
5491 锭	(錠)	
5492 锱	(錙)	
5498 稗		[粺]
5503 筲		[䈰]
5509 愆		[諐]
5511 觎	(覦)	
5516 颔	(頷)	
5520 腭		[齶]
5522 塍		[堘]
5525 鲅	(鮁)	
5526 鲆	(鮃)	
5527 鲇	(鮎)	
5528 鲈	(鱸)	
5529 稣	(穌)	
5530 鲋	(鮒)	
5531 鲐	(鮐)	
5533 鸽	(鴿)	
5534 飕	(颼)	
5537 馐	(饈)	
5538 鹑	(鶉)	
5541 痱		[疿]
5546 瘆	(瘮)	
5551 雍		[雝]
5552 阖	(闔)	
5553 阗	(闐)	
5554 阙	(闕)	
5557 粳		[秔粇稉]
5566 滟	(灩)	
5570 溁	(瀅)	
5577 滗	(潷)	
5582 滦	(灤)	
5587 滪	(澦)	
5589 慑	(懾)	[慴]
5591 鲎	(鱟)	
5592 骞	(騫)	
5593 窦	(竇)	
5602 谩	(謾)	
5603 谪	(謫)	[讁]
5607 媛	(嬡)	
5608 嫔	(嬪)	
5610 缙	(縉)	
5611 缜	(縝)	
5612 缛	(縟)	
5613 辔	(轡)	
5614 骝	(騮)	
5615 缟	(縞)	
5616 缡	(縭)	
5617 缢	(縊)	
5618 缣	(縑)	
5619 骗	(騙)	
5625 靓	(靚)	
5628 韬	(韜)	

规范字		繁体字	异体字
5629	叆	(靉)	
5635	撄	(攖)	
5644	蔷	(薔)	
5652	蔺	(藺)	
5658	鹕	(鶘)	
5667	槁		[槀]
5668	槟	(檳)	
5669	槠	(櫧)	
5670	榷		[搉榷]
5672	酽	(釅)	
5675	厮		[廝]
5677	碴		[鎈]
5683	殡	(殯)	
5685	霁	(霽)	
5686	辕	(轅)	
5690	龇	(齜)	
5691	龈	(齦)	
5692	睿		[叡]
5693	瞜	(瞜)	
5699	嘎		[嘠]
5700	暧	(曖)	
5702	踌	(躊)	
5707	蝈	(蟈)	
5713	螂		[蜋]
5717	鹗	(鶚)	
5719	嘤	(嚶)	
5723	罴	(羆)	
5728	赙	(賻)	
5729	罂	(罌)	[甖]
5732	鹘	(鶻)	
5733	锲	(鍥)	

规范字		繁体字	异体字
5734	锴	(鍇)	
5735	锶	(鍶)	
5736	锷	(鍔)	
5737	锸	(鍤)	
5738	锵	(鏘)	
5739	镁	(鎂)	
5740	镂	(鏤)	
5743	篑	(簣)	
5744	箧	(篋)	
5746	箸		[筯]
5747	箬		[篛]
5749	箪	(簞)	
5753	箓	(籙)	
5767	膑	(臏)	
5768	鲑	(鮭)	
5769	鲔	(鮪)	
5770	鲚	(鱭)	
5771	鲛	(鮫)	
5772	鲟	(鱘)	
5773	獐		[麞]
5777	馑	(饉)	
5778	銮	(鑾)	
5783	瘘	(瘻)	
5789	阚	(闞)	
5791	鲞	(鯗)	
5794	粽		[糉]
5795	糁	(糝)	
5797	鹚	(鷀)	[鶿]
5805	潋	(瀲)	
5812	滩	(灘)	
5818	谮	(譖)	

规范字		繁体字	异体字
5821	褓		[緥]
5822	褛	(褸)	
5824	谯	(譙)	
5825	谰	(讕)	
5826	谲	(譎)	
5829	鹛	(鶥)	
5831	嫱	(嬙)	
5840	鹜	(鶩)	
5841	骠	(驃)	
5842	缥	(縹)	
5843	缦	(縵)	
5844	缧	(縲)	
5845	缨	(纓)	
5846	骢	(驄)	
5847	缪	(繆)	
5848	缫	(繅)	
5850	耧	(耬)	
5854	璎	(瓔)	
5857	璇		[璿]
5859	髯		[髥]
5861	撷	(擷)	
5864	撸	(擼)	
5867	撺	(攛)	
5869	聩	(聵)	
5870	觐	(覲)	
5871	鞑	(韃)	
5873	鞒	(鞽)	
5881	蕲	(蘄)	
5882	赜	(賾)	
5884	樯	(檣)	[艢]
5892	屦	(屨)	

规范字		繁体字	异体字
5893	魇	(魘)	
5894	餍	(饜)	
5898	镳	(鑣)	
5899	龉	(齬)	
5900	龊	(齪)	
5901	觑	(覷)	
5908	颢	(顥)	
5915	踬	(躓)	
5917	踯	(躑)	
5921	蝾	(蠑)	
5928	蝼	(螻)	
5931	颚	(顎)	
5935	噜	(嚕)	
5938	颛	(顓)	
5946	镊	(鑷)	
5947	镉	(鎘)	
5948	镌	(鐫)	
5949	镍	(鎳)	
5950	镏	(鎦)	
5951	镒	(鎰)	
5952	镓	(鎵)	
5953	镔	(鑌)	
5956	篑	(簣)	
5965	鹞	(鷂)	
5966	膘		[臕]
5968	鲠	(鯁)	[骾]
5969	鲡	(鱺)	
5970	鲢	(鰱)	
5971	鲣	(鰹)	
5972	鲥	(鰣)	
5973	鲧	(鯀)	

规范字		繁体字	异体字
5974	鲩	(鯇)	
5977	觯	(觶)	
5978	馓	(饊)	
5979	馔	(饌)	[籑]
5986	蔺	(藺)	
5992	糍		[餈]
6010	谳	(讞)	
6011	褴	(襤)	
6014	谵	(譫)	
6016	屦	(屨)	
6019	戮		[剹]
6021	缬	(纈)	
6022	缮	(繕)	
6023	缯	(繒)	
6024	骣	(驏)	
6042	擞	(擻)	
6045	颞	(顳)	
6048	颟	(顢)	
6053	薮	(藪)	
6057	橛		[橜]
6061	橹	(櫓)	[樐艣艪艫]
6062	樽		[罇]
6064	橼	(櫞)	
6073	赝	(贗)	[贋]
6074	飙	(飆)	
6078	霓		[蜺]
6079	錾	(鏨)	
6080	辚	(轔)	
6086	瞰		[矙]
6097	螨	(蟎)	
6111	镨	(鐠)	

规范字		繁体字	异体字
6112	镖	(鏢)	
6113	镗	(鏜)	
6114	镘	(鏝)	
6115	镚	(鏰)	
6116	镛	(鏞)	
6117	镝	(鏑)	
6118	镞	(鏃)	
6119	镠	(鏐)	
6120	氇	(氌)	
6122	憩		[憇]
6123	穑	(穡)	
6131	翱		[翶]
6132	魉	(魎)	
6136	膳		[饍]
6139	鲮	(鯪)	
6140	鲱	(鯡)	
6141	鲲	(鯤)	
6142	鲳	(鯧)	
6143	鲴	(鯝)	
6144	鲵	(鯢)	
6145	鲷	(鯛)	
6146	鳋	(鰠)	
6148	獭	(獺)	
6151	鹧	(鷓)	
6153	赟	(贇)	
6156	瘿	(癭)	
6161	斓	(斕)	
6174	濑	(瀨)	
6191	颡	(顙)	
6192	缰	(繮)	
6193	缲	(繰)	

规范字		繁体字	异体字
6194	缳	(繯)	
6210	藓	(蘚)	
6216	翳		[瞖]
6219	鹲	(鸏)	
6220	龋	(齲)	
6221	龌	(齷)	
6227	蹑	(躡)	
6228	蹒	(蹣)	
6237	羁	(羈)	[覊]
6245	镡	(鐔)	
6246	镢	(鐝)	
6247	镣	(鐐)	
6248	镦	(鐓)	
6249	镧	(鑭)	
6250	镩	(鑹)	
6251	镪	(鏹)	
6252	镫	(鐙)	
6258	龂	(齗)	
6263	鹪	(鷦)	
6273	膻		[羴羶]
6276	鲼	(鱝)	
6277	鲽	(鰈)	
6278	鳀	(鯷)	
6279	鳃	(鰓)	
6280	鳅	(鰍)	[鰌]
6281	鳇	(鰉)	
6282	鳊	(鯿)	
6284	燮		[爕]
6285	鹫	(鷲)	
6292	懑	(懣)	
6301	襁		[繦]

规范字		繁体字	异体字
6308	鹬	(鷸)	
6311	鳌	(鰲)	[鼇]
6313	鬃		[騌鬉騣]
6315	鞯	(韉)	
6320	藜		[蔾]
6330	颢	(顥)	
6333	蹚		[踼]
6334	鹭	(鷺)	
6339	鹮	(䴉)	
6342	髅	(髏)	
6344	镬	(鑊)	
6345	镭	(鐳)	
6346	镯	(鐲)	
6349	簪		[簮]
6351	雠	(讎)	[讐]
6353	鳎	(鰨)	
6354	鳏	(鰥)	
6355	鳐	(鰩)	
6356	癞	(癩)	
6368	攒	(攢)	
6379	霭	(靄)	
6383	蹰		[躕]
6387	蹴		[蹵]
6389	蹿	(躥)	
6395	髋	(髖)	
6396	髌	(髕)	
6397	镲	(鑔)	
6399	籁	(籟)	
6403	鳓	(鰳)	
6404	鳔	(鰾)	
6405	鳕	(鱈)	

规范字		繁体字	异体字
6406	鳗	(鰻)	
6407	鳙	(鱅)	
6416	谶	(讖)	
6418	骥	(驥)	
6419	缵	(纘)	
6420	瓒	(瓚)	
6430	鼍	(鼉)	
6432	黩	(黷)	
6434	黪	(黲)	
6435	镳	(鑣)	
6436	镴	(鑞)	
6438	纂		[篹]
6441	臜	(臢)	
6442	鳜	(鱖)	
6443	鳝	(鱔)	[鱓]
6444	鳟	(鱒)	
6445	獾		[貛貛]
6447	骧	(驤)	
6452	[illegible]	([illegible])	
6454	鳢	(鱧)	
6455	癫	(癲)	
6459	灏	(灝)	
6467	鹳	(鸛)	
6473	镵	(鑱)	
6478	趱	(趲)	
6481	颧	(顴)	
6482	躜	(躦)	
6483	鼹		[鼴]
6485	麟		[麐]
6497	馕	(饢)	
6498	戆	(戇)	

规范字		繁体字	异体字
6509	戋	(戔)	
6520	讦	(訐)	
6521	讱	(訒)	
6536	钆	(釓)	
6538	伣	(俔)	
6546	闫	(閆)	
6547	㳠	(澫)	
6549	䜣	(訢)	
6550	讻	(訩)	
6551	𬣡	(詝)	
6553	𬘡	(紃)	
6554	纩	(纊)	
6558	玚	(瑒)	
6559	刬	(剗)	
6560	𡋀	(塸)	
6561	坜	(壢)	
6564	𡒄	(埨)	
6567	㧑	(撝)	
6576	𫇭	(蔿)	
6582	杩	(榪)	
6585	轪	(軑)	
6586	𫐄	(䡅)	
6591	呙	(咼)	
6594	𫶇	(𡾊)	
6599	𧹓	(䞍)	
6602	㑇	(㑳)	
6607	飏	(颺)	
6609	闶	(閌)	
6612	𬇙	(潕)	
6613	𬇕	(湋)	
6614	沄	(澐)	

规范字		繁体字	异体字
6616	涢	(溳)	
6623	𫍟	(諓)	
6624	祃	(禡)	
6625	诇	(詗)	
6627	诎	(詘)	
6628	诐	(詖)	
6629	屃	(屓)	
6630	𫸩	(彄)	
6638	纮	(紘)	
6639	驲	(馹)	
6640	驳	(駁)	
6641	纻	(紵)	
6642	𬘭	(紌)	
6643	𫘛	(駃)	
6644	纼	(紖)	
6647	玱	(瑲)	
6660	苧	(薴)	
6664	㭎	(棡)	
6670	𫐄	(軝)	
6671	𬀩	(暐)	
6672	𬀪	(晛)	
6682	岽	(崬)	
6688	𫓧	(鈇)	
6689	钐	(釤)	
6690	钔	(鍆)	
6691	钖	(鍚)	
6706	郐	(鄶)	
6713	狝	(獮)	
6714	饳	(飿)	
6726	峃	(嶨)	
6730	𫍣	(詷)	

规范字		繁体字	异体字
6731	𫍠	(詪)	
6732	𬩽	(鄩)	
6733	鸤	(鳲)	
6737	𬮿	(隑)	
6739	𬯀	(隮)	
6744	𫰛	(娙)	
6745	迳	(逕)	
6747	𬳶	(駓)	
6748	驵	(駔)	
6749	𫘣	(駧)	
6750	𫄧	(絅)	
6751	驺	(騶)	
6752	𬳽	(駭)	
6753	绋	(紼)	
6754	绐	(紿)	
6761	𬍛	(瓅)	
6766	韨	(韍)	
6768	垯	(墶)	
6770	垲	(塏)	
6785	荙	(薘)	
6786	荛	(蕘)	
6791	𬜬	(蔄)	
6796	荭	(葒)	
6806	鸸	(鴯)	
6814	龚	(龔)	
6815	轵	(軹)	
6816	轷	(軤)	
6817	轹	(轢)	
6818	轺	(軺)	
6820	𬑡	(睍)	
6821	眬	(矓)	

规范字		繁体字	异体字
6827	哒	(噠)	
6843	钘	(鈃)	
6844	钬	(鈥)	
6845	钜	(鉅)	
6846	铁	(鋹)	
6847	钘	(釿)	
6848	铯	(錀)	
6849	钪	(鈧)	
6850	钦	(欽)	
6851	钭	(鈄)	
6854	倈	(倈)	
6861	舣	(艤)	
6864	鸲	(鴝)	
6872	飐	(颭)	
6874	馀	(餘)	
6886	浈	(湞)	
6887	浉	(溮)	
6895	浐	(滻)	
6903	袆	(褘)	
6917	绖	(絰)	
6918	骃	(駰)	
6919	细	(絪)	
6920	骁	(駪)	
6921	绖	(綎)	
6922	绁	(緂)	
6924	骉	(驫)	
6932	勣	(勣)	
6937	玥	(瑪)	
6941	垱	(壪)	
6951	莔	(莔)	
6953	荟	(薈)	

规范字		繁体字	异体字
6955	䓖	(藭)	
6958	桠	(椏)	
6959	梜	(梜)	
6967	颊	(頰)	
6972	硁	(硜)	
6976	铣	(軏)	
6977	辀	(輈)	
6978	辁	(輇)	
6981	赀	(貲)	
6985	啧	(嘖)	
6989	晔	(曄)	
6991	晖	(暉)	
6995	鄘	(鄘)	
6996	帱	(幬)	
6999	峚	(嶹)	
7000	崄	(嶮)	
7003	赆	(贐)	
7004	钛	(鈦)	
7005	钷	(鉅)	
7006	铲	(鑪)	
7007	钟	(鍾)	
7008	铝	(鋁)	
7009	铒	(鉧)	
7019	倬	(僤)	
7029	鸰	(鴒)	
7034	鲂	(魴)	
7039	馃	(餜)	
7053	炀	(煬)	
7059	涢	(溳)	
7070	岩	(碞)	
7074	鸾	(鸞)	

规范字		繁体字	异体字
7079	䥽	(鏺)	
7093	骖	(駼)	
7094	绨	(綈)	
7095	绤	(綌)	
7096	骍	(騂)	
7097	绽	(綻)	
7099	琎	(璡)	
7114	墠	(墠)	
7117	壸	(壼)	
7119	聍	(聹)	
7121	蕯	(薩)	
7125	勚	(勩)	
7132	蓥	(鎣)	
7135	梼	(檮)	
7138	棶	(棶)	
7144	厣	(厴)	
7146	硸	(硸)	
7147	硙	(磑)	
7148	硚	(礄)	
7152	鸳	(鴛)	
7153	龁	(齕)	
7161	颃	(頏)	
7166	蛛	(蝀)	
7168	啴	(嘽)	
7176	铡	(鍘)	
7177	铚	(銈)	
7178	铁	(鉷)	
7179	铕	(銪)	
7180	铊	(鏈)	
7181	铖	(鋮)	
7182	铏	(鉶)	

规范字		繁体字	异体字
7183	铚	(銍)	
7184	锦	(錦)	
7185	铥	(銩)	
7186	锡	(鍚)	
7194	鸺	(鵂)	
7205	鸼	(鵃)	
7209	貙	(貙)	
7210	腡	(腡)	
7214	鲃	(鮀)	
7221	颀	(頎)	
7224	鸡	(鴉)	
7227	阌	(閿)	
7234	涸	(澗)	
7241	鋆	(鋆)	
7249	谭	(譚)	
7250	诫	(誡)	
7252	裈	(褌)	
7254	谍	(諜)	
7255	谀	(諛)	
7256	谓	(謂)	
7260	陨	(隕)	
7266	嫱	(嬙)	
7273	绩	(績)	
7274	绑	(綁)	
7275	骓	(騅)	
7276	驹	(駒)	
7277	绹	(綯)	
7278	综	(綜)	
7279	绰	(綽)	
7280	骕	(驌)	
7281	騄	(騄)	

规范字		繁体字	异体字
7298	絷	(縶)	
7299	𫭢	(塿)	
7307	蒇	(蕆)	
7310	蒉	(蕢)	
7326	𬃊	(橨)	
7327	鹀	(鵐)	
7334	𬷕	(鵏)	
7336	酦	(醱)	
7337	觌	(覿)	
7342	詟	(讋)	
7343	𫐐	(輗)	
7344	辌	(輬)	
7346	龂	(齗)	
7347	𬺈	(齘)	
7361	𪩘	(嵽)	
7365	嵚	(嶔)	
7366	翙	(翽)	
7367	𫖮	(顗)	
7370	赑	(贔)	
7372	赒	(賙)	
7373	镂	(鏤)	
7374	铹	(鐒)	
7375	𬭊	(𨧀)	
7376	𬬹	(鉽)	
7377	𫓺	(銶)	
7378	𫓧	(鋗)	
7379	锊	(鋝)	
7380	锍	(鋶)	
7381	锎	(鐦)	
7382	𫟹	(鋐)	
7383	锓	(鋟)	

规范字		繁体字	异体字
7385	颋	(頲)	
7389	筜	(簹)	
7399	𫖯	(頪)	
7401	腘	(膕)	
7405	𬱖	(頠)	
7406	鲃	(䰾)	
7408	𬸘	(鵚)	
7411	馉	(餶)	
7414	𫷷	(廞)	
7421	阈	(閾)	
7423	𬉼	(燀)	
7425	𬇙	(濆)	
7427	𬇹	(濚)	
7435	溇	(漊)	
7441	敩	(斆)	
7445	裣	(襝)	
7454	毵	(毿)	
7456	𬳽	(䮞)	
7457	𫘪	(騠)	
7458	缊	(縕)	
7459	缐	(線)	
7460	骙	(騤)	
7465	鹋	(鶓)	
7479	赪	(赬)	
7491	𬞟	(蘋)	
7499	榇	(櫬)	
7503	𬪩	(醲)	
7508	𬒗	(磾)	
7511	辒	(轀)	
7512	𬨎	(輶)	
7513	𫐓	(輮)	

规范字		繁体字	异体字
7514	龆	(齠)	
7518	鹍	(鵾)	
7519	噁	(噁)	
7526	赒	(賙)	
7528	錆	(錆)	
7529	锜	(錤)	
7530	锘	(鍩)	
7531	锳	(鍈)	
7532	锧	(鑕)	
7533	锪	(鍯)	
7534	锌	(錞)	
7535	锫	(錇)	
7536	锬	(錟)	
7537	铍	(鈹)	
7540	穇	(穇)	
7541	篑	(簣)	
7543	筼	(篔)	
7548	鹎	(鵯)	
7557	鲉	(鮋)	
7558	鲊	(鮓)	
7559	鲌	(鮊)	
7560	鲫	(鯽)	
7561	鲄	(鮈)	
7562	鲍	(鮀)	
7563	鲏	(鮍)	
7566	飔	(颸)	
7568	膢	(膢)	
7569	馌	(饁)	
7573	瘴	(瘴)	
7575	鹒	(鶊)	
7579	阘	(闒)	
7580	阒	(闃)	
7587	滠	(灄)	
7602	禭	(襀)	
7608	谫	(譾)	
7609	鹕	(鸕)	
7610	颉	(頡)	
7617	骠	(驃)	
7618	骙	(騤)	
7619	缞	(縗)	
7622	瑞	(瑞)	
7625	瑷	(璦)	
7644	蔹	(蘞)	
7649	槚	(檟)	
7650	榄	(欓)	
7654	鸥	(鷗)	
7656	酾	(釃)	
7661	碛	(磧)	
7667	鲎	(鱟)	
7668	鹃	(鵑)	
7671	鹢	(鷁)	
7678	锴	(鍇)	
7679	锺	(鍾)	
7680	锼	(鎪)	
7681	锽	(鍠)	
7682	锻	(鍭)	
7683	锾	(鍰)	
7684	锿	(鎄)	
7685	镃	(鎡)	
7686	镄	(鐨)	
7687	镅	(鎇)	
7689	鹜	(鶩)	

规范字		繁体字	异体字
7690	箨	(籜)	
7699	鲒	(鮚)	
7700	鲕	(鮞)	
7701	鲺	(鯴)	
7702	鲖	(鮦)	
7703	鲗	(鰂)	
7704	鲘	(鮜)	
7705	鲙	(鱠)	
7706	䲠	(鰷)	
7707	鲍	(鮠)	
7708	鮟	(鮟)	
7711	飔	(颸)	
7712	鸶	(鷥)	
7716	瘗	(瘞)	
7719	羞	(羞)	
7724	漴	(灇)	
7735	窭	(寠)	
7737	谑	(譓)	
7746	缜	(縝)	
7748	麹	(麴)	
7751	隶	(隸)	
7761	鹝	(鷊)	
7765	慭	(憖)	
7772	蟒	(蟒)	
7785	镆	(鏌)	
7786	镈	(鎛)	
7787	镋	(钂)	
7788	镎	(鎿)	
7789	镒	(鎰)	
7790	镕	(鎔)	
7795	鹏	(鵬)	

规范字		繁体字	异体字
7798	鹞	(鷂)	
7799	鲩	(鯇)	
7800	鲦	(鰷)	
7801	鲳	(鯧)	
7802	鲬	(鯒)	
7805	鹠	(鶹)	
7806	鹡	(鶺)	
7807	糇		[餱]
7810	鹢	(鷁)	
7811	鹣	(鶼)	
7817	澛	(瀂)	
7824	骞	(騫)	
7828	谖	(譞)	
7831	骣	(驏)	
7841	蘋	(蘋)	
7853	獱	(獱)	
7854	鞑	(韃)	
7855	龁	(齮)	
7856	齯	(齯)	
7857	齹	(齹)	
7870	巘	(巘)	
7872	错	(錯)	
7873	鐄	(鐄)	
7874	镦	(鐓)	
7878	籛	(籛)	
7885	鲭	(鯖)	
7886	鲯	(鯕)	
7887	鲰	(鯫)	
7888	鳀	(鯷)	
7889	鲹	(鰺)	
7890	馇	(餷)	

规范字		繁体字	异体字
7891	弹	(彈)	
7894	鸶	(鷥)	
7912	黉	(黌)	
7914	鹨	(鷚)	
7916	缱	(繾)	
7918	瓛	(瓛)	
7935	蠨	(蠨)	
7936	嚬	(嚬)	
7937	镥	(鑥)	
7938	镤	(鏷)	
7939	镖	(鏢)	
7940	镭	(鐳)	
7941	镥	(鑥)	
7942	镨	(鐠)	
7943	镈	(鏻)	
7944	镈	(鎛)	
7945	鐩	(鐩)	
7946	镭	(鐍)	
7958	鹬	(鷸)	
7960	鰆	(鰆)	
7961	鯻	(鯻)	
7962	鳊	(鯿)	
7963	鰊	(鰊)	
7964	鲙	(鱠)	
7965	鳁	(鰛)	
7966	鳂	(鰃)	
7967	鳈	(鰁)	
7968	鰌	(鰌)	
7972	襕	(襴)	
7974	鹭	(鷺)	
7979	缛	(繻)	

规范字		繁体字	异体字
7980	缥	(纁)	
7983	鬶	(鬹)	
7987	蔼	(藹)	
7991	鹩	(鷯)	
7993	靥	(靨)	
8003	镮	(鐶)	
8004	镱	(鐿)	
8005	酂	(酇)	
8014	䲢	(䲢)	
8015	鳑	(鰟)	
8016	鳒	(鰜)	
8017	鳠	(鱯)	
8018	鹯	(鸇)	
8023	骣	(驏)	
8029	鹏	(鵬)	
8030	缨	(纓)	
8038	鳘	(鰵)	
8042	鳔	(鰾)	
8043	鳙	(鱅)	
8044	鳚	(鳚)	
8045	鳛	(鰼)	
8049	蠖	(蠖)	
8055	颢	(顥)	
8062	鳝	(鱚)	
8072	骦	(驦)	
8073	缳	(纕)	
8079	齼	(齼)	
8082	鳠	(鱯)	
8083	鳡	(鱤)	
8084	鳣	(鱣)	
8092	鹳	(鸛)	

规范字		繁体字	异体字
8096	鳍	(鰭)	

规范字		繁体字	异体字
8100	鳜	(鱖)	

[1]瞭：读liào时不简化作“了”，如“瞭望”“瞭哨”。
[2]迺：可用于姓氏人名、地名。
[3]乾：读qián时不简化作“干”，如“乾坤”“乾隆”。
[4]麽：读mó时不简化作“么”，如“幺麽小丑”。
[5]椏：可用于姓氏人名、地名和科学技术术语，但须类推简化作“桠”（参见本表序号6958），如“五桠果科”。
[6]耑：可用于姓氏人名，读duān。读zhuān时用“专”。
[7]鉅：可用于姓氏人名、地名，但须类推简化作“钜”（参见本表序号6845）。
[8]昇：可用于姓氏人名，如“毕昇”。
[9]陞：可用于姓氏人名、地名。
[10]讎：用于“校讎”“讎定”“仇讎”等，但须类推简化作“雠”（参见本表序号6351）。其他意义用“仇”。
[11]祇：用于表示地神，读qí。读zhǐ时用“只”。
[12]甯：可用于姓氏人名。
[13]颺：可用于姓氏人名，但须类推简化作“飏”（参见本表序号6607）。
[14]袷：用于“袷袢”，读qiā。读jiá时用“夹”。
[15]麴：可用于姓氏人名，但须类推简化作“麹”（参见本表序号7748）。
[16]仝：可用于姓氏人名。
[17]夥：作“多”解时不简化作“伙”。
[18]剋：表示训斥、打人时读kēi，不简化作“克”。
[19]甦：可用于姓氏人名。
[20]邨：可用于姓氏人名。
[21]氾：可用于姓氏人名，读fán。读fàn时用“泛”。
[22]堃：可用于姓氏人名。
[23]蘋：用于表示植物名时简化作“𬞟”（参见本表序号7841），不简化作“苹”。
[24]犇：可用于姓氏人名。
[25]龢：可用于姓氏人名。
[26]訢：可用于姓氏人名，但须类推简化作“䜣”（参见本表序号6549）。
[27]徵：用于表示“宫商角徵羽”五音之一时读zhǐ，不简化作“征”。
[28]逕：可用于姓氏人名、地名，但须类推简化作“迳”（参见本表序号6745）。
[29]鑪：用于科学技术术语，指一种人造的放射性元素（符号为Rf），但须类推简化作“𬬻”（参见本表序号7006）。
[30]線：可用于姓氏人名，但须类推简化作“缐”（参见本表序号7459）。
[31]釐：可用于姓氏人名，读xī。读lí时用“厘”。

[32]鍾：用于姓氏人名时可简化作“锺”（参见本表序号7679）。
[33]脩：用于表示干肉，如“束脩”。其他意义用“修”。
[34]絜：读 xié或 jié时均可用于姓氏人名。
[35]扞：用于表示相互抵触，如“扞格”。其他意义用“捍”。
[36]喆：可用于姓氏人名。
[37]祕：可用于姓氏人名。
[38]藉：读 jí或用于慰藉、衬垫义时不简化作“借”，如“狼藉（jí）”“枕藉（jiè）”。
[39]頫：可用于姓氏人名，但须类推简化作“𫖯”（参见本表序号7399），如“赵孟𫖯”。
[40]賫：可用于姓氏人名和表示计量义，但须类推简化作“赍”（参见本表序号6981）。
[41]叚：可用于姓氏人名，读 xiá。读 jiǎ时用“假”。
[42]勣：可用于姓氏人名，但须类推简化作“勣”（参见本表序号6932）。
[43]菉：可用于姓氏人名、地名。
[44]蒐：用于表示草名和春天打猎。其他意义用“搜”。
[45]淼：可用于姓氏人名、地名。
[46]椀：用于科学技术术语，如“橡椀”。其他意义用“碗”。
[47]谿：可用于姓氏人名。
[48]箎：可用于姓氏人名。
[49]澂：可用于姓氏人名。
[50]劄：用于科学技术术语，如中医学中的“目劄”。其他意义用“札”。
[51]阪：可用于地名，如“大阪”。
[52]吒：可用于姓氏人名，读 zhā，如“哪吒”。读 zhà时用“咤”。

参考书目

1. 徐青．现代汉语．上海：华东师范大学出版社，2010
2. 黄伯荣，廖序东．现代汉语（增订五版）．北京：高等教育出版社，2014
3. 陈阿宝．现代汉语概论．北京：北京语言大学出版社，2002
4. 钱为钢．应用汉语教程．上海：上海教育出版社，2011
5. 李庆荣．实用汉语修辞．北京：北京大学出版社，2012
6. 张斌．新编现代汉语．上海：复旦大学出版社，2010。
7. 安徽省语言文字工作委员会办公室．普通话训练与测试．北京：语文出版社，2012
8. 陆俭明．现代汉语语法研究教程．北京：北京大学出版社，2005
9. 周建设．现代汉语．北京：人民教育出版社，2013
10. 邢富义．现代汉语．北京：高等教育出版社，2009
11. 刘继超，高月丽．修辞的艺术．北京：石油工业出版社，2002
12. 刘静敏．实用汉语修辞．合肥：安徽教育出版社，2003
13. 杨润陆，周一民．现代汉语．北京：北京师范大学出版社，1998
14. 张炼强．修辞论稿．北京：人民教育出版社，2000
15. 胡裕树．现代汉语．上海：上海教育出版社，2013

图书在版编目(CIP)数据

现代汉语/宋庆山等主编．—合肥：合肥工业大学出版社，2016.5(2024.8 重印)
ISBN 978-7-5650-2741-3

Ⅰ.①现… Ⅱ.①宋… Ⅲ.①现代汉语 Ⅳ.①H109.4

中国版本图书馆 CIP 数据核字(2016)第 102344 号

现 代 汉 语

宋庆山 等 主编　　　　责任编辑 王 磊

出 版	合肥工业大学出版社	版 次	2016 年 5 月第 1 版
地 址	合肥市屯溪路 193 号	印 次	2024 年 8 月第 3 次印刷
邮 编	230009	开 本	787 毫米×1092 毫米 1/16
电 话	综合编辑部:0551-62903028	印 张	38
	市场营销部:0551-62903198	字 数	874 千字
网 址	press. hfut. edu. cn	印 刷	安徽联众印刷有限公司
E-mail	hfutpress@163. com	发 行	全国新华书店

ISBN 978-7-5650-2741-3　　　　定价：68.00 元

如果有影响阅读的印装质量问题，请与出版社市场营销部联系调换。